植 物 学

杨晓红　主编

科 学 出 版 社
北 京

内 容 简 介

本教材主要由五章组成。第一章为细胞和组织，从细胞的发现、细胞学说的建立开始，讲述了细胞的形态结构和生命活动规律，不同组织结构、功能及联系；第二章为被子植物营养器官的发育、结构与功能，重点讲述了根、茎、叶的形态结构、发育规律、结构整体性、功能协调性和对环境的适应性；第三章为被子植物生殖器官的发育、结构与功能，主要讲述了花、果实和种子的形态建成、传粉受精和传播；第四章为植物界的基本类群，依据植物从低级向高级的进化顺序，主要讲述了藻类、菌类、地衣、苔藓、蕨类、裸子植物和被子植物的主要特征、生活史；第五章为被子植物分类简介，介绍了被子植物11亚纲50科的主要特征和识别要点。

本书系统性强，重点突出，图片精美，与农林生产关系密切，可作为综合性大学、高等农林院校师生教材，也可作为相关专业科技人员的参考书。

图书在版编目（CIP）数据

植物学 / 杨晓红主编. —北京：科学出版社，2019.3
ISBN 978-7-03-058840-1

Ⅰ. ①植… Ⅱ. ①杨… Ⅲ. ①植物学 - 高等学校 - 教材 Ⅳ. ① Q94

中国版本图书馆CIP数据核字（2018）第210333号

责任编辑：王玉时 孙 青 / 责任校对：彭 涛
责任印制：张 伟 / 封面设计：迷底书装

科 学 出 版 社 出版
北京东黄城根北街 16 号
邮政编码：100717
http://www.sciencep.com

北京凌奇印刷有限责任公司印刷
科学出版社发行 各地新华书店经销

*

2019 年 3 月第 一 版 开本：880×1230 1/16
2024 年 9 月第三次印刷 印张：18
字数：608 000

定价：69.00 元

（如有印装质量问题，我社负责调换）

《植物学》编写委员会

主　编　杨晓红

副主编　陈爱葵

编　者（按姓氏汉语拼音排序）

陈爱葵（广东第二师范学院）

郭冬琴（重庆三峡学院）

贺握权（广东第二师范学院）

刘世尧（西南大学）

罗安才（重庆师范大学）

马　香（海南大学）

杨晓红（西南大学）

于　杰（西南大学）

赵　猛（山西师范大学）

前　言

笔者1983年从云南大学生物系植物学专业本科毕业后，非常幸运地来到西南农学院（现西南大学前身之一）工作，一直从事植物学、农学及其相关专业的科学研究和教育教学工作，至今已有三十四年。研究植物的生物学特性、形态解剖结构、生长发育规律、系统分类演化及其应用实践，并能在三尺讲台上为学生讲授“植物学”，这些已经融入笔者的生命过程，成为笔者终身的爱好和事业追求。教学科研中的喜乐甘甜和无穷魅力激励笔者不断学习、反复实践并持续进步，积累了丰富的教学经验和教学资源，主编《植物学》教材成为笔者的一大愿望。

借助西南大学与科学出版社战略合作的大平台，笔者组织了西南大学于杰副教授、刘世尧副教授，广东第二师范学院的陈爱葵教授、贺握权副教授，重庆师范大学的罗安才教授，重庆三峡学院的郭冬琴副教授，山西师范大学的赵猛副教授，海南大学的马香副教授等多所高校的同行，依据各高校的教学实践现状和实际需要，一起编撰了这本《植物学》教材。三年撰写过程中，稿件经过了主编与编者间多次讨论修改，逐渐趋于完善。

本教材核心内容共有五章，分别是：第一章细胞和组织，第二章被子植物营养器官的发育、结构与功能，第三章被子植物生殖器官的发育、结构与功能，第四章植物界的基本类群，第五章被子植物分类简介。各部分在植物学教材传统内容的基础上，融入了现代植物学的一些新成就，具有一定的时代特色，也是我们教材编写团队在国家“十三五”期间向高等教育事业献上的一份礼物。

各章开篇有学习目标，引导读者抓住重点；每章结束后有条理清晰而逻辑流畅的小结，帮助读者掌握要点；最后附有思考题，供读者进一步巩固基础知识。教材非常适合高等院校的植物学教学，可供综合性大学、师范大学、农林院校等生物学、农学、林学等专业的本科生在通识课或必修基础课选用，也可作为相关专业的教师和科研人员开展教学和科研工作的有价值的参考书。

教材中选用的其他著作中的精美图片，除被子植物分类部分引用的一些中国植物志图片外，我们都尽量标明了图片来源，若还有遗漏之处，敬请各位专家学者谅解，并向你们表示由衷的感谢和敬意！在此，也真诚地感谢教材编写团队每一位同志的大力支持！科学出版社的诸位同志为教材的付梓出版付出了辛勤劳动，提出了许多有益的建设性意见，在此一并表示诚挚的谢意！

笔者力求避免疏漏，但书中不足之处仍然在所难免，恳请广大师生和读者提出宝贵意见，以便再版时更正。

杨晓红

2018年12月25日于西南大学

目　录

绪　论

学习目标

通过本部分的学习，弄清楚植物、植物学的概念，了解人类不同历史时期、依据不同认识方法提出的生物分界分类原则及其对生物分界的结果，了解中国植物种类、形态及分布的多样性，了解植物学发展简史及其进展，了解植物与人类的关系及其应用价值。明确植物学的学习目的，掌握植物学的学习方法。

早在38亿年前，原核藻类植物就作为最原始的植物在地球上出现了。有史以来人类就与植物相伴而生，人类生产生活中有意识无意识地打下了植物的烙印。植物与动物都是生命的主要形态之一，与动物不同的是高等植物一般植根于土壤，位置相对固定，含有光合色素，具有纤维素的细胞壁。植物能借助光能及叶绿素，利用水、无机盐和二氧化碳进行光合作用，释放氧气，产生葡萄糖等有机物，供植物体和其他生物利用，是自然界的初级生产者。植物学（botany）是以植物为对象，从分子、细胞、器官到整体水平，系统地研究植物不同发育阶段的形态结构、发育规律、系统分类及其与环境相互关系的一门学科。植物在长期的地质历史过程中不断进化，形态各异，结构差别很大，生活方式也各种各样，为了认识并更好地利用植物，在不同历史时期，依据不同认识原则和方法，出现了不同的分类系统。

0.1　生物分界研究发展简况

0.1.1　二界分类系统的提出及其重大意义

人类在很早以前就认识到植物具有生长、发育、生殖等生命现象，而把地球上这种有生命的物体称为生物（organism）或生物界（organism kingdom），与没有生物现象的矿物界相区别。1735年，瑞典博物学家林奈（Carolus Linnaeus，1707～1778年）在《自然系统》（*Systema Naturae*）这部巨著中就明确地将生物分成植物界（Plantae）和动物界（Animalia），根据植物多营固着生活，能光合自养，从而将藻类、菌类、地衣、苔藓、蕨类和种子植物归为植物界。

生物二界分类系统，是具划时代意义的生物学理论，因其简单明了、内容丰富和容易掌握的特征，被国内外许多教材广泛接纳并沿用至今。

0.1.2　三界分类系统

随着科学技术的进步，特别是显微镜的发明和广泛使用，人们的观察视野越来越宽，发现裸藻（*Euglena acus* Her.）和黏菌（slime molds）等生物兼有植物和动物的特征，归入植物界或动物界都有些勉强。单细胞的裸藻无细胞壁，原生质体裸露，具有鞭毛，能自由游动，但体内含叶绿体，能进行光合作用；黏菌不含光合色素，以吞食固体食物异养，营养生长期为裸露的无壁原生质团，无性生殖期营固着生活，产生具纤维素细胞壁的孢子。这些现象的存在，使得二界系统中的植物界和动物界之间没有了明确的界限。为解决二界分类系统不能回答的科学问题，德国著名生物学家海克尔（E. Haeckel）在1866年提出，应在植物界与动物界之间增设原生生物界（Protista），介于植物界和动物界之间，形成三界系统，即植物界、原生生物界和动物界。

0.1.3　四界分类系统

三界分类系统中的原生生物界是显微镜下许多微小生物的混合群体，有的生物没有细胞核（如蓝藻），与有细胞核的其他原生生物有着本质的区别。美国的科帕兰（Copeland，1938年）认为，生物界分为四界较为合理，他把原生生物界分成原核生物界（Prokaryota）、原始有核界（Protoctista），与此相对，把植物界和动物界称为后生植物界（Metaphyta）和后生动物界（Metazoa）。1959 年，加拿大学者魏泰克（R. H. Whittaker）从分析有机体营养方式角度出发，认为真菌多为异养生物，不应包括在自养的植物界中，因此他将真菌从原来的植物界中分离出来，单独成立一个真菌界（Fungi），形成“四界系统”，即植物界、真菌界、原生生物界和动物界。

0.1.4　五界分类系统

魏泰克对生物分界进行了长达 10 年的深入研究，随着电子显微镜的发明和放大倍数的进一步提高，人们观察到了生物细胞内的超微结构，证明生物界的最基本界限并不存在于动物与植物之间，而存在于原核生物与真核生物之间，认为之前的生物分界视野不够宽阔。1969 年，他从系统发育水平和系统发育方向两个方面出发，提出了生物的五界分类系统，即原核生物界、原生生物界、植物界、菌物界和动物界（图 0-1）。

原核生物界以蓝藻和细菌为代表，细胞中没有细胞核，没有染色体，由拟核执行核功能，称为原核，因而此类生物称为原核生物。原生生物界包括一切真核的单细胞生物和没有典型细胞分化的多细胞生物，常有鞭毛，可自由游动，有真正的细胞核。这些生物处于进化的低级阶段，它

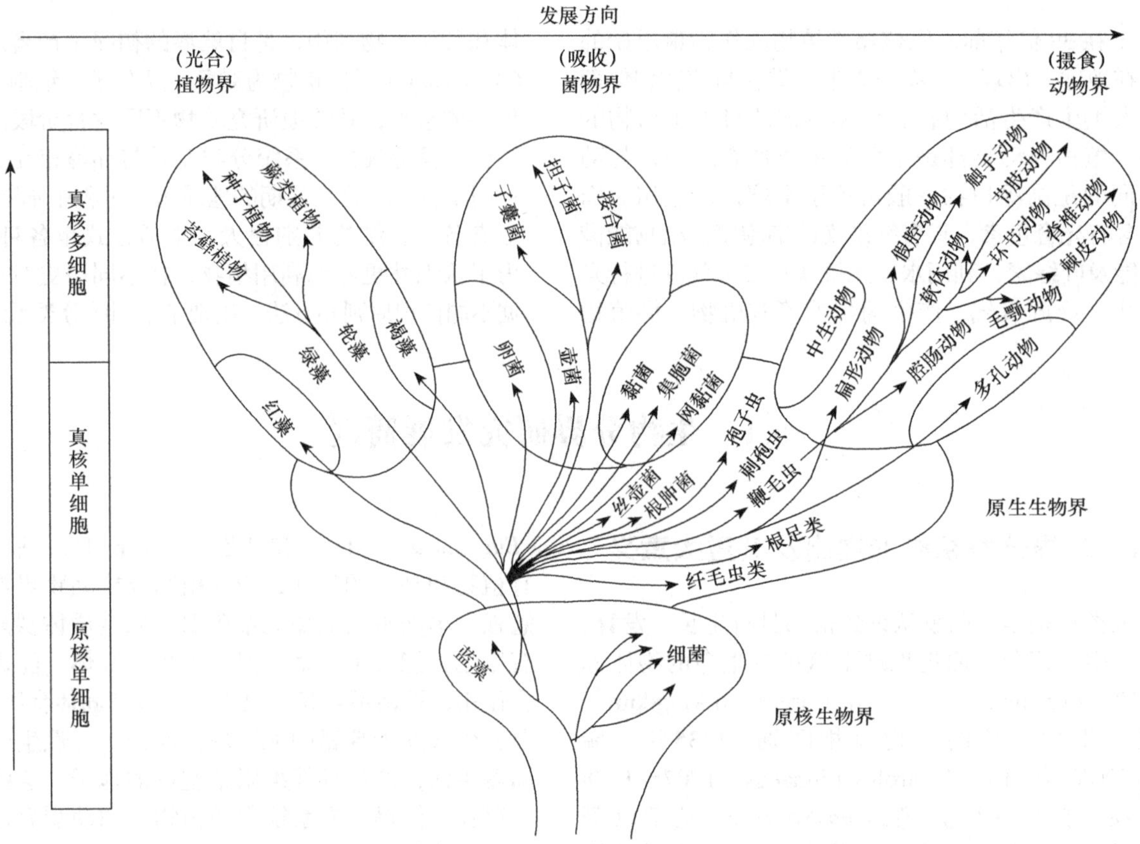

图 0-1　魏泰克五界分类系统

们之间没有清楚界限，可以放在一个界中。植物界以高等藻类和高等植物为代表，利用光合作用将无机物转化为有机物，将光能转化为化学能储藏在有机物中，是有机物的生产者。菌物界拥有真正的细胞核，不含叶绿素，不能进行光合作用，只能从环境中分解吸收化学物质作为营养和能量。动物界主要是指靠捕食其他生物作为营养和能量的生物，动物可以移动或运动。

魏泰克的“五界分类系统”影响较大，这是目前应用最为广泛的分类系统。它在纵向上揭示了地球细胞生命进化历程的三大阶段：从原核单细胞阶段进化到真核单细胞阶段，再进化到多细胞的真核生物阶段。横向上揭示了生物营养演化的三大方向：从光合自养植物进化到分解和吸收有机物的菌物，再进化到摄食有机物的动物。随着生物层次的上升，生物结构和功能复杂性增加，变异机会增多，生物越加多样化。多细胞生命的三个界代表了一种生态的和形态的分类，植物（生产）、菌物（还原）和动物（消费）代表了生物的三种主要生存方式。

0.1.5　六界分类系统

尽管生物分界系统已经有了大家广为接受的五界分类系统，然而还是有科学家表达不同的看法，提出了更高、更精细的分类。1979 年，我国学者陈世骧根据病毒（virus）和类病毒（viroid）不具细胞结构以及在寄主体外不能繁殖的特点，建议成立非细胞结构的病毒界，提出了六界分类系统，即原核生物界、原生生物界、菌物界、植物界、动物界和病毒界。

本教材采用二界分类系统陈述各类植物的形态结构特征和进化水平。

0.2　我国丰富的植物资源

植物与其他生物、环境所形成的所有形式、层次、组合，在植物的遗传、物种、生态习性和生态系统方面表现出多样性特征，植物资源十分丰富（表 0-1）。我国已知水生或湿生的藻类植物有 9800 余种，藻菌共生的地衣有 2000 种，苔藓植物有 2200 种，蕨类植物有 2600 种，裸子植物有 260 种，被子植物有 25 000 种。54 000 余种植物是我国国防安全、粮食安全、能源安全、健康保健等的重要生物资源保证。这些植物在系统演化中对环境的适应能力各异，形成了不同进化水平的植物类群，既有合子不形成胚的低等藻类、菌类、地衣植物，也有合子形成胚具有多细胞生殖器官的高等植物；既有对水高度依赖的非维管植物藻类、菌类、地衣、苔藓植物，也有适应陆地生活的维管植物蕨类、裸子植物和被子植物。这些植物既有能够真正开花的被子植物，也有不真正开花的其他植物。植物分布广泛，无论是在海拔 5000m 的青藏高原，还是在低海拔的江河湖海；无论是在干热河谷，还是在热带雨林；无论是在冬季寒冷的北方，还是在四季如春的南方，随处可见绿色宜人的植物。挺拔的乔木、伸展的灌木、妖娆的藤本、青翠的草地，婀娜多姿的植物美化着我们共同的地球。植物吸收人类生活、生产及动物生存所排放的 CO_2，通过光合作用生产出富含能量的有机产物供其他生物食用，同时释放出氧气，调节大气气体成分、促进生态平衡。

表 0-1　世界和中国主要植物类群物种数（部分参考马炜梁等，2015）

分类群	世界已知种数	中国已知种数	中国已知种数占世界已知种数的比例 /%	资料来源
被子植物	250 000	25 000	10.00	陈灵芝，1993
裸子植物	近 800	260	32.50	杨永，2015
蕨类植物	12 000	2 600	21.67	陈灵芝，1993
苔藓植物	2 300	2 200	95.65	陈灵芝，1993
黏菌	500	—	—	
真菌	46 983	8 000	17.03	中国生物多样性保护计划
细菌	26 900	5 000	18.59	中国生物多样性保护计划
地衣	20 000	2 000	10.00	
蓝藻	2 000	900	45	中国大百科全书
裸藻	1 000	300	30	中国大百科全书
绿藻	9 000	3 000（淡水）	33.33	梅洪等，2003
轮藻	400	152	38	中国大百科全书
硅藻	16 000	4 000（淡水）	25.00	梅洪等，2003
黄藻	370	30（淡水）	8.11	中国大百科全书
甲藻	300	200（淡水）	66.67	中国大百科全书
金藻	750	701（淡水）	93.47	梅洪等，2003
红藻	4 410	300	6.80	中国大百科全书
褐藻	1 500	250	16.67	中国大百科全书

0.3　植物学研究简史与进展

自从有了人类历史以来，人类就开始了对植物的研究和应用。我国是世界上研究和应用植物最早的国家之一。英国植物分类学家 C. Jeffery（1982 年）将远古时期至 1830 年左右称为民间分类学或本草学阶段。古希腊哲学家亚里士多德（Aristotle，384B.C.～322B.C.）的学生特奥夫拉斯托斯（Theophrastus，300B.C.）在《植物历史》一书中记载了 480 种植物，是世界公认的植物学创始人。1 世纪的希腊医生迪奥斯克里德斯（Dioscorides）在其著作《药物论》（*De Materia Medica*）中描述了近 600 种植物，被认为是最早的本草学书，为以后药用植物的使用奠定了基础。17 世纪英国的列文虎克（Leeuwenhoek，1632～1723 年）发明了显微镜，打开了植物解剖结构的微观世界之门，18 世纪瑞典植物学家创立了植物的分类系统和植物的双名法，为现代植物分类学快速发展奠定了坚实的基础。19 世纪德国施莱登（Schleiden，1804～1881 年）和施旺（Schwann，1810～1882 年）细胞学说的创立，揭示了细胞的统一性和生物体结构的统一性，是人类对包括植物学在内的生物学研究进入细胞水平的显著标志。同时期的进化论奠基人达尔文（Darwin，1809～1882 年）出版了巨著《物种起源》，提出了基于自然选择的进化理论，首次把生物学建立在完全科学的基础上，标志着人对生物界和人类在生物界中的地位的认识发生了深刻的变化。这一系列的研究成果，推动了近代植物学研究的快速发展。

据史料记载，中国殷代就开始有禾谷类植物麦、稻、粟等的种植，西周至春秋时期的《诗经》中有近 1/2 的篇章记载了 200 多种植物，《尔雅》记载了 300 余种木本和草本植物，包括食用植物、观赏植物、祭祀植物及其象征意义。植物成了世界远古文明的重要见证。世界上最早的本草专著是中国秦汉时期的《神农本草经》，其中记载药用植物 365 种，此后中国各个朝代都有本草书出版，如唐朝的《新修本草》、宋朝的《开宝本草》、元朝的《本草论》等，但以明朝李时珍的《本草纲目》最为著名，该书图文并茂地收集记录了 1195 种药用植物，至今仍然是国际药学和植物学家十分珍视的植物学巨著。清代吴其睿（1789～1846 年）的《植物名实图考》，是中国植物学领域的又一巨著，记载了中国 1719 种植物，书中一物一图，图文对照，图形精美，常可用来鉴定植物科属，所描述的一些植物甚至是现代植物学才记载和命名的，对近现代考求植物品种甚有价值，是非常宝贵的植物学研究文献。

近代植物学如同其他自然科学分支一样，都是从西方移植到中国的。1857 年，李善兰（1811～1882 年）与英国人韦廉臣等合作，共同翻译了《植物学》（*Lindley: Elements of Botany*）8 卷。20 世纪初，一批有志青年从国外留学归来开展植物学研究和教育工作，成为中国近代植物学重要的奠基人，他们是钟观光（1868～1940 年）、钱崇澍（1883～1965 年）、戴芳澜（1893～1973 年）、胡先骕（1894～1968 年）、李继侗（1897～1961 年）、罗宗洛（1898～1978 年）、秦仁昌（1898～1986 年）等。1932 年，钱崇澍、邹秉文、胡先骕共同编写了中国第一本《高等植物学》大学教科书。1937 年，中国已经成立了 4 个植物研究所（中央研究院植物研究所、静生生物研究所、北平研究院植物研究所、中山大学植物研究所），建立了 2 个植物园（中山植物园和庐山植物园），并在很多高校设置了植物学课程。同年，陈嵘（1888～1971 年）出版了《中国树木分类学》。中华人民共和国成立以来，中国出版了《高等植物图鉴》（7 册）、《中华人民共和国植被图》（1∶100）、《新华本草纲要》（3 册）、《中国本草图录》（10 卷）、《中国植物红皮书 · 稀有濒危植物》、《中国高等植物》（13 卷）、《中国孢子植物志》（60 余卷），各省市植物志编写任务基本完成。到 2012 年，我国已经建立近 2600 个自然保护区，150 个植物园、树木园和草药园，成为中国植物遗传资源重要的保全、科研和教育基地。特别值得骄傲的是，1958 年正式启动编撰工作的《中国植物志》，以钱崇澍、陈焕镛（1890～1971 年）、林镕（1903～1981 年）、俞德浚（1908～1986 年）和吴征镒（1916～2013 年）为代表的 312 位植物学家和 164 位绘图员经过 80 年的不懈努力，2004 年得以出版，记载了中国 301 科 3408 属 31 142 种植物的科学名称、形态特征、生态环境、地理分布、经济用途和物候期等，是目前世界上最大型、种类最丰富的巨著之一，全书 80 卷 126 册，5000 多万字。1988 年中国科学院昆明植物研究所的吴征镒院士和美国密苏里植物园的皮特 · 雷文（Peter Raven）院士联合任编委会主席，开始合作编写英文版的《中国植物志》（*Flora of China*），历时 25 年后，在 2013 年正式出版，该书包括文字 25 卷、图版 24 卷，记录了中国维管束植物 312 科 3328 属 31 362 种，是世界上最高水平的英文版植物志，使《中国植物志》更加完善，走向世界，成为人类的共同财富。《中国植物志》的全部出版，实现了中国四代植物学家的夙愿，为合理开发利用植物资源提供了极为重要的基础信息和科学依据，对陆地生态系统研究将起到重大促进作用，对国家和全球的可持续发展将做出重大贡献并产生深远影响，同时也标志着中国植物学基础理论研究达到了世界先进水平。

2015年，中国植物科学研究处于飞速发展的态势，中国植物生命科学家在国际顶级学术刊物发表文章的数量呈现出明显的优势。中国科学家在植物学诸多领域取得了骄人的成果，如高等植物光系统Ⅰ（PSⅠ）与捕光天线的超分子复合物晶体结构的解析、水稻感知和耐受寒害机制、乙烯信号转导分子机制研究等。2015年中国生命科学领域十大进展中，植物科学领域有两项成果入选。屠呦呦（1930年～）以中国本土科学家身份，因青蒿素的发现与抗疟疾药物新疗法的开创，获得了诺贝尔生理学或医学奖，标志着中国植物化学和中药学对人类健康事业的巨大贡献受到国际高度关注，中国植物科学从跟踪、并行，逐渐迈入领跑学科发展的方阵。植物学在中国经历了从无到有的快速发展，完成了植物学知识的本土化，以及教育和科研的体制化，使这个学科在中国具备了持续发展的能力。

0.4　植物在环境保护中的作用

（1）截留降水，涵养水源，防止水土流失　在林木茂盛的地区，树冠可截留15%～40%的降水量；枯枝落叶持水量可达自身干重的2～4倍；每公顷森林土壤能蓄水640～680t，比无林地多蓄水2×10^4kg；森林覆盖率30%的林地，水土流失比无林地减少60%，1cm厚的枯枝落叶层可以使泥沙流失量减少94%。13° 的山地每年减少的土沙流失量，林地是裸地的48倍。在天然降雨下，林地产沙减少量是荒坡的4～44倍。

（2）增加降水，调节气候，缓解季节性干旱　一棵中等高大的桉树，夏季蒸腾的水分是全年吸收水分的50%，森林上空的空气湿度比无林区高10%～25%，比农田高5%～10%；按每公顷生长旺盛的森林，每年向空中蒸腾8000t水计算，大约要消耗40亿kcal①热量。据测定，夏天绿地中的地温一般要比广场中白地的地温低10～17℃，比柏油路低12～22℃；冬季草坪地表平均气温比裸地高3～4℃。森林能使降水量平均增加2%～5%，比无林地平均高16%～17%。如果把森林增加的大气凝结水也估算在内，则森林能提高平均降水量的10%。因此，森林植物对季节性干旱缺水状况能起到很大的缓解作用。

（3）吸收毒物，杀灭病菌，净化环境　植物能够吸收大气中的有毒气体和粉尘，能够吸收水体中的污染物和重金属。每公顷柳杉林每年吸收二氧化硫720kg，柑橘林年吸收二氧化硫1440kg以上；每公顷刺槐林或银桦林每年吸收氯气和氟化物分别为42kg和12kg；每公顷凤眼莲每月能从水中吸收锰120kg、钠1020kg、钙660kg、汞2.67kg、镍8.91kg、锶9.63kg、铅3.12kg。污水暂存池放养小球藻48h，能净化污水用于农田灌溉；水池中栽培芦苇，能使水中的磷酸盐、有机氮、氨和悬浮物分别减少20%、60%、66%和30%。现已发现，有300多种植物能分泌出挥发性的杀菌物质；每公顷松柏林每天可分泌30kg杀菌素；商场内、林荫大道上、绿化公园中，每立方米空气中分别有细菌400万个、58万个和1000个，而林区只有55个。新鲜的桃树叶可驱杀臭虫，黄瓜的气味可驱蟑螂，洋葱和番茄可赶走苍蝇，木本夜来香和罗勒能驱蚊虫，等等。

（4）适应环境，修复生态，重建生态系统　在江、河、湖、海的堤坝、库岸带种植适宜的植物，植物强大的根系，可以起到固堤护岸、防止生态恶化和维护生态稳定的作用。重庆市万州区三峡库区163～175m蓄水水位带种植中山杉，经过最长149天基部水淹，最长122天没顶水淹，最大没顶深度达12m，仍能获得90%的造林保存率。在西南山地石漠化地区种植桑树，3～5年即可成林，防止生态系统的逆向演替，促进石漠化地区生态系统的修复与重建。沙漠中种植杨树、胡杨、梭梭、柽柳、骆驼刺等植物，能减弱风速、预防风蚀、稳固流沙、改良沙地生态体系。中国在库布齐沙漠中绿化0.6万km^2，修复1.1万km^2，生态减贫超10万人，为100余万人次提供就业机会，探索出一条治沙—减贫—创造生态财富—应对气候变化的沙漠治理模式，得到联合国多个国际组织的成果分享与推荐。

（5）对有毒物质敏感，指示污染排放，监控环境质量　植物对环境质量变化有着较高的敏感性，

① 1cal≈4.2J，下同。

可作为监测大气污染及污染物质的指示植物。紫花苜蓿对空气中SO_2浓度的感知能力是人类的3～17倍，在0.3ppm①时就会出现症状。桃树叶片氟含量达到50ppm时会出现伤害症状。唐菖蒲对氟化物特别敏感，在浓度为1～10ppb②时就能出现受害症状，及时发出警告，可监测磷肥厂周围大气氟污染。植物就像绿色卫士，能为人类安全洁净的生存环境保驾护航。

0.5 植物与人类的关系及其应用

植物与人类相伴而生，人类的衣食住行都与植物关系十分密切。从古至今，我们穿的衣物，几乎都不能没有天然的植物纤维，棉花、苎麻、木棉等含纤维量高的植物，已经大量人工栽培满足人类衣着的需要。人类的食物中，主要的粮食、蔬菜和水果都是植物器官的一部分，小麦、水稻、玉米等谷类植物的颖果是人类的主要粮食，白菜、番茄、萝卜等植物的叶片、果实和肉质根是人类的重要蔬菜，苹果、香蕉、柑橘等植物的果肉是人类日常需求的大众果品。许多植物是人类治病的良药，如抗疟的青蒿、抗病毒的板蓝根、滋补身体的人参等。很多日常生活中的餐具、厨具、家具、寝具、文具等都是植物材料做成的。我们居住的宜人环境需要植物来绿化和美化，居住的场所需要木材来构建和装饰。步道、公路的两侧，栽植植物既能美化环境还能标识里程。因为有橡胶做轮胎，我们驾驶汽车时平稳舒适，乘坐飞机着陆时缓冲力减小。许多的工业产品，都是以植物为原材料加工而成的，如用植物纤维加工纸张、用植物木质素加工地板、用种子加工生物质油、用芳香植物提取香精，以及用木材制取染料、松香、油漆等。每立方米空气中，森林里含负氧离子2万个以上，清爽宜人，而在城市室内空气中负氧离子只有40～50个。环境绿化美好的地方，事故发生率减少40%，工作效率提高15%～35%。优美的环境还能极大地激发人的创作灵感。人类与植物结下了不解之缘，植物在人类生活、生产及社会发展历史中应用广泛。

0.6 学习植物学的目的和方法

0.6.1 学习植物学的目的

植物是联系人和大气圈与岩石圈的纽带，是维系人类生命和生存的重要物质要素。研究植物的目的是认识和揭示植物生长发育、遗传变异、分布范围和适应能力等的规律，有意识地控制、利用、改造植物，保护性利用野生植物资源，提高作物的产量和品质，发展国民经济，改善人民生活。

植物学是科技教育课程体系中不可缺少的一门自然科学课程，综合性大学、农林院校、师范学院、医学院、药学院等与生命相关的学科，几乎都设置有植物学课程，它为生理学、生态学、遗传学、农学、林学、医药学等课程的学习打下基础，为这些课程群的师资储备和科学研究培养植物学人才，是很多高校的公共基础课程。学习植物学可为学好其他相关课程和后继专业课程、为更好地从事生产和科学研究，提供必要的植物学基本理论、基本知识和基本技能。因此，对植物学的学习十分必要。

0.6.2 学习植物学的方法

（1）端正学习态度，明确学习目的 学习植物学既是爱好，也是责任和担当，每个学习植物学的同学，都应向吴征镒等植物学前辈学习，学习他们把个人的发展前途与国家的建设需要紧密结合，用自己的智慧才华为中华民族的伟大复兴做贡献。

（2）运用辩证唯物主义的立场和观点学习 植物形态结构的多样性和复杂性，要求我们要充分认识植物细胞、组织、器官、个体、群体、形态结构、生理功能的相互区别与联系，认识它们与环境间的互作关系。认识植物体各器官间形态结构既具有特殊性，也具有完整性，功能上有协调性，能对环境

---

① $1ppm=1\times10^{-6}$，下同。
② $1ppb=1\times10^{-9}$，下同。

变化产生适应性。

（3）用系统发育和个体发生的观点学习　最早的原始植物在历史的长河中经过了一系列的系统演化才发育成现代的植物界，因此，学习植物学还应树立由低级到高级、由简单到复杂、由水生到陆生、由少数到多数的系统进化的观念，才能更好地理解植物的多样性、稳定性、变异性、可利用性和重要性。植物的个体发育是一个连续过程，各器官的形态结构是相互联系和有序的，不能满足于孤立地掌握某个知识点，要用联系的、全面的发展观学习植物学。

（4）以理论联系实际的方法学习　植物学与农业、林业、园艺、药学、生态环境保护等领域有着广泛联系并具有巨大的应用价值。在植物学的学习过程中，要深入农村、工厂等生产基地和大自然中进行调查及实习，将课本上学到的理论知识与生产实践相结合，学以致用，才能真正地学好植物学。

（5）勤于实验观察、提高实验技能　植物学还是一门实践性很强的课程。从教材中学习到的丰富植物学知识需在实验印证中得到强化和消化，因此，加强实践操作技能培训，认真细致地进行实验和实习，培养敏锐的科学观察能力，才能进一步巩固知识、加深理解学习。

通过植物学的学习和训练，为其他相关课程和后续专业课程的学习打下坚实的基础，提高自己认识自然和与自然和谐共处的能力。

参考文献

陈灵芝，1993．中国生物多样性现状及其保护对策．北京：科学出版社．

丁春邦，杨晓红．2014．植物学．北京：中国农业出版社．

马炜梁，王幼芳，李宏庆．2013．植物学．北京：高等教育出版社．

梅洪，赵先富，郭斌，等．2003．中国淡水藻类生物多样性研究进展．生态科学，22（4）：356-359．

杨淑华，王台，钱前，等．2016．2015年中国植物科学若干领域重要研究进展．植物学报，51（4）：416–472．

杨永．2015．中国裸子植物的多样性和地理分布．生物多样性，23（2）：243-246．

杨世杰．2000．植物生物学．北京：科学出版社．

第1章 细胞和组织

学习目标

通过本章的学习，要求了解细胞的发现、“细胞学说”及其内容；掌握植物细胞的基本结构和功能，细胞器的结构和功能，细胞分裂的方式、特点及意义；理解细胞分化、脱分化、再分化、细胞全能性的生物学意义及在生物工程中的应用价值；掌握植物组织的类型、结构及功能特点，理解各类组织在结构上的整体性、功能上的协调性。

引　　言

细胞是生物体的基本结构单位，除病毒外，所有生物都是由细胞组成的；细胞是生命活动的功能单位，一切代谢活动均以细胞为基础，特化的细胞分工合作，共同完成复杂的生命活动；细胞是生殖和遗传的基础与桥梁，具有相同的遗传语言；细胞是生物体生长发育的基础，形状与大小各异的细胞是生物进化的结果，没有细胞就没有完整的生命；植物组织是由来源相同和执行同一功能的一种或多种类型细胞集合而成的结构单位；植物组织的形成是植物体内细胞分裂、生长、分化的结果；按发育程度和主要生理功能不同以及形态结构特点，植物组织可分为分生组织和成熟组织，成熟组织由分生组织衍生而来，又分为保护组织、基本组织、机械组织、输导组织和分泌结构。这些组织在植物体内有序地排列，形成功能不同的三大组织系统：皮组织系统、基本组织系统和维管系统。

1.1　细胞的发现

英国物理学家罗伯特·胡克（Robert Hooke）于1665年用自制的显微镜（放大倍数为30倍），观察了软木（栎树皮）的薄片，第一次描述了植物细胞的构造，并首次借用拉丁文中cellar（小室）这个词来描述他观察的类似蜂巢状的结构（实际上只是观察到纤维质的细胞壁）。胡克有关细胞的首次描述，出现在他1665年发表的著作《显微图谱》（*Micrographia*）中（图1-1）。因此，人们也就认为细胞是在1665年由胡克发现的。胡克的发现对细胞学说的建立和发展具有开创性意义，后来，生物学家就用“cell”一词来描述生物体的基本结构，中文译为“细胞”。

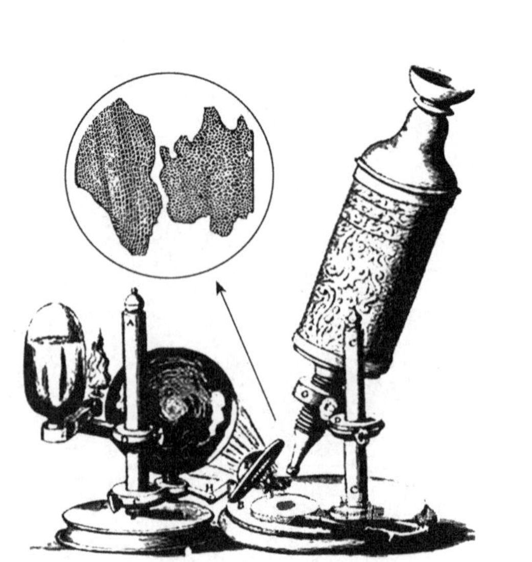

图1-1　胡克自制的显微镜及所观察的栎树周皮细胞的细胞壁（引自Karp，2013）

荷兰学者列文·虎克（Antony van Leeuwenhoek）为检查布的质量，亲自磨制透镜，设计了更好的显微镜（放大倍数为300倍），观察了许多动物、植物的活细胞及池塘水滴中的原生动物，并于 1674 年在观察鱼的红细胞时描述了细胞核的结构。在同一时期，意大利的解剖学家马尔比基（Marcello Malpighi）与英国的植物学家格鲁（N.Grew）注意到了植物细胞中细胞壁与细胞质的区别。此后对细胞观察的资料虽然不断增加，但是在长达 170 多年的历史中，人们并没有对细胞的认识及其与有机体的关系进行科学的概括，也没有上升到具有普通指导意义的理论高度。

1838 年，德国植物学家施莱登（M. J. Schleiden）发表了《植物发生论》一文，指出细胞是构成植物体的基本单位，他认为：尽管植物的不同组织在结构上有着很大的差异，但是植物是由细胞构成的，植物的胚是由单个细胞产生的。

1839 年，德国动物学家施旺（T. Schwann）发表了《关于动植物的结构和生长的一致性的显微研究》一文，指出动物和植物具有类似的结构，且动植物都是细胞的集合物，并提出了细胞学说（cell theory）的两条最重要的基本原理：第一，地球上的生物都由细胞构成；第二，所有的生活细胞在结构上都是类似的。而细胞学说的第三个重要的基本原理是 1858 年德国医生和病理学家菲尔绍（Rudolf Virchow）补充的：所有细胞来自于已有细胞的分裂，即一切细胞产自细胞。

1.2　细胞学说的主要内容

“细胞学说”建立时的基本内容是：①细胞是有机体，一切动物、植物都是由细胞发育而来，并由细胞和细胞产物所构成；②每个细胞作为一个相对独立的单位，既有它“自己的”生命，又对与其他细胞共同组成的整体的生命有所助益；③新的细胞可以通过已存在的细胞繁殖产生。除此以外，施莱登还认识到了细胞核作用的重要性。

施旺曾经指出：细胞现象有两类，一类是“造型现象”，另一类是“生理现象”，并首次称后者为“代谢过程”。这说明他已经正确地估计到细胞不仅是结构单位，而且是功能单位。施旺还提出了有机体的各类组织（骨骼、血液、肌肉等）之间以细胞类型及其相互关系为基础的区分。

“细胞学说”提出后，迅速推进了许多领域的研究，对当时生物学的发展起到了巨大的促进和指导作用。这一学说本身也迅速得到充实、发展而日臻完善。例如，施罗德（Sichold）等通过对原生动物的研究证明，不仅动物、植物，原生动物也是由细胞组成的，它是只含一个细胞的动物，能独立地进行全部生命活动；艾伯特·可里克（Albert Kolliker）通过对胚胎学的研究，证明了生物个体发育的过程就是细胞不断繁殖和分化的连续过程。而施莱登和施旺在不少细节上的谬误则被纠正。例如，施莱登曾认为，细胞的繁殖是新细胞在老细胞的核中产生，通过细胞崩解而完成的。这种看法到 1840 年即被一系列学者的研究所修正，认识到细胞的繁殖是通过某种形式的“分裂”而完成的，尤其是德国医生和病理学家菲尔绍在 1858 年指出，“细胞只能来自细胞”，“正如动物只能来自动物，植物只能来自植物一样”。此外，他还提出有机体的一切病理表现都是基于细胞的损伤。

人们通常称 1838～1839 年施旺和施莱登确立的细胞学说、1859 年达尔文确立的进化论、1866 年孟德尔确立的遗传学为现代生物学的三大基石。实际上，可以说细胞学说又是后两者的“基石”。对细胞结构与功能的了解是对生物学、医学及其各个分支进一步发展所不可缺少的。所有的生物都是由细胞构成的。除了病毒、类病毒等是非细胞的生命体以外，其他生命有机体的结构和功能单位都是细胞。细菌、酵母等微生物是以单细胞的形式存在的，而高等动物、植物则是由多细胞构成的，如人大约有 3×10^{13} 个细胞，这些细胞组成不同的组织和器官。

细胞学说对细胞及其功能有了一个较为明确的定义，细胞学说的建立对现代生物学的发展具有重要的意义。恩格斯把细胞学说、能量转化与守恒定律和达尔文进化论并列为 19 世纪自然科学的“三大发现”。恩格斯说：“有了这个发现，有机的有生命的自然产物的研究——比较解剖学、生理学和胚胎学——才获得了巩固的基础。”进化论解释了生物的多样性，而细胞学说提出了生物同一性的细胞学基础，因而大大推进了人类对整个自然界的认识，有力地促进了自然科学和哲学的进步。

细胞学说的主要内容可归纳为三点：所有的生物都是由一个或多个细胞组成的，细胞是所有生物的结构和功能的单位，所有的细胞必定是由已存在的细胞产生的。

20 世纪初，细胞的主要结构在光学显微镜下均已被发现，但对各部分的功能和它们彼此如何联系还知道得很少，直到 40 年代，电子显微镜发明后，用电子束代替了光束，才大大提高了显微镜的分辨率，从而使人们看到了光学显微镜下所看不到的更为精细的结构。同时，细胞匀浆、超速离心、同位素示踪等生化技术在细胞学研究上的运用，使人们对细胞的结构及其与功能间的关系，以及细胞的发育有了更深入的理解。20世纪60年代，利用组织培养技术，把植物离体细胞培养成完整的植株，这一事实表明了从复杂的有机体中分离出来的单个生活细胞，是一个独立的个体，具有遗传上的全能性，在一定的条件下它能够分裂、生长和分化，并能产生亲本有机体的“复制品”，这就进一步证明了细胞是有机体的结构和功能的基本单位。

自然界中也存在非细胞形态的生物——病毒，但是病毒单独存在时，只是一类蛋白质和核酸组成的大分子，不能进行任何形式的代谢，只有寄生于宿主的细胞内后，才具有生命特征，能进行代谢和繁殖。对“细胞”这一生命单位的了解，是我们认识生物体结构、代谢和生长发育规律的基础，因此，要了解植物的结构及其形态建成的规律，有必要从认识植物细胞着手。

1.3 植物细胞的形态与基本结构

植物细胞由细胞壁（cell wall）和原生质体（protoplast）两大部分组成，它是组成植物体的结构单位和功能单位。原生质体一词来源于原生质（protoplasm）。原生质是组成细胞的有生命物质的总称，是物质概念；而原生质体是组成细胞的一个形态结构单位。

1.3.1 植物细胞的形状和大小

植物细胞的形状多种多样。细胞的形状和大小取决于细胞的遗传性及对环境的适应，而且伴随着细胞的生长和分化常常发生相应的改变。

单细胞藻类植物和细菌等游离生活的细胞，常为球形或近球形；多细胞植物体中，由于细胞间的相互挤压，往往形成不规则的多面形。出于形态与功能的统一性，高等植物体内许多细胞的形状非常特殊。例如，高等植物中执行输导功能的细胞呈长筒形；支持器官的细胞呈长纺锤形；吸收水分和养料的根毛细胞呈丁字形，向外产生一条长管状突起，增大了它与土壤的接触面；保护植物体的表皮细胞是扁平的，其侧面观呈长方形，表面观形状不规则，许多这样的细胞彼此嵌合形成表皮，不易被拉破（图1-2）。

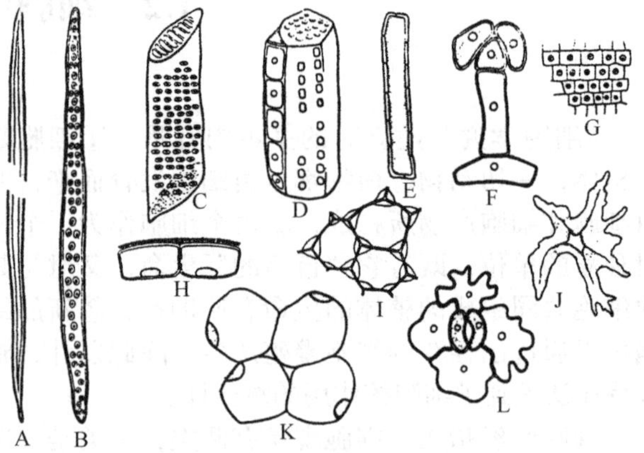

图1-2 种子植物不同形状的体细胞（引自徐汉卿，1994）
A. 纤维 B. 管胞 C. 导管分子 D. 筛管分子和伴胞 E. 木薄壁组织细胞 F. 分泌毛 G. 分生组织细胞 H. 表皮细胞 I. 厚角组织细胞 J. 分支状石细胞 K. 薄壁组织细胞 L. 表皮细胞和保卫细胞

细胞大小的计量单位，在光学显微镜下一般用微米（μm，1mm＝1000μm）；在电子显微镜下一般用埃（Å，1μm＝1000Å）。我们观察物体时，常使用分辨率这个名词，分辨率是指能区别两个点之间的最小距离。肉眼的分辨率为0.1mm，光学显微镜的分辨率是0.2μm，目前使用的电子显微镜的分辨率为2.5Å。

不同种类的细胞大小差别悬殊。种子植物分生组织的细胞，直径为5～25μm；而分化成熟的细胞，直径为15～65μm。这些细胞都要借助显微镜才能看到。但也有少数大型的细胞肉眼可见，如西瓜（*Citrullus* sp.）成熟果肉细胞的直径约为100μm，棉花种子的表皮毛细胞可长达75mm，苎麻属（*Boehmeria*）植物的茎纤维细胞的长度可达550mm。

在细胞内部，细胞核、细胞质及各种细胞器相互配合，有序地进行着各种生物化学反应，完成各种生理功能。细胞与外界通过细胞表面进行物质交换，如果细胞体积小，它的相对表面积就较大。这样，既有利于细胞内部的物质运输、信息传递，又有利于细胞与外界进行物质交换。

1.3.2 植物细胞的基本结构和功能

植物体内的各类细胞虽然在形状、结构和功能方面各不相同，但它们的基本结构是一样的，都由细胞壁和原生质体两部分组成。细胞壁是包围在原生质体外的坚韧外壳，长期以来，人们认为它是植物细胞的非生命部分，近年来，越来越多的研究证明，细胞壁和原生质体之间有着结构和机能上的密切联系，尤其在幼年的细胞中，两者是一个有机的整体；原生质体包括质膜（plasmalemma）、细胞质（cytoplasm）、细胞核（nuclear）等结构，由细胞中的生命物质——原生质（protoplasm）构成。

在光学显微镜下原生质体可明显地被区分为细胞核和细胞质。细胞核呈一个折光较强、黏滞性较大的球状体，与细胞质有明显的分界。细胞质是原生质体中位于细胞膜和细胞核之间的部分，它透明、黏稠并具流动性，其中分散着许多细胞器（organella），如质体（plastid）、线粒体（mitochondria）、液泡（vacuole）、高尔基体（Golgi body）、内质网（endoplasmic reticulum）、核糖体（ribosome）、微管（microtubule）等。用一定的方法制备样品，能在光学显微镜下观察到质体、高尔基体、线粒体等细胞器，这些可在光学显微镜下观察到的细胞结构称为显微结构（microscopic structure），其中质体易于观察；电子显微镜将分辨率大大提高，用其可观察到的细胞内的精细结构称为亚显微结构（submicro structure）或超微结构（ultrastructure）（图 1-3）。此外，植物细胞内还常有一些储藏物质或代谢产物，称为后含物（ergastic substance），如淀粉粒、单宁、橡胶和生物碱等。

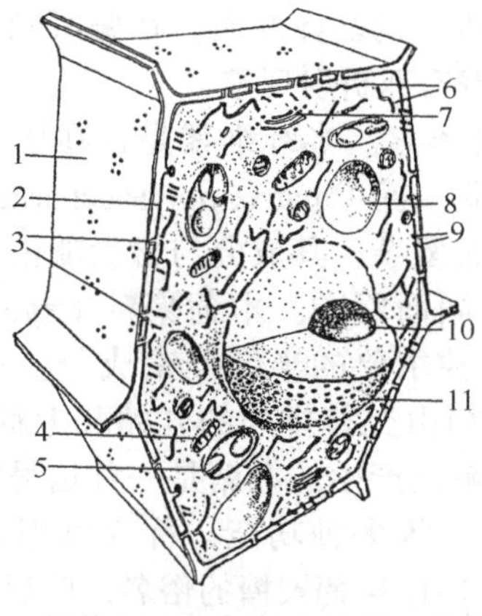

图 1-3　植物细胞的亚显微结构立体模式图

1. 细胞壁（上面具有胞间连丝通过的孔） 2. 质膜 3. 胞间连丝 4. 线粒体 5. 前质体 6. 内质网 7. 高尔基体 8. 液泡 9. 微管 10. 核仁 11. 核膜

1.3.2.1　细胞壁

细胞壁是植物细胞区别于动物细胞最显著的特征，是包围在植物细胞原生质体外面的一个坚韧的外壳，它的存在使植物细胞乃至植物体的生命活动与动物有许多不同，它与液泡、质体一起构成植物细胞与动物细胞相区别的三大结构特征。

细胞壁具有机械支持作用，还参与许多生命活动过程，如参与细胞生长的调控、物质运输、细胞识别、植物防御和细胞分化等。

（1）细胞壁的化学组成　细胞壁的化学组成因植物种类和细胞类型的不同而有区别，也随细胞的发育和分化而变化。高等植物和绿藻等细胞壁的主要化学组成是多糖，包括纤维素、果胶多糖和半纤维素，还有酚类化合物（木质素等）、脂类化合物（角质、栓质、蜡质）、矿物质（草酸钙、碳酸钙、硅氧化物）及蛋白质（结构蛋白、酶和凝集素等）。

1）纤维素。纤维素是细胞壁中最重要的成分，是由许多葡萄糖分子脱水缩合而形成的长链。首先，由数条平行排列的纤维素链形成微团（micella），再由多条微团平行排列构成在电子显微镜下可看到的细丝，直径为 10～25nm，称为微纤丝（microfibril）。细胞壁就是由纤维素微纤丝构成的网状结构（图 1-4）。平行排列的纤维素链之间和链内均有大量的氢键，纤维素的这种排列方式使细胞壁具有晶体性质，有高度的稳定性和抗化学降解的能

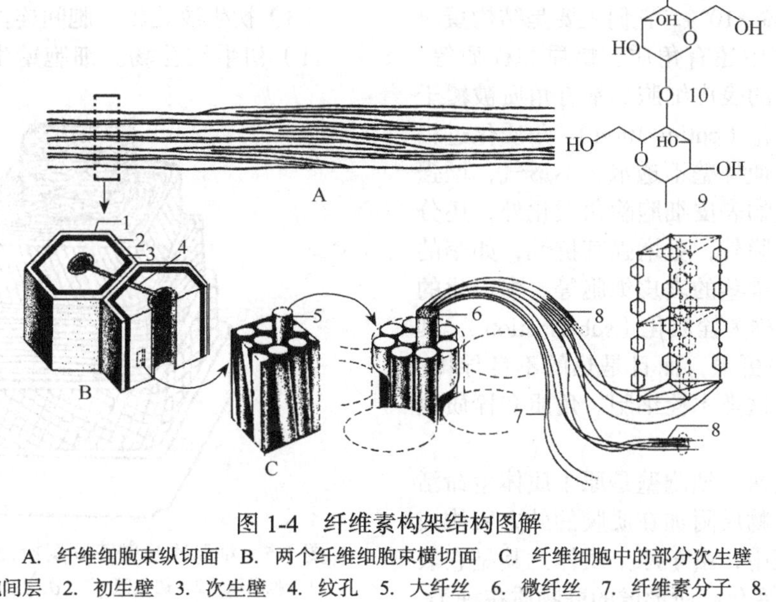

图 1-4　纤维素构架结构图解

A. 纤维细胞束纵切面　B. 两个纤维细胞束横切面　C. 纤维细胞中的部分次生壁

1. 胞间层 2. 初生壁 3. 次生壁 4. 纹孔 5. 大纤丝 6. 微纤丝 7. 纤维素分子 8. 微团

9. 微团的一部分，示葡萄糖残基有规律地晶格状空间排列　10. 两个葡萄糖基，示葡萄糖残基在纤维分子中的连接方式

力。由于纤维素的晶体性质，在偏振光显微镜下可观察到细胞壁有双折射现象。

2）半纤维素。半纤维素是存在于纤维素分子间的一类基质多糖（matrix polysaccharide）。它的种类很多，非常复杂，其成分与含量随植物种类和细胞类型的不同而不同。木葡聚糖（xyloglucan）是细胞壁中一种主要的半纤维素成分。在某些组织中，木葡聚糖由交替排列的九糖和七糖单位组成。木葡聚糖分解后产生的九糖是一种信号物质，具有调节植物生长等多种功能，称为寡糖素。胼胝质（callose）是β-1, 3- 葡聚糖的俗名，广泛存在于植物界，花粉管、筛板、柱头、胞间连丝、棉花纤维次生壁等处都有胼胝质。胼胝质是一些细胞壁中的正常成分，也常是一种伤害反应的产物，如植物被切伤后，筛孔即被胼胝质堵塞。花粉管中形成的胼胝质常常是不亲和反应的产物。

3）果胶多糖。果胶多糖是中层（middle lamella，又称为胞间层）和双子叶植物初生壁的主要化学成分，在单子叶植物细胞壁中含量较少。它是一类重要的基质多糖，包括果胶（pectin）和原果胶（protopectin）。果胶又有果胶酸（pectic acid）和果胶脂酸（pectinic acid）两种。除了作为基质多糖，在维持细胞壁结构中有重要作用外，果胶多糖降解形成的片段还可作为信号，调控基因表达，使细胞内合成某些物质，抵抗真菌和昆虫的危害。果胶多糖能保持10倍于本身重量的水分，使质外体中可利用的水分大大增加，在调节水势方面有重要作用。

4）木质素。细胞壁中另一类重要物质是木质素（lignin），但不是在所有的细胞壁中都存在。木质素具有较高的刚性，它的存在增加了细胞壁的硬度。木质素是芳香族化合物的多聚物，较亲水。

5）细胞壁的其他化学成分。细胞壁内的蛋白质占细胞壁干重的5%～10%，它们主要是结构蛋白和酶。此外，细胞壁中还有角质、蜡质和栓质等。例如，植物地上器官的表皮细胞，常有角质被覆于外壁表面，称为角质化（cutinization）。角质化过程所形成的角质膜，能使外壁不透水、不透气，增强了抵抗能力。有些植物表皮细胞除角质化外，还分泌蜡质，被覆于角质膜外，更增强其抗性，如李的果皮细胞、芥蓝和甘蔗茎的表皮细胞等。木栓化的细胞壁含有木栓质，称为栓质化（suberization），其不亲水性比角质化壁更强，而且是热的不良导体。老茎、老根外表都有这类木栓细胞。角质和栓质遇苏丹Ⅲ都呈红色。

（2）细胞壁的层次　细胞壁是原生质体生命活动中所形成的多种壁物质附加在质膜的外方所构成的。在细胞发育过程中，由于原生质体尤其是它表面的生理活动易发生变化，所形成的壁物质在种类、数量、比例及物理组成上具有差异，而使细胞壁产生成层现象（lamellation），可以被逐级地分为胞间层（intercellular layer）、初生壁（primary wall）和次生壁（secondary wall）。

1）胞间层。又称为中层，位于细胞壁的最外层，由相邻的两个细胞的原生质体向外分泌的果胶物质构成，果胶具有很强的亲水性和可塑性。胞间层将相邻的两个细胞粘连在一起，在一些酶（如果胶酶）或酸、碱的作用下会发生分解，而使相邻细胞彼此分离。西瓜、番茄等果实成熟时，部分果肉细胞彼此分离就是这个原因。

2）初生壁。初生壁是在细胞生长过程中，细胞停止生长之前所形成的壁层，存在于胞间层内侧。初生壁由相邻细胞原生质体分泌的壁物质在胞间层内面沉积而成，主要成分是纤维素、半纤维素、果胶及糖蛋白。初生壁一般都较薄，厚度为1～3μm，质地较柔软，具有较大的可塑性，能随着细胞生长而延展。分裂活动旺盛的细胞、进行光合作用的细胞和分泌细胞等仅有初生壁。当细胞停止生长后，有些细胞的细胞壁就停留在初生壁的阶段而不再加厚。

3）次生壁。次生壁是细胞体积停止增大后，细胞原生质体所分泌的壁物质附加在初生壁内表面形成的壁层。主要成分是纤维素，含有少量的半纤维素，并常含有木质素（lignin），大大增强了次生壁的硬度。次生壁较厚，厚度为5～10μm，质地较坚硬，延展性差。在植物体中，常常是那些在生理上分化成熟后原生质体消失的细胞，才在分化过程中产生次生壁，如各种纤维细胞、导管、管胞等。次生壁中纤维素微纤丝的排列方向有一定的规律。它由三层组成，各层纤维素微纤丝以不同的方向规则地排列（图1-5）。

（3）初生纹孔场、胞间连丝和纹孔

1）初生纹孔场。细胞壁生长时并不是均匀增

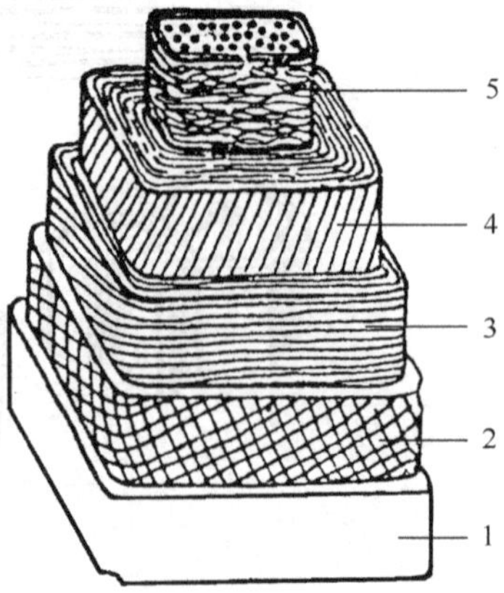

图1-5　细胞次生壁不同层次及微纤丝的排列方向
1. 胞间层　2. 初生壁　3. 次生壁外层　4. 次生壁中层
5. 次生壁内层

厚的，而在初生壁上具有一些明显的凹陷区域，称为初生纹孔场（primary pit field）（图 1-6A）。

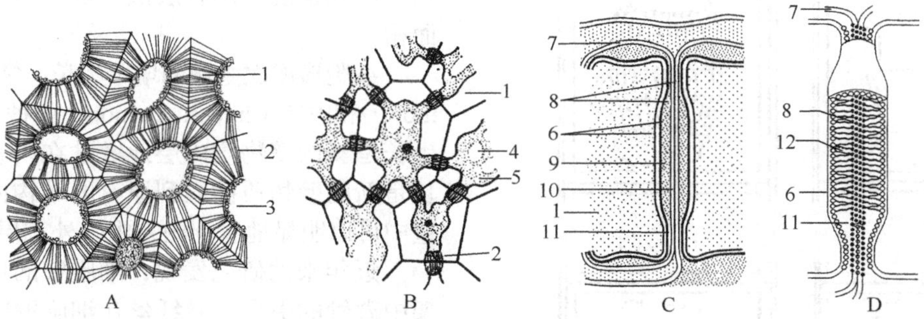

图 1-6　胞间连丝

A. 柿胚乳细胞中发达的胞间连丝　B、C. 刺葵胞间连丝超微结构　D. 胞间连丝超微结构放大

1. 初生壁　2. 初生纹孔场和胞间连丝　3. 细胞腔　4. 液泡　5. 细胞质　6. 质膜　7. 内质网　8. 链样管　9. 中央腔　10. 中心柱　11. 细胞质通道　12. 辐条

2）胞间连丝。穿过细胞壁连通相邻细胞的细胞质细丝称为胞间连丝（p1asmodesma），胞间连丝多分布在初生纹孔场上，细胞壁的其他部位也有少量的胞间连丝。经特殊的染色，在光学显微镜下能看到柿（*Diosyrus* sp.）胚乳细胞的胞间连丝（图 1-6A）。在电子显微镜下，刺葵（*Phoenix* sp.）的胞间连丝是直径约为 40nm 的管状结构（图 1-6B），相邻细胞间的质膜在胞间连丝中是连续的，内质网也可穿过胞间连丝与相邻细胞的内质网相通（图 1-6C、图 1-6D）。相邻细胞细胞质和信息的交流可以经过胞间连丝得以实现，水分及小分子物质都可以从这里穿行，一些植物病毒也是通过胞间连丝而扩大感染的，病毒颗粒甚至能刺激胞间连丝，使其孔径加大，便于它们通过。

胞间连丝使植物体中的细胞连成一个整体，所以植物体可分成两部分：共质体和质外体。通过胞间连丝结合在一起的原生质体，称为共质体（symplast）；共质体以外的部分，称为质外体（apoplast），包括细胞壁、细胞间隙和死细胞的细胞腔。

3）纹孔。次生壁形成时，往往在原有的初生纹孔场处不形成次生壁，这种只有中层和初生壁隔开，而无次生壁的较薄区域称为纹孔（pit）（图 1-7）。纹孔也可在没有初生纹孔场的初生壁上出现，有些初生纹孔场可完全被次生壁覆盖。相邻细胞的纹孔常成对存在，称为纹孔对（pit-pair）。

纹孔对中的胞间层和两边的初生壁，合称为纹孔膜（pit membrane）。由次生壁包围纹孔形成的腔，称为纹孔腔（pit cavity）。纹孔有两种类型：一种称为单纹孔（simple pit），结构简单（图 1-7A），仅由纹孔膜和纹孔腔构成，胞间连丝从纹孔膜通过；另一种称为具缘纹孔（bordered pit），纹孔四周的加厚壁向中央隆起，形成纹孔的缘部，因此称为具缘纹孔（图 1-7D）。纹孔是细胞壁较薄的区域，胞间连丝常常出现在纹孔内，有利于细胞间信息传递和

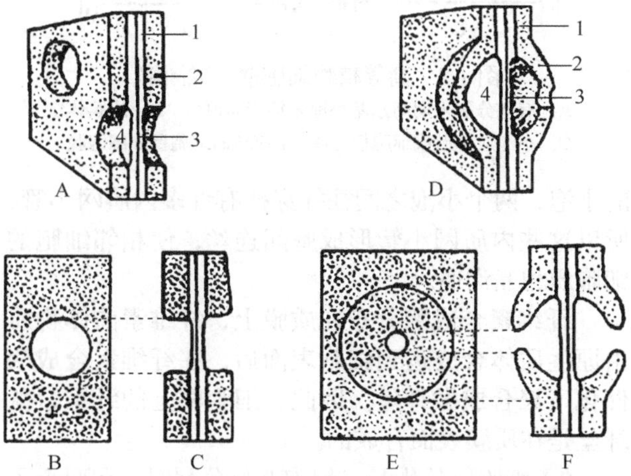

图 1-7　纹孔

A～C. 单纹孔　D～F. 具缘纹孔　A、D. 为立体剖面

B、E. 为正面观　C、F. 为侧面观

1. 初生壁　2. 次生壁　3. 纹孔膜　4. 纹孔腔

水分等物质的交换。

（4）细胞壁的形成与生长

1）细胞壁的形成。细胞分裂晚后期或早末期，两极的纺锤丝逐渐消失，极间微管的中间部分和区间微管在两个子核间密集形成桶状结构，称为成膜体（phragmoplast）（图 1-8）。在成膜体形成的同时，由高尔基体和内质网来源的小泡受成膜体微管的定向引导，由马达蛋白协助提供能量，运动、汇集到赤道面。小泡融合，释放出小泡内包含的壁物质组成细胞板（cell plate），它从中央开始逐步向四周横向扩展。成膜体在细胞板形成处开始消失，并随细胞板的延伸向四周扩展，最后全部消失。此后细胞板与母细胞壁相连，将细胞一分为二。细胞板与母细胞相连的位置正是原来微管早前期所在的位置。细胞板发育为细胞壁的中层，随后在中层两侧及原来母细胞壁内侧都沉积一层原生质体分泌的物质，即形成初生壁。此时，高尔基体小泡的膜在初生细胞壁的两侧形成新的质膜。由于两个质膜来自共同

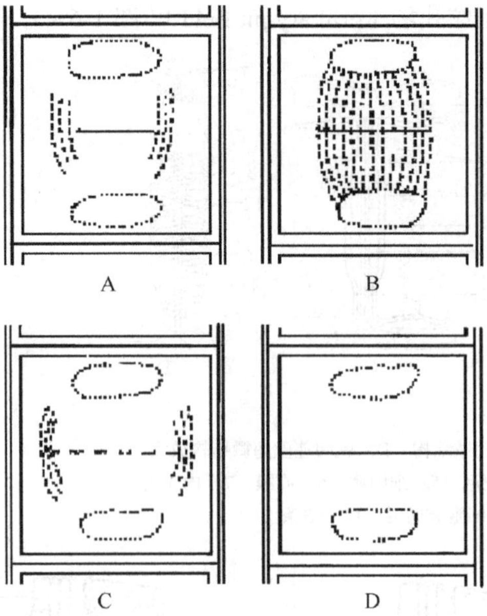

图 1-8　高等植物细胞壁形成图解

A. 有丝分裂末期高尔基小泡云集于赤道板　B. 成膜体

C. 小泡愈合形成细胞板　D. 生成新的细胞壁和细胞膜

的小泡，两个小泡之间往往穿插有许多内质网小管，所以这些内质网小管形成胞间连丝，使相邻细胞的细胞质相互沟通。

纤维素合成酶分布在质膜上，纤维素前体物质由原生质体合成运到细胞表面后，在纤维素合成酶催化下聚合成微纤丝。因此，细胞壁上的纤维素微纤丝是在质膜表面合成的。

2）细胞壁的生长。细胞有丝分裂时，在两个子细胞间形成细胞板，此后发育形成细胞壁。细胞壁的生长包括两种情况，即表面积的增长和厚度的增加。

初生壁刚形成时，微纤丝较少，稀疏地分布在衬质中，近横向排列，垂直于细胞伸展的长轴。随着细胞的伸展伸长，在其内表面进一步沉积较多的微纤丝。同时，那些早期的微纤丝的排列方向，因细胞壁的纵向伸展而有改变，形成一些具有不同排列方向和密度的网状层次，从而增加了细胞壁的表面积。

细胞形成次生壁的增厚生长，常以敷着（apposition）和内填（intussusception）两种方式进行。敷着生长是新的壁物质成层地敷贴在内表面，而内填生长是新的壁物质插入到原有的结构内。所以在次生壁中可以明显地看到内、中、外三层。

近年来的研究发现，细胞壁的构建受到细胞骨架中微管的引导。微纤丝在细胞壁中沉积的方向是由分布在质膜内的微管决定的。

1.3.2.2　细胞核

植物中除最低等的类群——蓝藻外，所有的生活细胞都具有细胞核。通常一个细胞只有一个核，但有些细胞也可以是双核或多核，多见于藻、菌植物，维管植物中少数细胞也可有两个以上的核。例如，乳汁管具多核，绒毡层细胞常具两核。

细胞核的位置和形状随着细胞的生长而变化，在幼期细胞中，核位于细胞中央，近球形，并占有较大的体积。随着细胞的生长和中央液泡的形成，细胞核同细胞质一起被液泡挤向靠近壁的部位，变成半球形或圆饼状，并只占细胞总体积的一小部分。也有的细胞到成熟时，核被许多线状的细胞质索悬吊在细胞中央。细胞核总是存在于细胞质中，两者具有生理上的密切关系。

细胞核具有一定的结构（图 1-9）。当观察生活细胞时，可以看到细胞核外有一层薄膜，与细胞质分界，称为核膜（nuclear membrane）。膜内充满均匀透明的胶状物质，称为核质（nucleoplasm），其中有一到几个折光强的球状小体，称为核仁（nucleolus）。当细胞固定染色后，核质中被染成深色的部分，称为染色质（chromatin），其余染色浅的部分称为核液（nucleochylema）。

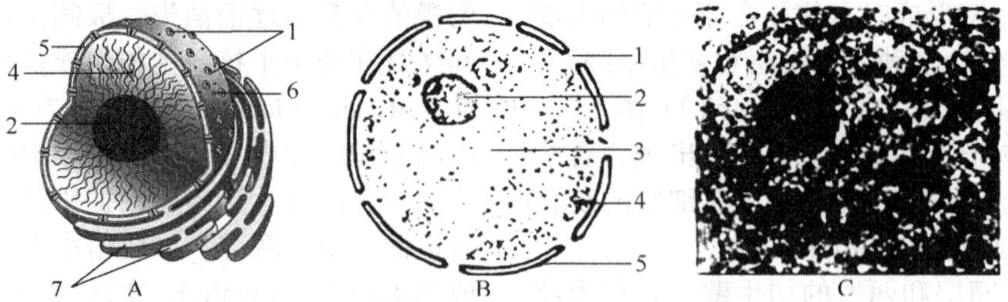

图 1-9　细胞核

A. 细胞核三维结构　B. 细胞核切面示意图　C. 地黄（*Rehmannia* sp.）小孢子中的细胞核

1. 核孔　2. 核仁　3. 核基质　4. 染色质　5. 核被膜　6. 细胞核　7. 内质网

核膜是物质进出细胞核的门户，起着控制核与细胞质之间物质交流的作用。电子显微镜观察到核膜由外膜和内膜组成。膜上还具有许多小孔，称为核孔（nuclear pore）。这些孔能随着细胞代谢状态的不同进行启闭，所以，不仅小分子的物质能有选择地透过核膜，而且，某些大分子物质，如 RNA 或核糖核蛋白体颗粒等，也能通过核孔出入细胞核，由此反映出细胞核与细胞质之间具有密切而能控制的物质交换。这种交换对调节细胞的代谢具有十分重要的作用。例如，有实验证明，小麦在活跃生长的分蘖时期，核膜上呈现相当大的孔，当进入寒冬季节时，抗寒的冬性品种的核孔，随着气温的降低逐渐关闭，而不抗寒的春性品种的核孔却依然张开，推测核孔的这种动态，对于小麦在低温下停止细胞分裂和生长、增进抗寒能力起着一定的作用。

核仁是核内合成和储藏RNA的场所，它的大小随细胞生理状态而变化，代谢旺盛的细胞，如分生区的细胞，往往有较大的核仁，而代谢较慢的细胞，核仁较小。染色质是细胞中遗传物质存在的主要形式，在电子显微镜下显出一些交织成网状的细丝，主要成分是DNA和蛋白质。当细胞进行有丝分裂时，这些染色质丝便转化成粗短的染色体。

核液是核内没有明显结构的基质，化学成分尚不清楚，可能含有蛋白质、RNA和多种酶。

由于细胞内的遗传物质（DNA）主要集中在细胞核内，因此，细胞核的主要功能是储存和传递遗传信息，在细胞遗传中起重要作用。此外，细胞核还通过控制蛋白质的合成对细胞的生理活动起着重要的调节作用，如果将细胞核从细胞中除去，就会引起细胞代谢的不正常，并且很快导致细胞死亡。当然，细胞核生理功能的实现，也离不开细胞质对它的影响，细胞质中合成的物质以及来自外界的信号也不断地进入细胞核内，使细胞核的活动作出相应的改变，因此，在细胞中，细胞核总是包埋在细胞质中的（图1-9）。

1.3.2.3　细胞质及细胞器

细胞质充满在细胞核和细胞壁之间，它的外面包被着质膜（plasma lemma或plasma membrane），质膜内是透明的无结构的基质，包埋着一些称为细胞器（organelle）的微小结构。细胞器是细胞质中具有一定形态结构和特定生理功能的显微或亚显微结构，包括质体（plastid）、线粒体（mitochondria）、内质网（endoplasmic reticulum）、高尔基体（dictyosome或Golgi body）、液泡（vacuole）、微管（microtubule）等。

（1）质膜　质膜是包围在细胞质表面的一层薄膜，由于它很薄，通常又紧贴细胞壁，因此，在光学显微镜下较难识别。如果采用高渗溶液处理，使原生质体失水而收缩，与细胞壁发生分离（质壁分离），就可看到质膜是一层光滑的薄膜。

电子显微镜下的质膜具有明显的三层结构：两侧呈两个暗带，中间夹有一个明带。三层结构的总厚度约为7.5nm，其中两侧暗带各为2nm，中间明带约为3.5nm。明带的主要成分是类脂，而暗带的主要成分为蛋白质。这种在电子显微镜下显示出由三层结构组成为一个单位的膜，称为单位膜（unit membrane），所以，质膜是一层单位膜。细胞中除质膜外，细胞核的内膜和外膜，以及其他细胞器表面的包被膜一般也都是单位膜，但各自的厚度、结构和性质都有差异。

质膜的主要功能是控制细胞与外界环境的物质交换。这是因为质膜具有“选择透性”，此种特性表现为不同的物质透过能力不同。当膜生活时，某些物质能很快透过，某些物质透过较慢，而另一些物质则不能透过。而且，随着细胞生理状态的不同，物质的这种透过能力可以发生相应的变化，在一些情况下，它们比在另一些情况下更能透过，这种特性是生活的生物膜所特有的。一旦细胞死亡，膜的选择透性也就随着消失，物质便能自由地透过。质膜的选择透性使细胞能从周围环境不断地取得所需要的水分、盐类和其他必需的物质，而又阻止有害物质的进入；同时，细胞也能将代谢的废物排除出去，而又不使内部有用的成分任意流失，从而保证了细胞具有一个合适而相对稳定的内环境，这是进行正常生命活动所必需的前提。此外，质膜还有许多其他重要的生理功能，如主动运输、接受和传递外界的信号、抵御病菌的感染、参与细胞间的相互识别等。

生物膜的选择透性是与它的分子结构密切相关的，但是，关于膜的分子结构，到目前为止还没有完全被人们所了解。一般认为，磷脂是组成生物膜整体结构的主要成分，两排磷脂分子在细胞质（或细胞器）表面形成一个双分子层。在每排中，磷脂分子与膜垂直，相互平行排列，两排分子含磷酸的亲水“头部”分别朝向膜的内、外两侧，而疏水的脂肪酸的烃链“尾部”都朝向膜的中间，两排分子尾尾相接，这样就形成了一个包围细胞质的连续脂质双分子层。生物膜就是这种脂质层与蛋白质相结合的产物。蛋白质在膜上的分布，科学家提出许多假设的模型，目前较普遍接受的一种是“膜的流动镶嵌模型”。这一模型认为，在膜上有许多球状蛋白，以各种方式镶嵌在磷脂双分子层中，有的分别结合在膜的内、外表面，有的较深地嵌入磷脂质层中，还有的横向贯穿于整个双分子层（图1-10）。而且，这样的结构不是一成不变的，构成膜的磷脂和蛋白质都具有一定的流动性，可以在同一平面上自由移动，使膜的结构处于不断变动的状态。膜的选择透性主要与膜上蛋白质有关，膜蛋白大多是特异的酶类，在一定的条件下，它们具有“识别”、“捕捉”和“释放”某些物质或信号的能力，从而对物质的透过起主要的控制作用。

（2）质体　质体（plastid）是植物细胞特有的细胞器。在光学显微镜下观察，一般可以看到质体。分化成熟的质体根据其颜色和功能的不同，可以分

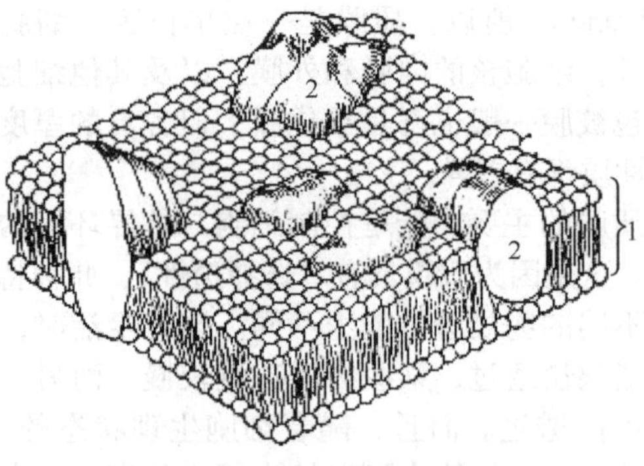

图 1-10　质膜的液态镶嵌模型

1. 脂质双分子层　2. 膜蛋白质

为叶绿体（chloroplast）、白色体（leukoplast）和有色体（chromoplast）。

1）叶绿体。叶绿体是植物进行光合作用的细胞器，因此对它的研究较其他质体更深入细致。叶绿体主要存在于叶肉细胞内，茎的皮层细胞、气孔器的保卫细胞、花和未成熟的果实中也有分布。

细胞内叶绿体的数目、大小和形状因植物种类不同而有很大差别，特别是藻类的叶绿体变化很大。例如，衣藻中有一个杯状的叶绿体，丝藻细胞有一个环状的叶绿体，而水绵细胞中有1～4条带状的叶绿体螺旋环绕。高等植物的叶绿体，球形或椭圆形，其长径为3～10μm，数目较多，少者20个，多者可达几百个。

叶绿体的内部结构复杂。用光学显微镜仅能观察到其内部的基质（stroma）和许多绿色的小颗粒。电子显微镜下可观察到叶绿体由外被、片层系统和基质组成（图1-11）。叶绿体的外被（chloroplast envelop）由双层膜组成，两层膜之间有10～20nm的膜间隙。外膜通透性强，内膜具有较强的选择透性，是细胞质和叶绿体基质之间的功能屏障。叶绿体内部有复杂的片层系统，其基本结构单位是类囊体（thylakoid），它是由膜围成的囊。类囊体沿叶绿体长轴平行排列，在一定的区域紧密地叠垛在一起，称为基粒（granum，复数grana）。一个叶绿体可含有40～60个基粒，基粒的数量和大小随植物种类、细胞类型和光照条件不同而变化。组成基粒的类囊体称为基粒类囊体，连接基粒的类囊体称为基质类囊体。基质中有各种颗粒，包括核糖体、DNA纤丝、淀粉粒，质体小球（plastoglobulus）、植物铁蛋白（phytoferritin），以及光合作用所需要的酶。由于叶绿体含有DNA和核糖体，它可以合成某些蛋白质，在遗传上有一定的自主性。

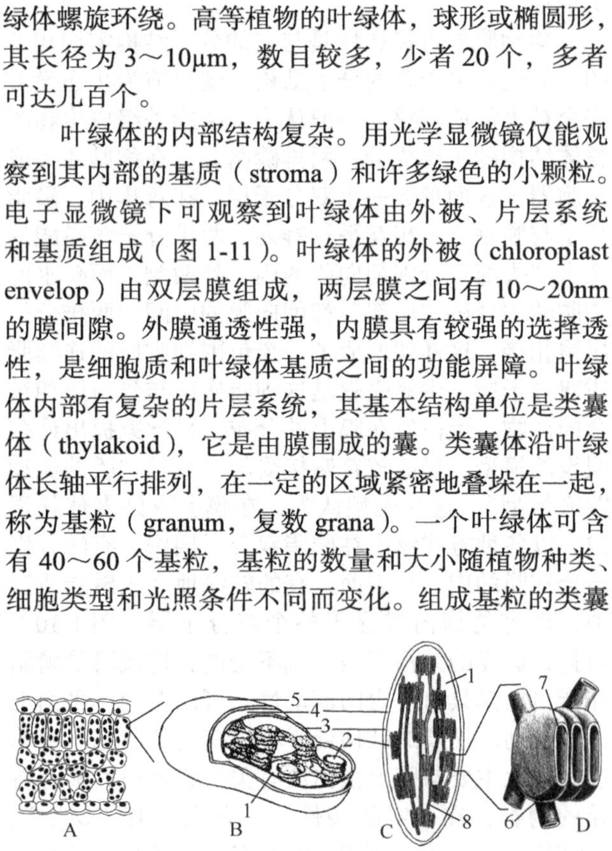

图 1-11　叶绿体及其结构模式图

A. 叶肉细胞中的叶绿体　B. 叶绿体三维结构

C. 叶绿体剖面结构　D. 内囊体组成的基粒放大

1. 基质　2. 基粒　3. 内膜　4. 腔间空隙　5. 外膜

6. 类囊体膜　7. 类囊体腔　8. 基质片层

2）白色体。白色体是不含可见色素的无色质体。白色体近于球形，大小约为2μm×5μm，它的结构简单，在基质中仅有少数不发达的片层。根据所储藏的物质不同可分为造粉质体（amyloplast）、造蛋白质体（proteinoplast）和造油体（elaioplast）。这些不同类型的质体都是由前质体或原质体（proplastid）发育而来的。

造粉质体是储存淀粉的质体，主要分布于储藏组织中，如子叶、胚乳、块茎和块根等。造粉体一般为球形或椭圆形，也有不规则形的。它是植物细胞内碳水化合物的临时“仓库”。造蛋白质体（造蛋白体）在分生组织、表皮和根冠等细胞中可以见到，它主要储藏蛋白质。造油体是储存脂类物质的白色体，脂类物质在基质中呈小球状，造油体在一些植物种子的细胞内可见到。

3）有色体。有色体是缺乏叶绿素而含有类胡萝卜素（carotenoid）等色素的质体。它的存在使许多果实、花、根、枝条和叶片呈现红色、黄色和橙黄色。一般认为它可吸引昆虫，有利于传粉和果实的散布。不同植物有色体的形状、大小和结构有很大的差异，最简单的是球状有色体，如植物的花瓣，以及柑橘、黄辣椒果实中的有色体。此外，还有具同心圆排列的膜结构有色体，如黄水仙的花瓣；管状有色体，如红辣椒果实等。质体的分化与细胞分化一样是一个渐进的过程，因此，除上述几种质体外，还有许多中间过渡类型。

4）质体的发生和相互转化。叶绿体、有色体和白色体从原质体发育而来。原质体存在于合子和分生组织细胞中，体积小，一般呈球形，直径0.4～1μm，外有双层膜包围，内部结构简单（图1-11）。基质中有少量类囊体、小泡和质体小球。在根的分生组织细胞中有时可见到少量淀粉粒。此外，基质中还有少量的DNA、RNA、核糖体和可溶性蛋白。当细胞分化时，原质体逐渐转变为其他类型的质体。

在直接光照下，幼叶中原质体的内膜向内凹入，形成片状或管状结构，逐步形成片层系统，进而发育为成熟的叶绿体。而种子植物的种子如果置于黑暗中发芽、生长，就形成黄化植物，叶中的质体缺乏叶绿素，称为黄化质体（etioplast）。它的片层系统由许多小管相互连接形成晶格状结构，称为原片层体（prolamellar body），其基质内可有淀粉粒。如果将黄化植物暴露在光照下，黄化质体就转变为叶绿体，使叶片变绿（图 1-12）。

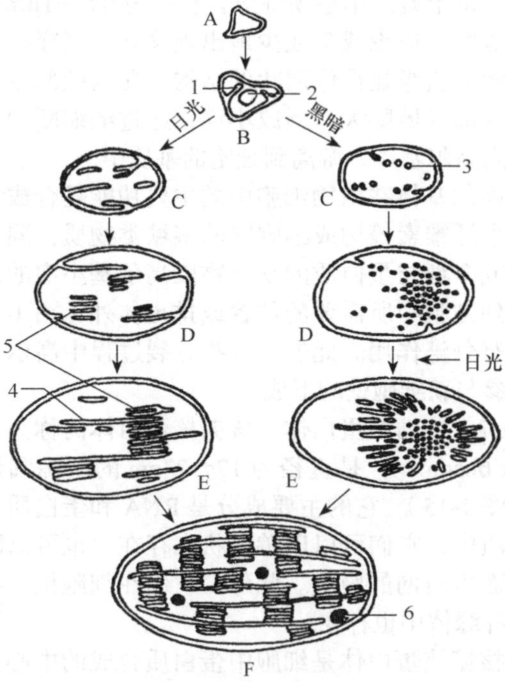

图 1-12　叶绿体的发育（引自李扬汉，2000）
A. 启动的质体　B. 前质体　C. 内膜形成片层系统
D. 白色体　E. 形成片层　F. 完全发育的叶绿体
1. 内膜内褶　2. 淀粉粒　3. 内膜分离成小泡　4. 基粒间膜
5. 基粒　6. 油滴

在某些情况下，一种质体可从另一种质体转化而来，并且质体的转化有时是可以逆转的。叶绿体可以形成有色体，有色体也可转变为叶绿体，如胡萝卜根经照光可由黄色转变为绿色。当组织脱分化而成为分生组织状态时，叶绿体和造粉质体都可转变为前质体。

细胞内质体的分化和转化与环境条件有关。同时，质体的发育受它们所在细胞的控制，不同基因的表达决定着该细胞的质体类型。

（3）液泡　植物液泡（vacuole）是一个积极参与新陈代谢的细胞器，它有重要的生理功能，如调节细胞水势和膨压、参与细胞内物质的积累与移动、隔离有害物质而避免细胞受害以及防御作用等。液泡由单层膜包被，其间充满的液体为细胞液，液泡中的细胞液是水，其中溶有多种无机盐、氨基酸、有机酸、糖类、生物碱和色素等成分，有些细胞的液泡中还含有多种色素，如花青素（anthocyan）等，可使花或植物茎叶等具有红或蓝或紫等颜色。此外，液泡中还含有一些水解酶和晶体（如草酸钙结晶）。

植物中，幼嫩的细胞有多个分散的小液泡，在细胞的成长过程中，这些小液泡逐渐彼此融合而发展成数个或一个很大的中央液泡。因此，成熟的植物细胞具有大的中央液泡，占据细胞中央很大空间，将细胞质和细胞核挤到细胞的周边（图 1-13）。这是植物细胞与动物细胞的明显不同之处。

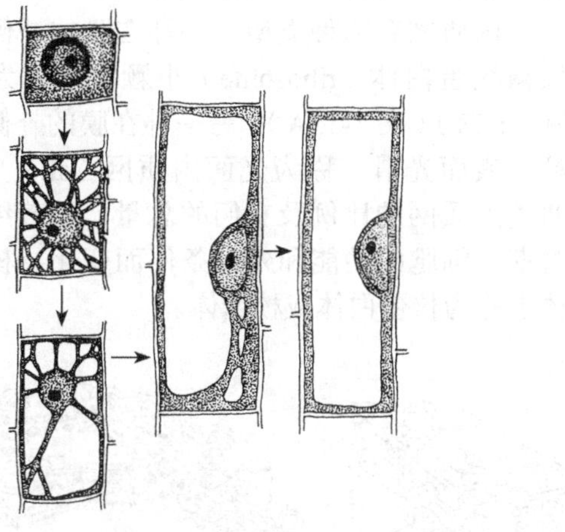

图 1-13　洋葱根尖细胞的液泡发育过程
（引自徐汉卿，1994）

（4）线粒体　线粒体（mitochondrion）是一些大小不一的球状、棒状或细丝状颗粒，一般直径为 0.5～1μm，长度为 1～2μm，在光学显微镜下，需用特殊的染色，才能加以辨别。在电子显微镜下可看出，线粒体由双层膜包裹着，其内膜向中心腔内折叠，形成许多隔板状或管状突起，称为嵴（cristae）。在两层被膜之间及中心腔内，是以可溶性蛋白为主的基质（图 1-14）。线粒体是细胞进行呼吸作用的场所，它具有 100 多种酶，分别存在于膜上和基质中，其中绝大部分参与呼吸作用。线粒

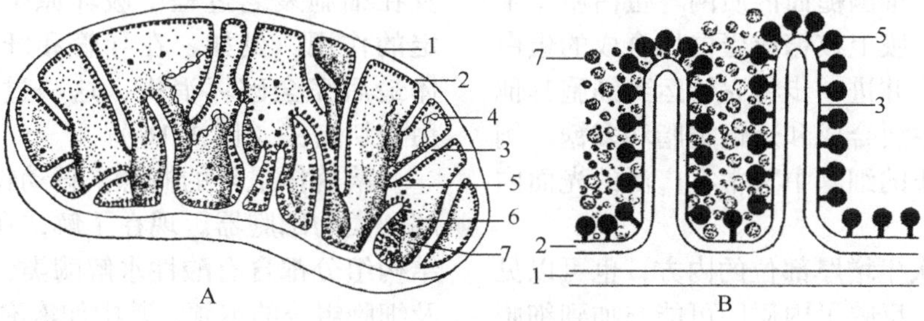

图 1-14　线粒体结构
A. 立体超微结构图解　B. 部分线粒体嵴切面观图解
1. 外膜　2. 内膜　3. 嵴　4. DNA　5. 电子传递粒　6. 核糖体　7. 含蛋白质基质

体呼吸释放的能量，能透过膜转运到细胞的其他部分，提供各种代谢活动的需要，因此，线粒体被比喻为细胞中的“动力工厂”。

细胞中线粒体的数目及线粒体中嵴的多少与细胞的生理状态有关。当代谢旺盛、能量消耗多时，细胞就具有较多的线粒体，其内有较密的嵴；反之，代谢较弱的细胞，线粒体较少，内部嵴也较疏。

（5）内质网　内质网（endoplasmic reticulum）是分布于细胞质中由一层膜构成的网状管道系统，管道以各种形状延伸和扩展，呈各类管、泡、腔交织的状态。在超薄切片中，内质网看起来是两层平行的膜，中间夹有一个窄的空间。每层膜的厚度约为5nm，两层膜之间的距离只有40～70nm，必须借助电子显微镜才能辨别（图1-10、图1-15A）。

内质网有两种类型，一种在膜的外侧附有许多核糖核蛋白体（ribosome）小颗粒，称为糙面内质网（rER）（图1-15A）；另一种在膜的外侧不附有颗粒，表面光滑，称为光面内质网（sER）。细胞中，两类内质网的比例及它们的总量，随着细胞的发育时期、细胞的功能和外部条件而变化。核糖核蛋白体也称为核蛋白体或核糖体。

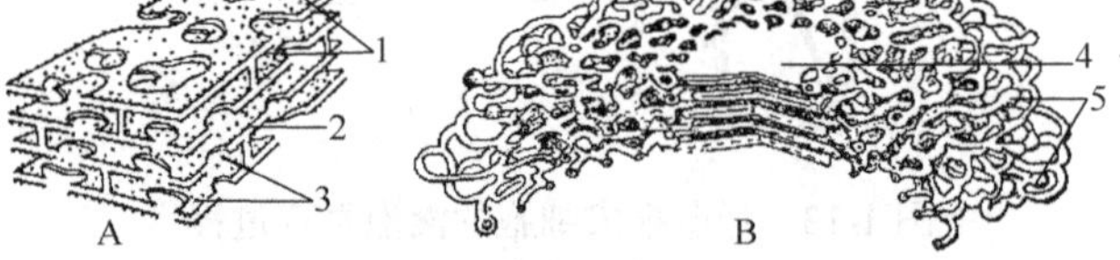

图1-15　内质网和高尔基体的立体结构图解
A. 糙面内质网立体结构图解　B. 高尔基体的立体结构图解
1. 膜　2. 腔　3. 核糖核蛋白体　4. 由膜围成的囊　5. 小泡

关于内质网的功能，目前还未完全清楚。在细胞中，内质网可以与细胞核的外膜相连，同时，也可与原生质体表面的质膜相连，有的还随同胞间连丝穿过细胞壁，与相邻细胞的内质网发生联系。因此，有人认为内质网构成了一个从细胞核到质膜，以及与相邻细胞直接相通的管道系统，与细胞内和细胞间的物质运输有关。糙面内质网与核糖核蛋白体紧密结合，而核糖核蛋白体是合成蛋白质的细胞器，因此，推测糙面内质网与蛋白质（主要是酶）合成有关，膜上核糖核蛋白体合成的蛋白质进入内质网腔内，并进一步将它转运到细胞其他部位。光面内质网主要合成和运输类脂和多糖。例如，在分泌脂类物质的细胞中常常有广泛的光面内质网。

在细胞壁进行次生增厚部位的内方，也可以见到内质网紧靠质膜，反映了内质网可能与加到细胞壁上去的多糖类的合成有关。

（6）高尔基体　高等植物细胞中的高尔基体（dictyosome，golgi apparatus，golgi body）是由3～8个成一叠排列的扁平圆盘状的囊（也称为泡囊）所组成。每个囊由单层膜围成，直径为0.5～1μm，中央似盘底，边缘或多或少地出现穿孔。当穿孔扩大时，囊的边缘显得像网状的结构。在网状部分的外侧，局部区域膨大，形成小泡，通过缢缩断裂，小泡脱离高尔基体，游离到细胞的基质中。

高尔基体在植物细胞中的主要功能是合成纤维素、半纤维素等构成细胞壁的多糖类物质，同时将多糖或多糖与蛋白质的复合物以高尔基小泡的形式运输到细胞中所需要的位置或排出体外（图1-16），故具有分泌作用。此外，有些分裂过程中高尔基体小泡参与新细胞壁的形成。

（7）核糖核蛋白体　核糖核蛋白体简称为核糖体（ribosome），是直径为17～23nm的小椭圆形颗粒（图1-15）。它的主要成分是RNA和蛋白质。在细胞质中，它们可以以游离状态存在，也可以附着于糙面内质网的膜上。此外，它们在细胞核、线粒体和叶绿体中也存在。

核糖核蛋白体是细胞中蛋白质合成的中心，氨基酸在它上面有规则地组装成蛋白质。所以，蛋白质合成旺盛的细胞，尤其在快速增殖的细胞中，往往含有更多的核糖核蛋白体颗粒。

在执行蛋白质合成功能时，单个核糖核蛋白体经常5～6个或更多个串联在一起，形成一个聚合体，称为多聚核糖核蛋白体或多聚核糖体（polyribosome 或 polysome），它的合成效率比单个核糖核蛋白体的更高。

（8）溶酶体　溶酶体（lysosome）是由单层膜包围的多形小泡，一般直径为0.25～0.3μm。内部主要含有各种不同的水解酶类，如酸性磷酸酶、核糖核酸酶、组织蛋白酶、酯酶等，它们能分解所有的生物大分子，溶酶体因此而得名，溶酶体可以通过膜的内陷，把细胞质的其他组分吞噬进去，在溶酶体内进行消化；也可以通过本身膜的解体，把酶释放到细胞质中而起作用。溶酶体在细胞内对储藏物质的利用起重要作用，同时，在细胞分化过程中对消除不必要的结构组成，以及在细胞衰老过程中破坏原生质体结构也都起特定的作用。例如，在导管和纤维成熟时，原生质体最后完全破坏消失，这一过程就与溶酶体的作用密切有关（图1-16）。

溶酶体最早的概念来自动物细胞，是指含有水解酶类的细胞器。现在了解，在植物细胞中，许多结构组分都含有酸性水解酶类，都具有分解代谢物及细胞组分的本领，其中如液泡就占据重要的地位。另外，糊粉粒、圆球体等也含水解酶，具有溶酶体的作用。因此，有人认为，在植物细胞中溶酶体不

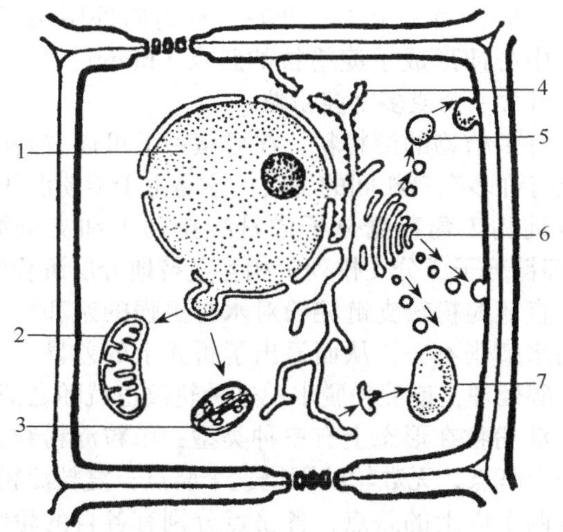

图 1-16　各类细胞器在发育上相互联系的示意图

1. 细胞核　2. 线粒体　3. 质体　4. 内质网　5. 溶酶体　6. 高尔基体　7. 液泡

是一个特殊的形态学实体，而应指能发生水解作用的所有结构。

（9）微体　微体（microbody 或 cytosome）是一些由单层膜包围的小体，由内质网小泡形成，直径为 0.5～1.5μm。它的大小、形状与溶酶体相似，两者的区别在于含有不同的酶，有些微体中含有小的颗粒、纤丝或晶体等。微体分为两种类型：一种为过氧化物酶体（peroxisome），存在于高等植物叶肉细胞内，与叶绿体、线粒体共同参与光呼吸过程，同时可避免过氧化物对细胞的毒害作用（图 1-17）；另一种为乙醛酸循环体（glyoxysome），存在于油料作物种子和大麦、小麦颖果的糊粉层及玉米盾片中，能在种子萌发时，与圆球体和线粒体配合，将储藏的脂肪经过乙醛酸循环等一系列变化转变为糖。

（10）细胞骨架　细胞骨架（cytoskeleton）是指真核细胞中的蛋白纤维网架体系，包括微管

图 1-17　微体及与光呼吸密切相关的细胞器

MB. 微体　M. 线粒体　CH. 叶绿体

（microtubule，MT）、微丝（microfilament，MF）及中间纤维（intermediate filament，IF）。它所组成的结构体系称为“细胞骨架系统”，与细胞内的遗传系统、生物膜系统并称为“细胞内的三大系统”，是真核细胞借以维持其基本形态的重要结构，被形象地称为细胞骨架。

1）微管。微管结构：为细长、中空的管状结构，内径为 10～14nm，外径为 22～25nm，微管壁大约厚 5nm，长度不等，有的可长达数微米，主要由 α 微管蛋白与 β 微管蛋白组成，正常情况下它们形成二聚体基本构件，然后以头尾相连的方式聚合组成原纤丝（protofilament），13 根这样的原纤丝纵行排列构成一个中空的微管，二聚体螺旋盘绕形成微管的壁（图 1-18A、图 1-18B）。细胞内微管呈网状和束状分布，并能与其他蛋白质共同组装，可装配成单管、二联管（在纤毛和鞭毛中）、三联管（在中心粒和基体中）等结构。微管和微丝一样，具有生长速率较快的（＋）端和生长速率较慢的（－）端。另外它还是两种运载分子，即驱动蛋白和运动蛋白的行走轨道。

微管功能：微管是细胞骨架的架构主干，在细

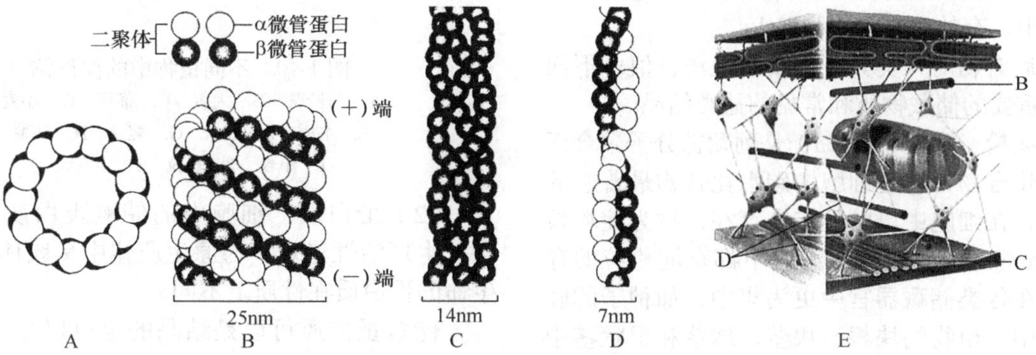

图 1-18　细胞骨架

A. 微管顶面观，示 13 根原纤丝组成中空管　B. 微管侧面观，示二聚体及其连接方式　C. 中间纤维　D. 微丝　E. 细胞中的细胞骨架

胞内起支撑作用，维持细胞特有的形状；微管确定膜性细胞器（membrane-enclosed organelle）的位置，是膜泡运输的导轨，引导细胞质的运动变化和胞内物质的定向运输；微管与微丝结合提供运输动力；

微管与其他蛋白质共同装配成纺锤体，对染色体的位移起作用；微管在细胞壁建成时可控制纤维素微纤维的排列方向。

2）微丝。微丝结构：微丝是普遍存在于动物、植物细胞中的细丝状结构，直径6～8nm，主要由两种球形肌动蛋白聚合成的细丝彼此缠绕形成。细胞中的微丝可形成束状或分散在基质内（图1-18D）。

微丝功能：参与细胞质的流动、染色体的移动、叶绿体的运动、细胞质的分裂、物质的运输，以及与膜有关的一些重要的生命活动，如内吞作用和外排作用等。

3）中间纤维。中间纤维结构：中间纤维又名中间丝或居间纤维，是直径10nm左右、柔韧性很强的蛋白质丝，中空、管状。

中间纤维功能：加固细胞骨架，与微管、微丝一起维持细胞形态和参加细胞内运输，并可固定细胞核，在细胞分裂时可能对纺锤体与染色体有空间定向作用和支架作用。

1.3.2.4 后含物

植物细胞在生长、分化、成熟过程中，由于新陈代谢活动所产生的中间代谢产物、储藏物质和废物等，统称为后含物（ergastic substance）。后含物在性质上是非原生质的物质，它们有的储存于细胞器内，有的分散在细胞质中。后含物的种类和含量随植物种类、部位、发育时期及环境条件的不同而变化。后含物可分为储藏物质、生理活性物质（如酶、维生素、激素、抗生素等）和其他物质（如晶体、单宁、花青素、植物碱等）三大类，其中主要是储藏物质。在储藏物质中一般有糖类[碳水化合物（carbohydrate）]、蛋白质（protein）和脂类（fat）及其有关的物质（角质、栓质、蜡质、磷脂等），还有成结晶的无机盐和其他有机物（丹宁、树脂、树胶、橡胶和植物碱等）。这些物质有的存在于原生质体中，有的存在于细胞壁上。

许多后含物对人类具有重要的经济价值，下面介绍几类重要的储藏物质和常见的盐类结晶。

（1）淀粉　淀粉（starch）是葡萄糖分子聚合而成的长链化合物，它是细胞中碳水化合物最普遍的储藏形式，在细胞中以颗粒状态存在，称为淀粉粒（starch grain）。所有的薄壁细胞中都有淀粉粒的存在，尤其在各类储藏器官中更为集中，如种子的胚乳和子叶中，植物的块根、块茎、球茎和根状茎中都含有丰富的淀粉粒。

淀粉是由质体合成的，光合作用过程中产生的葡萄糖，可以在叶绿体中聚合成淀粉，暂时储藏，以后又可分解成葡萄糖，转运到储藏细胞中，由淀粉体（amyloplast）重新合成淀粉粒。淀粉体在形成淀粉粒时，由一个中心开始，从内向外层层沉积。这一中心便形成了淀粉粒的脐点（hilum）。一个淀粉体可含一个或多个淀粉粒。

许多植物的淀粉粒，在显微镜下可以看到围绕脐点有许多亮暗相间的轮纹，这是由于淀粉沉积时，直链淀粉（葡萄糖分子成直线排列）和支链淀粉（葡萄糖分子成分支排列）相互交替地分层沉积的缘故，直链淀粉较支链淀粉对水有更强的亲和性，两者遇水膨胀不一，从而显出了折光上的差异。如果用乙醇处理，使淀粉脱水，这种轮纹也就随之消失。

淀粉粒在形态上有三种类型：单粒淀粉粒，只有一个脐点，无数轮纹围绕这个脐点；复粒淀粉粒，具有两个以上的脐点，各脐点分别有各自的轮纹环绕；半复粒淀粉粒，具有两个以上的脐点，各脐点除有本身的轮纹环绕外，外面还包围着共同的轮纹（图1-19A）。

不同的植物，淀粉粒的大小和形态不同（图1-19），因此，在有限的范围内可以利用这些性状来鉴定种子或植物。

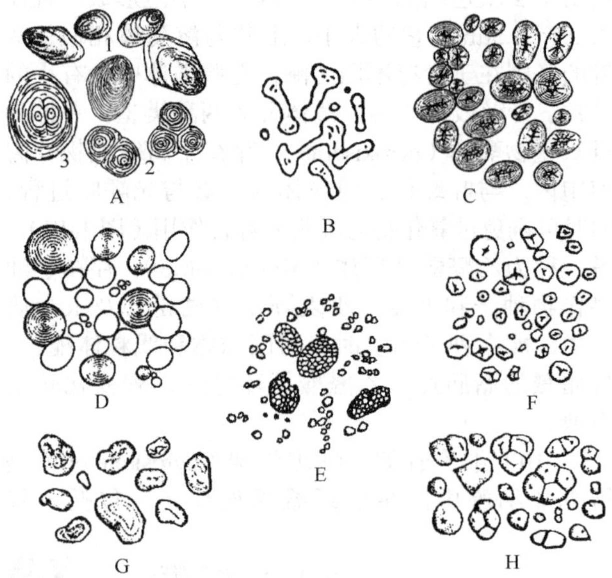

图1-19　不同植物中的淀粉粒

A. 马铃薯　B. 大戟　C. 菜豆　D. 小麦
E. 水稻　F. 玉米　G. 豌豆　H. 甘薯
1. 单粒　2. 复粒　3. 半复粒

（2）蛋白质　细胞中的储藏蛋白质呈固体状态，生理活性稳定，与原生质体中呈胶体状态的有生命的蛋白质在性质上不同。

储藏蛋白质可以是结晶的也可以是无定形的。结晶的蛋白质因具有晶体和胶体的二重性，被称为拟晶体（crystalloid），以与真正的晶体相区别。蛋白质拟晶体有不同的形状，但常呈方形。例如，在马铃薯块茎上近外围的薄壁细胞中就存在有这种方形结晶，因此，马铃薯削皮后会损失蛋白质的营养。

无定形的蛋白质常被一层膜包裹成圆球状的颗粒，称为糊粉粒（aleurone grain），糊粉粒较多地分布于植物种子的胚乳或子叶中，有时糊粉粒集中分布在某些特殊的细胞层。例如，谷类种子胚乳最外面的一层或几层细胞含有大量糊粉粒，这几层细胞特称为糊粉层（aleurone layer）（图 1-20A）。蓖麻胚乳细胞中的糊粉粒，除拟晶体外还含有磷酸盐球形体（globoid）（图 1-20B、图 1-20C）。

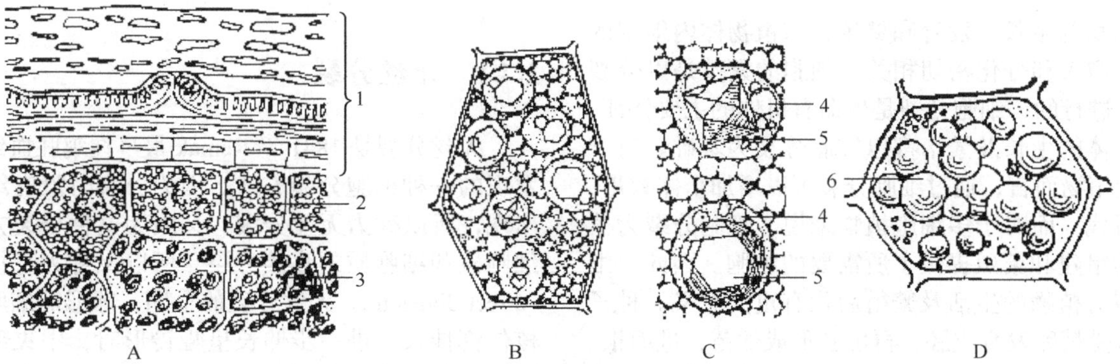

图 1-20　糊粉粒和油滴

A. 小麦颖果横切面，示糊粉层　B. 蓖麻胚乳细胞，示糊粉粒

C. 糊粉粒放大，示两个含有拟晶体和磷酸盐球形体的糊粉粒　D. 椰子胚乳，示油滴

1. 果皮和种皮　2. 糊粉层　3. 储藏淀粉的薄壁组织　4. 球晶体　5. 拟晶体　6. 油滴

（3）脂肪和油类　脂肪和油类（oil）是含能量最高而体积最小的储藏物质。在常温下为固体的称为脂肪，液体的称为油类。脂肪与油类的区别主要是物理性质上的，而不是化学性质上的，它们常成为种子、胚和分生组织细胞中的储藏物质（图 1-20D），以固体或油滴的形式存在于细胞质中，有时在叶绿体内也可看到。脂肪和油类在细胞中的形成可以有多种途径，如质体和圆球体都能积聚脂类物质，发育成油滴。

（4）晶体　在植物细胞中，无机盐常形成各种晶体（crystal）（图 1-21）。最常见的是草酸钙晶体，少数植物中也有碳酸钙晶体。它们一般被认为是新陈代谢的废物，形成晶体以避免对细胞的毒害。

根据晶体的形状可以分为单晶、针晶和簇晶

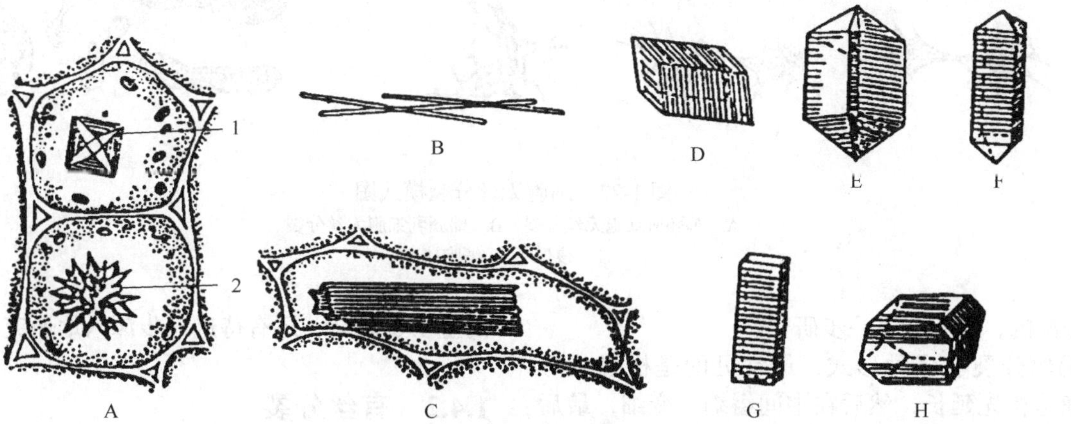

图 1-21　晶体的类型

A. 棱状结晶体和晶簇　B、C. 针晶体　D～H. 各种形状的棱状晶体

1. 棱状结晶体　2. 晶簇

三种。单晶呈棱柱状或角锥状。针晶是两端尖锐的针状，并常集聚成束。簇晶是由许多单晶联合成的复式结构，呈球状，每个单晶的尖端都突出于球的表面。

晶体在植物体内分布很普遍，在各类器官中都能看到。然而，各种植物，以及一个植物体不同部分的细胞中含有的晶体，在大小和形状上有时有很大的区别。

晶体是在液泡中形成的。有的细胞（如针晶细胞）在形成晶体时，液泡内可先出现一种有腔室的包被，随后在腔室中形成晶体。因此，每个晶体形成后是裹在一个鞘内的。

1.4 植物细胞的分裂

植物的生长、发育和繁殖，与植物体内细胞的繁殖、增大和分化密切相关。细胞的繁殖是以分裂的方式进行的，细胞分裂是生命有机体的主要特征，植物个体的生长及繁衍都以细胞分裂为基础。对于单细胞植物而言，通过细胞分裂可以增加个体数量，繁衍后代；而对于多细胞植物来说，细胞分裂为植物体的组建和繁殖提供了所需要的细胞。因此，细胞分裂对植物的生活及繁衍后代有重大意义。种子植物从受精卵发育成胚，再由胚形成幼苗，进而根、茎、叶不断生长，最后开花、结果，都必须以细胞繁殖为前提。细胞繁殖也就是细胞数目的增加，这种增加是通过细胞分裂来实现的。

植物细胞分裂的方式有三种：最普遍、最常见的是有丝分裂（mitosis），如根尖、茎尖分生组织的细胞分裂；另一种是无丝分裂（amitosis），发生在某些区域，如叶柄和胚乳细胞；还有一种是减数分裂（meiosis），与有性生殖有关。

1.4.1 无丝分裂

无丝分裂是1841年Remak最早在鸡胚血细胞中发现的一种细胞分裂方式。因为分裂时没有纺锤丝出现，所以称为无丝分裂。又因为这种分裂方式是细胞核和细胞质的直接分裂，所以又称为直接分裂（direct division）。无丝分裂的早期，球形的细胞核和核仁都伸长，进一步伸长呈哑铃形时，中央部分狭细，最后细胞核分裂，这时细胞质也随着分裂，并且在光面内质网的参与下形成细胞膜（图1-22）。在无丝分裂中，核膜和核仁都不消失，没有染色体的出现，当然也看不到染色体的规律性变化。但是，这并不说明染色质没有变化，实际上染色质也要进行复制，并且细胞要增大。当细胞核体积增大1倍时，细胞核就发生分裂，细胞核中的遗传物质被分配到子细胞中。至于细胞核中的遗传物质DNA是如何分配的，还有待进一步研究。

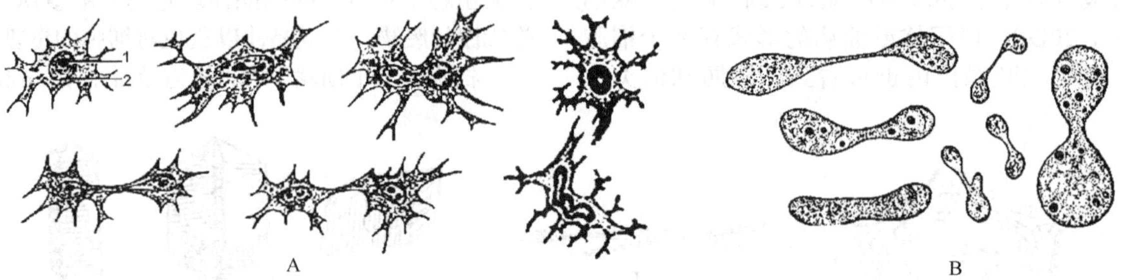

图1-22 细胞无丝分裂模式图

A. 鸡胚血细胞无丝分裂 B. 棉胚乳细胞无丝分裂

1. 核仁 2. 细胞核

无丝分裂有多种形式，最常见的是横缢式分裂，细胞核先延长，然后在中间缢缩、变细，最后断裂成两个子核。另外，还有碎裂、芽生分裂、变形虫式分裂等多种形式，而且，在同一组织中可以出现不同形式的分裂。无丝分裂与有丝分裂相比，分裂速度较快，耗能较少。物理化学和细胞化学证明，无丝分裂产生的两个子核具有本质上的区别。

无丝分裂曾一度被认为是植物体在不正常状态下的一种分裂方式，但现在发现，无丝分裂还是较普遍地存在。例如，在胚乳发育过程中以及植物形成愈伤组织时常频繁出现；即使在一些正常组织中，如薄壁组织、表皮、顶端分生组织、花药的绒毡层细胞等中也都报道有无丝分裂。因此，对无丝分裂的生物学意义，还有待进一步深入地研究。

1.4.2 有丝分裂

有丝分裂又称为间接分裂（indirect division），这个现象是E. Strasburger于1880年最早在植物中发现的，1882年W. Fleming在动物中也观察到。在有丝分裂过程中，细胞的形态，尤其是细胞核的形态发生明显的变化，出现了染色体（chromosome）和纺锤丝（spindle fiber），有丝分裂由此得名。它的主要特点是有纺锤丝组成的纺锤体和染色质浓缩变粗形成的染色体出现，子染色体被平均分配到子细胞，这种分裂方式常见于高等动物、植物，是真核细胞分裂产生新体细胞的过程。

1.4.2.1　细胞周期

细胞分裂后产生的新细胞，有的不再分裂而进行分化，形成功能不同的细胞群；有的经过生长后又进入下一次分裂。如此周而复始，不断产生新细胞。持续分裂的细胞，从一次分裂开始到下一次分裂完成所经历的整个过程，称为细胞周期（cell cycle）。这一过程可分为间期和分裂期两个阶段。

（1）分裂间期　从前一次分裂结束到下一次分裂开始的一段时间称为分裂间期（interphase），间期细胞核结构完整，细胞进行着一系列复杂的生理代谢活动，特别是 DNA 复制，为细胞分裂做准备。处于间期的细胞，在形态上一般没有十分明显的特征，细胞核的结构像前面描述的那样，呈球形，具有核膜、核仁，染色质不规则地分散于核液中。然而，间期细胞的细胞质很浓、细胞核位于中央并占很大比例，核仁明显，反映出这时的细胞具有旺盛的代谢活动。经细胞化学测定，间期细胞进行着大量的生物合成，如 RNA 的合成、蛋白质的合成、DNA 的复制等，为细胞分裂进行物质上的准备。同时，细胞内也积累了足够的能量，提供分裂活动的需要。

作为遗传的主要物质——染色体的复制，是细胞进行有丝分裂（减数分裂）准备的一个最重要的部分。从许多动物、植物细胞核内 DNA 的含量测定结果，了解到细胞在间期时 DNA 含量开始上升，并且在分裂前达到高峰，含量比原有的增加 1 倍，这一含量在细胞内延续到细胞分裂后期。当形成两个子细胞核时，每个细胞核的 DNA 含量又恢复到原有的水平（图 1-23）。这就证明 DNA 的复制是在间期实现的，而 DNA 是构成染色体的主要化学成分。另外，也测得构成染色体的另一个主要成分——组蛋白的合成也是在间期发生的。由此证明，与有丝分裂（减数分裂）密切相关的染色体的复制并不是在细胞分裂开始以后才进行的，而是在细胞分裂前就完成了，以后的分裂过程，只是把已复制了的染色体分开，并平均地分配到两个子细胞核中去。

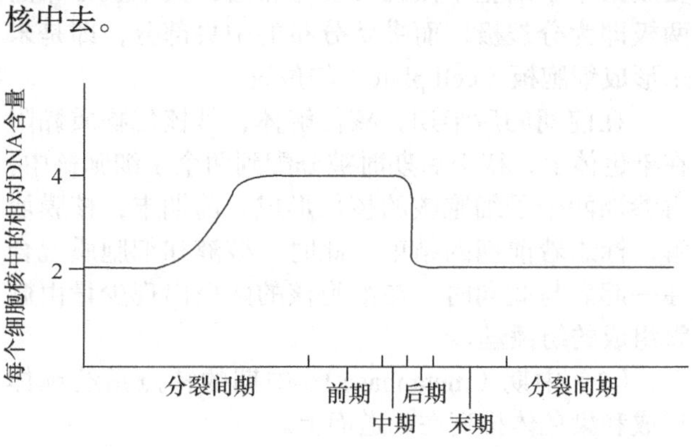

图 1-23　有丝分裂间期一个细胞核内 DNA 含量的变化

根据在不同时期合成的物质不同，把分裂间期进一步分成复制前期（gap1，G_1）、复制期（synthesis，S）和复制后期（gap2，G_2）三个时期（图 1-24）。G_1 期从细胞前一次分裂结束到 DNA 合成开始，在此时期主要进行 RNA 和各类蛋白质的合成，其中包括多种酶的合成。当细胞开始进行 DNA 复制时，就意味着进入 S 期，在此期中，DNA 的复制和组蛋白的合成基本完成。接着进入 G_2 期，在此期中，某些合成作用仍在继续进行，但合成速度明显下降。G_2 期结束后，细胞便进入分裂期（M 期）。

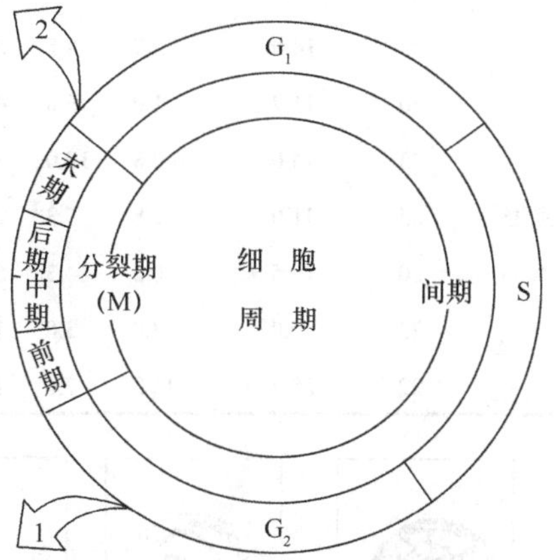

图 1-24　细胞周期图解

1. 一些细胞在 G_2 期脱离细胞周期　2. 一些衍生细胞离开细胞周期，剩下的细胞继续再循环

间期阶段是细胞分裂的准备时期，开始时，细胞中每条染色体为只含 1 个 DNA 分子的染色单体。此期细胞内除了活跃地合成 RNA、蛋白质和磷脂外（DNA 合成前期，G_1 期），最为重要的是 DNA 增加 1 倍，染色体复制（DNA 合成期，S 期），随后，主要是合成微管蛋白及储存能量（DNA 合成后期，G_2 期）。细胞经过间期阶段，其每条染色体由两条完全相同的染色单体组成，两条染色体单体各含一个相同的 DNA 分子。因此，间期是细胞生长时期，合成代谢最为活跃，进行着包括 DNA 合成在内的一系列生化反应，积累能量，并准备分裂。

（2）分裂期（M 期）　该阶段是细胞的具体分裂过程，进行有丝分裂的细胞，1 个细胞经过 1 次有丝分裂，产生染色体数目与母细胞相同的 2 个子细胞。

细胞周期的持续时间随不同植物、不同细胞、不同条件而不同。在一定范围内，温度高时，细胞周期时间短；温度低时，细胞周期时间延长。例如，向日葵根尖细胞在 25℃时细胞周期所持续的时间仅为 7.8h，而 10℃时则需延长到 46.4h。一般在整个细胞周期中，S 期最长，M 期最短，而 G_1 期和 G_2 期变动较大（表 1-1）。

表 1-1 几种植物细胞周期的持续时间

物种	温度/℃	持续时间/h				
		总周期	G_1	S	G_2	M
洋葱	24	12.8	1.5	6.5	2.4	2.3
大葱	23	18.8	2.5	10.3	6.0	
韭菜	23	20.6	0 ~ 2.5	11.8	7.5	9.5
向日葵	25	7.8	1.2	4.5	1.5	0.6
大麦（二倍体）	25	10.4	1.9	4.5	3.0	1.0
大麦（四倍体）	25	11.4	1.3	5.8	3.2	1.1
西葫芦	30	9.1	1.0	4.4	2.3	1.5
番茄	23	10.6	1.8	4.3	4.5	
豌豆	23	14.0	5.0	4.5	3.0	1.2
黑麦	20	11.7	1.0	6.0	4.7	
小麦	23	14.0	0.8	10.0	2.0	1.2
六倍体小黑麦	25	11.0	2.8	5.3	2.5	
玉米	20	10.5	0.5	4.3	5.7	
烟草	23	9.0	3.0	3.8	1.4	0.8
短叶松	22	25.7	15.3	7.6	1.4	1.4

从细胞增殖角度看细胞有三种状态，即周期细胞、G_0 期细胞和终端分化细胞。周期细胞就是在细胞周期中运转的细胞，如分生组织细胞。G_0 期细胞为暂时脱离细胞周期的细胞，它们可在适当刺激下重新进入细胞周期，进行增殖。例如，有些茎皮层细胞通常不再进行细胞分裂而被视为处于 G_0 期，但发育到一定阶段，其中一些细胞恢复分裂活动，转变为形成层细胞，重新进入细胞周期。终端分化细胞是指那些不可逆地脱离细胞周期、丧失分裂能力但保持生理机能的细胞，如韧皮部的筛管分子。细胞处于何种状态受有关基因及外界环境条件的调控。

1.4.2.2 有丝分裂过程

有丝分裂的基本过程包括细胞核分裂和细胞质分裂。分裂过程中，细胞的形态结构表现出一系列复杂的变化。为了叙述方便，我们先介绍细胞核分裂，后介绍细胞质分裂，并将细胞核分裂期按先后顺序人为地划分为前期、中期、后期和末期（图 1-25、图 1-26）。

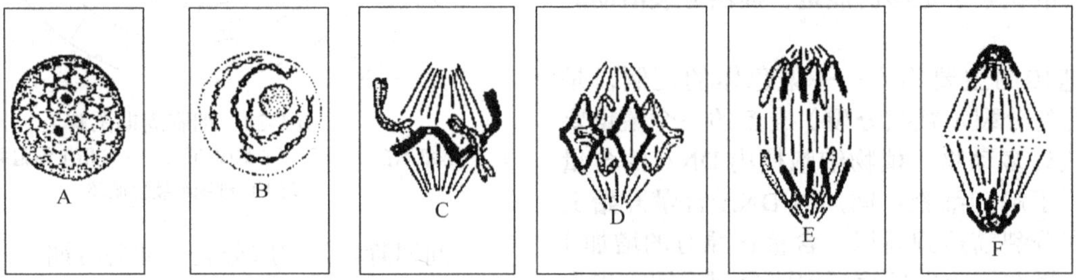

图 1-25 有丝分裂模式图

A. 间期 B. 前期 C. 中期 D、E. 后期 F. 末期

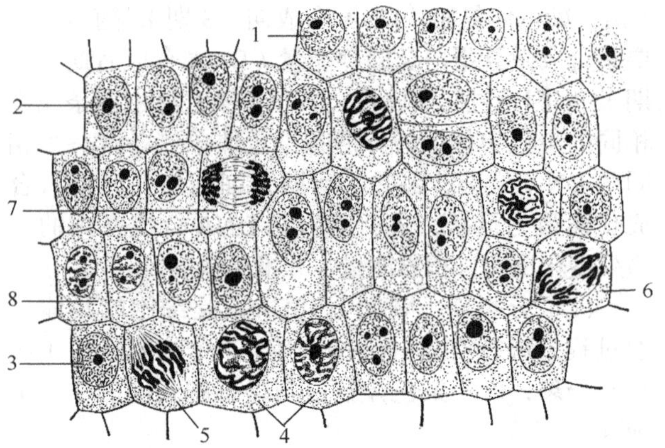

图 1-26 洋葱根尖细胞有丝分裂各时期鉴别

1. 间期 2～4. 前期 5. 中期 6. 后期 7. 末期 8. 细胞质分裂期

（1）前期（prophase） 前期的主要特征是：核内染色质凝集成染色体，确立分裂极，核仁、核膜解体消失。

细胞核内形成染色体是进入前期的标志。间期核内细长的染色质细丝逐渐螺旋缠绕、缩短、增粗，成为可见的念珠状细丝，进而形成形态上可以辨认的染色体，散布在细胞核的范围内。每条染色体由两条被着丝点连在一起的染色单体组成。

分裂极决定细胞分裂的方向。植物细胞的分裂极与微管分布的改变有关。当微管从普遍周围分布变成集中于细胞中段的带状分布时，其带状分布的两极即为分裂极，而带状分布的中央部分，即是未来形成细胞板（cell plate）的位置。

在前期的后半期，核仁解体，其核仁物质黏附在染色体上，待至后期时被分配到两个子细胞核中，再参加两个子细胞核的核仁形成。前期末，核膜崩解，标志着前期的结束。此时，核液和细胞质混合在一起。与此同时，在细胞核的两极出现少量由微管组成的纺锤丝。

（2）中期（metaphase） 中期的特点是纺锤体形成和染色体排列在赤道面上。

进入中期，微管进一步组装形成纺锤丝，其中有的纺锤丝连通两极，称为连续丝；有的纺锤丝从一极开始连接到染色体的着丝点上，称为染色体牵引丝。每条染色体的两条染色单体，各有一个着丝点分别与某一条染色体牵引丝相接。纺锤丝形成的纺锤状构象，称为纺锤体。

以后由于染色体纺锤丝的牵引，染色体开始移动，由原来分散的状态逐渐集中到纺锤体的中部——赤道面上，当所有染色体的着丝点部分到达赤道面上时即为中期，此时染色体的其他部分可处在任何位置。

中期的染色体呈典型的形态，并彼此松开，因此是观察染色体形态学的最好时期。可清楚地看到每条染色体由两条染色单体组成。一条染色体包括：主缢痕，即着丝点所在区域，该区域一般染不上颜色或缢缩变细；臂，即主缢痕两侧的染色体部分；副缢痕（或称为次缢痕），为某些染色体臂上除着丝点外另一个不着色或缢痕变细的区域，该区域与核仁形成有关，因此在功能上又称为核仁组成区；随体，为某些染色体末端部分的棒状或球状结构。随体与染色体臂之间有一副缢痕相隔。这两种结构是识别染色体的重要特征。

中期细胞核分裂的特征是染色体的着丝点排列到细胞中央的赤道板（equatorial plate）上，纺锤体形成。由于中期染色体缩短到最粗短程度，因此，是染色体计数和观察染色体行为的最佳时期。

（3）后期（anaphase） 后期的特征是染色体从着丝点处分裂，形成两组子染色体（daughter chromosome），并分别朝相反的两极运动。当所有染色体排列在赤道板上后，构成每条染色体的两个染色单体从着丝点处裂开，分成两条独立的子染色体；紧接着子染色体分成两组，分别在纺锤体牵丝的牵引下，向相反的两极运动。这种染色体运动是动粒微管末端解聚和极间微管延长的结果。子染色体在向两极运动时，一般是着丝点在前分别向着两极，两臂在后向着赤道板。

（4）末期（telophase） 末期的主要特征是形成两个子细胞核，母细胞分裂为两个子细胞。

当两组子染色体分别到达两极后，即进入末期。到达两极后的子染色体首先松解螺旋、膨胀而失去轮廓，形成一大块状的染色质，继而伸长变为细丝状。与此同时，核膜、核仁重新出现，细胞核分裂完成，两子细胞核进入下一个细胞周期的间期状态。

（5）细胞质分裂 细胞质分裂是在两个新的子细胞核之间形成新细胞壁，把母细胞分隔成两个子细胞的过程。一般情况下，当染色体接近两极时，两极的纺锤丝逐渐消失，但两个子细胞核之间的纺锤丝（中间丝）却保留下来，并且由于微管的增多，纺锤丝越来越密集，在赤道面区域形成桶状构象，称为成膜体（phragmoplast）。同时，赤道面上排列着来自高尔基体的小泡，小泡间有内质网、微管通过；这些小泡排列整齐，泡内含果胶质，形成由一单层小泡组成的细胞板。小泡内的果胶质形成新的细胞壁和胞间层，两侧的单层膜成为两个子细胞的质膜，穿于小泡之间的内质网与微管形成胞间连丝。之后，细胞板逐渐向四周离心地扩展，直到与母细胞壁相接，构成新的细胞壁。新细胞壁将母细胞质分开，形成两个子细胞，这一过程即为细胞质分裂。

经过有丝分裂，1 个母细胞分裂为染色体数目与母细胞相同的 2 个子细胞。子细胞再进入下一个细胞周期；或者不再分裂，而朝着分化的方向发展（图 1-26）

（6）有丝分裂的特点和意义 有丝分裂是一种普遍的细胞分裂方式，细胞分裂导致植物生长。有丝分裂的整个过程包括细胞核分裂和细胞质分裂两个显著的步骤，因此，整个过程较为复杂，特别是细胞核的变化最大。在有丝分裂过程中，每次细胞核分裂前必须进行一次染色体的复制，在分裂时，每条染色体裂为两条子染色体，平均地分配给两个子细胞，这样就保证了每个子细胞具有与母细胞相同数量和类型的染色体。决定遗传特性的基因既然存在于染色体上，因此，每个子细胞就有着与母细胞同样的遗传性。在子细胞成熟时，它又能进行分裂。在多细胞的植物生长发育时期，出现无数的细胞分裂，而每个细胞以后的分裂，基本上又按上述方法进行。因此，有丝分裂保证了子细胞具有与母细胞相同的遗传潜能，保持了细胞遗传的稳定性。

1.4.3 减数分裂

减数分裂（meiosis）与植物的有性生殖密切相关，是性母细胞成熟时，配子形成过程中发生的一种特殊的有丝分裂，又称为成熟分裂（maturation division）。在减数分裂过程中，细胞核中也出现染色体和纺锤丝，这一点与有丝分裂相同。其特殊性表现在减数分裂发生在生殖细胞中，具有一定的时间性和空间性，是生物个体性成熟后，在造孢细胞中进行；减数分裂过程中 DNA 只复制一次，而细胞却要连续分裂两次。第一次分裂是减数的，即经过分裂后细胞中染色体数目减半，第二次是等数的，即染色体数目不变。因此，在形成的 4 个子细胞中，染色体数只是原来母细胞的一半。两次连续分裂中以减数分裂 I 较为复杂。减数分裂的过程如图 1-27 所示。

1.4.3.1 前间期

性母细胞进入减数分裂前的间期称为前减数分裂间期，也称为前间期。这一时期为性细胞进入减

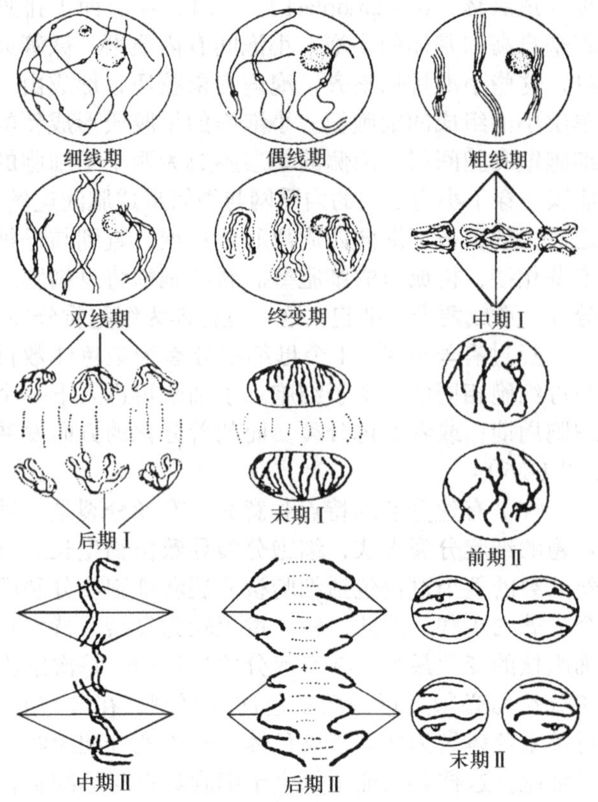

图 1-27 植物细胞减数分裂过程模式图

数分裂作准备。其准备的内容包括染色体复制和有丝分裂向减数分裂转化。

1.4.3.2 减数第一次分裂（简称分裂Ⅰ）

根据染色体的动态变化，可划分为前期Ⅰ、中期Ⅰ、后期Ⅰ和末期Ⅰ四个时期。

（1）前期Ⅰ（prophase Ⅰ） 这一时期细胞内变化复杂，呈现许多减数分裂的特征性变化，经历的时间较长，细胞核比有丝分裂前期时的细胞核大，同源染色体（homologous chromosome，来自父本和母本的两条形态、结构、大小相似的染色体）进行配对、交换等。根据细胞核内染色体变化特征，前期Ⅰ可分为细线期、偶线期、粗线期、双线期、终变期五个时期（图 1-28）。

1）细线期（leptotene stage）。又称为凝聚期（condensation stage），细胞核中染色质开始逐渐螺旋化收缩，形成细长线状的染色体。有时可以较为清楚地计数染色体数目。每条染色体含有两条染色单体，并由着丝点联结，但在光学显微镜下还不能分辨染色单体。从形态上看细胞核和核仁都有所增大。

2）偶线期（zygotene stage）。又称为配对期（pairing stage），细胞内的同源染色体对应部位开始相互紧密并列，逐渐沿纵向配对在一起，这一现象称为联会（synapsis）。如果原来细胞中有 22 条染色体，此时便配对成 11 对，每一对含 4 条染色单

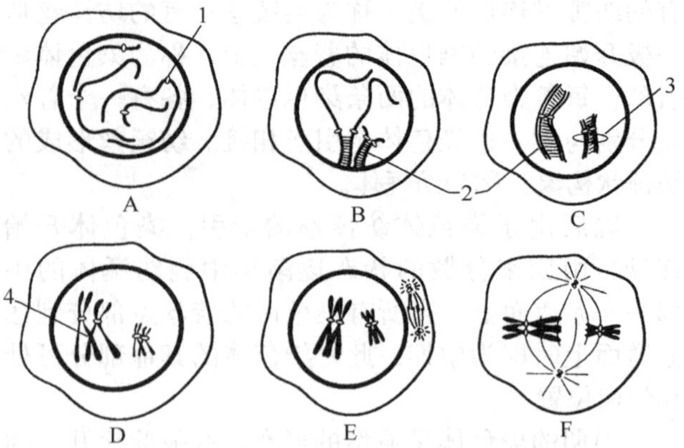

图 1-28 前期Ⅰ的染色体行为（引自 Karp，2013）
A. 细线期 B. 偶线期 C. 粗线期
D. 双线期 E. 终变期 F. 中期Ⅰ
1. 着丝粒 2. 联会复合体 3. 四分体 4. 交叉

体，构成一个单位，称为联会复合体（synaptonemal complex，Sc）。

3）粗线期（pachytene stage）。又称为重组期（recombination stage），粗线期染色体进一步螺旋化、缩短变粗，这时每条染色体都含有两个相同的染色单体，称为姐妹染色单体，它们仅在着丝点处相连。联会的两条同源染色体间的染色单体互称非姐妹染色单体，此时非姐妹染色单体间相邻的两条染色单体会在局部位置发生横裂，进行染色体片段的互换，使一条染色单体具有另一条染色单体的片段，形成交叉或交换现象，导致遗传物质重组。交叉（chiasma）或交换对生物的遗传变异有重大意义。此期染色体形态是一个明显的四分体。

4）双线期（diplotene stage）。双线期染色体继续缩短变粗，在光学显微镜下四个染色单体均可见，非姐妹染色单体之间由于螺旋卷缩而相互排斥，同源染色体局部开始分开。非姐妹染色单体间的交换部位仍由横丝连接，即同源染色体间仍有一至两个交叉联结，出现 X、O、V、S 等形状（图 1-29）。

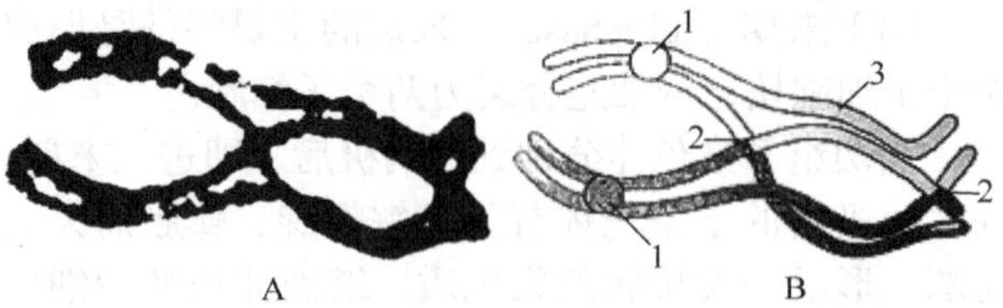

图 1-29 双线期的染色体交叉（引自 Hartl，1998）
A. 显微镜照片 B. 模式图（特别标示交叉）
1. 着丝粒 2. 交叉 3. 染色单体

5）终变期（diakinesis stage）。又称为再凝聚期（recondensation stage），是前期Ⅰ的最后一个阶段，此期染色质又被包装压缩成染色体。双线期结束，染色体变成紧密凝聚状态，大多数核仁消失，纺锤丝出现，四分体均匀地分布在细胞核中。染色体交叉逐步

向染色体端部移动，称为端化（terminalization）。最后四分体只靠端部交叉使其结合在一起，姐妹染色单体通过着丝粒连接在一起（图 1-30）。

（2）中期Ⅰ　在纺锤丝牵引下，配对的同源染色体的着丝点等距排列到赤道板的两侧，同时与纺锤体的牵引丝连接，同源染色体间的交叉处排列在赤道板上。

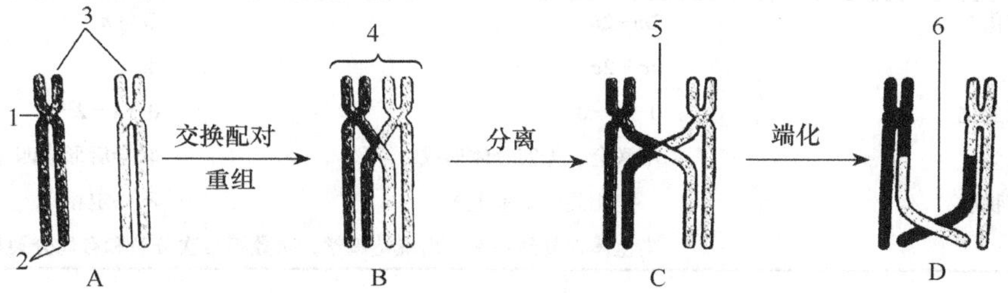

图 1-30　同源染色体联会时的交换和交叉（引自 Kleinsmith and Kish，1995）
A. 细线期　B. 偶丝期—粗丝期　C. 双线期　D. 终变期
1. 着丝粒　2. 同源染色体　3. 染色单体　4. 四分体　5. 交叉　6. 交叉端化

（3）后期Ⅰ　纺锤丝牵引染色体向两极运动，使同源染色体从交叉处分开分别移向两极。每极具有一对同源染色体中的一条，使子细胞中染色体数目只有母细胞的一半。此过程并不进行着丝点分裂，没有发生染色单体分离，每条染色体仍然具有两个染色单体，并且由着丝点相连。不同的同源染色体对向两极的移动是随机的、独立的，所以父方、母方来源的染色体此时会发生随机组合，即染色体组的重组，这种重组有利于减数分裂产物的基因组变异。

（4）末期Ⅰ　两组染色体到达两极，染色体松散、伸长、变细、逐渐解螺旋。核仁、核膜逐渐形成，细胞核分裂完成，产生两个子细胞核。细胞质也随之分裂，两个子细胞形成，称为二分体。

1.4.3.3　中间期

中间期是减数分裂的两次分裂之间的一个间歇。此时期与有丝分裂的间期相比有显著不同：时间很短暂，不进行 DNA 复制，中间期前后细胞中 DNA 的含量也没有变化，染色体螺旋化程度仍较高。

1.4.3.4　减数第二次分裂（减数分裂Ⅱ）

减数第二次分裂是第一次分裂所产生的两个子细胞继续进行同步分裂，与有丝分裂没有实质区别，分裂时期主要是染色单体的分离，产生四个单倍体的子细胞。

（1）前期Ⅱ　染色质螺旋化形成染色体，每个染色体含有两个染色单体，着丝点仍连在一起，纺锤丝出现。

（2）中期Ⅱ　每个染色体的着丝点整齐地排列在赤道面上，纺锤体出现。

（3）后期Ⅱ　着丝点分裂，染色单体彼此分离，由纺锤丝牵向两极。

（4）末期Ⅱ　移向两极的染色体解螺旋，核膜、核仁出现，形成新的子细胞核，以后赤道面上产生细胞板，细胞质分裂为二。经过这样的连续两次分裂，形成四个子细胞，这称为四分体。各细胞的细胞核里只有最初细胞的半数染色体，即从 $2n$ 减数到 n。

减数分裂的遗传学意义：减数分裂是与生物的有性生殖相联系的，它发生在特殊的性母细胞产生性细胞的过程中，减数分裂与受精作用在植物的生活周期中交替进行，使植物一方面能接受亲本双方的遗传物质扩大变异而增强适应性；另一方面通过减数分裂使有性生殖细胞（配子）的染色体数目减半，而在以后发生有性生殖时，两个配子相结合，形成合子，合子的染色体重新恢复到亲本的数目。这样周而复始，使有性生殖的后代始终保持亲本固有的染色体数目和类型。因此，减数分裂是有性生殖的前提，是保持物种稳定性的基础。同时，在减数分裂过程中，由于同源染色体发生联会、交叉和片段互换，从而使同源染色体上父本、母本的基因发生重组和组合的多样性。由于子代遗传基础上的变异所产生的各种可遗传的变异，有利于生物的适应及进化，从而产生新类型的单倍体细胞，这就是有性生殖能使子代产生变异的原因。

1.4.3.5　有丝分裂与减数分裂的比较

有丝分裂与减数分裂的比较见表 1-2。

表 1-2　有丝分裂与减数分裂的比较

特征	有丝分裂	减数分裂
分裂细胞类型	体细胞	原始生殖细胞
细胞核复制和分裂次数	复制一次分裂一次	复制一次分裂两次
子细胞数目	2	雄为 4 个，雌为（1+3）个

续表

特征	有丝分裂	减数分裂
染色体数目变化	$2n \to 2n$	$2n \to n$
DNA 量变化	$4c \to 2c$	$4c \to c$
染色单体数目变化	0→4→0	0→4→2→0
同源染色体行为	不联会、无四分体形成	联会后形成四分体
子细胞间遗传物质	一定相同（基本上）	不一定相同
相同点	染色体都复制一次，出现纺锤丝，减数第二次分裂和有丝分裂相似	

1.5 植物细胞的生长、分化和全能性

在多细胞植物中，个体的生长不仅是细胞数目的增多，也与细胞的生长有密切的关系。在细胞的生长中也伴随着细胞的分化。虽然植物体有些细胞能长久保持分裂能力，但由其分裂产生的细胞中有相当多的细胞不再分裂。

一株植物的生活史，开始于雌、雄细胞融合后形成的单个细胞——合子（zygote），即受精卵。合子经过分裂形成多细胞的胚。种子萌发时，胚形成幼苗。随后，幼苗进一步成长为成年的植株。由单细胞的合子到亿万个细胞的有机体构成的成年植株，要经过一系列有规律的细胞分裂、生长和分化。细胞的分裂、生长和分化，是相互联系的复杂的生理过程，并且分别在形态上表现出相应的变化。

1.5.1 细胞生长

植物细胞通过有丝分裂过程所产生的子细胞，有的进入下一个细胞周期，再进行分裂；有的则不再分裂，而是朝着生长和分化的方向发展。

细胞分裂形成的新细胞，最初体积较小，只有原来细胞（母细胞）的一半，但它们能迅速地合成新的原生质（包括核物质和细胞质），随着细胞增大，当其中某些细胞恢复到母细胞一般大小时，便又继续分裂，但大部分细胞不再分裂，而进入生长时期。细胞生长就是指细胞体积和重量不可逆的增长，包括细胞纵向的延长和横向的扩展。一个细胞经生长以后，体积可以增加到原来大小（分生状态的细胞大小）的几倍、几十倍，某些细胞如纤维，在纵向上可能增加几百倍、几千倍。由于细胞的这种生长，就使植物体表现出明显的伸长或扩大。例如，根和茎的伸长、幼小叶子的扩展、果实的长大都是细胞数目增加和细胞生长的共同结果，但是，细胞生长常常在其中起主要的作用。

植物细胞在生长过程中，除了细胞体积明显扩大外，在内部结构上也发生相应的变化，其中最突出的是液泡化程度明显增加，即细胞内原来小而分散的液泡逐渐长大和合并，最后成为中央液泡，细胞质的其余部分成为紧贴细胞壁的一薄层，细胞核随细胞质由中央移向侧面。在植物细胞生长过程中，液泡增大这一特征，一方面是由于细胞从周围吸收了大量的水分进入液泡；另一方面是由于生长着的细胞具有旺盛的代谢能力，使它们的许多代谢产物积累于液泡中的缘故。因此，在细胞生长时，细胞的鲜重和干重都随着体积的增加而增加。在液泡变化的同时，细胞内的其他细胞器，在数量上和分布上也发生着各种变化。例如，内质网增加，由稀网状变成密网状；质体逐渐发育，由幼小的前质体发育成各类成熟质体。原生质体在细胞生长过程中还不断地分泌壁物质，使细胞壁随原生质体长大而延展，同时细胞壁的厚度和化学组成也发生变化，细胞壁（初生壁）厚度增加，并且由原来含有大量的果胶和半纤维素转变成含有较多的纤维素和非纤维素多糖。

植物细胞的生长是有一定限度的，当体积达到一定大小后便会停止生长。细胞最后的大小，随植物的种类和细胞的类型而异，这说明生长受遗传因子的控制。但是，细胞生长的速率和细胞的大小也会受环境条件的影响。例如，在水分充足、营养条件良好、温度适宜时，细胞生长迅速，体积也较大，在植物体上反映为根、茎生长迅速，植株高大，叶宽而肥嫩；反之，水分缺乏、营养不良、温度偏低时，细胞生长缓慢，而且体积较小，在植物体上反映为生长缓慢、植株矮小、叶小而薄。

1.5.2 细胞分化

植物的个体发育是受精卵细胞不断分裂、生长和分化的结果。一般植物细胞分裂后形成的子细胞，首先要进行生长，当细胞达到一定的大小后，就停止增大，开始了各种不同的成熟变化，称为分化

(cell differentiation)(图 1-31)，即来源相同、形态结构相似的一群幼小细胞，在个体的生长发育过程中，彼此间逐渐出现差异，发育成形态、结构和功能各异的成熟细胞的过程。简言之，生长是细胞体积和重量的不可逆的增加，分化是细胞形态结构与功能的特化。

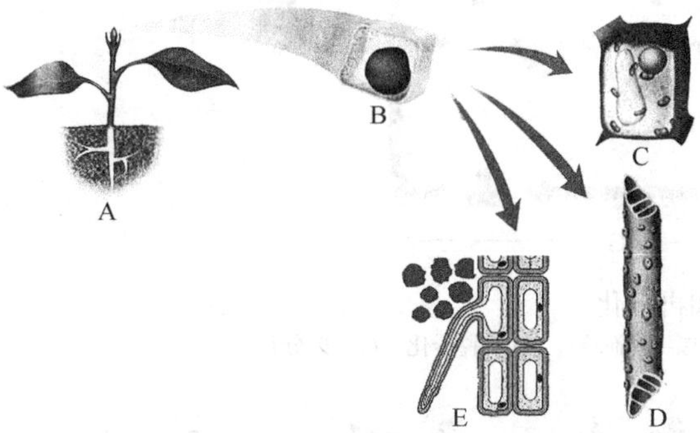

图 1-31　植物细胞的分化图解
A. 植株　B. 植株体细胞　C. 分化为叶肉
D. 分化为导管　E. 分化为根毛

1.5.2.1　细胞分化及其实质

细胞分化主要包括生理功能和形态结构两个方面的变化，前者是后者的基础。在细胞中，通常生理功能分化比形态结构分化发生的早，但形态结构分化比较容易察觉。细胞形态结构的分化表现在很多方面。例如，质体分化，细胞器的种类、数量和大小的变化，次生壁的形成和特化，根毛细胞外壁的突出伸长，以及导管分子管状结构的形成，等等。细胞分化的结果，产生了在形态结构和生理功能上互不相同的细胞群，从而形成了各种组织。

通过细胞分裂和分化，同样来源于分生组织的细胞发育为形态、结构和功能各异的细胞类型。例如，表皮细胞在细胞壁的表面形成明显的角质层以加强保护作用；叶肉细胞中前质体发育形成了大量的叶绿体专营光合作用；而储藏细胞既不含叶绿体，也没有特化的细胞壁，但往往具有大的中央液泡和大量的白色体。

个体发育过程中，细胞分裂和细胞分化有着严格的程序和规律。细胞分化过程的实质是基因按一定程序选择性的活化或阻遏，是组织特异基因在时间上和空间上差异表达（different gene expression）的结果。不同类型的细胞专门活化细胞内某种特定的基因，使其转录，形成特定的信使核糖核酸结构。虽然发育生物学已发展到细胞和分子水平，但从简单的受精卵如何发育为具有高度复杂性的胚胎，尚未完全研究清楚。

1.5.2.2　影响细胞分化的因素

（1）胞外信号影响细胞分化　光对细胞分化有重要作用，如果遮光，栽培植物幼苗则黄化，组织分化差，薄壁组织多，输导组织和机械组织少，植株柔嫩多汁，与正常光照下栽培的幼苗明显不同。蔬菜栽培上利用这个原理培育韭黄、蒜黄和豆芽等；植物激素对细胞分化也有重要作用。植物激素是植物细胞接受特定环境信号诱导产生的、低浓度时可调节植物生理反应的活性物质，它们在细胞分裂与伸长、组织与器官分化、开花与结实、成熟与衰老、休眠与萌发以及离体组织培养等方面，分别或相互协调地调控植物的生长、发育与分化。

（2）位置影响细胞分化　改变细胞所处的位置可以导致细胞分化方向发生改变，从而影响细胞的分化，这个现象称为细胞分化的位置效应（position effect）。

（3）近端细胞间互作影响细胞分化　毗邻的细胞对周围细胞的定向分化有影响。在植物体表皮上常见到气孔和毛都按一定的规则排列，相互间保持一定的距离。气孔的分化不仅抑制邻近细胞分化为气孔，还抑制毛的分化；毛的分化也影响气孔的分化。毛本身的分布还受其下面组织的影响。例如，向日葵叶表皮毛总是位于叶脉的上面；又如，白睡莲（*Nymphaea alba*）叶子的叶肉里，石细胞的分化位置绝不在气孔下面。

无论是何种原因导致的细胞分化，都是细胞感知信号刺激，再通过细胞本身的信息传递机构将信号传递给细胞内靶部位，促使细胞选择性地关闭或打开特定的基因，是基因选择性表达产生特异性蛋白质的结果。

1.5.2.3　脱分化

已分化的细胞在一定条件下恢复分裂能力，失去原有分化状态的过程称为脱分化（dedifferentiation）。已经脱分化的愈伤组织在一定条件下再分化出胚状体，形成完整植株的过程称为再分化（redifferentiation）(图 1-32)。细胞再分化过程事实上是基因选择性表达与修饰的人工调控过程。再分化是再生的基础，离体培养植物组织或细胞再生植株就是细胞脱分化和再分化实现的。根发育过程中，某些特定部位的中柱鞘细胞脱分化，恢复分裂机能，形成一团分生组织细胞，随后细胞不断分裂、分化形成侧根。在植物形态建成过程中，不定根、不定芽和周皮等都是通过脱分化后再分化形成的。植物体内的表皮、皮层、髓、韧皮部和厚角组织等都可在一定条件下发生脱分化。利用根、茎、叶进行扦插时，可见到明显的脱分化和再分化过程。由此可见，植物细胞具有很强的可塑性（plasticity）。

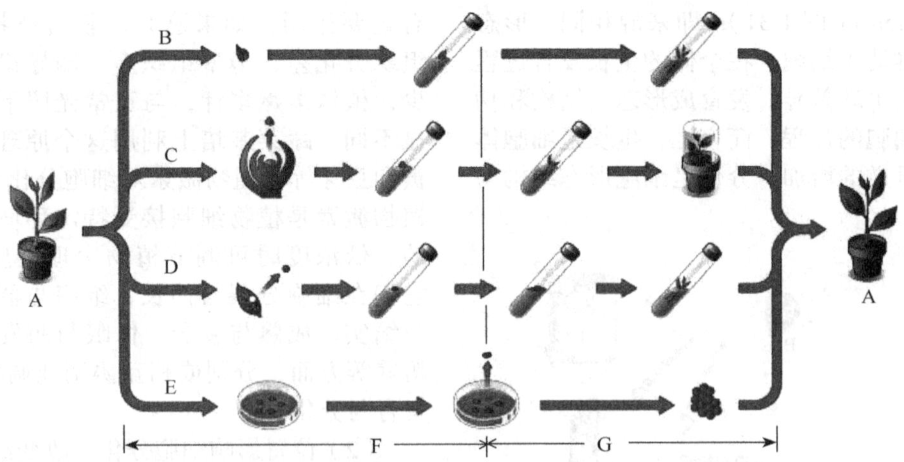

图 1-32　细胞的脱分化和再分化

A. 植株　B. 胚培养　C. 器官培养　D. 愈伤组织培养　E. 细胞培养　F. 脱分化　G. 再分化

1.5.3　植物细胞分化的基本现象

1.5.3.1　极性

有机体在空间关系上有一个普遍现象，无论是器官水平、组织水平，还是细胞水平，在形态、结构和生理生化上常常表现出两极差异，这种两极分化的现象称为极性（polarity）。最熟悉的例子是将柳树的枝条挂于潮湿的空气中，无论是倒挂还是正挂，形态学下端总长根，上端总长芽。受精卵在分裂以前就已建立起极性，细胞核和大多数细胞器位于细胞上部，而下部被一个大液泡占据，随着受精卵的第一次分裂，形成两个大小不等的细胞。

1.5.3.2　不均等分裂

细胞分裂常一分为二，形成两个相等的细胞，但是在植物体内各种特异细胞分化时，往往通过细胞分裂形成两个大小不等、命运不同的子细胞。例如，墨角藻（*Fucus* sp.）受精卵第一次分裂就是不均等分裂，一个细胞发育为叶状体，另一个细胞发育为假根（图 1-33）。又如，根毛形成（图 1-34）、气孔发育、二核花粉粒的形成等。

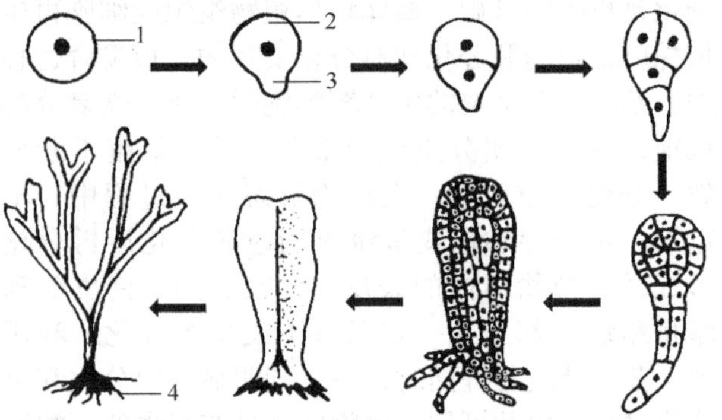

图 1-33　墨角藻的发育过程（仿杨世杰，2000）

1. 受精卵　2. 叶状体极　3. 假根极　4. 假根

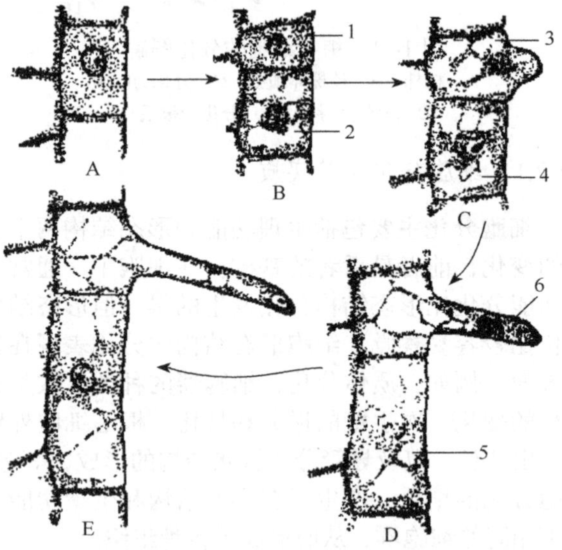

图 1-34　根原表皮细胞不均等分裂及分化形成根毛

A、B. 细胞不均等分裂产生长短不一的 2 个子细胞

C～E. 大细胞发育为表皮细胞，小细胞分化为生毛细胞

1. 短子细胞　2. 长子细胞　3. 生毛细胞

4、5. 发育中的一般表皮细胞　6. 根毛

在整个植物生长发育过程中，不均等分裂现象是屡见不鲜的。不均等分裂是由极性引起的，还是不均等分裂导致了极性的产生，这也是一个争论的问题。

1.5.3.3　细胞内结构和细胞间关系的分化

细胞分化是一个复杂的生理生化和形态结构变化过程，在显微镜下可观察到的细胞学变化主要有以下几个方面。

（1）细胞核、细胞质和液泡的变化　分生组织细胞的细胞核位于细胞中央，相对较大，液泡小，细胞质浓厚。随着细胞的生长和分化，细胞吸水，液泡增大，逐渐合并形成中央大液泡，占据细胞体积的绝大部分，细胞核被挤向边缘，细胞质成为薄薄的一层，贴于液泡和质膜之间。根、茎的皮层和髓薄壁细胞就是如此。

（2）质体和线粒体等细胞器的变化　在分生组织细胞内，质体和线粒体两者的区别不明显，随着细胞分化，质体和线粒体显示出各自显著不同的形态结构特点，并分别担任光合、储藏和呼吸功能。其他细胞器随着细胞分化也有不同程度的变化，如分泌细胞中分化出丰富的高尔基体等。

（3）细胞壁的变化　植物分生组织的细胞壁为初生壁，在个体发育过程中，有些分生细胞发育为薄壁细胞，细胞壁保留初生壁的性质；有些分生细胞分化为专门担任机械支持作用的细胞，其细胞壁分化为厚而坚硬的次生壁。

（4）细胞间相互关系　相邻植物细胞之间关系极为密切，它们之间有胞间连丝使原生质体互相沟通。分化过程中，有些细胞之间的胞间连丝发生变化，如筛管与伴胞间的胞间连丝呈分支状，直径也有所拓宽，使这对姐妹细胞紧密配合，执行运输功能。成熟的保卫细胞与表皮细胞之间没有胞间连丝，这有利于保卫细胞执行特定的功能。

分生组织细胞排列紧密，无细胞间隙，当发育、分化至成熟组织时，细胞之间大多出现细胞间隙、有通气作用；有的细胞间隙可积聚一些物质，特别发达的细胞间隙则有特殊的功能，如松树的树脂道就是大的细胞间隙，成为储藏树脂的场所。

细胞形态结构的变化是分化的外部表现，它是基于细胞内酶和蛋白质合成等因素的差异造成的，分化的机制是一个相当复杂的问题，有待从分子水平进一步研究。

植物个体发育过程中，茎尖、根尖的分生组织细胞伴随着细胞不断地分裂，逐步分化出植物体内的各种组织，如薄壁组织、输导组织、机械组织、保护组织和分泌组织等。

1.5.4　植物细胞全能性与细胞工程

1.5.4.1　植物细胞全能性

植物体中每个细胞都来自受精卵，带有与受精卵相同的一套完整的遗传信息和细胞质环境，具备遗传信息的传递、转录和翻译的基本能力，一定条件下，这些体细胞都能具有发育成完整植株的潜在能力，称为植物细胞的全能性（totipotency）。在完整植株中，由于细胞在体内受到内在环境的束缚，细胞保持着潜在的全能性，相对稳定；一旦脱离母体，解除了所在器官或组织的束缚，在适宜的营养和外界条件刺激下，这些游离的细胞就会启动或关闭一些遗传信息的转录和翻译，改变代谢方向和类型，调节生长发育进程，脱分化为具有全能性的胚性细胞，胚性细胞发育成胚状体，进一步发育为完整的植株（图 1-32）。

1.5.4.2　细胞工程

植物细胞全能性理论为现代生物细胞工程奠定了良好的理论基础，使植物细胞和组织培养的研究及应用得以实现。细胞工程就是以细胞为基本单位，在适宜的条件下进行培养、增殖，按照人类的意愿分化发育，或改造细胞的某些生物学特性，从而工厂化获得具有较高经济价值的植物产品或新种质。细胞工程主要分为上游、下游两部分：上游工程包括细胞培养、细胞遗传操作和细胞保存三个步骤。下游工程就是将已经转化成功的细胞应用到生产实践，从而生产出植物产品的过程。细胞培养技术是植物细胞工程的核心支撑技术，根据细胞全能性理论和细胞培养技术，可以实现植物胚培养、器官培养、组织培养、愈伤组织培养、细胞培养、花粉培养甚至原生质体培养（图 1-32），获得目标植物产品或种质。胚培养是指在适宜的条件下离体胚正常萌发生长，获取植物产品或研究材料。器官和组织培养首先应分离获得适宜的外植体，经过消毒处理，在适宜的温度、光照和培养基中无菌培养；细胞培养方法有悬浮培养、平板培养、饲养层培养及双层滤纸植板等，都是将选定的细胞置于适宜的培养条件下进行培养，获得大量生长发育基本同步的细胞，为遗传操作提供细胞材料。花粉培养是指在适宜的培养条件下，花粉改变正常发育途径脱分化为胚状体或愈伤组织，再分化为单倍体植株；原生质体培养是去除细胞壁获得原生质体后进行的培养，是利用原生质体进行遗传操作的基础。

细胞的遗传操作是整个细胞工程中最为重要和最具挑战性的环节，主要有转基因技术、基因工程、细胞诱变、细胞融合、细胞拆合、染色体工程等。转基因技术主要是指将外源功能基因导入靶细胞，与靶细胞基因重组并得到表达，产生新的功能，表现出新的性状。基因工程是按照设计蓝图，将不同来源的基因在体外构建杂种 DNA 分子，导入靶细胞，以期改变生物的原有性状，获得新产品或新种质。细胞诱变是指通过物理、化学及环境胁迫等诱变技术，结合定向筛选，促使基因突变，获得定向特性的细胞工程技术。细胞融合是指在人工诱导条件下，将两个不同基因型的细胞或原生质体融合形成具有设计性状的杂种细胞。细胞拆合是指将原有细胞核和细胞质分离，分别与异源的细胞质和细胞核融合，形成核质杂交细胞的技术。染色体工程也称为染色体操作，是指按照设计删减、添加或代换同种或异种染色体的方法。

细胞工程技术已经得到了广泛的应用，突出表现在以下三个方面。①快速繁育、无病毒苗培育及人工种子生产，使植物生产工厂化，植物的优良性状得以保留而不退化。②利用细胞和组织培养工厂化生产高价值的植物次生代谢产物，如名贵药物、色素、香料、添加剂、杀虫剂等。③利用转基因技术选育出优质高产基因型品种，提高作物产量、改良作物品质或获得其他目的性状，是现代农作物育种的重要策略和技术手段。抗除草剂、抗病、抗虫的转基因植物研究和应用逐渐增多，但由于粮食作物转基因的安全性有争议，目前推广放缓。

1.6 植物细胞的衰亡

任何生命个体或其组成单元，衰老和死亡都是其生命的基本特征之一。生物体内新陈代谢，不断有新细胞产生，也不断有旧细胞衰老和死亡。细胞的生命历程都要经过未分化、分化、生长、成熟、衰老和死亡几个阶段。衰老死亡的细胞被机体的免疫系统清除，同时新生的细胞也不断从相应的组织器官生成，以弥补衰老死亡的细胞。细胞衰老死亡与新生细胞生长的动态平衡是维持机体正常生命活动的基础。

1.6.1 细胞的衰老

细胞衰老（cell aging）是指细胞在执行生命活动过程中，随着时间的推移，细胞形态、细胞增殖与分化能力、生理功能和生化特性逐渐发生衰退的变化过程。衰老细胞一般呈现如下特征：①细胞膜体系的结构和功能稳定性改变。②细胞骨架体系中的化学键和蛋白质发生改变。③细胞器成分发生改变。线粒体数量减少，体积膨大，外膜破坏，多囊体释出；高尔基体、溶酶体数量显著增加。④细胞核膨大，核膜内折，染色质固缩化。⑤多数蛋白质合成降低，原蛋白结构改变，与衰老关联的特异蛋白表达过量。⑥水分含量降低。

1.6.2 细胞的死亡

细胞死亡（cell death）是生命现象不可逆停止及生命的结束，细胞衰老后都会走向死亡。正常的组织中经常发生细胞死亡，这是维持组织机能和形态所必需的，包括细胞凋亡和细胞坏死。

细胞凋亡（apoptosis）：又称为细胞程序性死亡（programmed cell death），是指机体细胞在发育过程中或在某些因素作用下，为维持内环境稳定，通过细胞内基因及其产物的调控而发生的一种自主的、程序性细胞死亡。细胞凋亡是主动过程，它涉及一系列基因的激活、表达及调控，可主动清除多余的与机体不相适应的、已经完成其生理功能并不再需要的，或是其存在有潜在危险的细胞。是生物体内普遍发生的一种为更好地适应生存环境而主动争取的一种死亡过程。细胞凋亡对有机体的正常发育有着重要意义，是长期演化过程中进化的结果。

细胞坏死（necrosis）：是因物理性或化学性的损害因子及缺氧与营养不良等导致的细胞被动死亡。坏死细胞的膜通透性增高，致使细胞肿胀，细胞器变形或肿大，早期细胞核无明显形态学变化，最后细胞破裂。

1.7 植 物 组 织

1.7.1 植物组织及其形成

细胞分化的结果直接导致植物组织的形成，组织是植物进化过程中复杂化和完善化的产物。在个体发育中，来源相同、形态结构相似、生理功能相同的细胞群组成的结构和功能单位称为组织（tissue）。组织的形成是植物体内细胞分裂、生长、分化的结果，其形成过程贯穿由受精卵开始、经胚胎阶段、直至植株成熟的整个过程。

植物的各个器官——根、茎、叶、花、果实和种子等，都是由某几种组织构成的。其中，每一种组织都具有一定的分布规律，并行使一种主要生理功能，这些组织的功能相互依赖和相互配合。例如，叶是植物进行光合作用的器官，分化有大量的同化组织进行光合作用，但在它的周围覆盖着保护组织，以防止同化组织水分过度流失和机械损伤。此外，输导组织贯穿于同化组织中，保证水分供应，并把同化产物运输出去。这样，三种组织相互配合，保证了叶的光合作用正常进行。由此可见，组成器官的不同组织表现为整体条件下的分工合作，共同保证器官功能的完成。

1.7.2　植物组织分类

植物组织种类很多，按其发育程度、主要生理功能不同及形态结构特点，组织可分为分生组织、保护组织、薄壁组织、机械组织、输导组织和分泌结构。后 5 种组织由分生组织的衍生细胞发育而成，总称为成熟组织（mature tissue），它们具有一定的稳定性，也称为永久组织（permanent tissue）。但组织的成熟是相对的，成熟组织并非一成不变，有些分化程度较低的组织，有时能随植物体发育进一步转化为另一种组织，如分化程度较低的薄壁细胞可以脱分化（dedifferentiation）为分生细胞或特化为石细胞。

1.7.2.1　分生组织

（1）分生组织的概念　在植物胚胎发育早期，所有胚细胞均能分裂，而发育成植物体后，只有在特定部位的细胞保持这种胚性特点，可继续进行分裂活动。由这种能继续分裂的细胞组成的细胞群，称为分生组织（meristem）。分生组织在植物一生中常持续或周期性的保持强烈的分裂能力，一方面为植物体产生其他组织的细胞，另一方面本身继续“永存”下去。

分生组织细胞的主要特征是：细胞代谢活跃，有旺盛的分裂能力；细胞排列紧密，一般无细胞间隙；细胞壁薄，不特化，由果胶质和纤维素构成；细胞核大，细胞质浓；原生质体分化程度低，细胞器丰富，膜系统发达，质体处于前质体阶段，通常缺乏储藏物质和结晶体。有的分生组织也会出现一些变化，如维管形成层细胞有较多液泡等。分生组织的活动直接关系到植物体生长和发育，在植物个体成长中起着重要作用。

（2）分生组织的类型　根据分生组织在植物体内的分布部位、起源和产生组织以及它们的结构、发育阶段和功能等不同可将分生组织分为不同类型。

1）按照在植物体中的分布位置可把分生组织分为顶端分生组织、侧生分生组织和居间分生组织（图 1-35）。

A. 顶端分生组织（apical meristem）。顶端分生组织存在于根和茎的主轴及其分支的顶端部分，由胚性细胞构成。它们一般能长期保持分生能力，虽然也有休眠时期，但环境条件适宜时，又能继续进行分裂。其分裂活动的结果使根和茎不断伸长，并在茎上形成侧枝，使植物体扩大营养面积。有花植物由营养生长进入生殖生长时，茎顶端分生组织发生质的变化，形成花芽，发育成花或花序。

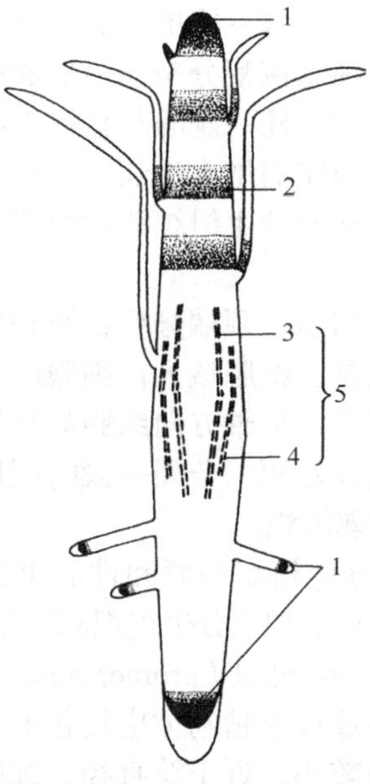

图 1-35　分生组织在植物体内的分布

1. 顶端分生组织　2. 居间分生组织　3. 维管形成层
4. 木栓形成层　5. 侧生分生组织

顶端分生组织细胞的特征是：细胞体积小，近于等径，具有薄壁，细胞核位于中央并占有较大体积，液泡小而分散，细胞质丰富，细胞内通常缺少后含物，具有旺盛的分裂能力。

B. 侧生分生组织（lateral meristem）。侧生分生组织位于裸子植物和木本双子叶植物根和茎侧方周围部分，靠近器官边缘，与所在器官长轴平行排列（图 1-35）。它包括维管形成层和木栓形成层。维管形成层细胞多为长纺锤形，少数近等径，其细胞不同程度液泡化。维管形成层活动时期较长，分裂出来的细胞分化为次生韧皮部和次生木质部，使根和茎增粗。木栓形成层由薄壁细胞脱分化而来，为一层长轴状细胞，分裂活动时间较短，产生的细胞分化为木栓层和栓内层，在器官表面形成一种新的保护组织——周皮。

C. 居间分生组织（intercalary meristem）。居间分生组织是夹在已经有一定分化程度的组织区域之间的分生组织，它是顶端分生组织衍生而遗留在某些器官中局部区域的分生组织。居间分生组织在种子植物中并不是普遍存在的，并且只能保持一定时期的分生能力，以后则完全转变为成熟组织（图 1-35）。

典型的居间分生组织存在于植物茎、叶、子房柄、花梗、花序等器官的成熟组织中。例如，稻、麦等禾本科植物节间基部具有居间分生组织，所以当顶端分化成幼穗后，稻、麦仍能借助于居间分生组织活动进行拔节和抽穗，使茎急剧长高，也能使茎秆倒伏后逐渐恢复直立；葱、蒜、韭菜叶子割取上部后能继续伸长生长，也是由于叶基部居间分生组织活动的结果。有一些植物的居间分生组织是由已分化的薄壁细胞恢复分裂能力形成的。例如，枣花在传粉后，靠花柱一侧的花盘组织细胞恢复分裂能力，参与了果实的增大生长；落花生受精后，由于雌蕊柄基部居间分生组织活动而能把开花后的子房推入土中。

居间分生组织与顶端分生组织和侧生分生组织相比，其特点是：细胞核大，细胞质浓，主要进行横分裂，使器官沿纵轴方向细胞数目增加，细胞分裂持续活动时间较短，分裂一段时间后，所有细胞完全分化为成熟组织。

2）按照分生组织来源和性质可将分生组织分为原生分生组织、初生分生组织和次生分生组织。

A. 原生分生组织（promeristem）。原生分生组织来源于胚胎或成熟植物体中转化形成的胚性原始细胞。其细胞较小，近于等直径，细胞核相对体积大，细胞质浓，细胞器丰富，持续分裂能力强，分布于根尖和茎尖生长点的最尖端，是形成其他组织的最初来源。

B. 初生分生组织（primary meristem）。初生分生组织由原分生组织细胞分级衍生而来，位于原分生组织后部，如根尖稍后部分的原表皮、原形成层和基本分生组织等都属于初生分生组织。原表皮位于根尖最外围，主要进行径向分裂，原表皮之内是基本分生组织，基本分生组织所占比例最大，它进行各个方向的分裂，以增加分生组织的体积；原形成层细胞呈扁平长形，分布在基本分生组织以内。初生分生组织是一种边分裂、边分化的组织，也是原分生组织向成熟组织过渡的类型。

C. 次生分生组织（secondary meristem）。次生分生组织是由已经分化成熟的薄壁细胞重新恢复分裂能力而转变成的分生组织，它们与根、茎增粗和重新形成保护层有关，木栓形成层和维管形成层是典型的例子。次生分生组织的细胞呈扁平长形或为近短轴的扁多角形，细胞明显液泡化，分布部位与器官长轴平行。次生分生组织不是所有植物都有。

如果把两种分类方法对应起来看，则广义的顶端分生组织包括原生分生组织和初生分生组织，侧生分生组织一般是指次生分生组织，其中，维管形成层和木栓形成层是典型的次生分生组织。

1.7.2.2 成熟组织

（1）成熟组织的概念 分生组织衍生的大部分细胞逐渐丧失分裂能力，进一步生长分化形成的各种组织，称为成熟组织，也称为永久组织。

各种成熟组织分化程度不同，一些成熟组织细胞与分生组织差异极小，具有分裂潜能；另一些组织细胞则有很大的形态改变，功能专一，并且完全丧失分裂能力。因此，组织的“成熟”或“永久”程度是相对的。成熟组织也不是一成不变的，尤其是分化程度较低的组织，有时能随植物发育进一步特化为另一类组织，成熟组织在一定条件下可以脱分化形成分生组织。

（2）成熟组织的类型

1）薄壁组织（parenchyma tissue）。薄壁组织又称为基本组织，广泛分布于植物体各个器官中，是构成植物体的基础。它们担负吸收、同化、储藏、通气和传递等功能。

薄壁组织虽有多种形态，但都是由薄壁细胞组成的。这类细胞含有质体、线粒体、内质网和高尔基体等细胞器，液泡较大，排列疏松，细胞间隙发达，细胞壁薄，仅有初生壁。薄壁组织分化程度较低，具有潜在分裂能力，在一定条件下可经脱分化激发分裂潜能，进而转化为分生组织。同时，薄壁组织可以进一步分化为其他组织。根据薄壁组织生理功能不同，可将其分为吸收组织（图 1-34）、同化组织、储藏组织、通气组织和传递细胞等（图 1-36）。

A. 吸收组织（absorptive tissue）。吸收组织位于根尖根毛区，包括表皮细胞和由表皮细胞外壁向外延伸形成的先端封闭的管状结构——根毛（root hair），其功能是吸收水分和溶于水中的无机盐。根毛数目很多，细胞壁上角质层薄，常具黏液，与土壤紧密接触，有利于根吸收水分和养料（图 1-36A）。

B. 同化组织（assimilating tissue）。同化组织的细胞原生质体含有大量叶绿体，能进行光合作用，所以又称为绿色组织。同化组织分布于植物体绿色部分，如叶片、幼茎皮层、幼小果实和种子等，尤其是叶片叶肉细胞，由典型的同化组织构成。同化组织在适当条件下较容易恢复分生作用（图 1-36B、图 1-36C）。

C. 储藏组织（storage tissue）。储藏组织常见于根和茎的皮层、髓部、果实和种子胚乳或子叶，以及块根、块茎等器官中。储藏组织的细胞中常储藏营养物质，如淀粉、糖类、蛋白质、油类、单宁和草酸钙等。例如，水稻和小麦等禾本科植物种子胚乳细胞、甘薯块根和马铃薯块茎薄壁细胞储藏淀粉或糊粉粒；花生种子子叶细胞储藏油类等（图 1-36C～F）。

某些储藏组织特化为储水组织（aqueous tissue），其薄壁组织细胞中储藏有丰富水分。它的细胞特点是：细胞较大，壁薄，缺乏或仅含有很少的叶绿体，液泡大并含有大量黏稠细胞液，这种黏稠物质明显增加了细胞的持水能力。使植物能适应干旱环境下的生长。储水组织一般存在于旱生肉质植物中，如仙人掌、芦荟、秋海棠等的光合器官中（图 1-36C）。

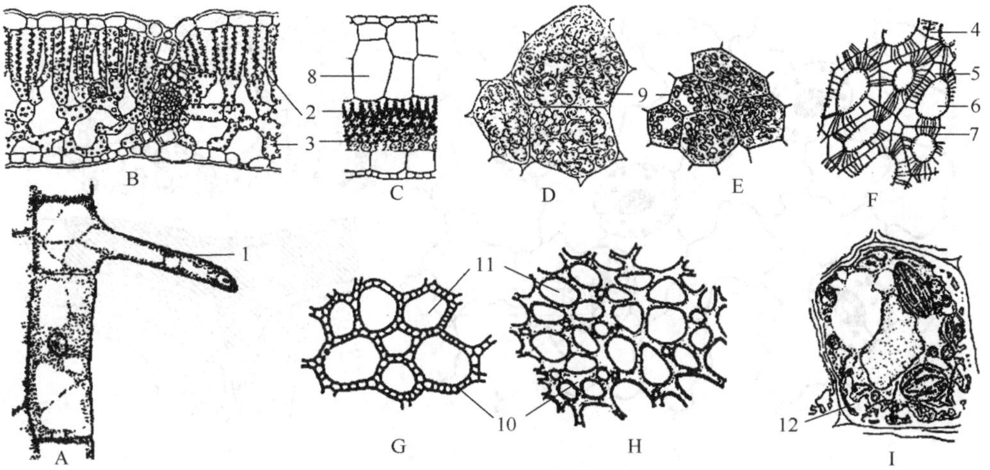

图 1-36　几种薄壁组织

A. 吸收组织　B. 柑橘叶同化组织　C. 秋海棠叶同化组织　D. 马铃薯储藏组织　E. 裸麦属植物胚乳的储藏薄壁组织　F. 柿胚乳薄壁组织　G. 美人蕉属植物叶中的臂状通气组织　H. 马蹄莲属植物叶柄中的通气组织　I. 传递细胞
1. 根毛　2. 栅栏组织　3. 海绵组织　4. 胞间层　5. 初生壁　6. 细胞腔
7. 胞间连丝　8. 储水组织　9. 淀粉粒　10. 薄壁细胞　11. 气腔　12. 壁内突

D. 通气组织（ventilating tissue）。有些薄壁组织有发达的细胞间隙，这些间隙在发育过程中逐渐互相联结，最后形成网结状气腔和气道。这种具有明显胞间隙的薄壁组织称为通气组织。气腔和气道中储存大量空气，有利于器官中细胞呼吸和气体交换。同时，蜂巢状系统的胞间隙可以有效抵抗植物在水生环境中面临的机械压力。例如，在水稻根、茎、叶中通气组织发达，并与叶鞘气道通连，是对湿生条件的适应。水稻通气腔的大小常因品种、栽培条件和分布部位而异，就茎秆来说，近基部的节间中通气腔较发达，越近植株顶部通气腔越小（图 1-36G、图 1-36H）。

E. 传递细胞（transfer cell）。20 世纪 60 年代新发现了一类特化的薄壁细胞——传递细胞，这种细胞最显著的特征是细胞壁内突生长，即向内突入细胞腔，形成许多指状或鹿角状不规则突起，这种构造显著扩大了质膜表面积（20 倍以上）（图 1-36I），有利于细胞对物质的吸收和传递，故称为传递细胞，也称为转输细胞或转移细胞。传递细胞具有大的细胞核、浓厚的细胞质，以及丰富的线粒体、内质网、高尔基体和核糖核蛋白体等细胞器，相邻细胞间有发达的胞间连丝。由于它们都出现在植物体内溶质集中部位，与溶质局部转运有密切关系，故认为它们有短途运输作用。例如，叶中小叶脉的一些木薄壁细胞和韧薄壁细胞可形成壁内突，同时，还可由伴胞和维管束鞘发育成传递细胞，成为叶肉和输导组织之间物质运输的桥梁。另外，在植物茎或花序轴维管组织中，种子子叶、胚乳或胚中均有传递细胞。由此可见，传递细胞分布相当广泛。

2）保护组织（protective tissue）。保护组织是覆盖于植物体表起保护作用的组织，它的作用是减少体内水分的蒸腾、控制植物与环境的气体交换、防止病虫害侵袭和机械损伤等。保护组织包括表皮（epidermis）和周皮（periderm）。

A. 表皮。表皮为初生保护组织，由原表皮分化而来，通常为一层细胞，但也有少数植物的某些器官外表可形成由多层生活细胞组成的复表皮。表皮分布于幼茎、叶、花和果实的表面，由表皮细胞、组成气孔器的保卫细胞和副卫细胞、表皮毛或腺毛等附属物组成，其中表皮细胞是最基本成分（图 1-37A、图 1-37B）。

表皮细胞呈各种形状的板块状，排列十分紧密，除气孔外，不存在另外的细胞间隙。表皮细胞是生活细胞，细胞一般不具叶绿体，但常有白色体和有色体，细胞内储藏有淀粉粒和其他代谢产物，如色素、丹宁、晶体等。茎和叶等植物体气生部分的表皮细胞，外弦向壁往往较厚，并角质化，此外，在细胞壁的表面还沉积一层明显的角质层，使表皮具有高度的不透水性，有效地减少了体内的水分蒸腾，坚硬的角质层对防止病菌的侵入和增加机械支持也有一定的作用。有些植物的器官（如甘蔗的茎，葡萄、苹果的果实）在角质层外还具有一层蜡质的“霜”，它的作用是使表面不易浸湿，具有防止病菌孢子在体表萌发的作用。在生产实践中，植物体表面层的结构情况，是选育抗病品种、使用农药或除草剂时必须考虑的因素。表皮的结构和角质层纹型也是植物分类上的一个依据。

随着电子显微镜的应用，人们对角质膜结构有了进一步了解，它包括两层，位于最外面的一层称为角质层（cuticle），里面的一层称为角化层（cutinized layer），这两层合称为角质膜。角化层与

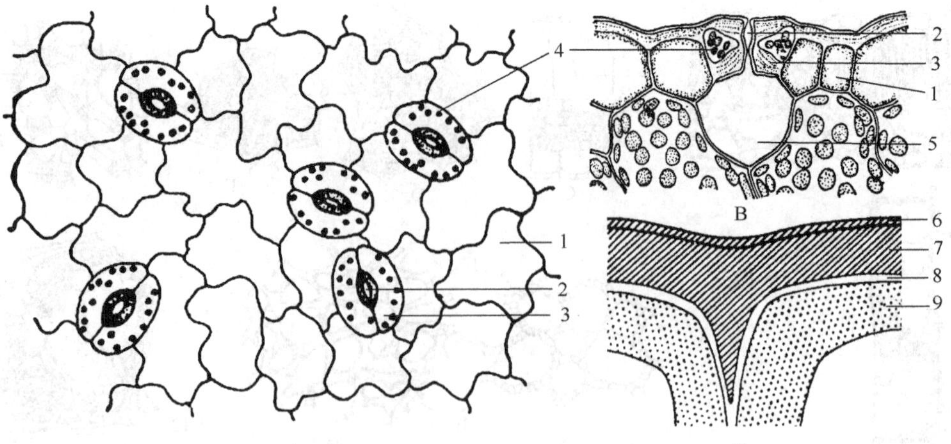

图 1-37 双子叶植物叶表皮和角质膜

A. 正面观 B. 切面观 C. 细胞壁外的角质膜

1. 表皮 2. 气孔 3. 保卫细胞 4. 叶绿体 5. 气孔下室 6. 角质层 7. 角化层 8. 胞间层 9. 初生壁

初生壁之间明显有果胶层分界（图 1-37C）。

在气生表皮上有许多气孔器（stomatal apparatus），它们是气体出入植物体的门户，它是由两个保卫细胞（guard cell）和它们间的开口共同组成的，这个开口称为气孔（stoma）。保卫细胞是含有叶绿体的生活细胞，有些植物的保卫细胞外侧还有一至数个形状和内含物与一般表皮细胞不同的细胞，这些细胞特称为副卫细胞（subsidiary cell）。保卫细胞及其围成的孔隙或连同副卫细胞共同组成气孔器，是调节水分蒸腾和进行气体交换的结构，与光合作用、呼吸作用和蒸腾作用密切相关。副卫细胞与表皮细胞形状不同，发育上有密切关系，且保卫细胞运动时，副卫细胞参与了渗透压的改变。

大多数双子叶植物表皮中，围绕着气孔的副卫细胞数目及其排列方式都是比较稳定的，这一性状可作为鉴别植物的依据之一。通常将双子叶植物表皮中的气孔分为 4 种类型：不规则型、不等型、横列型和平列型（图 1-38）。

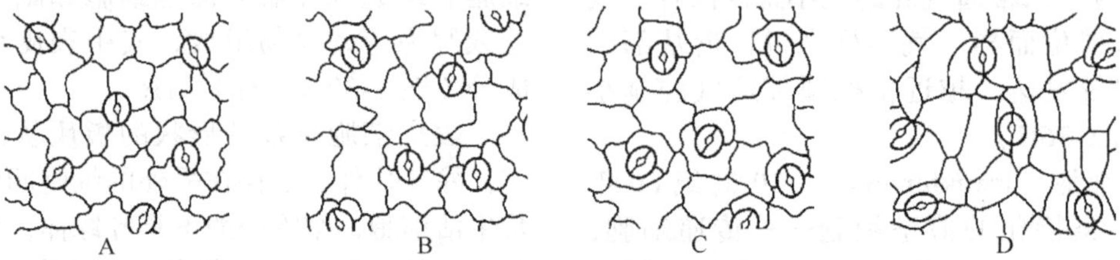

图 1-38 植物叶表皮与气孔的类型

A. 不规则型 B. 不等型 C. 横列型 D. 平列型

不规则型：气孔周围围绕着一般的表皮细胞，没有副卫细胞。

不等型：气孔周围围绕有 3 个副卫细胞，其中 1 个副卫细胞比其他 2 个副卫细胞小。

横列型：气孔周围围绕着 2 个副卫细胞，它们之间的细胞壁与气孔的长轴垂直排列。

平列型：气孔的两侧各围绕着 1 至多个副卫细胞（通常 2 个），副卫细胞的长轴与气孔的长轴平行。

保卫细胞的显著特点是细胞内含有叶绿体和细胞壁不均匀加厚（图 1-37A、图 1-37B）。大多数植物的保卫细胞为肾形，其细胞壁靠近气孔部分较厚，而与表皮细胞或副卫细胞毗接部分较薄。禾本科和莎草科植物的保卫细胞呈哑铃形，其细胞壁在球状两端部分较薄，而中间窄的部分有很厚的壁。这些特点使保卫细胞易因膨压改变而发生气孔开闭。当保卫细胞膨压变高时，保卫细胞壁较薄处扩张较多，致使两个保卫细胞相对弯曲或保卫细胞两端膨大而相互抵撑（禾本科），将气孔缝隙拉开，气孔开放；反之，保卫细胞膨压变低时，气孔关闭。

植物表皮上普遍存在表皮毛（epidermal hair）或腺毛等附属物（图 1-39），其形态结构多种多样：单细胞或多细胞的、具腺或不具腺的、单条或分支的、有些表皮毛的壁是纤维素或矿化的等，加强表皮的保护作用。表皮毛密生的植物表皮由于折射关系常呈白色，可削弱强光的影响，减少水分蒸腾，是植物抗旱的形态结构，对旱生植物有利。虽然在较大或较小的植物类群中，毛状体结构变化很

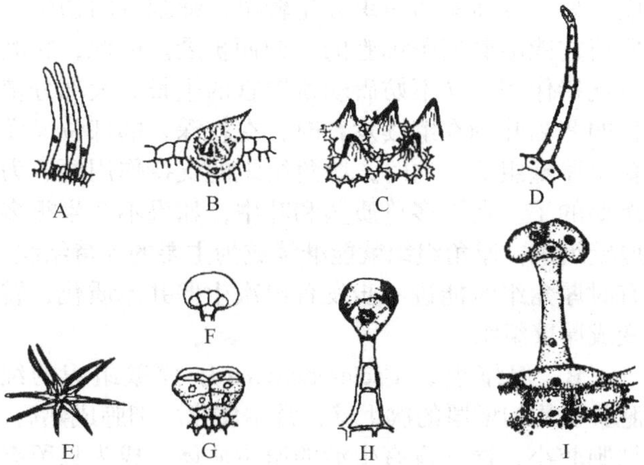

图 1-39 表皮毛状体

A. 单细胞毛 B. 钩状毛 C. 乳头状毛 D. 多细胞毛 E. 星状毛 F～I. 腺毛

大，但它们有时十分一致。因而，表皮毛状体可作为植物分类的参考特征之一。

表皮在植物体上存在的时间依所在器官是否具有加粗生长而异。具有明显加粗生长的器官，如裸子植物和大多数双子叶植物的根和茎，表皮会因器官增粗而破坏、脱落，由内方产生的次生保护组织（周皮）取代。在较少或没有次生生长的器官上，如叶、果实，以及大部分单子叶植物的根和茎上，表皮可长期存在。

B. 周皮（periderm）。周皮是取代表皮的次生保护组织。有些植物的根、茎在加粗过程中，原来的表皮被损坏脱落，而在表皮下面形成新的保护组织，即周皮。周皮由侧生分生组织木栓形成层（phellogen）的分裂活动形成。木栓形成层平周分裂，向外产生的细胞分化成木栓层（phellem），向内产生的细胞分化成栓内层（phelloderm）。木栓层、木栓形成层和栓内层共同构成周皮（图 1-40）。

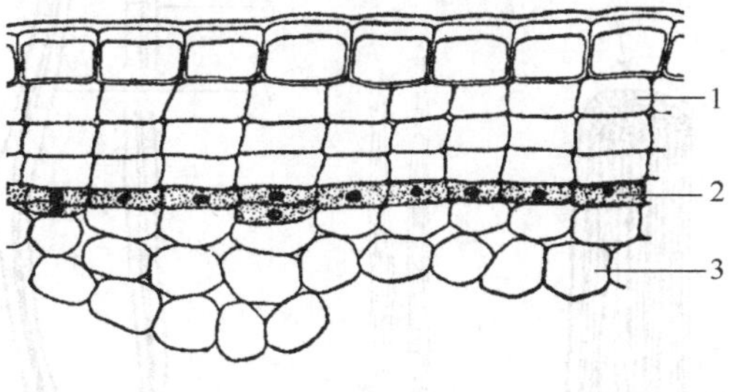

图 1-40 周皮

1. 木栓层 2. 木栓形成层 3. 栓内层

木栓层具有多层细胞，细胞扁平，无胞间隙，细胞壁高度栓化，最后细胞的内容物消失成为死细胞。木栓形成层具有抗压、隔热和绝缘等特性，起到很好的保护作用。许多植物的栓内层是薄壁生活细胞，常有叶绿体。所以，真正对植物本身起控制水分散失、防止病虫侵害、抗御其他逆境等保护作用的是木栓层。当根、茎继续增粗时，原有周皮破裂，其内侧还可产生新的木栓形成层，再形成新周皮。

在周皮某些限定部位，木栓形成层细胞比其他部分更为活跃，向外衍生出一种与木栓细胞不同，并具有发达细胞间隙的薄壁细胞，称为补充细胞（complementary cell）。它们突破周皮，在树皮表面形成各种形状的小突起，称为皮孔（lenticel）。皮孔是周皮上的通气结构，位于周皮内的生活细胞能通过它们与外界进行气体交换。

3）机械组织（mechanical tissue）。机械组织是指因细胞壁发生不同程度加厚而具有抗压、抗张和抗曲挠性能，并起巩固和支持作用的一类成熟组织。植物器官幼嫩部分的机械组织不发达，随着器官成熟，器官内部逐渐分化出发达的机械组织。机械组织细胞的共同特点是细胞壁局部或全部加厚，有的还发生木质化。根据细胞形态特征和细胞壁加厚方式不同，机械组织分为厚角组织和厚壁组织。

A. 厚角组织（collenchyma）。厚角组织一般由细长的细胞组成，两端尖，排列紧密，偶有胞间隙，原生质体呈现生活状态，含有叶绿体。其细胞最明显的特征是细胞壁具有不均匀的初生增厚。细胞壁的增厚通常在几个细胞邻接处的角隅上特别明显，故称为厚角组织（图 1-41）。但也有些植物的厚角组织是细胞的弦向壁特别厚。根据细胞壁加厚特征的不同，可将厚角组织分成角隅厚角组织（angular collenchyma）、板状厚角组织（lamellar collenchyma）、环状厚角组织（annular collenchyma）和腔隙厚角组织 4 种类型（lacunar collenchyma）（图 1-41）

角隅厚角组织：多发生在草本双子叶植物茎或叶柄中，厚角组织的细胞壁在相邻细胞的角部加厚（图 1-41A、图 1-41B）。

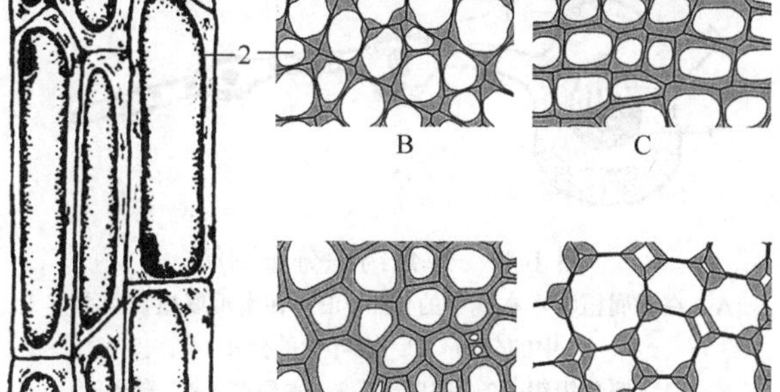

图 1-41 厚角组织及其类型

A. 纵切面 B～E. 横切面（B. 角隅厚角组织 C. 板状厚角组织 D. 环状厚角组织 E. 腔隙厚角组织）

1. 不均匀增厚的初生壁 2. 原生质体

板状厚角组织：内、外切向壁加厚成一厚片的厚角组织（图 1-41C）。

环状厚角组织：细胞壁普遍加厚呈环状，细胞腔近圆形的厚角组织（图 1-41D）。

腔隙厚角组织：细胞间在角隅处加厚的同时具有胞间隙，细胞对围绕其细胞间隙的壁进行特别加厚，横切面观察时这些角隅处的加厚壁形成大小不同、形态各异的多边形（图 1-41E）。

厚角细胞壁的化学成分，除纤维素外，还含有大量的果胶和半纤维素，不含木质。由于果胶有强烈的亲水性，因此，细胞壁中含有大量的水分，在光学显微镜下，增厚的细胞壁显出特殊的珠光，很容易与其他组织相区别。但当制成永久切片时，材料一经脱水，增厚的壁会变薄，同时珠光也会消失。

厚角组织与薄壁组织具有许多相似性，除细胞壁的初生性质外，厚角组织也是生活细胞，也经常发育出叶绿体，细胞也具有分裂的潜能，在许多植物中，它们能参与木栓形成层的形成。因此，也有人将它归类于特殊的薄壁组织。

厚角组织分布于茎、叶柄、叶片、花柄等部位，根中一般不存在。厚角组织的分布具有一个明显的特征，即一般总是分布于器官的外围，或直接在表皮下，或与表皮只隔开几层薄壁细胞。在茎和叶柄中厚角组织往往成连续的圆筒或分离成束，常在具棱状突起的茎和叶柄中棱的部分特别发达，如在薄荷的方茎中，南瓜、芹菜具棱的茎和叶柄中。在叶片中，厚角组织成束地位于较大叶脉的一侧或两侧（图 1-42）。

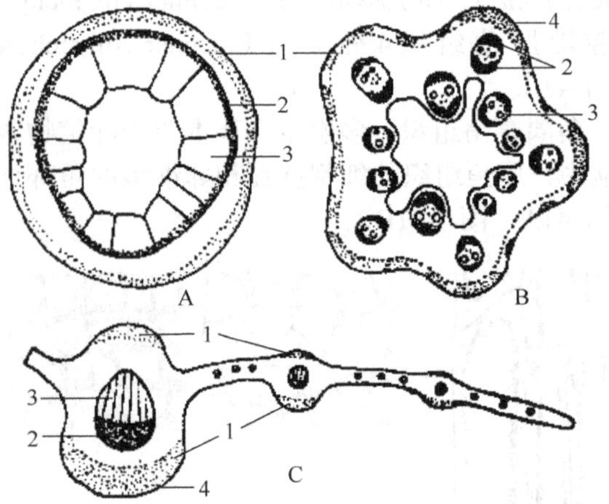

图 1-42 厚角组织分布图解

A. 在椴属植物木本茎中的分布 B. 在南瓜属植物草本茎中的分布 C. 在叶中的分布

1. 厚角组织 2. 韧皮部 3. 木质部 4. 脊突

厚角组织是正在生长的茎和叶的主要支持组织，一方面由于厚角细胞为长柱形，相互重叠排列，初生壁虽然比较软，但许多细胞壁的增厚部分集中在一起形成柱状或板状，因而使它有较强的机械强度；另一方面厚角组织分化较早，细胞壁的初生性质使它能随着周围细胞的延伸而扩展。因此，它既有支持作用，又不妨碍幼嫩器官的生长。大部分植物的茎和叶柄在继续发育时，在较深入的部位又发育出厚壁组织，这时，厚角组织的支持作用便成为次要的了。在许多草质茎和叶中，如果不产生很多厚壁组织，厚角组织就能继续成为主要的支持组织。有时厚角组织能进一步发育出次生壁并木质化，转变成厚壁组织。

B. 厚壁组织（sclerenchyma）。厚壁组织的细胞具有均匀增厚的次生壁，常木质化。细胞成熟后，细胞腔小，通常没有生活的原生质体，成为只留有细胞壁的死细胞。厚壁组织的细胞可单个，或成群、成束分散于其他组织之间，加强组织和器官的坚实程度。厚壁组织依据其细胞形状不同一般分为纤维（fiber）和石细胞（sclereid 或 stone cell）。

a. 纤维。纤维是两端渐尖的细长细胞，次生壁明显，但木质化程度不一致，细胞壁上有少数纹孔；成熟时原生质体一般消失，细胞中空且小（图 1-43）。纤维在植物体内呈束状分布，增强植物器官支持强度。根据其在植物体内的分布和细胞壁特化程度不同，纤维可分为木纤维（xylem fiber）和韧皮纤维（phloem fiber）。

木纤维：分布于木质部，比韧皮纤维短，长约 1mm。其细胞壁木质化程度高，纹孔多，细胞腔小

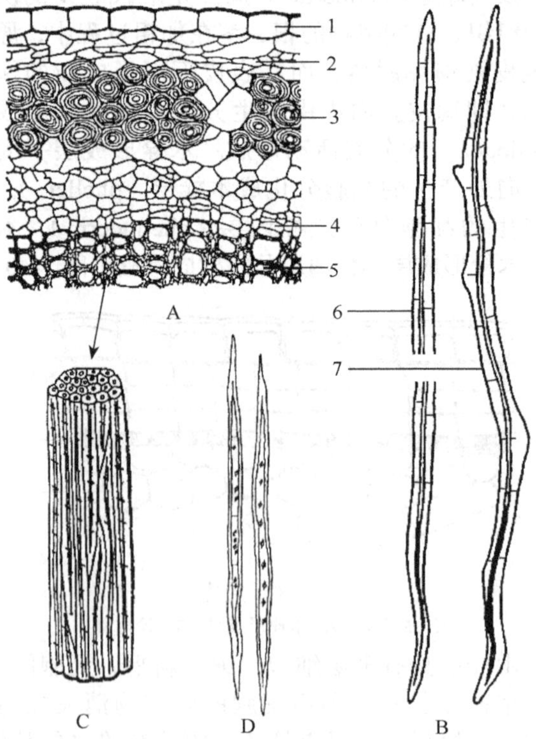

图 1-43 纤维

A. 亚麻茎横切面 B. 韧皮纤维 C. 木纤维束 D. 木纤维

1. 表皮 2. 皮层 3. 韧皮纤维束 4. 形成层 5. 木质部 6. 苹果韧皮纤维 7. 黑柳韧皮纤维

（图 1-43D、图 1-43E），坚硬且无弹性，脆而易断，可供建筑用材、造纸和人造纤维用。

韧皮纤维：分布于韧皮部，但有时把出现在皮层和维管束鞘的纤维也称为韧皮纤维。韧皮纤维细胞壁虽厚，但含纤维素丰富，木质化程度低，坚韧而有弹性，纹孔较少，常呈裂缝状（图 1-43B）。各种植物韧皮纤维的长度不一，木质化程度各异。麻类作物纤维较长，黄麻 8～40mm，纤维用大麻 10～100mm，苎麻 5～350mm，亚麻 9～70mm。尤其是苎麻和亚麻的纤维，不木质化、韧性强、质地好，是优质的纺织原料；黄麻韧皮纤维较短，本质化程度较高，质硬而韧性低，只适于做麻袋和绳索。

b. 石细胞。石细胞一般由薄壁细胞经过细胞壁强烈增厚分化而来，也有从分生组织活动的衍生细胞产生的。多为等径或略为伸长的细胞，有些具不规则的分支呈星芒状，也有的较细长。它们通常具有很厚的、强烈木质化的次生壁，壁上有很多圆形的单纹孔，由于壁特别厚，这些纹孔的侧面形成明显的管状纹孔，有时纹孔道随壁的增厚部分彼此汇合，形成特殊的分支纹孔道。

石细胞广泛分布于植物体中，可单生或聚生于茎、叶、果皮和种皮内。石细胞形状差别很大，有分支的、星状的和长柱形的等（图 1-44）。石细胞

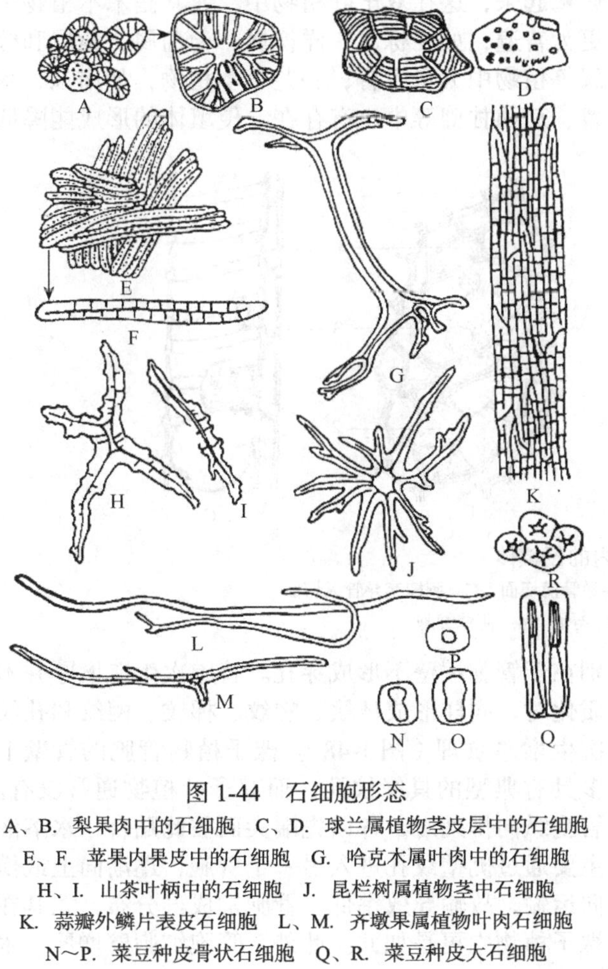

图 1-44　石细胞形态

A、B. 梨果肉中的石细胞　C、D. 球兰属植物茎皮层中的石细胞　E、F. 苹果内果皮中的石细胞　G. 哈克木属叶肉中的石细胞　H、I. 山茶叶柄中的石细胞　J. 昆栏树属植物茎中石细胞　K. 蒜瓣外鳞片表皮石细胞　L、M. 齐墩果属植物叶肉石细胞　N～P. 菜豆种皮骨状石细胞　Q、R. 菜豆种皮大石细胞

壁强烈次生增厚和木质化，有时也可栓化或角化，呈同心环状层次；壁上有许多单纹孔，细胞腔极小，通常原生质体消失，成为仅具坚硬细胞壁的死细胞。例如，桃、李、梅和椰子等果实坚硬的“核”，水稻的谷壳和花生的“果壳”等，都有大量石细胞；茶和桂花叶片中有单个分支状石细胞，豆类种皮上有呈栅栏状和骨状的石细胞；梨果肉中坚硬的颗粒便是成群的石细胞，它们数量的多少是梨品质优劣的一个重要指标。

4）输导组织（conducting tissue）。输导组织是植物体内担负物质长途运输功能的管状结构，它们在各器官间形成连续的输导系统。例如，根从土壤中吸收水分和无机盐，由输导组织运送到地上部分；叶光合作用的产物由输导组织运送到根、茎、花和果实中；植物体各部分之间经常进行物质重新分配和转移，都要通过输导组织完成。在植物中，水分和有机物运输分别由两类输导组织承担：一类为导管（vessel）和管胞（tracheid），主要运输水分和溶解于其中的无机盐；另一类为筛管（sieve tube）和筛胞（sieve cell），主要运输有机物质。

A. 导管。导管普遍存在于被子植物本质部中，由许多长筒形细胞首尾连接而成。每一个细胞称为导管分子（vessel element，vessel member）。导管直径大小不一。导管分子侧壁呈不同程度增厚和木质化，端壁溶解消失，形成不同程度的穿孔（perforation），有的成为大的单穿孔（simple perforation），有的成为由数个孔穴组成的复穿孔（compound perforation）。具有穿孔的端壁（end wall）称为穿孔板（perforation plate）。导管分子因原生质体解体而成为死细胞（图 1-45），整个导管为一长管状结构。在系统演化上，导管分子外形宽扁、端壁和侧壁近于垂直、单穿孔的导管较进化，导管分子外形狭长、末端尖锐、具有复穿孔的导管较原始。

根据导管发育先后及其侧壁次生增厚和木质

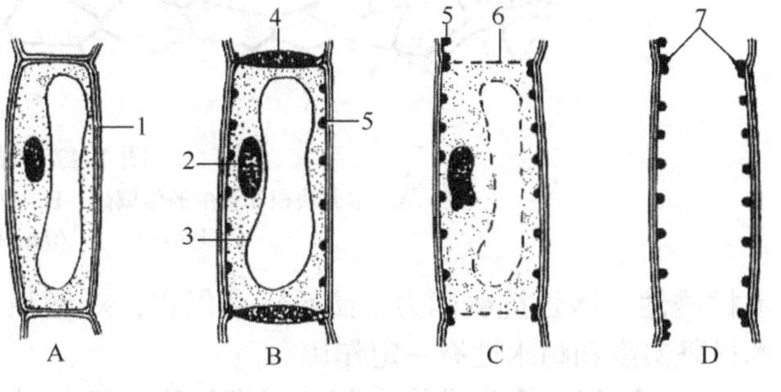

图 1-45　导管分子的发育（引自 Esau，1965）

A. 导管分子前身，无次生壁形成　B. 细胞体积增至最大限度，细胞核增大，次生壁物质开始沉积　C. 次生壁加厚完成，液泡膜破裂，细胞核变形，壁端处部分解体　D. 导管分子成熟，原生质体消失，次生加厚壁之间的初生壁已部分水解，两端形成穿孔

1. 初生壁　2. 细胞核　3. 液泡膜　4. 端壁膨胀　5. 加厚的次生壁　6. 端壁解体　7. 形成穿孔

化方式不同，可将导管分为5种类型（图1-46）：a. 环纹导管（annular vessel），每隔一定距离有一环状木质化增厚次生壁；b. 螺纹导管（spiral vessel），侧壁呈螺旋带状木质化次生增厚；c. 梯纹导管（scalariform vessel），侧壁呈几乎平行的横条状木质化次生增厚，与未增厚初生壁相间排列，呈梯形；d. 网纹导管（reticulate vessel），侧壁呈网状木质化次生增厚，“网眼”为未增厚初生壁；e. 孔纹导管（pitted vessel），侧壁大部分木质化增厚，未增厚部分形成纹孔。

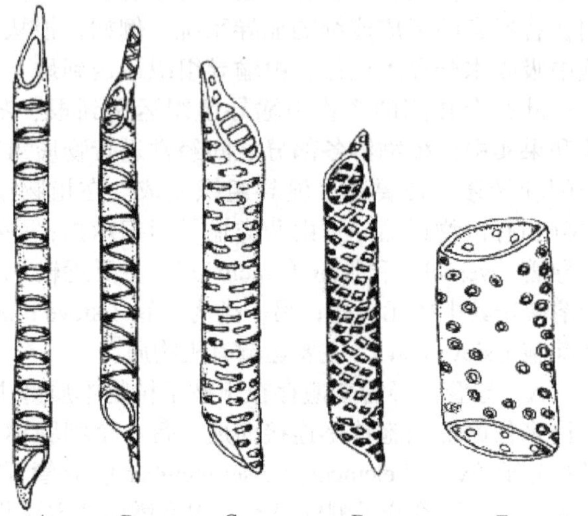

图1-46 导管分子的类型

A. 环纹导管 B. 螺纹导管 C. 梯纹导管 D. 网纹导管 E. 孔纹导管

上述5种导管类型中，前2种导管出现较早，常发生于生长初期的器官中，导管直径较小，输水能力较弱，尚未增厚的初生壁还可随器官伸长而延伸；后3种导管多在器官生长后期分化形成，导管直径大，每个导管分子较短，输导效率高。有时在一个导管上可见到一部分是环纹加厚，另一部分是螺纹加厚；有时梯纹和网纹之间的差别十分微小；也有网纹和孔纹结合而成网孔纹的过渡类型。导管长度为几厘米至几米，藤本植物的导管很长，紫藤（*Wisteria sinensis*）茎导管可长达5m。

一株植物的水分运输，不是由一条导管从根直通到顶端的，而是分段经过许多条导管曲折连贯向上运行的。导管是一种比较完善的输水结构，水流可顺利通过导管细胞腔及穿孔上升，也可通过侧壁上的纹孔横向运输。导管输导功能并非永久保持，其有效期因植物种类而异，在多年生植物中有的可达数年。当新导管形成后，老的导管通常相继失去输导能力。这是因为导管四周薄壁细胞增大，通过导管侧壁上的纹孔伸入导管腔内，形成大小不等的囊泡状突起，充满导管腔内。这种突入生长的囊泡状结构称为侵填体（tylosis）（图1-47），它包含有单宁、晶体、树脂和色素等物质，甚至薄壁细胞的细胞核和细胞质也可移入侵填体内。侵填体把导管堵塞起来，这在双子叶植物中，尤其是木本植物中更为普遍，如在栎属、洋槐属、葡萄属、桑属和梓属等植物中大量发育；一些草本植物，如南瓜、木薯、茄和甘蔗等中也有存在。侵填体的形成能降低

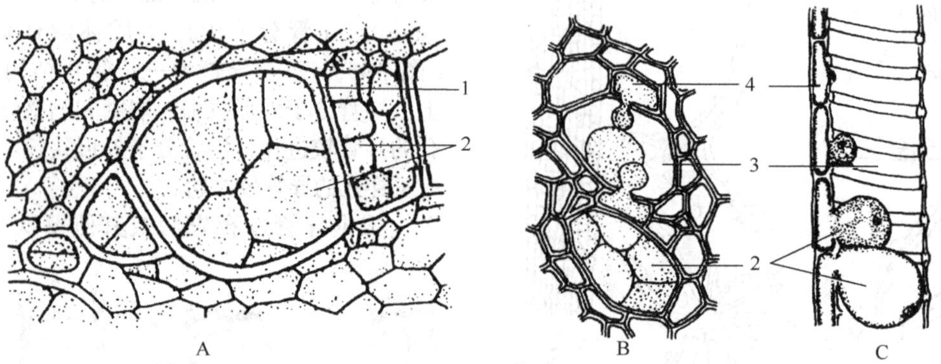

图1-47 导管内的侵填体

A. 木薯块根导管中的侵填体 B. 刺槐茎导管横切面 C. 刺槐茎导管纵切面

1. 导管壁 2. 侵填体 3. 导管 4. 薄壁细胞

木材透性，增强抗腐能力，防止病菌侵害，对增强木材坚实度和耐水性有一定作用。

B. 管胞。管胞是绝大部分蕨类植物和裸子植物唯一的输水机构。在大多数被子植物中，管胞和导管同时存在于木质部中。

管胞是一种狭长而两头斜尖的管状细胞，一般长1～2mm，直径较小，细胞壁次生增厚并木质化，最后原生质体消失成为死细胞。它与导管的主要区别在于管胞端壁不形成穿孔。管胞次生壁增厚并木质化时，同样形成环纹、螺纹、梯纹、网纹和孔纹次生增厚纹理（图1-48）。裸子植物管胞的管壁上多具有典型的具缘纹孔，而双子叶植物通常没有。管胞纵向排列时，各以先端尖面彼此贴合，水溶液主要通过侧壁纹孔进入另一个管胞，逐渐向上或横向运输，故输导效率低。管胞常成群分布，尤其在裸子植物中更是如此。此外，管胞细胞壁增厚，木

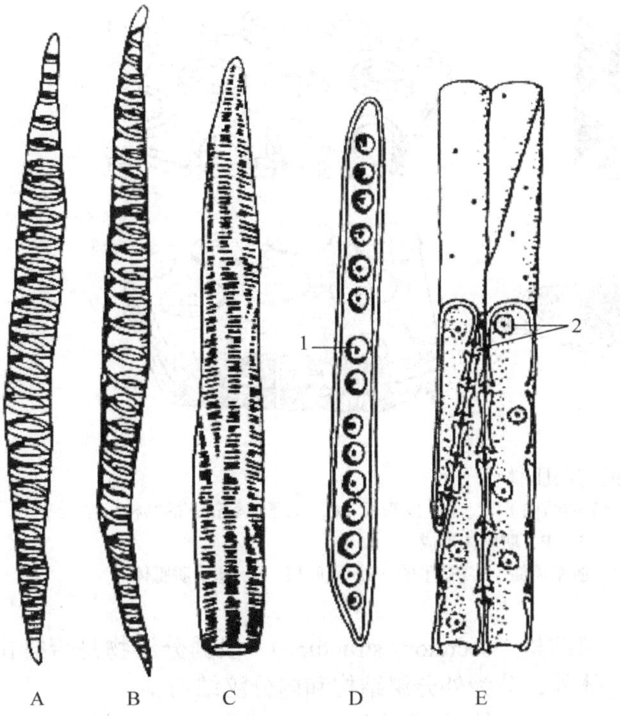

图 1-48　管胞的类型

A. 环纹管胞　B. 螺纹管胞　C. 梯纹管胞　D. 孔纹管胞

E. 四个毗邻孔纹管胞的一部分（引自 Greulach，1973）

1. 纹孔　2. 具缘纹孔

质化并以斜端相互穿插，结构坚固，故兼有较强的机械支持功能。

C. 筛管。筛管存在于被子植物韧皮部中，由一些长管状细胞连接而成，每一个细胞称为筛管分子（sieve element）。筛管分子是生活细胞，具有生活的原生质体，但在成熟过程中，其液泡膜破裂，细胞核解体，许多细胞器退化，最后仅有结构退化的质体、线粒体、“变形内质网”、含蛋白质的黏液体（slime body）以及存留在筛管分子周缘的一薄层细胞质。其黏液体中含有一种特殊蛋白质，称为 P-蛋白质（phloem protein）。有人认为 P- 蛋白质是一种收缩蛋白，与有机物运输有关。黏液体分散在细胞中，并呈细丝状联络索（connecting strand），通过筛板上的筛孔把相邻筛管分子的原生质体连接起来，构成有机物质运输的通道。它的侧面一般紧贴有 1～2 个代谢活跃的小细胞，称为伴胞（companion cell）。筛管分子的壁通常只有初生壁，主要由纤维素和果胶质组成（图 1-49E）。

筛管分子发育早期含有细胞核和常见的细胞器，随后细胞纵裂，形成长度相同的一宽一窄的 2 个子细胞，宽的细胞中液泡膜解体，细胞核消失，细胞器退化，P- 蛋白质散开，发育成筛管分子

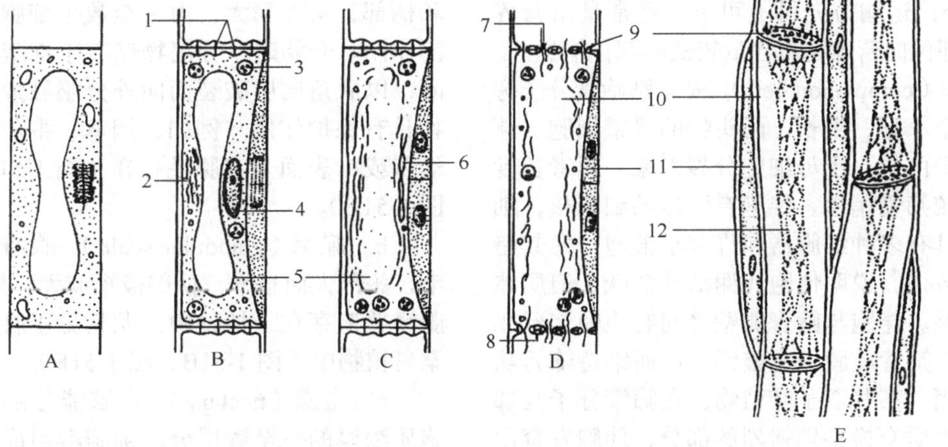

图 1-49　筛管、伴胞的发育与结构（烟草茎韧皮部中）

A～D. 筛管及伴胞的发育　E. 发育成熟的筛管与伴胞

1. 胞间连丝　2. P- 蛋白质　3. 质体　4. 细胞核　5. 液泡膜　6. 细胞质　7. 筛孔　8. 胼胝质　9. 筛板　10. 筛管分子　11. 伴胞　12. 细胞质索

（sieve element）（图 1-49A～D）；窄的子细胞继续进行横分裂，形成上下排列的 2 个伴胞，侧向紧贴于筛管分子。伴胞细胞质浓，细胞器丰富，细胞核大，代谢旺盛，与筛管分子间有着密切的物质交换和能量传递关系。

每个筛管分子的上下端壁称为筛板（sieve plate），筛板上有一些小孔，称为筛孔（sieve pore）。筛孔集中分布的区域称为筛域（sieve area），筛孔均匀分布在筛板上时，只有一个筛域，这样的筛板称为单筛板（simple sieve plate），如南瓜的筛管；筛孔不均匀地分布在筛板上时，形成多个筛域，这样的筛板称为复筛板（compound sieve plate），如葡萄的筛管（图 1-50A～D）。

筛孔周围衬有胼胝质（callose），随着筛管成熟老化，胼胝质不断增多并呈垫状沉积在整个筛板上，此时联络索相应变细，直至完全消失，筛管被堵塞。这种垫状物质称为胼胝体（callosity）（图 1-50E、图 1-50F）。单子叶植物筛管的输导功能在整个生活

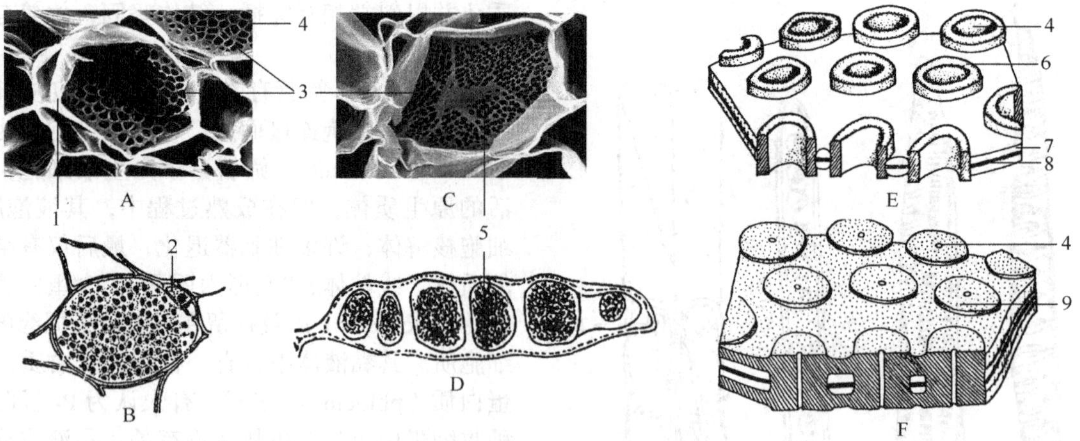

图 1-50　筛板与胼胝体

A、B. 单筛板（A. 电子显微镜下的结构　B. 光学显微镜下的结构）　C、D. 复筛板（C. 电子显微镜下的结构　D. 光学显微镜下的结构）　E、F. 胼胝体形成

1. 筛管分子　2. 伴胞　3. 筛板　4. 筛孔　5. 筛域　6. 胼胝质筒　7. 初生壁　8. 胞间层　9. 垫状胼胝体

周期内不致丧失，而一些多年生双子叶植物在冬天来临前，由于胼胝体的形成，筛管暂时丧失输导功能，到翌年春天，胼胝体溶解，筛管功能又逐渐恢复。此外，当植物受到损伤等外界刺激时，筛管分子也能迅速形成胼胝质，封闭筛孔，阻止营养物流失。筛管一般长为0.1～2mm、宽为10～70μm。在筛管中同化产物的输送速度为10～100cm/h，甚至可达200cm/h；运输方向可上可下，通常是由营养物质丰富的部位向营养物质含量较低的部位输送。

D. 伴胞（companion cell）。是紧贴筛管分子旁边的一至数个小型、细长、两头尖的薄壁细胞。伴胞与筛管分子由同一个母细胞分裂而来，两者长度相等或伴胞较筛管稍短。伴胞有明显的细胞核，细胞质浓厚，具有多种细胞器和许多小液泡，尤其是含有大量线粒体，说明伴胞代谢活动活跃，但质体内膜分化较差。伴胞与筛管侧壁之间有胞间连丝相通，它对维持筛管质膜的完整性，进而维持筛管功能有重要作用。某些双子叶植物，在筛管分子与邻近细胞之间物质交换特别强烈的部分，伴胞发育出内褶的细胞壁，具有传递细胞的特点，有效加强了短途运输，表明伴胞与筛管的关系是起装载和卸除的作用。

5）分泌结构。某些植物在代谢过程中会产生蜜汁、挥发油、黏液、树脂、乳汁、单宁、生物碱和盐类等物质，聚积在细胞内、胞间隙或腔道中，或通过一定细胞组成的分泌结构排出体外，这种现象称为分泌现象。许多植物的分泌物，如橡胶、生漆、芳香油和蜜汁等具有重要经济价值。

植物产生分泌物的结构来源各异，形态多样，分布方式也不尽相同，有的以单个细胞分散于其他组织中，有的集中分布或特化成一定结构。凡能产生分泌物质的有关细胞或特化细胞组合，总称为分泌结构（secretory structure）。根据分泌物是否排出体外，分为外分泌结构和内分泌结构。

A. 外分泌结构（external secretory structure）。外分泌结构是将分泌物排到植物体外的分泌结构。外分泌结构大都分布在植物体表面，如腺毛、腺鳞、蜜腺和排水器等（图1-51）。

a. 腺毛（glandular hair）。腺毛通常分为头部和柄部，头部膨大，由一至数个细胞组成，具有分泌作用。开始时，分泌物储存于细胞壁和角质层之间，以后角质层破裂而向外分泌黏液或精油，对植物具有保护作用。例如，烟草、番茄、泡桐和棉等幼茎或叶表面上有腺毛存在（图1-51A、图1-51D、图1-51E）。

b. 腺鳞（glandular scale）。腺鳞是指鳞片状腺毛，头部大而扁平，柄部极短或无，排列呈鳞片状。腺鳞普遍存在于植物中，尤其见于唇形科、菊科和桑科植物中（图1-51B、图1-51F）。

c. 蜜腺（nectary）。蜜腺能分泌糖液，它由细胞质浓厚的一至数层分泌细胞群组成，位于植物体表面的特定部位。蜜腺包括虫媒植物花部的花蜜腺（图1-51G）和位于营养体上的花外蜜腺，如油菜花托上的花蜜腺、棉叶中脉和蚕豆托叶上的花外蜜腺（图1-51C）等，蜜汁分泌量多的植物是良好的蜜源植物，有较高的经济价值。

d. 盐腺（salt gland）。盐腺的分泌物是盐类。一般在盐碱地上生长的植物体表有盐腺分布，用于分泌多余盐分以保持体内盐分平衡，如矶松属和柽柳属（图1-51I）等植物茎和叶表面均分布有盐腺。

e. 腺表皮（glandular epidermis）。腺表皮是植物体某些部位具有分泌功能的表皮细胞，如矮牵牛和漆树等许多植物花的柱头和表皮等均为腺表皮。腺表皮的细胞呈乳头状突起，能分泌糖、

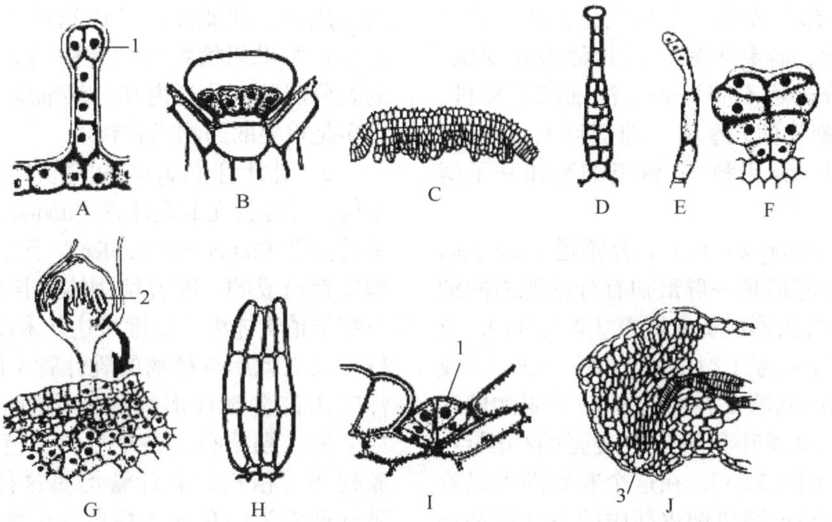

图 1-51　外分泌结构

A. 天竺葵茎上的腺毛　B. 百里香叶表皮上的球状腺鳞　C. 棉叶主脉上的蜜腺　D. 苘麻花萼的蜜腺毛　E. 烟草具多细胞头部的腺毛　F. 薄荷属植物的腺鳞　G. 草莓花蜜腺　H. 大酸模的黏液分泌毛　I. 柽柳属植物叶上的盐腺　J. 番茄叶缘的排水器

1. 腺性细胞　2. 花药　3. 排水器中的水孔

氨基酸和酚类化合物等柱头液，利于黏着花粉并促进花粉萌发。

f. 排水器（hydathode）。排水器是植物用于将体内过多水分排出体外的结构，它的排水过程称为吐水。排水器常分布在叶尖和叶缘，由水孔和通水组织构成。水孔和气孔相似，但它的保卫细胞分化不完全，无自动调节开闭作用，故始终开放着。通水组织是排列疏松而无叶绿体的叶肉组织，细胞较小，与脉梢管胞相连。水从木质部管胞经通水组织到水孔排出体外，这种现象可作为根系正常活动的一种标志。

B. 内分泌结构（internal secretory structure）。内分泌结构的分泌物积聚于植物体细胞内、胞间隙、腔穴或管道内，常见的有分泌细胞、分泌腔、分泌道和乳汁管等。

a. 分泌细胞（secretory cell）。分泌细胞以单个细胞存在，可以是生活细胞或非生活细胞，在细胞腔内积聚特殊的分泌物（图 1-52）。分泌细胞常

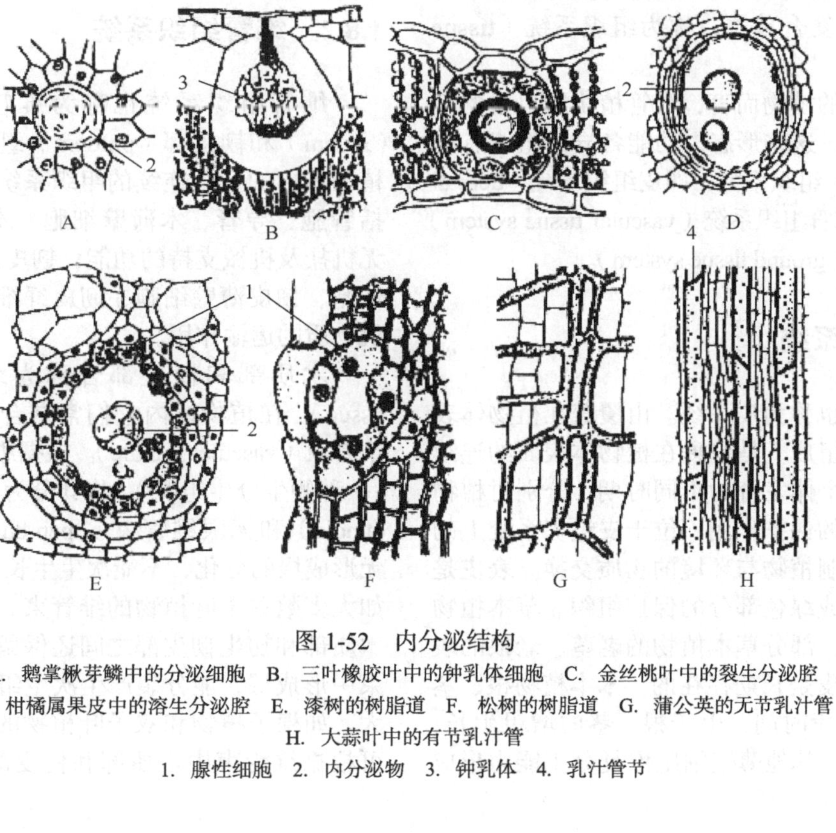

图 1-52　内分泌结构

A. 鹅掌楸芽鳞中的分泌细胞　B. 三叶橡胶叶中的钟乳体细胞　C. 金丝桃叶中的裂生分泌腔　D. 柑橘属果皮中的溶生分泌腔　E. 漆树的树脂道　F. 松树的树脂道　G. 蒲公英的无节乳汁管　H. 大蒜叶中的有节乳汁管

1. 腺性细胞　2. 内分泌物　3. 钟乳体　4. 乳汁管节

大于周围细胞，外形呈囊状、管状或分支状，甚至可扩展为巨大细胞，容易识别，因此称为异细胞。分泌细胞根据其分泌物不同可分为油细胞（樟科、木兰科）、黏液细胞（仙人掌科、锦葵科）、含晶细胞（桑科、蔷薇科、景天科）、树脂细胞和芥子酶细胞等。

b. 分泌腔（secretory cavity）和分泌道（secretory canal）。分泌腔和分泌道是一群最初有分泌能力的细胞，后来部分细胞溶去形成囊状间隙（溶生的），或细胞分离形成的裂生间隙（裂生的）（图 1-52C），或两种方式结合而成的间隙（裂溶生的）。分泌物储存于腔穴中。例如，柑橘叶和果皮中透亮的小圆点，就是溶生分泌腔（图 1-52D），在这个腔周围可以看到有部分损坏的细胞；漆树韧皮部中的漆汁道和松柏类木质部中的树脂道是裂生分泌道（图 1-52E、图 1-52F），它们是分泌细胞间的胞间层溶解而形成纵向或横向的长形胞间隙。完整的分泌细胞衬在分泌道周围，树脂或漆液由这些细胞排出，积累在管道中；芒果属植物叶和茎中的分泌道是裂溶生起源的。分泌腔、分泌道和分泌细胞分泌的挥发性物质，很多是重要的药物或香料。

c. 乳汁管（laticifer）。乳汁管是分泌乳汁的管状结构，可分为无节乳汁管（non-articulate laticifer）和有节乳汁管（articulate laticifer）。无节乳汁管是由一个细胞发育而成的，随着植物体生长而不断伸长和分支，贯穿于植物体内，长度可达几米以上，如桑科和夹竹桃科及大戟属等植物的乳汁管（图 1-52G）。有节乳汁管由许多圆柱形细胞连接而成，以后横壁消失，如菊科、罂粟科、番木瓜科、芭蕉科、旋花科和橡胶树属等植物的乳汁管均属这种类型（图 1-52H）。乳汁通常为白色或乳白色，少数植物的为黄色、橙色甚至红色。乳汁成分很复杂，有橡胶、蛋白质、淀粉、糖类、酶、植物碱、有机酸、盐类、脂质和单宁等物质，其中许多具有经济价值。

1.8 组织系统

植物的每一器官都由一定种类的组织构成。功能不同的器官，其组织的类型和排列方式也不相同，然而，植物体是一个有机的整体，各个器官除了具有功能上的相互联系外，同时在它们的内部结构上也必然具有连续性和统一性。我们把一个植物整体上或一个器官上的一种或几种组织在结构和功能上组成的复合单位，称为组织系统（tissue system）。

就不同类型的植物而言，维管植物所包含的组织类型最为复杂，这些形态、功能各异的组织有机的结合形成了三大组织系统，即皮组织系统（dermal tissue system）、维管组织系统（vascular tissue system）和基本组织系统（ground tissue system）。

1.8.1 皮组织系统

皮组织系统也称为皮系统。由覆盖在植物体表面的表皮和周皮组成，是包裹在植物体表面的连续保护层，在植物个体发育的不同时期，分别对植物体起着不同程度的保护作用，位于皮组织系统上的特定通道负责控制植物与环境的物质交换。表皮是植物体幼嫩部分或绿色部分的保护组织。草本植物的表皮终生存在，部分草本植物的老茎、老根的表皮和所有叶的表皮是长期存在的。木本植物根、茎的表皮只存在一段时间，由于根、茎的增粗生长，表皮被挤毁脱落，其他薄壁细胞恢复分生能力形成周皮，替代表皮的保护功能。树皮通常是指茎维管形成层以外的全部结构总称，或仅是历年形成的周皮总称。周皮和树皮覆盖于裸子植物和多数双子叶植物老根和老茎的外周，具有次生保护作用，保护能力远强于表皮。

1.8.2 维管组织系统

维管组织系统也称为维管系统。由木质部（xylem）和韧皮部（phloem）组成的、贯穿于整个植物体内的一个连续的组织系统。其中，木质部包括管胞、导管、木薄壁细胞、木纤维，起运输水、无机盐及机械支持的功能；韧皮部包括筛胞、筛管、伴胞、韧皮薄壁细胞、韧皮纤维，担负植物体内有机物质的运输作用。

木质部和韧皮部合称为维管组织（vascular tissue），在植物体内它们常结合成束状存在，称为维管束（vascular bundle）。根据维管束内有无形成层（一种侧生分生组织），将其分为有限维管束（closed bundle）和无限维管束（open bundle）。有限维管束无形成层的分化，不能次生生长，不形成次生结构，如大多数单子叶植物的维管束。无限维管束在初生木质部和初生韧皮部之间还保留一层分生组织——束中形成层，能分裂产生次生组织使维管束继续扩大，如裸子植物和双子叶植物的维管束。此外，也可根据维管束中木质部和韧皮部的排列方式不同，将维管束分为外韧维管束、双韧维管束、周木维管束、周韧维管束和辐射维管束等类型（图 1-53）。

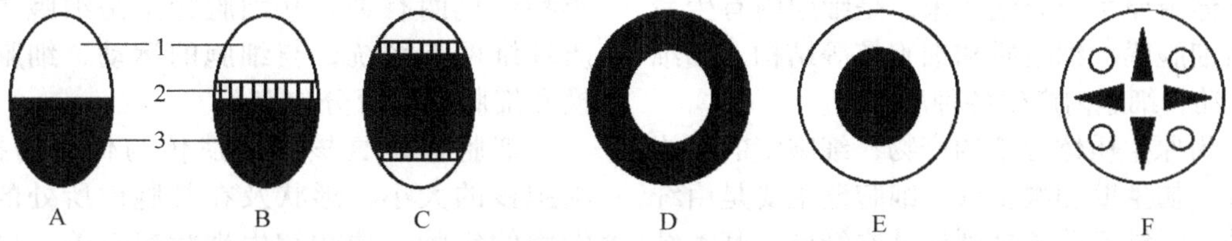

图 1-53　维管束类型

A. 外韧有限维管束　B. 外韧无限维管束　C. 双韧无限维管束　D. 周木维管束
E. 周韧维管束　F. 辐射维管束
1. 韧皮部　2. 形成层　3. 木质部

外韧维管束（collateral bundle）：维管束中，外侧的韧皮部和内侧的木质部并生成束，大多数种植植物的茎都是外韧维管束。韧皮部与木质部之间没有形成层时，称为外韧有限维管束（图 1-53A）；有形成层时，称为外韧无限维管束（图 1-53B）。

双韧维管束（bicollateral bundle）：木质部的内外两侧都有韧皮部的维管束称为双韧维管束，葫芦科南瓜、茄科茄子等植物茎中，维管束为双韧维管束（图 1-53C）。

周木维管束（amphivasal bundle）：韧皮部位于维管束的中央，木质部包围韧皮部，共同形成同心圆环状（图 1-53D），伞形花科、胡椒科植物的茎有此类型的维管束。

周韧维管束（amphicribral bundle）：维管束中木质部在中央，韧皮部包围在木质部四周共同形成同心圆环。被子植物的花丝、秋海棠和酸模的茎、蕨类植物根状茎中有周韧维管束，在系统演化中属于较原始的类型。

辐射维管束（radial vascular bundle）：木质部与韧皮部独立，交互性地相间排列，形成环状的维管束结构，两者的束数相等。双子叶植物根的初生结构就是典型的辐射维管束。根据木质部或韧皮部束的数目可以将辐射维管束分为一原型、二原型、三原型和多原型四种类型。蕨类植物的根为二原型或三原型，裸子植物的根为三原型或四原型，双子叶植物的根大多为三至五原型。单子叶植物多为多原型。不同的植物种类和个体，其原型数也可能不遵守这个规律。一原型维管束极少，仅在水韭属（Isoetes）植物或化石植物 *Stigmaria* 的根中见到。各木质部束向中心延伸，并相互连接起来。韧皮部则介于木质部之间的凹入部分。

维管组织、维管束的出现有利于输导水分和营养物质，这对于植物由水生进化到陆生有着极为重要的适应意义。在系统演化上，从蕨类植物开始至种子植物都有维管组织分化，它标志着植物演化进入了一个发展新阶段。种子植物（特别是被子植物）体内的维管组织更为发达、更为完善，是它们在地球上繁荣昌盛的主要原因之一。

1.8.3　基本组织系统

基本组织系统又称为基本系统（ground system），基本组织系统主要包括各类薄壁组织、厚角组织和厚壁组织，它们分布于皮组织系统和维管组织系统之间，是植物体各部分的基本组成。

植物整体的结构表现为维管系统包埋于基本组织系统之中，而外面又覆盖着皮系统。组织系统把植物体的地上和地下、各种营养和繁殖器官汇连起来成为一个有机整体。

本 章 小 结

细胞的发现与显微镜的发明是分不开的。Robe M. Hooke 用显微镜看到软木小室，称其为“细胞”；施莱登和施旺的“细胞学说”，成为 19 世纪自然科学的三大发现之一。极大地推动了生命科学的研究、发展和应用。细胞是生命有机体进化发展的里程碑，是构成生物体的基本结构单元和生命活动的基本单位。组成高等植物体的各个细胞间彼此分工协作，共同完成生物体的各种生命活动。

植物细胞大小不一，差异很大；形状多种多样，但其结构基本相同，分为原核细胞和真核细胞。任何一个植物细胞都是由原生质体和细胞壁两部分组成。原生质是细胞生命活动的物质基础，主要由水、无机盐、蛋白质、核酸、糖类和脂质等化合物组成。原生质中还含有极微量但生理作用极其重要的生理活性物质，主要有维生素、激素和抗生素等。原生质体由原生质分化而来，是细胞内有生命部分，包括细胞膜、细胞质和细胞核等结构。随细胞的生命活动，细胞内产生各种后含物。

细胞壁为原生质体分泌的产物，细胞壁的结构分为胞间层、初生壁和次生壁。细胞壁主要是由纤维素构成的，纤维素分子排列成基本纤丝，基本纤丝聚集成较大的纤丝，很多纤丝又聚集成更大的大纤丝。在形成次生壁时，细胞壁常特化，常见的有木质化、木栓化、角质化、黏液化和矿质化等。纹孔是次生壁形成过程中，在初生纹孔场处不完全被次生壁覆盖的区域，具有复杂的结构。胞间连丝是相邻的两个植物细胞间的细胞质细丝，是细胞间物质、信息和能量交流的直接通道。

后含物包括储藏物质（淀粉、糊粉粒、油和脂肪）、晶体、硅质小体和植物的次生物质等。

细胞膜是细胞质与细胞壁相接触的膜，在电子显微镜下看到的结构具有明显的三层，两侧成两个暗带，中间夹有一个明带，称为单位膜。质膜的功能：①选择通性；②半渗透现象；③接受和传递外界的信号，引起细胞内代谢和功能的改变，调节细胞的生命活动。植物体是一个有机的整体，相互协调、分工合作的主要结构就是纹孔和胞间连丝。

细胞器是细胞内具有特定结构和功能的亚细胞结构。①质体是植物细胞特有的细胞器，包括叶绿体、白色体和有色体。叶绿体是光合作用（光能转化为化学能、生物能，无机物转化为有机物）的场所。由两层被膜、类囊体系统和基质三部分构成。②线粒体是有氧呼吸、有机物分解、化学能转化为生物能的场所。线粒体由两层被膜和基质组成。内膜内突形成嵴，嵴表面有许多球状基粒，基粒与 ATP 合成酶分布和氧化磷酸化有关；基质主要进行物质氧化分解。叶绿体、线粒体都含有 DNA，具有半自主遗传特性。③核糖核蛋白体是合成蛋白质的细胞器，由大小两个亚基组成。④内质网是由单层膜围成的扁平的囊、槽、池或管形成的、相互沟通的网状系统。又分粗糙型和光滑型两种类型，具有制造、包装和运输代谢产物及“分室”的作用。⑤高尔基体是一叠由扁平、平滑、近圆形的单位膜围成的囊组成的扁囊堆，与多糖物质的合成和细胞壁的形成有关。⑥液泡是由具选择通透性的液泡膜和液泡液组成的细胞器，主要是调节细胞水势和维持细胞的膨压，参与细胞内的物质的积累、储藏与转化。⑦溶酶体是含有多种水解酶，与大分子物质的分解和细胞程序性死亡有关的细胞器。圆球体是由半个单位膜围成的细胞器，与脂肪的代谢有关。⑧微体包括过氧化物酶体和乙醛酸循环体，与光呼吸和脂类物质代谢有关。⑨细胞骨架是细胞质内的蛋白质纤维网架系统，与细胞的运动、细胞内能量转换和细胞壁发育分化有关。

细胞核是真核细胞遗传与代谢的控制中心。细胞核的大小、形状及在细胞内所处的位置，与细胞的年龄、功能和生理状况有关，也受一些外界因素的影响。间期的核可分为核被膜、核仁和核质。

细胞周期是指持续分裂的细胞，从结束一次分裂开始，到下一次分裂完成为止所经历的整个过程，一个细胞周期包括间期和分裂期。植物细胞有三种分裂方式。①无丝分裂，不出现染色体和纺锤体，直接分裂成两个或多个近于相等的子细胞的过程，可分为横缢、出芽等类型。②有丝分裂，是一种最普遍而常见的细胞分裂方式，其细胞核分裂分为前、中、后、末四个时期。前期，细胞核内的染色质凝缩成染色体，核仁解体，核膜破裂及纺锤体开始形成。中期，纺锤体完全形成，纺锤丝牵引染色体的着丝点排列到赤道面。后期，每个染色体的两条染色单体从着丝点处分开，分别由赤道面移向细胞两极。末期，重新形成两个子细胞核，并完成相应的细胞质分裂。③减数分裂，是与生殖细胞或配子形成有关的一种特殊的细胞有丝分裂方式，DNA 复制一次，细胞核连续分裂两次，最后形成四个染色体数目减半的子细胞。

细胞的生长是细胞体积和重量不可逆增加的过程。细胞在形态、结构和功能上发生改变的过程称为细胞分化。

组织是植物体中形态结构相似、在个体发育中来源相同、担负着一定生理功能的细胞组合。由一种类型细胞构成的组织称为简单组织，由多种类型细胞构成的组织称为复合组织。按其发育程度和主要生理功能不同及形态结构特点，把组织分为分生组织和成熟组织。

分生组织是存在于植物体特定部位、分化程度较低或不分化、保持胚性细胞特点并能继续进行分裂活动的细胞组合。按来源将其分为原分生组织、初生分生组织和次生分生组织。原分生组织来源于胚胎或其他胚性细胞，存在于根尖和茎尖，初生分生组织由原分生组织细胞衍生而来，位于原分生组织后方。这些细胞一方面继续保持分裂能力，但分裂速率较慢。另一方面细胞已开始分化为原表皮、原形成层和基本分生组织。次生分生组织来源于成熟组织，是由某些成熟组织经过脱分化重新恢复分裂能力而来，束间形成层和木栓形成层是典型的次生分生组织。按分生组织在植物体中的分布位置，将分生组织分为顶端分生组织、侧生分生组织和居间分生组织。顶端分生组织位于根和茎的顶端分生区。侧生分生组织分布于植物体周围，平行排列于所在器官的边缘，居间分生组织存在于茎、叶、子房柄和花梗等器官的成熟组织之间。

成熟组织是由分生组织衍生的细胞，不再进行分裂，而经过生长分化逐渐形成的各种组织。根据其形态特征和主要生理功能不同，成熟组织可分为薄壁组织、保护组织、机械组织、输导组织和分泌结构。

薄壁组织是植物体中最基本、分化程度相对较低、分布最广的一类细胞群。薄壁组织由薄壁细胞组成，细胞具有潜在分裂能力，在一定条件下可通过脱分化转化为分生组织，进一步分化为其他组织。依据其主要生理功能，薄壁组织又可分为同化组织、吸收组织、储藏组织、通气组织和传递细胞。

保护组织分布于植物体各个器官表面，起保护作用，根据来源和形态特征的差别可将其分为表皮和周皮。表皮是初生保护组织，通常由一层生活细胞组成。周皮是次生保护组织，由木栓层、木栓形成层和栓内层共同组成。

机械组织在植物体内主要起机械支持作用。根据细胞形态和加厚程度不同可将其分为厚角组织和厚壁组织。厚角组织细胞壁的增厚不均匀，只发生在细胞角隅处，是生活细胞，既有支持作用，又不影响所在器官的生长。厚壁组织细胞壁为均匀的次生加厚，根据形状分为纤维和石细胞。

输导组织包括输送水分和无机盐的导管和管胞，以及输送有机同化物质的筛管和筛胞。导管普遍存在于被子植物的木质部，输送水分和无机盐的效率高；管胞是绝大多数蕨类植物和裸子植物中输送水分和无机盐的结构，输送效率较低。筛管存在于被子植物的韧皮部，是无核的活细胞，运输有机物质的效率较高，端壁有筛板，老化后有胼胝体的产生。筛管旁边细长、小形的细胞称为伴胞，它与筛管有密切的关系，筛胞是蕨类植物和裸子植物内主要承担输导有机物的结构。

分泌结构是植物体中能产生分泌物质的细胞和细胞组合。根据分泌结构发生部位和分泌物排出的情况，可分为外分泌结构和内分泌结构。外分泌结构分布于植物器官的外表，其分泌物排出植物体外，如腺毛和蜜腺等。内分泌结构分布于基本组织中，分泌物储存于植物体内，如分泌腔和乳汁管等。

复合组织是指由发育上来源相同、结构和功能上密切相关的几种组织复合而组成的、相对独立的结构。周皮、树皮、木质部、韧皮部、维管束、分泌结构都是由多种组织复合组成的结构，都是复合组织。维管植物的组织系统包括皮组织系统、基本组织系统和维管组织系统，它们在植物体内存在的位置、包含的组织类型和担负的生理功能均不同。

思考题

1．如何理解细胞、细胞质、原生质与原生质体？

2．叙述细胞学说及其主要内容。

3．简述胞间层、初生壁、次生壁的区别。

4．植物细胞的显微结构与亚显微结构有何不同？

5．初生纹孔场与胞间连丝的关系是什么？

6．次生结构中，细胞间通过什么实现水分运输？简述纹孔、纹孔对的形态结构。

7．植物细胞质中各类细胞器的形态构造如何？各有什么功能？

8．简述有丝分裂和减数分裂的区别。它们各有什么重要意义？

9．植物细胞在结构与功能上与动物细胞的主要区别是什么？

10．细胞生长和细胞分化的含义是什么？

11．什么叫细胞全能性？你理解的细胞工程包含了哪些内容？

12．什么是细胞的衰老？简述细胞衰老的主要特征。

13．什么是细胞的死亡？有哪两种类型？简述其特征。

14．什么叫组织？植物有哪些主要的组织类型？

15．植物组织、细胞和器官三者之间的关系如何？

16．植物的分生组织有哪几种类型？它们在植物体上的分布位置如何？

17．厚角组织与厚壁组织的区别是什么？各有哪些类型？

18．从外观上如何区别具表皮的枝条和具周皮的枝条？

19．被子植物木质部和韧皮部的主要功能是什么？它们的基本组成有什么异同？

20．什么叫组织系统？有哪些类型？各有何功能？

21．什么叫维管束？有哪些类型？

参考文献

曹祥荣. 2010. 细胞生物学精要. 南京：东南大学出版社.

贺学礼. 2010. 植物学. 2版. 北京：高等教育出版社.

胡宝忠，胡国宣. 2002. 植物学. 北京：中国农业出版社.

金银根. 2010. 植物学. 2版. 北京：科学出版社.

李名杨. 2003. 植物学. 北京：中国林业出版社.

李淑珍，关力. 2007. 植物学. 北京：北京大学出版社.

陆时万，徐祥生，沈敏健. 2006. 植物学. 2版. 上册. 北京：高等教育出版社.

强胜. 2006. 植物学. 北京：高等教育出版社.

王金发. 2003. 细胞生物学. 北京. 科学出版社.

徐汉卿. 1994. 植物学. 北京：中国农业大学出版社.

杨世杰. 2000. 植物学. 北京：科学出版社.

翟中和，王喜忠，丁明考. 2011. 细胞生物学. 4版. 北京：高等教育出版社.

张爱芹，王彩霞，马瑞霞. 2006. 植物学. 成都：西南交通大学出版社.

赵桂仿. 2009. 植物学. 北京：科学出版社.

周云龙. 2004. 植物生物学. 2版. 北京：高等教育出版社.

Esau K.1965. Vascular differentiation in plants. New York:Holt,Rinehart and Winston.

Gerald K. 2013. Cell and Molecular Biology-Concepts and Experiments.7th ed. New York: John Wiley & Sons Inc.

Greulach V A. 1973. Plant function and structure.New York:Macmillan.

Hartl D L, Jones E W. 1998. Genetics Principles and Analysis. 4th ed. Toronto: Jones and Bartlett Publishers Inc.

Hartwell L H , Culotti J, Pringle J R, et al. 1974. Genetic control of the cell division cycle in yeast.Science,183(4120):46-51

Kleinsmith L J, Kish V M.1995.Principles of cell and molecular biology. 2nd ed. New York:HarperCoins College Publication.

第2章 被子植物营养器官的发育、结构与功能

学习目标

通过本章内容的学习，重点掌握根、茎、叶的主要生理功能、发生发育规律、形态结构特征及其与农业生产、医药卫生、工业应用等生产实际的关系。

本章是植物学核心内容之一，主要内容如下。

根：根的发生、类型和生理功能，根尖的分区及其生长动态，根的结构，侧根的发生，根瘤和菌根。

茎：茎的主要生理功能，茎的基本形态，茎的分枝，茎尖的分区及其生长动态，茎的结构。

叶：叶的主要生理功能，叶的基本形态，叶的发生和生长，叶的解剖结构，叶的形态结构与生理功能的关系，离层与落叶。

了解营养器官的整体性，包括营养器官结构的联系、功能的协同性、生长的协调性；了解营养器官对环境的适应性，旱生与水生、阳生与阴生以及盐生植物对环境的适应性。

了解根、茎、叶的变态及其类型，同功器官与同源器官的区分。

引　言

植物细胞经分裂、生长后逐渐分化形成不同的组织，多种组织相互有机结合起来，形成担负特定生理功能、具备特定形态结构的单位，称为器官（organ）。被子植物体由根、茎、叶、花、果实和种子6种器官组成，其中根、茎、叶主要担负着吸收、运输、制造营养物质等功能，与植物的营养生长有密切关系，称为营养器官（vegetative organ）；花、果实和种子具有繁衍后代延续种族的功能，与植物的生殖有密切关系，称为生殖器官（sexual organ, reproductive organ）。植物各器官之间在生理、结构和功能方面有着明显的差异，但彼此间又密切联系、相互协调，共同构成一个完整的植物体。

2.1　根的形态结构与发育

2.1.1　根的生理功能和基本形态

除少数气生根外，多数植物的根是在长期的系统演化过程中适应陆生生活而形成的地下营养器官，形态结构多样，生理功能多样。其中主要的生理生态功能是吸收和固定，兼有支持、输导、合成、分泌及储藏等功能。

2.1.1.1　吸收作用

吸收作用是植物根（系）的主要生理功能。水对生命极为重要，生命就是起源于地球表面的水域中，陆生植物就是由水生植物进化而来的。因此，水是植物生活的必要条件。植物的正常生命活动，需要在水分相当饱和的状态下才能协调地进行。缺水时，正常生命活动就要受到破坏；严重缺水时，生命就停止。植物一生从环境中吸收和消耗的水分，要比它本身的含水量多得多，这些用来维持植物生命活动必需的水，主要由植物庞大的根（系）从环境中吸收进入植物体内供生长发育需要，与此同时土壤中的二氧化碳和无机盐类溶于水也被根系吸收。

2.1.1.2　固着与支持作用

根是植物吸收水分的主要器官，但并不是整个根系都具有吸水能力。生物圈曾经被人简洁地划分

为动物界和植物界，顾名思义前者就是可以四处移动或运动的生物，后者就是相对于前者来讲，植于某处不能够相对移动位置的生物。植物地下部分根系具有强大的分支能力，每个分支除了尖端具有吸收功能的幼嫩部位外，绝大部分是庞大、结实的老根，这些老根植于土壤之中，把植物牢牢地固定在适宜的生态环境中生长发育，并对植物地上部分同样庞大分枝的枝叶、花果起着强大支持的作用。目前，在治理退化生态系统时就是利用植物根系强大的固着与支持功能，固定土壤、流沙甚至岩石结构，护坡护坎，固土固沙，防止山地、荒坡水土的大量流失，重建良好的生态平衡系统。

2.1.1.3　输导作用

植物叶片蒸腾作用需要耗去大量的水分，这些水分主要靠根尖吸收和供给。根尖与叶片之间存在一段很长的运输距离，包括根段部分、茎段部分和叶柄部分，其中有着发达的输导系统相互联系，植物根尖吸收的水分通过皮层及时的短途运输后，进入维管输导系统这个高速运输通道，在蒸腾拉力、根压和水分子张力的共同作用下，经过根、茎、叶总的输导组织而上升到达叶片，满足蒸腾作用、光合作用及储藏作用等一系列的生理生化代谢用水，满足植物生长、发育、繁殖对水分和矿质营养的大量需求。因此，植物根系兼有输导功能，即皮层中短途运输功能和维管系统的长途运输功能。

2.1.1.4　合成功能

根吸收的无机盐并不是不加变化地运输到地上器官，而是有相当一部分先在根内进行初步同化转化成有机物。例如，氮主要以NO_3^-或NH_4^+的形式被根吸收，但在许多植物的伤流液中至少有30%～50%的氮是有机氮。根内合成的有机氮化物的种类很多，有十余种氨基酸、酰胺、多肽及生物碱等。根吸收的无机磷和无机硫在根内也有一部分可分别转变为有机磷化物（如核苷酸、磷脂及核糖核酸等）和有机硫化物（如硫胺素、谷胱甘肽和甲硫氨酸等）；根也是合成植物激素的重要场所之一，细胞分裂素、生长素、脱落酸、赤霉素、乙烯都可以在根中合成。由此可见，根有很强的合成功能，它是直接参与植物体内有机物合成过程的器官之一，合成的有机物对地上部分的生长发育产生重大影响。因此，根（系）是植物体活跃的合成器官。

2.1.1.5　分泌功能

根不仅是水分和矿质元素的吸收、合成器官，也是积极的分泌器官。根尖分泌黏液物质，减少根尖与土壤间的摩擦损伤，溶解难溶解的矿物质，促进根系代谢和吸收，调节和控制地上部分的生长和发育。根分泌多种物质，主要有糖（葡萄糖、果糖、蔗糖、麦芽糖、木糖、鼠李糖、阿拉伯糖、核糖及低聚糖等，其中葡萄糖和果糖最多）、氨基酸（包括各种天然氨基酸）、有机酸（乙酸、丁酸、柠檬酸、苹果酸等），还有核苷、维生素、植物生长物质及酶等。根有时也分泌CO_2（遇水时形成碳酸）和有机酸，能使土壤中一些难溶解的矿物质溶解，为根系所吸收；根分泌的酶（如磷酸酶、蛋白酶、蔗糖酶等）能催化土壤中复杂的有机化合物转化为简单的无机化合物，供植物再利用。根的分泌在植物与微生物、植物与植物之间的关系中起重要的生理生态作用，植物通过根的分泌可对其他微生物或植物产生促进或抑制作用。

2.1.1.6　储藏与繁殖

不少植物的根能膨大成形态规则或不规则的结构，具有储藏和繁殖的功能。例如，萝卜、胡萝卜、甘薯、地瓜等植物的根都具有储藏功能，可以食用；人参、葛、牡丹、大黄、党参、何首乌、甘草等植物的根可以药用；甜菜根含有大量的糖可作制糖原料，甘薯可制淀粉。许多植物如甘薯的根还能产生不定芽，常被用来进行繁殖。

2.1.2　根的类型

根的类型很多，按不同的标准可以分成不同的类型，主要有如下划分类型。

2.1.2.1　按照根的发生部位来划分

（1）定根　发生部位确定的根称为定根（normal root）（图 2-1A），包括主根（main root）和侧根（lateral root）。

主根。当种子萌发时，胚根突破种皮不断垂直向下生长的部分即是主根。例如，大家所熟悉的蚕豆，当它发芽时，突破种皮向外伸出呈白色条状的就是胚根，以后不断向下生长即形成主根。同样，作蔬菜食用的黄豆芽、绿豆芽，它们都有一条长长的白色的胚根，以后就形成主根。

侧根。当主根生长到一定长度后，其上产生的一些分支称为侧根。在黄豆芽、绿豆芽中，有时会看到当主根长得较长时，就会在主根的近末端处有一些向侧面生长的分支，这就是侧根。侧根在生长过程中，可能再分支，形成新的侧根，这就是第二级侧根。当然还可以有第三级、第四级……产生多级新的侧根，因此，同一株植物中的侧根可以有很多条，但作为主根则永远只有一条。

（2）不定根　不定根（adventitious root）（图 2-1B）

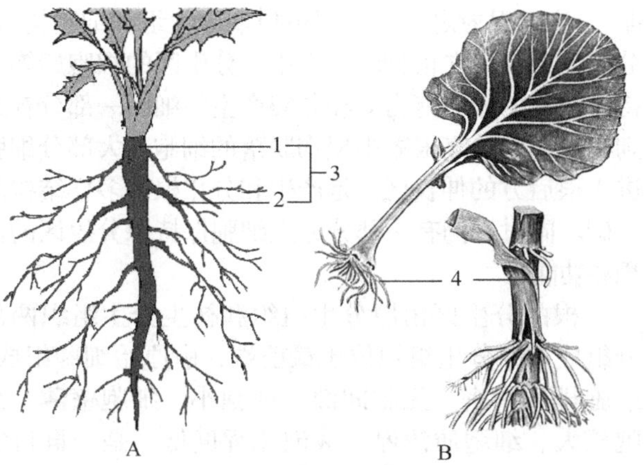

图 2-1　定根和不定根

A. 定根（主根和侧根）B. 不定根

1. 主根　2. 侧根　3. 定根　4. 不定根

是植物生长过程中，从茎或叶上长出的根，它不来自主根、侧根。例如，玉米近地表的密集节上常常生长很多的不定根延伸到土壤起支持的作用，甘蓝叶扦插后从叶柄基部生长出的根、垂柳枝条扦插后从茎上长出的根、水仙头（鳞茎）放在水中，几天后在其底部密集生出的根，都是不定根。不定根可以产生分支，这些分支也称为侧根；不定根也有不分支的，如水仙。

2.1.2.2　按照根系形态来分

在一植株上的所有根（包括它的主根、各级侧根、不定根，连同不定根上所有的侧根）的总和，称为根系。按照根系形态不同，将植物根系分为两种类型。

（1）直根系　直根系（taproot system）由主根和侧根共同构成，但在外观上，主根发育强盛，在粗度与长度方面极易与侧根区别，这种根系称为直根系（图 2-2A），如雪松、石榴、蚕豆、蒲公英等大多数裸子植物和双子叶植物的根系。直根系在土壤中有的分布相对较深，尤其是在透气良好、土层深厚、地下水位较低的土壤中，直根系分布得更深。

（2）须根系　须根系（fibrous root system）的整个根系主要由不定根构成。主根不发达，早期即停止生长或枯萎，由茎的基部生出许多较长而粗细大致相同的、呈须状或纤维状的不定根，这种根系称为须根系（图 2-2B），如水稻、玉米、小麦，以及水仙、葱、蒜等植物的根系。

了解植物的根系类型对识别植物是很有用的，因为对于某一种植物来说，不同植株之间的形态会有一些差异，但它的根系类型是不会改变的，它绝不会由直根系变为须根系，也不可能由原来的须根系变为直根系。在 20 多万种高等植物中，属于须根系的植物约占 1/4，属于直根系类型的约占 3/4。我们可以利用根系的类型来区别某些植物，特别是在

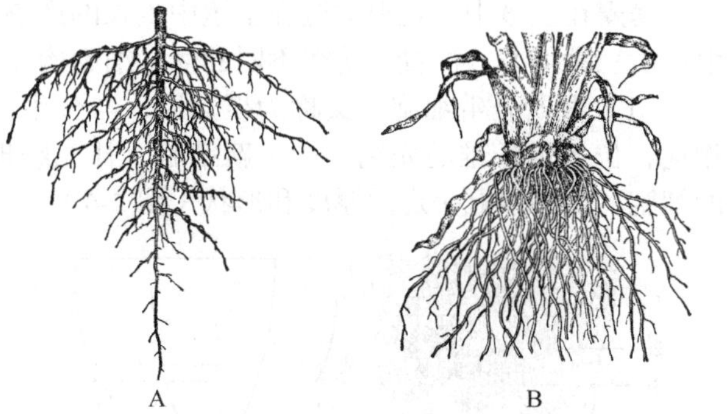

图 2-2　直根系和须根系

A. 直根系　B. 须根系

区别单子叶植物和双子叶植物时，根系类型是一个重要标志。因为几乎所有的单子叶植物的根系都是须根系，而绝大多数双子叶植物的根系都是直根系。木本植物与草本植物这两种类群几乎都是直根系类型，草本植物则两种根系类型都存在。

2.1.3　根尖的分区及其生长动态

根尖（root tip）是指从根的顶端到着生根毛的部分。不论是主根、侧根还是不定根都具有根尖，根尖是根伸长生长、分支和吸收活动的最重要部位，因此根尖的损伤会影响根的继续生长和吸收作用的进行，根尖从顶端到着生根毛的区域被分为 4 个部分，即根冠（root cap）、分生区（meristematic zone）、伸长区（elongation zone）和成熟区（maturation zone），成熟区由于一般都具有根毛又被称为根毛区（root hair zone）。各区的细胞形态结构及发育程度不同，从分生区到根毛区逐渐分化成熟，除根冠外，各区之间并无严格的分界线（图 2-3）。

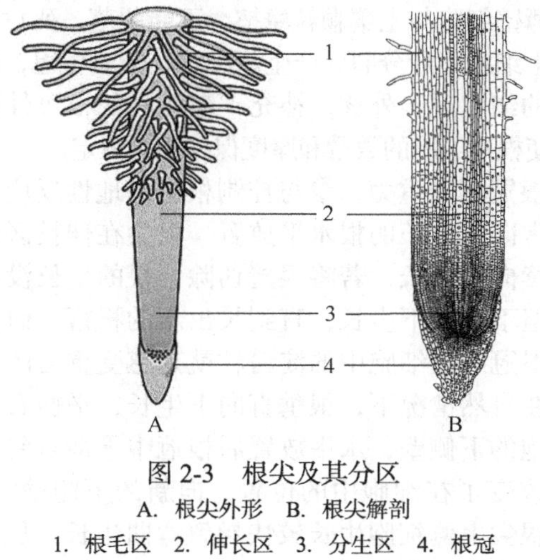

图 2-3　根尖及其分区

A. 根尖外形　B. 根尖解剖

1. 根毛区　2. 伸长区　3. 分生区　4. 根冠

2.1.3.1　根冠

根冠（root cap）是套在根尖最前端的帽状结构。它在分生区外面，保护其内幼嫩的分生组织细

胞不暴露在土壤中，是根适应在土壤中生长的产物。根冠由三种形态、位置、功能不同的薄壁细胞构成。

（1）根冠分生细胞　又称为根冠原，与分生区相连，位于生长锥的先端，产生新细胞，补充磨损的细胞，保持根冠一定的厚度和形状（图 2-4）。

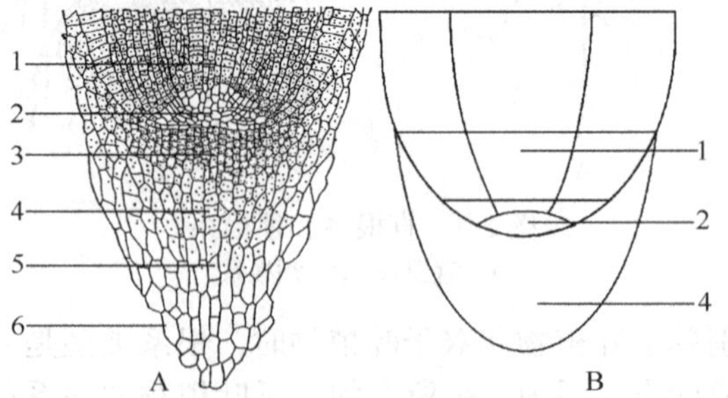

图 2-4　根冠与分生区（仿 Moore et al., 1995）

A. 细胞图　B. 轮廓图

1. 分生区　2. 静止中心　3. 根冠原　4. 根冠中央细胞　5. 平衡石　6. 根冠外部细胞

（2）根冠中央细胞　也称为根冠柱，有感受重力的作用。

（3）根冠外部细胞　能分泌黏液，随着根的生长而不断脱落（图 2-4）。这部分细胞排列疏松，从根冠延伸到根毛区的细胞壁常黏液化，在根冠表面形成一层黏液鞘，可以保护根尖免受土壤颗粒的磨损，有利于根尖在土壤中生长。黏液能溶解和螯合某些矿物质，有利于根细胞的吸收。电子显微镜及其放射自显影研究表明，这些黏液是高度水合的多糖物质和一些氨基酸，储藏于小泡中，与质膜融合后，释放到细胞壁中，最终通过细胞壁形成根冠表层的黏液鞘。黏液可以促进周围土壤微生物迅速生长，这些微生物的代谢有助于土壤基质中营养物质的释放。根冠外围细胞寿命为 4～9 天，随着根尖向地性的持续生长，根冠外层薄壁细胞与土壤颗粒摩擦，不断脱落、死亡，根冠分生细胞不断分裂，产生新细胞补充到根冠，根冠中央的细胞逐步外移，补充不断死亡的根冠外部细胞，使根冠细胞的数量和厚度保持相对恒定。

根冠感受重力，参与控制根的向地性反应。若将正常向下生长的根水平放置，根尖在伸长区弯曲后继续向下生长，若将根冠切除，根的生长没有停止，但不再向下生长，直到长出新的根冠。研究表明，根冠中央细胞中的淀粉粒就是感受重力的平衡石，在自然情况下，根垂直向下生长，平衡石沉积在细胞的下侧壁，水平放置后根冠中平衡石受重力影响改变了在细胞中的位置，向新的下侧壁沉积，引起根尖上侧细胞生长较快导致弯曲生长，从而保证根向地性正常生长。

2.1.3.2　分生区

分生区（meristematic zone）也称为生长锥（growing tip），位于根冠之后，全部由顶端分生组织细胞构成，分裂能力强，在植物的一生中，分生区的细胞始终保持着旺盛的分裂能力。经分裂产生的细胞一部分补充到根冠，以补充根冠中损伤脱落的细胞，大部分细胞进入根后方的伸长区，是产生和分化根部多样结构的基础。同时，仍有一部分分生细胞保持原分生区的体积和功能。

根的分生区由原分生组织和初生分生组织两部分组成。原分生组织位于最前端，由原始细胞组成，细胞排列紧密、无胞间隙、细胞小、细胞壁薄、细胞核大、细胞质浓厚、液泡化程度低，是一群近等径的细胞，分化程度低，具有很强的分裂能力。原分生组织分裂所衍生的细胞有一部分继续分裂不发生分化，使原分生组织自我永续。原分生组织衍生的另一部分细胞在分裂的同时开始了细胞的初步分化，发展为初生分生组织（primary meristem），位于原分生组织的后方。初生分生组织细胞分裂的能力仍很强。根据其中细胞的位置、大小、形状及液泡化程度的不同，将根的初生分生组织划分为原表皮（protoderm）、基本分生组织（ground meristem）和原形成层（procambium）三个部分。原表皮细胞扁长方体形，径向分裂，位于最外层，以后发育形成表皮（epidermis）；基本分生组织细胞多面体形，细胞大，可以进行各个方向的分裂，以后形成皮层（cortex）；原形成层细胞小，有些细胞为长形，位于中央区域，以后发育形成维管柱（vascular cylinder）。

许多关于原分生组织的研究发现，在根尖分生区的最远端中心区域存有一团分裂频率显著低或不分裂的细胞，大约是其周缘细胞分裂频率的 1/10，经细胞化学与放射自显影等技术研究发现，这些细胞中少有 DNA 合成，有丝分裂几乎处于停止状态。这个惰性区域称为不活动中心或静止中心（quiescent center）（图 2-4）。在胚根和幼小侧根原基时期，没有不活动中心；在较老根中，顶端分生组织的中心区域细胞分裂减弱或停止，细胞器减少，蛋白质和核酸合成速率降低，形成静止中心，有丝分裂活跃的原始细胞位于不活动中心的周围。不活动中心的细胞并非完全丧失细胞分裂能力，当根损伤、除去根冠或冷冻引起休眠再恢复时，又能重新使这部分细胞进行分裂。大量研究表明，不活动中心是不断变动的，可以随发育进程而出现，进一步增大或变小，是一群不断更新的细胞群，是合成激素和储藏分生组织的场所。不活动中心周围呈圆屋顶形的原分生组织细胞分裂迅速，每 12～36h 分裂一次，每天可产生 2 万个新细胞。

2.1.3.3　伸长区

伸长区（elongation zone）长 2～10mm，位于

分生区的后方，由分生区细胞发育而成，但细胞分裂活动逐渐减弱，多数细胞已停止分裂，细胞分化程度逐步加强。突出的特点是细胞纵向显著伸长，液泡合并逐渐增大，细胞质呈一薄层位于细胞的边缘部位，线粒体、高尔基体及内质网等细胞器逐渐发育，特别是核糖核蛋白体与光面内质网结合成糙面内质网。伸长区外观形态上较为透明，可与白色不透明的生长点相区别；此区细胞虽无分裂能力但能扩大细胞体积，细胞伸长的幅度可为原有细胞的数十倍。伸长区开始出现原生韧皮部的筛管和原生木质部的环纹导管，伸长区是从初生分生组织向成熟区初生结构的过渡区。由于伸长区众多细胞的同时伸长生长，导致根尖伸长区迅速伸长，成为根尖不断向土壤深处推进的主要动力之一，每天可使得根冠和分生区向地心推进 4cm 左右。

2.1.3.4　成熟区

成熟区（maturation zone）由伸长区细胞分化形成，位于伸长区的后方，细胞停止分裂和伸长生长，分化出各种成熟组织。成熟区显著的特点是外表密被根毛，故又称为根毛区（root hair zone）。根毛是由表皮细胞外侧壁向外伸长生长形成的先端封闭的管状结构，长 5～10mm，细胞核和部分细胞质移到了管状根毛的先端，细胞质沿壁分布，液泡增大，最后中央为一大的液泡，细胞质中细胞器丰富。根毛的生长发育是顶端生长方式，细胞壁有两层，外层覆盖整个根毛，薄而柔软，内层不达根毛顶端，厚而硬，细胞壁物质主要是纤维素和果胶质，细胞壁中黏性的物质与吸收功能相适应，使根毛在穿越土壤空隙时，能与土壤颗粒紧密地结合在一起。根毛基部先增厚并钙化，新形成的根毛钙化程度低，更易与土粒紧贴。

根毛的生长速率快、数量多，每平方厘米可达 40 000 多条根毛，如玉米约为 42 500 条、苹果约为 30 000 条。据报道，1 株小麦的根毛总长度可达 10km，根毛的存在延长和扩大了根的吸收表面。根毛能沿着土壤孔隙曲折生长，与土粒紧密结合（图 2-5C），这不仅有利于根吸收水分和矿质营养，还加强了根的固着力。

根毛的寿命很短，一般 10～20 天死亡，表皮细胞也随之死亡。根的发育由先端逐渐向后成熟，靠近伸长区的根毛是新生的，随着根毛区的延伸，根在土壤中推进，老的根毛死亡，靠近伸长区的细胞不断分化出新根毛，以代替枯死的根毛行使功能，随着根尖的生长，根毛区不断进入土壤中新的区域，使根毛区能够更换环境，有利于根对水和矿质营养的吸收。所以，在移栽树苗时应带土移植，尽量减少幼根的损伤，移栽后马上浇透水分，使根苗紧贴

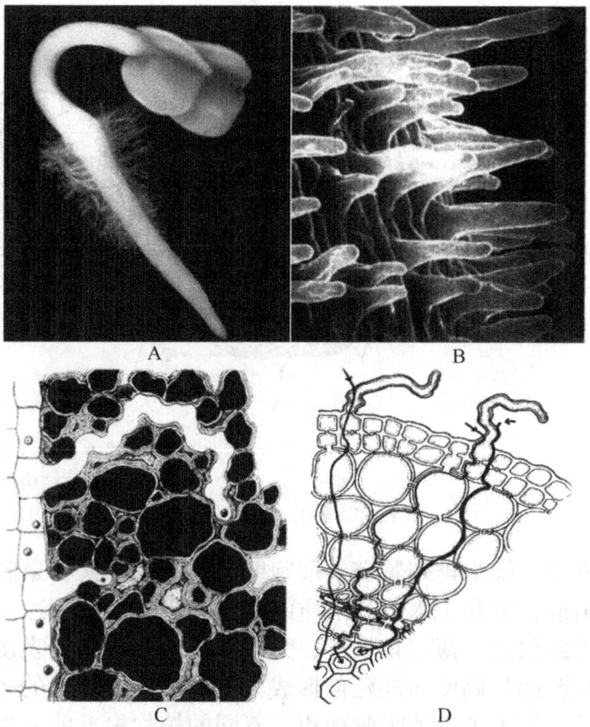

图 2-5　具有吸收功能的根毛

A. 萝卜幼根上的根毛　B. 根表面根毛扫描电镜图
C. 根毛在土壤颗粒间的延伸　D. 根毛吸收水分经皮层到中柱

土壤颗粒，及时吸收水分维持体内水分平衡。

根尖的 4 个区域中，除了根冠与分生区易于区别外，分生区与伸长区，伸长区与成熟区之间都是逐渐过渡的，没有明显的界线。

2.1.4　根的初生生长与初生结构

2.1.4.1　根的初生生长

根尖的成熟区已分化形成各种成熟组织，这些成熟组织是由顶端分生组织经过细胞分裂、生长和分化形成的，把这种生长过程称为根的初生生长（primary growth），在初生生长过程中形成的各种成熟组织共同组成的结构称为初生结构（primary structure），从根毛区作横切面，可观察根的初生结构。

2.1.4.2　根的初生结构

根的成熟区中，各种组织已经分化成熟，称为初生结构。从横切面观察，单子叶植物与双子叶植物根的初生结构是不同的，双子叶植物根的初生结构可划分为表皮（epidermis）、皮层（cortex）和维管柱（中柱）（vascular cylinder）（图 2-6）三大部位。

（1）双子叶植物的初生结构

1）表皮（epidermis）：是根最外一层生活细胞，由原表皮发育而来。每个表皮细胞的形态近长方体形，其长轴与根的纵轴平行，在横切面上近似于长

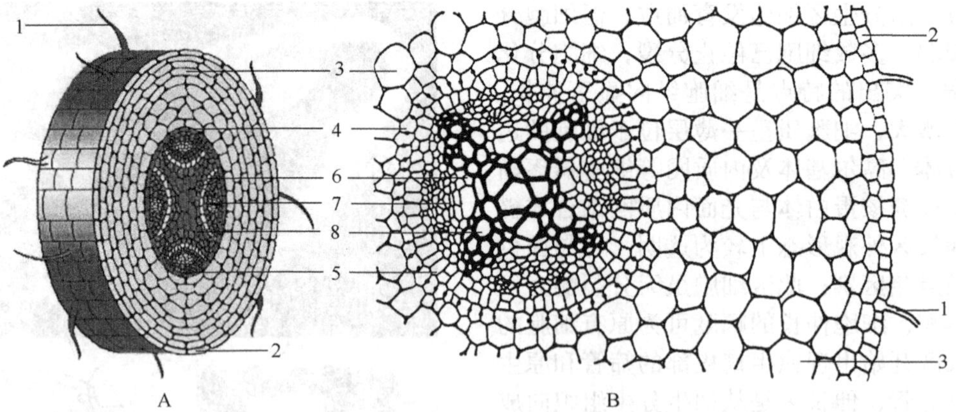

图 2-6 双子叶植物根的初生结构

A. 三维立体结构模式图 B. 横切面平面结构

1. 根毛 2. 表皮 3. 皮层 4. 内皮层 5. 中柱鞘 6. 形成层原始细胞 7. 初生韧皮部 8. 初生木质部

方形，细胞排列紧密，细胞壁薄，由纤维素和果胶组成，有利于水分和溶质的渗透和吸收。外壁通常无或仅有一薄层角质层，无气孔器分布。部分表皮细胞的外侧壁向外延伸形成先端封闭的细管状的根毛，扩大了根的吸收面积。不同的植物根毛的发生可能不同，有的植物根表皮细胞有长短之分，长细胞为一般的表皮细胞，短细胞发育为生毛细胞，生毛细胞上再进一步发育出根毛。有的植物则所有表皮细胞的形态是一致的，其中多数细胞都能形成根毛。就根的表皮而言，吸收作用远比保护作用更为重要。水生植物和一些其他陆生植物根的表皮不具有根毛，某些热带兰科附生植物的气生根（aerial root）表皮也无根毛，但表皮细胞平周分裂，形成多层细胞紧密排列的根被（velamen），能够从潮湿空气中吸收水分，发育后期，细胞死亡，细胞壁次生加厚，执行减少蒸腾和机械保护的功能。

2）皮层（cortex）：位于表皮和维管柱之间，由基本分生组织分化而来，由外皮层、皮层薄壁细胞和内皮层构成（图 2-7）。

A. 外皮层。有些植物皮层最外 1 层或 2～3 层细胞称为外皮层（exodermis），细胞小，无胞间隙，排列紧密，具有横向运输的功能。根毛区的后部，外皮层的细胞壁常常栓化或发育成厚壁细胞，尽管减少了水分和无机盐的吸收，但却有利于根内水分和无机盐保留于根中。干旱或表层土中生长的植物，根中常有外皮层的发育。当根毛枯死，表皮破坏后，外皮层的细胞壁增厚并栓化，起临时保护作用。

B. 薄壁细胞。皮层薄壁细胞（parenchyma cell）由多层薄壁细胞组成，在幼根中占有相当大的比例。皮层薄壁细胞的体积比较大，排列疏松，有明显的细胞间隙（根体积的 30% 左右），细胞中常有淀粉粒等后含物。皮层除了有储藏营养物质的功能外，还有横向运输水分和矿物质至维管柱的作用，一些水生植物和湿生植物的皮层中可发育出气腔和通气道等通气结构，用于储藏植物生长发育所需要的气体。另外，根的皮层还是合成作用的主要场所，可以合成一些特殊的物质。

C. 内皮层。内皮层（endodermis）是皮层中最内的一层细胞，排列整齐紧密，无细胞间隙（图 2-7A、图 2-7B）。在内皮层细胞径向壁（两侧壁）和横向壁（上下端壁）的一定部位上有一条木化和栓化的带状增厚，称为凯氏带（casparian strip）（图 2-7A、图 2-7B），是德国植物学家 R.Caspary 于 1865 年最早发现的，为纪念他的杰出贡献，人们就把内皮层上的这个特殊结构取名凯氏带。电子显微镜技术研究表明，栓质和木质素层积在初生壁中，并横过胞间层。凯氏带区域细胞的质膜厚而平直，紧贴细胞壁；没有凯氏带的区域，细胞质膜薄而弯曲。质壁分离时，凯氏带区与质膜仍然紧密地贴在一起，不是胞间连丝作用的结果（图 2-7C）。

当水分和矿质元素被根吸收以后，沿着两条途径向中柱内横向运输。一条是沿着细胞壁和细胞间隙的质外体途径；另一条是通过质膜和原生质的共质体途径。当进入两条途径的水分和溶质到达内皮层时，由于内皮层细胞排列紧密和凯氏带的存在，水与矿质元素不能从质外体通过内皮层，必须通过内皮层细胞具有选择透性的质膜进入原生质中，经共质体途径进入到中柱。因此，内皮层凯氏带阻断了皮层与中柱之间水分运输的质外体途径，对进入中柱的水分和矿质营养加以控制。还有研究表明，内皮层具有防止中柱内溶质倒流入皮层的作用，以维持维管组织中的流体静压力，使水和溶质源源不断地进入导管（图 2-5D）。

也有少数双子叶植物根的内皮层可以进一步发育，除外切向壁以外，其他的细胞壁都显著加厚并木质化，只有正对着初生木质部辐射角处的内皮层细胞仍然保持着原有的状态，这种细胞称为通道细胞（passage cell），成为皮层与中柱之间物质交流的

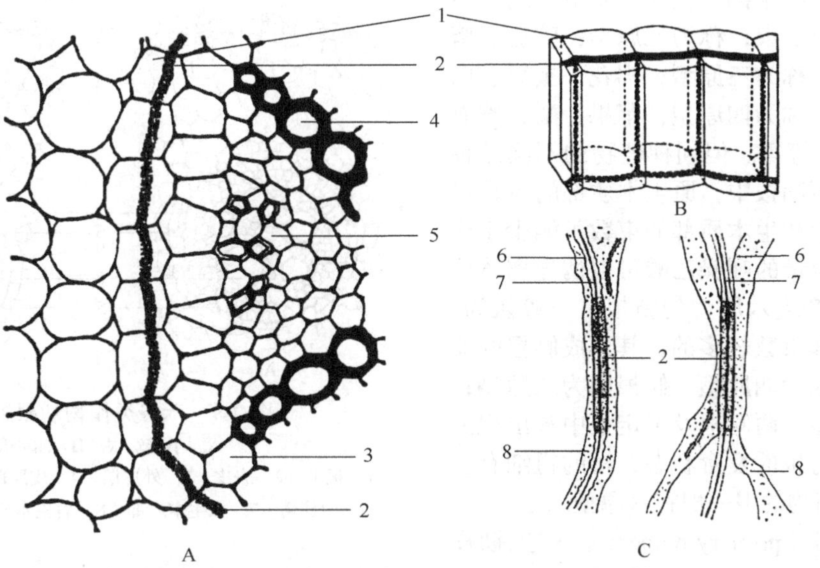

图 2-7　内皮层的结构

A. 根的横切面　B. 内皮层细胞的立体结构及正常细胞的凯氏带区　C. 质壁分离细胞的凯氏带区

1. 内皮层　2. 凯氏带　3. 中柱鞘　4. 初生木质部　5. 初生韧皮部　6. 质膜　7. 胞间层　8. 细胞质

快速通道。

3）中柱（vascular cylinder）：也称为维管。是内皮层以内中轴部分的柱状体结构，起源于原形成层，由中柱鞘、初生木质部、初生韧皮部、薄壁组织 4 部分组成。维管柱的细胞一般较小而密集，没有细胞间隙，易与皮层区别。维管柱有时也称为中柱，但笔者认为在根内称中柱更适宜，因为中柱鞘围起来成为一个完整的圆柱状；在茎的初生结构中称维管柱较好，因为它缺少中柱鞘的包围，不成完整的圆柱状，也便于与根相互区别。

A. 中柱鞘（pericycle）。中柱鞘位于中柱外围，与内皮层内侧相毗连，由一层或几层薄壁细胞组成，有潜在的分裂能力，在特定的生长阶段和适当的条件下能形成侧根、不定芽、乳汁管，以及部分维管形成层和木栓形成层。

根的初生结构中，维管束是由初生木质部、初生韧皮部构成的，初生木质部呈辐射棱角状，初生韧皮部呈孤岛状，初生木质部与初生韧皮部相间排列（图 2-8）。

B. 初生木质部（primary xylem）。初生木质部位于根的中央，主要由导管和管胞组成，其主要功能为输导水分。表皮细胞及其突起物根毛从土壤中吸收的水分和矿物质，经过皮层后进入中柱，从木质部的导管和管胞中输送到地上部分的各个器官。初生木质部具有辐射角（木质部束），辐射角的尖端为原生木质部（protoxylem），是较早分化成熟的环纹导管和螺纹导管，口径较小而壁较厚。靠近轴心的是较晚分化的后生木质部（metaxylem），导管口径较大，多为梯纹、网纹或孔纹导管。根初生木质部的这种由外向内依次分化成熟的方式，称为外始式（exarch）（图 2-8），这是根初生结构的一个重要特征，在生理上具有适应意义。最先形成的导管接近中柱鞘和内皮层，缩短了水分横向输导的距离；而后期形成的导管，管径较大，提高了输导效率，更能适应植株长大时对水分供应量增加的需要。在木质部的分化过程中，如果后生木质部分化至中柱的中央，便没有了髓（pith）。有些双子叶植物的主根直径较大，后生木质部没有分化到中柱的中央，原形成层分化为薄壁细胞就形成了髓，如花生和蚕豆的主根。

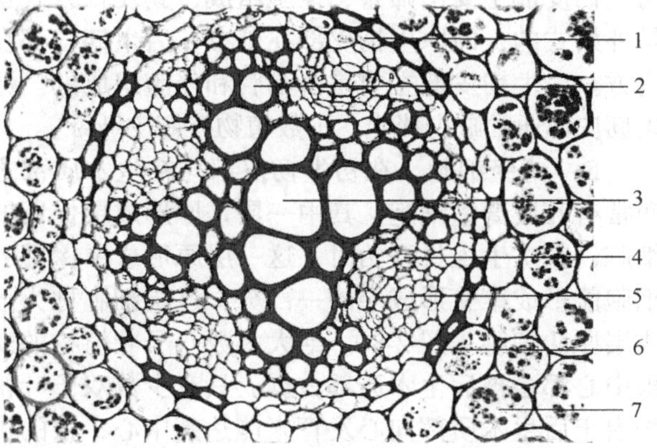

图 2-8　双子叶植物（毛茛）根初生结构的中柱

1. 中柱鞘　2. 原生木质部　3. 后生木质部　4. 形成层原始细胞　5. 初生韧皮部　6. 内皮层　7. 皮层

初生木质部的束数称为原型数（arches）。双子叶植物主根的初生木质部一般是 2～5 束，分别称为二原型（diarch）、三原型（triarch）……多原型（polyarch）（图 2-8、图 2-9）。在同种植物中，初生木质部的束数是相对稳定的。例如，萝卜、胡萝卜等根的初生木质部有 2 束，称为二原型；豌豆、紫云英的主根有 3 束，称为三原型；棉花、蚕豆、向日葵的主根有 4 束，称为四原型；苹果、梨、茶有 5 束，称为五原型；等等。但同种植物的不同品种间，或同一植物的不同根中，原生木质部的束数也常发生变化。侧根中初生木质部的束数可能少于或多于主根中的，一定量的吲哚乙酸可以诱导离体培养的三原型豌豆根产生六原型的新根。一般认为，主根中的原生木质部束数较多的，其形成侧根的能力较强。花生的主根为四原型，侧根则为二原型；甘薯的主根为四原型，两侧根及不定根中却出现五原型或六原型。这与根的发育状态、根的粗细有一定的关系。单子叶植物的根一般在六原型以上。

C. 初生韧皮部（primary phloem）。初生韧皮部形成若干束分布于初生木质部辐射角之间，它们与初生木质部束相间排列（图 2-8）。这是幼根维管束系统最为突出的特征。初生韧皮部的主要功能是将同化产物输送到根、茎、花、果等部分供利用。初生韧皮部主要由筛管、伴胞组成，其发育方式也是外始式的，即原生韧皮部在外方，后生韧皮都在内方。后生韧皮部主要是由筛管和伴胞组成的。原生韧皮部通常缺少伴胞，少数植物有韧皮纤维。

D. 薄壁细胞。在初生韧皮都与初生木质部之间常有几层薄壁细胞，其中一层是原形成层保留的细胞，在次生生长开始时，这一层原形成层保留的细胞能形成维管形成层的一部分，这层细胞称为形成层原始细胞（图 2-8）。绝大多数双子叶植物的幼根中心都会被后生木质部占据。只有少数双子叶植物由于后生木质部向心发育未能达到中心，根的中央就是由薄壁细胞组成的髓。

（2）禾谷类植物根的结构　禾本科植物属于单子叶植物，这类植物的根具有与双子叶植物基本相同的根尖分区和初生生长过程，所形成的初生结构在基本组成方面与双子叶植物类似，也可分为表皮、皮层、维管柱（中柱）三个基本部分，但各部分的结构却有其特点。特别是没有维管形成层和木栓形成层，不能进行次生生长，其生活史中都只有初生结构，没有次生结构。

以小麦、水稻根为例（图 2-9），说明禾谷植物根的结构特点。

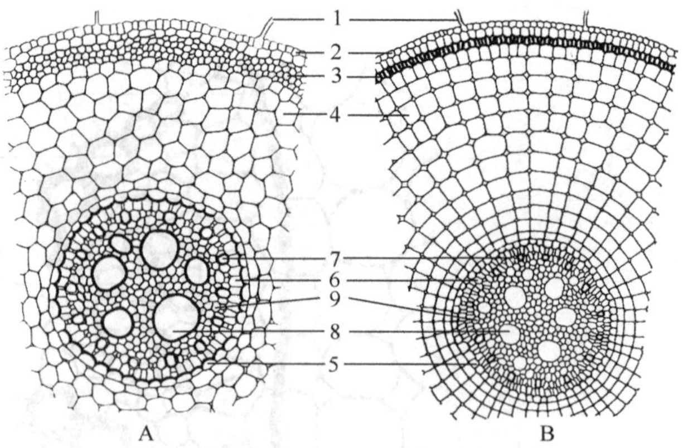

图 2-9　禾谷类作物幼根解剖结构

A. 小麦幼根　B. 水稻幼根

1. 根毛　2. 表皮　3. 外皮层　4. 皮层薄壁细胞　5. 内皮层　6. 中柱鞘　7. 原生木质部　8. 后生木质部　9. 初生韧皮部

1）表皮：根最外的一层细胞是表皮，寿命较短，当根毛枯死后，往往解体而脱落。

2）皮层：在皮层中靠近表皮的一至数层细胞较小，排列紧密，称为外皮层。在根发育后期常形成栓化的厚壁组织，替代表皮行使支持与保护作用。

外皮层以内则为数量较多的皮层薄壁组织。水稻幼根中的皮层薄壁组织细胞呈明显的同心辐射状排列，细胞之间形成较大的间隙。在横切面上这种间隙近于方形，可认为是适应淹水条件下的一种有利的结构。禾本科植物的内皮层在发育后期其细胞壁常呈五面增厚，留下外切向壁保持薄壁状态。在横切面上，增厚的细胞壁呈马蹄形。对着初生木质部辐射角的内皮层细胞常停留在具凯氏带的阶段，称为通道细胞（passage cell）。一般认为它们是禾谷类植物幼根中内外物质运输的唯一通道。黑麦草根中无通道细胞，其内皮层细胞栓化壁上有许多胞间连丝通过的纹孔，成为水分等物质运输的通道。近年来的研究表明，水分和溶质是通过内皮层细胞壁的胞间连丝进入维管柱的，与通道细胞并无直接关系。

3）中柱：中柱鞘是中柱的最外层薄壁细胞，在根发育后期部分（如玉米）或全部木质化增厚。初生木质部一般为多原型，如水稻不定根的原生木质部一般有 6～10 束。每束原生木质部由几个小型导管组成，内侧有一个大型的后生木质部导管与其相连，或者在两束原生木质部的内侧部分只共同并列着一个后生木质部导管。中央普遍存在由薄壁细胞组成的髓。

初生韧皮部由少数筛管和伴胞组成，它们与原生木质部相间排列。原生韧皮部通常只有一个筛管和两个伴胞，其内方有一两个大型的后生筛管。在整个生育时期都具有输导功能。在水稻老根的中柱内，除韧皮部外，所有的组织都木化增厚，整个中柱既保持输导功能，又有坚强的机械支持作用。

单子叶植物根无次生生长，发育时期较长的根称为“老根”。其主要特征为：表皮和根毛大多枯萎；外皮层成为厚壁组织，皮层部位若有通气组织，则已发育成熟，内皮层细胞五面加厚显著；后生木质部导管完全成熟。有的植物如水稻，根成为老根时，除韧皮部外，整个中柱完全木化。

水稻老根的皮层有明显的气腔，是由几列皮层薄壁细胞相互分离然后解体而成的腔道，在横切面上，这些气腔之间为离解了的皮层薄壁细胞及其残余细胞壁所构成的薄片状结构（图 2-10）。根、茎、叶的气腔互相贯通，形成良好的通气组织。叶片进行光合作用所释放的氧，可从气腔进入根部，供给根部呼吸的需要，所以，水稻能够适应湿生环境。

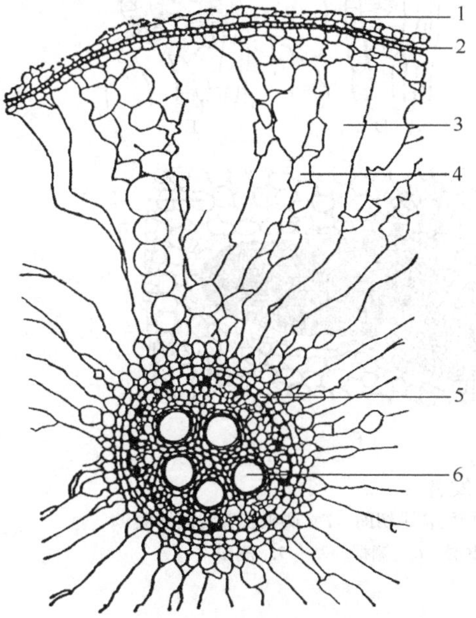

图 2-10　水稻老根（示发达的通气组织）
1. 表皮　2. 外皮层　3. 通气组织　4. 皮层薄壁细胞　5. 内皮层　6. 初生木质部导管

与双子叶植物根的初生结构比较，禾谷类植物根具有如下结构特点。

A. 只有初生结构，没有次生分生组织，今后不能进行次生生长，也不可能发育成次生结构。

B. 外皮层显著，在发育后期形成栓化的厚壁细胞，在表皮枯萎后，能代表表皮行保护作用。

C. 内皮层常五面壁增厚，仅外切向壁为薄壁，正对初生木质部辐射角处的内皮层细胞为通道细胞。没有通道细胞时，胞间连丝执行共质体功能。

D. 中柱鞘细胞不如双子叶植物中柱鞘细胞活跃，只能产生侧根等。发育后期的中柱鞘，细胞也常部分或全部木化。初生木质部六原型以上。

E. 中柱内有由薄壁细胞构成的髓，主要储存营养物质，也有植物在后期时，髓细胞发育成木化的厚壁组织。

2.1.5　侧根的发生及形成

主根或不定根，在经过了初生生长之后都要产生分支，形成侧根。侧根上又依次长出各级侧根，使根系在适宜条件下可以不断地向土壤中扩展与分布，从而扩大了吸收范围与面积，同时加强了根的固着、支持、吸收和输导等作用。

2.1.5.1　侧根的发生部位与分布规律

在初生生长过程中，根毛区中柱鞘上一定部位的细胞恢复分生能力不断地产生侧根。并不是所有的中柱鞘细胞都能产生侧根，侧根在中柱鞘上产生的位置是有一定规律的，且常随植物种类的不同而异，在二原型根中，侧根发生于原生木质部与原生韧皮部之间或正对原生木质部的地方；在三原型、四原型根中，侧根多正对原生木质部发生；在多原型的根中侧根多正对原生韧皮部而发生（图 2-11）。因此，侧根在母根表面常是较规则的纵行排列，如甜菜、萝卜等。

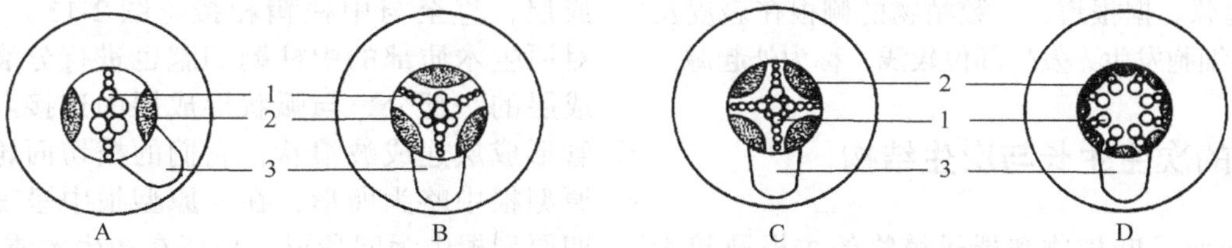

图 2-11　侧根发生部位图解（仿杨世杰，2000）
A. 二原型根　B. 三原型根　C. 四原型根　D. 多原型根
1. 初生木质部　2. 初生韧皮部　3. 侧根

2.1.5.2　侧根发生过程

当侧根开始发生时，中柱鞘相应部位的几个细胞发生变化，细胞质变浓，液泡变小，恢复分裂活动。它们首先进行切向分裂，增加细胞层数，继而进行各个方向的分裂，向母根皮层一侧产生一团突起的新细胞，发育为侧根原基（lateral root primordium），侧根原基继续朝着母根皮层一侧发育，逐渐分化出生长点和根冠。由于受到挤压的刺激，对着新生侧根的母根内皮层细胞进行垂周分裂，形成袋状结构以缓解压力，但外方的皮层和表皮不随之进行细胞分裂，所以被幼侧根挤毁，最后，内皮层的袋状结构也解体。母根部分细胞的解体，可能是侧根原基分泌的某些酶消化皮层细胞所致。新生侧根的生长点细胞进一步分裂、生长和分化，穿过母根的皮层，突破表皮，伸出根外，成为侧根（图 2-12）。此时侧根已经发育成熟，可产生根毛，新侧根的输导组织与母根的输导组织相互贯通（图 2-12），与整株植物的维管组织连为一体。当旧侧根长到一定阶段后，新的侧根接着发育，如此往复，形成植物地下部分具有各级分支的庞大根系。侧根产生的多少和快慢与植物吸收肥的效率有关。中耕、施肥、假植等措施，都能促进侧根发生。

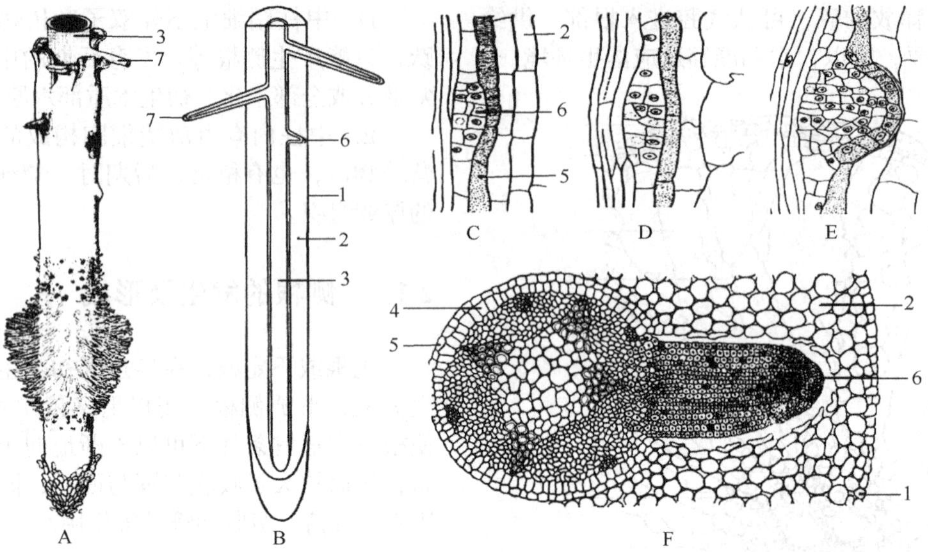

图 2-12　侧根的发生与发育

A. 根尖及侧根三维图　B. 侧根发生发育图解　C～E. 侧根发育纵切面　F. 侧根发育的横切面

1. 表皮　2. 皮层　3. 中柱　4. 中柱鞘　5. 内皮层　6. 侧根原基　7. 侧根

侧根与主根有着密切的联系，两者的生长有一定的相关性。当主根被切断或损伤时，常促进侧根的发生和生长。在农林、园艺生产中常在移苗时切断主根，以引起更多侧根发生，使根系发育更加旺盛，保证植株能更加健壮生长。

由于侧根的发生来源于中柱鞘一定部位的细胞，是从根内深层部位发生的，称之为内起源。不定根可在中柱鞘、维管组织及其附近的薄壁细胞发生，也称为内起源。据报道，少数植物的侧根在表皮及其以内几层细胞发生，发生部位较浅，称为外起源。

2.1.6　根的次生生长与次生结构

大多数双子叶植物和裸子植物的主根及较大的侧根在进行一段时间的伸长生长以后，由根毛区一端开始发生向根的近地面方向逐渐增粗的生长，使这些根形成上粗下细的形态，这种增粗的生长称为次生生长（secondary growth）。次生生长是初生结构中先后出现的两种次生分生组织——维管形成层和木栓形成层活动的结果。维管形成层不断向内、外两侧产生次生维管组织使根显著增粗，木栓形成层则产生次生保护组织接替表皮的保护作用。次生分生组织活动所形成的结构称为次生结构（secondary structure）。单子叶植物因没有次生形成层导致没有次生生长和次生结构。

2.1.6.1　维管形成层的发生与次生维管组织的形成

在根毛区内，当次生生长开始时，位于初生韧皮部内侧的保持未分化状态的薄壁细胞开始进行分裂活动，成为维管形成层的主要部分。在根的横切面上，初期维管形成层仅片段存在，它由一行扁平的、排列整齐的细胞组成，不久，每个形成层片段继续向左、右两侧扩展，形成弧状形成层，直至与中柱鞘相接（图 2-13）。此时，正对原生木质部的中柱鞘细胞也进行分裂，成为形成层的一部分，与弧状形成层的连接。至此，维管形成层连成波浪状，它们的横切面轮廓，在二原型根中略为卵形，在三原型根中呈三角形，在四原型根中为四角形，环绕在初生木质部的外围。由于韧皮部内侧的片段状形成层先进行分裂活动，向内产生的次生维管组织数量远远多于其他部位，因此，波浪底的形成层部分被迅速往外推，最后形成一个圆环状的形成层。

维管形成层一经发生之后，主要进行切向分裂。向内分裂产生的细胞形成新的木质部，加在初生木质部的外方，称为次生木质部。次生木质部由导管、管胞、木纤维、木薄壁细胞组成。向外分裂所产生的细胞形成新的韧皮部，加在初生韧皮部的内方，称为次生韧皮部，并将初生韧皮部推向外方。次生韧皮部由筛管、伴胞、韧皮纤维、韧皮薄壁细

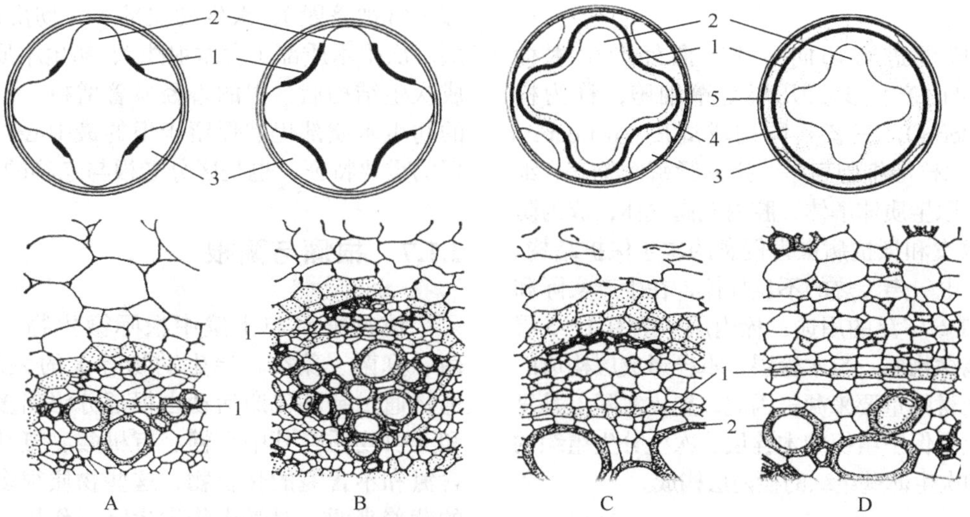

图 2-13　形成层的发生与发育（仿杨世杰，2000）

A. 片段状形成层　B. 弧状形成层　C. 波浪状形成层　D. 圆环状形成层

1. 形成层　2. 初生木质部　3. 初生韧皮部　4. 次生韧皮部　5. 次生木质部

胞组成，初期维管形成层环上各处分裂的速率并非均匀一致，所分出的次生木质部和次生韧皮都在数量比例上也不相同。通常，分生出数个次生木质部细胞之后，才分生出一个次生韧皮部细胞。所分生出的次生木质部细胞，又以靠近初生韧皮部内侧的地方增加较快，两端的增加较慢。所以，初生韧皮部及次生韧皮都被推向外围，波浪状的维管形成层环也逐渐变成了圆形的环。

形成层变为圆环状以后，仍然不断地向内、向外分裂，但各区段分裂速率相等，分别向内形成次生木质部，向外形成次生韧皮部。但次生木质部细胞的数量，较向外形成的次生韧皮部细胞的数量为多（图 2-14）。在根的增粗过程中，初生木质部位于中心不受挤压，数量保持基本不变，但输导水分和矿质的功能由次生木质部承担；初生韧皮部由近中心部位被推至次生韧皮部的外方，由于初生韧皮部比较柔弱，它们大部分被挤毁，有时只剩下压碎后的韧皮纤维，

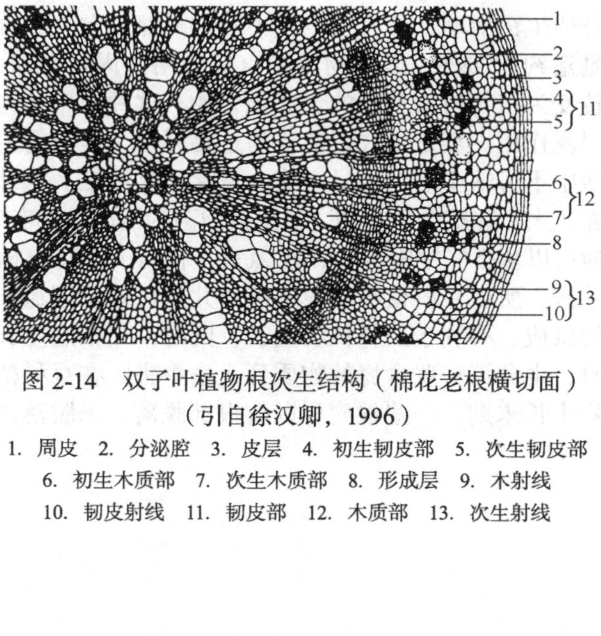

图 2-14　双子叶植物根次生结构（棉花老根横切面）（引自徐汉卿，1996）

1. 周皮　2. 分泌腔　3. 皮层　4. 初生韧皮部　5. 次生韧皮部　6. 初生木质部　7. 次生木质部　8. 形成层　9. 木射线　10. 韧皮射线　11. 韧皮部　12. 木质部　13. 次生射线

其输导同化产物的功能则转由次生韧皮部来担负。

维管组织中输导系统分为垂直和水平两种系统。次生木质部中的垂直系统的成员是导管、管胞、木纤维、木薄壁细胞，水平系统的成员是木射线；次生韧皮部的垂直系统由筛管、筛胞、伴胞、韧皮纤维、韧皮薄壁细胞组成，水平系统为韧皮射线。水平系统是正对初生木质部辐射角处的中柱鞘发生的形成层段分裂产生的薄壁细胞，呈径向排列，称为次生射线或维管射线。分别分布在次生木质部和次生韧皮部中，次生木质部的射线称为木射线，次生韧皮部的射线称为韧皮射线。

维管射线在根的次生加粗生长过程中起着横向运输水分和养料并兼有储藏的作用。对着初生木质部辐射角处的射线较宽，其他部位的射线较窄。

多年生双子叶植物根的形成层寿命长，终生都可活动。在每年的生长季节里，形成层的细胞分裂活跃，不断产生新的次生维管组织，其中形成的次生木质部呈同心圆环状，称为生长轮或年轮，次生韧皮部和外围的组织构成树皮，根因此逐年得以增粗。

2.1.6.2　木栓形成层的发生与周皮的形成

在具有增粗生长的植物根中，由于维管形成层的活动，每年都有新增生的次生维管组织添加进来，当维管形成层的活动使根的直径不断扩大时，常使表皮和皮层等中柱以外的成熟组织因受压挤而破裂脱落。在这些外层组织破坏前，中柱鞘细胞就开始活动，进行切向分裂和径向分裂。切向分裂的结果是形成几层细胞。外层的细胞发育为木栓形成层（图 2-15A），并进行细胞分裂活动以适应上述变化。有些树木和多年生草本植物的木栓形成层可

在皮层中发生。

木栓形成层进行切向分裂，向外产生木栓层（cork），向内产生少数几层薄壁细胞，称为栓内层（phelloderm），三者共同构成周皮（periderm）（图 2-15B）。木栓层细胞扁平、排列紧密而整齐，细胞壁栓化后，原生质体解体，腔内充满气体，成为防止水分过度散发和抵抗病虫害侵袭的次生保护结构。木栓层是水、电、声、热的不良导体，在生产实际和日常生活中有着广泛的用途；栓内层一般有1～3层细胞，含有储藏物质，与木栓层、木栓形成层构成的周皮是中药药材的重要来源。因此，周皮实际上是复合组织，由次生保护组织的木栓层、次生分生组织的木栓形成层和次生薄壁组织的栓内层构成。

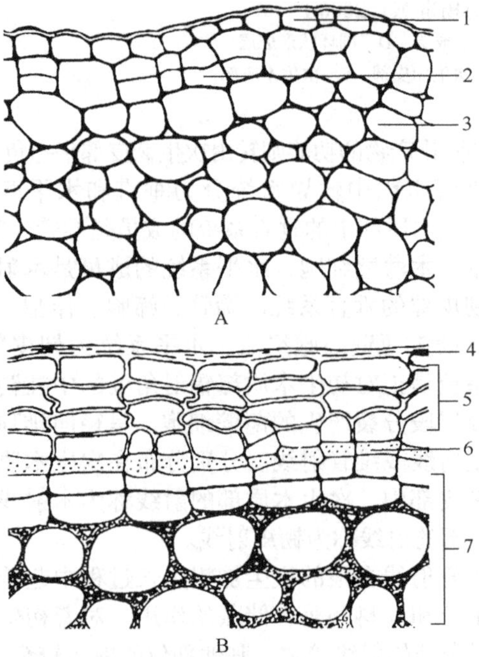

图 2-15　老根木栓形成层的发生及活动

A. 木栓形成层的发生　B. 木栓形成层的活动

1. 表皮　2. 木栓形成层原始细胞　3. 皮层

4. 死亡表皮　5. 木栓层　6. 木栓形成层　7. 栓内层

木栓形成层多行平周分裂，只活动一年就停止。在多年生植物的根中，形成层的活动持续多年，为配合维管形成层的活动，木栓形成层则每年重新发生。木栓形成层的发生位置最早可以是部分表皮或靠近表皮的皮层细胞，随后逐年向根内推移，最后可由次生韧皮薄壁组织或韧皮射线部分发生。多年生植物的根部，由于周皮的逐年产生和死后的积累，可以形成较厚的树皮。

两种形成层（次生分生组织）活动的结果，形成了根的次生结构（图 2-14）。自外而内依次分为周皮（含木栓层、木栓形成层和栓内层）、初生韧皮部（常被挤毁）、次生韧皮部（含韧皮射线）、形成层、次生木质部（含木射线）、初生木质部。老根形成次生结构后，根的直径显著增粗，但呈辐射状态的初生木质部仍然保留于根的最中心，成为识别老根的重要特征，也是区分老根与老茎的重要标志。

2.1.7　根瘤与菌根

植物根系与土壤中根际微生物（细菌、放线菌、真菌、藻类、原生动物等）的关系十分密切。植物通过新陈代谢活动由根部分泌出多种有机物质和无机物质，其中有糖、有机酸、氨基酸以及其他含氮和不含氮的化合物，这些物质很多都是微生物的营养来源，对微生物发生吸引作用。由于各种植物根部分泌物和根际的一些特定条件，影响着根际微生物的区系组成。反之，土壤微生物的新陈代谢活动也能够产生一些刺激植物生长的物质，或抗菌的、有毒的及其他物质，直接或间接地影响着根的生长发育，也可合成一些被高等植物所利用的物质，成为植物的养料来源。

根瘤和菌根是高等植物的根系和土壤微生物之间密切结合所形成的典型共生类型。

2.1.7.1　根瘤

在豆科植物如蚕豆、花生、大豆、苜蓿、紫云英等的根上，有形状、大小和颜色不同的瘤状物，称为根瘤（root nodule）（图 2-16）。根瘤是豆科植物与根瘤细菌之间形成的专性共生结构。在豆科植物的幼苗时期，原来生存于土壤中的根瘤细菌侵入根毛到达根内，刺激皮层细胞迅速分裂，使皮层细胞的数目显著增加、细胞的体积显著增大。同时，根瘤菌在皮层薄壁细胞内大量繁殖，使根瘤中央的部分细胞充满根瘤菌，这样皮层局部体积膨大和凸出，形成了一个个瘤状突起物，即根瘤。根瘤菌从植物根瘤细胞中摄取生活所需的水分和养料维持自身的生命活动，然后把空气中的游离氮（空气中含氮量约为 78%，但植物不能直接利用）固定下来，转变为植物所能利用的含氮化合物，这种作用称为固氮作用。氮是组成蛋白质的重要元素，是植物生活中不可缺少的，而且土壤中氮素最易缺乏。据计算，大豆在整个生长期，由于根瘤菌的活动，每亩[①]地可以从空气中固定 13.5kg 氮素，相当于 67.5kg 硫酸铵。所以豆科植物与根瘤菌的共生可以得到氮素的供应，有利于豆科植物生长。同时，当根瘤生长时，也分泌一些含氮的物质到土壤中去。在豆科植物生长末期，一些根瘤可以自根部脱落，未脱落的

① 1 亩≈667m^2，下同。

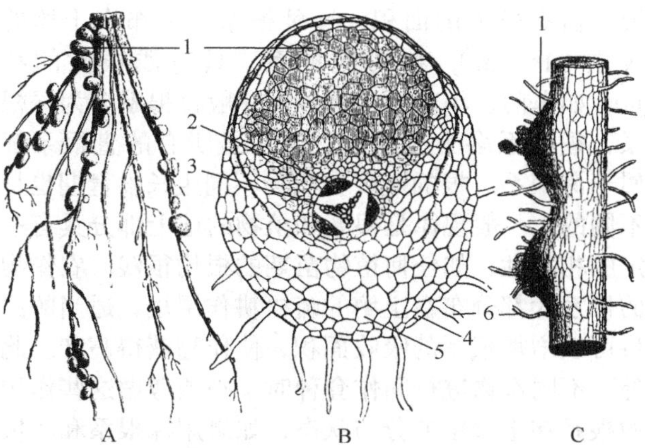

图 2-16　根瘤的形态解剖（引自丁春邦和杨晓红，2014）
A. 具根瘤根系　B. 根瘤解剖　C. 膨大中的根瘤
1. 根瘤　2. 初生韧皮部　3. 初生木质部　4. 表皮
5. 皮层　6. 根毛

也可随根系留在土壤中，增加土壤的肥力。根瘤菌与豆科植物的共生是有选择性的，一种豆科植物通常只能与一种或几种根瘤菌相互适应而共生，如大豆根只能与大豆根瘤菌共生形成根瘤。

根瘤菌所制造的一部分物质还可以从豆科植物的根部分解到土壤中，为其他植物的根所利用，所谓“种豆肥田”就是这个道理。这也是农业生产上施用根瘤菌肥、与豆科作物间作和栽种豆科植物作为绿肥的原因。在农业生产中利用根瘤菌的固氮作用，进行豆科植物与其他作物轮作、间作，将许多豆科植物，如紫云英、苕子、苜蓿、豌豆作为绿肥，并实行绿肥轮作制。另外，播种时可用相应的根瘤菌（不同豆科植物只能与不同类型的根瘤菌共生）制剂拌种，为根瘤的形成创造条件。这种措施可使豆科植物大豆、花生等至少增产 10%。

现已发现自然界有 100 多种非豆科植物也形成根瘤，如桦木科、木麻黄科、蔷薇科、胡颓子科等科中的一些种，以及裸子植物的苏铁、罗汉松等植物，禾本科的早熟禾属、看麦娘属也能形成根瘤，这些根瘤也具有固氮作用。但是，与非豆科植物共生的固氮菌多为放线菌类。

2.1.7.2　菌根

一般认为，20 多万种高等植物都具有真正的根，这些根都具有从土壤中吸收水分和矿质营养的功能。事实上，植物在吸收水分和矿质营养过程中，土壤中的微生物起着重大的作用，其帮助植物吸收的功能有时甚至远远高于植物根系本身。德国植物生理学家和森林学家 Frank（1885）在橡树、山毛榉和榛等树木的根中发现了正常的共生真菌，称这种“根”“菌”互惠联合体为菌根（fungus-root，即 mycorrhiza），并称参与菌根形成的真菌为菌根真菌。绝大多数的高等植物，它们的根系几乎都与菌根真菌密切联系，吸收能力因此而显著提高，从而促进植物的生长。由于绝大多数高等植物的根都具有菌根的性质，因此，有人说：“植物没有真正的根，拥有的是菌根。”可见菌根分布的广泛性。

菌根的互惠共生关系表现在两个方面。真菌是低等异养植物，自己不能制造有机物。当其和高等绿色植物共生时，即可从对方吸取自身生长发育所需的营养物质，如 C、N 等，维持自己生命代谢的需要；同时作为回报，利用自己庞大复杂的地下菌丝网络，成倍地扩大根的吸收表面，提高植物根对水肥的吸收，尤其是提高对磷、锌、铜、铁等无机盐的吸收，并提高植物的抗逆能力，促进植物生长。菌根还能分泌多种水解酶类，促进根周围有机物质的分解。菌丝的呼吸作用可以释放大量的 CO_2，其溶解后成为碳酸。碳酸能提高土壤酸性，促进一些难溶盐类溶解，从而有利于根系吸收。真菌还可以产生一些维生素 A、维生素 E 等，促进根系的生长发育，提高苗木移栽、扦插成活率等。真菌还能增加豆科植物的固氮和结瘤率，提高经济植物的产量、品质和有效成分的含量。

根据菌丝在根中生长、分布的不同，常将菌根分为三种类型。

（1）外生菌根　真菌的菌丝大部分生长在幼根的表面，形成白色丝状外套，部分菌丝侵入表皮和皮层细胞的间隙中，但不伸入到细胞内，这种菌根称为外生菌根（图 2-17A）。形成菌根的根一般较粗，顶端二叉分枝，根毛少或无。由外被的菌丝代替根毛的吸收作用，可扩大根的吸收面积。许多木本植物，如马尾松、油松、冷杉、云杉、栓皮栎、桉树、毛白杨等常有这种外生菌根。

（2）内生菌根　真菌的菌丝侵入到皮层细胞内的菌根称内生菌根，其中有的真菌能在皮层细胞内形成一些树枝状菌丝体——丛枝（arbuscular），有时也形成泡囊（vesicular），这样的菌根称为丛枝菌根（图 2-17B）。由丛枝菌根真菌的球囊霉属形成的

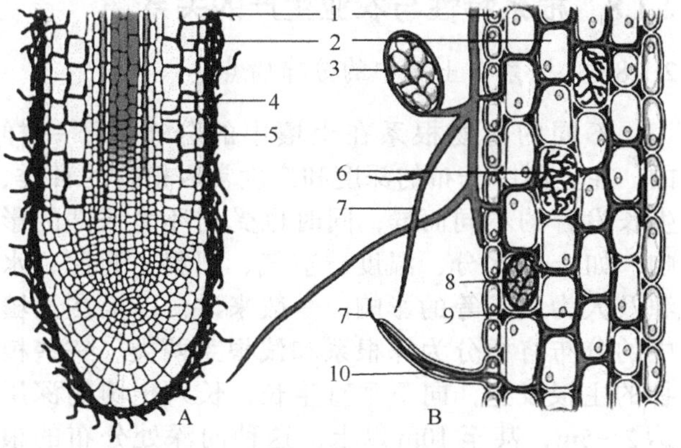

图 2-17　菌根解剖图（引自 Jeff，2006）
A. 外生菌根　B. 内生菌根（丛枝菌根）
1. 表皮　2. 皮层　3. 孢子　4. 哈氏网　5. 菌鞘　6. 丛枝
7. 根外菌丝　8. 泡囊　9. 根内菌丝　10. 根毛

菌根中有泡囊，所以以前也有人称之为泡囊丛枝菌根或泡囊-丛枝（VA）菌根。但不是所有这类菌根真菌与植物形成菌根后在根内都会形成泡囊，相反，形成丛枝是它们的共性，因此，目前使用的丛枝菌根概念较 VA 菌根概念更加广泛和准确。具有丛枝菌根的植物很多，如禾本科、蔷薇科、芸香科、桑科等植物都能形成丛枝菌根。

（3）内外生菌根　有些植物的幼根，真菌的菌丝不仅包着根尖，而且也侵入细胞间隙和皮层细胞内，称为内外生菌根，如桦木属、柳属的植物。

菌根，特别是丛枝菌根，专一性小，能与大多数植物种类形成共生关系，有时数种真菌与一种植物形成菌根，成为植物界中存在最广泛的一种共生体，它们对植物的生长发育有较强的促进作用。在农业生产中，如在小麦播种前接种菌根真菌可增产 27%，使种子含磷量增加 35%。种植玉米、大豆、牧草等采用此法也能取得增产效果。柑橘、桑树苗圃接种丛枝菌根真菌，在贫瘠缺水山地中，可以提高植物对磷和水分的吸收，促进苗木生长，改善柑橘果实和桑叶的品质。另外，在荒山造林和石漠化地区的播种育苗中，接种菌根真菌，能提高树苗的成活率，促进植被的恢复和生态系统的重建。

菌根在促进植物对土壤磷的吸收和改善植物的磷营养方面具有突出的效果已被证实。特别是在含磷量低的土壤中，作物形成菌根以后，能明显增加吸磷量，并可提高植物对锌和铜的吸收，从而提高产量和改善品质。在干旱条件下，菌根能缓解植物水分胁迫，增强植物的抗旱性。而且菌根对一些重金属，如镉、镍等存有较强的结合能力，尤其是外生菌根的菌丝壳在寄主植物忍耐重金属和抗污染方面有重要的意义。近年来，将菌根技术应用于污染土壤的生物修复方面已经取得了一定的效果。

2.1.8　根系特性与农业生产的关系

2.1.8.1　根系在土壤中的分布特点

不同的植物根系在土壤中的分布是不一样的，在土壤中分布的深度和广度常因植物的种类、生长发育的不同而异，同时也受到环境条件的影响，如土壤水分、温度、空气、肥料、光照、水源及人为因素等的影响。一般来讲，以根在土壤中的分布将根分为深根系和浅根系两类。一些植物的主根发达，向下垂直生长，长入土壤的深层达 2～5m，甚至 10m 以上，这种向深处分布的根深，称为深根系，具有深根性的特点，如大豆、蓖麻、马尾松等。而另一些植物的主根不发达，侧根或不定根较主根发达，并以水平方向朝四周扩展，占有较大的面积，这种根系常分布在土壤的浅层（1～2m），称为浅根系，具有浅根性的特点，如车前、小麦、水稻等。一般直根系多为深根系，须根系多为浅根系。但不是所有的直根系都属于深根系。根的深度在植物不同生长发育期也是不同的，一般规律是根系和植物的地上部分具有一定的相关性，如任何植物苗期的根均很浅。农作物的根系大都分布在土壤的疏松耕作层里，适当的深耕可以增加根系的吸收面积，使作物获得高产。此外，不同作物进行间作套种时，必须考虑这些作物的根系在土层中的分布状态，如果用深根系和浅根系作物互相搭配，则能够分别吸收利用不同深度土层中的水分和矿质营养，有利于提高单位面积的产量。生产上将不同深浅根系的作物进行间作套种，就是利用根系分布特点开展的作物种植模式，合理利用地上、地下空间资源，就能提高单位面积的产量。

2.1.8.2　根系与地上部分生长及产量的关系

要科学地理解植物生产，必须全面地认识植物根系发育、根群分布、不同生育时期根系吸收水分和养分的能力，以及不同环境下根系的变化。

在植物的生活中，地下根系与地上枝叶是相互依赖的。地下部分的生命活动必须依赖地上部分合成的糖类、蛋白质、维生素和某些生长物质，而地上部分的生命活动也必须依赖地下部分吸收的水肥，以及产生的氨基酸和某些生长物质。根系水平分布和垂直分布的范围与冠幅和树高具有一定的比例关系，某一侧的根与地上部同侧的枝条也往往存在一定的对应关系。地下部分和地上部分在物质上的相互供应，使它们能够相互促进、共同发展。“根深叶茂”、“本固枝荣”等就是对这种相互依赖关系的生动说明。

地下根系和地上枝叶是相互制约的。这两部分的生长都需要营养物质从而会表现出竞争性的制约。由于环境条件对它们的影响不同，根系和枝叶对相同的环境条件变化表现出不同的反应。例如，当土壤含水量开始下降时，地下部分一般不易发生水分亏缺而照常生长，但地上部分茎、叶的蒸腾和生长常因水分供不应求而明显受到抑制。

地下根系和地上枝叶是相互协调的。植物地下部分和地上部分的重量或体积之比，称为根冠比。虽然它只是一个相对数值，但它可以反映出栽培作物的生长状况，以及环境条件对作物地下部分和地上部分的不同影响。一般来说，温度较高、土壤水分较多、氮肥充足、磷肥供应较少、光照较弱时，常有利于地上部分的生长，所以根冠比减小；而在相反的情况下，则常有利于地下部分的生长，所以根冠比增大。农业生产上常以根冠比作为调控地下部分与地上部分生长关系的参考数据。萝卜、甜菜、甘薯等作物，既要求整个植株生长茂盛，又要求有较大的根冠比才能增加地下部分的产量，所以栽培这类作物时，常通过各种措施改变其根冠比。一般根冠比生长前期约为 0.2，接近收获期约为 2.0 较适宜。

农业生产中，我们要在充分了解作物根系生长、发育、分布规律的基础上，利用植物地下根系与地上枝叶间的相互依赖、相互抑制和相互协调关系，及时调整地下部分和地上部分的生长，控制作物朝着有利于农业生产的方向发育。例如，需要收获枝叶的，就降低根冠比；需要收获地下器官的，就提高根冠比，提高作物产量和品质。

2.2　茎的形态结构与发育

茎（stem）由胚芽发育而成，是联系根和叶，输送水、无机盐及有机养料的轴状结构。茎除少数生于地下外，一般是植物体生长在地上的营养器官。多数植物茎的顶端能无限地向上生长，与着生的叶形成庞大的枝系。高大的乔木和藤本植物的茎，往往长达几十米，甚至百米以上；而矮小的草本植物，如蒲公英、车前等的茎，短缩得几乎看不出来，被称为莲座状植物。

2.2.1　茎的生理功能、形态特征及其生长习性

2.2.1.1　茎的生理功能

茎的功能是多方面的，而最主要的功能是支持作用和输导作用。

（1）支持作用　茎是植物体的支架，主茎和各级分枝支持着叶、芽、花和果实，使它们合理地在空间布展。有利于通风、透光、传粉，以及果实与种子的传播。

（2）输导作用　茎是植物体物质上下运输的通道，根吸收的水、无机盐通过茎向上运输到叶、花和果实中；叶的光合产物通过茎向下、向上运输至根和其他器官中。

（3）储藏作用　茎具有储藏作用，尤其对多年生植物而言，茎内储藏的物质为翌年春芽的萌动提供养料。马铃薯的块茎、莲的根状茎等都是营养物质集中储藏的部位。

（4）繁殖作用　茎可作为扦插、压条、嫁接等营养繁殖的材料。扦插枝、压条枝在合适的土壤中，生出不定根后可形成新的个体；用某种植物的枝条或芽（接穗）嫁接到另一种植物上（砧木），可改良植物的性状。

（5）光合作用　绿色的幼茎可进行光合作用，而叶片退化、变态的植物，如仙人掌科植物，其光合作用主要在茎中进行。

2.2.1.2　茎的形态特征

多数植物的茎呈圆柱形，少数植物的茎呈三角形（如莎草）、方柱形（如蚕豆、薄荷）及扁形（如昙花）。茎内有机械组织和维管组织，具有支持和抗御的能力。在相同体积下，圆柱体表面积最小，有利于支持、减少水分蒸腾和降低风的阻力。

有些植物茎的分枝变为刺，如山楂、皂荚的茎刺，具有保护作用。有的植物的一部分枝变为茎卷须，具有攀缘作用，如南瓜、葡萄等，幼茎卷须内机械组织和输导组织不发达，在接触支撑物后数分钟即可作出卷曲、缠绕反应（两段位置交换）。

茎上着生叶的部位，称为节。两个节之间的部分，称为节间。着生叶和芽的茎，称为枝或枝条。因此，茎就是枝上除去叶和芽所留下的轴状部分。着生叶的枝条称为枝条的夏态，落叶后剩下的枝条称为枝条的冬态（图 2-18）。

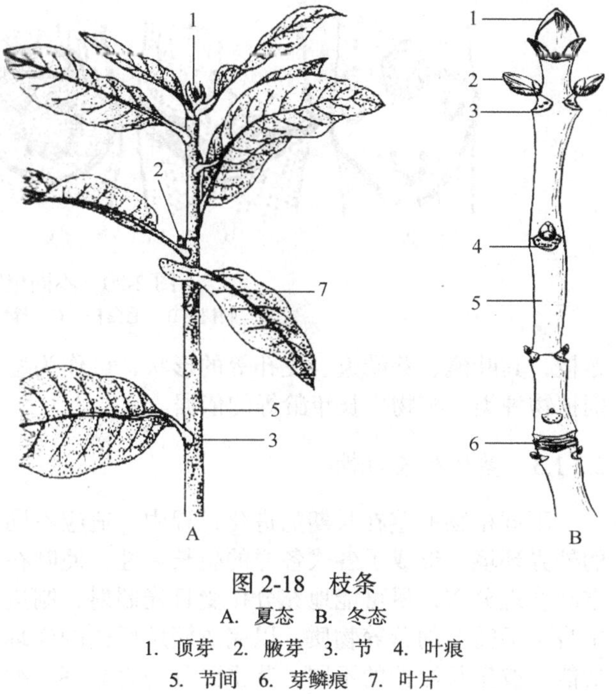

图 2-18　枝条
A. 夏态　B. 冬态
1. 顶芽　2. 腋芽　3. 节　4. 叶痕
5. 节间　6. 芽鳞痕　7. 叶片

在植株生长过程中，枝条生长的强弱影响节间的长短。植物的种类不同，节间的长度也不同。在木本植物中，节间显著伸长的枝条称为长枝；节间短缩，各个节间紧密相接，甚至难以分辨的枝条称为短枝（图 2-19）。短枝上的叶呈簇生状态。例如，银杏，长枝上生有许多短枝，叶簇生在短枝上；果树，如梨和苹果，在长枝上生有许多短枝，花多着生在短枝上，因此短枝就是果枝；有些草本植物的节间短缩，叶排列成基生的莲座状，如车前草、蒲公英的茎等。

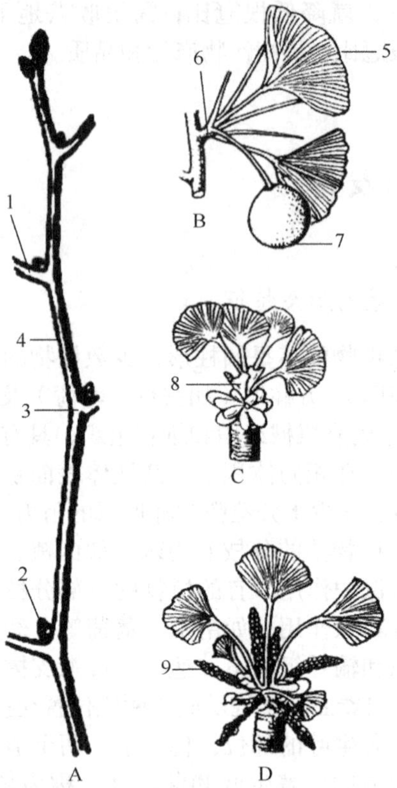

图 2-19 长枝和短枝（银杏）

A. 长枝 B～D. 短枝 B. 果枝 C. 雌花枝 D. 雄花枝
1. 叶柄 2. 混合芽 3. 节 4. 节间 5. 叶片 6. 短枝
7. 种子 8. 雌花序 9. 雄花序

禾本科植物（如甘蔗、毛竹、水稻、玉米等）和蓼科植物（如蓼蓝、水蓼等）的茎，由于节部膨大，节特别显著。少数植物（如莲），它的粗壮的根状茎（藕）上的节也很显著，但节间膨大，节部缩小。大多数植物的节部稍微膨大。

多年生落叶乔木和灌木的冬枝，除了节、节间和芽以外，还可以看到叶痕、维管束痕（图 2-20）、芽鳞痕（图 2-18）和皮孔等。

植物叶落后，在茎上留下的叶柄痕迹称为叶痕。叶着生在茎上的位置有一定顺序，因此，叶痕在茎上也有一定的顺序，如榆是互生的、丁香是对生的。此外，不同植物叶痕的形状和颜色等也各不同（图 2-20），有新月形、马蹄形、半圆形等。叶痕内的点线状突起，是叶柄与茎的维管束断离后留下的痕迹，称为维管束痕（简称为束痕或叶迹）。不同植物束痕的排列形状及束数也各有不同。有的植物茎上还可以看到芽鳞痕（图 2-18），这是顶芽（鳞芽）的芽鳞片脱落后留下的痕迹，其形状和数目因植物而异。顶芽每年春季展开一次，因此，可以根据芽鳞痕来辨别茎的生长量和生长年龄。在生产上，需要采取一定生长年龄的枝或茎作为扦插、嫁接或制作切片等的材料时，可依据芽鳞痕来识别。有的茎上还可以看到皮孔，这是木质茎内外交换气体的通道。皮孔的形状、颜色和分布的疏密程度也因植物而异。因此，落叶乔木和灌木的冬枝，其叶痕、芽鳞痕、皮孔等的形状，可作为鉴别植物种类、植物生长年龄等的依据。

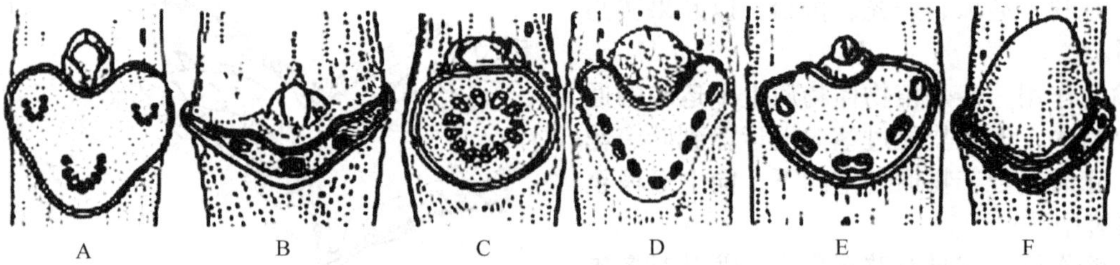

图 2-20 不同植物的叶痕和维管束痕

A. 刺槐 B. 毛白杨 C. 梓树 D. 臭椿 E. 香椿 F. 悬铃木

2.2.1.3 茎的生长习性

不同植物的茎在长期的进化过程中，适应不同的外界环境，形成了各式各样的生长习性，使叶在空间合理分布，尽可能地充分接受日光照射，制造本身生活需要的营养物质，以完成繁殖后代的生理功能。按生长习性的不同，茎主要分为直立茎、缠绕茎、攀缘茎、平卧茎和匍匐茎等（图 2-21）。

直立茎：茎垂直地面向上生长，如柑橘、玉米等。

缠绕茎：借助茎缠绕在其他物体上，如四季豆、牵牛花等。

攀缘茎：借助茎、叶等的变态器官攀附于其他物体之上，如丝瓜、葡萄等。

平卧茎：茎平卧在地面，节上不生根，如马齿苋、蒺藜等。

匍匐茎：茎平卧在地面，节上生根，如草莓、红苕等。

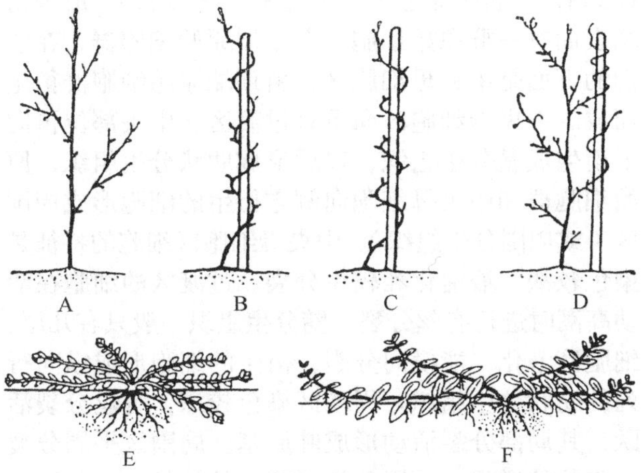

图 2-21　茎的生长习性（引自强胜，2008）

A. 直立茎　B、C. 缠绕茎　D. 攀缘茎　E. 平卧茎　F. 匍匐茎

2.2.2　茎尖的结构

2.2.2.1　苗端分生组织

苗端也称为枝端或茎端，为茎顶端分生组织。苗端分生组织的活动产生了茎的有关结构，包括节和节间、叶、腋芽，以及以后转变成生殖生长的顶芽等结构。

苗端分生组织中夹杂着分化程度不同的组织。在细胞和组织的发育过程中，从分生组织状态过渡到成熟组织状态，就是由不分化逐渐变为分化的过程，因而，苗端分生组织的最先端部分，包括原始细胞及其衍生细胞，称为原分生组织。在原分生组织下面，随着不同分化程度细胞的出现，逐渐开始分化出原表皮、基本分生组织和原形成层，总称为初生分生组织（图 2-22）。初生分生组织活动和分化后

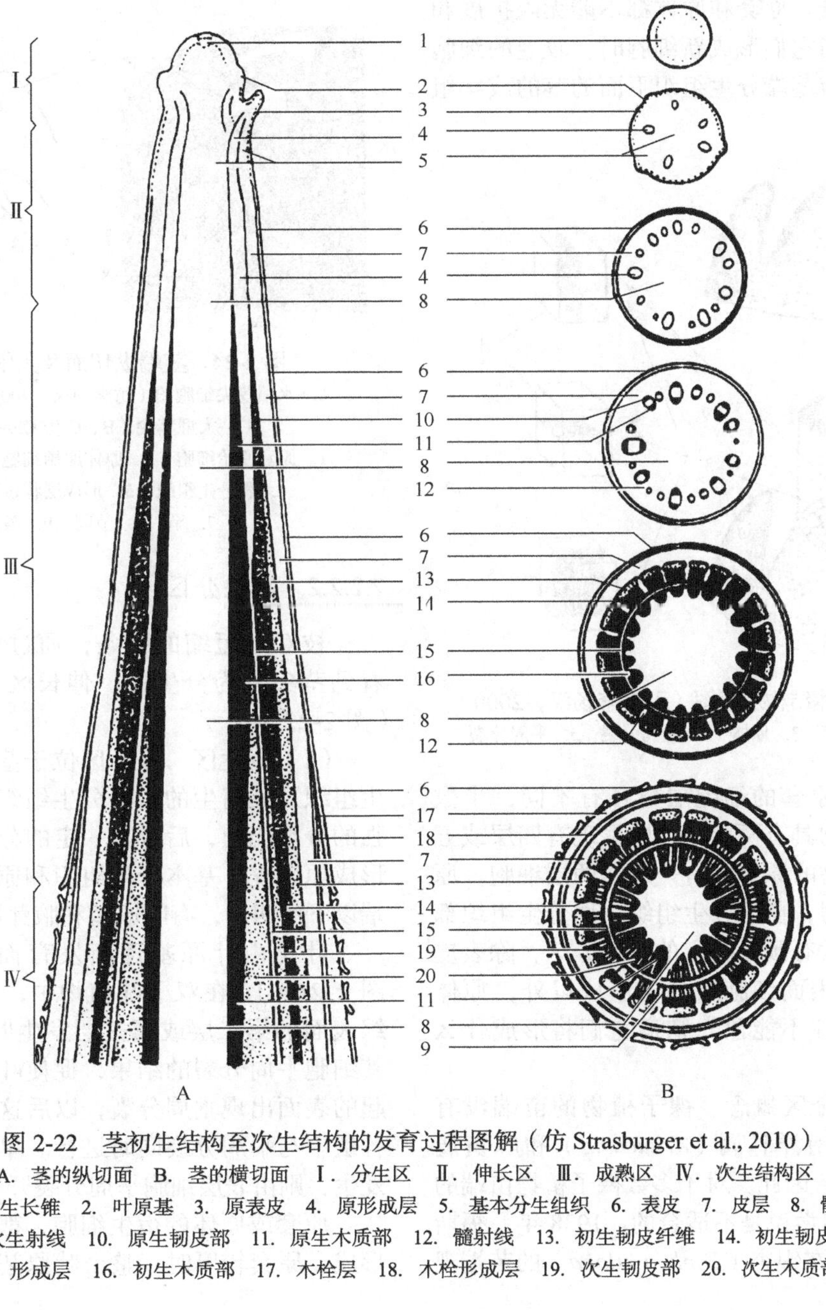

图 2-22　茎初生结构至次生结构的发育过程图解（仿 Strasburger et al., 2010）

A. 茎的纵切面　B. 茎的横切面　Ⅰ. 分生区　Ⅱ. 伸长区　Ⅲ. 成熟区　Ⅳ. 次生结构区

1. 生长锥　2. 叶原基　3. 原表皮　4. 原形成层　5. 基本分生组织　6. 表皮　7. 皮层　8. 髓　9. 次生射线　10. 原生韧皮部　11. 原生木质部　12. 髓射线　13. 初生韧皮纤维　14. 初生韧皮部　15. 形成层　16. 初生木质部　17. 木栓层　18. 木栓形成层　19. 次生韧皮部　20. 次生木质部

形成成熟组织。因此，苗端分生组织是由原分生组织和初生分生组织组成的。

苗端分生组织由许多细胞组成，有着多种方式的排列，目前存在两种理论。

（1）原套–原体学说　原套–原体学说是史密特（A. Schmidt）于1924年提出的茎端原始细胞分层理论。茎端分生组织的原始区域包括原套和原体两个部分。组成原套的一层或几层细胞只进行垂周分裂，保持表面生长的连续进行；组成原体的多层细胞进行着平周分裂和各个方向的分裂，不断增加体积，使茎端加大。这样，原套就成为表面的覆盖层，覆盖着下面的原体（图2-23）。原套和原体都存在着各自的原始细胞。原套的原始细胞位于轴的中央位置上，原体的原始细胞位于原套的原始细胞下面。这些原始细胞都能经过分裂产生新的细胞，并归入各自的部分。原套和原体都不能无限扩展和无限增大，因为当它们形成新细胞时，较老的细胞就开始分化，并与茎端分生组织下面的茎的成熟组织结合在一起。

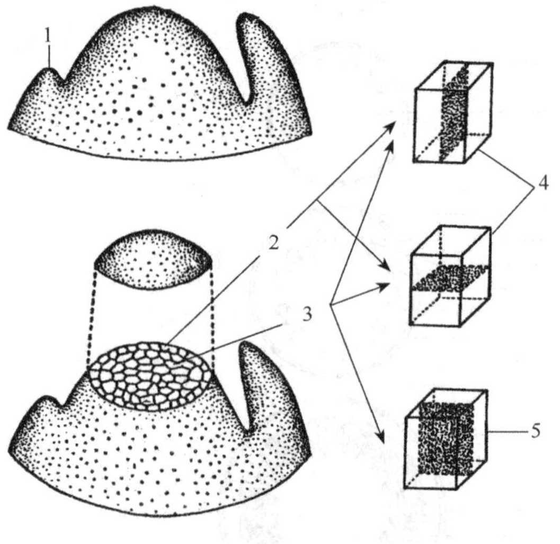

图2-23　茎尖立体结构示意图（引自李扬汉，2000）
1. 叶原基　2. 原套　3. 原体　4. 垂周分裂　5. 平周分裂

被子植物中原套的细胞层数各有不同，半数以上的双子叶植物具有两层，还曾发现有四层或五层的；单子叶植物的原套只有一层或两层细胞。原套–原体学说认为，苗端分生组织（原分生组织部分）在组成上并没有预先决定的组织分区，除表皮始终是由原套的表面细胞层分化形成以外，原体的各层衍生细胞并不能预先知道它们将形成什么组织。

（2）细胞学分区概念　裸子植物的苗端没有原套状的结构［南洋杉属（*Araucaria*）和麻黄属（*Ephedra*）除外］，因此，对于多数裸子植物苗端的描述，原套–原体学说是不适合的。1938年，福斯特（A. S. Foster）在银杏（*Ginkgo biloba*）的苗端观察到有显著的细胞学分区现象（图2-24）。银杏苗端表面有一群原始细胞，即顶端原始细胞群，在它们的下面是中央母细胞区，由顶端原始细胞群衍生而成。中央母细胞区向下有过渡区。中央部位再向下衍生成髓分生组织，以后形成肋状分生组织；原始细胞群和中央母细胞向侧方衍生的细胞形成周围区（或周围分生组织）。中央母细胞区细胞的特征是染色较淡、液泡化和较少分裂。过渡区的细胞在活动高潮时进行有丝分裂。髓分生组织一般只有几层，细胞液泡化，能横向分裂，衍生的细胞形成纵向行列的肋状分生组织。周围区染色较深，有丝分裂活跃，其局部分裂活动形成叶原基。周围区平周分裂引起茎的增粗，垂周分裂引起茎的伸长。这种细胞分区现象后来在其他裸子植物和不少被子植物的苗端也可观察到，但分区的情况有着较大的变化。

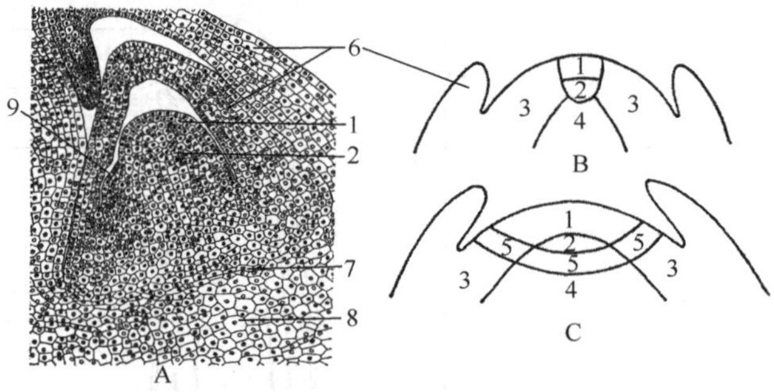

图2-24　茎端纵切面及其细胞组织分区
A. 水稻茎尖细胞图（仿李扬汉，2000）　B. 普通型茎尖
C. 大型茎尖（B、C仿Clowes，1961）
1. 原套原始细胞　2. 原体原始细胞　3. 周缘分生组织
4. 髓分生组织　5. 形成层状过渡区　6. 幼叶
7. 节　8. 节间　9. 腋芽原基

2.2.2.2　茎尖分区

枝芽是短缩的枝条，通过枝芽做纵切面可以看到茎尖分为分生区、伸长区和成熟区三个部分（图2-22）。

（1）分生区　分生区位于茎尖的前端，由原分生组织及其衍生的初生分生组织构成，前者具有很强的分裂能力，后者具一定的分裂能力并开始分化形成原表皮、基本分生组织和原形成层。在茎尖顶端以下的四周，有叶原基和腋芽原基。

叶是由叶原基逐渐发育而成的（图2-22和图2-24A）。在双子叶植物中，一般在苗端分生组织表面的第二层或第三层发生叶原基的细胞分裂。其细胞平周分裂的结果，促使叶原基侧面突起。突起的表面出现垂周分裂，以后这种分裂在较深入的各层中与平周分裂同时进行。单子叶植物叶原基的发生，则由表层细胞平周分裂开始。

原套或原体的衍生细胞，都可分裂引起原基的形成。原套较厚时，整个叶原基即可由原套的衍生细胞产生。否则，叶原基可由原套和原体的衍生细胞共同产生。

顶芽发生在茎端（苗端或枝端），包括主枝和侧枝上的茎端分生组织，而腋芽起源于腋芽原基（图 2-24）。大多数被子植物的腋芽原基发生在叶原基的叶腋处，腋芽原基的发生，一般比包在它们外面的叶原基要晚。

茎上的叶和芽起源于分生组织表面第一层或第二、第三层细胞，这种起源的方式称为外起源。不定芽的发生与顶芽、腋芽的发生有别，可以发生在插条或近伤口的愈伤组织、形成层或维管柱的外围、表皮、根、茎、下胚轴和叶上。不定芽的起源依照发生的位置可以分为外生的（靠近表面发生的）和内生的（深入内部组织中发生的）两种。

（2）伸长区　伸长区的特点是细胞迅速伸长，其内部已由原表皮、基本分生组织和原形成层三种初生分生组织逐渐分化出一些初生组织，并且细胞的有丝分裂活动逐渐减弱（图 2-22A）。

（3）成熟区　成熟区内部的解剖特点是各种组织基本分化成熟，细胞的有丝分裂和伸长生长停止，具备幼茎的初生结构（图 2-22A）。

2.2.3 茎的伸长——茎的初生生长与初生结构

2.2.3.1　茎的初生生长方式

茎的初生生长方式可分为顶端生长与居间生长。

（1）顶端生长　在生长季节里，苗端分生组织不断进行分裂、伸长生长和分化，使茎的节数增加，节间伸长，同时产生新的叶原基和腋芽原基。这种由于苗端分生组织的活动而引起的生长，称为顶端生长。

（2）居间生长　某些植物茎的伸长除了以顶端生长方式进行外，还有居间生长。这是由于在顶端生长时，在节间留下了称为居间分生组织的初生分生组织区，这时的节间很短。随着居间分生组织细胞的分裂、生长（主要是伸长）与分化成熟，节间才明显伸长，这种生长方式称为居间生长。

2.2.3.2　双子叶植物茎的初生结构

茎为辐射对称的轴器官，初生结构由表皮、皮层和维管柱三部分组成。兼有输导和支持作用的维管组织呈束状分布于髓（有的植物中心为髓腔）与皮层的薄壁组织之间。这样的结构使茎既具有坚固性，能承受叶、芽、花、果等侧生器官的负荷与压力，又具有一定的弹性，能抵抗风吹、雨袭等外力作用。

茎的三部分结构如下（图 2-25）。

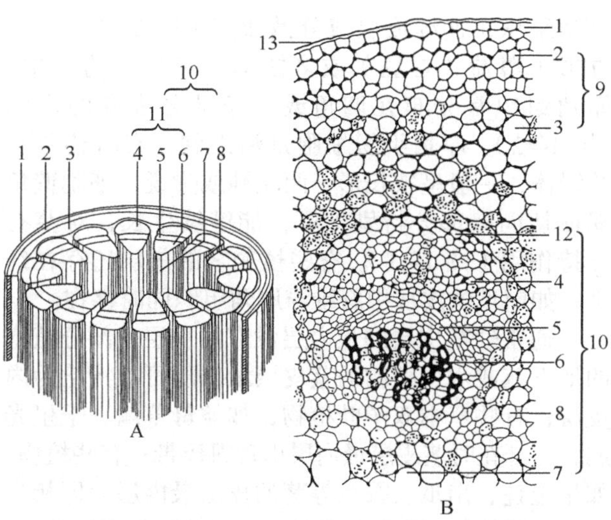

图 2-25　双子叶植物茎的初生结构（引自马炜梁，2013）

A. 幼茎三维结构图解　B. 幼茎部分横切面细胞图

1. 表皮　2. 厚角组织　3. 薄壁组织　4. 初生韧皮部　5. 束中形成层　6. 初生木质部　7. 髓　8. 射线　9. 皮层　10. 维管柱　11. 维管束　12. 韧皮纤维　13. 角质层

（1）表皮　表皮位于茎的最外面，由原表皮发育而来，为初生保护组织，由单层细胞组成。一般不具叶绿体，起着保护内部组织的作用。有些植物茎的表皮细胞含花青素，因而茎有红、紫等色，如蓖麻、红瑞木等的茎。表皮细胞在横切面上呈长方形或方形，纵切面上呈长方形，是一种狭长形的细胞。它的长径与茎的纵轴平行，细胞腔内有发达的液泡。暴露在空气中的切向壁比其他部分厚且角质化，具角质层。蓖麻、甘蔗等的茎有时还有蜡质，这些结构既能防止蒸腾，又能增强表皮的坚韧性。旱生植物茎表皮的角质层显著增厚（图 2-25）。

表皮除表皮细胞外往往还有气孔，它是水分和气体出入的通道。此外，表皮上有时还分化出各种形式的毛状体，包括分泌挥发油、黏液等的腺毛。毛状体中较密的茸毛可以反射强光、降低蒸腾，坚硬的毛可以防止动物伤害，而具钩的毛可以使茎具攀缘作用。

（2）皮层　皮层位于表皮内方，由基本分生组织分化而来的多层细胞组成，是表皮和维管柱之间的部分。

皮层包含多种组织，但薄壁组织最多。薄壁组织细胞在横切面上一般呈等径形。幼嫩茎中近表皮部分的薄壁组织，细胞具叶绿体，能进行光合作用，通常细胞内还储藏有营养物质。水生植物茎皮层的薄壁组织，具发达的胞间隙，构成通气组织。有的植物茎皮层中还有分泌腔（棉、向日葵）、乳汁管（甘薯）或其他分泌结构；有的含异细胞，如晶细胞、单宁细胞（桃、花生）；木本植物则常有石细胞群。

紧贴表皮内方一至数层皮层细胞，常分化为

厚角组织，连续成层或分散成束（图 2-25B）。在方形（薄荷、蚕豆）或多棱形（芹菜）的茎中，厚角组织常分布在四角或棱角部分表皮的内侧（图 1-42）。厚角组织细胞是活细胞，有时还具有叶绿体，一般呈狭长形，两端钝或尖锐，细胞壁角隅或切向壁部分特别加厚，能继续生长，对茎有支持作用（图 1-41）。有些植物茎的皮层还存在纤维，如南瓜的皮层中纤维与厚角组织同时存在。

通常幼茎皮层的最内层没有内皮层，部分植物的地下茎或水生植物的茎皮层最内层可能特化为内皮层；有些草本双子叶植物，如益母草属、千里光属，在开花时茎皮层最内层出现凯氏带；有些植物，如旱金莲、南瓜、蚕豆等茎的皮层最内层，即相当于内皮层处的细胞富含淀粉粒，因此称为淀粉鞘。

（3）维管柱　维管柱是皮层以内的中央柱状部分。多数双子叶植物茎的维管柱包括维管束、髓和髓射线等部分（图 2-25A）。

1）维管束。维管束由原形成层分化而来，是由初生木质部和初生韧皮部共同组成的束状结构。根据维管束能否继续发育可以分成两种类型，无限维管束和有限维管束。双子叶植物的维管束在初生木质部和初生韧皮部间存在形成层，发育后可以产生新的木质部和新的韧皮部，因此称为无限维管束。单子叶植物的维管束不具形成层，因此称为有限维管束。无限维管束结构较复杂，除输导组织、机械组织外，还增加了分生组织，有些植物的无限维管束还有分泌结构。根据初生木质部和初生韧皮部排列方式的不同，维管束还可以分为外韧维管束、双韧维管束、周韧维管束和周木维管束四种类型（图 1-53）。周韧维管束和周木维管束由于是一种维管组织包围另一种维管组织，总称为同心维管束（concentric bundle）。一种植物中可以存在两种类型的维管束。

初生木质部由多种类型的细胞组成，包括导管、管胞、木薄壁组织和木纤维。导管在被子植物的木质部中是主要的输导结构，而管胞也同时存在于木质部组织中。水和矿质营养的运输主要通过木质部内的导管和管胞。木薄壁组织由活细胞组成，在原生木质部中较多，具储藏作用。

茎内初生木质部的发育顺序与根的发育顺序不同，是内始式。茎内的原生木质部居内方，由口径较小的环纹或螺纹导管组成；后生木质部居外方，由口径较大的梯纹、网纹或孔纹导管组成，它们是初生木质部中起主要作用的部分，其中以孔纹导管较为普遍（图 2-25B）。初生韧皮部由筛管、伴胞、韧皮薄壁组织和韧皮纤维共同组成，主要作用是运输有机养料。初生韧皮部的发育顺序与根的发育顺序相同，也是外始式，即原生韧皮部在外方，后生韧皮部在内方。

筛管是运输叶所制造的有机物质，如糖类和其他可溶性有机物等的一种输导组织，由筛管分子纵向连接而成。伴胞紧邻于筛管分子的侧面，它们与筛管存在着生理功能上的密切联系。韧皮薄壁细胞散生在整个初生韧皮部中，较伴胞大，常含有晶体、丹宁、淀粉等储藏物质。韧皮纤维在许多植物中常成束分布在初生韧皮部的最外侧。

维管形成层在初生韧皮部和初生木质部之间，是原形成层在初生维管束的分化过程中遗留下的具有分生潜力的组织，在以后茎的次生生长中起主要作用。

2）髓和髓射线。茎的初生结构中，由薄壁组织构成的中心部分称为髓，由基本分生组织产生。髓射线是位于维管束间的薄壁组织，由基本分生组织发育而来，也称为初生射线。髓射线连接皮层和髓，在横切面上呈放射状，有横向运输的作用。同时髓射线和髓均为薄壁组织，是茎内储藏营养物质的组织（图 2-25）。

以上所述的初生结构是茎的节间部分。节部因着生叶而更为复杂。叶内的维管束通过节部与茎内维管束相连，节内维管组织的排列比节间的复杂，叶片和腋芽分化出来的维管束都在节上转变汇合，在茎和叶的联系中将详细阐述。

2.2.3.3　单子叶植物茎的初生结构

单子叶植物的茎和双子叶植物的茎在结构上有许多不同。大多数单子叶植物的茎只有初生结构，少数虽有次生结构，但与双子叶植物的茎不同。

绝大多数单子叶植物茎的维管束仅由木质部和韧皮部组成，不具形成层。维管束彼此很清楚地分开，一般有两种排列方式：一种是维管束无规则地分散在整个基本组织内，外部多、中心少，皮层和髓很难分辨，如玉米、高粱、甘蔗等的维管束（图 2-26C），它们不像双子叶植物茎的初生结构，维管束形成一环，把皮层和髓部分开。另一种是维管束排列较规则，一般成两圈，中央为髓。有些植物的茎，长大时，髓部破裂形成髓腔，如水稻（图 2-26A）、小麦（图 2-26B）等。维管束虽然排列方式不同，但结构相似，均为有限外韧维管束。

以禾本科植物玉米的茎为代表，说明一般单子叶植物茎的初生结构特点。玉米成熟茎的节间部分，在横切面上可以明显地看到表皮、基本组织和维管束三个部分。

（1）表皮　表皮在茎的最外方，从横切面看，细胞排列整齐。从纵切面看，表皮由长短不同的细胞组成，长细胞夹杂着短细胞（图 2-27）。长细胞是角质化的表皮细胞，构成表皮的大部分。短细胞

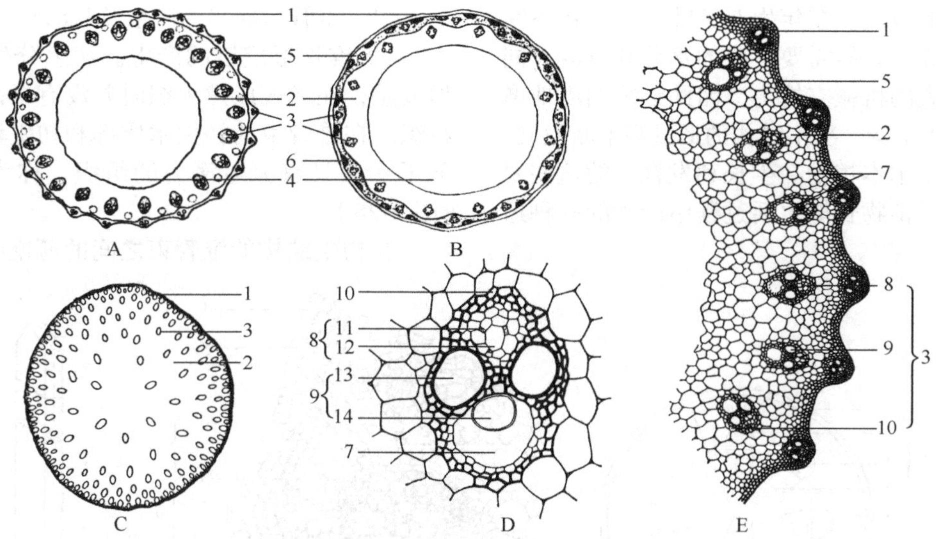

图 2-26　禾谷类植物茎节间横切面

A. 水稻　B. 小麦　C. 玉米　D. 维管束放大　E. 水稻茎部分放大

1. 表皮　2. 皮层　3. 维管束　4. 髓腔　5. 厚壁组织　6. 厚角组织　7. 气腔　8. 初生韧皮部　9. 初生木质部　10. 维管束鞘　11. 伴胞　12. 筛管　13. 后生木质部　14. 原生木质部

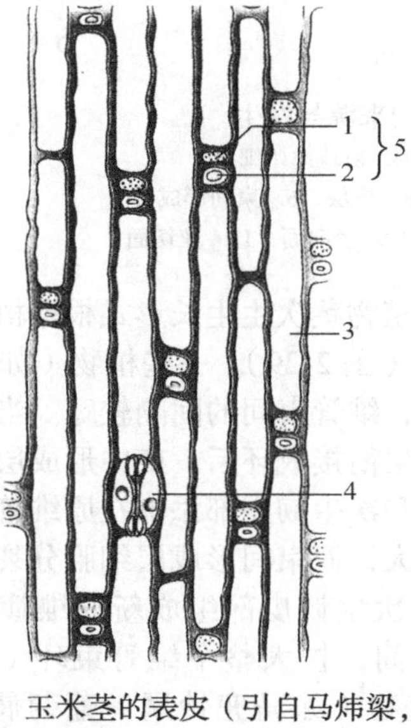

图 2-27　玉米茎的表皮（引自马炜梁，2013）

1. 栓细胞　2. 硅细胞　3. 长细胞　4. 气孔器　5. 短细胞

位于两个长细胞之间，分为两种：木栓化的栓细胞和含有二氧化硅的硅细胞。此外，表皮上还有少量气孔。单子叶植物的表皮细胞为终身保护组织，不形成周皮。

（2）基本组织　除与表皮相接的部分外，茎中的基本组织都是薄壁细胞，越向中心，细胞越大，维管束散布在它们之中。基本组织近表皮的部分由厚壁细胞组成，可增强茎的支持功能，在茎的抗御倒伏中起作用。幼嫩的茎，在近表面的基本组织内，因含有叶绿体而呈绿色，能进行光合作用。当老茎的表皮木质化时，茎具有较强的支持作用。

（3）维管束　禾谷类植物茎的维管束呈轮状（图 2-26A、图 2-26B）或星散状（图 2-26C）排列在基本组织中，但基本结构是一致的（图 2-26D），在横切面上近卵圆形，最外面由机械组织（厚壁组织）包围，形成鞘状的结构，称为维管束鞘。木质部和韧皮部内外排列，为有限维管束。

韧皮部中的后生韧皮部，细胞排列整齐，在横切面上可以看到有多边形（六角形、八角形）的筛管细胞和交叉排列的长方形伴胞。在韧皮部外侧和维管束鞘交接处，可以看到有一条不整齐的、细胞形状模糊的带状结构，它是最初分化出来的原生韧皮部，由于后生韧皮部的不断生长分化，而被挤压破坏后留下的痕迹。

木质部在韧皮部的内方。紧接后生韧皮部的部分，是后生木质部的两个较大的孔纹导管，它们之间有一条由小型厚壁的管胞构成的狭带。向内是原生木质部，由 2 个或 3 个口径较小的环纹导管或螺纹导管组成。横切面上，维管束的两个孔纹导管与直列的环纹导管或螺纹导管构成 V 形结构，成为禾本科植物茎的维管束特征性结构。原生木质部中直列的 2 个或 3 个导管，有时也可能只存在 1 个或 2 个，最里面的即向心的 1 个，往往被腔隙所替代，这是由于环纹导管或螺纹导管在生长过程中被拉破，以及它们周围的薄壁组织相互分离而造成的。维管束中韧皮部的分化，是由外向内，即外始式。而木质部的分化，是由内向外，即内始式。

2.2.4　茎的增粗生长

2.2.4.1　双子叶植物茎的次生生长与次生结构

茎的侧生分生组织细胞的分裂、生长和分化使茎加粗，这个过程称为次生生长，次生生长所形成的次生组织组成次生结构。侧生分生组织包括维管形成层和木栓形成层。多年生双子叶木本植物不断地增粗，和长高，必然需要更多的水分和营养，同时，也需要更大的机械支持力，因此必须相应地增粗，即增加次生结构。次生结构的形成和不断发展，才能满足多年生木本植物在生长和发育上的这些要求，这些也正是植物长期生活过程中产生的一种适应性。

（1）维管形成层的产生及其活动

1）维管形成层的产生。初生分生组织中的原形成层，在形成成熟组织时并没有全部分化成维管组织。在维管束的初生木质部和初生韧皮部之间留下了一层具有分生潜力的组织，称为束中形成层（图 2-28）。

在初生结构的维管束之间的薄壁组织中，与束中形成层相对应的部位称为束间形成层。束间形成层和束中形成层衔接起来成为完整的一环，发育成维管形成层（图 2-28A）。从来源上讲两者完全不同，束中形成层由原形成层转变而来，细胞引长，呈纺锤状，称为纺锤状原始细胞（图 2-28C），细胞分裂主要形成次生木质部和次生韧皮部。束间形成层由部分束间薄壁组织细胞恢复分生能力而形成，细胞近正方体形（图 2-28D），细胞分裂使髓射线延长，或产生新的维管束。两者在分裂活动及产生的细胞性质与数量上都是协调一致的，共同组成了次生分生组织。

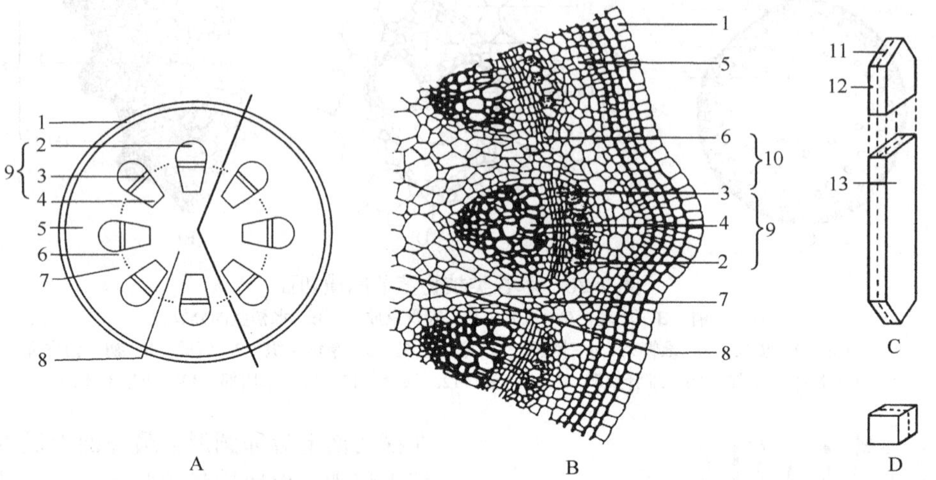

图 2-28　双子叶植物（花生）茎维管形成层的来源与发生

A. 横切面轮廓　B. 部分结构　C. 纺锤状原始细胞　D. 射线原始细胞

1. 表皮　2. 初生韧皮部　3. 束中形成层　4. 初生木质部　5. 皮层　6. 束间形成层　7. 髓射线　8. 髓　9. 维管束　10. 形成层　11. 平周分裂　12. 径向面　13. 弦切面

原形成层是由茎的顶端分生组织前端的原始细胞分裂产生的衍生细胞再分化而成。原形成层是束中形成层的前身，位于顶端分生组织的下方，细胞较小，细胞质浓；束中形成层位于初生木质部和初生韧皮部之间，细胞大小、长短不一，并液泡化。原形成层将完全转变成初生维管组织。而形成层的细胞每次分裂产生两个子细胞：一个分化成维管组织的组成分子或射线；另一个仍保留原来的分生能力并继续分裂和分化，即原始细胞不断更新。

2）维管形成层的活动。束中形成层与束间形成层联合起来形成圆环状形成层后即可开始活动。细胞进行切向分裂，增加细胞层数，形成次生结构导致植物茎的加粗生长。

双子叶植物茎次生生长形式根据植物不同常分为三种类型（图 2-29）。一些植物（如蓖麻属、柳属）的茎中，维管束间的间隔较宽。当束中形成层和束间形成层衔接成环后，束中形成层分裂产生的次生木质部和次生韧皮部添加在原维管束内，使维管束体积增大；而束间形成层细胞分裂所产生的次生木质部和次生韧皮部组成新的维管束，添加在原维管束之间，扩大整个维管束环（图 2-29B）。一些藤本植物（如马兜铃属、葡萄属）的茎中，尽管维管束间的间隔仍然较大，但束间形成层细胞分裂只产生薄壁组织，其功能主要是延长髓射线（图 2-29A）；一些木本植物和草本植物（如椴树属、丁香属、烟草属等）的茎中，维管束相互靠得很近，几乎成连续的圆环，维管形成层主要由束中形成层组成，束间形成层所占空间很小，次生生长时不再产生新的维管束（图 2-29C）。维管形成层产生的次生木质部都是添加在初生木质部的外方、形成层的内方，产生的次生韧皮部都是添加在初生韧皮部的内方，形成层的外方。茎的次生结构不断地增加，达一定宽度时，在次生韧皮部和次生木质部内又能分别产生新的维管射线（图 2-30B）。

双子叶植物茎次生结构具有明显的层次差异。从外到内依次为周皮、皮层、维管束（含韧皮部、

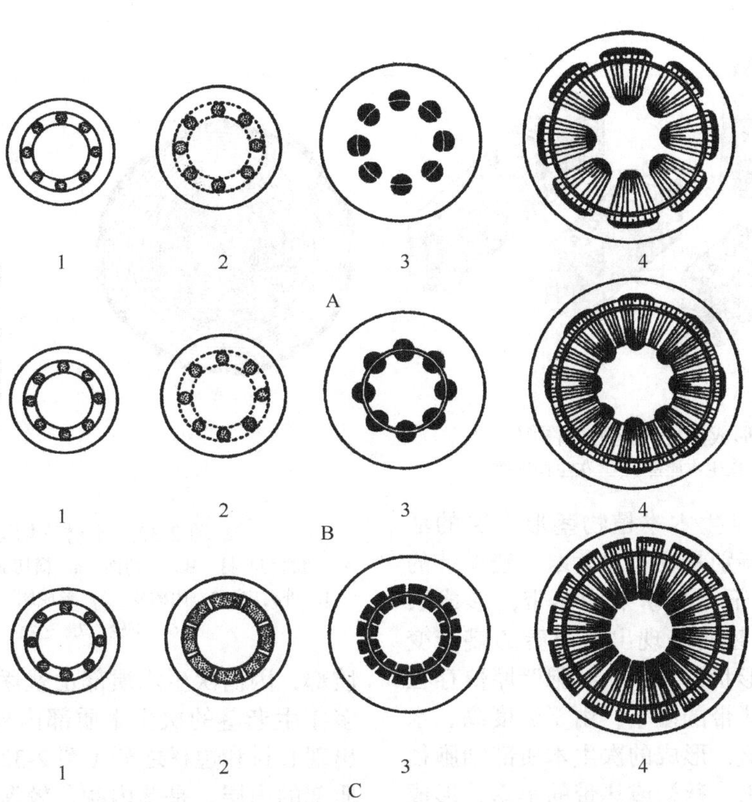

图2-29　双子叶植物茎次生生长的三种主要类型

A. 马兜铃茎　B. 蓖麻茎　C. 椴树茎

1～4. 次生生长过程

形成层、木质部）和髓（图2-30A），这种层次分明的结构用线条简图表示更为明了（图2-30B）。多个维管束环状排成一环，每个维管束由韧皮部和对应的木质部内外并生排列组成，韧皮部的外侧为初生韧皮部，内侧为次生韧皮部，两者横切面呈上窄下宽的等腰梯形，其中含有大量的韧皮纤维、筛管、伴胞和薄壁细胞，径向排列的薄壁细胞称为韧皮射线；紧贴韧皮部内侧的是维管形成层区域，一般为1至多层活跃分裂的扁平细胞；向内是次生木质部，有许多大型厚壁的导管、纤维和薄壁细胞，细胞大小呈周期性规律变化，径向排列的薄壁细胞称为木射线，与韧皮射线共同构成维管射线；最内侧的木质部为初生木质部（图2-30B、图2-30C），中央为由大型薄壁细胞组成的髓，髓的外沿与初生木质部交界处有由石细胞组成的环髓带（图2-30A、图2-30B）。

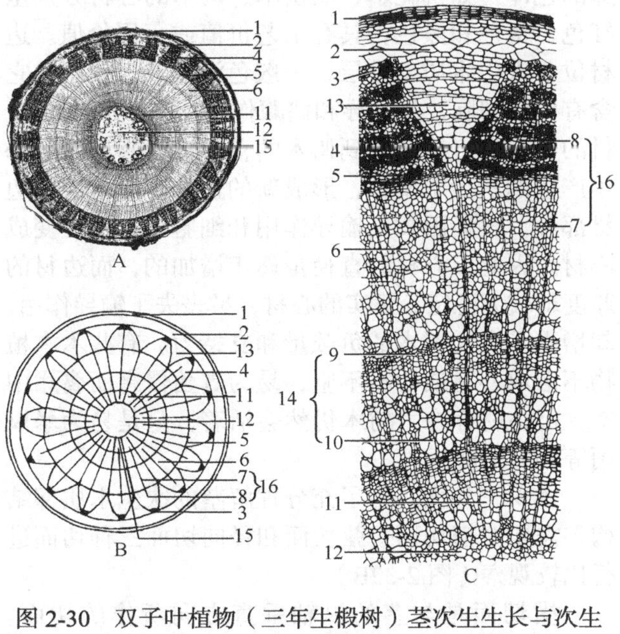

图2-30　双子叶植物（三年生椴树）茎次生生长与次生结构横切面

A. 横切面　B. 横切面轮廓简图　C. 横切面结构部分放大

1. 周皮　2. 皮层　3. 初生韧皮部　4. 次生韧皮部　5. 形成层　6. 次生木质部　7. 木射线　8. 韧皮射线　9. 晚材　10. 早材　11. 初生木质部　12. 髓　13. 髓射线　14. 年轮　15. 环髓带　16. 维管射线

维管形成层向内外产生维管组织衍生细胞的数量是不均等的。每次切向分裂产生两个子细胞，一个仍然保留分裂能力，另一个分化为次生维管组织的衍生细胞，一般产生次生木质部细胞较多，产生次生韧皮部细胞较少。因此，木本植物茎主要由次生木质部组成（图2-31）。

为了适应次生木质部不断增粗的变化，维管形成层细胞进行垂周分裂以扩大周径，纺锤状原始细胞可进行横向分裂产生新的射线原始细胞加入到维管形成层环中，再行切向分裂产生维管束内射线；纺锤状原始细胞也可斜向垂周分裂，细胞上、下两尖端分别向着不同方向侵入生长，实现扩大维管形成层周径的目的。

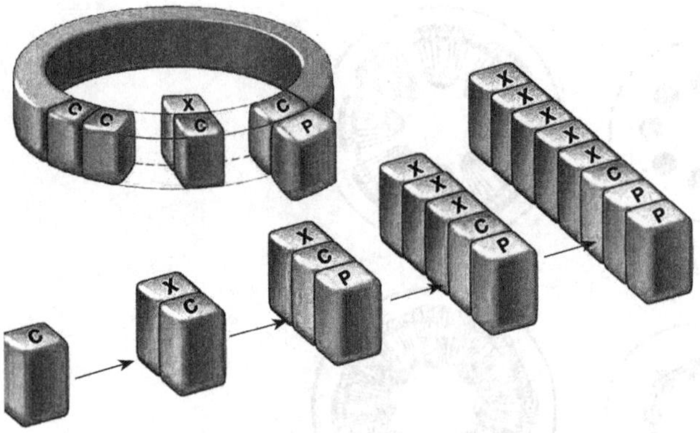

图 2-31 维管形成层的细胞分裂图解

c. 维管形成层 x. 次生木质部 p. 次生韧皮部

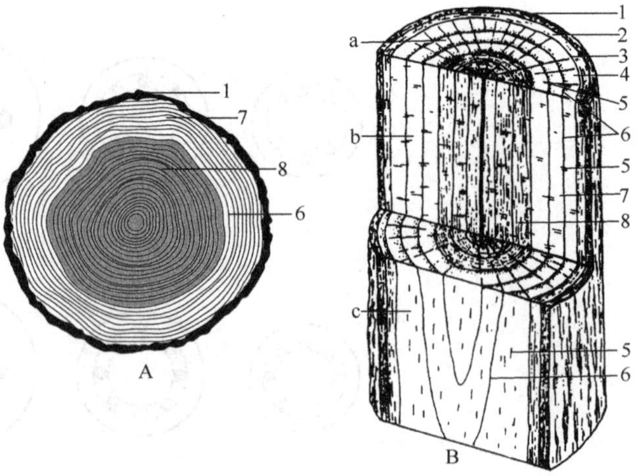

图 2-32 木材三切面结构图解

A. 边材与心材 B. 三切面 a. 横切面 b. 径向切面 c. 弦切面
1. 外树皮 2. 内树皮 3. 形成层 4. 次生木质部 5. 射线
6. 年轮 7. 边材 8. 心材

早材和晚材。多年生木本植物茎形成层的活动受季节影响很大，特别是在有显著寒、暖季节的温带和亚热带，或有干、湿季节的热带，形成层的活动随着季节的更替而表现出有节奏的盛衰变化，使细胞的数量、形状、大小、细胞壁厚薄存在差异。温带的春季或热带的湿季，由于温度高、水分足，形成层活动旺盛，形成的次生木质部细胞径大而壁薄；温带的夏末、秋初或热带的旱季，形成层活动减弱，形成的次生木质部细胞径小而壁厚。前者在生长季节早期形成，称为早材（图 2-30C），也称为春材。后者在生长季后期形成，称为晚材（图 2-30C），也称为夏材或秋材。从横切面上观察，早材质地比较疏松，色泽稍淡；晚材质地致密，色泽较深。从早材到晚材，随着季节的更替而逐渐变化，虽可以看到色泽和质地的不同，却不存在截然的界限，但在上一年晚材和当年早材间，却可看到非常明显的分界，这是由于两者的细胞在形状、大小、壁的厚薄上有显著差异之故。温带地区因经过干寒的冬季，形成层的活动可暂时停止，春季升温，形成层又开始活动，这种气候变化大，形成层的活动差异大，早材和晚材的色泽与质地也就有着显著的区别。

年轮。在一个生长季节内，早材和晚材共同组成一轮显著的同心环层，代表着一年中形成的次生木质部，称为年轮、生长轮或生长层。在季节性气候显著的地区，不少植物的次生木质部在正常情况下，每年形成一个年轮（图 2-30、图 2-32）。但也有不少植物在一年内的正常生长中，不止形成一个年轮。例如，柑橘属植物的茎，一年中可产生三个年轮，称为假年轮（在一个生长季内形成的多个年轮）。此外，气候的异常、虫害的发生、出现多次寒暖或叶落的交替，造成树木内形成层活动盛衰起伏，使树木的生长时而受阻，时而复苏，都可能形成假年轮。没有干湿季节变化的热带地区，树木的茎内一般不形成年轮。

心材和边材。形成层每年都不断地产生次生木质部，因而次生木质部也就逐年大量积累，以至于多年生老茎的次生木质部内外层的性质发生变化，出现心材和边材之分（图 2-32A）。心材位于次生木质部的内层，是茎内颜色较深的中心部分，养料和氧不易进入，组织发生衰老死亡，因此它的导管和管胞已失去输导作用。导管和管胞失去作用的另一个原因，是它们附近的薄壁组织细胞从纹孔处侵入导管或管胞腔内，膨大并沉积树脂、丹宁、油类等物质，形成阻塞导管或管胞腔侵填体。有些植物的心材，由于侵填体的形成，木材坚硬耐磨，并有特殊的色泽，如桃花木、胡桃木、乌木的心材分别呈红色、褐色和黑色，具有工艺价值或药用价值。边材位于次生木质部外层，一般色泽较浅、较湿。它含有生活细胞，具输导和储藏作用（图 2-32A）。边材的存在，直接关系到树木的营养输送。形成层每年产生的次生木质部，形成新的边材，而内层的边材部分，逐渐因丧失输导作用和细胞死亡，转变成心材。因此，心材的直径是逐年增加的，而边材的厚度却较为稳定。坚实的心材，虽丧失了输导作用，却增强了高大树木的负载量和支持力。有些木本植物不形成心材或心材不坚，易为真菌侵害而腐烂中空，但边材存在，树木仍然会活着，只是易为暴风雨等外力所摧折。

木材三切面。为了充分理解茎的次生木质部结构，需要对横切面、弦切面和径向切面三种切面进行比较观察（图 2-32B）。

横切面是与茎的纵轴垂直方向所作的切面。在横切面上所见的导管、管胞、木薄壁组织细胞和木纤维等，都是它们的横切面观，可以看出它们细胞直径的大小和横切面的形状；所见的射线作辐射状条形，这是射线的纵切面，显示了它们的长度和宽度。

切向切面，也称为弦切面，是垂直于茎的半径所作的纵切面。在切向切面上所见的导管、管胞、木薄壁组织细胞和木纤维都是它们的纵切面，可以看到它们的长度、宽度和细胞两端的形状；所见的射线是它的横切面，轮廓呈纺锤状，显示了射线的高度、宽度、细胞的列数和两端细胞的形状。

径向切面是通过茎的中心即直径所作的纵切面。在径向切面上，所见的导管、管胞、木薄壁组织细胞、木纤维和射线都是纵切面；细胞较整齐，尤其是射线的细胞与纵轴垂直，长方形的细胞排成多行，显示了射线的高度和长度。

在这三种切面中，射线的形状最为突出，可以作为切面类型的判别指标（图 2-32B）。

（2）木栓形成层的产生及其活动　形成层在活动过程中不断增加次生维管组织特别是次生木质部，使茎的直径不断加粗。一般表皮是不能分裂的，也不能相应地无限增长，所以，不久便为内部生长所产生的压力挤破，失去其保护作用。与此同时，在次生生长的初期，茎内近外方某部位的细胞恢复分生能力，形成木栓形成层（图 2-33）。木栓形成层是次生分生组织，由它所形成的结构属次生结构。木栓形成层分裂、分化所形成的木栓层，代替表皮执行保护作用。木栓形成层细胞在横切面上呈狭窄的长方形，在切向切面上呈较规则的多边形。木栓形成层也和形成层一样，是一种侧生分生组织，它以平周分裂为主，向内形成栓内层，向外形成木栓层，三者共同组成周皮（图 2-33）。

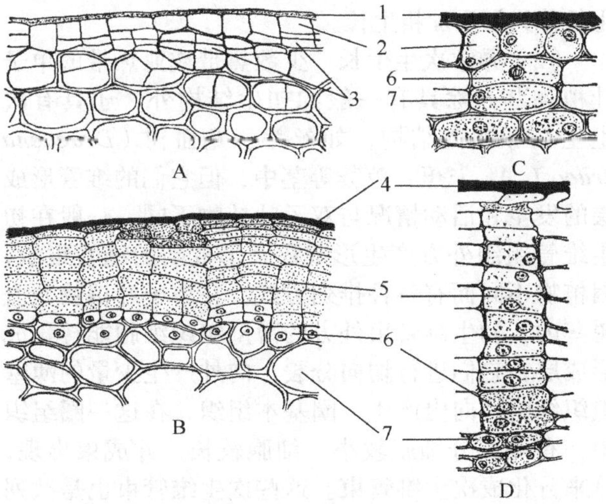

图 2-33　双子叶植物茎木栓形成层的发生与周皮的发育（Esau，1977）

A、B. 梨　C、D. 梅

1. 角质层　2. 表皮　3. 开始发生周皮时的分裂　4. 挤碎的具角质层的表皮细胞　5. 木栓层　6. 木栓形成层　7. 栓内层

1）木栓形成层的发生与活动。首次产生的木栓形成层，在各种植物中的起源不同，最普遍的是由紧接表皮的皮层细胞所转变（如梨）；有些是由皮层的第二、第三细胞层转变（如梅）；有的是近韧皮部内的薄壁组织细胞转变（如葡萄）；有些也可直接由表皮细胞转变而成（如柳）（图 2-33）。木栓形成层发生后，主要行切向分裂，向外产生木栓层，一般为死细胞，主要起到保护作用；向内产生栓内层，为生活细胞。木栓层、木栓形成层和栓内层共同构成周皮，组成次生保护组织。木栓层细胞排列紧密无间隙，一般呈褐色，壁厚而高度栓质化，不透水、不透气，质轻、耐腐、耐磨、有弹性，是水、电、热的不良导体，可做软木塞、救生圈。有的植物如黄柏和杜仲的木栓层含有治病成分，可入药。栓内层细胞一般 1～3 层，功能类似皮层，可含叶绿体，或具有储藏作用。

2）木栓形成层的寿命。木栓形成层的活动期限因植物种类而异，一般几个月。但有些植物中的第一个木栓形成层的活动期却比较长，有些甚至可保持终生。例如，梨和苹果可保持 6～8 年，以后再产生新的木栓形成层；石榴以及杨属和梅属的少数种，可保持活动达二三十年；我国产的栓皮栎树龄 20 年左右时也可开始采剥木栓层，以后每隔 8～9 年还可连续采剥。

当第一次木栓形成层的活动停止后，接着在它的内方又可再产生新的木栓形成层，形成新的周皮。以后不断地推陈出新，依次向内产生新的木栓形成层，这样，木栓形成层发生的位置也就逐渐内移，越来越深，在老的树干内往往可深达次生韧皮部，其外部为历年形成的周皮，较早形成的周皮呈剥落状。

（3）树皮和皮孔　新周皮的每次形成，它外方所有的活组织，由于水分和营养供应的终止，而相继全部死亡，结果在茎的外方产生较硬的层次，并逐渐积累，人们常把这些外层称为树皮。在林业砍伐或木材加工上，又常把树干上剥下的皮称为树皮。就植物解剖学而言，维管形成层或木质部外方的全部组织，皆可称为“树皮”。在较老的木质茎上，树皮可包括死的外树皮（硬树皮或落皮层）和活的内树皮（软树皮）。前者包含新的木栓和它外方的死组织；后者包括木栓形成层、栓内层和韧皮部的部分。所以树皮包括次生韧皮部和可能存留在它外方的初生组织、周皮及周皮外的一切死组织。因此，树皮是有机养料运输的重要途径，如果树被剥皮，将导致整个植株死亡。周皮的形成，代替了表皮作为保护组织，但木栓是不透水、不透气的紧密无隙的组织，那么，周皮内方的活细胞如何与外界进行气体交换呢？

枝干表面具有一定色泽、形状、纵向或横向凸出的斑点，称为皮孔（图 2-34A），它是由许多具有胞间隙的薄壁细胞组成的通气结构，最早的皮孔往

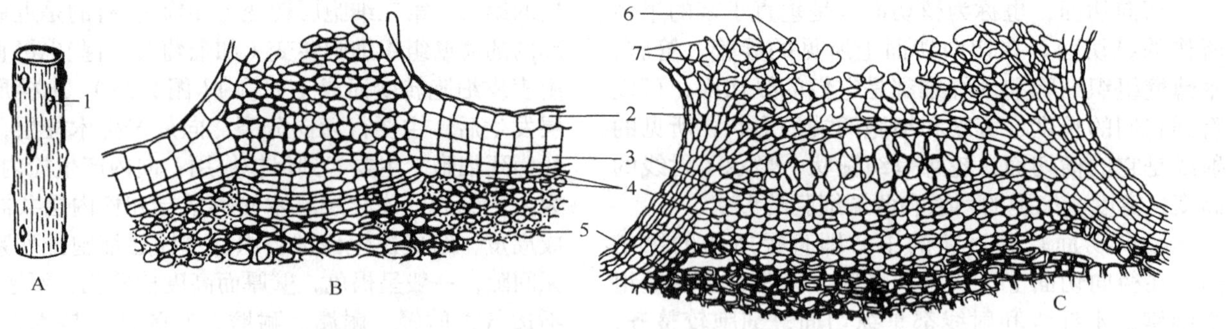

图 2-34　皮孔及其类型（引自 Devaux，1900）

A. 接骨木枝条及皮孔　B. 接骨木皮孔剖面　C. 李属植物皮孔剖面，示封闭层

1. 皮孔　2. 表皮　3. 木栓层　4. 木栓形成层　5. 栓内层　6. 封闭层　7. 补充组织

往在气孔下出现，气孔下方的木栓形成层与邻近的木栓形成层不同，其活动不形成木栓，而是产生一些排列疏松、具有发达的胞间隙、近似球形的薄壁组织细胞，它们以后栓化或非栓化，称为补充组织。以后由于补充组织的逐渐增多，撑破表皮或木栓，形成皮孔。皮孔的形状、色泽、大小，在不同植物上是多种多样的。因此，落叶树冬枝上的皮孔，可作为鉴别树种的根据之一。

依据内部结构的不同，皮孔有两种主要类型：具封闭层皮孔和无封闭层皮孔（图 2-34B、图 2-34C）。具封闭层皮孔，在结构上有显著的分层现象，这是由排列紧密的栓化细胞所形成的一至多个细胞厚的封闭层，把内方疏松而非栓化的补充组织细胞包围着。以后，补充组织的增生破坏了老封闭层，而新封闭层又产生，推陈出新，以此类推，形成交替排列的多个层次。尽管封闭层因补充组织的增生而连续遭到破坏，但其中总有一个封闭层是完整的。这种类型常见于梅、山毛榉、桦、刺槐等茎上（图 2-34C）。无封闭层皮孔，在结构上较为简单，无分层现象，但细胞有排列疏松或紧密、栓化或非栓化之分。这种类型常见于接骨木、栎、椴、杨、木兰等的茎上（图 2-34B）。

2.2.4.2　单子叶植物茎的初生加粗生长

单子叶植物维管束中没有形成层，因此多数单子叶植物茎秆很少增粗，或不会有增粗生长。然而，一些单子叶植物（如玉米、甘蔗、香蕉、棕榈、椰子、龙血树等）茎秆能够增粗，但与双子叶植物茎的次生增粗生长有着显著的不同，大致上可分成两种类型。

（1）初生增粗生长　大多数单子叶植物茎是没有次生生长的，因而就没有次生结构，它们茎增粗是由于细胞的长大或初生增厚分生组织平周分裂的结果。初生增厚分生组织在叶原基和幼叶的内方，由几层扁长形细胞组成（图 2-35），形如套筒状，它们与茎表面平行，主要进行平周分裂，沿伸长区

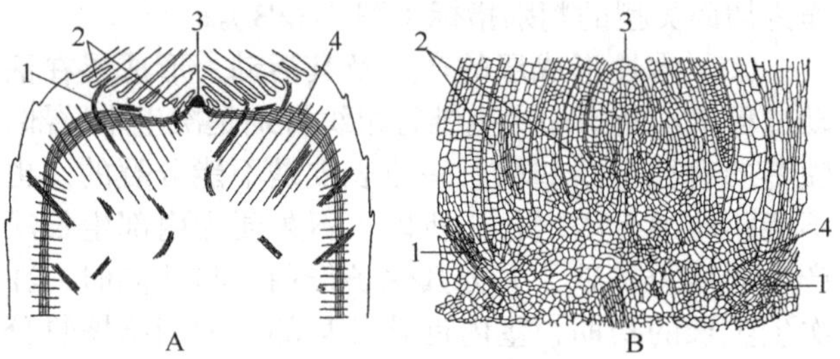

图 2-35　单子叶植物茎尖纵切图解，示初生增厚分生组织（Eckardt，1941）

1. 原形成层　2. 叶原基及幼叶　3. 顶端分生组织

4. 初生增厚分生组织

向下，分裂频率逐渐减弱，常终止于成熟区。初生增厚分生组织的活动，使顶端分生组织的下面就几乎达到成熟区的粗度。初生加厚分生组织由顶端分生组织衍生，属初生分生组织，其活动产生的加粗生长称为初生加粗生长。

（2）异常次生生长　少数热带或亚热带的单子叶植物茎，除具有一般的初生结构外，还具有次生生长和次生结构，如丝兰、龙血树（*Dracaena draco* L.）、朱蕉、芦荟等茎中，但它们的维管形成层的发生和活动情况与双子叶植物不同，一般在初生维管组织外方产生形成层，形成新的维管组织，因植物不同而有各种排列方式。在单子叶植物龙血树茎内，初生维管束外方的薄壁组织细胞能转化成形成层，它们进行切向分裂，向外产生少量的薄壁组织细胞，向内产生一圈基本组织，在这一圈组织中，有一部分细胞较小，细胞较长，并成束出现，将来分化成次生维管束。这些次生维管束也是散列的，比初生维管束排列更密，韧皮部量更少，木质部由管胞组成，包围韧皮部形成周木维管束。而初生维管束为外韧维管束，木质部由导管组成，见图 2-36。

2.2.4.3　裸子植物茎的结构特点

裸子植物与双子叶植物比较，裸子植物茎都是木本的，茎的结构基本与双子叶植物相似，都是由

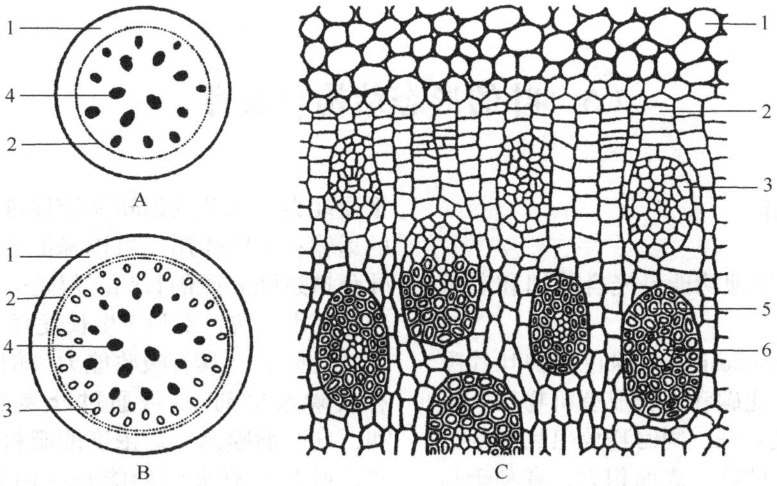

图 2-36　龙血树茎横切

A. 初生结构　B. 次生结构　C. 次生结构部分放大

1. 皮层　2. 形成层　3. 次生维管束　4. 初生维管束　5. 初生木质部　6. 初生韧皮部

表皮、皮层和维管柱三部分组成（图 2-37A），长期存在着形成层，产生次生结构使茎逐年增粗，有显著的年轮（图 2-37B、图 2-37C）。与双子叶植物不同的特点如下：①裸子植物茎尖顶端原始细胞既可垂周分裂也可平周分裂，一般没有原套原体的分化。②裸子植物次生韧皮部结构较简单，只由筛胞、韧皮薄壁组织和射线组成。一般没有伴胞和韧皮纤维，除在少数松柏类植物中可能产生韧皮纤维和石细胞外；多数裸子植物茎的次生木质部主要由管胞、木薄壁组织和射线组成，无导管，少数如买麻藤植物有导管，无典型的木纤维。管胞兼具输送水分和支持的双重功能，与双子叶植物的次生木质部比较，显得较原始和简单。在横切面上结构显得均匀整齐（图 2-37）。裸子植物次生木质部中也存在早材、晚材、边材和心材之分（图 2-37C）。③有些裸子植物，特别是松柏类植物，茎的皮层和维管柱中常分布着许多特有管状分泌结构，称为树脂道，这是双子叶植物木本茎中没有的（图 2-37）。

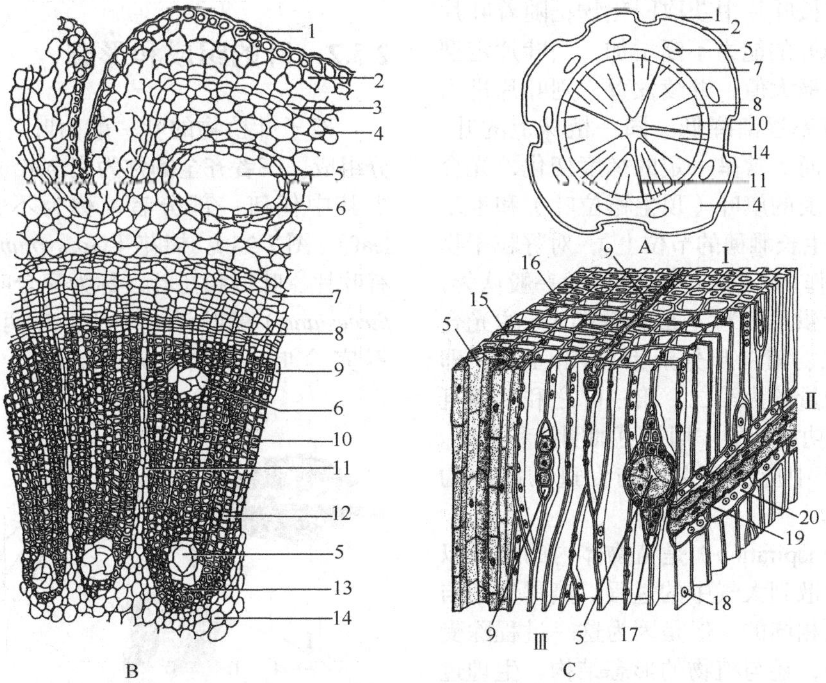

图 2-37　裸子植物茎的次生结构（引自刘穆，2010）

A. 横切面线条图　B. 横切面部分结构放大　C. 地中海松木材三切面

1. 表皮　2. 木栓层　3. 木栓形成层　4. 皮层　5. 树脂道　6. 上皮细胞　7. 韧皮部　8. 形成层　9. 单列木射线　10. 次生木质部　11. 髓射线　12. 后生木质部　13. 原生木质部　14. 髓　15. 早材　16. 晚材　17. 纺锤形木射线　18. 具缘纹孔　19. 射线薄壁细胞　20. 射线管胞

2.3 叶的形态结构与发育

2.3.1 叶的生理功能

叶（leaf）的主要生理功能是光合作用和蒸腾作用。

光合作用（photosynthesis）是绿色植物叶片吸收日光能量，利用二氧化碳和水合成有机物质，将光能转变为化学能储藏起来，同时释放出氧气的过程。典型的植物叶扁平体状，表面积大，有利于与周围环境进行气体交换。例如，一株树干直径 1m 的槭树，约有 10 万片树叶，总面积达 2000m^2。植物通过光合作用所产生的葡萄糖，是植物生长发育所必需的有机物质，也是植物进一步合成蛋白质、脂肪、纤维素及其他有机物的原料。对人和动物来说，光合作用的产物是食物直接或间接的来源，该过程释放的氧又是生物生存的必要条件之一。农业生产中无论是粮食作物或其他经济植物，单位面积的产量都直接与叶的光合作用有关。因此叶的发育和总叶面积的大小，对植物的生长发育、作物的稳产高产都有极其重要的影响。叶片在不同的发育时期，其光合速率也不相同。新长出的幼嫩叶片，光合速率都比较低，所形成的光合产物难以满足本身的需求，必须从成长叶片中获取同化物；随着叶片的长大，其固定 CO_2 的能力不断增加，当叶片定型时，光合速率达到最大值；继续发育，则叶片进入衰老时期，光合速率逐渐降低。同一植株上的叶，其形态、结构自下而上常呈一定的梯度变化，光合强度也不相同。小麦的旗叶（顶生穗位叶）和玉米的中位叶（着生于生长雌穗的节位上），对籽粒干物质的积累具有特殊作用，特称为功能叶。一般认为，小麦抽穗后，旗叶供给籽粒干重总量的 1/6 的光合产物，而上部第二、第三叶分别为 1/8 和 1/14，即旗叶光合产物供给量约为第二、第三叶之和。而且随着籽粒的成熟，功能叶的作用就更加明显和重要。因此，在农业生产中应注意保护与促进功能叶的生长。

蒸腾作用（transpiration）是植物体内的水分以气体状态从叶片逸散到大气中的过程。蒸腾作用与蒸发作用本质上是相同的，但是因为这一过程除受外界条件的影响外，还与植物的形态结构、生理过程的控制有关，因此特称为蒸腾作用。叶是蒸腾作用的主要器官。植物根部吸收的水分，绝大部分通过叶面积散失到体外。蒸腾作用在植物生活中具有积极的意义，它是根系吸收水分和植物运转水分的重要动力，水分的运转又能促进植物体内矿质元素的运输；蒸腾作用还可以降低叶表面温度，使植物叶免遭过强光照的日灼。但是过强的蒸腾作用使植物体失水太快，不利于生长发育。

此外，叶具有吸收能力。例如，喷施农药（如有机磷杀虫剂），可通过叶表面吸收到体内；又如，向叶面喷洒一定浓度的肥料，叶片表面也能吸收。叶片具有吸收功能是叶面喷施农药防治植物病害，以及叶面施肥促进植物生长的重要依据。有少数植物的叶还具有繁殖能力。例如，大叶落地生根（*Kalanchoe daigremontiana*），在叶缘上产生不定芽，芽落地后便可长成新植株。在适应了特殊环境后，植物叶的功能更加多样化。例如，洋葱的叶具有储藏作用，豌豆叶上的卷须具有攀缘作用，猪笼草捕虫叶可以捕捉昆虫，三颗针的叶刺具有保护作用。

叶有多种经济价值，如白菜、生菜、菠菜、韭菜的叶子可作蔬菜食用；薄荷、枇杷的叶子可药用；葱、蒜的叶可做食用调料；香樟、白千层、桉树叶中的芳香油经济价值高；剑麻的叶可作造纸原料等。

2.3.2 叶的组成和形态

双子叶植物的叶一般由叶片、叶柄和托叶三部分组成。三者齐全的称为完全叶（complete leaf），缺少其中任何一部分者，称为不完全叶（incomplete leaf）（图 2-38）。棉花（*Gossypium hirsutum* L.）的叶有叶片、叶柄和托叶，称为完全叶。金合欢（*Acacia farnesiana*）的叶没有叶片，叶柄扩展成叶片状，为不完全叶。桑（*Morus alba* L.）叶无托叶、莴苣

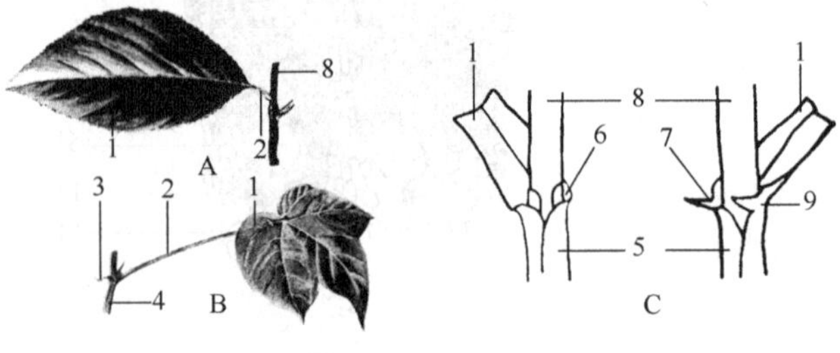

图 2-38 叶的基本组成（引自丁春邦和杨晓红，2014）

A、B. 双子叶植物叶 C. 禾谷类植物叶

1. 叶片 2. 叶柄 3. 托叶 4. 茎 5. 叶鞘 6. 叶舌 7. 叶耳 8. 茎秆 9. 叶颈

（*Lactuca sativa* L.）无叶柄等都是不完全叶。

禾谷类植物的叶与双子叶植物的叶差别较大，分为叶片和叶鞘（leaf sheath）两大部分（图 2-38C）。叶片为线状、条状或狭带状，叶脉纵向平行。叶片下延形成长而抱茎的叶鞘，具有保护、输导和支持的功能。有些禾谷类植物的叶，其叶片与叶鞘连接处的腹面（向轴面）中央、两侧都可能有突起物，中央的突起物一般为舌状、膜质，称为叶舌，可以防止水分、昆虫和病菌孢子落入叶鞘内方。叶舌的两侧有一对突起物，是叶片基部边缘伸出的耳状结构，称为叶耳；叶舌、叶耳的有无、形状、大小、色泽等，常常是鉴定禾谷类植物类群甚至物种的重要依据之一。例如，水稻和稗草，前者有叶舌、叶耳，后者没有叶舌、叶耳，很容易从稻田中把稗草识别出来；又如，大麦、小麦和燕麦，叶耳在大麦中较大，在小麦中较小，在燕麦中没有。叶片、叶鞘连接处的背面（远轴面）有不同色泽的环状结构，称叶环、叶颈或叶枕（图 2-38C）。叶环有弹性和延展性，可以适应光照的方向调节叶片的位置。生产中，将麦（稻）穗下方的第一片叶称为旗叶，旗叶的叶环与第二片叶的叶环之间的距离称为叶环距。依据叶环距的长短，可初步判断幼穗的分化进程。

叶片：叶片（blade）是叶的绿色、扁平、宽大的部分，是植物光合作用和蒸腾作用的主要场所。叶片形态、大小多样，因植物不同而异，如桂花叶片为椭圆形，枇杷叶片为长倒卵形，悬铃木叶片为掌状，鹅掌楸的叶为“马褂形”，水稻、小麦的叶片为长条形，等等。叶片还可因适应环境条件的变化而发生功能的特化，继而形态上发生可遗传的特异变化。例如，洋葱叶片，肉质肥厚，不为绿色，不执行光合功能，主要储藏营养物质。豌豆叶的部分小叶卷须状，主要用于攀缘作用。

叶柄：叶柄（petiole）是支撑叶片充分伸展接受阳光的细长柄状部分，先端连着叶片，末端连着茎（枝条），主要起输导和支持作用。因为表皮下厚角组织的原因，叶柄可以随着叶片光合作用的需要发生扭转运动，改变叶片的位置和方向，使叶片彼此不相互重叠，充分接受阳光照射，这种现象称为叶镶嵌。叶镶嵌能使植物最大限度地接受阳光进行光合作用。例如，红苕的蔓生匍匐茎上，由于叶柄的弯曲生长，各叶片表面不相互遮挡，一致向上，充分光合作用满足植株生长发育的需要。

托叶：托叶（stipules）一般较小，呈退化状，常成对出现。有的不完全叶没有托叶，但也有托叶明显的植物，如贴梗海棠（*Chaenomeles speciosa*）、棉花、豌豆（*Pisum sativum* L.）等。具有托叶的植物，托叶形态多样，功能多种。例如，豌豆托叶，大且绿色，可以补充部分小叶变成卷须导致的光合作用降低，荞麦的托叶膜质抱茎，称为托叶鞘，有保护的作用。托叶的有无以及形态、功能的多样性也是鉴别植物的依据之一。

（1）叶形　植物界叶片多样性特征十分显著，不同的植物其叶片形态很不一样（图 2-39），主要反映在大小、形状上。叶片的长度由几毫米到几米（如棕榈、香蕉的叶片），王莲的巨大漂浮叶直径达 2m，可载住一个小孩。叶片的形状变化可以从叶尖（图 2-39）、叶基（图 2-39）、叶缘（图 2-40）、叶裂（图 2-41）、脉序（图 2-42）等特征上体现。

（2）叶缘　叶的四周或边缘称为叶缘，不同的植物，叶缘的形态特征有差异。常见的叶缘特征如下。

全缘：叶片的四周光滑流畅。

齿状：叶缘有锋利突起时称为齿状，齿状又分为锯齿、牙齿、钝齿、重齿等。先端有细小锋利的前倾齿称为锯齿；角度加大，基部加宽称为牙齿；先端不尖锐称为钝齿；大齿上有 2 个以上的小齿称为重齿。

波状：起伏较大的叶缘，突起部位较多的称为波状，下陷部分较多的称为凹波状。

（3）叶裂　如果叶缘下陷部分加深、加宽，使叶片分裂成不同的片状称为叶裂。叶裂按照裂片深度不同分为浅裂、深裂和全裂，按照裂片排列规律的不同分为掌状和羽状。叶片深度不到叶片宽度的 1/4 为浅裂，超过叶片宽度的 1/4 为深裂，叶裂到达主脉附近为全裂；裂片在叶柄顶端呈近似辐射状排列的称为掌状分裂，裂片在叶柄两侧排列的称为羽状分裂（图 2-41）。

（4）叶脉　叶片中的维管束称为叶脉（leaf vein）。最大的叶脉称为主脉（main vein），主脉上的分支称为侧脉（lateral vein），其余的细小叶脉称为细脉（tiny vein）。叶脉在叶片中的排列秩序称为脉序（venation）。植物的脉序一般分成网状脉序、平行脉序、射出脉序和叉状脉序四大类。

双子叶植物的叶脉一般为网状脉序（reticulate vein）（图 2-42A、图 2-42B），侧脉掌状的称为掌状网脉（palmate vein）（图 2-42A），侧脉呈羽状的称为羽状网脉（pinnate vein）（图 2-42B）。

禾谷类植物的叶一般为平行脉（parallel vein），如水稻、小麦、玉米的叶脉，侧脉从叶片基部直达叶尖近平行排列，各侧脉间没有细脉相连，称为直出平行脉［straight parallel vein（图 2-42D、图 2-42E）］。香蕉、芭蕉的叶片中，所有侧脉平行且垂直于主脉，称为侧出平行脉（lateral parallel vein）（图 2-42C）。蒲葵叶片中，主脉不显著，所有叶脉都从叶柄顶端一点出发射线状排列，称为射出脉（injection vein）（图 2-42F）。银杏叶片中叶脉是二叉分支状，称为叉

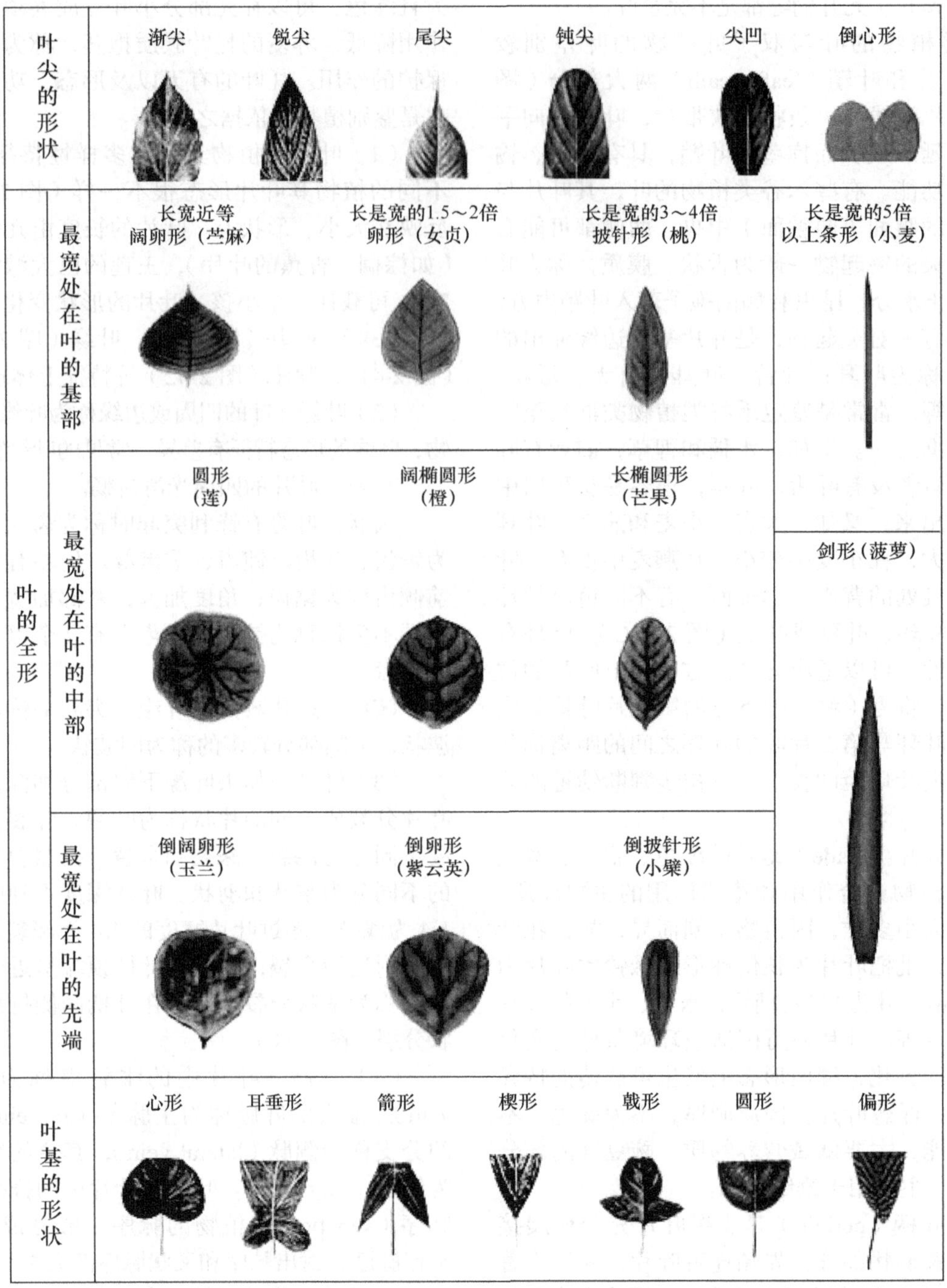

图 2-39　叶片、叶尖、叶基的形态

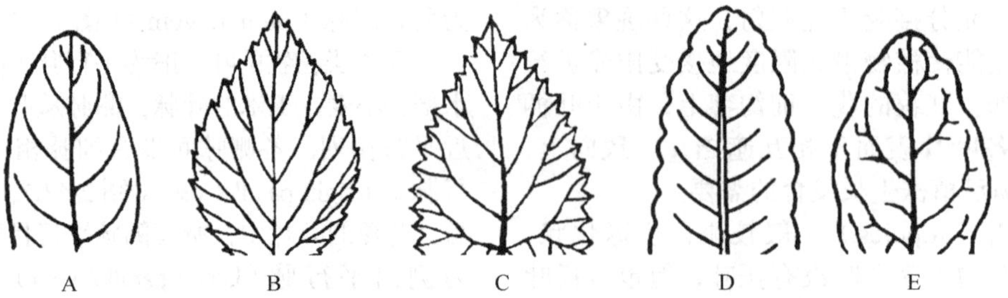

图 2-40　叶缘

A. 全缘　B. 锯齿　C. 牙齿　D. 钝齿　E. 波状

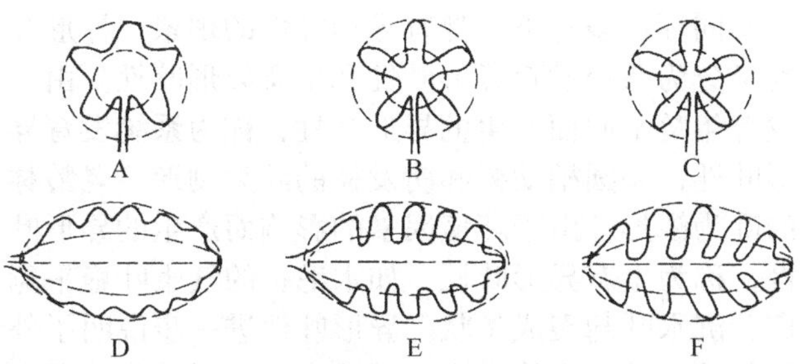

图 2-41　叶裂

A～C. 掌状叶裂（A. 掌状浅裂　B. 掌状深裂　C. 掌状全裂）
D～F. 羽状叶裂（D. 羽状浅裂　E. 羽状深裂　F. 羽状全裂）

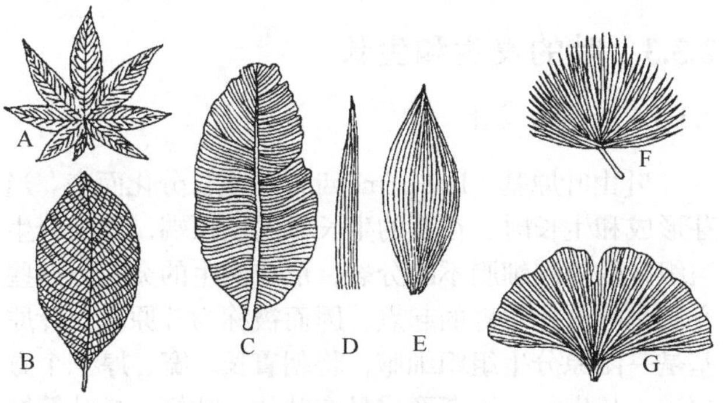

图 2-42　脉序

A、B. 网状脉序（A. 掌状网脉　B. 羽状网脉）C～E. 平行脉序（C. 侧出平行脉　D. 直出平行脉　E. 弧形脉序）
F. 射出脉　G. 叉状脉

状脉（dichotomous vein）（图 2-42G）。

（5）叶序　叶序（leaf phyllotaxis）是叶在植物枝条上排列的秩序或规律。植物通过一定的叶序，使叶均匀地、适宜地排列在枝条上，充分接受阳光，相互不重叠遮光，有利于光合作用的进行，叶的这种有序排列现象称为叶镶嵌（leaf mosaic）。常见的叶序有互生、对生、轮生、簇生、基生等。

互生叶序：枝条上每一个节上着生 1 片叶称为互生叶序（alternate phyllotaxy）（图 2-43A），如棉花、大豆、水稻。互生叶序的叶子呈螺旋状排列在茎上。如果任意取一个节上的叶为起点，螺旋而上，追溯到与起点叶在同一垂直线上的另一片叶，同一垂直线上的两叶（起点叶与终点叶）之间的螺旋距离称为叶周。叶周中有一定数目的螺旋圈数和一定数目的叶。如果把螺旋圈数作为分子，把螺旋圈数内的叶数作为分母，则互生叶序的公式为：1/2、1/3、2/5、3/8 等。1/2 表示互生叶每隔半周（180°）长出一叶，如榆树、椴树的叶序；1/3 表示每隔 1/3 周（120°）长出一叶，如梨树的叶序；2/5 表示每隔 2/5 周（144°）长出一叶；等等。

对生叶序：每一个节上对称性着生 2 片叶的称为对生叶序（opposite phyllotaxy）（图 2-43B），如益母草、薄荷、桂花、石竹、丁香等。在对生叶序

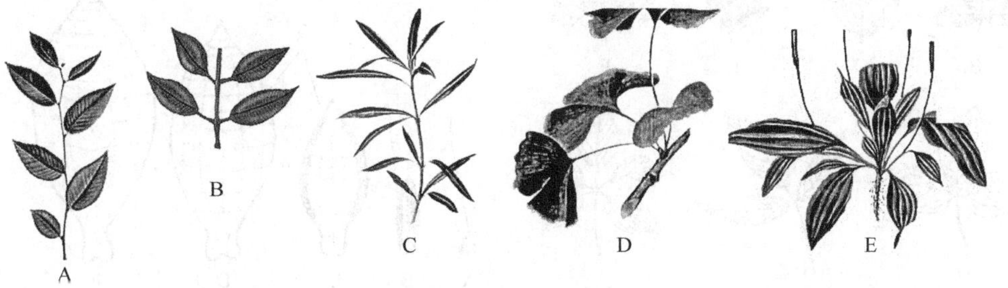

图 2-43　叶序

A. 互生叶序　B. 对生叶序　C. 轮生叶序　D. 簇生叶序　E. 基生叶序

中，下一节的对生叶常与上一节的叶交叉成垂直方向，这样两节的叶片避免相互遮蔽。

轮生叶序：每一个节上着生 3 片或 3 片以上的叶称为轮生叶序（verticillate phyllotaxy），如夹竹桃、茜草等；3 片或 3 片以上的叶着生在极度缩短的短枝上时，称为簇生叶序（fascicled phyllotaxy），如银杏、金钱松、金鱼藻等（图 2-43D）；茎在近地面高度缩短，叶集生在缩短茎上的叶序称为基生叶序（basal leaf）（图 2-43E）。

虽然每种植物叶的形态都有其特点，但许多植物在个体发育过程中可以出现不同形态的叶。例如，子叶是植物体最早形成的叶片，其形态与正常叶不同。又如，桉树幼小树苗的叶为卵形无柄的对生叶，老株的叶为披针形有柄互生叶。

（6）单叶和复叶　前面介绍的是 1 个叶柄上着生 1 个叶片的叶，事实上，自然界还存在 1 个叶柄上着生 2 个或 2 个以上完整小叶的现象。根据叶柄上所生叶片的数目，可以把叶分成单叶和复叶两种。1 个叶柄上着生 1 个叶片的叶称为单叶（simple leaf）（图 2-44A），1 个叶柄上着生 2 个或 2 个以上完整小叶的叶称为复叶（compound leaf）。两者有时容易混淆，但仔细观察，区别是显著的，因为单叶叶柄基部腹面还有腋芽，而复叶的小叶叶柄基部无腋芽。

根据复叶的形态结构不同，分为羽状复叶、掌状复叶、三出复叶和单身复叶。

羽状复叶（pinnately compound leaf）：叶柄或分支的叶柄两侧成对着生小叶的复叶称为羽状复叶。顶端为 1 片小叶时称为奇数羽状复叶，顶端有 2 片小叶时称为偶数羽状复叶，叶柄不分支时称为一回羽状复叶，有一次分支时称为二回羽状复叶，叶柄

有2次分支时称为三回羽状复叶（图2-44B～E）。

掌状复叶（palmately compound leaf）：小叶4片以上，有柄或无柄，着生在总叶柄的顶端呈掌状排列，如大麻、七叶树、牡荆的复叶（图2-44I）。

三出复叶（ternately compound leaf）：小叶3片，着生在叶柄的顶端或近顶端，称为三出复叶，三出复叶中，1片小叶顶生，2片小叶侧生，如果顶生小叶叶柄较长，两侧小叶向叶轴靠拢，夹角较小，排列成羽状，称为羽状三出复叶（图2-44H），如大豆、菜豆、苜蓿等的叶；如果顶生小叶与侧生小叶叶柄等长，两侧小叶与顶生小叶间夹角较大，排列呈掌状，称为三出掌状复叶（图2-44G），如酢浆草、三叶草等的叶。有时，二回掌状复叶和三回掌状复叶实际上是二回三出复叶（如淫羊藿的叶）和三回三出复叶（如唐松草的叶）。

单身复叶（unifoliate compound leaf）：形似单叶，但其叶柄与叶片之间有明显的关节。以此区别于真正的单叶，如橘、橙、柚等的叶。单身复叶可能是由三出复叶中两个侧生小叶退化、仅留一顶生小叶所致（图2-44F）。

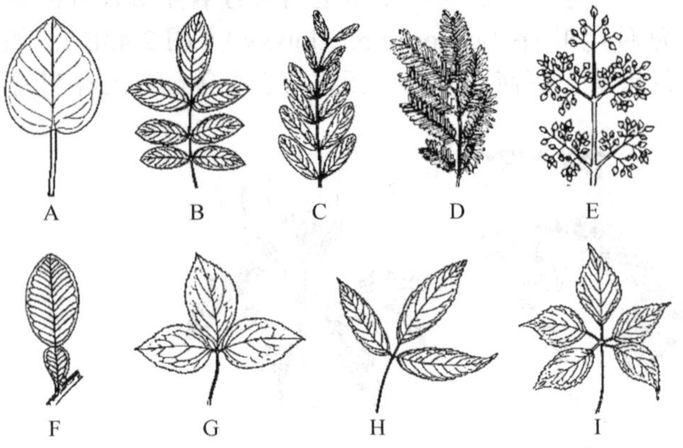

图2-44　单叶和复叶

A. 单叶　B～E. 羽状复叶（B. 一回奇数羽状复叶　C. 一回偶数羽状复叶　D. 二回偶数羽状复叶　E. 三回奇数羽状复叶）　F. 单身复叶　G、H. 三出复叶（G. 三出掌状复叶　H. 三出羽状复叶）　I. 掌状复叶

单叶与复叶的区别除了单叶的叶腋处有腋芽、复叶的小叶片叶腋处无叶芽外，还有以下区别：在具托叶的类型中，单叶的叶柄基部有托叶，复叶的小叶柄无托叶；叶所着生的小枝顶端有芽，复叶的总叶轴顶端无芽。单叶在茎上排列成各种叶序，复叶的小叶无论多少或具有几“回”均排列在同一平面上，而以总叶轴形成某种叶序在茎上分布。落叶时单叶叶柄与叶片同时脱落；复叶常为小叶先落，叶轴后落。

（7）异形叶性　一般情况下，一种植物具有一定形状的叶，但有些植物在一个植株上具有明显不同形状的叶，称为异形叶性。植物在不同发育阶段和不同环境条件下，都有异形叶性的现象。异形叶性又分为系统发育异形叶性和生态异形叶性。由于发育年龄不同而产生的异形叶性，称为系统发育异形叶性，如圆柏幼树和萌发枝的叶为刺形，老龄林的叶为鳞形。由于环境因素的影响而产生的异形叶性，称为生态异形叶性，如水毛茛的气生叶扁平宽广，沉水叶却裂成丝状。异形叶性进一步说明了外界条件在植物个体发育和系统发育中对植物叶器官形态的影响。同时，也反映了叶对外界条件适应所引起的变异性和可塑性是较大的。

2.3.3　叶的发生和生长

2.3.3.1　叶的发生

叶由叶原基（leaf primordium）生长分化而来。当芽形成和生长时，在茎的生长锥的亚顶端，周缘分生组织区的外层细胞不断分裂，形成侧生的突起。这些突起是叶分化发育的起点，因而被称为叶原基。叶原基是一团原分生组织细胞，将朝着长、宽、厚三个方向进一步生长，逐渐形成具有叶片、叶柄、托叶等结构雏形的幼叶，最终发育成为成熟叶。叶的这种起源发育方式称为外起源（exogenous origin）（图2-45A）。

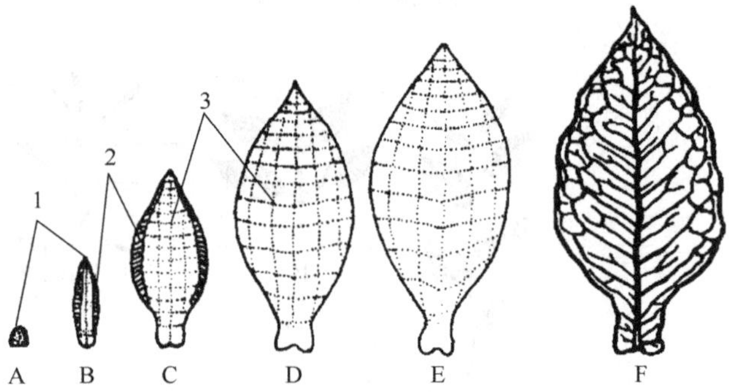

图2-45　叶（烟草）的发生与发育模式图

A. 叶原基　B. 芽内叶的顶端生长　C. 芽内叶的边缘生长　D、E. 芽外叶的居间生长　F. 成熟叶片
1. 顶端分生组织　2. 边缘分生组织　3. 居间分生组织

2.3.3.2　叶的生长

叶原基的进一步发育与生长的过程包括顶端生长、边缘生长和居间生长三个阶段。

顶端生长：叶原基形成后，首先进行顶端生长（apical growth），不断伸长生长为圆柱状的结构，称为叶轴（图2-45B）。叶轴是尚未分化的叶柄和叶片。具有托叶的植物，叶原基上部形成叶轴，叶原基基部的细胞分裂较上部快，且发育较早，分化成为托叶，包围着上部叶轴，起到保护作用。具有叶鞘的植物（如禾本科），叶原基基部生长活跃，侧向延伸可以包围整个茎端分生组织。

边缘生长：叶轴伸长时，叶轴两侧边缘的细胞开始分裂，进行边缘生长（marginal growth）（边缘生长进行一段时间后，顶端生长停止）使叶轴变宽，形成具有背腹性的、扁平的叶片雏形；如果是复叶，则通过边缘生长形成多数小叶片。没有进行边缘生长的叶轴基部分化为叶柄，当幼叶叶片展开时叶柄才随之迅速伸长（图 2-45C）。

居间生长：当幼叶由芽内逐渐伸出、展开时，边缘生长逐渐停止，整个叶片进入居间生长（intercalary growth）（图 2-45D、图 2-45E），最后发育成熟。大多数幼叶叶片的生长基本上是等速生长，但有些幼叶各部分细胞的生长速率并非完全一致，因而在叶的生长过程中，便出现了不同的叶缘、叶形等。叶片在不断增大的同时，伴随着内部组织的分化成熟。

在边缘生长时期，叶轴两侧的边缘分生组织经垂周分裂产生原表皮，将来发育成为表皮；近边缘分生组织平周分裂和垂周分裂交替进行，形成了基本分生组织和原形成层。在一种植物中叶肉的层数基本是恒定的，是由平周分裂决定的。在各层形成后，细胞停止了平周分裂，只进行垂周分裂，增大叶片面积，但不增加叶片厚度。

一般来说，叶的生长期是有限的，这与具有形成层的无限生长的根、茎不同。叶在短期内生长达一定大小后，生长即停止。但有些单子叶植物叶的基部保留着居间分生组织，可以有较长期的居间生长。例如，禾本科植物的叶鞘可以随节间生长而伸长，葱（*Allium fistulosum* L.）、韭菜（*A. tuberosum* Rottl.ex Sprengel.）等剪去上部叶片，叶仍可继续生长（割一茬又长一茬），就是由于叶基部居间分生组织活动的结果。

2.3.4 叶的结构

2.3.4.1 叶柄的结构

叶柄是连接叶片和茎之间的细长柄状部分，起着支持叶片和运输物质的功能。叶柄的内部结构多呈两侧对称，主要由表皮、基本组织和维管束等组成，结构类似于幼茎。表皮是最外面的一层近方形的薄壁细胞，排列紧密，由表皮细胞和气孔器等组成。表皮内侧为基本组织，紧靠表皮的几层基本组织中常有厚角组织成束存在，是叶柄中唯一的机械组织，它既能增强叶柄的支持作用，又不妨碍伸长、弯曲和摆动，是叶片形成叶镶嵌的主要原因。叶柄的维管束与茎的维管束相连，包埋在基本组织中，维管束的数量及排列方式因植物种类的不同有差异，但一般多为弧形（图 2-46），缺口向上。维管束的结构与幼茎中的维管束结构相似，主要由木质部和韧皮部组成，两者之间有微弱的形成层原始细胞，在叶发育的中期经短暂活动后即停止细胞分裂。由于叶柄是幼茎的侧向分支，因此，木质部从幼茎的内侧转为叶柄中的上方位置，韧皮部由幼茎中的外侧转为叶柄中的下方位置。

图 2-46　叶柄横切面模式图

A. 半圆形　B. 近圆形　C. 弯月形（维管束中白色为韧皮部，斜线为木质部）

2.3.4.2 双子叶植物叶片的结构

叶片一般扁平，形成较大的光合和蒸腾面积，双子叶植物叶片的内部结构由表皮、叶肉和叶脉三部分组成（图 2-47）。

（1）表皮　表皮是由原表皮发育而来的，包被在整个叶片的外表，一般有背腹之分，在腹面的称为上表皮，在背面的称为下表皮，这样的叶也

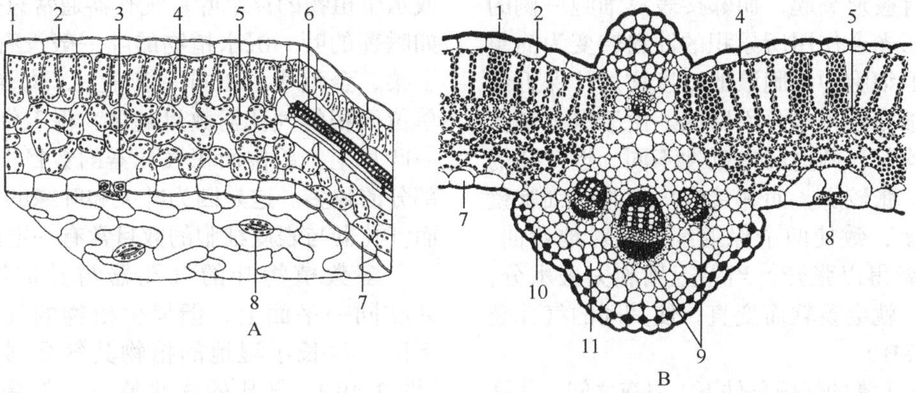

图 2-47　双子叶植物叶片解剖结构（仿刘穆，2010）

A. 叶片非主脉部位三维结构（向日葵）B. 叶片主脉及附近部位横切

1. 角质层　2. 上表皮　3. 气孔下室　4. 栅栏组织　5. 海绵组织　6. 侧脉维管束　7. 下表皮　8. 气孔器　9. 主脉维管束　10. 厚角组织　11. 基本组织

称为背腹叶（dorsiventral leaf）或异面叶（bifacial leaf）。表皮通常由一层细胞组成，但也有少数植物叶片的表皮由多层细胞组成，称为复表皮（multiple epidermis），如夹竹桃和印度橡胶树的表皮就是复表皮。叶的表皮由表皮细胞、气孔器、表皮毛和排水器等组成。

1）表皮细胞。叶片的表皮细胞，一般是形状不规则的扁平细胞，与叶面垂直的垂周壁凸凹不平，但细胞间彼此互相嵌合，紧密相连，没有间隙（图 2-48A）。表皮外面一般还有角质，角质层能降低植物体中水分的蒸腾散失，保护植物不受细菌和真菌的侵害，也能通过其较强的折光性，防止较强日光引起的损害，角质膜的发达与否与植物的年龄和生长环境密切相关，通常幼嫩叶子的角质膜不及成熟叶子的发达，热带植物具有发达的角质膜，保护作用更为明显。表皮细胞内不含叶绿体，但一些水生或阴生植物中可能有。有的植物表皮细胞内还含有花青素，使叶片呈现红、紫、蓝等颜色。背腹型叶（dorsiventral leaf）上表皮细胞的外壁常具有发达的角质膜，而下表皮的角化程度一般较低。

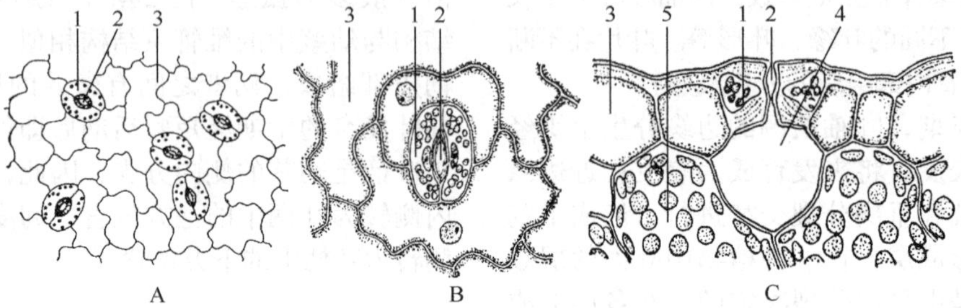

图 2-48 双子叶植物叶表皮（仿李扬汉，2000）
A. 表皮顶面观 B. 气孔器顶面观放大结构 C. 气孔器横切面
1. 保卫细胞 2. 气孔 3. 表皮细胞 4. 气孔下室 5. 栅栏组织

但是角质层也不是完全不通透的，生产上采用叶面施肥，便是应用将肥料溶液喷洒于叶面后，一部分通过气孔进入叶内，一部分透过表皮角质膜而进入细胞的原理。

2）气孔器。叶表皮中有许多气孔器（stomatal apparatus）分散在表皮细胞之间。气孔器是植物气体交换和水分出入的主要通道，由两个肾形的保卫细胞（guard cell）围合而成，保卫细胞中含有一些叶绿体，可进行光合作用。两个保卫细胞之间的裂生胞间隙称为气孔（stoma），它们是叶片与外界环境之间气体交换的孔道（图 2-48A、图 2-48B）。有些植物如甘薯等，在保卫细胞之外还有较整齐的副卫细胞。保卫细胞的细胞壁，在靠近气孔的部分增厚，上下方都有棱形突起，而邻接表皮细胞一侧的细胞壁较薄。当光合作用所累积的淀粉转变为简单的糖分时，保卫细胞中细胞液的浓度增加，保卫细胞向周围表皮细胞吸入水分而膨胀。由于保卫细胞细胞壁厚薄不均匀，两边的伸延性不同，近气孔的细胞壁较厚，扩张较少，而邻接表皮细胞的细胞壁较薄，扩张较多，致使两个保卫细胞相对地弯曲，其间的气孔裂缝得以张开。当保卫细胞失去水分，紧张度降低后，就会萎软而变直，使其间的气孔裂缝关闭（图 2-48B）。

一般植物在正常的气候条件下，昼夜之间，气孔的开闭具有周期性。气孔常于晨间开启，有利于进行光合作用；上午 9～10 点增至最大，此时，气孔蒸腾也迅速增加，保卫细胞失水渐多；中午时分，气孔渐渐关闭；下午，当叶内水分渐渐增加之后，气孔又再张开；到傍晚后，因光合作用停止，气孔完全闭合。气孔开闭的周期性，随气候和水分条件、生理状态和植物种类（如一些肉质植物气孔在夜间开放）而有差异。了解气孔开闭的昼夜周期变化与环境的关系，对选择根外施肥的时间有实际指导意义。

气孔器在表皮上的数目、与表皮细胞的相对位置，以及保卫细胞的大小和分布等随植物的种类而异，也与生态条件有关。大多数植物下表皮平均有气孔器 100～300 个 /mm^2。一般来说，草本双子叶植物，如棉花、马铃薯、豌豆的气孔器，下表皮多而上表皮少；有些植物的气孔器主要集中在下表皮，如木本双子叶植物中的茶、桑等叶的气孔器。湿生或水生植物的浮水叶，气孔器通常只分布在上表皮，如睡莲的叶。沉水植物的叶一般没有气孔器，如眼子菜、金鱼草。在同一植株上，位置越高的叶，其单位面积的气孔器数目越多，保卫细胞越小；在同一叶片上，单位面积气孔器的数目在近叶尖、叶缘部分的较多。这是因为叶尖和叶缘的表皮细胞较小，而气孔器与表皮细胞的数目常有一定比例的缘故。

多数植物叶的气孔器与其周围的表皮细胞处在同一平面上，但旱生植物的气孔器位置常稍下陷，生长于湿地的植物其气孔器位置常稍升高（图 2-49）。气孔的这些特点，都是对光照、水分等不同环境条件的适应。

3）表皮毛。在植物叶表皮上常有许多表皮毛（trichome 或 epidermal hair）。表皮毛的种类很多，

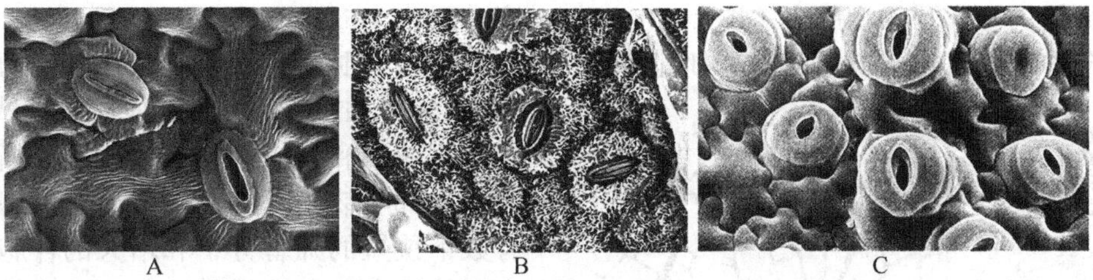

图 2-49　气孔器与表皮细胞的位置关系（扫描电镜图）
A. 中生植物叶气孔器与表皮细胞几乎在一个平面　B. 旱生植物叶气孔器在表皮中下陷
C. 湿生植物叶气孔器高出表皮表面

常随植物的种类而不同。有单细胞的，如苹果叶片上的毛；有多细胞构成的，如马铃薯叶片上的毛；有的是分支的，如悬铃木叶片上的毛。茶幼叶下表皮密生单细胞的表皮毛，在表皮毛的周围还分布有许多腺细胞，能分泌芳香油，使表皮的保护作用得以加强。甘薯叶表皮上有腺鳞，它包括短柄和由较多分泌细胞构成的顶部两个部分，顶部能分泌黏液。表皮毛的形状和结构有多样性，生理功能也不完全相同，有的可反射强光，保护叶面免受灼伤；有的可分泌黏性物质，限制叶表的空气流动，使干热风不致直入气孔，减缓蒸腾作用。

4）排水器。有些植物在叶尖和叶缘有一种排除水分的结构称为排水器（hydathode）。在温暖的夜晚和清晨，空气湿度较大时，叶片的蒸腾微弱，植物体内的水分就从排水器溢出，在叶尖和叶缘上积成水滴，这种现象称为吐水。

（2）叶肉　叶肉（mesophyll）由基本分生组织发育而来，在表皮内方，主要由含叶绿体的薄壁细胞组成，偶有分泌腔等。叶肉是叶片内最发达、最重要的部分，是绿色植物进行光合作用的主要场所。大多数双子叶植物的叶片多向水平方向伸展，所以，上下两面受光不同，上面（腹面或近轴面）为向光的一面，呈深绿色，下面（背面或远轴面）呈浅绿色；叶肉细胞分化为栅栏组织和海绵组织两部分（图 2-47）。具有这种结构的叶称为背腹叶，也称为异面叶。有的植物，如棉还有分泌腔，茶有大型骨状石细胞等分布其中。

1）栅栏组织（palisade tissue）。位于上表皮之下，由 1～4 层长柱形、含大量叶绿体的薄壁细胞组成，其长轴与表皮垂直，细胞排列紧密，细胞间隙比较少（图 2-47）。有的植物的栅栏组织只分布在上表皮的内侧，可称为背腹叶。有的植物的栅栏组织可以在上、下表皮的内侧都有分布，或都没有栅栏组织的分化，称为等面叶。栅栏组织的层数与细胞长度因植物不同而异，如棉为 1 层，长达叶片厚度的 1/3～1/2；甘薯 1～2 层；茶树因品种不同而有 1～4 层的变化。细胞内的叶绿体能随光照条件的变化而移动。在弱光下，叶绿体分散在细胞质中，以扁平的宽面对着阳光，可以充分利用散射光；在强光下，叶绿体移向侧壁，减少受光面积，避免灼伤。此外，叶绿体的数量和分布常取决于外界环境。例如，在生长季节里，细胞内的叶绿体数量多，叶绿素的含量高，类胡萝卜素的颜色被叶绿素的颜色所遮盖；到了秋天，叶绿素的含量减少，类胡萝卜素的黄橙色便显现出来，于是叶色变黄。

2）海绵组织（spongy tissue）。海绵组织是位于栅栏组织与下表皮之间的同化组织。含叶绿体较少，细胞的大小和形状不规则，形成短臂状突起并互相连接而形成较大的细胞间隙。由于这些特点，使叶片背面色泽浅于腹面。叶片的叶肉细胞间隙与气孔器的气孔下室一起（图 2-47B），形成曲折而连贯的通气系统，有利于光合作用及其有密切关系的气体交换，即 CO_2 的进入与暂时储存，O_2 及水汽的逸出等。

3）叶脉（vein）。叶脉是由原形成层发育而来的。双子叶植物的叶脉为网状脉序，主脉分出侧脉，侧脉分出各级细脉，大小叶脉错综分支，相互交织呈网状。叶脉分布在叶肉组织中，起输导和支持作用。叶脉的内部结构随叶脉的大小而不同。主脉或大的侧脉中含有一条（或几条）维管束，其中木质部位于上方（近叶的腹面），韧皮部位于下方（近叶背面），两者之间有分裂能力较弱的形成层，活动时间短。维管束的周围具含有少量叶绿体的薄壁细胞，叶片上下表皮内侧还常有厚角组织（如甘薯）或厚壁组织（如棉花、柑橘）分布，加强机械支持作用。主脉或有些大的侧脉在叶背面表皮内侧的机械组织非常发达，常常是主脉和大的侧脉在叶背面向外隆起。

较小的叶脉中，在维管束的外围有一圈薄壁细胞或厚壁细胞组成的维管束鞘，维管束鞘由小脉一直延伸到叶脉末梢，使脉梢的维管组织很少暴露在叶肉细胞间隙中（排水器例外）。维管束鞘还可以延伸到表皮下方，构成维管束鞘延伸区，既具备支持功能，也担负起从维管束鞘至表皮的短途运输功能。小叶脉分支相互连接呈网状，把叶肉分隔成区，最小的区域被最细的叶脉包围成网孔状。有的植物网孔内有游离的脉梢，称为开放型脉序（图 2-50E）；有的植物的网孔内没有自由的脉梢，称为闭锁型脉序（图 2-50F）。

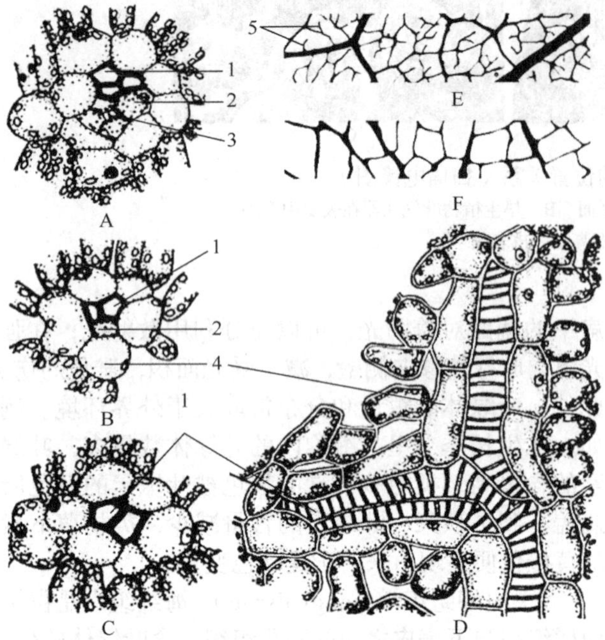

图 2-50 细脉与脉梢

A～C. 叶细脉维管束（梨属）横切面（A. 维管束具 2 个筛管分子和一些薄壁细胞 B. 维管束具 1 个筛管分子和一些薄壁细胞 C. 维管束末端筛管分子消失，只具有 2 个管胞）
D. 细脉维管束纵切面 E. 开放型脉序 F. 闭锁型脉序
1. 导管分子 2. 薄壁细胞 3. 筛管分子 4. 维管束鞘
5. 游离脉梢

随着叶脉的逐渐变细，维管束的结构越加简化（图 2-50A～D）。首先是形成层和机械组织消失，其次是木质部和韧皮部的组成分子渐渐减少。脉梢处的木质部与韧皮部结构更为简化，韧皮部中有的只有数个狭短的筛管分子和增大的伴胞，常常是筛管小而伴胞大，木质部则仅有 1～2 个螺纹管胞，但比韧皮部延伸得更远。在脉梢末端，有的则只有 1～2 个薄壁细胞。脉梢是向木质部泄放蒸腾流的终点，又是收集、输送叶肉光合产物的起点，因此，许多植物叶片中的小叶脉附近有特化的、具有吸收和运输物质作用的传递细胞（transfer cell），它们能更有效地把叶肉细胞生产的光合产物输送到筛管分子。

4）排水器。植物叶片边缘和叶尖开闭功能退化的气孔器称为排水器（hydathode）。在温暖的夜晚和清晨，空气湿度较大时，叶片的蒸腾作用微弱，植物体内多余的水分就从排水器中溢出，在叶尖和叶缘上积成水滴，这种现象称为吐水。

2.3.4.3 禾本科植物叶片的结构

禾本科植物叶片一般斜向上举，没有背腹之分，上下两面都能接受光照进行光合作用，是等面叶。与双子叶植物叶片一样，禾本科植物叶片也是由表皮、叶肉和叶脉三部分组成（图 2-51A），但各部分的细胞组成和形态结构都显著不同。

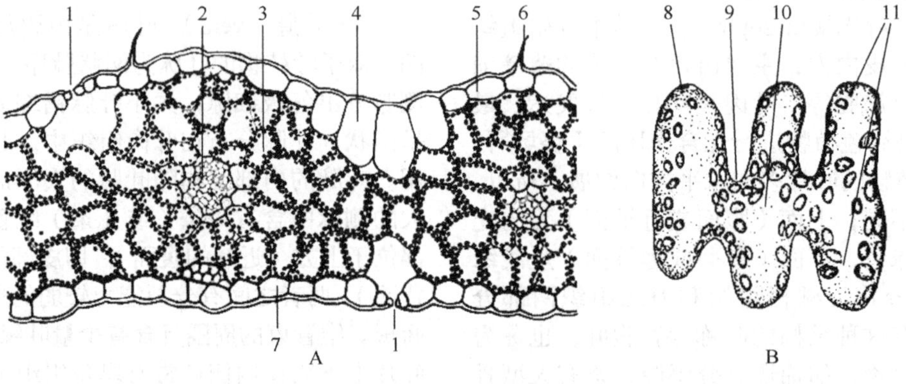

图 2-51 小麦叶的结构

A. 部分叶片横切面 B. 多环细胞

1. 气孔器 2. 叶脉 3. 叶肉 4. 泡状细胞 5. 上表皮 6. 表皮毛 7. 下表皮 8. 峰 9. 谷 10. 腰 11. 环

（1）表皮

1）表皮细胞。禾谷类植物表皮细胞一般沿着长轴纵向有序排成列状，细胞形态结构、气孔器结构较双子叶植物复杂。表皮细胞近长方形，分为长细胞（long cell）和短细胞（short cell）。细胞壁栓化的短细胞称为栓细胞（cork cell），细胞壁硅化的短细胞称为硅细胞（silicon cell），栓细胞和硅细胞在同一细胞列上沿着长轴有规律地相间排列。水稻叶的硅细胞中充满硅质胶状物，容易识别。许多禾本科植物表皮中的硅细胞常常向外突出呈齿状或刚毛状，使表皮坚硬而粗糙，能够提高抗病、抗虫害的能力。长细胞的长轴与叶片纵轴平行，垂周壁细胞波纹状与相邻细胞密切镶嵌，一般几个长细胞列相邻，数个长细胞列与 1 个短细胞列相间排列，或者是 1 个长细胞和 2 个短细胞交互排成长列（图 2-52A）。

2）泡状细胞。位于 2 个相邻平行叶脉之间的上表皮处有 3～7 列大型薄壁细胞，细胞长轴与叶脉平行，横切面扇形排列，称为扇形细胞（sector

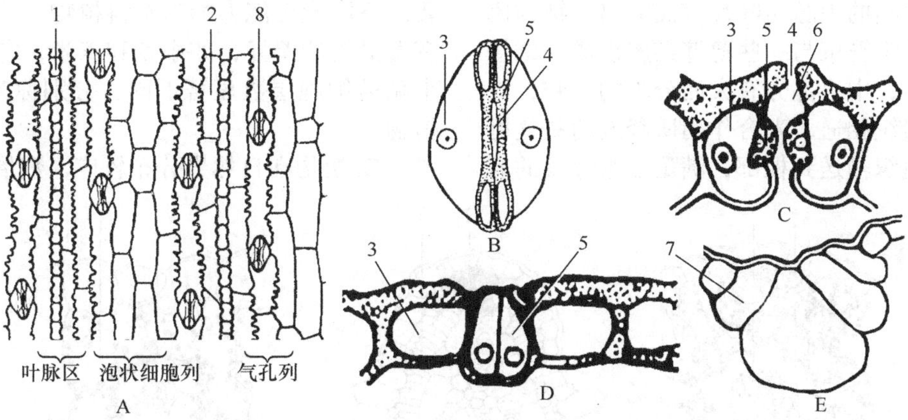

图 2-52 禾谷类植物叶片表皮结构

A. 上表皮 B. 气孔器顶面观 C. 气孔器中部横切面 D. 气孔器上部横切面 E. 排列成扇形泡状细胞
1. 短细胞 2. 长细胞 3. 副卫细胞 4. 气孔 5. 哑铃形保卫细胞 6. 气孔下室 7. 泡状细胞 8. 气孔器

cell)，或泡状细胞（bulliform cell），中间细胞最大，两侧的细胞依次渐小（图 2-52E）。泡状细胞为体积较大的薄壁细胞，垂周壁薄，液泡大，主要与叶片的卷曲、伸展有关。当气候干燥时，叶片蒸腾失水过多，泡状细胞外壁向内收缩，引起叶片向上卷缩呈筒状，减少蒸腾面积，降低叶面蒸腾量；叶面卷曲一般是可逆的，当空气湿度升高、蒸腾强度降低时，叶片两侧向外打开，恢复平展，故泡状细胞也称为运动细胞（motor cell）。

3）气孔器。气孔器在叶表皮中常轴向排成 1～2 列，与长细胞按照一定的规律排列，由保卫细胞、副卫细胞、气孔和气孔下室组成。气孔器内，2 个保卫细胞为哑铃形，在保卫细胞的外侧，各有 1 个近似菱形的副卫细胞（图 2-52B）。成熟的保卫细胞形状狭长，两端膨大、壁薄，中部薄壁特别增厚。当保卫细胞吸收膨胀时，薄壁的两侧膨大，相互撑开，气孔开放；缺水时，两端萎缩，气孔闭合。

由于禾本科植物叶片较为直立，上下两面都能进行光合作用，因此，气孔器的数量在禾本科植物叶片的上下表皮中相差不大，但是，叶缘和叶尖部分的气孔器密度较大。气孔密度大的地方光合作用强，蒸腾失水也多。水稻插秧后往往发生叶尖枯黄，就是因为根系暂时受损、吸水量不足，而叶尖蒸腾失水过多所致。因此，有经验的农民常常把秧苗叶尖割掉，减少蒸腾失水，保持叶片绿色。叶片上对外的开口气孔器、排水器及细胞壁薄的泡状细胞经常是植物病菌入侵叶片的场所。例如，稻瘟病的分生孢子萌发后，其芽管菌丝就从气孔或泡状细胞入侵叶片，白枯病菌从排水器入侵叶片。

（2）叶肉 禾谷类植物的叶没有背腹之分，上下表皮内侧都没有栅栏组织或海绵组织的分化，其中的薄壁细胞就是叶肉（图 2-51A）。水稻、小麦叶片中，叶肉细胞排列成整齐的纵行，胞间隙小。叶肉细胞形态不规则，细胞壁 1 至多次内陷，形成具有“峰、谷、腰、环”的结构，称为多环细胞（图 2-51B），从而扩大细胞表面，有利于叶绿体排列在细胞边缘，易于接受光照和吸收 CO_2，促进光合作用。相邻多环细胞“峰、谷”相对时，细胞间隙加大，有利于气体交换。据报道，多环细胞的形态随植物种类及同种植物不同的叶位而发生一定的变化，如小麦旗叶、低节位叶及高节位叶的多环细胞形态是不完全相同的。冬小麦生长前期叶片中叶肉细胞的环数一般为 1～2 环，最多达 9 环；生长旺盛期叶片中叶肉细胞的环数一般为 4 环，最多达 16 环，且峰、谷、腰、环在不同的平面起伏。

禾本科植物的叶肉里含有大量的叶绿体，当氮肥充足、营养生长旺盛时，合成高于分解，物质积累增加，叶绿素合成提高，叶色深绿。相反，氮肥不足时，植物生长缓慢，不利于叶绿素合成，叶肉内胡萝卜素的黄橙色显现，使叶色呈黄绿色。因此，叶色的变化是水稻等农作物叶片叶绿素含量变化的指示色，能够反映植株新陈代谢的一定特点，作物叶色规律的变化，是看苗管理的可靠依据，采取适当的处理措施后，能够促进作物高产、稳产。

（3）叶脉 禾本科植物的叶脉是平行脉，各纵向叶脉间无横向细脉连接。中脉皆向叶背隆起。叶脉维管束中没有形成层，为有限外韧维管束，其结构由韧皮部、木质部和维管束鞘组成。叶脉维管束四周有维管束鞘包围，由一层薄壁细胞（C_4 植物）或两层细胞（C_3 植物）组成，若是两层，外层为薄壁细胞，内层为厚壁组织（图 2-53A～C）。维管束鞘的薄壁细胞中含有较多的叶绿体，可以进行光合作用。水稻中脉具有纵向延长的大气腔，玉米的中脉薄壁细胞较多，但不含叶绿体，禾本科植物叶脉的上、下方一般有成片的纤维细胞，可与叶片表皮相连。水稻的中脉向叶片背面突出，结构比较复杂，由多个维管束与一些薄壁细胞组成，维管束大小相间而生，中央部分有大而分隔的空腔，与茎、根的通气组织相通，光合作用所释放的氧气可以由这些通气组织输送到根部，满足根系呼吸的需要。不同光合能力的禾本科植物，叶脉的形态结构有着显著的差异，如小麦和玉米，它们叶脉中维管束鞘的细胞层数显著不同，分别称为 C_3 植物和 C_4 植物。

C_3 植物在自然界分布较广，数量较多，其光合作用的第一个产物是三碳化合物——磷酸甘油酯，因此被称为 C_3 植物。C_3 植物的维管束鞘由 2 层细胞组成，外层细胞较大，壁薄，含有的叶绿体数量少于叶肉细胞；内层细胞小，由纤维细胞组成，细胞壁厚，不含叶绿体（图 2-53A）。C_4 植物主要分布在热带高温干旱的环境中，数量比 C_3 植物少得多，大约几百种植物，分属于进化地位较高的几个科，如马齿苋科、苋科、藜科、莎草科等。C_4 植物光合作用的第一个产物是四碳化合物——苹果酸等，故得名。C_4 植物的维管束鞘由单层薄壁细胞组成，细胞大，排列整齐，内含有较大的叶绿体和丰富的线粒体、微体等细胞器，积累淀粉的能力比叶肉细胞强。有的 C_4 植物维管束鞘的外侧密接一些环状排列的较大的叶肉细胞，与内侧的维管束鞘薄壁细胞共同组成“花环状”结构（图 2-53B、图 2-53C）。有的 C_4 植物如玉米，虽然没有明显的“花环状”结构，但是叶肉细胞与维管束鞘的联系较 C_3 植物更加紧密。

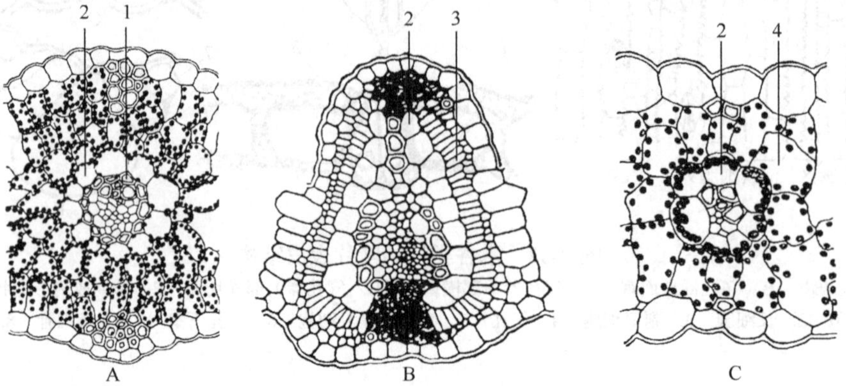

图 2-53　禾本科植物叶片维管束鞘类型与结构（李扬汉，2000）

A. 小麦（C_3 植物）叶脉具有大、小两层细胞组成的维管束鞘　B. 格兰马草属（C_4 植物）叶片维管束鞘外围有一层排列整齐的叶肉细胞，具明显的“花环状”结构

C. 玉米（C_4 植物）叶维管束具有一层大型薄壁细胞组成的维管束鞘，含较大的叶绿体

1. 纤维细胞组成的维管束鞘　2. 薄壁细胞组成的维管束鞘　3. 排列整齐的叶肉细胞　4. 叶肉细胞

C_3 植物与 C_4 植物叶的结构特点与其光合作用特点相协调。C_3 植物叶片中的 CO_2 固定、还原和转化都是在叶肉细胞内进行的，有关的酶也都存在于叶肉细胞内。C_4 植物的光合作用中有 2 个碳循环，CO_2 的固定在叶肉叶绿体中进行，在磷酸烯醇式丙酮酸羧化酶的作用下形成四碳化合物，CO_2 的还原发生在叶脉维管束鞘的大型叶绿体中，即将叶肉细胞中形成的四碳化合物在这里释放出 CO_2，再次被固定和还原，最后形成碳水化合物。C_4 植物的光合效能较 C_3 植物高得多，从而产量高、品质好。因此若能将 C_3 作物改造成 C_4 作物，将是提高农作物产量和品质的重要途径之一。

2.3.4.4　裸子植物叶的结构

与双子叶植物和单子叶植物比较，裸子植物叶的形态和结构具有鲜明的特征。松树类植物叶常为针形，二针、三针或五针一束，横切面为半圆形或三角形。杉树类植物叶多为短披针形，柏树类植物叶多为鳞片形，红豆杉类植物叶为条形，银杏叶为扇形，苏铁叶为大型、羽状全裂叶。

以松叶为代表介绍裸子植物叶的解剖结构。松叶的横切面分为表皮、下皮层、叶肉和维管束四部分（图 2-54A）。表皮由一层排列紧密的细胞组成，细胞腔小，细胞壁厚，外壁具有较厚的角质膜。气孔器在松针上纵向密集排列，形成气孔线，保卫细胞下陷至表皮内方的下皮层部位，被副卫细胞拱盖（图 2-54B）。下皮层 1 至多层，发育初期为薄壁细胞，后来逐渐木质化，形成硬化的厚壁组织。叶肉细胞壁向内凹陷形成很多褶襞，叶绿体沿褶襞分布，扩大了叶绿体的分布面积，提高了光合能力。叶肉细胞实际上也就是绿色折叠的薄壁细胞。叶肉中有规律地分布着树脂道，分布的位置和数目是鉴定植物的重要依据之一。树脂道是由外层的鞘细胞和内层的上皮细胞构成的裂生型管道，只有上皮细胞才能分泌树脂并将其储存于树脂道（resin canal）内。

叶脉维管组织位于叶的中央，包埋在叶肉中。围绕维管组织外围与叶肉毗邻处有一层排列紧密、近长方形的细胞，称为内皮层，其上有时有凯氏带

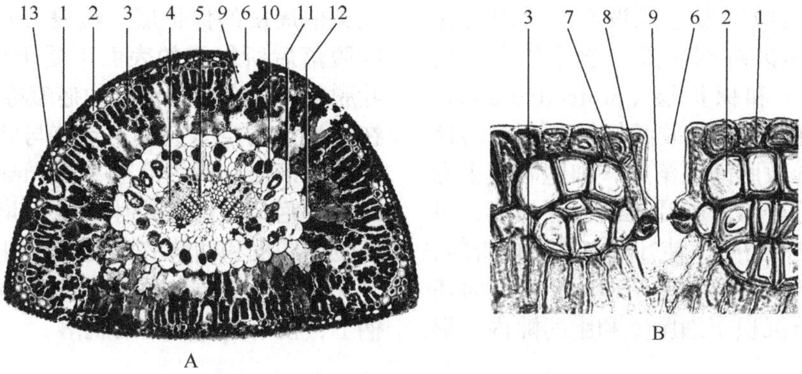

图 2-54　裸子植物（黑松）针叶解剖结构

A. 黑松针叶横切面　B. 松针叶气孔器细微结构

1. 表皮　2. 下皮层　3. 叶肉　4. 韧皮部　5. 木质部　6. 气孔　7. 保卫细胞　8. 副卫细胞　9. 气孔下室　10. 管胞　11. 蛋白质细胞　12. 内皮层　13. 分泌腔

结构，细胞内含有淀粉粒。叶脉维管组织有 1～2 个维管束，主要由初生木质部和初生韧皮部组成。初生木质部在维管束内方，初生韧皮部在维管束外方，属于有限外韧并生维管束。韧皮部由筛胞、韧皮薄壁细胞组成，横切面上细胞扁平；木质部由管胞和木薄壁细胞组成，它们在径向方向有规律的相互间隔排列，形成整齐的径向行列。在维管束与内皮层之间有特殊的传输组织（transfusion tissue），它们包围着维管束，由管胞、薄壁细胞及蛋白质细胞组成。靠近维管束的管胞横向延伸，壁薄，少有木质化；远离维管束的管胞与薄壁细胞形状相似。管胞的这种变形与其位于维管束与叶肉之间、担负物质交换功能密切相关。管胞是无内含物的死细胞，壁稍厚并轻微木质化，壁上有具缘纹孔；薄壁细胞是生活的，在生活后期常充满鞣质；蛋白质细胞也是生活的薄壁细胞，含有浓厚的细胞质，一般成堆地分布在韧皮部的一侧。

叶的形态结构最易随生态环境不同而发生变化，特别是水分和光照强度对叶片的解剖结构有明显的影响，根据植物与水分的关系可分为旱生植物、中生植物和水生植物。又根据叶受光照强弱的影响，把植物分为阳地植物和阴地植物（见 2.4.3 节）。

2.3.5　叶的衰老与脱落

衰老：是个体或器官受到多种发育和环境信号调控的、程序性的、导致脱落或死亡的一系列衰退过程。植物衰老的类型主要有整体衰老（overall senescence）、地上部分衰老（top senescence）、脱落衰老（abscission senescence）和渐进衰老（progressive senescence）。

叶衰老：有脱落衰老和渐进衰老两种。脱落衰老通常出现在二年生植物或某些多年生植物，其叶衰老脱落，而茎和根仍保持生命力；渐进衰老，也就是最老的叶片会衰老掉落，而其他部位的叶片会继续正常生长。因此，作为营养器官之一的叶是不可能长久地生长在植物体上的，其有一定的寿命。

落叶：多数植物的叶生活到一定时期便会从枝上脱离下来，这种现象称为落叶（defoliation）。一般一年生植物，叶随着植物体一起死亡，多年生草本植物和落叶的木本植物，其叶的寿命只有一个生长季。只有一个生长季的多年生木本植物的叶，在冬天来临时全部脱落，这样的树称为落叶树（deciduous tree），如桃、苹果、杨、柳、银杏等，它们叶片的衰老属于脱落衰老。而柑橘、枇杷、雪松、桂花等植物的叶寿命较长，可以活一年或几年，在植株上次第脱落，互相交替，这样的树称为常绿树（evergreen tree），这些叶片的衰老属于渐进衰老。

衰老过程中，由于衰老相关基因传导、表达，光合作用降低、呼吸作用增强、生物大分子、色素、植物激素等发生变化，细胞结构逐渐解体，导致叶自然离开母体而脱落（abscission）。落叶是植物度过不良环境（如低温、干旱）的一种适应形式。冬季寒冷干旱，根系吸水困难，叶脱落可以减少蒸腾度过不良环境使植物得以生存。叶在脱落之前，要经历衰老变化，因此，衰老和脱落是两个连续的过程。有时这两个过程可以独立发生，如突然的霜害和机械损伤会导致叶脱落；一些二年生植物的叶，植株死亡后也不脱落。

落叶机制：大多数的多年生草本及木本植物，它们落叶时产生离层，叶从离层处脱落。落叶时，靠近叶柄基部的几层细胞发生细胞学和化学上的变化，细胞进行分裂，形成几层小型的薄壁组织细胞，这个区域称为离区（abscission zone）（图 2-55A）。从外表看，有的植物叶柄基部有一个浅的凹槽，有的没有凹槽，但是此处的表皮具有不同颜色，这个部位就是离区。离区细胞和邻近细胞相比，体积小，缺乏扩张能力，离区内的维管组织通常集中在叶柄中心，机械组织不发达或没有，组织分化程度低。落叶前在离区范围内进一步分化产生离层（abscission layer）和保护层（protective layer）（图 2-55B）。离层细胞壁中果胶酸钙转化为可溶性的果胶和果胶酸而导致胞间层溶解，细胞间失去黏结力，随后整个细胞分解，叶片逐渐失绿枯萎，以后由于风吹雨打等机械力量，使叶柄自离层处折断，叶子脱落。在离层折断处的细胞壁栓质化，有时还有胶质、木质等物质沉积于细胞壁和胞间隙内，形成类似周皮的保护层，覆盖着叶柄的断痕处，保护叶脱落后所暴露的表面不受干旱和寄生物的侵袭。叶脱落后，在茎上留有的疤痕称为叶痕（leaf scar）。在叶痕内的点状突起，是茎与叶柄维管束间断离后留下的痕迹，称为叶迹（leaf trace）。有的植物在落叶后的疤痕下继续产生周皮，增强保护作用。离层部位的周皮和幼茎的周皮最后相连成一整体。

离层不仅产生在叶柄上，也可产生在花柄和果柄上，便于花和果实的脱落。

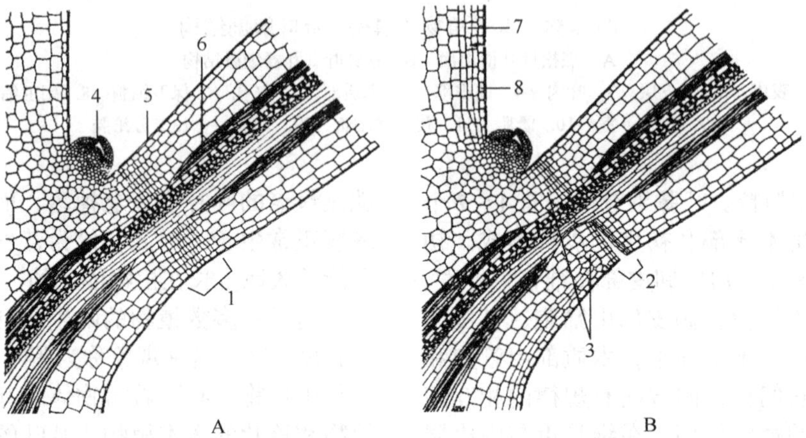

图 2-55 落叶的细胞学机制（引自丁春邦和杨晓红，2014）

A. 离区的形成 B. 离层和保护层的形成

1. 离区 2. 离层 3. 保护层 4. 腋芽 5. 叶柄 6. 叶柄维管束 7. 周皮 8. 表皮

落叶时，树叶失绿，树叶色彩变化巨大。叶片中的叶绿素解体，叶黄素、胡萝卜素及液泡中的花青素增多，叶片表现出黄、橙、紫、红等颜色，是植物叶走向死亡的显著特征。

叶衰老和脱落的原因很多，植物激素含量的变化是调控叶衰老的重要因素之一。叶衰老时，代谢活动降低，水分不足，自根部运输到叶的细胞分裂素浓度降低，脱落酸含量升高，促进气孔关闭，叶绿素分解，光合效率下降，叶内同化产物和可溶性蛋白质向叶外运输量降低，叶黄素和胡萝卜素含量升高，叶片逐渐变黄。有些植物在落叶前细胞中有花青素产生，绿叶变为红叶。

叶在衰老脱落之前，将储藏的矿质元素和有机物质主动转移至休眠芽、茎、根和果实等部位，成为翌年新器官发生发育时的重要营养来源。尽管没有绿叶为其提供光合产物，春天最早解除休眠的花芽依赖上一年落叶前转储的营养物质也能满足正常的生长和发育。

2.3.6 叶的生长特性与农业生产的关系

叶是植物生产的主要营养器官，研究叶的生长发育特征，对于提高农业生产产量和质量具有重要的指导意义。

2.3.6.1 叶片与作物产量的关系

叶片是植物通过光合作用将光能转化为化学能积累碳水化合物的主要部位，叶片的数量、面积、生长状况、光合能力和光合时间将直接影响作物的产量。一般来讲，作物每一个果实或籽粒都需要一定数量的功能叶片供给其光合产物才能充分发育成熟，作物的这个比值称为叶 / 果比或叶 / 穗比，是相对稳定的。因此，农业生产上要采取多种措施促进植物叶片的生长发育，增加叶片数量、扩大单叶面积、提高光合能力，延长叶片寿命，延长光合作用时间，促进花芽分化，提高坐果率、结实率，以及作物的产量和品质。有些作物，如茶叶、白菜、烟草、大青叶等，其叶片为收获部位，抑制这些作物的生殖生长，促进叶片营养生长，就直接能提高作物（叶片）产量。衰老的叶片光合作用降低，并有抑制花芽分化的作用，因此在生产上要经常摘除老叶。秋天早霜等不正常因素导致的叶不正常脱落，必将对翌年的花量、果实的高产等带来潜在的危险。

2.3.6.2 叶片与作物水分的关系

叶片是植物体水分平衡与否的天然指示器官，一旦植物失水过多，叶片就表现萎蔫或内卷。禾谷类植物叶片 2 个叶脉之间的上表皮中扇形排列的泡状细胞（运动细胞），细胞壁薄，对环境水分的变化反应敏感。环境中水分充足时，泡状细胞吸水膨胀，叶片舒展；环境缺水时，泡状细胞失水而萎缩，叶片内卷，减少蒸腾面积，降低蒸腾作用，保留维持生命活动的基本水量。因此，生产中如果发现禾谷类植物叶片内卷，表明植物体内缺水，应及时灌水或浇水，防止植物进一步失水萎蔫。

2.3.6.3　叶片与苗木移栽的关系

叶片是蒸腾作用的主要场所，植物体内逸失在空气中的大部分水分都是通过叶片的蒸腾作用实现的。生产中进行苗木移栽时，植物根系在起苗时会受到伤害，吸收水分功能减弱，而叶片的蒸腾作用因叶片面积没有变化而不降低，使植物体失水多于吸入体内的水，叶片萎蔫，光合作用减弱，生长停止，严重时叶片枯萎，植株死亡。因此，移栽苗木时最重要的是要保持植物体内的水分平衡，减少水分的过度蒸腾。绿枝扦插或苗木移栽时，一般是剪掉扦插绿枝或苗木的部分叶片或嫩叶，维持植株的水分平衡，提高成活率。

2.4　营养器官整体性、统一性和适应性

植物的营养器官根、茎和叶，从生理功能上看，各自都有自己独特而重要的作用。然而，不同的器官，由于行使不同功能，加之长期对不同环境条件的适应及相互作用，组成这些营养器官的组织类型、数量、空间分布和外部特征等一方面表现出很大的差异，另一方面彼此间又相互联系和统一，结构上均是由皮组织系统、基本组织系统和维管组织系统构成的，功能上相互影响和协调统一，表现出整体性，它们既有区别，又有联系。植物的功能决定了器官的形态，形态适应于功能和特定的环境。

2.4.1　营养器官的整体性

细胞是组成植物的基本结构单位，植物体的所有生活细胞之间通过胞间连丝连成一个整体；植物的器官是其长期适应环境进化发展起来的，是植物体高度复杂完善的标记，是自然选择的结果，器官间形态结构、生理功能各异，共同协调完成植物体的生命活动过程。但被子植物各器官间又是密切相关的，它们彼此贯通、紧密联系，表现出植物体结构上的整体性。

（1）根、茎维管系统的联系部位　种子萌发时，胚轴的一端发育为主根，另一端发育为主茎，两者之间通过下胚轴相连。然而根的维管组织的特点（木质部和韧皮部间隔排列和外始式木质部）与茎的维管组织的特点（外韧维管束的环状排列和内始式木质部）明显不同，所以，在根、茎的交界处，维管组织必须从一种形式逐步转变为另一种形式，发生转变的部位称为过渡区（transition region between shoot and root），一般在下胚轴的一定部位。

（2）根、茎维管系统的分化和连接　主张根、茎间“过渡区”位于下胚轴的学者认为：根的木质部外始式星状中柱是最原始的，茎的内始式真中柱是最进化的。根、茎维管组织的联系在下胚轴部位发生，由根部向茎部转变。转变时维管柱有增粗的变化过程，维管组织中木质部或韧皮部，或两者都发生分叉、旋转、靠拢和合并的变化过程。转变之后的维管组织在根-茎间就建立起了统一联系（图2-56）。

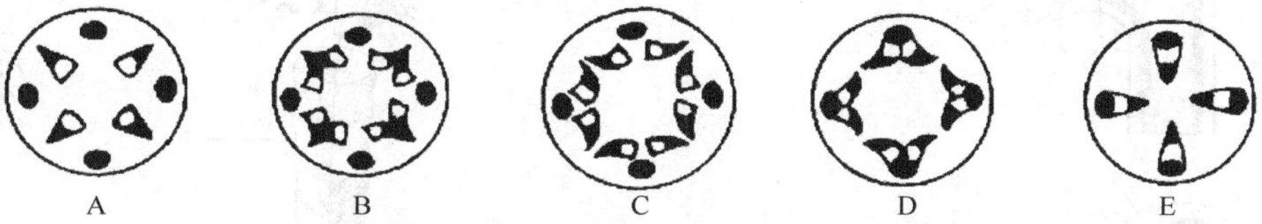

图2-56　根茎过渡区维管组织的分化与联系

A. 根维管束　B. 木质部分叉　C. 木质部旋转　D. 木质部在韧皮部内侧靠合

E. 木质部合并形成木质部和韧皮部内外并生排列的茎中维管束

以四原型根转变为具有四个外韧维管束的茎为例，每个维管束的木质部分为二叉，转向180°，每一分叉与相邻维管束的一分叉汇合成束，同时逐渐移位到各韧皮部之内侧。韧皮部的位置始终不变，就形成了木质部韧皮部内外并生排列的茎中的四束维管束，即图2-56中所示茎的初生结构。

（3）茎、叶间维管系统的分化和连接　在植物体中，维管束最初由下胚轴进入到子叶节，或由上胚轴进入到第一叶、继而进入到各叶内的发生特点基本规律是：维管束先旋转、交叉、增生和合并后，

再发生分离，分别进入到下一节间和所在节部的腋芽和叶柄内。进入腋芽的维管束的发育、分布和结构特点与主茎相似；进入到叶内的维管束，如果是外韧型维管束，其原本位于内侧的木质部则在进入叶内后，木质部总是朝向叶片的上（内）表面或叶结构的上表皮一侧，而韧皮部则总是位于朝向下（外）表皮或叶结构的下表皮一侧。

叶中维管束和茎中维管束连接在一起，而且连接方式有一定的规律。叶着生于茎节上，茎维管束在节处分枝，通过叶柄伸入叶片，在叶片内反复分枝，构成叶脉。进入叶的维管束，从茎中分枝起穿过皮层到叶柄基部止，这一段维管束称为叶迹。在叶迹上方，留下空隙，由薄壁组织填充，这个区域称为叶隙（图 2-57）。各种植物的叶迹由茎伸入叶柄的方式不同。有的由茎中维管束伸出，在节部直接进入叶柄与叶维管束相连；有的从茎中维管束伸出后，和其他叶迹汇合，再沿着皮层上升穿越一节或多节，才进入叶柄与叶维管束相连。茎中的叶迹为外韧维管束，其中韧皮部位于离心部分，木质部位于向心部分。叶迹维管束经过叶柄进入叶片后，在叶脉维管束中则表现为木质部靠近叶片的腹面（上表面），韧皮部靠近叶片的背面（下表面）。在枝、叶中，韧皮部与木质部排列的方式略有变化，但实质上两者均属并生维管束，并未发生过渡区初生维管组织构造上的转变。植物种类不同，叶迹数目不同，但对于某一种植物而言，叶迹数目是一定的。当叶片脱落后，在茎节处总是可见到叶片脱落后留下的斑痕，称为叶痕（leaf scar）。而叶痕内分布的斑点或点状突起，则是叶片脱落后，由茎进入叶柄的维管束断裂后留下的痕迹，称为叶迹（leaf trace）（图 2-57）。

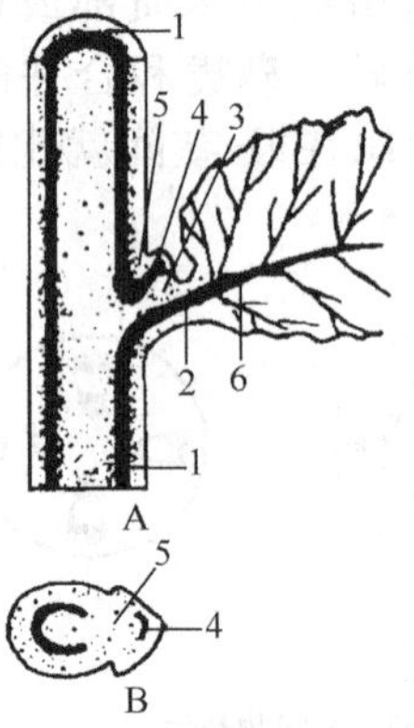

图 2-57　节部茎、叶维管束的分化与联系
（引自 Raven et al.，2012）
A. 茎的纵切面　B. 茎的横切面
1. 茎维管束　2. 叶迹　3. 叶隙　4. 枝迹　5. 枝隙
6. 叶柄维管束

茎或枝的节上长叶，叶腋里有腋芽，腋芽以后发育成分枝。茎和枝中的维管束也是连接在一起的。茎维管束的分枝，通过皮层进入枝的这段维管束，称为枝迹（图 2-57）。枝迹的发生也产生枝隙，枝隙也同样是枝迹伸出后，在它的上方留下空隙，由薄壁组织填充的区域。枝迹和叶迹不同，只能由茎产生分枝的节上伸出，而不穿越数节以后再伸入分枝。枝迹进入分枝后联合在一起，形成与茎相同形式的维管束。

由此可见，植物体内的维管组织，从根中通过过渡区与茎相连，再通过枝迹和叶迹与枝和叶中的维管束相连，构成完整的维管系统，从而保证了植物体生活中所需水分、矿质元素和有机物质的输导及转移。

（4）植物体局部与整体的统一性　组成植物体的根、茎、叶各部分的发生、生长、发育最终都是同源的。它们在生理功能上既分工又合作，在形态结构上各有特点又相互联系（图 2-58），生长发育中它们相互促进也相互抑制，从而形成结构上相互联系、功能上相互协同、生长方面相互协调的有机整体——完整的植株。

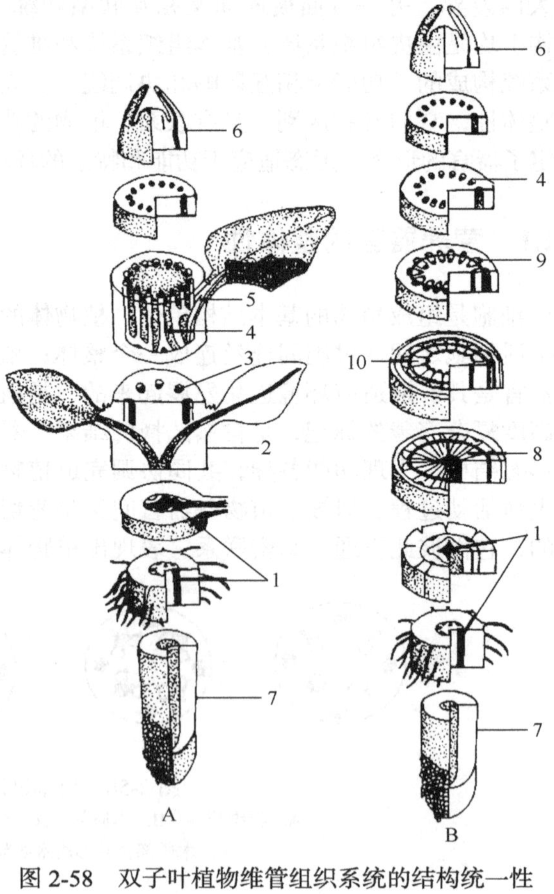

图 2-58　双子叶植物维管组织系统的结构统一性
（仿李扬汉，2000）
A. 初生结构　B. 次生结构
1. 根维管组织　2. 根茎过渡区　3. 维管束　4. 茎维管束
5. 叶迹　6. 茎尖　7. 根尖　8. 根次生维管束　9. 茎初生韧皮部
10. 茎初生木质部

2.4.2　营养器官间的功能协同性

2.4.2.1　植物体内水分的吸收、输导和蒸腾

陆生植物生活所需要的水分，主要是从根尖的根毛区吸收。水分进入根毛后，一方面以细胞间渗透的方法依次通过幼根的表皮、皮层、内皮层、中柱鞘而进入导管；另一方面由于植物地上部分，特别是绿叶的巨大蒸腾作用，产生强大的蒸腾拉力，由叶、茎、根的导管一直传到根毛区的细胞，使根毛区细胞的吸水力增加，不断地向土壤吸收水分。可见，根系的吸水活动与茎的输导和叶的蒸腾都有密切关系（图 2-59）。

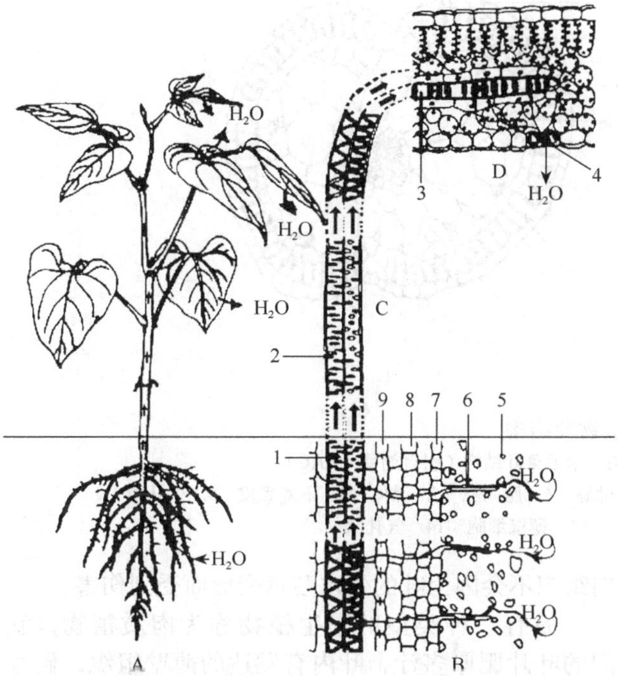

图 2-59　植物体内水分从下往上移动途径示意图

A. 植株　B. 水分在根系中吸收　C. 水分在茎中输导　D. 水分在叶片表面蒸腾

1. 根中木质部输导组织　2. 茎中木质部输导组织　3. 叶中输导组织　4. 气孔器　5. 土壤　6. 根毛　7. 表皮　8. 皮层薄壁细胞　9. 内皮层

2.4.2.2　植物体内有机营养物质的制造、运输、利用和储藏

植物体内有机营养物质是通过绿色植物的光合作用制造的。光合作用是从无机物（二氧化碳和水）合成有机物的主要过程，也是直接将太阳能转变为化学能的唯一途径。叶片是进行光合作用的重要场所。它们所制造的有机物，除少数供应本身利用外，其他都大量运输到根、茎、花、果、种子等器官中。这种有机物的运输，是通过韧皮部的筛管进行的。这样，正在生长的茎、根等细胞就获得了光合作用产生的糖分。同时，根系合成的氨基酸、酰胺等含氮有机物也经筛管运输到地上部分。有机物的运输与呼吸作用密切相关，都要通过呼吸作用中形成的三磷酸腺苷（ATP）提供能量。有些植物具有储藏大量有机物的能力，将叶片制造、运来的有机物积蓄于块茎、块根等储藏器官以及结实器官的果实或种子中。以上说明在植物体内有机营养物的制造、运输、利用和储藏过程中，植物所进行的光合作用、输导作用、呼吸作用及生长发育等各种生理功能都是相互依存的。同时植物的这些生理活动又与植物器官的形态结构统一协调。

2.4.2.3　营养器官的生长协调性

（1）地下部分与地上部分的生长相关性　植物地上部分与地下部分存在着生长相关性。植物的地上部分把光合产物和生理活跃性物质输送到根部去利用，而根系将从土壤中吸收的水分、矿质和氮素，及其合成的氨基酸等重要物质，又往上部输送，供给地上部分的需要。“本固枝荣，根深叶茂”就是对植物根系与枝叶之间生理上的密切相关的深刻描述。两者在生长上必然出现一定的比例关系，可用根条比率体现。

（2）主干与分枝的生长相关性　顶芽对腋芽、主根对侧根有抑制作用，也反映了器官的生长相关性。顶芽发育得好，主干就长得快，而腋芽却受到抑制，不能发育成新枝或发育得较慢。如果去掉顶芽，便可促使腋芽开放，发育为新枝。这种顶芽生长占优势、抑制腋芽生长的现象，称为顶端优势。顶端优势的存在实质上是生长素对腋芽生长活动的抑制作用。主根对侧根也有类似的顶端优势。

（3）营养生长与生殖生长的相关性　一年生植物进入生殖生长时，营养生长常因此中止或削弱，幼叶和茎不仅在果熟期减缓合成和停止输入光合产物，而且通过物质的重新分配，输出一部分积累的碳素与无机物。这一过程加速植株的衰老，最终导致植株死亡。而多年生植物仅将部分营养物质用于生殖生长，使结实枝条仍保持健壮，即使死亡，也有新枝取代；或同时将部分营养物质转储地下的储藏根、根茎等处，仅地上部死亡，翌年生长季仍能再度萌发。运用植物营养生长与生殖生长的相关性原理，农业生产中依据收获作物器官的不同，适时调整营养器官和生殖生长的关系，提高作物的产量和质量。

2.4.3　营养器官对环境的适应性

叶是植物暴露在空气中面积最大的器官。植物演化过程中不仅具备适应光合作用的形态结构，同

时也产生了适应不同水分生境的形态结构。依照植物与水分关系的密切程度不同，把植物分为旱生植物、中生植物和水生植物。

2.4.3.1 旱生植物叶

旱生植物（xerophyte）是指在气候干燥、土壤水分缺乏的干旱环境中生长，能够忍受较长时间干旱仍能维持体内水分平衡和正常发育的植物，叶片的结构特点主要是朝着降低蒸腾和储藏水分两个方面系统演化。有的旱生植物叶片强烈缩小形成刺形（如仙人掌类植物）、针形（如松属植物）或鳞片形（柏属植物），这样可以减少蒸腾面积，减少水分的蒸腾量。

叶的表皮细胞较小，细胞壁增厚，外壁高度角化，有很厚的角质层，角质层外还有厚的蜡层。表皮上常有浓密表皮毛，有的旱生植物的表皮毛是死亡的，表皮毛的空腔内充满空气，呈白色，可以反射光线，防止叶温增高。因此，叶小而厚，多茸毛，表皮细胞壁厚，角质层发达是旱生植物叶的显著特征。有些植物种类的表皮由多层细胞组成，称为复表皮。表皮中气孔下陷，或生于气孔窝中，如夹竹桃的叶（图 2-60A）。

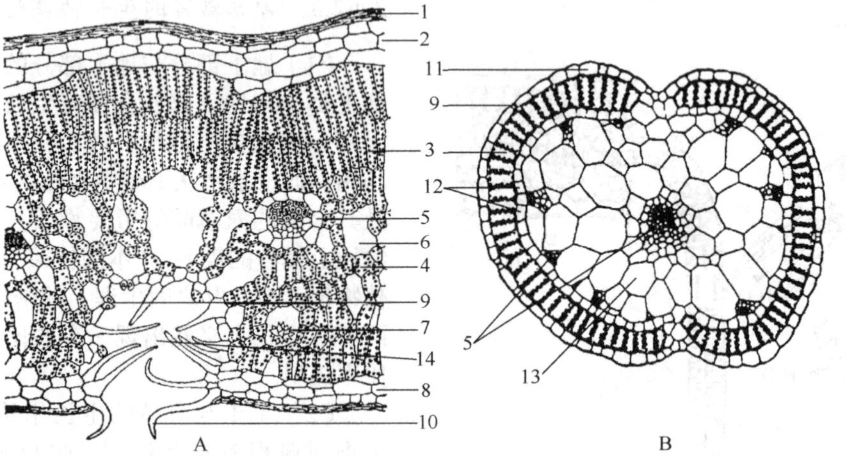

图 2-60 旱生植物叶结构

A. 夹竹桃叶结构（引自李扬汉，2000） B. 猪毛菜叶结构（引自刘穆，2010）

1. 角质层 2. 上复表皮 3. 栅栏组织 4. 海绵组织 5. 叶脉 6. 胞间隙 7. 晶体 8. 下复表皮 9. 气孔器 10. 表皮毛 11. 表皮 12. 黏液层 13. 薄壁细胞 14. 气孔窝

叶面积缩小，可以减少蒸腾，却对光合作用不利，因此，旱生植物的叶片还向着提高光合效能方面发展。一般旱生植物的叶肉组织排列紧密，细胞间隙小，这样在有限空间内可以增加光合组织的比例。栅栏组织特别发达，常常是两层甚至多层，有的植物在靠近下表皮的一面也有栅栏组织（图 2-60A）。海绵组织不发达，仅有一层，甚至没有海绵组织，整个叶肉完全由栅栏组织构成。有些植物叶肉细胞具有皱褶的边缘（如松叶），增加与外界的接触面，使其中的叶绿体更有效地利用阳光。

由于旱生植物叶片中栅栏组织特别发达，使叶肉细胞之间的侧向接触面减少，因而影响叶片内物质在水平方向的运输，所以，叶片内的叶脉比较稠密，解决物质的水平方向运输问题，同时，可以在干旱的大气中得到较充足的水分，维持光合作用的进行，适应在干旱的大气环境中生长发育。

旱生植物叶片中的机械组织非常发达，成片分布在表皮和叶肉之间，或分布在叶肉细胞之间，或包围着叶脉形成鞘状。发达的机械组织可以支持叶片，使其在缺水情况下不会萎缩变形，从而保证叶肉组织不会因为叶的失水萎蔫变形而受到伤害。

另有一种类型的旱生植物称为肉质植物，它们的叶片肥厚多汁，叶内有发达的薄壁组织，储存了大量水分，细胞液浓度高，保水能力强，如芦荟、龙舌兰、菠萝、剑麻、景天、马齿苋及猪毛菜（图 2-60B）等。仙人掌的叶片退化成针状，茎肥厚多汁，耐水分消耗，抗旱力极强，光合作用由绿色茎代替进行。

旱生植物叶片气孔器的数量较多，有利于 CO_2 吸入和光合作用的进行，在干旱季节，通过落叶或关闭气孔减少水分蒸腾。

中生植物就是前文所讲的最常见、最普遍的植物类型，如棉叶、柑橘叶等。

2.4.3.2 水生植物叶

水生植物是指植物体或植物体的一部分浸没在水中的植物。按照生长环境中水的深浅和叶片与水面的位置关系不同将水生植物分为叶片露出水面的挺水植物、叶片浮在水面的浮水植物和叶片沉入水中的沉水植物三种类型。由于水生植物生活在水中，容易获得水分和溶解至水中的矿质营养，但难以获得充足的光照和良好的通气，因此，在长期适应水生环境的过程中，水生植物的体内形成了一些特殊的结构，其叶片结构的变化尤为显著。

沉水植物是典型的水生植物，叶柄不明显或很短，叶小而薄（如黑藻），常为带形、线形或丝状（如狐尾藻），有助于增加叶的吸收表面。表皮细胞外壁不角质化，没有角质层或角质层很薄，叶上没有气孔，表皮细胞内具叶绿体，以充分利用光照进行光合作用。由于水中光照弱，水生植物叶肉不发达，没有栅栏组织和海绵组织分化，只有少数几层薄壁细胞，但叶肉细胞中的叶绿体大而多，能提高光合能力。为适应沉水环境中气体的不足，叶内通气组织高度发达，细胞间隙很大，有较大的气腔和气室，形成发达的通气系统（如角果藻 *Zannichellia palustris*）（图 2-61B），既有利于通气，又增加了叶片浮力。由于有浮力的托举，叶片对叶柄的支撑作用依赖性降低，从而水生植物叶的维管组织退化，叶脉很少，没有明显的导管发育与分化，多数沉水植物的叶脉中没有机械组织或机械组织不发达。保护组织也很退化，表皮上没有角质膜或很薄，没有气孔器，气体交换是通过表皮细胞的细胞壁进行的。

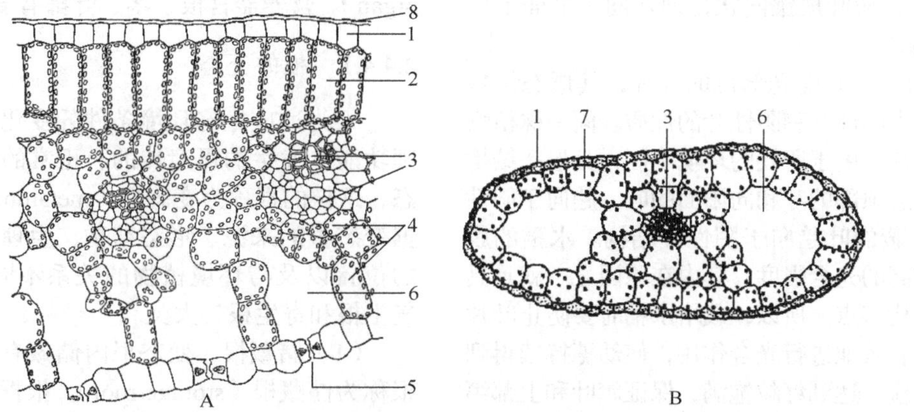

图 2-61　水生植物叶结构

A. 挺水植物叶（荷花）：结构近似中生叶，但有发达的通气组织　B. 沉水植物叶（角果藻）：表皮外无角质层，表皮细胞含有叶绿体，没有气孔器，叶肉少，输导组织和机械组织退化，通气组织发达（李扬汉，2000）

1. 表皮　2. 栅栏组织　3. 叶脉　4. 海绵组织　5. 气孔器　6. 气孔　7. 叶肉　8. 角质层

2.4.3.3　阳生植物叶

叶是直接接受光照的器官，因此，其形态结构受光的影响也很大，光照强度就是影响叶片结构的重要因素之一。许多植物的光合作用适合在强光下进行，而不能忍受荫蔽，这类植物称为阳生植物（sun plant）。阳生植物生长于直射阳光下，受光和热比较强，四周空气比较干燥，其叶倾向于旱生的形态结构；大多数农作物，包括水稻在内，都属此类。

阳生植物的叶称为阳叶（sun leaf），由于受光、受热较强，常倾向于旱性叶的结构。叶片较小，质地较厚，表皮上覆盖厚的角质层，有的叶片表面密生绒毛或银白色鳞片，可以反射强光；气孔器小而密集，常下陷；叶肉细胞小，排列紧密，叶色较浅，栅栏组织发达而海绵组织较少，有时在叶上、下表皮内侧都有栅栏组织；机械组织发达，叶脉长而细密（图 2-62A）。

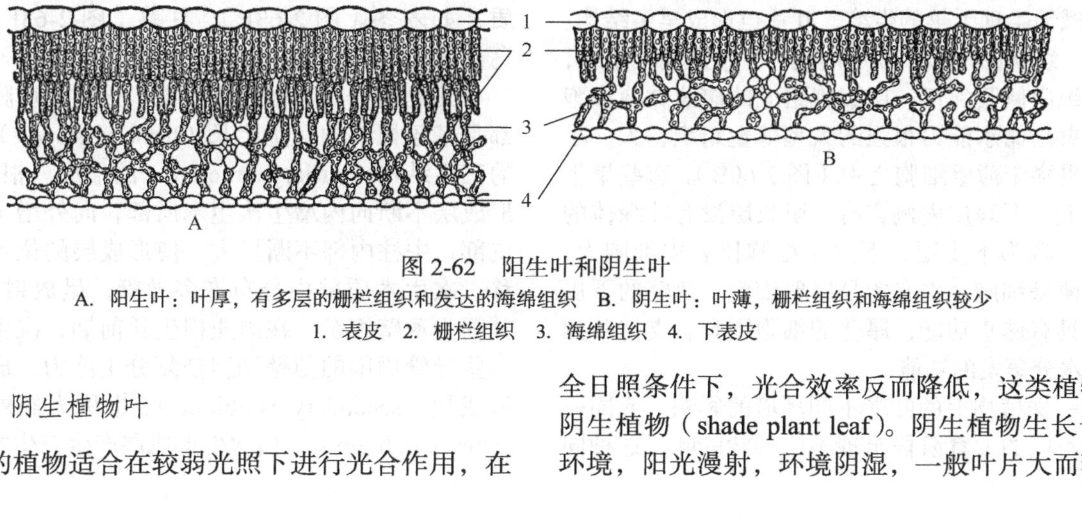

图 2-62　阳生叶和阴生叶

A. 阳生叶：叶厚，有多层的栅栏组织和发达的海绵组织　B. 阴生叶：叶薄，栅栏组织和海绵组织较少

1. 表皮　2. 栅栏组织　3. 海绵组织　4. 下表皮

2.4.3.4　阴生植物叶

有的植物适合在较弱光照下进行光合作用，在全日照条件下，光合效率反而降低，这类植物称为阴生植物（shade plant leaf）。阴生植物生长于荫蔽环境，阳光漫射，环境阴湿，一般叶片大而薄，栅

栅组织不明显，细胞间隙发达，许多林下植物属于此类（图 2-62B）。

阴生植物的叶称为阴叶（shade leaf），因为植物体长期处于荫蔽条件下，其结构常倾向于水生植物的结构。阴叶的叶片大而薄，栅栏组织发育不良；细胞间隙发达，叶绿体较大，叶色浓绿，表皮细胞常有叶绿体，气孔器较少，表皮细胞角质层较薄。这些特点，适应于荫蔽条件下吸收和利用散射光来进行光合作用。

阳性植物的叶片在排列上常与直射光呈一定角度，叶镶嵌性不明显。而阴性植物的叶柄或长或短，叶形或大或小，使叶成镶嵌状排列在同一平面上以利用不足的阳光。

同一植物上不同受光部位的叶片，其形态结构也会明显表现出阳性叶和阴性叶的性质。同一株植物不同部位的叶片，由于所处的环境不同，其形态结构也出现差异，近顶部的叶和向阳面的叶，趋向于阳性叶结构，而荫蔽的叶趋向于阴性叶结构。水稻的旗叶，一般有较高的光合强度，其内在原因之一就是具备了阳叶的结构特点。所以，栽培水稻时要防止叶片早衰，使其更有效地进行光合作用，使幼穗持续得到光合产物的供应，达到籽粒饱满，保证旗叶和上部第二、第三叶的继续生长是十分重要的。

2.4.3.5 盐生植物的叶

我国内陆干旱和半干旱地区以及海滨地区广泛分布着盐碱化土壤，一般植物都不能生长在这种含盐量高的土壤中。但是也有一类特殊的植物能在这种环境中生长，并形成了一系列适应盐碱生境的形态结构特征。盐生植物趋向于旱生植物的形态结构特征。有的盐生植物叶片肉质化，叶肉中有特殊的储水细胞，液泡中含有高浓度的细胞液，栅栏组织发达，海绵组织不发达，表皮薄而且覆盖着泡状盐毛，如滨藜属（*Atriplex*）植物；有的植物叶不发达，极度缩小，表皮具有厚的外壁，常具有灰白色绒毛。

生于盐碱土壤中的植物刺沙蓬（*Salsola pestifer*），适应盐碱地生理干旱的生境，叶片也形成旱生结构。叶肉质、线状圆柱形，表皮内侧环生一层栅栏组织，栅栏组织内侧紧邻仅一层细胞组成的储藏黏液细胞层，中央是储水能力很强的大型薄壁组织，大、小维管束贯穿于薄壁细胞之中（图 2-60B）。有些旱生植物在上、下表皮内侧含有 1 至数层没有叶绿体的细胞层，称为下皮层，下皮层细胞比表皮细胞大，一般是薄壁细胞，也有的是厚壁细胞。薄壁的下皮层细胞具有储水功能，厚壁的细胞则具有支持叶片和防止水分蒸发的功能。

同一株植物上的叶受不同环境的影响，或同一植株在不同的发育阶段出现不同形状的叶。这种同一植株上具有不同形状叶的现象，称为异形叶性。例如，水毛茛的气生叶扁平广阔；而沉水叶细裂成丝状。

2.4.4 营养器官的变态

某些植物在系统演化过程中，营养器官由于长期适应某种特殊的生态环境条件，在形态、结构或生理功能上发生了非常大的变化，并可以一代代的遗传下来，成为该种植物的遗传性状，这种变化称为营养器官的变态（metamorphism of vegetative organ）。营养器官根、茎、叶都有多样性的变态。

2.4.4.1 根的变态

根为适应生态环境条件的变化在形态结构、生理功能上发生的可遗传的、正常的变化称为根的变态，这样的根称为变态根（metamorphosis root）。根据变态根的来源、形态结构、生理生态功能、所处的位置以及与环境植物的关系不同，分为储藏根、气生根和寄生根三大类。

（1）储藏根 变态根内储藏有大量营养物质的根称为储藏根（storage root）。根据其来源和形态上的差异，分为肉质直根和块根两种。

1）肉质直根。由下胚轴和主根共同膨大发育而成的、形态规则的储藏根称为肉质直根（fleshy tap root）（图 2-63A～D），由于肉质直根是由下胚轴和主根共同形成的，因此，1 株植物一般只产生 1 个肉质直根，储藏着大量的营养物质和水分。萝卜（*Raphanus sativus*）、胡萝卜（*Daucus carota* var. *sativa*）及甜菜（*Beta vulgaris*）都是由主根发育成的肉质直根，其上部没有侧根的部位为下胚轴发育而成。

2）块根。块根（tuber root）是由不定根或侧根发育而成的、形态不规则的肉质储藏根，称为块根。块根由于是茎上的不定根形成的，因此，一株植物可以产生很多块根。块根中储藏有大量营养物质，如麦冬（图 2-63E）、甘薯（图 2-63F）、何首乌（图 2-64C）等的根属于块根。

无论是肉质直根还是块根，根的肉质膨大发育都是基于根内的三生生长（tertiary growth）所导致的三生结构（tertiary structure）的形成。根生长时，形成层不断向内增生次生木质部，向外增生次生韧皮部，中柱内部不断扩大，使形成层的位置渐向外移。次生木质部中分布许多导管，呈放射状排列，其间为薄壁组织。在肉质根生长前期，次生木质部一些导管周围的薄壁细胞恢复分生能力，成为次生形成层（secondary cambium）[也称为额外形成层（extra cambium）]，由次生形成层产生三生木质部和三生韧皮部共同组成根的三生构造（图 2-64）。肉质根中三生结构不仅增加了薄壁细胞的数量，而且三生韧皮部自上而下的贯通，成为叶部同化产物转运到肉质根的重要通道。

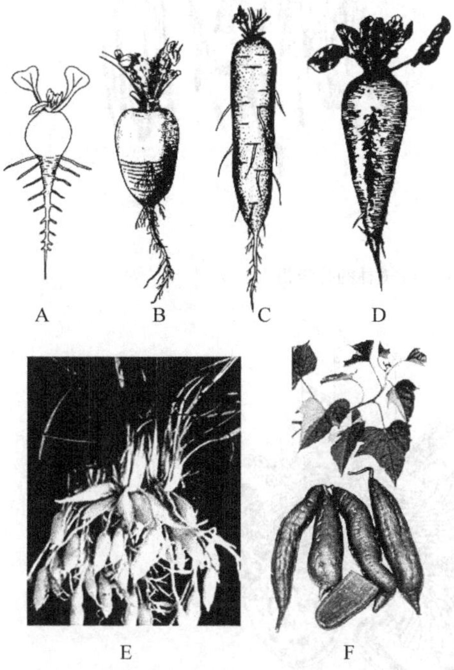

图 2-63　肉质储藏根

A. 萝卜球形肉质直根　B. 萝卜圆柱形肉质直根
C. 胡萝卜圆柱形的肉质直根　D. 甜菜的圆锥形肉质直根
E. 麦冬的块根　F. 甘薯的块根

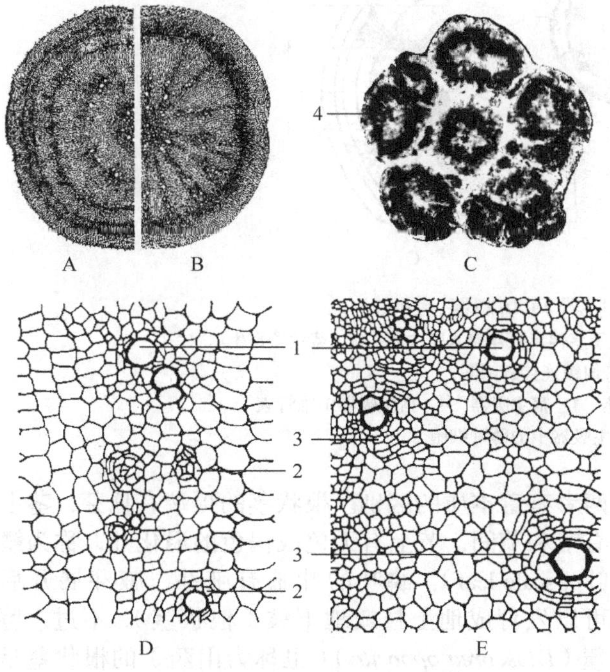

图 2-64　肉质根的横切面结构

A. 同心多环三生结构（甜菜根）
B. 同心单环三生结构（仿刘穆，2000）
C. 不同心三生结构（何首乌）
D. 次生木质部中导管附近次生形成层的起源（萝卜）
E. 次生木质部中导管附近次生形成层发育
1. 导管　2. 次生形成层起源　3. 次生形成层发育　4. 三生维管束

三生构造中的维管束称为三生维管束或异形维管束（abnormal vascular bundle）。次生形成层可与原来的形成层同心，多环同心排成环状，不断产生的新形成层环自始至终保持分生能力，并使层层同心排列的异型维管束不断长大，而呈年轮状，如萝卜、甜菜、商陆（*Phytolacca americana*）的肉质直根；有时，不断产生的新形成层环仅最外一层保持有分生能力，而内面各同心新形成层环于异形维管束形成后即停止活动，如川牛膝（*Cyathula officinalis*）。

次生形成层有时与原有的形成层环不同心。多个新形成层环在原有的形成层环外侧四周的皮层部分同时产生，并分别形成各自的异型维管束，如甘薯、何首乌等（图 2-64C）。

（2）气生根　凡露出地面、生长在空气中的根均称为气生根（aerial root）。根据气生根的形态结构、所担负的生理功能不同又可分为以下几类（图 2-65）。

1）支持根。主要生理功能是支持植株，也可以从土壤中吸收水分和无机盐的根称支持根（prop root），如玉米、高粱、甘蔗及露兜树下部近地面的茎节上长出的不定根属于支持根（图 2-65A）。

2）攀缘根。凌霄花和常春藤都是攀缘植物，其茎细长柔弱、不能直立。在这类植物茎上生有很多短的不定根，能分泌黏液，碰着墙壁或其他植物体时就黏着其上，借以攀缘生长，这类根称为攀缘根（climbing root）（图 2-65B）。

3）呼吸根。生长在沼泽地区的植物，由于其根淹没在淤泥里，通气不良，植物的根能垂直向上生长，露出地面以进行气体交换，这类根称为呼吸根（respiratory root），如红树科（Rhizophoraceae）和分布在广东沿海一带的海桑科（Sonneratiaceae）就生有这类呼吸根（图 2-65C）。

（3）寄生根　寄生植物的根发育出吸器伸入寄主植物的根或茎中，吸收其中的水分和养料以维持本身的生活，这种不定根称为寄生根（parasitic root）。旋花科的菟丝子属（*Cuscuta*）、列当科的列当属（*Orobanche*）和樟科的无根藤属（*Cassytha*）等寄生植物，它们的叶退化，不能进行光合作用，需要吸收寄主体内的有机物质。菟丝子对豆类作物危害很大，它的缠绕茎上生出许多不定根，与寄主接触后，吸器伸入寄主，维管组织连通后即可从寄主中摄取营养（图 2-66）。

2.4.4.2　茎的变态

植物茎由于长期适应特殊生态环境而在形态结构、生理功能上发生的可以遗传的、正常的变化，称为茎的变态，这种茎称为变态茎（metamorphosis stem）。由于空间分布、形态结构、生理功能等存在

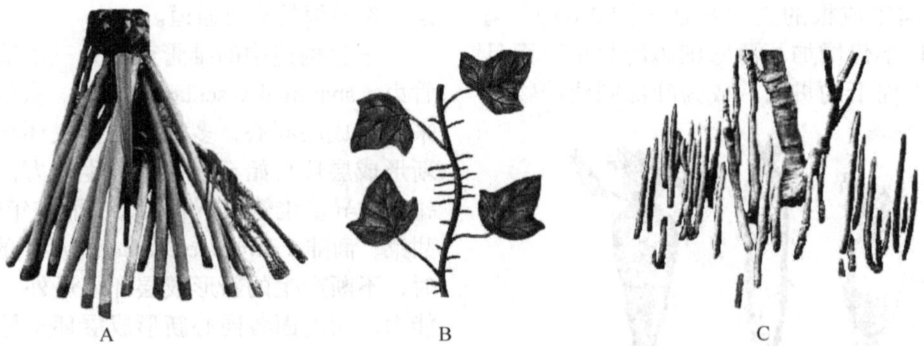

图 2-65　气生根

A. 露兜树的支持根　B. 常春藤的攀缘根　C. 红树林的呼吸根

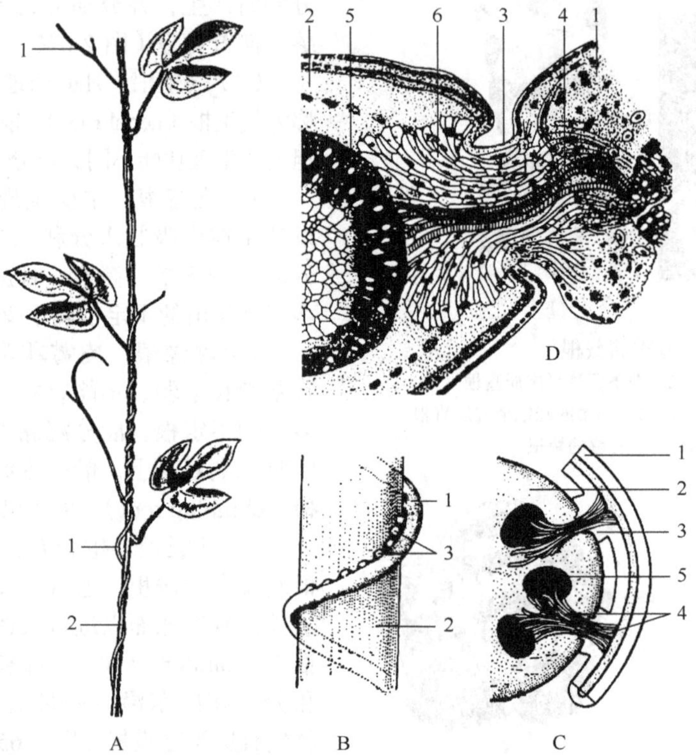

图 2-66　菟丝子的寄生根（吸器）（仿刘穆，2000）

A. 菟丝子茎缠绕在寄主植物茎上　B、C. 菟丝子茎伸出吸器侵入寄主茎　D. 菟丝子寄生根维管组织与寄主维管组织连接解剖图

1. 宿主（菟丝子）茎　2. 寄主（豆科植物）茎　3. 宿主吸器　4. 宿主吸器中维管束　5. 寄主茎维管束　6. 宿主吸器中的薄壁细胞

着很大的差异，因此变态茎的形态结构具有多样性特征。

（1）地下茎的变态　有些植物的部分茎生长于土壤中，称为地下茎（subterraneous stem）。多年生草本植物多借助于这种地下茎来度过寒冷的冬季。地下茎可以发生很多的变态，常见的有根状茎、块茎、球茎和鳞茎四种，可以储藏大量的营养物质。

1）根状茎。横向匍匐于一定深度的土壤中、外形与根相似的变态茎称为根状茎（root stock 或 rhizome）（图 2-67A～C）。成年根状茎的节上没有主根，有许多的不定根。尽管根状茎与根相似，但两者有着本质的区别。根状茎的顶端有顶芽，茎上有节和节间，节上有无色或褐色的退化叶，称为鳞叶（scale leaf）。鳞叶的叶腋有腋芽，腋芽展开后可以发育成地上枝或地下枝（根状茎）。不过，薯蓣（*Dioscorea opposita*）（也称为山药）的根状茎是例外，其顶端没有顶芽，茎上没有节和节间，也没有腋芽，只有鳞叶或鳞叶痕，外形酷似根，内部分散排列的维管束证明它不是根，而是与茎同源的根状茎。

根状茎具有不同的形状，有的节间长，如芦苇（*Phragmites communis*）、白茅（*Imperata cylindrica*）、慈

竹（*Neosinocalamus affinis*）等。多数根状茎内储藏有大量的营养物质，如藕（*Nelumbo nucifera*）（图 2-67A），粗大的根茎含有丰富的淀粉，鲜食脆甜清香，熟食为美味佳肴。有的根状茎短而肥，如姜花（*Hedychium coronarium*）（图 2-67B）、菊芋（*Helianthus tuberosus*）等。根茎的长度一般与其粗度成反比，即节间越长，根状茎越细，反之越粗。耕锄时，根状茎被切断后，每一节上的腋芽仍可发育为新的植株，所以一般具根状茎的禾本科杂草不但蔓延迅速，而且不易根除。

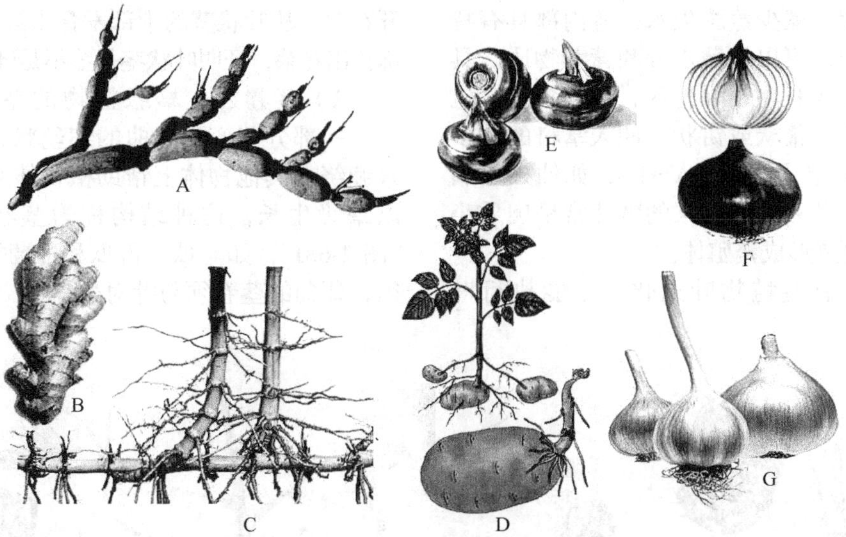

图 2-67　地下茎变态

A. 藕的根状茎　B. 姜的根状茎　C. 竹子的根状茎　D. 马铃薯的块茎
E. 荸荠的球茎　F. 洋葱的鳞茎　G. 大蒜的鳞茎

2）块茎。由植物侧支茎顶芽积累营养物质后逐渐膨大发育成的、形态不规则的、短而肥大的肉质茎，称为块茎（tuber）。马铃薯（*Solanum tuberosum*）块茎最为典型。夏末时，马铃薯植株基部的腋芽开始发育，在地下形成地下枝。地下枝生长到一定程度后，顶端积累营养物质膨大，形成形态不规则的块茎。块茎顶端生有顶芽，四周有很多凹陷，称为芽眼（eye），作螺旋排列。芽眼内通常生有三个芽，将来只有当中的一个芽发育，两侧芽为休眠芽。块茎幼时具鳞叶，长大后鳞叶脱落，在芽眼的上方留下叶痕，称为芽眉（eyebrow）。每一个芽眼所在处实际上相当于茎节，相邻的两个芽眼之间为节间（图 2-67D）。

3）球茎。植物主茎基部膨大而成的圆球形或扁圆球形的肉质地下茎，短而肥大，称为球茎（carmus）。唐菖蒲（*Gladiolus hybrids*）、藏红花（*Crocus sativus*）、荸荠（*Eleocharis tuberosa*）、欧洲慈姑（*Sagittaria sagittifolia*）的地下茎都是球茎。球茎顶端有粗壮的顶芽，有时还有幼嫩的绿叶生于其上。节与节间明显，节上有干膜状的鳞片叶和腋芽（图 2-67E）。球茎储藏大量的营养物质，为特殊的繁殖器官。

春季栽培球茎时，顶芽展开长出营养叶和花枝，形成新的幼苗。营养叶所制造的食物储存在新苗主茎的基部，形成膨大的新球茎。新球茎成长后，营养叶的基部转变成为棕色纤维质的鞘状鳞叶，包被着新球茎，新球茎着生在老球茎上面。随着新球茎的发育，老球茎逐渐萎缩。新球茎的部分根可以纵向收缩，能够将近土表的新球茎拉至土壤的一定深度，以保证球茎度过寒冷的冬季。这种能够收缩的根称为收缩根（contractile root）。很多多年生双子叶草本植物都具有收缩根，如蒲公英（*Taraxacum mongolicum*）、紫花苜宿（*Medicago sativa*）等。收缩根的内皮层细胞发育至一定阶段时进行径向扩张和纵向收缩，使得外皮层细胞和表皮细胞等因内部皮层细胞的纵向收缩变短而扭曲变形形成皱纹，识别特征显著。

4）鳞茎。由鳞叶或腋芽与节间高度缩短的半圆形或圆锥体形的变态茎（称为鳞茎盘）共同组成的复合结构称为鳞茎（bulbus），一般鳞叶或腋芽是肉质膨大的，含有大量的营养物质，鳞茎盘不膨大。鳞茎上部为顶芽，四周被生长在节部的鳞叶层层包裹着，鳞叶腋有腋芽，鳞茎盘下端生有不定根。

鳞茎多见于单子叶植物，如洋葱（*Allium cepa*）、大蒜（*Allium sativum*）都生有鳞茎，两者的主要区别是：前者的肉质部分为鳞叶，腋芽不甚发达（图 2-67F）；后者的肉质部分为腋芽（大蒜瓣），鳞叶长成后干燥呈薄膜质，包围着腋芽（图 2-67G）。常见的药用植物百合和贝母也具有鳞茎。

（2）地上茎的变态　植物为了适应气候的变

化，地上部分的茎在形态结构上常常发生多样性的变态，这种变态茎还有较强的营养繁殖能力。其类型较多，常见的有肉质茎、叶状茎、茎卷须和茎刺等。

1）肉质茎。肉质肥大多汁的茎称为肉质茎（succulent stem）。肉质茎常为绿色可以进行光合作用；茎上的叶退化，减少蒸腾失水；茎内部具有特别发达的薄壁组织，可以储藏水分和营养物质。具肉质茎的植物适于生长在干旱地区，形态多种，包括球状、多棱柱状、鞭状或饼状，仙人掌科的许多植物都具有肉质的茎（图 2-68A～F），如仙人掌属和仙人球属植物。薯蓣、秋海棠的腋芽常呈肉质小球状，可从茎上脱离形成繁殖体。

2）叶状茎。有些植物叶退化，不能执行叶的主要功能，但是茎为绿色，扁平或针状，变态成叶的形状，执行叶的功能，这类变态茎称为叶状茎（phylloclade）（图 2-68G、图 2-68H），如假叶树（*Ruscus aculeata*）、竹节蓼（*Homalocladium platycladum*）、昙花（*Epiphyllum oxypetalum*）等植株上都有叶状茎。假叶树的叶状茎与普通树叶外观上容易混淆，然而，到夏季开花时，从叶状茎的中部发育出鳞片状苞片，苞片腋部长出花朵，证明叶状茎是茎不是叶（图 2-68G）。

3）茎卷须。攀缘植物的茎细而长，不能直立，一部分茎变为卷曲的细丝状，其上不生叶，用来缠绕在其他物体上帮助植物体直立，引导植物得以攀缘生长，这种结构称为茎卷须（stem tendril）（图 2-68J），如丝瓜、苦瓜和葡萄等的茎上都有茎卷须，葡萄的茎卷须与叶对生。

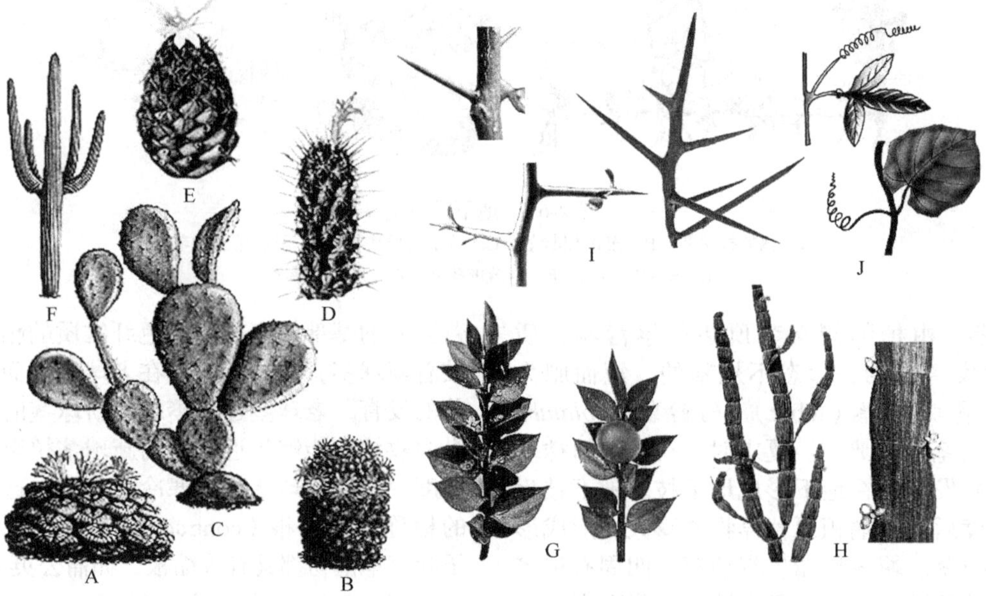

图 2-68　地上茎变态

A～F. 仙人掌科肉质茎　G. 假叶树叶状茎　H. 竹节蓼叶状茎　I. 不同形态的茎刺　J. 茎卷须

4）茎刺。茎的一部分变为针状的坚锐突起，或其顶端分枝为针状的坚锐突起的结构称为茎刺（stem thorn）（图 2-68I），如柑橘、山楂、梅、石榴、皂荚的刺都是由茎变态而来的。茎刺具有保护植物体免被动物侵害的作用。蔷薇、月季等茎上的刺，数目较多，分布无规律，这是茎表皮的突出物，称为皮刺。

卷须和刺状物可能是茎的变态，也可能是叶的变态，来源究竟为何主要观察其着生部位，或者是否有节和节间。如果卷须或刺状物着生在枝条的顶端或叶腋或叶痕的内侧，或与叶对生，或有明显的节和节间，这类卷须或刺状物都是茎的变态，来源于茎。

2.4.4.3　叶的变态

叶是高等植物茎节上产生的侧生营养器官，它的主要功能是光合作用和蒸腾作用。但是，由于生长环境和生长部位的不同，有些植物叶的形态结构和生理功能在本质上都发生了非常大的变化，叶的这种变化称为叶变态，由于功能的改变而导致的形态结构上相应改变的叶称为变态叶（modification leaf），叶的变态形状是可以稳定遗传的。在根、茎、叶三种营养器官中，叶的可塑性最大，变化最多，形成的变态也较多。主要有如下 6 种类型。

（1）叶卷须　一些攀缘植物的叶片，或托叶，或复叶的一部分小叶，能够变成卷须状，称为叶卷须（leaf tendril）（图 2-69A～C），叶卷须攀缘在附近的物体或其他植物上帮助自己直立以适应攀缘生长。例如，豌豆复叶顶端的第二、第三对小叶及苕子复叶顶端的一片小叶，变为卷须，其他小叶未发生变化。有时一对小叶之一变为卷须，另一片为营

图 2-69　叶的变态

A～C. 叶卷须　D～G. 叶刺　H. 洋葱肉质鳞叶　I. 大蒜膜质鳞叶和肉质鳞叶　J. 芽鳞　K～N. 苞叶　O. 叶状柄　P～R. 捕虫叶（A. 野豌豆　B. 豌豆　D. 仙人掌刺　E. 刺槐　F. 小檗　K. 红掌　L. 棉铃　M. 向日葵　N. 玉米　P. 猪笼草　Q. 捕蝇草　R. 毛毡苔）

养小叶，这足以证明此类卷须是小叶的变态。西葫芦的整个叶片完全变态为卷须。

（2）叶刺　有些植物其叶或叶的某部分变态为刺，称为叶刺（leaf thorn）（图 2-69D～G）。仙人掌属的一些植物在扁平的肉质茎上生有叶刺，这是对干旱环境条件的一种适应形式。另外，叶刺还具有保护植物体免被动物吞食的作用。马甲子（*Paliurus ramosissimus*）、刺槐（*Robinia pseudoacacia*）的刺为托叶的变态，称为托叶刺（stipular spines）（图 2-69E）。叶刺和茎刺一样，都有维管束与茎相通。有些植物如钩骨（*Ilex cornuta*）、十大功劳（*Mahonia japonica*）等，其叶缘的齿特别发达，变态成针刺形，也称为叶刺（图 2-69F）。

（3）鳞叶　叶变态成鳞片状，称为鳞叶（scale leaf）。鳞叶有三种情况：一种是木本植物鳞芽外的鳞叶，也称为芽鳞（bud scale）（图 2-69J）；另一种是地下根状茎上退化的叶；洋葱、大蒜的表面几层薄而干燥的叶，称为膜质鳞叶（membranous scale leaf）（图 2-69I）；单子叶植物如百合、洋葱、大蒜、水仙等的鳞茎上肉质、肥厚变态叶片，主要起储藏作用，称为肉质鳞叶（fleshy scale leaf）（图 2-69H）。肉质鳞叶中储藏有大量养分，可供翌年发芽、开花之用。

（4）苞片　生在花下面四周或外围的变态叶称为苞片（或苞叶）（图 2-69K～N），如棉花（*Gossypium hirsutum*）外面的副萼为三枚苞片（图 2-69L）；苞片数多而聚生在花序外围的，称为总苞（图 2-69M、图 2-69N），如向日葵（*Helianthus annuus*）花序外边着生的绿色叶状结构、包裹着玉米（*Zea mays*）雌花序外面的黄绿色变态叶等都属于总苞。苞片或总苞具有保护花和果实的作用。

（5）叶状柄　在叶柄和叶片没有明显区别的叶中，从个体发育的角度来看，相当于叶柄的部分，起着与叶片相同的生理作用，这种结构的叶柄称为叶状柄（phyllodium）（图 2-69O、图 2-69P）。其叶片大多退化，而叶状柄本身多呈扁平状，如台湾相思树（*Acacia confusa*）的叶柄。食虫植物猪笼草（*Nepenthes mirabilis*）叶柄的基部段也为扁平的片状结构，都为叶状柄（图 2-69P）。

（6）捕虫叶　有些植物叶发生变态，能捕食小虫，这类变态叶称为捕虫叶（insect-catching leaf，或 insectivorous leaf）（图 2-69P～R）。沼泽地区被水浸透，缺乏空气，这种地区的植物生活必需的矿质养料（特别是硝酸盐类）非常缺乏，一般植物不能生存，但食虫植物能够生活在这种地区。食虫植物的变态叶就是捕虫叶，能捕捉小动物，并且能分泌消化液把捕捉的小动物分解消化，而后加以吸收，以获取缺乏的氮元素。捕虫叶的形态和捕虫机制多种多样，加利福尼亚瓶子草（*Darling tonia*）的管状叶的内腔面上生有倒毛和黏液，昆虫一旦落入，便无法爬出来。狸藻（*Utricularia vulgaris*）的囊状叶，在其入口的小孔有活瓣密闭，通过腺毛的作用，排出内部水分，使腔内保持负压，把附近的小虫吸进小孔使其窒息。毛毡苔（*Drosera spatulata*）叶面具有分泌强黏性物质的黏毛，当受到刺激时，这些黏附力强的叶片和触毛迅速发生反应而把昆虫包围（图 2-69Q）；捕虫机能最发达的捕虫叶有貉藻（*Aldrovanda vesiculosa*）和捕蝇草（*Dionaea muscipula*）（图 2-69R），当昆虫触动其叶面的触毛时，离主脉不远处发生强烈的纵向弯曲反应，使叶片沿着主脉迅速对折闭合以捕捉昆虫。捕虫叶一般能分泌对所捕昆虫防腐的有机酸和消化的酶类。捕虫叶除捕虫外，一般具叶绿体，也能进行光合作用，在未获得动物性食料时仍能生存，但适当动物性食料可用来补充缺乏的氮素。

2.4.5　同功器官与同源器官

根据器官的来源或生理功能是否相同，将器官分为两类：同功器官与同源器官。

同功器官：来源不同、形态结构相似、功能相同的变态器官称为同功器官。例如，茎刺和叶刺、茎卷须和叶卷须等都属于同功器官。

同源器官：形态和功能不同但来源相同的器

官，称为同源器官。例如，茎刺和茎卷须，根状茎和鳞茎等都是由茎发育而来的同源变态器官。

一般可根据以下几个方面辨别变态器官的起源。

A. 根据其着生位置判断。如果变态刺着生于叶腋，可判断为茎的变态。因该处原为分枝的位置；如果生于叶的两侧，则为托叶的变态。萝卜的变态部位占据了部分主根的位置，故认为萝卜是根的变态。

B. 根据变态器官上的着生器官类型或外部特征辨别。例如，萝卜中下部着生有成列的侧根，判断为主根的变态；姜有明显的节与节间，节上还有退化的叶，辨别为茎的变态；皂荚的刺从叶腋生出，像茎一样地分枝，辨别为茎的变态；洋葱的肉质部分从鳞茎盘上叶的部位长出，辨别为叶的变态。

C. 根据内部结构辨别。一些变态器官开始时有正常的初生生长和初生结构，如甘薯块根，可根据其横剖面的中央具有外始式的、辐射状排列的初生木质部束而辨别其与根同源，是根的变态。

D. 从器官发生与形成过程辨别。例如，马铃薯最初由近地面的芽发展为入土的地下茎，用不同发育程度的几个地下茎作比较，就会发现它们前端几个节与节间逐渐膨大，由此形成了变态的块茎。

本 章 小 结

营养器官是与植物生长发育紧密相关的器官，在被子植物中包括了植物的根、茎和叶。

根一般是指植物的地下部分，是种子萌发时由胚根发育后向地性生长的结果，主要功能是吸收和固定，兼有支持、繁殖、储藏、合成等功能。胚根发育的根称为主根，主根上的分枝称为侧根。植株地下根的总称为根系，主根粗大明显的称为直根系，主根与其他根粗细相当的称为须根系。主根和侧根发生部位确定称为定根；茎、叶等其他部位发生的根发生部位不确定，称为不定根。

根尖是根的先端长有根毛及其以下的部位，从下往上依次分为根冠、分生区、伸长区和成熟区（根毛区）。根冠主要起保护和引导根尖向地性生长的作用，细胞排列疏松；分生区是细胞分裂十分活跃的区域，细胞小、壁薄、核大、质浓、无液泡或小，外观不透明，是根尖伸长生长的基础；伸长区紧邻分生区后，细胞逐渐停止分裂，液泡化，主要为引长生长，是根尖伸长生长的主要动力；双子叶植物根成熟区细胞分化成熟，横切面分成表皮、皮层和中柱三个部分。表皮由排列紧密的薄壁细胞组成，外侧壁一般长有根毛，主要起吸收功能。皮层都是较大的薄壁细胞组成，排列疏松，有时含有储藏物质，最内一层细胞特化为内皮层，在上下端壁和径向壁上一定部位有木化栓化的带状加厚，称为凯氏带，控制水分进出中柱。中柱内由中柱鞘、初生木质部、初生韧皮部和薄壁细胞组成，初生木质部与初生韧皮部相间排列组成放射状维管束，初生木质部是外始式发育，双子叶植物根为2～5原型。单子叶植物根内皮层为马蹄形的五壁增厚，初生木质部多原型。中柱鞘薄壁细胞可以是侧根、形成层的发生之处。初生韧皮部内侧的形成层原始细胞经过片段状形成层、弧状形成层、波浪状形成层后，与部分中柱鞘细胞联合发育成圆环状形成层，形成层主要进行切向细胞分裂，向内产生少量的次生韧皮部，向外产生大量的次生木质部，导致根的加粗，表皮甚至皮层破裂；为适应内部的增粗生长，部分表皮或皮层薄壁细胞恢复分生能力发育成木栓形成层，向内产生少量的栓内层，向外产生大量的木栓层，组成周皮行次生保护作用。单子叶植物根没有次生生长。根在系统发育中有很多适应性形态改变，如储藏根、气生根、呼吸根、寄生根、攀缘根、支持根、收缩根等。

茎一般是指植物的地上部分，主要行支持、输导功能，也可兼有光合、储藏、繁殖等作用。茎由种子萌发时胚芽向上发育而成。一般有顶芽、节和节间，节上长有叶，叶腋有腋芽。冬态茎无叶片，但叶落后叶痕、叶迹、芽鳞痕、皮孔可见。节间长的茎称为长枝，主要行营养生长，节间短的茎称为短枝，将来行生殖生长。根据位置、结构、生理状态及性质的不同，芽可分为顶芽、侧芽、裸芽、鳞芽、活动芽、休眠芽、营养芽、花芽、混合芽等。营养芽由幼叶、生长锥、叶原基组成，生长锥细胞分层排列，表面为原套，中央为原体。

茎尖由上往下分成分生区、伸长区和成熟区。成熟区主要由表皮、皮层和维管柱组成，表皮排列紧密，有气孔与环境交换气体，保卫细胞呈肾形。有时也有表皮毛、腺毛等附属结构。皮层中没有内皮层，环状排列的多个维管束、中央的髓和髓射线组成维管柱。双子叶植物茎的维管束为外韧内木的并生无限维管束，初生木质部中多列径向排列的导管十分显著，内始式发育。次生生长时，维管束内的形成层原始细胞称为纺锤状原始细胞，发育为束中形成层，维管束间对应部位的细胞称为射线原始细胞，发育为束间形成层。束中形成层与束间形成层联合起来发育成圆环状维管形成层。形成层细胞主要行切向分裂。束中形成层向内产生大量次生木质部，向外产生少量次生韧皮部，使茎增粗生长。次生木质部和次生韧皮部是茎中纵向运输的主要通道。束中形成层也可发育出新的维管射线，束间形成层主要切向分裂延长髓射线，两种射线是茎中内外物质横向运输的通道。形成层细胞行径向分裂则扩大维管形成层环。维管形成层寿命长，每年周期性活动产生的次生木质部称为年轮，是判断树木生长年龄的重要依据。次生木质部是生产中利用的木材，早年木材因导管被侵填体堵塞色深质硬，称为心材，应用价值高，靠近树皮的木材称边材。与此同时，部分表皮、皮层等薄壁细胞恢复分裂能力发育为木栓形成层，产生周皮行次生保护作用。周皮上的裂口称为皮孔，在树皮上呈点突起状，是茎与环境气体交换的通道。

裸子植物茎同样具有次生生长和次生结构，但韧皮部以筛胞、木质部以管胞组成纵向输导系统，没有典型的木纤维。

禾谷类植物茎只有初生生长和初生结构。主要特点是：茎由表皮、基本组成和维管束组成。表皮中气孔排成纵行，保卫细胞哑铃形。维管束轮状排成多环，或星散排列，外有纤维细胞围成的维管束鞘，初生木质导管“V”字形排列，没有形成层原始细胞，不能次生生长。有的单子叶植物茎生长锥周围存在初生加厚分生组织，它的分裂活动可以使单子叶植物茎实现加粗生长，但不是次生生长。居间分生组织的活动促使茎显著伸长生长。

茎有地上茎和地下茎的变态：茎卷须、茎刺、叶状茎、匍匐茎、平卧茎、块茎、根茎、球茎、鳞茎等。

叶是茎节上着生的绿色扁平营养器官，由叶原基经过顶端生长、边缘生长、居间生长发育而来，是植物光合作用和蒸腾作用的主要场所。双子叶植物一般由叶片、叶柄和托叶组成。叶柄由表皮、基本组织和近半圆形维管束组成，类似不完整茎的结构。叶片由上下表皮、叶肉和叶脉维管束组成，表皮细胞形态不规则，排列紧密。上表皮内侧一般有短柱状细胞组成的栅栏组织，下表皮内侧一般是形态不规则细胞组成的海绵组织，网状叶脉，由主脉、侧脉、小脉组成，被包埋在叶肉中。气孔器一般分布在下表皮。旱生植物叶片朝着减少水分蒸腾、提高光合能力、提高运输效率方向发育，即叶片变小、变厚，表面具有加厚的角质层，多层细胞组成复表皮，栅栏组织多层或上、下表皮内侧都具栅栏组织，气孔下陷成气孔窝，机械输导组织高度发达。水生植物叶一般叶片较宽大，通气组织发达。挺水叶结构类似中生植物叶，浮水叶气孔器分布在上表面。沉水叶多细裂成条状，支持、输导组织退化。

禾谷类植物叶由叶片和叶鞘组成，叶片多条形或线性，叶鞘抱茎，闭合或开放。两者连接处腹面可有叶舌、叶耳，背面可有叶颈。表皮由长细胞、短细胞（硅细胞、栓细胞）、气孔器等有规律的纵向排列。位于2个叶脉之间的上表皮细胞特化为扇形排列的泡状细胞，感知环境水分含量的变化以减少叶片水分的丢失。叶肉细胞为排列疏松的多环细胞，具有“峰、谷、腰、环”的特征。为平行叶脉，有维管束鞘包围，C_3植物有两层鞘，内层由纤维细胞组成，外层由含有叶绿体的薄壁细胞组成。C_4植物维管束鞘由一层含有较大叶绿体的大型薄壁细胞围成，为花环状结构。

落叶表示叶的生活周期结束，是正常的生命活动。叶片第次脱落的树称为常绿树，树冠四季常青。秋季一次性落叶的树称为落叶树，翌年春天再生新叶。叶柄基部的离区离层形成后，借助外力或重力的作用就会发生落叶。

为适应环境完成不同的特殊功能，叶发生相应的变态，如总苞、苞片、鳞叶、叶卷须、叶刺、叶状柄、捕虫叶等。

营养器官之间在结构上具整体性，在功能上具协调性。维管束通过根茎过渡区和茎节分枝将根茎叶连成整体，根毛吸收的水分通过皮层到达中柱后，沿着维管束中导管或管胞向上，经茎中木质部转运至叶片，供光合作用、蒸腾作用及其他生理代谢所需。叶片光合作用生产的碳水化合物由叶片维管束输出，经过茎中韧皮部筛管向下运输到达花、果实、根等库中积累。

来源相同的营养器官变态称为同源器官，来源不同但功能相似的营养器官变态称为同功器官。营养器官的繁殖主要有扦插、嫁接、压条、分株等，在农业生产中运用广泛。

思考题

1．试分析根的主要生理功能及其形态结构依据。

2．根有哪些类型？划分类型的主要依据是什么？

3．什么叫根系？根系有哪些类型？各具有什么主要特性？

4．根系的形态学特点及其在土壤中的分布规律在农业生产中有何意义？

5．被子植物根尖可以分成几个区？各区的主要形态结构特点和功能是什么？

6．试分析根尖向地性生长动力是什么？

7．单子叶植物根和双子叶植物根的初生构造有何异同点？

8．双子叶植物根维管形成层是如何发生、发育的？

9．维管形成层活动的主要特点及结果是什么？

10．根的次生构造从外到内依次由哪几个部分组成？

11．简述茎的主要生理功能及其形态学依据。

12．简述芽的类型及其分类依据。

13．简述茎尖原套原体学说的主要内容。

14．试分析茎尖和根尖在形态学结构上有何异同？并说明其生物学意义？

15．简述双子叶植物茎的初生生长和初生结构。

16．比较双子叶植物根和茎的初生结构有何不同？

17．简述双子叶植物茎维管形成层的发生、发育、组成、活动特点及产物。

18．简述双子叶植物茎中木栓形成层的发生与活动产物。

19．以三年生椴树茎为例，简述双子叶植物茎的次生结构从外向内的各组成结构。

20．从结构和功能上区别：早材与晚材、边材与心材、侵填体与胼胝体、周皮与树皮。

21．年轮是怎样形成的？它形成的实质是什么？为什么说生长轮比年轮这一名词更为准确？

22．禾本科植物茎与双子叶植物茎的结构有何不同？

23．双子叶植物叶与单子叶植物叶在结构上有何异同？

24．简述禾本科植物叶片上表皮由哪些细胞类型组成。

25．旱生植物的叶在其构造上形成哪些结构与其旱生条件相适应？

26．比较分析旱生植物和水生植物叶在结构上的异同。

27．从松针叶的结构分析它属于哪种生态型植物？

28．在显微镜下如何判断玉米叶的上下表皮？

29．从植物解剖结构角度，试解释“树怕剥皮，不怕烂心”的道理。

30．简述营养器官的变态、变态器官、变态类型。

31．简述同功器官和同源器官概念，举例说明之。

32．为什么说荸荠是茎的变态，而甘薯为根的变态？

33．简述植物营养器官间维管组织结构的整体性。

34．简述植物营养器官间生理功能的协调性。

35．简述叶片对环境条件的适应特征。

36．营养器官能够用于繁殖吗？简述几种主要营养器官繁殖在农业生产中的应用。

参考文献

丁春邦，杨晓红．2014．植物学．北京：中国农业出版社．
李扬汉．2000．植物学．上海：上海技术科学出版社．
刘穆．2010．种子植物形态解剖学导论．5 版．北京：科学出版社．
马炜梁．2015．植物学．2 版．北京：高等教育出版社．
徐汉卿．1996．植物学．北京：中国农业出版社．
杨世杰．2000．植物学．北京：科学出版社．
Clowes F A L.1961. Apical meristerms. Oxyford:Blackwell Scientific Publications.
Devaux H.1900. Recherches sur les lenticelles. Ann. Sci. Nat.VI.Bot, 12:1-240.
Eckardt T. 1941. Kritische Untersuchungen ǘber das primare Dickenwachstum bei Monokotylen MIT Ausblick auf dessen Verhaltnis zur sekundaren Verdickung. Botanisches Archiv, 42:289-334.
Esau K. 1977. Anatomy of seed plants. 2nd ed. New York: John Wiley and Sons.
Jeff S.2006.Barkyard Gardener.Arizona: Arizona Cooperative Extention.
Moore R,et al.1995.Botany. Dubugue: IA.Wm.C.Brown Communications Inc.
Raven P H, Evert R F, Eichhorn S E.2012. Biology of Plants. 8th ed. New York: W.H.Freeman Publishers.
Strasburger E, Fitting H, Lang W H.2010. Strasburger's Text-Book of Botany. Charleston: Nabu Press.

第3章　被子植物生殖器官的发育、结构与功能

学习目标

通过本章的学习，要求掌握植物生长发育的基本知识，对植物生殖器官从微观到宏观、从局部到整体有一个比较系统的认识；了解花的组成和发育以及花芽的分化过程；掌握花药的结构和花粉粒的发育形成过程；掌握胚珠的结构与胚囊的发育形成过程；掌握双受精过程及其生物意义；掌握种子和果实的形成过程，了解种子和果实对传播的适应。

引　言

被子植物营养器官生长发育到一定程度后，受环境和基因的调控，结束营养生长，开始形成花芽。经过开花、传粉和受精，形成果实，产生种子，繁衍物种，这个过程称为进入生殖生长（sexual growth）。进行生殖生长的器官称为生殖器官（sexual organ，reproductive organ），包括花（flower）、果实（fruit）和种子（seed），生殖生长对应的时期称为生殖生长期，是植物生活史中非常重要的时期，遗传物质通过两次重大变化实现物种的遗传稳定和进化。种子植物生殖生长所产生的果实和种子，是人类赖以生存的食物资源，也是一些作物农业生产的主要收获对象，了解和掌握植物生殖器官的形态建成、解剖结构及生殖生长规律，对于调节植物营养生长和生殖生长的关系，提高农作物产量和质量，改善人类的食物品质，提高现代农业生产的科技水平，发展农业生产，具有重要的科学价值和实用意义。

3.1　花

3.1.1　花的系统学概念

花就是被子植物在长期的系统演化过程中，为适应生殖生长而逐渐形成的高度缩短的变态枝条，其上的每个结构都是叶的变态。花萼是外层的不育性变态叶，主要起保护作用；花瓣是靠近外层的不育性变态叶，有吸引昆虫传粉的作用；雄性可育的变态叶演化成雄蕊，通过减数分裂发育出进行有性生殖的精子；雌性可育的变态叶演化成雌蕊中的心皮，通过减数分裂发育出进行有性生殖的卵细胞。精卵细胞受精后，再发育成为下一代新个体，从而实现植物的生殖（reproduction）。有性生殖是植物生殖进化的最高形式。

3.1.2　花的基本组成

虽然被子植物的花随分类群的不同其形态结构有差异，但在结构上还是基本一致的。一朵完整的花可分为5个部分，即花柄（pedicel）、花托（receptacle）、花被（perianth）、雄蕊群（androecium）和雌蕊群（gynoecium）（图3-1）。有的植物的花缺少其中的一或多部分，称为不完全花（incomplete flower）。花被一般分为外侧的花萼和内侧的花瓣。

一朵花中雄蕊（stamen）和雌蕊（pistil）都具备的花称为两性花（bisexual flower），仅有雄蕊或雌蕊的花称为单性花（unisexual flower），只

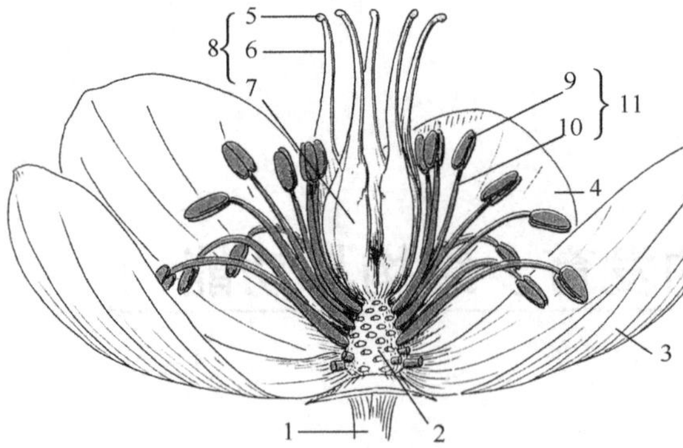

图 3-1 花的基本组成（仿 Rost，1984）
1. 花柄 2. 花托 3、4. 花被 5. 柱头 6. 花柱 7. 子房
8. 雌蕊 9. 花药 10. 花丝 11. 雄蕊

有雄蕊的花称为雄花（staminate flower），只有雌蕊的花称为雌花（pistillate flower），既无雌蕊又无雄蕊的花称为无性花（neutral flower）或中性花。在同一植株上有雄花和雌花，称为雌雄同株（monoecious）；同一种植物的雌花和雄花生在不同的植株上称为雌雄异株（dioecious）；如果在同一植株上存在单性花和两性花，且功能与雌雄同株植物相似，称为杂性同株（polygamomonoecious）；如果雌花和两性花或雄花和两性花分别生在不同的植株上，功能上为雌雄异株植株，则称为杂性异株（polygamodioecious）。

3.1.2.1 花柄和花托

（1）花柄 花柄也称为花梗，是着生花的小枝，可以把花伸展在枝条的适宜位置上；同时，也是花朵和茎相连的短柄（图 3-1）。果实形成时，花柄就自然发育为果柄，为果实的生长发育提供支持和营养通道。花柄的长短因植物种类而异，有的植物花柄很长，有的植物花柄很短，甚至没有花柄，是植物分类的依据之一。

（2）花托 花托是花柄或花梗的顶端膨大部分（图 3-1），花的其他各部分按一定的规律排列在它上面。花托的形状随植物种类而异（图 3-2），有的呈圆柱状，如木兰；有的凸起如圆锥状，如草莓；也有中央部分凹陷呈杯状，如桃、蔷薇等；或膨大呈倒圆锥形，如莲。柑橘的花托在雌蕊基部形成膨大的盘状，能分泌蜜汁，称为花盘。此外，有的花托在雌蕊群基部向上延伸成为柄状，称为雌蕊柄，如落花生，它的雌蕊柄在花完成受精作用后迅速延伸，将先端的子房插入土中，形成果实，所以也称为子房柄；西番莲和苹婆属植物的花托，在花冠以内的部分延伸成柄，称为雌雄蕊柄或两蕊柄；也有花托在花萼以内的部分伸长呈花冠柄，如剪秋萝和某些石竹科植物。

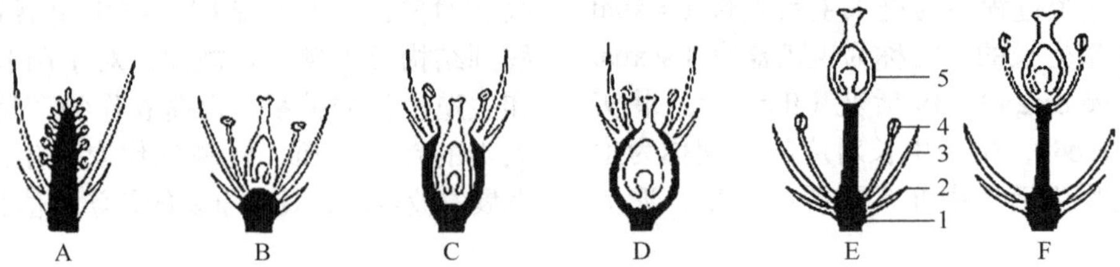

图 3-2 花托的类型（仿强胜，2006）
A. 柱状 B. 圆顶状 C. 杯状 D. 杯状花托与子房壁愈合 E. 雌蕊柄 F. 雌雄蕊柄
1. 花托 2. 花萼 3. 花瓣 4. 雄蕊 5. 雌蕊

3.1.2.2 花被

花被着生在花托的外围或边缘部分，是花萼（calyx）和花冠（corolla）的总称，由扁平状瓣片组成，在花中主要起保护作用，有些花的花被还有助于花粉传送。花萼和花冠两者都具备的花称为双被花（dichlamydeous flower）；两者缺一的花称为单被花（monochlamydeous flower）；不具备花被的花称为无被花（achlamydeous flower），又称为裸花（naked flower）。

（1）花萼 花萼由若干萼片（sepal）组成，包被在花的最外层。普通萼片多为绿色的叶状体，在结构上类似叶，有丰富的绿色薄壁细胞，但无栅栏、海绵组织的分化，主要有保护花蕊和进行光合作用的功能。有些植物的花瓣退化或变小，花萼大而富有色彩，像花瓣一样鲜艳，称为花瓣状萼片（petaloid sepal），起到吸引昆虫传粉的作用。

萼片彼此分离的花萼称为离生萼，如油菜、桃；彼此联合在一起呈筒状，称为合生萼（synsepalous calyx），如樱花。萼片大小相同或不同，分别称为整齐萼或不整齐萼。萼片比花冠先脱落的称为早落萼，如罂粟；有的与花冠一起脱落，称为落萼，如油菜、桃；也有花萼常留花柄上，随同果实一起发育，称为宿萼，如茄、柿、番茄、辣椒等；有的在花萼一边延伸成短小的管状突起，称为距（spur），其内有蜜汁，吸引特殊昆虫来传粉，如凤仙花、旱金莲等的花萼一侧就具有细长的距（图 3-3）。

（2）花冠 位于花萼的上方或内方，由若干称为花瓣（petal）的瓣片组成，排列为一轮或多轮，结构上由薄壁细胞组成。花瓣比萼片要薄，且内含有花青素或有色体而多具鲜艳色彩。有的花瓣基部

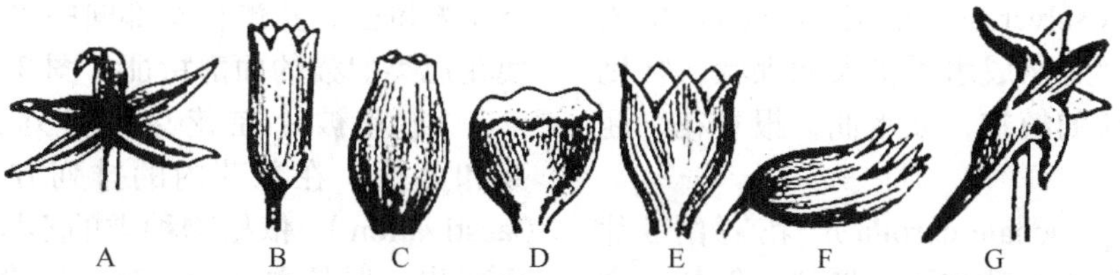

图 3-3　花萼的类型

A. 离萼　B～F. 合萼　G. 有距的萼

具有蜜腺等分泌结构，能释放特殊的香气或蜜汁。故花冠的主要功能是吸引昆虫传粉和保护花蕊。

1）花冠的类型。由于组成花冠的花瓣形状、大小相同或各异，花瓣各自分离或彼此联合以及花冠的裂片的形态等特点，花冠形成多种不同的形状（图 3-4）。

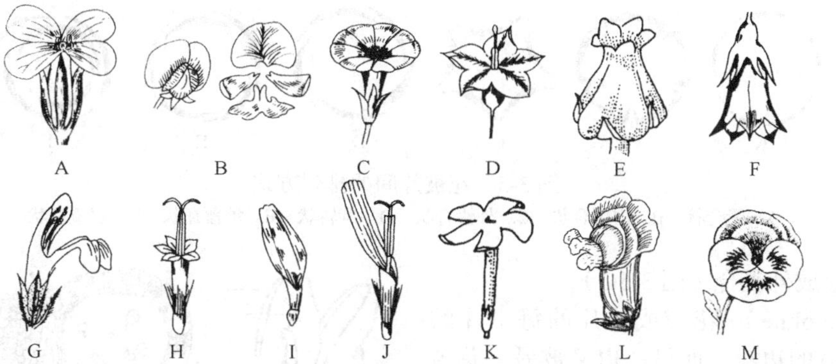

图 3-4　花冠的类型

A. 十字形花冠　B. 蝶形花冠　C. 漏斗状花冠　D. 轮状花冠　E. 坛状花冠　F. 钟状花冠　G. 唇形花冠　H. 管状花冠　I、J. 舌状花冠　K. 高脚蝶形花冠　L、M. 假面状花冠

A. 根据组成花冠的花瓣形态整齐程度和对称面的多少，将花冠分为以下几种。

整齐花冠（regular corolla）：同一花朵内的花瓣通常情况下形状是一样的，称同型花瓣，由同型花瓣组成的花冠称为整齐花。十字形花冠、漏斗花冠、轮状花冠、坛状花冠、钟状花冠及高脚蝶形花冠中，各自的花瓣在大小、形状上基本一致，花冠辐射对称，有多个对称面，这类花冠就是整齐花冠。

不整齐花冠（irregular corolla）：蝶形花冠、唇形花冠、舌状花冠中，花瓣的大小不均匀，只有 1 个对称面，为两侧对称花，称为不整齐花。

不对称花冠：花冠没有对称面的花，如美人蕉。

B. 组成花冠的花瓣大小、形态、数量及联合程度不同，形成了多样性的花冠特征。根据花冠的形态特征不同，花冠又可分为以下几种。

十字形花冠（cruciform）：4 个花瓣两两相对呈十字形，如油菜、白菜等（图 3-4A）。

蝶形花冠（papilionaceous）：花瓣 5 片，排列成蝶状，最上瓣称为旗瓣；两侧的两瓣称为翼瓣，比旗瓣较小，被旗瓣所覆盖；最下两瓣位于翼瓣之间，下缘常合生称为龙骨瓣，如蚕豆、豌豆、扁豆、黄芪、甘草、苦参等（图 3-4B）。

漏斗状（funnel-shaped）花冠：花冠下部呈筒状，由基部渐渐向上扩大成漏斗状，如牵牛、蕹菜、红苕（图 3-4C）。

轮状（rotate）花冠：又称为辐状花冠。花冠下部合生形成一个短筒，裂片从基部向四周扩展，状如轮辐，如茄科植物番茄、马铃薯、辣椒等。在蕾期，花冠的各瓣片因植物种类不同而形成各种形式的卷叠（图 3-4D）。

坛状花冠（urceolate corolla）：花冠联合，基部较大，上部变细，形如坛状，如小果南烛（*Lyonia ovalifolia*）（图 3-4E）。

钟状花冠（campanulate）：花冠生成宽而稍短的筒状，上部裂片扩大成钟形，常见于桔梗科、龙胆科植物，如桔梗、沙参、龙胆等（图 3-4F）。

唇形花冠（labiate）：花冠基本联合，上端裂成二唇形，如芝麻（图 3-4G）。

管状（tubular）花冠：花冠大部分呈管状或圆筒状，裂片向上伸展，见于菊科植物，如向日葵、菊花等头状花序上的盘花（靠近花序中央的花）（图 3-4H）。

舌状（ligulate）花冠：花冠基部成一短筒，上面向一边张开呈扁舌状，见于菊科植物，如向日葵、菊花等头状花序上的边花（花序边缘的花）（图 3-4I、图 3-4J）。

高脚碟形花冠（salverform）：花冠下部合生成狭长的圆筒状，上部忽然成水平扩大如碟状。常见于报春花科、木犀科的植物，如水仙、报春花、迎春花等（图 3-4K）。

假面状花冠（personate corolla）：花冠由 5 片花瓣组成，排列成类似于动物面部形状。例如，金鱼草，花冠中 5 个花瓣形成上下 2 裂，类似唇形花冠，但基部在前面下延成兜状，上唇直立，宽大，2 半裂，下唇 3 浅裂，在中部向上唇隆起，封闭喉部，使花冠呈假面状（图 3-4L）；三色堇花冠中的 5 个花瓣离生，上部 2 瓣直立，中间 2 瓣水平着生，最下 1 瓣倒生，花瓣自基部向中央有少量放射状条纹，使花冠类似猫的面部特征（图 3-4M）。

2）花被片在花芽中排列方式。花被片（花芽和萼片）在花芽内的排列方式称为花被卷叠式（aestivation），依植物种类的不同，花被卷叠式也发生变化，但基本分为三种：镊合状、旋转状和覆瓦状（图 3-5）。

镊合状（valuate）：花瓣或萼片各片的边缘彼此靠近，互不遮盖，排列成环状（图 3-5A～C），如茄、辣椒等。除了一般的平顺镊合（图 3-5A）外，有时花瓣两侧内折，形成内镊合（图 3-5B）；有时花瓣两侧外翻，形成外镊合（图 3-5C）。

图 3-5　花被片间的排列方式

A. 镊合状　B. 内镊合状　C. 外镊合状　D. 旋转状　E. 单覆瓦状　F. 双覆瓦状

旋转状（convolute）：花瓣或萼片的每一片的一边覆盖相邻花被的边缘，而另一边又被另一花被片的边缘所覆盖的排列方式（图 3-5D），如棉花。

覆瓦状（imbricate）：与旋转状排列相似，只是有一个花被片（图 3-5E）或两个花被片完全在外，覆盖着相邻的花被片边缘（图 3-5F），如油菜。

3.1.2.3　雄蕊群

雄蕊群是一朵花中雄蕊的总称，由多数或一定数目的雄蕊组成，位于花被的内方或上方，在花托上呈螺旋或轮状排列。雄蕊由上下两部分组成，下部一般为一个丝状结构，称为花丝（filament）；上部为一对囊状结构，称花药（anther），分成左右两半，中间的连接部位称为药隔（connective）。花丝细长，多呈柄状，基部着生在花托或贴生在花冠基部，支持花药至适宜的空间方便传粉。花丝除一般细长如丝外，也有扁平如带的（如莲），或完全消失的（如栀子），或转化为花瓣的（如美人蕉）。花药是产生花粉的地方，是雄蕊的主要部分。花药内的腔室称为药室（anther chamber），通常 2～4 个，药室中充满花粉（pollen）。花粉成熟后，花粉囊从唇细胞处自行开裂，释放出花粉粒（图 3-6）。

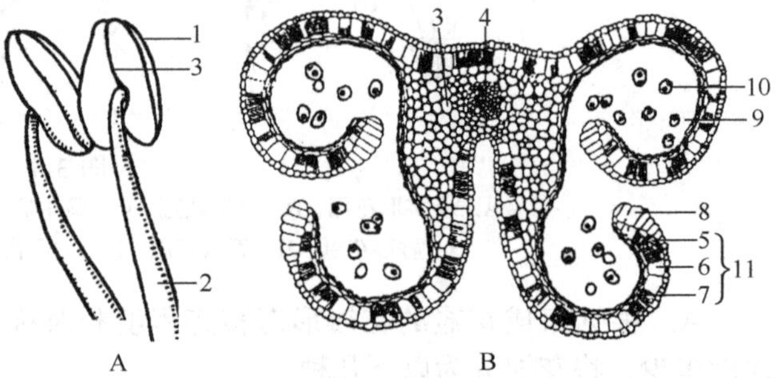

图 3-6　百合的雄蕊及花药

A. 雄蕊　B. 花药结构

1. 花药　2. 花丝　3. 药隔　4. 药隔维管束　5. 表皮　6. 药室内壁　7. 中层　8. 唇细胞　9. 药室　10. 花粉粒　11. 花药壁

1）花药开裂的方式。花粉成熟后，花粉囊自行破裂，花粉由裂口处散出。花粉囊破裂的方式，有的沿二花粉囊交界处成纵行裂开，称为纵裂，如油菜、牵牛、百合等；有的沿花药中部成横向裂开，称为横裂，如木槿、蜀葵等；有的在花药顶端开一小孔，花粉由小孔散出，称为孔裂，如茄、番茄等；有的在花药的侧壁上裂成几个小瓣，花粉由瓣下的小孔散出，称为瓣裂，如香樟等（图 3-7）。

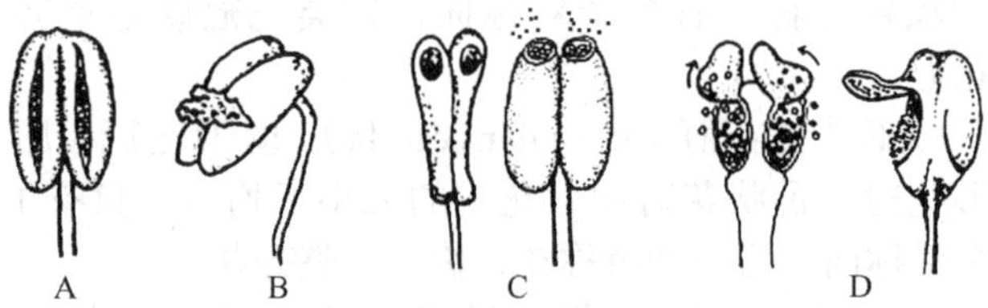

图 3-7　花药开裂方式

A. 纵裂　B. 横裂　C. 孔裂　D. 盖裂

2）花药着生的方式。花药在花丝上有 6 种不同的着生方式（图 3-8）：花丝顶端与花药背面的一点相连，整个雄蕊犹如丁字形的，称为丁字着药（versatile anther），如百合、小麦、水稻；花药分成两半，基部张开几乎成直线，两花药顶部与花丝顶端相连，如毛地黄、地黄等；花药分成两半，基部张开不成直线，上部与花丝顶端相连，形成“个”字状，称为个字着药（divergent anther），如水蓑衣、婆婆纳等；花药背部着生在花丝顶端时，称为背着药（dorsifixed anther），如苹果、油菜、桑树、水稻等；花丝顶端直接与花药基部相连，称为基着药（innate anther），如望江南、莎草、小檗和唐菖蒲；花药背部全部贴着在花丝上的，称为全着药或贴着药（adnate anther）。此外，花药向着雌蕊一面生长的称为内向药（introrse），向着花冠生长的则称为外向药（extrorse）。

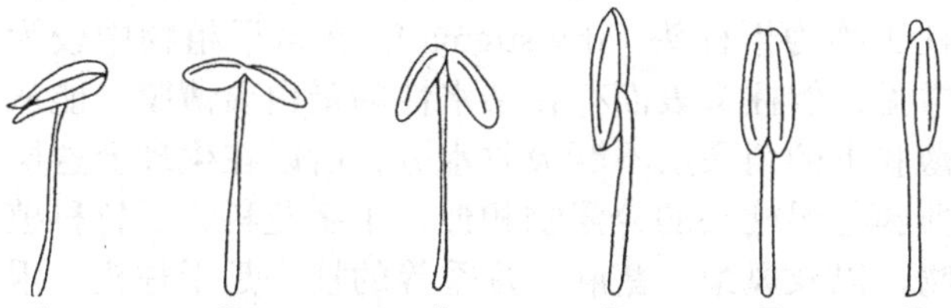

图 3-8　花药着生方式（引自曲波和张春宇，2011）
A. 丁字着药　B. 广歧药　C. 个字着药　D. 背着药
E. 基着药　F. 全着药

3）雄蕊的类型。雄蕊的数目和长短，随植物种类而异。原始种类植物的雄蕊数多而不确定，如木兰科和毛茛科，雄蕊多数；较进化类群植物的雄蕊数量则有减少，以至达到一个稳定的数目，如木犀科，只有 2 个雄蕊。一朵花中的雄蕊一般长短是相等的，但也有同一朵花中的雄蕊长短不等的情况，如十字花科植物的雄蕊共有 6 枚，其中外轮的 2 个较短，内轮的 4 枚较长，称为四强雄蕊（tetradynamous stamen）；又如唇形科、玄参科植物的花朵中，雄蕊共有 4 枚，2 个较长，另 2 个较短，称为二强雄蕊（didynamous stamen）（图 3-9）。2 个雄蕊、二强雄蕊和四强雄蕊中，雄蕊间的花丝、花药都是彼此分开的，每个雄蕊相对较独立。

一朵花中的雄蕊群有时也有各种各样的联合情况，有的在花丝联合，有的在花药联合。花药完全分离而花丝联合成 1 束的称为单体雄蕊

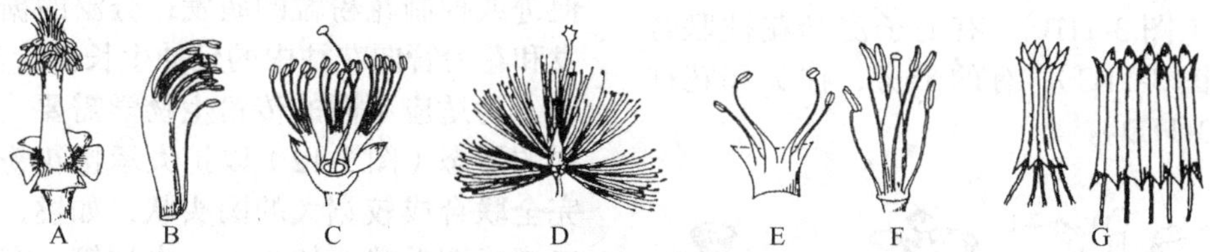

图 3-9　雄蕊的类型
A. 单体雄蕊　B. 二体雄蕊　C. 三体雄蕊　D. 多体雄蕊　E. 二强雄蕊
F. 四强雄蕊　G. 聚药雄蕊

（monadelphous stamen），如锦葵科的棉花、山茶科的山茶；花丝联合成 2 束的称为二体雄蕊（diadelphous stamen），如蝶形花科的蚕豆、豌豆等；花丝联合成为 3 束的称为三体雄蕊（triadelphous stamen），如藤黄科的小连翘；花丝联合为 4 束以上的称为多体雄蕊（polydelphous stamen），如金丝桃科的金丝桃；雄蕊的花丝分离而花药互相联合的称聚药雄蕊（synantherous stamen），如菊科的菊芋、葫芦科的南瓜等的雄蕊。

3.1.2.4　雌蕊群

雌蕊群是一朵花中所有雌蕊的总称，位于花中央或花托顶部。每个雌蕊像颈部细长的花瓶，顶端略为膨大的部分称为柱头（stigma），基部膨大的部分称为子房（ovary），柱头与子房之间的柱状结构称为花柱（style）。柱头与子房是雌蕊的重要结构，参与植物的有性繁殖，花柱支撑柱头，有利于完成传粉，但不是植物繁殖所必需的（图 3-1），如莲的子房就没有花柱，膨大的子房顶端直接为宽大的柱头。

1）雌蕊的发育。构成雌蕊的单位称为心皮（carpel），是具有生殖作用的变态叶。每个心皮一般有 3 条维管束，2 条在心皮的边缘，称为腹束（ventral bundle），止于子房顶端；1 条维管束位于心皮的中央相当于叶片主脉的位置，称为背束（dorsal bundle），一般通向花柱和柱头。单雌蕊是通过心皮两侧边缘，向内包卷愈合而成的。边缘愈合的部分形成一条缝线，称为腹缝线（ventral suture）；相对于心皮的中肋处的一条缝线，称为背缝线（dorsal suture），在这两条缝线处对应的维管束就是前文说的腹束和背束。在心皮联合的复雌蕊上，同样可以见到这两种缝线，但复雌蕊的腹缝线位于 2 心皮彼此愈合的腹束部分，如果复雌蕊是由 3 个心皮合成的，则可见到 3 条腹缝，相应的另有 3 条背缝，出现在 3 个心皮的背面中肋处。

2）雌蕊的类型。在长期的系统演化过程中，心皮向内折合，或侧面相互连合，形成基部膨大而中空的囊状结构，称为雌蕊（图 3-10）。组成雌蕊的心皮数量、心皮间的联合分离关系常常发生较大的变化，由此将雌蕊分为不同的类型。

有些植物，一朵花中的雌蕊只由一个心皮所构成，称为单雌蕊（simple pistil），如蚕豆、大豆（图 3-10C）。更多种类植物的雌蕊是由几个心皮相互联合构成的，称为复雌蕊（compound pistil）或

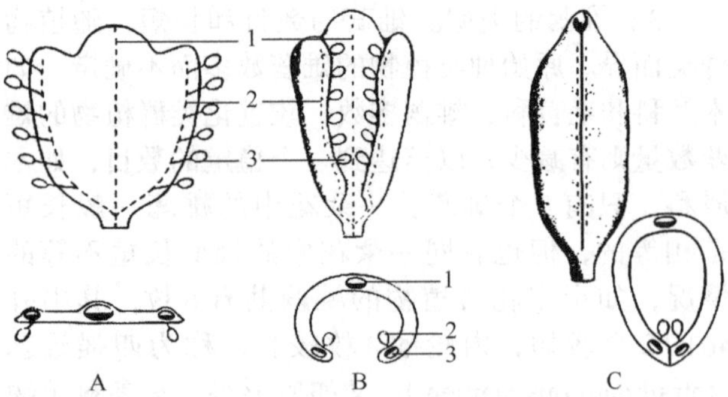

图 3-10 雌蕊的发育（引自李扬汉，2000）

A. 平展的心皮 B. 心皮沿着腹缝线内卷 C. 心皮联合发育雌蕊

1. 背束（背缝线） 2. 腹束（腹缝线） 3. 胚珠（种子）

合生雌蕊（syncarpous pistil）（图 3-11），如棉、番茄等。其中多心皮各自完全分离时，形成一朵花内多数雌蕊现象，称为离生单雌蕊（apocarpous pistil）（图 3-11A），如玉兰、牡丹等；合生雌蕊各部分的联合情况也有不同，有的子房联合而柱头、花柱彼此分离（图 3-11B），有的子房和花柱联合而柱头分离（图 3-11C），有的子房、柱头和花柱全部联合（图 3-11D）。

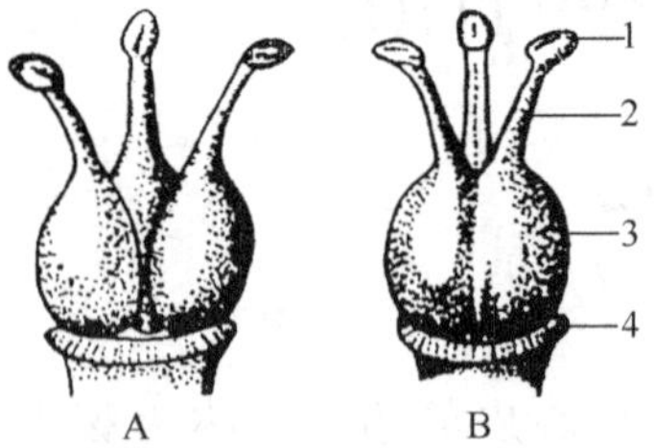

图 3-11 复雌蕊

A. 离生单雌蕊 B. 子房联合复雌蕊 C. 柱头分离复雌蕊 D. 完全联合复雌蕊

1. 柱头 2. 花柱 3. 子房 4. 花托

3）柱头。柱头位于雌蕊的顶端，是接受花粉的部位，一般膨大或扩展成各种形状。柱头的表皮细胞有延伸成乳头、短毛或长形分支毛茸的。当传粉时，有的柱头表面湿润，表皮细胞分泌水分、糖类、脂类、酚类、激素、酶等物质，可以粘住更多的花粉，并为花粉萌发提供必要的基质，这类柱头称为湿柱头（wet stigma），烟草、百合、苹果以及豆科植物的柱头属此类型；传粉时不产生分泌物的柱头称为干柱头（dry stigma），在被子植物中较为常见，但柱头表面存在亲水性的蛋白质薄膜，能从薄膜下的角质层不断吸收水分，所以在生理上这层薄膜与湿柱头的分泌物相似，十字花科、石竹科植物，以及凤梨、蓖麻、月季等的柱头是干柱头，禾本科植物中的水稻、小麦、大麦、玉米等的柱头也属此类型。湿柱头分泌物中的蛋白质参与花粉粒与柱头的识别作用；脂类可减少柱头失水，有助于粘住花粉粒、防止病虫和柱头的侵害，并能选择性地促进或抑制花粉粒的萌发；分泌的糖类为花粉粒萌发和花粉管向花柱中的延伸生长供给营养物质。

为适应不同的传粉生物学需要，柱头有多种不同的形态（图 3-12）以扩大承接花粉的表面，有的完全联合成较宽大的圆头状，如桃、柑橘等；有的二裂成羽毛状，如小麦、水稻等；有的三裂，如百合、石蒜等；有的四至多裂像漏斗，如木槿、老鹳草等；有的条形辐射排列，如罂粟；有的为细长的须状，如玉米等。柱头的上表面常有表皮毛或乳突状突起，有利于将接收到的花粉粒固定在柱头上。

4）花柱。花柱是柱头和子房间的连接部分，也是花粉管进入子房的通道（图 3-13）。一般植物的花柱细长，如玉米的花柱特别细长；但也有极短不明显的，如水稻、小麦。多数植物的花柱中央为

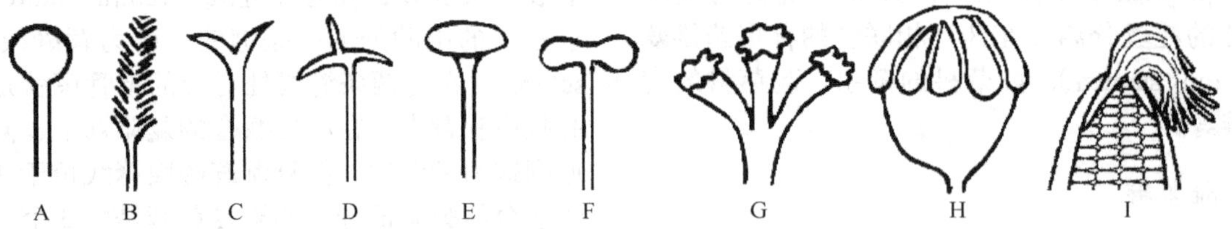

图 3-12 柱头的形态类型

A. 圆头形 B. 羽毛状 C. 二裂形 D. 三裂形 E. 圆盘形 F. 哑铃形 G. 漏斗形 H. 条状柱头 I. 丝状柱头

引导组织（transmitting tissue）所充塞，构成该组织的细胞长形、壁薄、细胞内含丰富的原生质和淀粉，常成疏松状排列，棉、烟草、番茄、荠菜以及大多数双子叶植物的花柱是这样的，称为实心花柱（solid style）；有些植物花柱的中央有一条自柱头通往子房的纵行中空沟道，称为花柱道（stylar canal）。管道的周围是花柱的内表皮，或为2～3层分泌细胞，花粉管将沿着花柱道表面的分泌生长，如单子叶植物百合科的百合、贝母，以及双子叶植物的罂粟科、马兜铃科、豆科植物等，这样类型的花柱称为空心花柱（hollow style）。不论是哪一种情况，当花粉管沿着花柱生长并进入子房时，花柱能为花粉管的生长提供营养和某些趋化物质。花柱内有维管束分布，一端与花托相连，另一端止于柱头。

5）子房。子房是雌蕊基部的膨大部分，有柄或无柄，着生在花托上。子房的中空部分称为子房

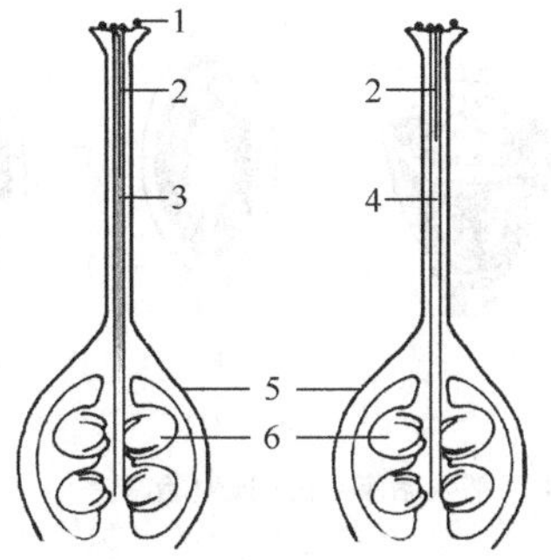

图 3-13　花柱的类型（杨晓红绘制）
A. 实心花柱　B. 空心花柱
1. 花粉　2. 花粉管　3. 引导组织　4. 花柱道　5. 子房壁　6. 胚珠

室（locule）。单雌蕊子房内仅有一室，如豌豆、牡丹等。复雌蕊的子房可由数个心皮合为一室或数室，如南瓜为一室、烟草为二室、牵牛为三室、月见草为四室、凤仙花为五室等。有的植物子房原为一室，以后由于产生假隔膜而使子房分隔为多室，如油菜、黄芪等。复雌蕊子房室数的差别，取决于各心皮的愈合状况及心皮数目的不同。如果心皮彼此以边缘相连接，全部心皮都成为子房的壁，这样的子房就是一室的。如果各心皮的边缘向内弯入，各心皮的边缘在子房中央部分彼此联合，心皮一部分成为子房的壁，而弯入部分的心皮成为子房内的隔膜，就成为多室。有的子房原为多室，以后由于隔膜消失成为一室，如石竹、报春花等。

子房与花的其他组分的相对位置，因植物种类的不同而有差异。通常有三种类型（图 3-14）。

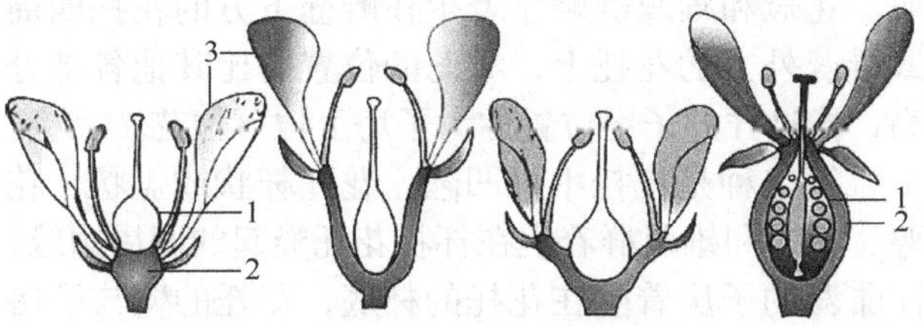

图 3-14　子房的位置
A. 上位子房（下位花）B. 上位子房（周位花）
C. 半上位子房（周位花）D. 下位子房（上位花）
1. 子房　2. 花托　3. 花被

A. 上位子房（superior ovary）。雌蕊的子房着生仅以底部连生于花托顶端。花的其他生长情况则有两种：一种花萼、花冠、雄蕊群着生于子房下方，称为上位子房下位花，如油菜、棉花和大豆等；另一种是花萼、花冠、雄蕊群下部愈合成杯状花筒（floral tube），它们仍生于子房下方，但上部各自分离环绕子房的周围，称为上位子房周位花，如桃、李和梅等。

B. 半下位子房（epigynous ovary）。子房的下半部分陷于花托中，并与其愈合，花萼、花冠、雄蕊群环绕子房上半部的四周而着生于花托边缘，故称为半下位子房，这种花则为周位花，如甜菜、石楠等。

C. 下位子房（inferior ovary）。子房全部陷于深杯状的花托或花筒中，并与它们的内侧愈合，仅柱头和花柱外露，花萼、花冠、雄蕊群着生于子房以上的花托或花托边缘，即为下位子房，这种花称为上位花。子房陷于花托的植物很少，一般见于葫芦科、仙人掌科和檀香科等少数科中。

子房的内、外壁上都有表皮、气孔和毛茸等结构。每个心皮有一条较大的中央维管束沿心皮的背缝分布，另有两条侧生维管束分布在心皮两侧的边缘，也即腹缝处（图 3-10），这些维管束一方面分别向心皮输送水分和养料，同时也通过分支向子房内壁的胚珠运送养料。

6）胎座。心皮内壁上着生胚珠的肉质突起，称为胎座（placenta）。由于心皮数目不同，以及心皮连结的情况不一样，被子植物的胎座有以下几种不同的类型（图 3-15）。

边缘胎座（marginal placenta）：一室的单子房，胚珠沿心皮的腹缝线呈纵行排列，如豌豆、蚕豆。

侧膜胎座（parietal placenta）：一室的复子房，胚珠沿着相邻二心皮的腹缝线排列成若干纵行，如罂粟、紫花地丁。

中轴胎座（axile placenta）：子房分隔为多室，胚珠着生于各室的内隅，沿中轴周围排列，如水仙、百合、鸢尾等。

特立中央胎座（free central placenta）：多室复子房的隔膜消失后，胚珠着生在由中轴残留的中央短柱周围，如石竹、辣椒等。特立中央胎座的短柱也有是心皮基部和花托上端愈合，向子房中央伸长而成的。

基生胎座（basal placenta）：胚珠着生在子房基底，如向日葵。

顶生胎座或悬垂胎座（pendulous placenta）：胚珠着生在子房顶部而悬垂室中的，如桑。

片状胎座（lamellate placenta）：多室子房中，胚珠着生于隔膜的各面，如荚。

7）胚珠。子房室内着生的近球形小体称为胚珠（ovule），是由心皮内侧若干部位的细胞经过快速分裂、生长后出现的胚性小突起。子房内胚珠的数目视植物种类而异，常一至多个不等。着生的部位，一般在子房腹缝线的一侧或在子房的中轴处，成熟胚珠由珠心（nucellus）、珠被（integument）和珠柄（funiculus）组成。胚珠发育时，由于各组分的生长速率不同，形成了不同的胚珠类型（图 3-16）。

直生胚珠（atropous ovule，orthotropous ovule）：

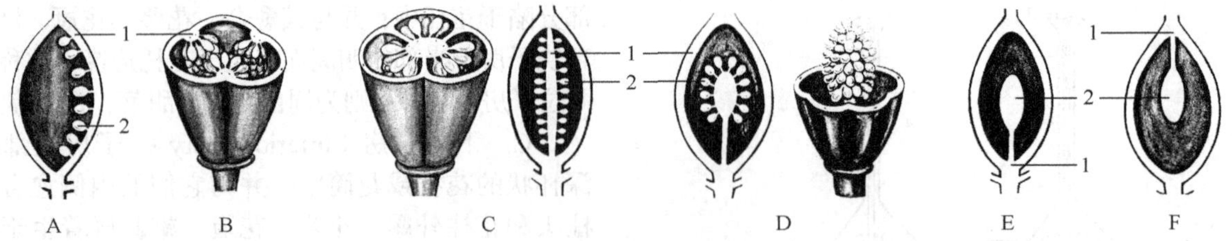

图 3-15 胎座的类型

A. 边缘胎座 B. 侧膜胎座 C. 中轴胎座 D. 特立中央胎座 E. 基生胎座 F. 顶生胎座

1. 胎座 2. 胚珠

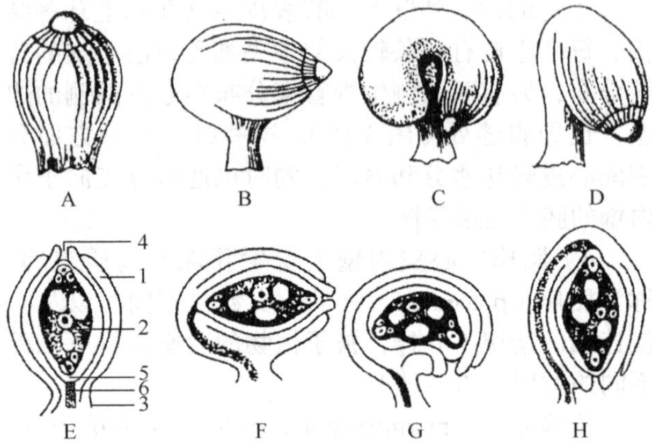

图 3-16 胚珠的类型（引自强胜，2006）

A. 直生胚珠 B. 横生胚珠 C. 弯生胚珠 D. 倒生胚珠

E. 直生胚珠解剖 F. 横生胚珠解剖 G. 弯生胚珠解剖

H. 倒生胚珠解剖

1. 珠被 2. 珠心 3. 珠柄 4. 珠孔 5. 合点 6. 维管束

胚珠各部分均匀生长，整个胚珠直立地着生在株柄上，即珠孔、珠心、合点和珠柄处于同一直线上，如荞麦、胡桃等的胚珠。

横生胚珠（hemitropous ovule）：胚珠的一侧生长较快，胚珠在珠柄上扭转约 90°，珠孔、珠心和合点的连接线与珠柄几乎呈直角，如锦葵、毛茛等的胚珠。

弯生胚珠（campylotropous ovule）：胚珠的下半部生长较均匀，上半部向生长慢的一侧弯曲，胚囊也有一定程度的弯曲，珠孔向珠柄方向下倾，如油菜、蚕豆、扁豆等的胚珠。

倒生胚珠（anatropous ovule）：胚珠一侧生长快，另一侧生长慢，胚珠向生长慢的一侧倒转约 180°，珠心并不弯曲，珠孔在珠柄基部的一侧，合点在珠柄相对的一侧，靠近珠柄一侧的外珠被常与珠柄贴生，形成一条珠脊，向外隆起。合点、珠心和珠孔的连接线几乎与珠柄平行。大多数被子植物的胚珠属此类型，如稻、麦、百合、棉等的胚珠。

3.1.2.5 花各部分的演化

每种植物，花的各部分形态是比较固定的，而花的形态变化又往往与植物的演化有关。因此，被子植物的分类依据，很大一部分是由花的形态来决定的。花各部分的演化趋势，主要从以下几个方面表现。

1）数目的变化。组成花的各部分在数目上是不同的，总的演化趋势是从多而无定数到少而有定数。

2）排列方式的变化。花的各部分在花托上的排列是随植物种类不同而异的。花部的排列主要有两种方式：一种是螺旋排列，另一种是轮状或圆周排列，两者中，前者是原始类型。

3）对称性的变化。花各部分在花托上的排列常形成一定的对称面。如果通过花的中心可以作出几个对称面的，这类花称为辐射对称花，也称为整齐花。如果通过中心只可作一个对称面的，称为两侧对称花，这类花称为不整齐花。

4）子房位置的变化。原始类型的花托是一个圆锥体或圆柱形，在进化的演变过程中，花托逐渐缩短，加大宽度，变为圆顶或扁平状，并且进一步在中央出现凹陷，成为凹顶形。花托形状的变化，改变了花部在花托上的排列地位，特别是子房的位置出现下述几种不同的状态（图 3-14）。

第一种是花托圆柱形，或是圆顶、平顶状，花萼、花冠和雄蕊群顺序着生在雌蕊下方的花托四周或雌蕊外方的花托上，雌蕊的位置要比其他各部分高，像这样的子房位置称为子房上位下位花。

第二种是花托中央凹陷，花托杯状或盂状，花萼、花冠和雄蕊群着生在杯状花托隆起的四周边缘，而雌蕊的子房着生在花托的杯底，花托的壁与子房壁并不相连，称子房上位周位花。

第三种是花托呈深陷的杯状，子房着生在花托的杯底里，子房的壁和花托完全愈合，只留花柱和柱头突出在花托外面，花萼、花冠和雄蕊群着生在子房上方的花托边缘上。这类花的子房位置最低，所以是子房下位，而称这样的花为上位花（epigynous flower）

第四种是花托呈深陷的杯状，子房着生在花托杯底里，只有子房壁的下半部与花托愈合，其余部分与花托分离；花萼、花冠和雄蕊群围生在子房上半部的周围。这类子房的位置为半下位（half inferior）子房周位花。

花各部分的演化趋势是多方面的，就一朵花来说，演化的趋势也不是各部分同步，这就使花的结构更为复杂而多样化。例如，苹果和梨的花萼、花冠离生，雄蕊多数，这些反映了它们的原始性状，但凹陷的花托和下位子房，则又是进化的表示。此外，花各部分的互相转变，也经常在栽培的植物种类中找到。例如，栽培的芍药和玫瑰，雄蕊的数目减少，而花瓣增多，出现重瓣的结构。在睡莲的花朵里也常常可以见到花瓣和雄蕊之间的过渡类型，这种瓣化雄蕊的下部花丝扁平，接近于花瓣的薄片状，而在上部却留有残存的花药。

3.1.3　禾本科植物的花

禾本科是被子植物中的单子叶植物，花的形态和结构比较特殊，与上文所叙述的一般形态很不一样。小麦、水稻、玉米、竹子、甘蔗以及许多杂草种类都属于禾本科植物，它们的花在结构上有禾谷类植物的典型特征，现以水稻的小穗和花为例加以说明（图 3-17）。

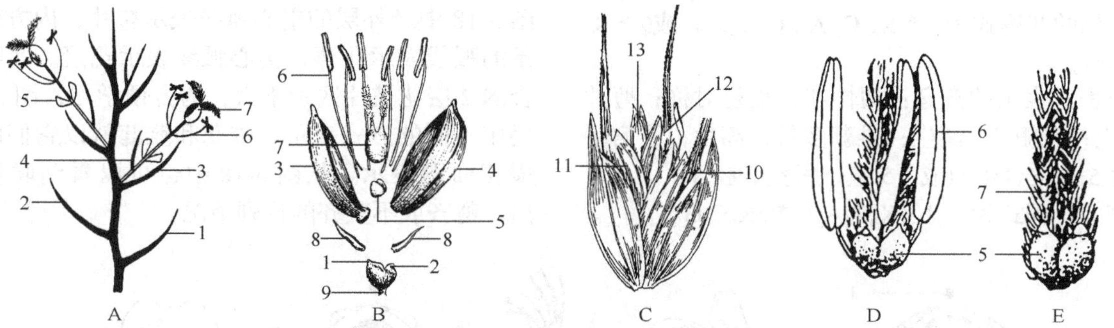

图 3-17　禾谷类植物的花序、小穗和花

A. 禾谷类花序模式图　B. 水稻小穗　C. 小麦小穗　D. 小麦花　E. 小麦浆片和雌蕊

1. 外颖　2. 内颖　3. 外稃　4. 内稃　5. 浆片　6. 雄蕊　7. 雌蕊　8. 退化稃片　9. 小穗梗

10. 第一小穗　11. 第二小穗　12. 第三小穗　13. 第四小穗

水稻是复总状花序或圆锥花序。围绕花序主轴周围生出许多小穗，每一个小穗基部有 2 片坚硬的颖片（glume），称外颖和内颖。颖片之内有 3 朵花，基部 1～2 朵退化，只残留稃片不能结实，其中顶生的 1 朵正常发育结实。每朵能发育的花的外面又有 2 片鳞片状薄片包住，称为稃片，外边的一片称为外稃（lemma），里面一片称为内稃（palea）。稃片为苞片，是颖片和花之间的变态叶。内稃里面有 2 片小形的肉质囊状突起，称为浆片（lodicule），内稃和浆片是由花被退化而成。开花时，浆片吸水膨胀，使内、外稃撑开，露出花药和柱头，以适应风力传粉。水稻的雄蕊有 6 个，花丝细长，花药成熟开花时常悬垂花外。雌蕊 1 个，有 2 条羽毛状柱头承受传来的花粉，花柱并不显著，子房 1 室。不育花中只有内稃、外稃，没有雌蕊、雄蕊。

3.1.4　花程式和花图式

为了简单地说明一朵花的结构，花各部分的组成、排列位置和相互关系，可以用一个公式或图案把一朵花的各部分表示出来，前者称为花程式（floral formula），后者称为花图式（floral diagram）。

3.1.4.1　花程式

用字母、符号和数字按照一定的规律表达花的特征而列成的公式，称为花程式，一般是以拉丁词的第一个字母来代表花的各组成部分，即 K/Ca 代表花萼（kalyx/calyx），C/Co 代表花冠（corolla），A 代表雄蕊群（androecium），G 代表雌蕊群（gynoecium）。如果花萼、花冠不能区分，可用 P 代表花被（perianth）。每一字母的右下角可以记上一个数字来表示各部分的实际数目。如果缺少某一轮，可记为“0”；如果数目极多而不定数，可用“∞”表示；如果为某数字的倍数时，可在数字后用“S”表示。如果某一部分的各单位互相联合，可在数字外加上“( )”符号。如果某一部分不止一轮，而有两轮或三轮，可在各轮的数字间加上“+”号。子房位置也可在公式中表示出来，如果是子房上位，可在 G 字下加上一划；子房下位，则在 G 字头上加一划；周位子房，则在 G 字上下各加一划。在 G 字右下角写上数字，分别可以表示心皮的数目、子房的室数和每室的胚珠数，数字间用“：”号相连。

如果是整齐花，可在公式前加“*”号，两侧对称花加“↑”表示。♂表示单性雄花，♀表示单性雌花，⚥表示两性花。“(♂♀)”表示雌雄同株，“(♂/♀)”表示雌雄异株。

下面举几个例子说明。

百合的花程式为：* ⚥ $P_{3+3}A_6\underline{G}_{(3:3:\infty)}$。

花程式表示：百合花为整齐花，花被 6 数，2 轮，各轮 3 片；雄蕊群 6 枚雄蕊，2 轮排列，每轮 3

枚；雌蕊合生且子房上位，由3个心皮组成，子房3室，每一室含多数胚珠。

蚕豆的花程式为：$\uparrow$⚥$Ca_{(5)}Co_{1+2+(2)}A_{1+(9)}\underline{G}_{(1:1:\infty)}$。

花程式表示：蚕豆花是不整齐花，两侧对称；花萼5片，萼片合生；花冠由5片花瓣组成，包括旗瓣1枚，翼瓣2枚、离生，龙骨瓣2枚、基部合生；雄蕊群有雄蕊10枚，其中9枚花丝合生，1枚分离，形成二体雄蕊；子房上位，合生，一心皮一室，每室多个胚珠。

苹果的花程式为：$*K_5C_5A_\infty\overline{G}_{(5:5:2)}$或⚥$*K_5C_5A_\infty\overline{G}_{(5:5:2)}$。

花程式表示的意义：两性花；辐射对称；萼片5，离生；花瓣5，离生；雄蕊多数，离生；子房下位，由5心皮合生而成，5室，每室2胚珠。

柳的花程式为：$\uparrow$♂$K_0C_0A_2$；$*$♀$K_0C_0\underline{G}_{(2:1:1:2)}$。

花程式表示：柳的花单性，雄花为不整齐花，花萼，花冠都无，只有2枚雄蕊；雌花为整齐花，无花萼和花冠；子房上位，二心皮一室，每室2个胚珠。

3.1.4.2 花图式

是用花的横剖面简图来表示花各部分的数目、离合情况，以及在花托上的排列位置，也就是花的各部分在垂直于花轴平面所作的投影图。现仍以百合和蚕豆的花为例说明（图3-18）。在绘制花图式时，用黑色圆点在花图式上方表示花着生的花轴；图3-18中最外层的空心弧线表示苞片，内方带横线条的弧线表示花萼，实心弧线表示花冠。实际上百合的2层花被片区别不大，为方便学习，图3-18中仍用不同的方式表示。雄蕊和雌蕊就以它们的实际横切面图表示。从图3-18中也可以看到联合或分离，整齐或不整齐的排列情况。

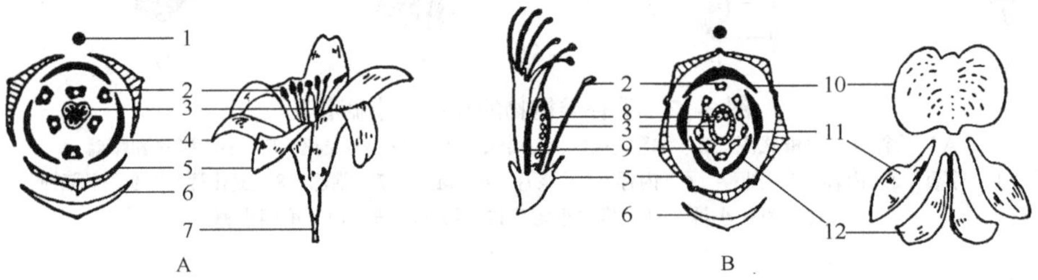

图3-18 花图式

A. 百合花图式 B. 豌豆花图式

1. 花轴 2. 雄蕊 3. 雌蕊 4. 花瓣 5. 花萼 6. 苞片 7. 花梗 8. 胚珠 9. 联合花丝 10. 旗瓣 11. 翼瓣 12. 龙骨瓣

3.2 花 序

被子植物的花，有的是单独一朵生在茎枝顶上或叶腋部位，称为单顶花或单生花，如玉兰、牡丹、芍药、莲、桃等。但大多数植物的花，密集或稀疏地按一定顺序排列，着生在特殊的总花柄上。花在总花柄上有规律地排列方式，称为花序（inflorescence）。花序的主轴称为花序轴或花轴，可以分枝或不分枝。花序中一般没有典型的营养叶，有些植物在每朵花的基部有1片小的类似叶，称为苞片，或在整个花序的基部有多个苞片共同形成总苞。

根据花序轴的生长状况、分枝方式、开花顺序和花柄的长短，可将花序分为无限花序（indefinite inflorescence）（图3-19A～N）和有限花序（definite inflorescence）两大类（图3-19O～R）。

3.2.1 无限花序

无限花序也称为总状类花序，它的特点是花序的主轴在开花期间可以继续向上伸长，不断产生苞片和花芽，各花的开放顺序是花轴基部的花先开，然后向上方依次开放。无限花序根据花序轴是否分枝分成简单花序和复合花序两种类型。

3.2.1.1 简单花序

简单花序是指花序轴不分枝的总状花序类，犹如单轴分枝，所以也称为单轴花序、单总状花序或简单花序（图3-19A～I）。

1）总状花序（raceme）。花轴单一，较长，自下而上依次着生有柄的花朵，各花的花柄大致长短相等，开花顺序由下而上，如油菜、萝卜、紫藤、荠菜的花序。

2）穗状花序（spike）。花轴直立，较长，上面着生许多无柄的两性花，如车前、马鞭草等。

3）柔荑花序（catkin）。花轴上着生许多无柄或短柄的单性花（雌花或雄花），有花被或花被缺，

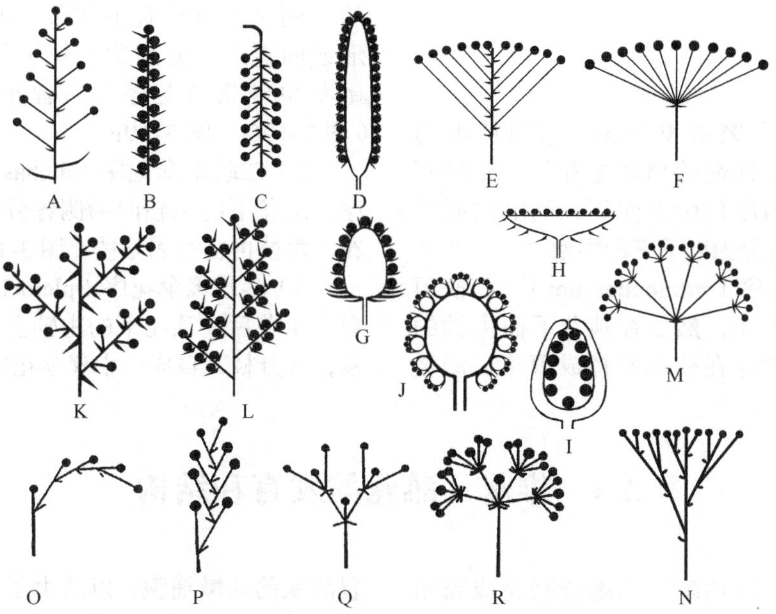

图 3-19　花序的类型

A～N. 无限花序（A. 总状花序　B. 穗状花序　C. 柔荑花序　D. 肉穗花序　E. 伞房花序　F. 伞形花序　G. 头状花序　H. 篮状花序　I. 隐头花序　J. 复头状花序　K. 复总状花序　L. 复穗状花序　M. 复伞形花序　N. 复伞房花序）；O～R. 有限花序（O. 螺旋聚伞花序　P. 蝎尾状聚伞花序　Q. 二歧聚伞花序　R. 多歧聚伞花序）

花序轴柔软下垂，但偶有直立，开花后一般整个花序一起脱落，如核桃、杨、柳、栎、枫杨、榛等。

4）肉穗花序（spadix）。基本结构与穗状花序相同，所不同的是花轴肥厚肉质化，上生多数单性无柄的小花，如玉米、香蒲的雌花序。有的肉穗花序外面还包有一片大型苞叶，称为佛焰苞（spathe），因而这类花序又称为佛焰花序，如马蹄莲、红掌、半夏、天南星、芋等。

5）伞房花序（corymb）。或称为平顶总状花序，是变形的总状花序，与总状花序不同，着生在花序轴上的各花花柄长短不等，下层花的花柄较长，自下而上逐步缩短，最后所有的花几乎排列在同一个平面，如梨、苹果、樱花、麻叶绣线菊等。油菜的花序初期呈伞房花序状，以后花轴伸长，又转而为总状花序。

6）伞形花序（umbel）。花轴短缩，大多数花着生在花轴的顶端。每朵花有近于等长的花柄，因而各花在花轴顶端的排列呈圆顶形，开花的顺序是由外向内，如胡萝卜、芹菜、人参、五加、常春藤等。

7）头状花序（capitulum）。花轴极度缩短膨大成球形，其上着生许多无柄或几无柄的花，苞片常聚成总苞，位于花序基部，如三叶草等。

8）篮状花序（basket）。头状花序花托压扁变薄成上表面几近平整的阔三角形花托，许多无柄或几无柄的花着生在花托的上表面，苞叶多，常集成总苞，如向日葵、菊花、蒲公英等。

9）隐头花序（hypanthodium）。花轴特别肥大，中央凹陷呈壶状，下陷花托腔的内壁上着生很多无柄小花，从花托外几乎看不见内部的花，花托顶端仅留一小孔与外方相通，为昆虫进出腔内传播花粉的通道。小花多单性，雄花分布于内壁上部，雌花分布在下部，如无花果、薜荔、榕树等。

3.2.1.2　复合花序

复合花序又称为复总状花序，花序轴有分枝，各分枝的排列特点和开花顺序均为总状，每一分枝上又呈现简单花序中的一种花序，这类花序称为复合花序（图 3-19J～N），常见的有以下几种。

1）圆锥花序（panicle）。在长花轴上分生许多小枝，每小枝自成一总状花序，如南天竺、水稻、燕麦、丝兰等。

2）复穗状花序（compound spike）。花轴有 1 次或 2 次分枝，每小枝自成一个穗状花序，即小穗，如小麦、马唐等。

3）复伞形花序（compound umbel）。花轴顶端丛生若干长短相等的分枝，各分枝又成为一个伞形花序，如胡萝卜、前胡、小茴香等。

4）复伞房花序（compound corymb）。花轴上的分枝呈伞房状排列，每一分枝又自成一个伞房花序，如花楸属植物。

5）复头状花序（compound capitulum）。单头状花序上具分枝，各分枝又自成一头状花序，如含苞草（*Symphyllocarpus exilis*）。

3.2.2　有限花序

有限花序也称为聚伞类花序，它的特点与无限花序相反，花轴顶端的顶花先开放，花轴不能继续生长。开花顺序是由上而下，或由内而外（图 3-19O～R），又可分为以下三种类型。

1）单歧聚伞花序（monochasium）。主轴顶端先发育成一朵顶生花，然后在顶花下面主轴的一侧形成一侧枝，同样在枝端发育成顶花，侧枝的一侧又可分枝着生花朵，如此重复，形成螺旋形或曲折形，分别称为螺旋状单歧聚伞花序和蝎尾状单歧聚伞花序，后者花序是一个合轴分枝（图 3-19O、图 3-19P）。

2）二歧聚伞花序（dichasium）。也称为歧伞花序，顶花下的主轴向两侧各分生一枝，枝的顶端生花，每枝再在两侧分枝（图 3-19Q）。

3）多歧聚伞花序（pleiochasium）。主轴顶端发育一朵花后，顶花下的主轴上又分出三数以上的分枝，各分枝又自成一小聚伞花序（图 3-19R）。

3.3　雄蕊、雌蕊的发育和结构

有性生殖是通过两性配子的融合来完成繁殖的，是繁殖方式中的进步形式。两个配子彼此融合时，它们相互同化，成为一个新生的细胞——合子，再在适宜的条件下，发展成为新个体。雄蕊和雌蕊是直接与生殖有关的花的组成部分，单核期的花粉（小孢子）和胚囊（大孢子），以及雄性配子（精子）和雌性配子（卵），将分别由两种花蕊产生，经受精作用，完成花的有性生殖过程。两种花蕊分别起源于雄蕊原基和雌蕊原基，它们经过细胞分裂和一系列生长发育后形成雄蕊和雌蕊。

3.3.1　雄蕊的发育和结构

雄蕊又称为小孢子叶，由花丝和花药两部分组成。花丝与生殖无直接关系，它的作用是将花药托举在适宜的空间位置以利传粉授粉，同时把营养输送到花药部分供其发育。花丝的结构一般简单，最外层是一层角质化的表皮细胞，有的还附生毛茸、气孔等，表皮以内是薄壁组织，中央有一条由筛管和螺纹导管组成的维管束贯穿，直达药隔。花药（小孢子囊）是雄蕊产生花粉的主要部分，多数被子植物的花药由 4 个花粉囊组成，分为左、右两半，中间由药隔相连，也有少数种类花药仅 2 个花粉囊，同样分列药隔的左、右两侧。花粉囊外由囊壁包围，内生许多花粉粒。花药成熟后，药隔每一侧的两个花粉囊之间的壁破裂消失，两个花粉囊相互沟通，犹如每侧仅含一个粉囊。裂开的花粉囊散出花粉，为下一步进行传粉做好准备。

3.3.1.1　花药的发育

花托表层的一些细胞活跃分裂，产生雄蕊原基，进一步发育形成花药原始体，其结构简单，外面是一层原表皮细胞，原表皮之内是一群形状相似、分裂活跃的幼嫩细胞。以后由于原始体在四个角隅处细胞分裂较快，使原始体呈现出四棱的形状，并在每棱的表皮下出现一个或几个体积较大的细胞，这些细胞的细胞核大于周围其他细胞，细胞质浓，径向壁较长，分裂能力较强，称为孢原细胞（archesporial cell）（图 3-20）。从花药横切面上看，每一角隅处的孢原细胞数在不同植物种类中并不一样，有的只有一个，如小麦、棉；但一般是多个；从纵切面上看，这些细胞在角隅处作一列或数列纵向排列。

孢原细胞的进一步发育是经过一次平周分裂，形成内、外两层细胞，外面的一层细胞称为初生周缘细胞，与原表皮层贴近，内面的一层细胞称为初生造孢细胞，以后经过一系列变化发育成造孢细胞（sporogenous cell），进一步发育为花粉母细胞，今后发育成花粉粒。在花药中部的细胞进一步分裂、分化，以后构成花药的药隔和维管束。

原表皮发育为表皮。初生周缘细胞进行一次或数次平周分裂，产生 3～5 层细胞。外层细胞紧接表皮，细胞体积较大，称为药室内壁（endothecium），初期常储存大量的淀粉和其他营养物质，当花药成熟时这层细胞向半径方向伸展扩大，并在大多数植物种类里，细胞壁的内切向壁和横向壁上发生条状加厚，而外切向壁仍是薄壁的。条状加厚的成分一般是纤维素，成熟时略木质化。这层细胞壁纤维化加厚的细胞层又称为纤维层（fibrous layer）。有些植物，如水鳖科的一些种类和闭花受精植物，药室内壁并不发生条状加厚；花药由顶孔开裂的植物，药室内壁同样也无条状加厚。纤维层细胞的条状加厚有助于花药的开裂和花粉的散放。药室内壁在形成纤维层时，同侧两个花粉囊的连接处细胞保持薄壁状态，无条状加厚，这些细胞称为唇细胞（lip cell）。花药成熟开裂时，从唇形细胞处开裂形成裂缝，称为裂口（stomium），成熟花粉从裂口散出（图 3-20I、图 3-20J）。

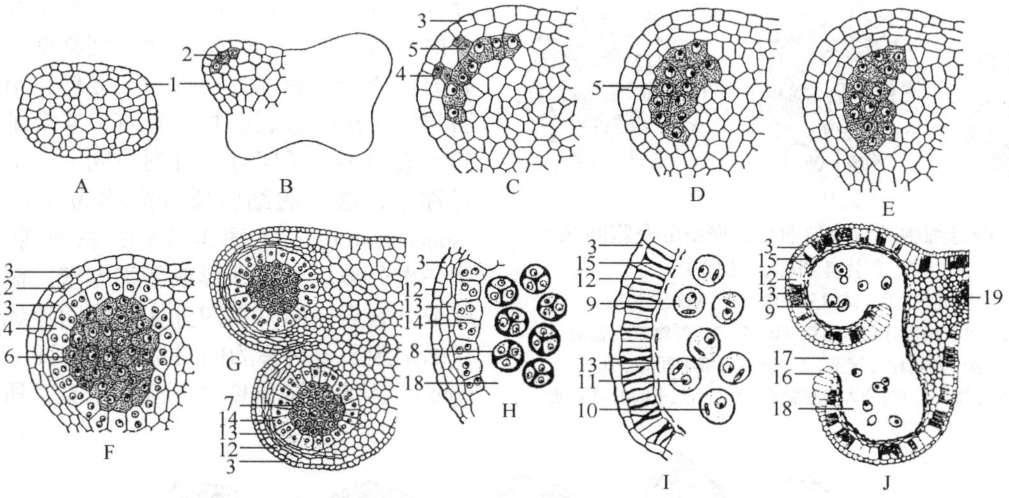

图 3-20　花药的发育

A. 雄蕊原基　B～G. 花粉囊早期的发育　H～J. 成熟花粉囊及花粉粒的发育

1. 原表皮　2. 孢原细胞　3. 表皮　4. 初生周缘细胞　5. 初生造孢细胞　6. 次生造孢细胞　7. 花粉母细胞　8. 小孢子四分体　9. 二细胞花粉粒　10. 生殖细胞　11. 营养细胞　12. 药室内壁　13. 中层　14. 绒毡层　15. 纤维素加厚　16. 唇细胞　17. 裂口　18. 药室　19. 药隔

纤维层内的 1～3 层薄壁细胞称为中层（middle layer）。初期的中层细胞内储有多量淀粉或其他储存物质。在花粉母细胞进行减数分裂时，中层细胞内的储存物质减少，细胞变为扁平，并逐渐趋向解体，最终被吸收消失。所以在成熟花药中一般不存在中层（图 3-20I、图 3-20J）。

最内的壁细胞层称为绒毡层（tapetum），细胞的体积比外围的壁细胞要大，具有腺细胞的特性。绒毡层细胞初为单核、细胞质浓、液泡少而小，以后细胞核进行分裂，但不伴随新细胞壁的形成，故出现双核或多核的结构。细胞内还含较多的 RNA 和蛋白质，以及油脂和类胡萝卜素等营养物，可为花粉粒的发育提供营养物质和结构物质。绒毡层分泌的胼胝质酶对花粉母细胞和四分体的胼胝质壁有一定分解作用，使幼期单核花粉粒相互分离而保证其正常发育；合成的孢粉素沉积在花粉粒外壁中具有耐腐蚀的作用；合成的蛋白质运转至花粉粒的外壁上，是花粉外壁上的识别蛋白，在花粉粒与雌蕊相互识别中，对决定亲和与否起着重要作用。

随着花药的发育，药壁的结构也在不断变化，到花药成熟时药壁构造就已很简单了，只留下表皮和纤维层（图 3-20I），有的花药连表皮也破损，仅存残迹。

3.3.1.2　花粉的发育和结构

（1）小孢子的发育　当花粉囊的壁组织逐步发育分化时，造孢组织的细胞也在不断分裂。孢原细胞进行的平周分裂产生内、外两层细胞，在内的一层细胞称为初生造孢细胞。初生造孢细胞经过不断分裂，形成大量的次生造孢细胞，进一步发育成花粉母细胞，这些细胞的体积大，排列紧密，初期常呈多边形，稍后渐近圆形，细胞核也较大，原生质浓厚、丰富，没有明显的液泡，与花药壁细胞很不一样。花粉母细胞之间以及其与绒毡层细胞之间有胞间连丝存在，在结构与生理上都有着密切的联系。相邻的花粉母细胞之间常形成直径 1～2μm 的胞质管（cytoplasmic channel），将同一花粉囊的花粉母细胞连成合胞体（syncytium），染色质、内质网片段等细胞器、营养物质能够通过胞质管进行胞间物质交换。在花粉囊壁的中层和绒毡层逐渐解体及消失的过程中，花粉母细胞发育到一定时期进入减数分裂阶段。

花粉母细胞进一步发育，以后每个花粉母细胞经减数分裂产生 4 个子细胞——小孢子。因为小孢子在形成时要经过细胞内染色体的减半，所以细胞分裂后，细胞的染色体是单倍的，这些单倍染色体的小孢子再进一步发育形成花粉粒。

减数分裂开始，花粉母细胞在质膜和细胞壁之间积累胼胝质壁（β-1, 3- 葡聚糖），并逐渐加厚，致使胞间连丝和胞质管被阻断。花粉母细胞经过两次分裂后生成的 4 个小孢子尚连在一起时，称为小孢子四分体（quadrant）。以后四分体中的细胞各自分离，形成 4 个单核的花粉粒。这些单核的幼期花粉粒被包围在胼胝质壁之中，而且在各个小孢子之间也有胼胝质分隔（图 3-21）。胼胝质是低渗透的，能允许营养物质通过，但对细胞间信息大分子的交换可能有阻止作用，因而保持了减数分裂后基因重组与分离的小孢子之间的独立性，对植物遗传与进化都有着重要的意义。

由花粉母细胞生成的 4 个小孢子，其细胞质

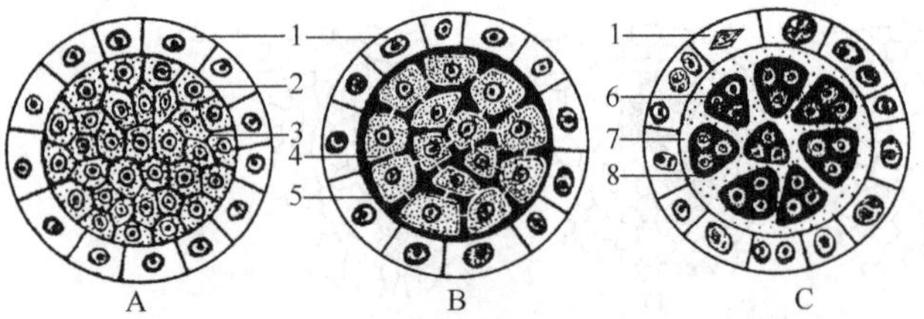

图 3-21 花粉母细胞减数分裂前后胞壁组分及胞间联系的变化（引自刘穆，2010）

A. 减数分裂前 B. 减数分裂中 C. 减数分裂后

1. 绒毡层 2. 减数分裂前花粉母细胞 3. 纤维素细胞壁 4. 减数分裂中的花粉母细胞 5. 花粉母细胞间的胼胝质 6. 小孢子四分体 7. 四分体间胼胝质 8. 小孢子间的胼胝质

分裂的方式可能是不同的。小麦等禾本科植物在第一次减数分裂后，即生成新的细胞壁，此时连在一起的两个子细胞称为小孢子二分体，第二次的分裂面与第一次的分裂面相互垂直，4个子细胞连在一起形成的小孢子四分体排列在同一个平面上呈左右对称型，这样的细胞质分裂称为连续型胞质分裂（successive type）（图 3-22A）；蚕豆等双子叶植物第一次分裂后不立即形成新细胞壁，而在完成第二减数分裂后，同时在四分体细胞间形成细胞壁，这样的细胞质分裂称为同时型胞质分裂（simultaneous type）。因为新细胞壁并不互相垂直，所以四分体中

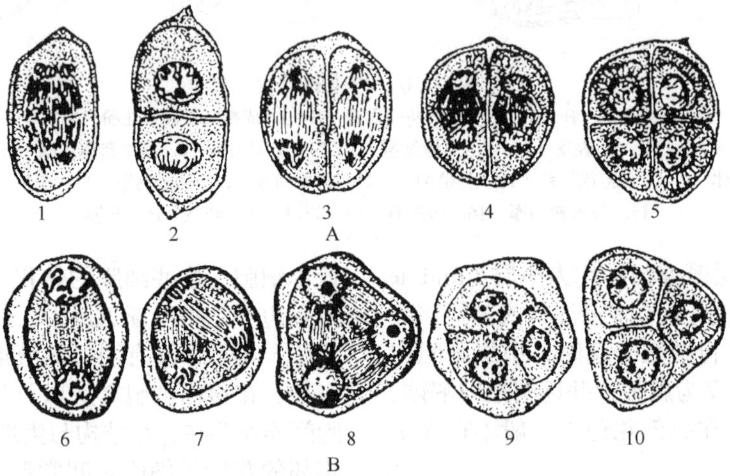

图 3-22 花粉母细胞减数分裂时细胞质分裂的类型（引自胡适宜，1982）

A. 小麦连续型胞质分裂 B. 蚕豆同时型胞质分裂

1. 减数分裂后期Ⅰ 2. 减数分裂Ⅰ结束，细胞质分裂形成二分体 3. 后期Ⅱ 4. 末期Ⅱ 5. 田字形四分体 6. 减数分裂后期Ⅰ 7. 后期Ⅱ 8. 末期Ⅱ 9. 同时产生细胞壁 10. 四面体形四分体

的4个子细胞排成四面体形（图 3-22B）。

（2）花粉粒的发育和形态结构 从四分体刚分离出来的细胞称为小孢子，是一个单核的花粉粒，细胞壁薄，原生质浓厚，细胞核位于细胞的中央，它们从解体的绒毡层细胞获得营养，不断地长大。随着细胞的生长，液泡逐渐分化长大，细胞核由中央位置被挤向细胞一侧，发育成单核靠边期花粉粒，进而在与切线垂直的方向进行细胞核分裂，形成一大一小的两个细胞。大的是营养细胞（vegetative cell），占据花粉粒的绝大部分体积，细胞核位于中央。小的是生殖细胞（generative cell），长纺锤形，紧贴花粉壁。生殖细胞逐渐与花粉壁脱离进入营养细胞的细胞质中，初期为球形，以后伸长，呈纺锤形。营养细胞比生殖细胞大，内含大量淀粉、脂肪等物质。两个细胞的生理作用是不相同的，营养细胞以后与花粉管的生成和生长有关，生殖细胞形成后不久，细胞核即进行DNA复制，经分裂产生两个精子细胞，将直接参与生殖（图 3-23）。

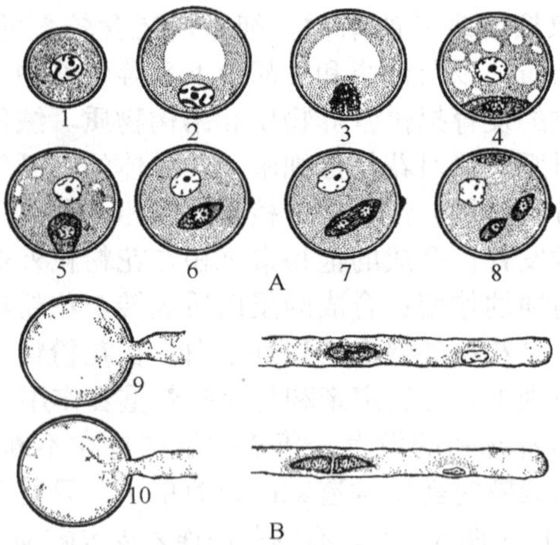

图 3-23 花粉粒及雄配子体的发育（引自李名扬，2003）

A. 花粉管萌发前 B. 花粉管萌发后

1. 小孢子四分体释放出来的单核花粉粒 2. 单核靠边期花粉 3. 细胞核分裂 4. 二细胞花粉粒 5. 生殖细胞内移 6. 生殖细胞游离在营养细胞中 7. 生殖细胞分裂 8. 三细胞花粉粒 9. 花粉管中生殖细胞分裂 10. 花粉管中的两个精子细胞核、一个营养细胞

花粉粒核发育的同时，花粉壁也在发育。花粉母细胞减数分裂结束后，花粉粒先形成初生壁的外壁，继而在外壁内侧生成花粉粒的内壁，所以成熟花粉有

内、外二重壁包围。外壁（exine）的质坚厚，缺乏弹性，含有大量的孢粉素，并吸收了绒毡层细胞解体时释放的物质，如类胡萝卜素、类黄酮素、脂类和蛋白质等，将它们沉积在壁中，或贴附在壁表面，使花粉外壁具一定的纹饰、色彩和黏性。花粉粒外壁形态上一般具有雕纹（sculpture）和萌发孔（germinal pore）或萌发沟（germinal furrow）。外壁的雕纹变化较大，常呈条纹、皱纹、网纹及孔纹等。萌发孔（沟）是外壁上没有积累壁物质而留有的空隙。不同的植物，花粉粒的大小、形态、萌发孔及纹饰特征等差别显著，是植物分类鉴定的重要依据（图 3-24）。花粉外壁化学性质极为稳定，具有抗高温、耐酸碱腐蚀等特性。内壁（intine）比外壁柔薄，富有弹性，由纤维素、果胶质、半纤维素、蛋白质等组成，包被花粉细胞的原生质体。外壁和内壁都含有活性蛋白质和酶类，但外壁蛋白和内壁蛋白的来源、性质及功能均有差异。外壁蛋白是由绒毡层细胞合成、运转而来的，具有基因型的特异性，传粉时与柱头的亲和性识别有着密切的关系。内壁蛋白由花粉细胞质合成，一般存在于内壁多糖的基质中，萌发孔的内壁蛋白较多，主要含有花粉萌发及穿入柱头有关的酶类，在花粉粒萌发和花粉管的伸长生长中起作用。

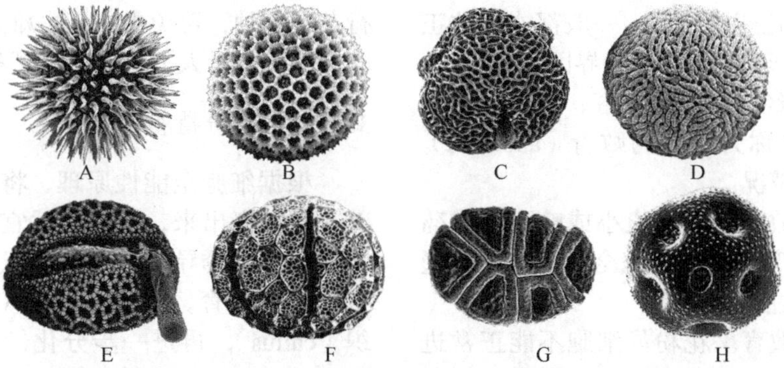

图 3-24　几种植物花粉粒形态及纹饰

A. 锦葵花粉　B. 佛罗里达美洲满天星花粉　C. 天竺葵花粉　D. 花葱花粉　E. 百合花粉　F. 异野芝麻花粉　G. 金合欢花粉　H. 罂粟花粉

成熟花粉粒，有的只含营养细胞和生殖细胞，这样的花粉粒，称为 2- 细胞型花粉粒。被子植物中约有 192 科的植物是 2- 细胞型花粉粒，如棉、桃、李、茶、杨、柑橘等。有些植物的花粉粒，在成熟前，生殖细胞进行一次有丝分裂，形成 2 个精子，这样的花粉粒在成熟时有一个营养细胞和 2 个精细胞，称为 3- 细胞型花粉粒，约有 115 科，如水稻、大麦、小麦、玉米、油菜等的花粉粒。2- 细胞型花粉粒的精子细胞是以后在花粉管中形成的。2- 细胞型花粉和 3- 细胞型花粉通常称为雄配子体（male gametophyte），精子称为雄配子（male gamete）。

已经发现，3- 细胞型花粉中，2 个精子之间在形态结构和遗传组成上存在差异，称为精子异型性（sperm dimorphism）。一对精细胞之间以及精细胞和营养核之间，或生殖细胞与营养核之间保持着密切的联系，构成一个功能复合体，共同组成一个传递单位，称为雄性生殖单位（male germ unit，MGU）。已经观察到白花丹、菠菜、油菜、烟草等十几种植物中有雄性生殖单位存在。如图 3-25 所示，白花丹花粉中 2 个精子细胞间由带有胞间连丝的横壁连接在一起，其中一个较大的精细胞以其狭长的细胞突起环绕营养核，并深入到营养核的内陷中。

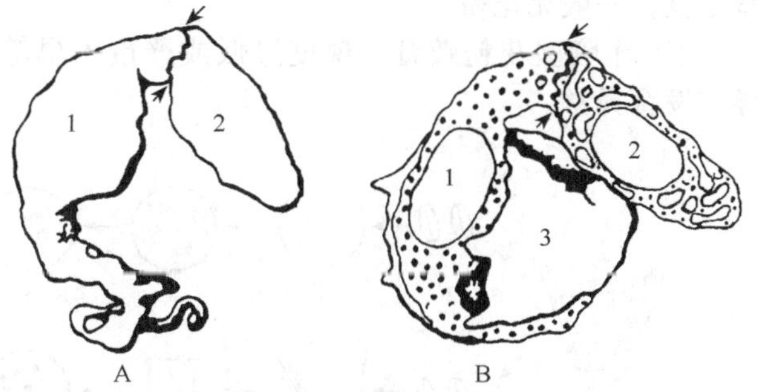

图 3-25　白花丹雄性生殖单位（引自 Russel，1984）

A. 两个精细胞间的连接（箭头指示）

B. 两个精细胞的异型性及与营养细胞的联系

1. 大精细胞　2. 小精细胞　3. 营养细胞核

成熟花粉中含有糖、脂肪、蛋白质、酶、生长素、氨基酸、灰分和水分。按主要含淀粉或含脂肪的不同，花粉常区别为淀粉质花粉或脂肪质花粉。前者一般多为风媒植物的花粉，后者则多为虫媒植物的花粉。此外，花粉中含有各种维生素，其中 B 族维生素较多，脂溶性维生素较为缺乏，由于这一缘故，花粉不仅可作为某些昆虫的食物，也可制成带有滋补性的药物供人服用。花粉中脯氨酸含量很高，玉米可育花粉中脯氨酸含量占总氨基酸含量的 72%，水稻二胞花粉期可育花粉中脯氨酸的含量占总氨基酸含量的 50%，不育花粉中脯氨酸含量很低，因此，脯氨酸含量的高低可作为判断花粉育性的重要指标。

不同植物的花粉寿命不同，一般木本植物花粉的生活时间较长，如柑橘花粉能存活 30d 左右，苹果花粉可存活 60d 左右，松树的花粉可存活 1 年左右；草本植物花粉的生活时间较短，如水稻花粉田间存活时间不足 5min，玉米花粉也只能活 1～2d。环境因素对花粉的存活力有影响，降低温度、湿度、氧分压或真空，可以适当延长花粉的存活时间。

3.3.1.3　花粉败育和雄性不育

（1）花粉败育　花药成熟后，一般都能散放正常发育的花粉粒。由于种种内在和外界因素的影响，有时散出的花粉没有经过正常的发育，不能起到生殖的作用，这一现象称为花粉的败育（abortion）。花粉败育有以下四种情况。

1）结构型花粉败育。花药瘦小或畸形，或药隔维管组织中导管、筛管分化不完全，或花粉囊壁的绒毡层肥大宿存或过早解离等。

2）生理型花粉败育。花粉母细胞不能正常进行减数分裂，或减数分裂后花粉停留在单核和双核阶段，不能产生精子，或绒毡层的细胞代谢异常，等等。

3）营养型花粉败育。因营养因素导致雄蕊发育不良，一般无花粉。

4）环境型花粉败育。温度过低或严重干旱等导致发育异常。

（2）雄性不育　个别植物由于内在生理、遗传的原因，在正常自然条件下也会产生花药或花粉不能正常地发育，成为畸形或完全退化的情况，这一现象称为雄性不育（male sterility）。雄性不育的植物，雌蕊照样可以正常发育。雄性不育植株可以表现为三种类型。

1）花药退化。花药全部干瘪，仅花丝部分残存。

2）无花粉。花药内不产花粉。

3）花粉败育。花药内产生花粉，但是花粉无育性。

雄性不育在杂交育种中有很重要的作用，作物的杂种一代有着很强的杂种优势，利用雄性不育进行杂交育种，可免去人工去雄这一复杂的操作过程，既能节约大量人力，又保证了种子的纯度。

3.3.1.4　花粉植物

根据细胞全能性原理，将被子植物有活力的成熟花粉剥离出来，接种至适宜的培养基上进行无菌培养，可以诱导花粉粒偏离正常的发育途径而转向孢子体的发育，形成胚状体（embryoid）或愈伤组织（callus），再进一步分化，发育成植株，这种植株因来自花粉，所以称为花粉植株（pollen plant）（图 3-26），由于植株来源于单倍体的花粉，所以又称为单倍体植株（haploid plant）。花粉植株的培养方法，可以克服杂种分离、缩短育种年限、提高育种效率，对异花传粉的植物可以快速获得自交系，对品种提纯、复壮或开展遗传学诱变育种研究是一条便捷有效的途径。

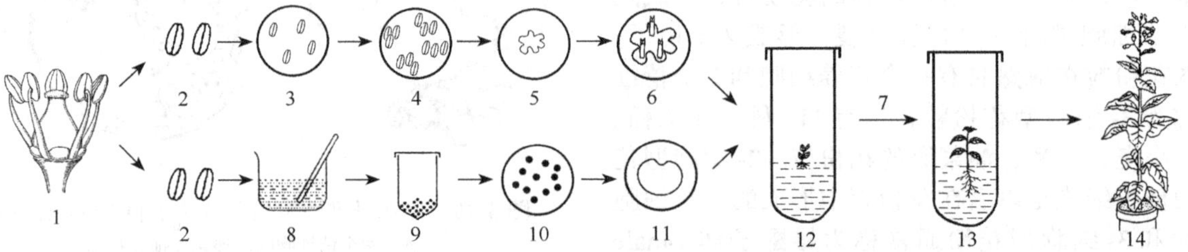

图 3-26　花粉培养与花粉植株图解（杨晓红绘制）

1. 花去花被后露出雄蕊　2. 花药　3、4. 花药培养　5. 愈伤组织　6. 胚状体　7. 秋水仙碱处理　8. 释放花粉　9. 收集花粉　10. 花粉培养　11. 花粉胚　12. 单倍体花粉植株　13. 同源二倍体植株　14. 同源二倍体植株开花

3.3.2　雌蕊的发育和结构

雌蕊由心皮原基分化发育而成，被子植物的有性生殖，除了了解花药和花粉的形成和发育外，还需要了解成熟雌蕊的胚珠、胚囊的形成和发育过程。胚珠是由心皮内表面沿腹缝处形成的胚珠原基突起发展演变而成的，在结构上，一个成熟的胚珠是由珠心、珠被、珠孔（micropyle）、珠柄和合点（chalaza）等组成的。在性质上，心皮相当于大孢子叶，胚珠相当于产生大孢子的大孢子囊，就如雄蕊的花药是产生小孢子（花粉粒）的小孢子囊一样。成熟胚珠的珠心内将产生 1 个胚囊母细胞，以后经过细胞减数分裂和有丝分裂，一般形成 8 核、7 细胞结构的成熟胚囊，卵细胞就在胚囊里产生。

3.3.2.1　胚珠的发育

胚珠是在心皮内侧沿腹缝处的胎座上发展起来

的，最初产生的一团突起是胚珠的珠心组织，这是胚珠中最重要的部分，以后的胚囊就是由这部分细胞发育出来的。由于珠心基部外围的细胞加速分裂，新细胞逐步在珠心周围向上扩展，终于将珠心围在中央，仅在顶端留下一个小孔可以通向珠心。包在珠心周围的细胞层发展为珠被，顶端的小孔称为珠孔。有些植物的胚珠、珠被只有一层，如胡桃、向日葵、银莲花属等，但较多植物的胚珠，珠心周围有两层珠被包围，内层为内珠被（inner integument），外层为外珠被（outer integument），外珠被的形成是在内珠被形成之后，按同样方式由胚珠基部发展而成，如小麦、水稻、油菜、棉、百合等。胚珠基部的一部分细胞发展成为柄状结构，与心皮直接相连，称为珠柄。胚珠基部与珠孔相对的部位，珠被、珠心和珠柄相汇合的部分称为合点。心皮的维管束分支由珠柄进入胚珠，最后到达合点（图 3-27B）。因此，一个成熟的胚珠是由珠柄、珠被、珠心、珠孔和合点等组成的（图 3-28B）。胚珠在生长时，珠柄和其他各部分的生长速率并不是一样均匀的，因此，胚珠在珠柄上的着生方位也就有着不同的类型（图 3-16）。基本类型是直生胚珠（orthotropous ovule）、倒生胚珠（anatropous ovule），两者之间尚有一些过渡的型式，如曲生胚珠（amphitropous ovule）、弯生胚珠（campylotropous ovule）、拳卷胚珠（circinotropous ovule）等。

3.3.2.2　胚囊的发育和结构

（1）大孢子的发生　胚珠的珠心原是由薄壁组织的细胞所组成，以后在位于珠孔端内方的珠心表皮下出现一个体积较大、原生质浓厚、具大细胞核的孢原细胞；在一些植物种类中，孢原细胞可以直接起到胚囊母细胞的作用，但有些植物的孢原细胞须经过一次平周分裂，形成一个周缘细胞和一个造孢细胞。前者可以不再分裂，或经平周和垂周分裂后形成多层珠心细胞；而后者通常不经分裂，直接成为大孢子母细胞。也有不止一个孢原细胞的，但一般仍然只有一个是能够继续发育成为大孢子母细胞的。

大孢子母细胞进一步发育为大孢子，可以区别为三种不同的情况。

单孢型大孢子发育：大孢子母细胞经过减数分裂，形成单倍体的大孢子二分体或四分体（图 3-27A），其中的细胞称为大孢子。大孢子在珠孔端一般排列成直线或 T 形，位于珠心深处的 1 个大孢子经过进一步发育，以后成为 8 核、7 细胞的胚囊，其余 3 个以后退化消失，这种现象在蓼科植物中常见，又称为蓼型胚囊。

双孢型大孢子发育：大孢子母细胞第一次减数分裂出现细胞壁，发育为大孢子二分体。二分体中只有一个获得进一步的发育，进入第二次分裂，形成两个单倍体的核，而另一个二分体即退化，以后消失。二分体中保留下来的一个细胞在第二次分裂时并没有形成新壁，所以两个单倍体核（大孢子核）同时存在于一个细胞中，以后共同参与胚囊的形成，葱、慈姑等植物的大孢子发生是经由这一途径的，所以这一类型称为葱型胚囊（图 3-28A）。

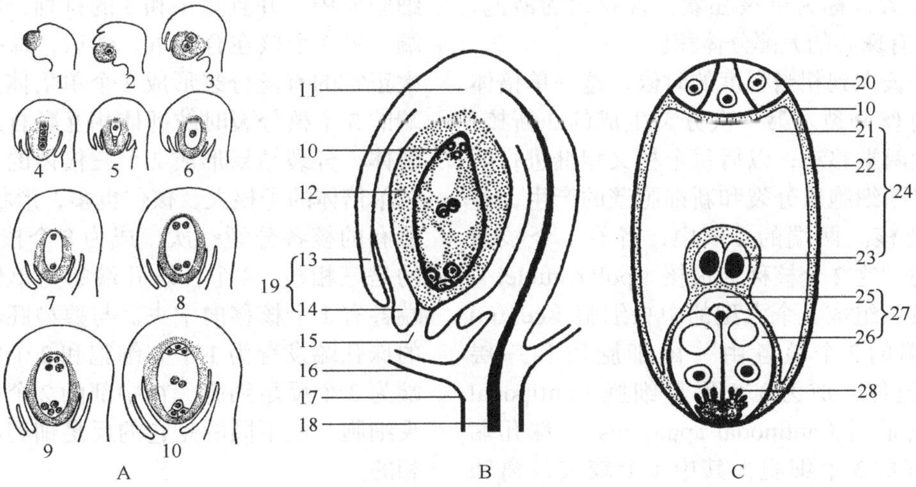

图 3-27　胚珠的发育及结构

A. 发育过程　B. 成熟的倒生胚珠　C. 成熟胚囊模式图

1. 珠心原基发育　2. 胚囊母细胞及领状珠被原基发育　3. 胚囊母细胞减数分裂形成大孢子二分体　4. 线性大孢子四分体　5. 合点端大孢子发育　6. 单核胚囊，珠被向珠孔端发育　7. 二核胚囊　8. 四核胚囊　9. 八核胚囊　10. 七细胞成熟胚囊　11. 合点　12. 珠心　13. 外珠被　14. 内珠被　15. 珠孔　16. 胎座　17. 珠柄　18. 维管束　19. 珠被　20. 反足细胞　21. 液泡　22. 细胞质　23. 极核　24. 中央细胞　25. 卵细胞　26. 助细胞　27. 卵器　28. 丝状器

四孢型大孢子发育：大孢子母细胞减数分裂的二次分裂中，大孢子子细胞间都没有形成细胞壁，4 个单倍体的细胞核共同存在于原来大孢子母细胞的细胞质中，以后这 4 个大孢子核一起参与胚囊的形

成，贝母、百合等植物的大孢子发生属于这一类型，称为贝母型胚囊（图 3-28B）。

（2）胚囊的形成 由于大孢子起源方式的相异，造成被子植物胚囊形成有不同的类型。但是，70% 以上的被子植物中胚囊的发育类型是单孢型的，即由一个单倍体核的大孢子经三次有丝分裂，进一步发育成一个具 8 个核、7 个细胞的胚囊。这种胚囊类型也称为蓼型胚囊或正常型胚囊（图 3-27C）。

直线形的 4 个大孢子形成后，其中仅合点端的

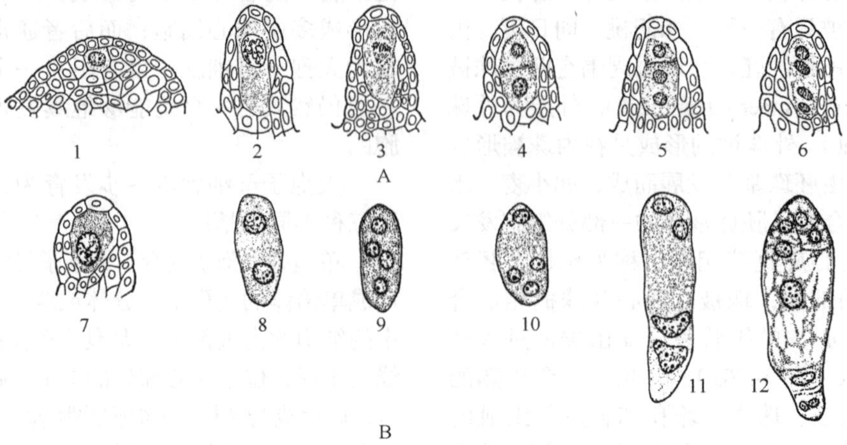

图 3-28 双孢型和四孢型大孢子发育（仿刘穆，2010）

A. 洋葱双孢型大孢子发育 B. 百合四孢子型大孢子发育

1. 孢原细胞 2. 胚囊母细胞 3. 减数分裂Ⅰ中期 4. 大孢子二分体 5. 减数分裂Ⅱ，大孢子间不形成新细胞壁 6. 四个子细胞核都参与胚囊的发育 7. 大孢子母细胞减数分裂前期Ⅰ 8. 减数分裂Ⅰ不产生新细胞壁 9. 减数分裂Ⅱ也不产生新细胞壁 10～12. 四个细胞核都参与胚囊的发育

一个功能大孢子吸收周围营养逐渐长大，而另外 3 个近珠孔端的大孢子逐渐退化消失。胚囊母细胞也有胼胝质壁形成，在 4 个大孢子出现后，胼胝质就开始在合点端消失，有利于营养物质进入功能大孢子，对其进一步的分化发育有着重要的作用。大孢子继续发育长大，称为单核胚囊，含有大的液泡，最后长大到占有珠心的大部分体积。

当大孢子长大到相当程度的时候，这一单倍体核即行三次有丝分裂。第一次分裂生成的 2 新核，反方向向胚囊两端移动，以后每个核又相继进行两次分裂，不伴随细胞质分裂和新细胞壁的产生，各形成 4 个游离核。两端的 4 核中，各有 1 个核向中央部分移动，这 2 个核称为极核（polar nuclei），中央的 2 个极核组成 1 个大型的中央细胞（central cell）；合点端的 3 个核各由一团细胞质和一层薄的细胞壁包住，成为 3 个反足细胞（antipodal cell），构成反足器（antipodal apparatus）；珠孔端的 3 个核发育成 3 个细胞，其中 1 个较大，离珠孔较远，称为卵细胞（egg），另外 2 个较小，称为助细胞（synergid），这 3 个细胞组成卵器（egg apparatus）。至此，一个成熟的胚囊出现了 7 个细胞，即 1 个卵细胞、2 个助细胞、3 个反足细胞和 1 个中央细胞。在有的植物种类里，中央细胞的 2 个极核在受精前仍保持分离状态。但也有的植物种类，2 极核在受精前就融合为 1 个，如在棉花中可以见到这一情况。

百合胚囊是植物学教学及实验中经常提及的典型材料，其成熟的胚囊与蓼型胚囊一样具 8 个核、7 个细胞，但它的发育过程属于四孢型，又称为贝母型（图 3-28B）。具体过程是大孢子母细胞减数分裂后形成 4 个单倍体的核共同存在于大孢子母细胞的细胞质中，并且呈 1 和 3 的排列，即 1 个核在珠孔端，另 3 个核在合点端。然后，珠孔端的核进行一次正常的有丝分裂形成 2 个单倍体的子核，而合点端的 3 个核分裂时纺锤体相互融合成一个共同的纺锤体，分裂结果形成 2 个三倍体的子核，它的体积较单倍体的子核大，核仁也多，形状也不同。然后，所有的核各分裂一次，成为 8 个核。4 个在合点端的是三相核，4 个在珠孔端的为单倍体核。接着两端各有 1 个核移向中央。与蓼型胚囊相似，在胚囊的珠孔端发育为 1 个卵细胞和 2 个助细胞，在合点端为 3 个反足细胞，在中部的 2 个极核构成 1 个中央细胞。但不同的是它的反足细胞和一个极核是三相的。

（3）成熟胚囊的结构和功能 在 7 细胞组成的胚囊（也就是被子植物的配子体）中，卵细胞是最为重要的，它是雌配子，是有性生殖的直接参与者，进入胚囊的 2 个精子之一与卵细胞受精后发育为合子，合子将发育成胚。卵细胞位于细胞近珠孔的一端，有高度的极性，近梨形，细胞质明显，细胞中含有一个大液泡，细胞核大，处于液泡相对的另一边。卵细胞周围是否有细胞壁包围，不同植物种类

的情况是不一样的，玉米和棉花卵细胞的细胞壁仅分布在细胞的近珠孔端部分，其余部分则为质膜所包围，不存在细胞壁；但在荠菜中，整个卵细胞的四周几乎全部为细胞壁所包围，只是在合点端出现细胞壁的不连续状态。卵细胞和两侧的助细胞间有胞间连丝相通。成熟的卵细胞中，质体和线粒体常退化，数量减少，内质网和高尔基也常稀少甚至没有，卵细胞的代谢活动强度较低。在卵细胞中常含有淀粉粒，有的植物还含有脂肪粒和 RNA 等。

胚囊细胞中结构最为复杂的是 2 个助细胞，在受精过程中起到极其重要的作用。助细胞紧靠卵细胞，与卵细胞呈三角形排列，合称为卵器。助细胞也有高度的极性，外有不完全的细胞壁包围，细胞壁的厚度同样是不均匀的，近珠孔一边较厚，相反的一端只有质膜包住。细胞内的大液泡位于靠合点的一边，而细胞核在近珠孔端，与卵细胞的情况正相反。助细胞最突出的一点，是在近珠孔端的细胞壁上出现有丝状器（filiform apparatus）结构，是细胞壁内侧生长伸向细胞中的不规则片状或指状突起，主要由果胶质、半纤维素及纤维素等组成，传递细胞性质，代谢活动非常活跃，除了能从珠心组织吸收、储藏和转运营养物质进入胚囊外，还可以分泌某些向化性物质，引导花粉管定向生长，产生分解酶类物质，使到达胚囊的花粉管先端溶解，促进精子和其他内含物质注入胚囊。助细胞为花粉管进入和释放内容物提供了场所，有助于精子向卵细胞和中央细胞移动，受精作用完成后助细胞解体消亡。

胚囊中近合点端的细胞称为反足细胞，所有的反足细胞称为反足器。反足细胞数目、形状及细胞内核的数目都有很大变化，可以从无到多个，即使蓼型胚囊的反足细胞也不一定是 3 个，常常可以继续分裂成一群细胞。竹亚科的一些种类里，反足细胞可达 300 个之多。前面提到的贝母型胚囊，反足细胞具三倍体（$3n$）。反足细胞的核可以是 1 个，也有具 2 核或更多核的。反足细胞在形成过程中，常因细胞质分裂不完全，使整个反足细胞的原生质体部分或全部贯连在一起，形成合胞体。反足细胞含有丰富的细胞器，是代谢非常活跃的细胞，但寿命通常短暂，一般在胚囊成熟时即消失或仅留残迹，但也有存在时间较长的，如禾本科植物。反足细胞的功能是从珠心吸收营养物质，将母体的营养物质运转到胚囊，输入中央细胞。

除卵器和反足细胞外，在胚囊里还有 1 个大的中央细胞，含有 2 个极核。中央细胞是胚囊中最大而高度液泡化的细胞。胚囊的极核一般是 2 个，但也有 1 个、4 个或 8 个的，在成熟胚囊中，它们相互接近或融合成的极核称为次生核。中央细胞有 1 个大液泡，次生核常近卵器，它的周围有细胞质围绕。2 个极核的融合，可以发生在受精作用之前，或在受精过程中。中央细胞与进入胚囊的第二个精子融合后，发育成为初生胚乳核，进一步发育为胚乳。中央细胞的壁厚薄变化很大，在与卵细胞相接处，通常只有质膜而没有细胞壁。不少植物中央细胞壁的内侧有很多指状的内突，代谢活跃，可能具有向珠心组织吸收营养物质以及向外分泌酶消化珠心组织和储藏组织的功能，也是胚囊中营养物质的主要储藏场所。

3.4 开花、传粉与受精

3.4.1 开花

当雄蕊中的花粉和雌蕊中的胚囊发育成熟时，或两者之一发育成熟时，原来紧紧包住花蕊的花被片绽放，露出雌蕊、雄蕊，为下一步的传粉作准备，这一现象称为开花（anthesis）。

开放时的花朵，一般雌蕊、雄蕊已经成熟，雄蕊的花粉囊通过一定方式开裂并散出花粉。花粉囊的开裂方式已如前述是多样的，最普通的开裂方式是纵裂，其他有横裂、孔裂、瓣裂等，可在不同植物中见到，散放出来的花粉是有生命的，在适宜的温度、水湿条件下，保持一定时期的萌发力。

季节以及植物的年龄、花期长短等都影响植物的开花习性。一二年生植物开花一次就死亡；多年生植物到一定年龄才开花，以后每年开花直到枯死。受环境条件和植物内在激素的影响，不同的植物开花的季节也不同。大多数植物在早春或春夏之间开花，有的植物在盛夏开花，如莲。多数植物是先叶后花，有的冬季和早春开花的植物常先花后叶，甚至有的植物花叶同放。

在一个生长季内，一株植物从第一朵花开放到最后一朵花开毕所经历的时间称为开花期（blooming stage）。开花期的长短因种类不同而有所差异。栽培植物的开花期还常常与品种特性、营养状况及环境条件等有一定的关系，如小麦只能开 5～30min，水稻为 1～2h；某些热带兰科植物每朵开花时间可长达 1～2 个月或以上。

高温、干旱或过量的雨水，一方面能破坏花粉的生活力，另一方面对柱头的分泌作用产生不利的影响，所以作物在开花时遇到高温、干旱或连绵阴雨等恶劣天气，会导致减产。掌握植物开花的规律和开花条件，栽培植物时，及时采取相应措施，可提高作物的产量和品质；在育种工作中，通过控制花期以进行人工有性杂交；观赏园艺中可利用花期的参差配置花卉，或根据开花条件调控花期，以利节假日供应和常年美化环境。

3.4.2 传粉

借助一定的媒介力量，将花粉囊散出的成熟花粉传送到同一朵花或另一朵花的雌蕊柱头上的过程，称为传粉（pollination）。

传粉是种子植物有性生殖不可缺少的环节，没有传粉，也就不可能完成受精作用。因为有性生殖过程中的雌配子——卵细胞，是产生在胚囊里的，胚囊又深埋在子房以内的胚珠中，要完成全部有性生殖过程，第一步必须使产生雄配子——精细胞的花粉与胚珠接近，传粉就是起这种桥梁的作用。

3.4.2.1 传粉的方式及其生物学意义

（1）自花传粉与异花传粉　依据成功传粉时的花粉来源不同，传粉作用一般有两种方式，一种是自花传粉（self-pollination），另一种是异花传粉（cross pollination）。这两种传粉方式在自然界都普遍存在。

1）自花传粉。花粉从花粉囊散出后，落到同一朵花的柱头上的传粉现象，称为自花传粉。栽培植物中的大麦、小麦、豌豆、番茄等，都是这样传粉的。在实际应用上，自花传粉的概念还指在果树栽培上同品种间的传粉，以及在农业上同株异花间的传粉。

自花传粉的植物，其花必然是两性花，花的雄蕊常围绕雌蕊而生，而且挨得很近，所以花粉易于落在本花的柱头上。雄蕊的花粉囊和雌蕊的胚囊同时成熟，雌蕊的柱头对于本花的花粉萌发和花粉管中雄配子的发育没有任何生理阻碍。

传粉方式中的闭花传粉和闭花受精（cleistogamy）是一种典型的自花传粉，它和一般的开花传粉和开花受精（chasmogamy）是不同的。闭花受精可避免花粉粒被昆虫吞食或被雨水淋湿而遭到破坏，是对环境条件不适于开花时的一种合理的适应现象。

2）异花传粉。一朵花的花粉传送到同一植株或不同植株另一朵花的柱头上的传粉方式，称为异花传粉。异花传粉植物的花，在结构和生理上产生了一些特殊的适应性变化，使自花传粉成为不可能，主要方式有三。

花单性：形成雌花和雄花，分别开在同一植株或不同的植株上，强制实现异花授粉。

雌雄蕊异熟：尽管植物为两性花，但同一朵花中的雌蕊、雄蕊发育不同步，成熟时间错开，有效避开自花传粉，促使不同花间的异花传粉。有的雄蕊先熟，如玉米、莴苣等；有的雌蕊先熟，如木兰、甜菜等。

雌雄蕊异位：两性花，有的雌蕊高大，雄蕊短小，花粉难以传到柱头上，如石竹；有的花丝虽然长，但花丝从基部开始就向几乎垂直子房的方向折伸，使花粉囊远离柱头，不能进行自花传粉，如报春花。

自花不孕：是指具有功能且同期成熟的雌性配子是雌雄同体植物，在自花传粉或相同基因型传粉时，不能受精的现象。表现为花粉落在柱头上不能萌发，或不能完全发育以达到受精的结果，如荞麦、亚麻、桃、梨、苹果、葡萄等。这是系统进化过程中，植物在丰富变异以增强对环境适应能力的结果。

自花传粉、自体受精之所以有害，异花传粉、异体受精之所以有益，是因为自花传粉植物所产生的两性配子处在同一环境条件下，两个配子的遗传性缺乏分化作用，差异很小，融合后产生的后代生活力和适应性小。而异花传粉由于雌、雄配子是在彼此不完全相同的生活条件下产生的，遗传性具较大差异，融合后产生的后代具有较强的生活力和适应性。

虽然自花传粉是一种原始的传粉形式，对后代也不能受益，但在自然界却被保存了下来，这是因为自花传粉对某些植物来说仍是有利的。在异花传粉缺乏必需的风、虫等媒介力量，而使传粉不能进行时，自花传粉弥补了这一缺点。另外，自花传粉容易保证植物本身的传承性，保证好的品质不会受到外界影响，同时也容易作为追溯植物在历史长河中的系统演化研究方法。

（2）风媒和虫媒传粉　依据传粉的媒介不同，可将传粉分为风媒传粉和虫媒传粉。植物进行异花传粉，必须依靠各种外力的帮助，才能把花粉传播到其他花的柱头上。传送花粉的媒介有风力、昆虫、鸟、水和人工等，最为普遍的是风和昆虫。各种不同外力传粉的花，往往产生一些特殊的适应性结构，使传粉得到保证。

1）风媒传粉。靠风力传送花粉的传粉方式称为风媒（anemophily）传粉；借助这类方式传粉的花，称为风媒花（anemophilous flower）。

风媒植物的花多密集成穗状花序、柔荑花序等；花被小或退化，一般不具有鲜艳的颜色，无香味，不具蜜腺；能产生大量花粉，同时散放；花粉小、质轻、干燥、表面光滑，不组成团块，也不具附着的特性，容易被风吹送，便于远距离传播。被子植物风媒花柱头大，常分裂呈羽毛状，开花时伸出花被之外，增加受纳花粉的机会。雄蕊花丝细长，当微风吹过，花药摇动就把花粉散布到空气中去。距离数百米以外的雌花能够受精是极其普通的现象，如禾本科、莎草科、松科的植物及银杏等。有的风媒植物产生的花粉量极大，如 1 株玉米可产生约 500 万粒花粉，松树的一个花序可产生约 16 万粒花粉。风媒植物一般是先花后叶、花被简化甚至退化成裸花，以减少花粉随风传播的障碍，大约 1/10 的被子植物是风媒传粉植物。

2）虫媒传粉。靠昆虫为媒介进行传粉的方式称为虫媒（entomophily）传粉；借助这类方式传粉的花，称为虫媒花（entomophilous flower）。

虫媒花花大而显著，并有各种鲜艳色彩。一般昼间开放的花多呈红、黄、紫等颜色，而晚间开放的多呈纯白色，只有夜间活动的蛾类能识别，帮助传粉。此外，虫媒花在结构上也常和传粉的昆虫间形成互为适应的关系。例如，昆虫的大小、体形、结构和行为，与花的大小、结构和蜜腺的位置等，都密切相关。

虫媒花多具特殊的气味以吸引昆虫。不同植物散发的气味不同，所以趋附的昆虫种类也不一样，有喜芳香的，也有喜恶臭的。虫媒花多半能产蜜汁。蜜腺或是分布在花的各个部分，或是发展成特殊的器官。花蜜经分泌后积聚在花的底部或特有的距内。花蜜暴露于外的，往往由甲虫、蝇和短吻的蜂类、蛾类所趋集；花蜜深藏丁花冠之内的，多为长吻的蝶类和蛾类所吸取。昆虫取蜜时，花粉粒黏附在昆虫体上而被传播开去。

虫媒花的花粉粒一般比风媒花的大，花粉外壁粗糙，多有刺突；花药裂开时不被风吹散，而是粘在花药上；昆虫在访花采蜜时容易触到，附于体周；雌蕊的柱头也多有黏液分泌，花粉一经接触，即被粘住；花粉数量也远较风媒为少。

虫媒传粉使虫媒花与昆虫之间形成了特殊的相互适应关系——共生（symbiosis）：偏利共生（commensalism）、互利共生（mutualism）、协同共生（coevolution）和专性共生（obligate symbiosis relationship）。共生双方中任何一方的变异，都将成为促进对方进化的选择压力，从而产生形式各异的协同进化。花的大小、色彩、结构及蜜腺的位置，与传粉昆虫的种类、大小、体型和吸蜜形态结构都十分吻合，出现某些植物常常有特殊昆虫为其传粉的现象，常见的传粉昆虫有蜂类、蝶类、蛾类和甲虫类。散发出臭味的花常吸引蝇类、甲虫为其传粉，散发出香味的花吸引蜜蜂、蝶类、蛾类传粉；蜜蜂偏爱蓝色和黄色花，蝶类喜欢紫色、红色花；甲虫选择辐射对称花栖息，蜂类选择两侧对称花采蜜；长喙昆虫则多数选择长管花筒或有距花吸蜜。

植物与昆虫间共生关系中最典型的例子是无花果和榕小峰之间的专性共生。无花果的隐头花序内，雌花生于花托内基部，雄花生于花托内靠近顶部的小出口，榕小峰从入口进入杯状花托时，先经过雄花序，将花粉带到雌花柱头上完成传粉，榕小峰从无花果的花中获取丰富的营养物质，并在花托中有性生殖。无花果的传粉过程与榕小峰的生活史有机偶联，它们彼此依赖，共生共存，一旦对方缺位，双方都将无法繁衍后代。

3）其他传粉方式。除风媒和虫媒外，水媒、鸟媒、蝙蝠媒也是重要的传粉方式。

水媒传粉：水生被子植物中的金鱼藻、黑藻、水鳖等都是借水力来传粉的，这类传粉方式称为水媒（hydrophily）传粉。水媒有两种情况：一种是水上传粉，如伊乐藻属、黑藻属和苦草属等植物；一种是水下传粉，如茨藻属、金鱼藻属和大叶藻等植物。此外，还有雨媒花，下雨时花不关闭，借雨水流动传粉。水媒花的花粉有耐水力。例如，驴蹄草在下雨时开放中的花能积蓄雨水，使其花药与柱头浮漂在同一水平，这样花粉可以通过水表漂越到柱头上实现自花传粉。黑胡椒以及毛茛属和金红花属的有些植物（如 *Ranuculus flammula* 和 *Narthecium ossifragum*）也是水媒传粉。

鸟媒传粉：借助鸟类传粉的称为鸟媒（ornithophily）传粉。大约有 2000 种鸟可以为植物传粉，最大的是燕八哥、画眉和乌鸦，最小的是蜂鸟（*Heliothrix aurita*），头部有长喙。世界上最小的蜂鸟只有大黄蜂那么大，体重约 2g；但它们的食量很大，每天要吃掉与自身体重相当的食物。据统计，一只蜂鸟在 6.5h 内可采访 1311 朵花。蜂鸟爪尖、喙硬，长 6～125mm。它的嗅觉不灵，但对颜色敏感。鸟媒花一般大而鲜红，红、黄是最普遍的颜色，无气味，花瓣很厚，花丝和花柱僵硬和木质化，花蜜丰富。美洲小蜂鸟是紫葳藤和美国凌霄花的传粉者；而南非的太阳鸟则为鹤望兰传粉。此外倒挂金钟、西番莲、桉树、木槿、仙人掌和一些兰科植物的花也靠鸟传粉。在有的地方热带鸟类作为传粉者甚至比昆虫更重要。

蝙蝠媒传粉：在热带地区，蝙蝠多以花为食。蝙蝠传粉的花很大，或雄蕊很多，猴面包树（*Adansonia digitata* L.）每朵花就有 1500～2000 个雄蕊。这种花具有大量花蜜；轻木属（*Ochroma Swartz*）植物每朵花可产 1.5ml 的花蜜。由于蝙蝠是在夜间寻食，因此这种花多在夜间开放，花的颜色也不鲜艳，但能散发强烈霉味或果实的味道以吸引蝙蝠。蝙蝠的嘴和舌都很长，有一种蝙蝠的身体只有 80mm 长，而舌长达 76mm。它们通过嗅觉访花，当它舐花蜜或吃花粉时，花粉便粘在毛皮上，起到传粉的作用。蝙蝠传粉的植物有吉贝（*Ceiba pentandra*）、猴面包树和电灯花（*Cobaea scandens*）等。

3.4.2.2 农业上对传粉规律的运用

根据植物传粉的规律，在农业上人为地加以利用和控制，可达到提高作物产量和品质，以及培育新品种的目的。

（1）人工辅助授粉 异花传粉的植物花期受到环境的影响很大，风力不足可使传粉受阻；风力太大或气温太低导致昆虫的活动范围小，导致传粉和受精率低，从而影响果实和种子的产量。所以在农业上常采用人工辅助授粉的方式，以克服条件不足，使传粉得到保证。人工辅助授粉的具体方法不同作物不完全一样，一般是先从雄蕊上采集花粉，然后撒到雌蕊柱头上，或者将收集的花粉，在低温、干燥和降低氧分压条件下储藏，留待以后再用。

（2）自花传粉 自花传粉在带来植物后代衰退的同时，具有提纯作物品种的可能性。例如，在玉米杂交育种中，需要纯种一代进行自交时，选出具有某一些优良性状的单株，然后将这些单株连续自交，使其后代在苗色、叶型、穗型等方面达到整齐一致，形成一个稳定的体系。利用两个纯种的自交系配制的杂种，其增产显著。

3.5 受 精

传粉作用完成后，花粉便在柱头上萌发成花粉管，管内产生的雄性配子——精子，通过花粉管的伸长生长，直达胚珠的胚囊内部，与卵细胞和极核互相融合。花内两性配子互相融合的过程，称为受精作用（fertilization）（图 3-29），是有性生殖过程的重要阶段。受精后的胚珠进一步发育为种子。

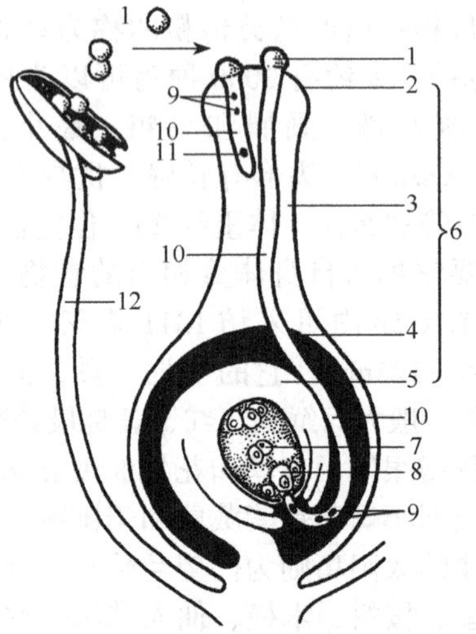

图 3-29 被子植物传粉及花粉管生长到胚珠

1. 花粉粒 2. 柱头 3. 花柱 4. 子房 5. 胚珠 6. 心皮 7. 极核 8. 卵细胞 9. 精细胞 10. 花粉管 11. 营养核 12. 雄蕊

3.5.1 花粉粒在柱头上的萌发

落在柱头上的花粉粒，被柱头分泌的黏液粘住，以后花粉的内壁在萌发孔处向外突出，并继续伸长，形成花粉管，这一过程，称为花粉粒的萌发。促使花粉粒的萌发，并长成花粉管的因素是多方面的，包括柱头的分泌物及花粉本身储存的酶和代谢物。柱头分泌的黏性物质，可以促使花粉萌发，并防止花粉由于干燥而死亡。黏性物质的主要成分有水、糖类、胡萝卜素、各种酶和维生素等。由于分泌物的组成成分随植物种类而异，因而对落在柱头上的各种植物花粉产生的影响也就不同。

花粉落在柱头上后，首先向周围吸取水分，吸水后的花粉粒呼吸作用迅速增强，多聚核糖体数量增多，蛋白质的合成也有显著地提高。同时，花粉粒因吸水而增大体积，高尔基体也更加活跃，产生很多小泡，带着多种酶和造壁物质，循着细胞质向前流动的方向，释放出小泡，参与花粉管壁的建成。吸水的花粉粒营养细胞的液泡化增强，细胞内部物质增多，细胞的内压增加，这就迫使花粉粒的内壁向着一个（或几个）萌发孔突出，形成花粉管（pollen tube）。

不同植物，柱头的分泌物在成分和浓度上常各不相同，特别是酚类物质的变化，对花粉萌发可以起到促进或抑制的“选择”作用。有的植物，传粉时柱头上的毛状体释放出各种芳香化合物，能起到诱导花粉萌发的作用。花粉粒中储存的酶和各种代谢物质是花粉粒萌发的内在因素。例如，储存在花粉壁的多种水解酶，在与水接触后，由壁内滤出，对花粉萌发和花粉管长入柱头起着重要作用。又如，花粉粒和花粉管中的角质酶，可使柱头表面乳头状突起的角质溶解，为花粉管的生长开辟通道。花粉内的代谢物质，可为花粉管的最初生长提供物质基础。

落到柱头上的花粉虽然很多，但不是全都能萌发，任何一种植物开花时可以接受本种植物的花粉，同时也可能接受的不是同种植物的花粉。不管是同种的（种内）还是不同种的（种间），只有交配的两亲本在遗传性上较为接近，差异既不过大，也不过小，才有可能实现亲和性的交配。具体地说，大多数植物广泛地表现为同一种内的异花受精是可亲和的，而在遗传上差异特大的情况下就不能亲和（图 3-30）。不亲和的花粉在柱头上或是不能萌发，或是萌发后花粉管生长很慢，不能穿入柱头；或是花粉管在花柱内的生长受到抑制，不能达到子房。所以花粉落到柱头上后，柱头对花粉就进行“识别”和“选择”，对亲和的花粉予以“认可”，不亲和的花粉予以“拒绝”。

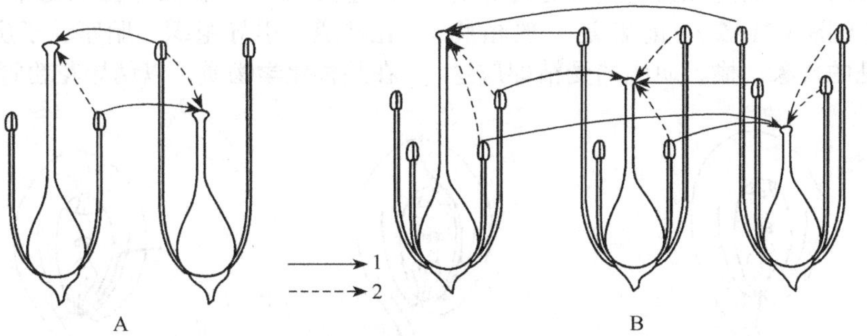

图 3-30　异型花自交不亲和性图解（引自 Shivanna and Johri，1985）

A. 二型花柱　B. 三型花柱

1. 亲和　2. 不亲和

造成受精亲和或不亲和是由花粉与雌蕊组织间的识别反应决定的。花粉壁上和壁内的蛋白质与柱头表面蛋白质表膜之间的相互关系，是识别亲和或不亲和的物质基础。成熟花粉粒周围的蛋白质有外壁蛋白和内壁蛋白两种：前者是花粉在成熟时由花粉囊壁的绒毡层细胞分泌并被储存在花粉外壁的腔隙内；后者是花粉在成熟时由花粉细胞本身产生并沉积在花粉内壁上，近萌发孔的区域更为丰富。另外，在柱头表面覆盖一层亲水的蛋白质薄膜，这层黏性膜不但能粘住花粉粒，还有识别花粉的能力。当花粉落在柱头上与潮湿的分泌物接触时，外壁蛋白在几分钟内被释放，而内壁蛋白通过萌发孔也从花粉逸出。这两种花粉蛋白结合在花粉附近的柱头表面，与柱头表面的蛋白质互作。亲和的花粉能从柱头吸水，开始萌发；不亲和的花粉遭到拒绝，在花粉萌发孔或在刚伸出的花粉管端形成胼胝质塞，阻止花粉管生长。有的则在柱头表面的乳突细胞壁层间产生胼胝质以阻塞花粉管的穿入。

3.5.2　花粉管的生长

落在柱头上的花粉，如果与柱头的生理性质是亲和的，经过吸水和酶的促进作用后，便开始萌发，形成花粉管。由于花粉粒的外壁性质坚硬，包围着内壁四周，只有在萌发孔的地方留下伸展余地，所以花粉的原生质体和内壁在膨胀的情况下一般向着一个萌发孔突出，形成一个细长的管子，称为花粉管。虽然有些植物的花粉具几个萌发孔，如锦葵和葫芦的花粉可以同时长出几个花粉管，但只有其中的一个能继续生长，其余都在中途停止生长。

花粉管有顶端生长的特性，它的生长只限于前端 3～5μm 处，形成后能继续向下引伸，先穿越柱头，然后经花柱而达子房。花粉萌发产生的花粉管，多从柱头乳突状毛基部的细胞间隙进入花柱中生长。在空心花柱中，花粉管沿着花柱道内表面，在其分泌液中生长；在实心花柱中，花粉管沿着花柱的引导组织或在中央薄壁组织的细胞间隙中生长。同时，花粉粒细胞的内含物全部注入花粉管内，向花粉管顶端集中，如果是三细胞型的花粉粒，营养核和 2 个精子全部进入花粉管中，而二细胞型的花粉粒在营养核和生殖细胞移入花粉管后，生殖细胞便在花粉管内分裂，形成 2 个精子。

花粉管通过花柱而达子房的生长途径，可分为两种不同的情况：一些植物的花柱中间成空心的花柱道，花粉管在生长时沿着花柱道表面下伸，到达子房；另一些植物的花柱并无花柱道，而为特殊的引导组织（transmitting tissue）或一般薄壁细胞所充塞，花粉管生长时需经过酶的作用，将引导组织或薄壁组织细胞的中层果胶质溶解，花粉管经由细胞之间通过。花粉管在花柱中的生长，除利用花粉本身储存的物质作营养外，也从花柱组织吸取养料，作为生长和建成管壁合成物质之用。花粉管的生长集中在尖端部分，离花粉管顶端越远的部分越衰老。

花粉萌发速率和花粉管的生长速率在不同植物种类及外因条件的变化下是不完全一致的，因而从传粉到受精的时间也相差较大。在正常情况下，多数植物需要 12～48h，但水稻在传粉后 2～3min 花粉粒就开始萌发，20～30min 花粉管进入胚囊。花粉粒的萌发和花粉管的生长对温度的影响非常敏感。例如，在 10℃时，小麦花粉粒的萌发和花粉管的生长缓慢，传粉后 2h 开始受精；20℃时萌发状态最好，30min 即开始受精。其中不正常的低温或高温都会对花粉粒的萌发和花粉管的生长有影响，受精作用也不能正常的进行。

花粉管到达子房以后，或者直接伸向珠孔，进入胚囊（直生胚珠），或者经过弯曲，折入胚珠的珠孔口（倒生胚珠、横生胚珠），再由珠孔进入胚囊，统称为珠孔受精（porogamy）（图 3-31A1）。也有花粉管经胚珠基部的合点而达胚囊的，称为合点受精（chalazogamy）（图 3-31A2）。前者是一般植物所有；后者是少见的现象，榆、胡桃的受精即属这一类型。此外，也有穿过珠被，由侧道折入胚囊的，称为中部受精（mesogamy）（图 3-40A3），这更属少见，如南瓜。无论花粉管在生长中取道哪一条途径，最后总能准确地伸向胚珠和胚囊，这一现象的产生原因，一般认为在雌蕊某些组织，如珠孔道、花柱道、引导组织、胎座、子房内壁和助细胞等存在某种化学物质，以诱导花粉管的定向生长。

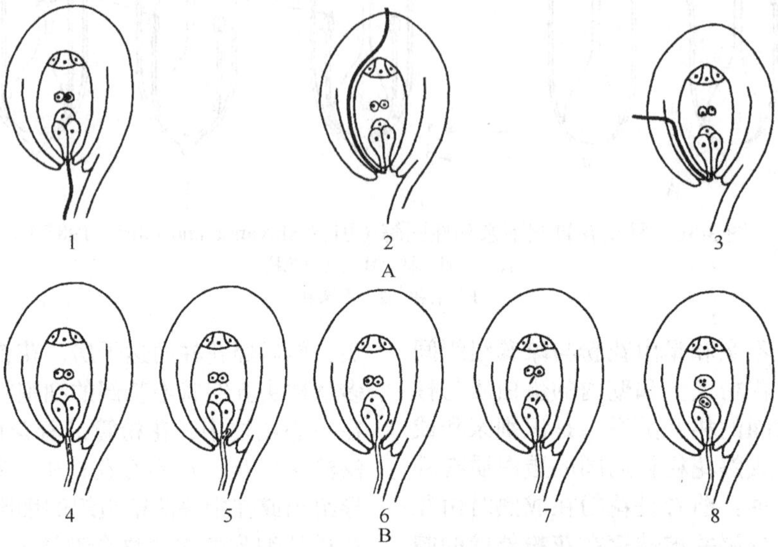

图 3-31　胚珠受精及双受精（杨晓红绘制）

A. 花粉管进入胚珠　B. 精子进入胚囊及双受精

1. 珠孔受精　2. 合点受精　3. 中部受精　4. 精子随花粉管到达珠孔

5. 花粉管进入胚囊　6. 精子释放进入胚囊　7. 2 个精子分别游向卵核和极核

8. 卵细胞受精形成二倍体合子，极核受精形成三倍体初生胚乳核

3.5.3 被子植物的双受精过程及其生物学意义

花粉管经过花柱，进入子房，直达胚珠，然后穿过珠孔，进而伸向胚囊。在珠心组织较薄的胚珠里，花粉管可以立即进入胚囊，但在珠心较厚的胚珠里，花粉管需先通过厚实的珠心组织，才能进入胚囊。

花粉管中的 2 个精子释放到胚囊中后，接着发生精子和卵细胞以及精子和 2 个极核的融合。2 个精子中的 1 个与卵融合，形成受精卵（或称为合子），将来发育为胚。另外 1 个精子和 2 个极核（或次生核）融合，形成初生胚乳核，以后发育为胚乳。卵细胞和极核同时与 2 个精子分别完成融合的过程，是被子植物有性生殖的特有现象，称为双受精（double fertilization）（图 3-31B）。

受精后，胚囊中的反足细胞最初经分裂而略有增多，作为胚和胚乳发育时的养料，但最后全部消失。

被子植物的双受精，首先使 2 个单倍体的雌、雄配子融合在一起，成为 1 个二倍体的合子，恢复了植物原有的染色体数目，保持了物种遗传的相对稳定性；其次，双受精在传递亲本遗传性、加强后代个体的生活力和适应性方面具有较重要的意义。精、卵融合就把父本、母本具有差异的遗传物质组合在一起，形成具双重遗传性的合子。由于配子间的相互同化形成的后代，就有可能形成一些新的变异。由受精的极核发展成的胚乳是三倍体的，同样兼有父本、母本的遗传特性，作为新生一代胚期的养料，可以为巩固和发展这一特点提供物质条件。所以，双受精在植物界是有性生殖过程中最进化、高级的形式。

3.5.4 受精的选择性

柱头对花粉粒的萌发，以及胚囊对精子细胞的进入，都具有选择能力，也就是说，只有能与柱头的生理、生化作用相协调的花粉粒才能萌发，卵细胞也只能与生理、生化相适应的精子融合在一起。所以，被子植物的受精过程是有选择性的，这种对花粉和精子的选择性，是植物在长期的自然选择作用下保留下来的，也是被子植物进化过程中的一个重要现象。因此，虽然雌蕊柱头上可以留有不同植株和不同植物种类的花粉，但是，只有适合于这一受精过程的植物花粉，才能继续生长发育。

受精作用如果没有选择性，就不可能避免自体受精和近亲受精的害处，也不可能得到异体受精的益处。如果利用不同植株，或不同种类的混合花粉进行授粉，只有最适合于柱头和胚囊的花粉优先萌发，避免自花授粉受精。因此，利用混合授粉、人工辅助授粉以提高产量，克服自交和远缘杂交的不亲和性，以及提高后代对环境的适应能力，已得到普遍重视。选择受精的理论为农业生产实践带来无限的好处和希望，也为选种和良种繁育工作奠定了基础。

在传粉中，落在柱头上的花粉粒常很多，一般情况下只有1个花粉管进入1个胚珠的胚囊，进行受精。但有时发现有几条花粉管进入1个胚囊，这样胚囊中就进入了2个以上的精子，称为多精子现象（polyspermation），如在向日葵、水稻、玉米等植物中曾有发现。多余的花粉管进入胚囊后，其所带的各种营养物质和精子，可能起营养作用，被胚或胚乳同化。有的精子也可能与助细胞或反足细胞受精发育成胚，形成多胚的现象（polyembryony）。如果有2个以上的精子与卵细胞融合，这个现象称为多精入卵（polyspermy）。在被子植物中，也发现有双精入卵和多精入卵的例外情形，附加精子进入卵细胞后，改变了卵细胞的同化作用，使胚的营养条件和子代的遗传性发生变化。

3.6 果实和种子

被子植物在进入生殖期并开花、传粉、受精之后，胚珠发育成为种子，同时子房的代谢与生长也较为活跃，与胚珠共同发育为果实。在这一过程中，花经历了一系列变化，一般由雌蕊的子房体积增大，并经过组织分化和生理生化变化，发育形成果实，其花被和雄蕊往往凋萎、脱落；雌蕊的花柱通常也干枯。有些植物除子房与胚珠以外，花的其他部分，如花托、花萼筒甚至苞片等部位也可以共同参与果实的形成，如草莓、苹果和菠萝等植物的果实。因此，狭义的果实就是发育成熟的子房；广义的果实，Roth（1977）认为果实为种子成熟时的花的状态，Esau（1977）则认为果实是雌蕊群的衍生物。果实是被子植物特有的器官，种子生于果实之内，受到良好的保护，对其后代的适应性、躲避不良环境和繁衍后代等有着积极的意义，并能够协助种子进行更远距离、更大范围的传播。裸子植物不形成雌蕊，胚珠外无子房壁包被，胚珠在裸露状态下受精并发育形成种子，这是裸子植物在种子形成的过程中不及被子植物进化的一个重要体现。

种子和果实与人类生活有着极为密切的关系。人类的食物大多直接取自植物的果实或种子，水稻、小麦、玉米等农作物籽粒中富含淀粉，是我们人类赖以生存的主要粮食作物；大豆、花生、油菜、芝麻和油茶等植物的种子中油脂含量较高，是人类食用油脂的主要来源；棉纤维是棉花种子的表皮毛，是纺织工业的重要原料；许多瓜果类的植物果实能够为人类提供维生素等多种营养；啤酒大麦的果实是生产啤酒的主要原料；可可、咖啡的种子可作提神的饮料；巴豆、枸杞、罗汉果等的种子是良好的中药材；还有许多植物的种子和果实中的储藏物，经过提炼加工后，成为重要的工业原料。

3.6.1 种子的发育、结构与类型

种子是植物有性生殖过程中由胚珠发育而来的结构，是保存亲本遗传物质和孕育新生命的场所。被子植物双受精后，由合子发育成胚，受精极核发育成胚乳，珠被发育成为种皮。种子通常由胚乳、胚和种皮三部分组成，在种子的形成过程中，原来胚珠内的珠心和胚囊内的助细胞、反足细胞等一般均被吸收而消失。

3.6.1.1 胚的发育与结构

胚的发育是从形成合子后开始的，经过原胚和分化胚胎发育的各个阶段，最后发育成为成熟的胚胎。卵细胞受精形成合子后，通常形成纤维素的细胞壁，需要度过一段时间的休眠期，休眠期的长短常随植物种类的不同而有差别，有时也受环境条件的影响。例如，休眠期水稻为4～6h、小麦为16～18h、棉花为2～3天、菜豆需3天左右、可可树约为15天、茶树的合子需经5～6个月的休眠才开始分裂。合子的休眠并非是真正的休眠，合子在休眠期间会发生一系列的变化，继续进行代谢活动，细胞质、细胞器重新分布，核糖核蛋白体聚合成多聚核糖核蛋白体，高尔基体、线粒体数量增加并高度发育分化，质体内聚集脂类物质，液泡缩小而分布于珠孔端；细胞的极性化逐渐加强，细胞质、细胞核和多种细胞器聚集于合点端。这些变化说明合子在临近分裂前已发育成为一个高度极化和代谢活跃的细胞，细胞内的这些活动和变化为合子进一步发育和合子的第一次不均等分裂奠定了基础。

合子完成休眠便开始进行分裂。由于合子内极

性因子的分布和表达的差异，合子的第一次分裂通常为不均等分裂，形成一个小的顶细胞（apical cell）和一个大的基细胞（basal cell），顶细胞和基细胞所含的细胞质部分是不同的，它们的大小和形状也相差很大。细胞质的控制因子（controlling factor）在不均等分裂后的两个细胞中也不同，通过连续的细胞核和细胞质的相互作用及转录水平的调节，引起基因的选择性表达。特定的基因组在特定的发育阶段被激活，并在特定的细胞里被翻译，合成各种相应的蛋白质和酶，这样不同部位的细胞便表现出不同的形态、结构和代谢特点，从而引起细胞的分化和胚的发育。

被子植物胚的发育成熟经历原胚期、幼胚期（或称为器官分化期）和胚成熟期三个时期。

1）原胚期（proembryo stage）。是指从合子第一次不均等分裂形成两细胞原胚开始，直至器官分化前的胚胎发育阶段。在合子处于原胚期的早期发育阶段，顶细胞先横裂或纵裂，经几次分裂后，细胞变小，细胞质变浓，液泡化程度降低，细胞器分布较均匀，核蛋白体的数量有所增加，细胞核与细胞质之间的比例也相对地发生变化。顶细胞经过若干次分裂后形成具有几十个细胞的球形原胚，然后进入胚的各器官的发育和分化，在多数双子叶植物中，球形原胚呈绿色。基细胞的细胞质少、液泡大，经分裂或不分裂发育成胚柄，有的可参与胚体的形成。胚柄主要参与营养物质的吸收和运输，在胚成熟时退化，仅留残迹。

2）幼胚期（younger embryo stage）。是指从球形原胚开始子叶原基的发育到胚的各组成器官分化形成的阶段。在幼胚期初，球形原胚与合点端相对一端的亚顶端一侧较快（单子叶植物）发育或两侧均等（双子叶植物）发育产生子叶，子叶的内侧、原胚的顶端发育成胚芽，原胚的基部和与之交接处的一个胚柄细胞参与胚根的发育，原胚中部则发育成胚轴。单子叶禾本科植物在胚芽和胚根发育的同时，还产生胚芽鞘和胚根鞘分别将胚芽、胚根包围起来，形成保护罩。至此，幼胚的形态建成基本完成。

3）胚成熟期（maturing embryo stage）。或称为成熟胚期，是指胚各部分器官形成后到胚的形态、结构和生理上成熟的整个时期。在胚发育成熟初期，幼胚仍可继续通过胚柄向胚乳细胞、珠心细胞吸取养分，以营养自身、发育自身。随着胚体的不断发育完善，胚柄细胞萎缩凋亡，胚的子叶，尤其是在双子叶植物中的两片子叶不断发育增大，并可直接从胚乳中吸收、转化养分，使胚得到更充分的发育。此后胚的子叶（或子叶和胚根同时）弯曲、折叠生长，形成成熟胚特有的形态结构。与此同时，子叶节，或子叶节与胚轴（尤其是下胚轴）甚至子叶基部分别发育产生维管束组织。子叶等的细胞中开始储存淀粉，形成淀粉粒；储存脂类物质，形成脂滴；储存蛋白质，形成糊粉粒等。胚成熟后期，主要表现为胚的生理代谢方面进一步趋向成熟，包括合成代谢趋于完成、抑制胚生长的化学物质降解直至消失，以及获得抵御脱水干燥的能力等，对具有休眠特性的种子而言，该过程被称为种子的后熟期。

植物的基本结构是在胚的早期形态发生阶段决定的。双子叶植物和单子叶植物原胚期的发育形态甚为相似，但在胚的分化和成熟过程上则有较大差别。

3.6.1.2 双子叶植物胚的发育与结构

（1）双子叶植物胚的发育过程　现以十字花科植物荠菜为例说明双子叶植物胚的发育过程（图 3-32）。荠菜合子经过一段时间的休眠后，先延伸成管状，随后进行不均等横向分裂一次，产生一个基细胞和一个顶细胞，基细胞靠近珠孔端，细胞体积较大，高度液泡化；顶细胞远离珠孔，细胞体积较小，细胞质浓。随后，基细胞横分裂一次形成两个细胞，远离顶细胞的那个细胞继续进行 3 次或 4 次横分裂，形成单列多细胞的胚柄，将胚体推向胚囊中部，以利于胚在发育中吸收周围的营养物质。同时，胚柄基部的一个细胞膨大呈泡状，靠着珠孔附近的细胞壁内凸成传递细胞特征，从珠被、珠心组织中吸收、加工、转化和运输养分供给胚的发育。而与顶细胞紧邻的细胞小，内质网和高尔基体丰富，但核糖核蛋白体少，蛋白质与核酸含量也少，该细胞分裂滞后，且仅分裂两次，参与胚根的发育，并对胚根从珠孔处伸出有引导作用。

在胚柄的生长过程中，顶细胞相应进行分裂，首先发生一次纵向分裂，接着进行与第一次分裂形成的壁相垂直的第二次纵向分裂，形成四分体胚体。然后各个细胞分别进行一次横向分裂，形成 8 个细胞组成的八分体胚。八分体胚再经过各个方向的连续分裂，形成多细胞的球形胚体。随着分裂的进行，胚体继续增大，在顶端两侧部位的细胞分裂次数增加，生长速率较快，形成两个突起，即为荠菜胚的子叶原基。

球形胚的下端，胚柄顶端的一个细胞和球形胚体的基部细胞也不断分裂生长，共同分化成为荠菜胚的胚根原基，而此时连接子叶原基和胚根原基之间的部分发育成为胚轴，此时整个胚体的纵切面呈心形，故称为“心形胚”，胚体内部细胞已开始分化。随后子叶原基生长延伸为两片形状、大小相似的子叶，其基部的胚轴也相应伸长，整个胚体呈鱼雷形，又称为“鱼雷胚”。以后，在两片子叶基部相连处的凹陷部位分化出胚芽；与胚芽相对的一端，胚体的基部细胞和与其相接的一个胚柄细胞不断分裂，共同参与胚根的发育分化而完成幼胚分化。随着幼胚的发育，胚轴和子叶显著延伸并在胚囊内弯曲成马蹄形，胚柄退化消失。

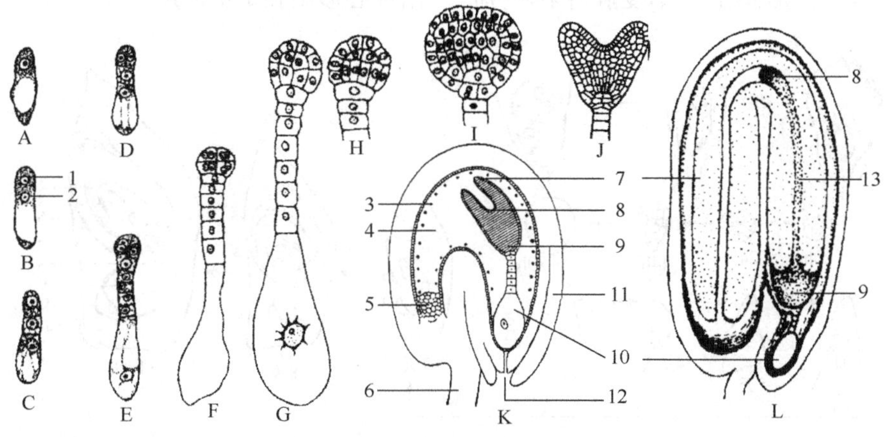

图 3-32　荠菜胚的发育

A. 合子　B. 合子的第一次分裂，形成一个顶细胞和一个基细胞；C. 基细胞发育为两细胞胚柄　D. T 形胚阶段　E. 四分体胚基细胞发育为胚柄　F～I. 顶细胞经多次分裂，形成球形胚体　J. 心形胚　K. 鱼雷形胚　L. 成熟胚

1. 顶细胞　2. 基细胞　3. 胚乳核　4. 胚囊　5. 珠心组织细胞　6. 珠柄　7. 子叶　8. 胚芽　9. 胚根　10. 胚柄　11. 珠被　12. 珠孔　13. 胚轴

油菜胚的发育过程与荠菜基本相似，其差异之处主要是油菜胚柄的基细胞狭长，呈棒状，胚柄末端显著延伸，并在近珠孔端呈钩状；发育后期，子叶弯曲、对折，并包裹胚轴和胚根，略呈圆形（图 3-33）。棉胚发育时，无典型的四分体胚体。在球形胚体的形成过程中，细胞的分裂不很规则。胚柄短而不明显，成熟时仅含 4～6 个细胞，而且常常很早解体。受精后 6～10 天，胚体呈心形，当 18 天时，棉胚的各部均已发育形成。

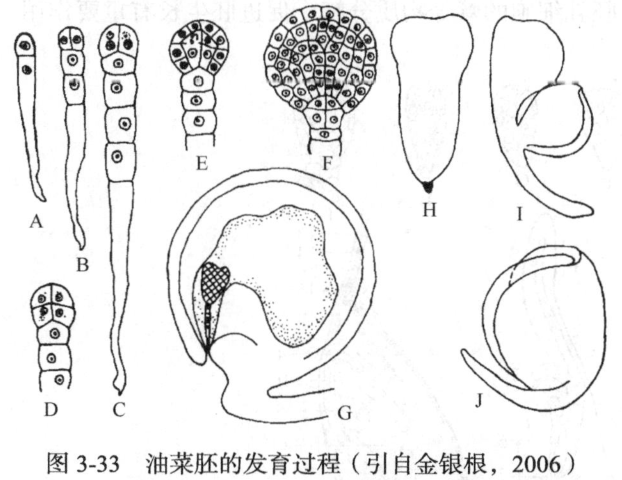

图 3-33　油菜胚的发育过程（引自金银根，2006）

A～F. 原胚期　G、H. 幼胚期，胚体心形，具狭长的胚柄

I、J. 成熟胚期（子叶折叠包裹胚轴和胚根）

（2）成熟胚的结构　双子叶植物种子的成熟胚包括胚芽、胚轴、胚根和子叶 4 个部分。胚芽包括生长锥以及数枚幼叶和叶原基。胚根顶端为生长点和覆盖其外的幼期根冠。胚轴是连接胚芽和胚根的短轴，子叶着生在胚轴上。子叶为暂时的叶性器官，其数目在双子叶植物中较为稳定，多为两片，如油菜、大豆、棉花、番茄、苹果等植物的子叶均为两片。关于子叶的结构，在不同植物的种子中，常随其主要生理功能而不同。在成熟的无胚乳种子中，如大豆、瓜类等种子中的子叶较为肥厚，除了在两个子叶相接处的表皮内侧有 2～3 层栅状细胞外，其他部分均为内含蛋白质、脂肪等物质的薄壁细胞，它们主要起着储藏养料的作用。棉的子叶宽而薄，呈折叠状存在于种子中。子叶细胞中也含有一些营养物质，但较为明显的特点是子叶内部已有 1～2 层栅栏组织细胞和几层海绵组织细胞的初步分化及早期叶绿体的形成，海绵组织内还可看到小的分泌腔，其解剖结构与叶片颇为相似，这与子叶出土后能很快开始光合作用是相适应的。

3.6.1.3　禾本科植物胚的发育与结构

（1）禾本科植物胚的发育过程　禾本科植物胚发育的早期阶段与双子叶植物胚的发育过程基本一致，但后期发育过程中则差异显著。现以禾本科植物水稻和小麦为例说明单子叶植物胚的发育特点。水稻受精形成合子后启动分裂较快，经 4～6h 休眠后即开始分裂，合子的第一次分裂为横分裂或斜向的横分裂，形成一个顶细胞和基细胞，接着顶细胞进行一次纵向分裂，基细胞进行一次横分裂，形成 4 个细胞的原胚。原胚细胞不断进行各个方向的分裂，胚体积逐渐增大，形成基部稍狭长的梨形胚。此后在胚的中上部一侧出现一个凹沟，使胚在形态上可区分为顶端区、器官形成区和胚柄细胞区。开花后7天，胚的各部分基本分化完成；8～14天，胚继续长大，直至分化成熟（图3-34）。水稻成熟胚的胚轴弯折明显，在形态上与小麦胚存在差别（图3-35），10天左右的水稻胚已具有发芽能力。单子叶植物的胚只形成一片子叶，因此发育进程中不出现心形期和鱼雷形期。

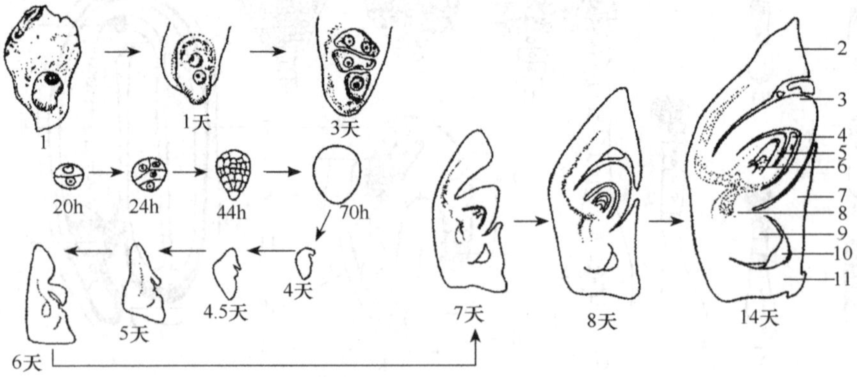

图3-34 水稻胚的发育（仿贺学礼，2008）

1. 受精卵 2. 盾片 3. 胚芽鞘 4. 第一幼叶 5. 第二幼叶 6. 第三幼叶 7. 外子叶 8. 胚轴 9. 胚根 10. 根冠 11. 胚根鞘

小麦合子的第一次分裂常是倾斜的横分裂，形成一个顶细胞和一个基细胞，接着顶细胞和基细胞分别进行纵分裂和横分裂，形成四细胞原胚；随后4个细胞继续进行各个方向的分裂，胚体积逐渐增大，形成基部稍长的梨形原胚。不久，梨形原胚偏上一侧出现小凹沟。凹沟以上区域称为“顶端区”，将来形成盾片的主要部分和胚芽鞘的大部分；凹沟稍下处的附近，即原胚的中间区域称为“器官形成区”，将来形成胚芽鞘的其余部分，以及胚芽、胚轴、胚根、胚根鞘和一片不发达的外胚叶；原胚的基部称为“胚柄细胞区”，形成盾片的下部和胚柄（图3-35）。冬小麦胚发育成熟所需时间约为传粉后16天，春小麦约22天完成。玉米胚的发育较慢，约在传粉后45天才接近成熟（图3-35）。

（2）成熟胚的结构 单子叶禾本科植物的胚在组成上与双子叶植物大致相同，都具有胚芽、胚轴、胚根和子叶结构，所不同的是禾本科植物胚的胚芽外罩有胚芽鞘，胚根外罩有胚根鞘，分别成为胚芽、胚根的保护性结构（图3-35Q）。成熟胚只有一片宽大的子叶，因其形如盾牌，故有盾片之称。水稻、小麦等禾本科植物的子叶（盾片）具有从胚乳中吸收养料的作用，其盾片上皮细胞能分泌植物激素，促进糊粉层细胞中淀粉酶（基因）的活性表达，对胚乳细胞的营养物质分解、促进胚生长有重要作用。

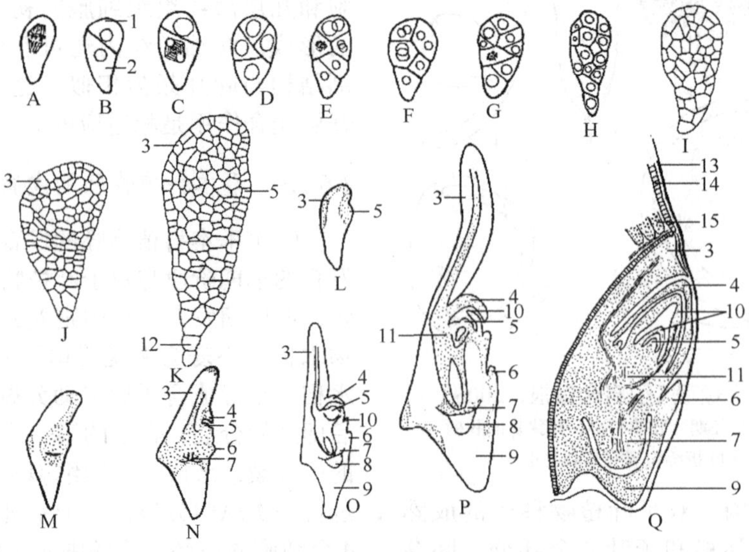

图3-35 小麦胚的发育过程

A. 合子 B. 合子倾斜横分裂 C、D. 原胚发育 E～K. 梨形胚发育 L～P. 胚各部分发育 Q. 成熟胚

1. 顶细胞 2. 基细胞 3. 盾片原基、盾片 4. 胚芽鞘原基、胚芽鞘 5. 胚芽原基、胚芽 6. 外子叶 7. 胚根原基、胚根 8. 根冠 9. 胚根鞘 10. 幼叶 11. 胚轴 12. 胚柄 13. 果皮和种皮 14. 糊粉层 15. 胚乳

3.6.1.4　胚乳的发育

（1）胚乳的发育方式　被子植物胚乳是由一个精细胞与中央细胞的两个极核受精后形成的初生胚乳核发育而来的，是三倍体。被子植物种子中的胚乳发育早于胚的发育，并为胚的生长发育提供必需的营养和环境。初生胚乳核的分裂早于合子的分裂，通常不经过休眠或经过短暂的休眠即开始分裂，并且初期分裂较快，合子经休眠后开始分裂时胚乳核分裂形成的细胞数量已较多。胚乳的发育形式一般可分为核型胚乳、细胞型胚乳和沼生目型胚乳三种类型。

1）核型胚乳（nuclear endosperm）：是被子植物中最为普遍的一种胚乳发育方式，单子叶植物和离瓣花植物的初生胚乳核，第一次分裂和以后的多次分裂均不伴随细胞质分裂和细胞壁的形成，多个胚乳核呈游离状态分布在受精后的中央细胞中。随着游离核的增多和液泡体积的进一步增大，游离核和细胞质被挤到胚囊的周缘成一薄层。游离核形成的时间和数目因植物种类而异，向日葵可产生8～16个游离核，小麦开花后50h后，游离核超过100个。待胚乳游离核发育到一定阶段，位于其胚囊周缘的细胞核之间先向内逐渐产生径向细胞壁，继后形成横向细胞壁，由外而内形成胚乳细胞，最后整个胚囊被胚乳细胞充满，这样的胚乳发育方式称为核型胚乳（图 3-36A～E）。核型胚乳在单子叶植物（如水稻、小麦、玉米等）和双子叶离瓣花类植物（如棉、油菜、苹果等）中普遍存在。

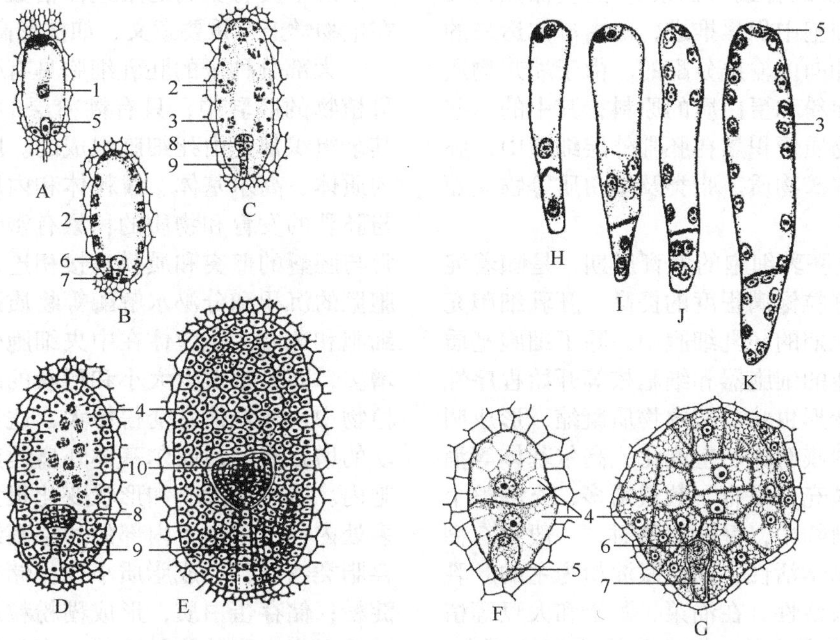

图 3-36　胚乳发育类型

A～E. 核型胚乳的发育　F、G. 细胞型胚乳的发育（矮茄）　H～K. 沼生目型胚乳的发育

1. 初生胚乳核　2. 在分裂的胚乳核　3. 游离胚乳核　4. 胚乳细胞　5. 合子　6. 顶细胞　7. 基细胞　8. 原胚　9. 胚柄　10. 幼胚

核型胚乳的发育可分为合胞期、细胞化期、分化期和成熟期 4 个时期。

A. 合胞期（syncytial stage）是初生胚乳核（受精极核）连续分裂但不伴随着细胞质分裂的时期，即初生胚乳核的分裂和以后核的多次分裂都不会伴随产生细胞壁，众多的细胞核游离分散于细胞质中（图 3-36A、图 3-36B）。随着游离核的增多和胚囊内中央液泡的形成与扩大，游离核连同细胞质被挤向胚囊的缘。出现一个细胞中有多个细胞核的现象，这样的细胞称为合胞体（syncytium）（图 3-36C）。合胞体的发育、大小与游离核数目常随植物种类不同而异。咖啡（*Coffea arabica* L.）合胞体发育时间短，合胞体小，只形成 4 个游离核；向日葵、灰毛菊（*Arctotis stoechadifolia* P.J.Bergius）、马利筋（*Asclepias curassavica* L.）可产生 8～16 个游离核；小麦开花后48～50h，游离核增至百余个以上；水稻、柑橘、胡桃、苹果有数百个；棉花、石刁柏等的合胞体发育时间长，合胞体相对较大，合胞体的细胞质会形成管状的结构，称为腔槽（alveoli）。腔槽的平周分裂引发细胞质分裂和胚乳的细胞化。

B. 细胞化期（cellular stage）是从胚乳游离核间最初产生细胞壁到全部游离核间均形成细胞壁的整个过程，是核型胚乳发育的细胞化期（图 3-36D、图 3-36E）。在胚乳细胞形成前，游离核间的微管、微丝变得丰富起来，内质网、高尔基体小泡成片状排列，形成成膜体，成膜体中的内质网膜、小泡膜相互融合，形成细胞板，由细胞板再形成细胞壁。胚乳细胞壁的形成通常是从胚囊最外围开始的，此后向心地逐渐产生细胞壁而形成胚乳细胞，最后整个胚囊被胚乳细胞充满；但也有植物仅在原胚附近形成胚乳细胞，而合点端胚乳保持游离核状态，如菜豆属；也有的只是胚囊周围形成少数层次的胚乳细胞，胚囊中央仍为胚乳游离核，如椰子的液体胚乳（椰乳），其内含有许多游离核以及蛋白质粒、油滴和生长激素。此外，更为少见的情况是胚乳始终为游离核状态，如旱金莲等。由于胚乳细胞存在的部位、分化成熟过程中储存物质的种类和形式不同，胚乳细胞可分化成淀粉胚乳、糊粉胚乳等不同的组织类型。

C. 分化期是当胚乳细胞充满整个胚囊，或其生长受到珠被限制时，细胞分裂停止的时期。对于禾本科植物，在外层胚乳细胞分裂的同时，处于内部的胚乳细胞便在质体内开始积累淀粉与蛋白质（液泡也参与蛋白质的合成与积累），这些储藏物质由内而外在胚乳细胞中积累推进，而由母体运来的灌浆物质则是由外向内输送分配的。由于灌浆物质中并非都是合成淀粉和蛋白质的原料，其中的一些矿物质、脂类等物质便积累在胚乳外层细胞中，胚乳外层细胞因积聚矿物质、脂类及蛋白质等物质而转化为糊粉层细胞。

D. 成熟期是胚乳细胞的发育后期，是随着淀粉的大量积累和籽粒饱满程度的提高，胚乳细胞充分发育的时期。此期的胚乳细胞中，除了细胞基质和质体以外，其他的细胞器和细胞核等开始程序性死亡：细胞核成变形虫状、核内物质凝缩，形成凋亡小体；线粒体内膜解体、空泡化；高尔基体等消失。细胞中淀粉粒充分发育，数量增多，充满整个细胞。在禾本科植物中，籽粒成熟时，一般只有糊粉层细胞具有生物学活性，以储藏淀粉为主的胚乳细胞一般均已失去活性。在油菜、苹果和大豆等植物中，随着胚的发育成熟，胚乳细胞程序性死亡，营养物质逐渐被胚吸收、利用，并在子叶中积累。最终，胚乳细胞消失，形成无胚乳种子。

2）细胞型胚乳（cellular endosperm）：特点是初生胚乳核分裂即伴随着细胞壁的形成，且以后各次分裂都是常规的有丝分裂，即细胞核分裂一次，细胞质也分裂一次，以细胞的形式出现，不出现游离核时期。大多数双子叶合瓣花植物，如番茄、烟草、芝麻等胚乳的发育均属细胞型胚乳（图 3-36F、图 3-36G）。细胞型胚乳在发育过程中有时产生吸器，从珠心组织吸取养分，吸器的结构常因植物种类而有所不同。

3）沼生目型胚乳（helobial endosperm）：发育的特点介于核型胚乳和细胞型胚乳之间。初生胚乳核的首次分裂伴随细胞质的分裂，将胚囊腔分隔为两室，即珠孔室和合点室，珠孔室较大，这一部分的核进行多次游离核分裂，在发育的后期形成细胞壁，形成细胞结构，完成胚乳发育。合点室核的分裂次数较少，并保持游离状态。合点室的核也可能不再进行游离核分裂，呈合胞体状态（图 3-36H～K）。具沼生目型胚乳特征的植物多见于沼生目的慈姑、泽泻、喜马拉亚独尾草（*Eremurus himalaicus* L.）和百合目的紫萼［*Hosta ventricosa*（Salisb.）Stearm］等。少数双子叶植物，如虎耳草属（*Saxifraga*）、檀香属（*Santaium*）等植物也有此类型。

（2）胚乳的结构特征　在被子植物中，初生胚乳核一般是三倍体结构，包括两个极核和一个精核，含有两套母本染色体和一套父本染色体。但有些植物由于胚囊发育类型不同，其胚乳核可有不同的染色体倍数。例如，百合和贝母的两个极核，一个是单倍体，另一个是三倍体，受精后可形成具五倍体遗传特征的初生胚乳核。也有因为胚囊中极核数目多于两个而有更高的染色体倍数的。多倍体的胚乳在生物学上有重要意义，如株形高大、适应性强等。

大部分种子的胚乳细胞具有生命力，但在禾本科植物的胚乳中，只有糊粉层的细胞具有生命力，其余组织都是由死细胞组成的。胚乳细胞含有大量的质体、高尔基体、线粒体和内质网等细胞器，这与胚乳的发育和物质的积累有密切的关系。内质网常与胚囊的壁突和质膜直接相连，可能参与胚乳细胞壁的沉积和分泌水解酶等物质进入正在退化的助细胞和珠心。线粒体在中央细胞受精后，不仅数量增多，而且常发生大小和形状的改变，如在玉米等植物中，线粒体常变得粗大，这与胚乳细胞生化活动的增强有关。高尔基体旺盛地产生小泡，遍布细胞内。质体的大小和形状变化很大，质体的内膜常多处内伸，增加了内部的片层系统。质体可分别储存脂类物质，形成脂质小球；储存淀粉，形成复粒淀粉；储存蛋白质，形成糊粉粒。此外，胚乳细胞的壁上有丰富的胞间连丝，有些植物胚乳细胞的细胞壁内突伸向细胞质，有传递细胞的特征。

胚乳细胞中储藏着大量的营养物质。其中最重要的储藏物质为糖类、脂肪、油类和蛋白质。糖类中最重要和常见的是淀粉粒，它从前质体的基质中开始形成，有各种结构、形状、大小和数量。胚乳细胞的细胞壁中也可储藏大量的糖类物质，如柿（*Diospyros kaki* L.f.）和海枣（*Phoenix* spp.）等胚乳细胞壁的主要储藏物质是半纤维素。离体胚胎培养和其他一些研究结果表明，胚乳对发育中的胚有一定的作用，胚乳可以产生多种植物激素，对胚的分化有一定影响；胚乳对胚的渗透调节有一定的作用；胚乳还是中后期胚胎发育的主要营养来源。由于胚乳包含父本和母本植物的遗传特性，而且又是胚体发育过程中的养料，为胚所吸收利用，因此，由胚发育的子代变异性更大、生活力更强、适应性更广。

尽管不同类型的植物有不同类型的胚乳发育方式，但胚乳细胞的形成和分化过程基本一致。胚乳细胞一般是等径的大型薄壁细胞，发育初期有细胞质和细胞核，具丰富的细胞器，细胞间有发达的胞间连丝，有些植物的部分胚乳细胞还形成细胞壁内突的结构，胚乳细胞能积累大量淀粉、蛋白质或油脂等营养物质。

稻、麦类作物、荞麦、蓖麻等，形成发达的胚乳组织，占据了种子的主要部分，胚乳中储藏着大量的淀粉、蛋白质等营养物质，形成有胚乳的种子。禾谷类作物的成熟籽粒保留发达的胚乳，胚乳主要由含大量淀粉粒的薄壁组织细胞构成，其外侧毗接种皮的细胞层，细胞较小，排列紧密，细胞内有富含蛋白质的糊粉粒，称为糊粉层。小麦的糊粉层在腹沟部分有 2～3 层细胞，背侧有 1～2 层细胞。水稻糊粉层形成在背侧较快，籼稻背侧有 2～3 层细胞，粳稻背侧有 3～4 层细胞，而腹侧只有 1～2 层细胞。糊粉层的细胞层数除了与物种或品种有关外，有时还因成熟条件和物质积累状况不同发生变化。胚乳细胞发育成熟后，仅有糊粉层细胞可能具有活性。有些植物的成熟胚乳细胞中积累其他营养物质，如番茄的胚乳细胞内形成油滴，咖啡、柿等的胚乳细胞壁上堆积大量的半纤维素，使细胞壁增厚，并有较多的纹孔和胞间连丝。随着胚乳细胞的发育与分化，胚乳内有效干物质不断增加，籽粒增重。

许多植物如豆类、瓜类、油菜、柑橘等，其胚乳在发育分化过程中，随着胚乳细胞的程序性死亡，胚乳细胞及其养分，如淀粉、蛋白质、油脂等逐渐被分解，供给发育中的胚吸收。由于子叶附近的胚乳细胞分解快，因而胚乳细胞与胚之间总有囊腔的存在。这样全部（或绝大部分，如棉等植物）胚乳（及细胞壁成分的分解和转化）的养分逐渐转移并储藏于子叶，使子叶肥大。这类种子成熟时，通常为无胚乳种子（或仅有少量的胚乳残存在胚的外围）。

3.6.1.5　*种皮的发育与结构*

（1）珠被与种皮的形成　种皮是由珠被发育而来的保护结构，随着胚和胚乳的发育，珠被也同时发育形成种皮，种皮包被在胚和胚乳之外。胚珠仅具单层珠被的发育形成一层种皮，如向日葵、番茄、胡桃；胚珠具内、外双层珠被者，通常相应形成内、外两层种皮，如蓖麻、苹果等。有些植物虽然有两层珠被，但内珠被发育过程中退化成纤弱的单层细胞，甚至完全消失，只由外珠被继续发育成为种皮，如大豆、蚕豆、菜豆等；有些植物的外珠被在种子形成过程中常被吸收而消失，内珠被形成极不发达的种皮，如小麦、水稻等残存的种皮常常与果皮紧贴在一起，主要由果皮对胚起着保护作用。

（2）成熟种皮的结构　成熟种子的种皮外层常分化为厚壁组织，内层分化为薄壁组织，中间各层分化为纤维、石细胞或薄壁细胞。当种子成熟时，随着细胞的失水，内部结构也发生相应改变。整个种皮成为干燥的包被结构，干燥使坚硬的种皮的保护作用得以加强。有些植物的种皮十分坚硬，不易透水、不通气，与种子的萌发和休眠有一定关系。少数植物的种子具有肉质种皮，如石榴种子在成熟过程中，外珠被发育为坚硬的种皮，而种皮的内表皮细胞却辐射状扩伸，形成多汁含糖的可食部分。裸子植物中的银杏其种皮具有三层结构，中种皮为肥厚的肉质结构。还有一些植物的种子，它们的种皮上出现毛、刺、腺体、翅等附属物，这对种子的传播具有意义。少数植物的种子可形成假种皮。假种皮由珠柄或胎座，或由珠柄与胎座共同发育而来。假种皮包于种皮之外，常含有大量油脂、蛋白质、糖类等储藏物质，如龙眼、荔枝果实的肉质多汁的可食部分等。

各种植物种皮的结构差异很大，一方面与胚珠的珠被层数有关，另一方面还与种子成熟时珠被在发育上的变化有关。一般成熟种子的种皮外表可见到种脐、种孔和种脊等结构。种脐是种子成熟后，从种柄或胎座上脱落留下的痕迹，其颜色、大小、形状常随植物种类而不同；种孔是原来的珠孔；种脊位于种脐的一侧，是倒生胚珠的外珠被与珠柄愈合形成的纵脊遗留下来的痕迹，其内有维管束贯穿。种皮成熟时，其内部发生很大的变化。多数植物的种皮外层分化为厚壁组织，内部为薄壁组织，中间往往分化为纤维、石细胞和薄壁组织。有的植物的种皮皱缩干燥起保护作用，有的是肉质种皮，如石榴、银杏等。

大豆、菜豆等豆科植物在种子的发育过程中，内珠被消失，外珠被分化形成许多明显的层次。最外面的表皮层细胞径向伸长，侧壁与外壁增厚，发育成柱状石细胞，呈栅栏状垂直分布，故特称此层为栅状层，它是豆科植物种子所特有的保护结构。栅状层下面为短的骨状石细胞，细胞两端膨大呈骨形，或一端稍大呈漏斗形，可增强种皮的保护功能。石细胞层内侧为较疏松的薄壁组织。种皮坚硬的豆类种子常有很高的抗逆能力，使种子的寿命得以延长，同时也有利于种子的长距离传播，对物种的繁衍有重要意义。在芸薹、荠菜等十字花科植物中，种子的外种皮一般由 2～5 层细胞组成，内种皮可厚达 10 层细胞。外种皮的外表皮细胞几乎充满分层状的黏液物质，当表皮遇水时，这些物质吸水膨胀，可促使细胞的外壁破裂。外种皮下有薄壁组织分化，它们可能发育出厚壁或被挤毁吸收。外种皮的内表皮，其细胞在径向壁和内切向壁上都出现显著的木质化增厚，是种皮中最坚固的细胞层。这些细胞的结构特征很明显，在分类上可用作鉴定参考。内珠被细胞都是薄壁组织，在种皮发育中，外侧数层细胞常被挤毁，内侧细胞则常转变成了色素层。棉花的种皮由内、外珠被共同发育而成。外珠被分化为外表皮、外色素层和内表皮。外表皮的部分细胞外壁突出伸长，细胞壁沉积纤维素而形成表皮毛（棉纤维）（图 3-37）。

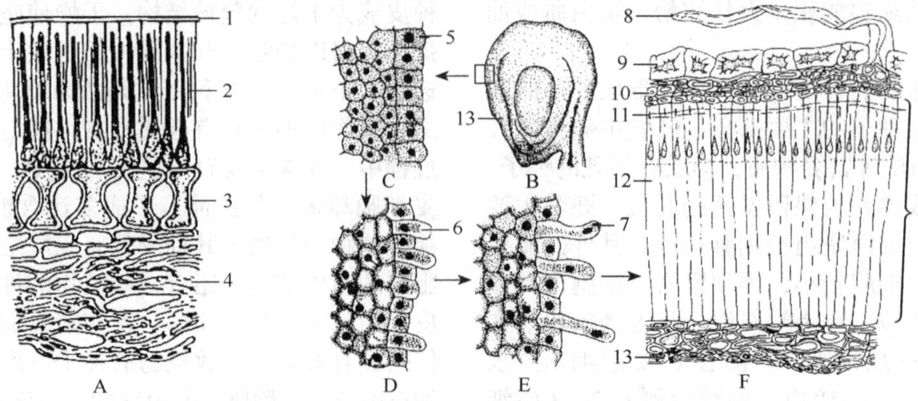

图 3-37 种皮发育及结构

A. 蚕豆种皮结构 B. 棉花胚珠纵切 C～E. 外珠被上生毛细胞突起发育 F. 棉花种皮结构
1. 角质层 2. 长柱状厚壁细胞 3. 骨形厚壁细胞 4. 薄壁细胞 5. 生毛细胞 6. 生毛细胞突起
7. 突起延长 8. 棉纤维 9. 表皮层石细胞 10. 表皮内层石细胞 11. 亮线 12. 栅栏层
13. 内色素层

棉纤维从发生至成熟需 70～80 天，在此过程中，水分和温度对纤维的伸长影响显著，土壤缺水或温度低于 20℃，纤维伸长就会受到影响；温度较高，细胞壁加厚速率较快。外表皮层下面为含褐色素的薄壁细胞所组成的外色素层，可为表皮毛的发育提供营养。内表皮发育成厚壁细胞层。内珠被也分为三个层次，其外表皮发育特殊，细胞伸长，细胞壁增厚，特化成为栅状层（或栅栏层）。其内侧为内色素层和乳白色层，乳白色层可能来源于内珠被的内表皮（图 3-37B～F）。

（3）无融合生殖和多胚现象　在正常情况下，被子植物的有性生殖是经过卵细胞和精子的融合，发育成胚，但在有些植物中，不经过精卵融合也能直接发育成胚而产生有胚种子的现象，称为无融合生殖（apomixis）。有人认为无融合生殖是介于有性生殖和无性生殖之间的一种特殊的生殖方式，它虽然发生于有性器官中，却无两性细胞的融合，但仍然以具胚的种子形式而非营养器官进行繁殖。无融合生殖可以是卵细胞不经过受精，直接发育成胚，如蒲公英、早熟禾等，这类现象称为孤雌生殖（parthenogenesis）；或是由助细胞、反足细胞或极核等非生殖性细胞发育成胚，如葱、鸢尾、含羞草等，称这类现象为无配子生殖（apogamy）。无融合生殖现象在植物界普遍存在，已在被子植物 36 科的 300 多种植物中发现，其形式多样，可归纳为单倍体无融合生殖和二倍体无融合生殖两种类型。

单倍体无融合生殖的胚囊由胚囊母细胞经过正常的减数分裂形成，这种胚囊中的细胞都只含单倍的染色体。如果由卵细胞不经过受精而发育成胚，称为单倍体孤雌生殖（haploid parthenogenesis），如玉米、小麦、烟草等植物。如果由助细胞或反足细胞直接发育成胚，则称为单倍体无配子生殖（haploid apogamy），如水稻、玉米、棉花、烟草、亚麻、黑麦、辣椒等植物。单倍体无融合生殖所产生的胚都是单倍体，无法进行减数分裂，其后代常常不育，无法遗传。

二倍体无融合生殖的胚囊是由未经过减数分裂的孢原细胞、胚囊母细胞或珠心细胞直接发育而成的，这种胚囊中的细胞都是二倍体，都可以发育成胚，同样可以出现二倍体孤雌生殖（diploid parthenogenesis）（如芸薹属、泽兰属、蒲公英属）、二倍体无配子生殖（diploid apogamy）（如葱、韭菜）。有些植物的珠心或珠被细胞可以直接发育成胚，称为二倍体无孢子生殖（diploid apospory），如柑橘属（*Citrus*）。二倍体无融合生殖所产生的胚为二倍体，能正常生殖和遗传（图 3-38）。

无融合生殖方式可阻碍基因的重组和分离，在植物育种工作中有很大的利用价值。例如，优良杂种后代的二倍体无融合生殖，只要合理隔离种植，就能一劳永逸地保存杂种的优良性状，而不再产生分离和衰退。如果是单倍体无融合生殖的杂种后代，则可通过人工或自然加倍染色体，很快得到遗传上稳定的纯合二倍体，缩短育种进程，固定杂种优势，提高育种效率。此外，无融合生殖在克服远缘杂交

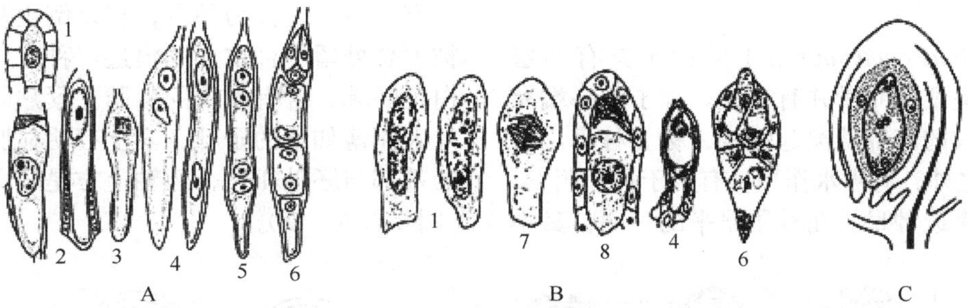

图 3-38　无融合生殖

A. 泽兰属二倍体孤雌生殖　B. 白花蒲公英二倍体孢子生殖　C. 柑橘珠心细胞无孢子生殖

1. 大孢子母细胞　2. 单核胚囊　3. 单核胚囊有丝分裂　4. 二核胚囊　5. 四核胚囊　6. 八核胚囊

7. 孢原细胞有丝分裂　8. 二倍性二分体中 1 个细胞发育成单核胚囊

不亲和、提纯复壮品种等方面也有广泛的应用前景。

不定胚（adventitious embryo）是某些植物的珠心或珠被细胞分裂、发育形成的胚。不定胚可与合子胚同存于胚囊中，并有自己的子叶、胚芽、胚轴和胚根结构。例如，柑橘的胚珠中可有 4～5 个，甚至更多的胚，其中只有 1 个来源于受精卵的合子胚，其余均为来源于珠心的不定胚（珠心胚）。通常情况下，珠心胚利用营养多、出苗快，长成的珠心苗也较健壮，且基本保持母体的优良特性，减少衰退。因此，不定胚在生产上很有利用价值。

多胚现象（polyembryony）是指在同一个胚珠中产生两个或两个以上胚的现象。多胚现象形成的原因相当复杂，或由受精卵裂生成两个至多个独立胚，即裂生多胚（cleavage polyembryony），或称为真多胚；或在一个胚珠中形成两个胚囊而出现多胚（如桃、梅）；但更多的情况是除了合子胚外，胚囊中的助细胞（如菜豆等）和反足细胞（如韭菜等）也发育成胚。上述来源的多胚在发育过程中常常很难发育成熟。

（4）胚状体　在自然界中，有些植物，如叶状沼兰（*Malaxis paludosa*）的茎端和落地生根的叶缘，可自然产生许多胚状组织或结构，在适宜条件下可萌发形成新的植物个体。在人工离体培养植物细胞、组织或器官的过程中也能形成胚状体或胚状结构。这种在自然界或组织培养中由非合子细胞分化形成的胚状结构称为胚状体（图 3-39）。胚状体有极性分化，可形成根端和茎端；同时，体内还分化出与母体不相连的维管系统。因此，胚状体脱离母体后能单独生长。有些植物的胚状体，如珠心胚等，其发育过程与合子胚相似。

自 1958 年由斯图尔德（F.C.Steward）、赖纳特（J.Reinert）分别对胡萝卜根诱导出胚状体以来，至今已培养出了近 200 种植物的胚状体。离体培养物有的是根、茎、叶及其愈伤组织、下胚轴和子叶等；有的是花药中的单细胞小孢子、药隔愈伤组织、子房中的合子胚、胚乳和珠心愈伤组织等；也有以

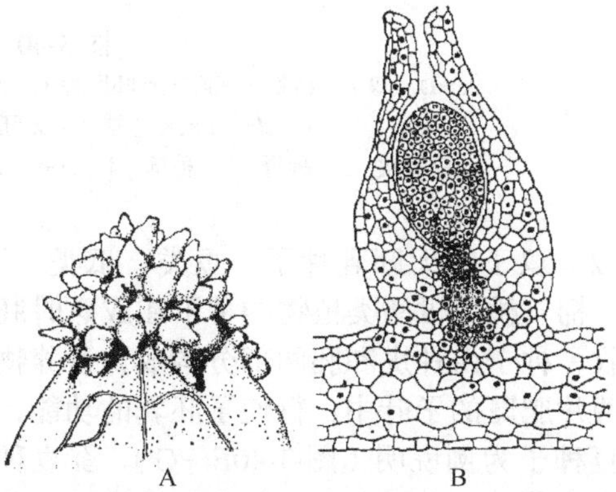

图 3-39　叶状沼兰在叶的末端形成胚状体

（引自 Taylor，1967）

A. 叶的顶端，示一群胚状体；

B. 胚状体切片，示胚状体包藏在套层细胞内

单细胞或原生质体进行培养的。研究胚状体在理论和实践上都很有价值。从受精卵以外的细胞中产生胚状体并成长为植株的事实，有力地证明了高等植物细胞的全能性。在实际应用上，诱导胚状体再生植株，具有产生植株多、速度快、成苗率高等优点，在农业、林业和园艺工作中，对具有优良遗传性状个体的快速繁殖、无病毒种苗培养等都具有特殊的价值。在我国，应用组织培养方法，已成功地诱导出烟草、水稻、小麦、玉米、棉花、茄子、甘蔗、梨、苹果、枣、白芨、石斛等许多重要经济植物、粮食植物和果树的胚状体，更进一步加深了人们对植物胚胎发生和遗传规律的认识。有的胚状体已走向大田应用，取得了显著的经济效益。

3.6.1.6　种子的基本类型

被子植物种子的形态结构多种多样，但根据子叶数目和胚乳的有无可分为双子叶有胚乳种子、双子叶无胚乳种子、单子叶有胚乳种子及单子叶无胚乳种子 4 种。

（1）双子叶有胚乳种子　蓖麻、柿、烟草、辣椒和番茄等植物的种子属于这种类型，由种皮、胚乳和胚三部分构成，胚具两片子叶，下面以蓖麻种

子为例说明。

蓖麻（*Ricinus communis* L.）的种子具有两层种皮，外种皮坚硬、光滑并有花纹。种子的一端有外种皮延伸而成的海绵状突起结构，称为种阜。种阜遮盖于种孔之外，有吸水作用，有利于种子萌发。种脐不明显，靠近种阜。在种子略平的一面，其中央有一纵棱，称为种脊，它是倒生胚珠的珠柄与珠被愈合处留于种皮上的痕迹。种皮以内为宽厚实的白色胚乳，含有大量的脂肪。紧贴胚乳中央的为两片大而薄如纸的子叶，其上有明显脉纹；两片子叶的基部与胚轴相连，胚轴上方是胚芽、下方是胚根（图 3-40A～D）。

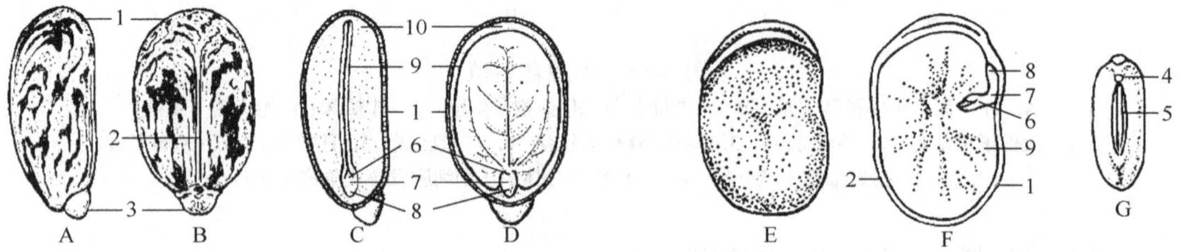

图 3-40　双子叶植物种子及结构

A～D. 双子叶植物（蓖麻）有胚乳种子（A. 侧面观　B. 腹面观　C. 沿种脊纵切面　D. 宽面纵切面）

E～G. 双子叶植物（蚕豆）无胚乳种子（E. 表面观　F. 平行纵切面　G. 顶面观）

1. 种皮　2. 种脊　3. 种阜　4. 种孔　5. 种脐　6. 胚芽　7. 胚轴　8. 胚根　9. 子叶　10. 胚乳

（2）双子叶无胚乳种子　豆类、瓜类、油菜、荠菜、棉、桃、柑橘类植物的种子在成熟时胚乳已被吸收，种子由种皮和胚两部分构成，营养物质储存在两片肥厚的子叶中，行使了胚乳的功能，下面以蚕豆种子为例说明（图 3-40E～G）。蚕豆种子表面光滑，黄色或黄褐色，宽端有眉状疤痕，称为种脐；种脐一端有一小孔，称为种孔，是今后胚根突破种皮的地方。种脊短而明显，位于与种孔相对侧的中下部。种皮内为胚，没有胚乳，胚具两片肥厚的子叶，着生在胚的胚轴上，子叶间为向心着生的胚芽，胚根圆柱形，朝着种孔生长。

（3）单子叶有胚乳种子　洋葱、小麦、玉米和水稻等植物的种子为单子叶有胚乳种子。禾本科植物的籽粒通常称为种子，但是其籽粒从发育过程来看应为果实，果实的果皮与种皮完全愈合，称为颖果。小麦籽粒胚乳发达，占据籽粒大部分的体积和重量，主要成分为淀粉；紧贴种皮的 1～2 层胚乳细胞称为糊粉层。胚位于籽粒基部一侧，体积较小，包括胚芽、胚芽鞘、胚根、胚轴、胚根鞘和盾片，胚轴与子叶相对的位置还有一个小的突起，称为外胚叶（图 3-35P、图 3-35Q），玉米胚中无明显外胚叶。

洋葱种子外形近球形，种皮内储藏有蛋白质、脂肪等营养物质的角质胚乳。胚弯曲，包藏于胚乳之中。子叶一片，呈长筒形，基部一侧有一裂缝，胚芽位于裂缝处。胚轴较短，其下方为胚根（图 3-41A）。

（4）单子叶无胚乳种子　兰科植物和慈姑的种子为单子叶无胚乳的种子。慈姑种子较小，包在侧扁的三角形瘦果内，每一果实仅含一粒种子。种子由种皮和胚两部分组成。种皮极薄，仅一层细胞。胚弯曲，胚根顶端与子叶靠拢，子叶一片，长柱形，着生在胚轴上，子叶基部包被着胚芽。胚芽有一个生长点和已形成的初生叶。胚根和下胚轴连在一起，组成胚的一段短轴（图 3-41B）。

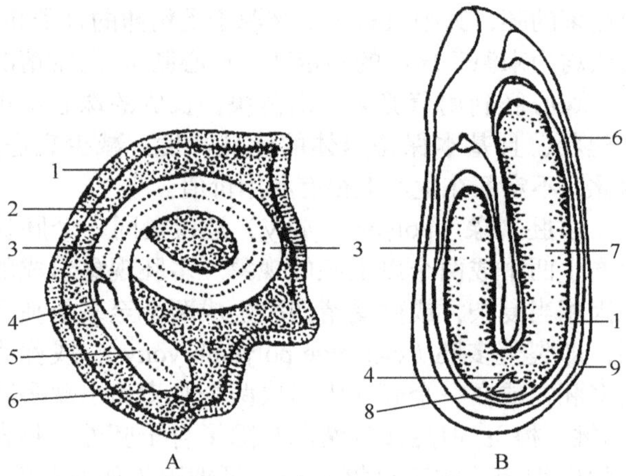

图 3-41　单子叶植物种子结构

A. 单子叶植物（洋葱）有胚乳种子

B. 单子叶植物（慈姑）无胚乳种子

1. 种皮　2. 胚乳　3. 子叶　4. 胚芽　5. 胚轴　6. 胚根　7. 下胚轴　8. 第一片真叶　9. 果皮

3.6.2　果实的发育、结构和类型

果实是被子植物有性生殖的产物和特有结构。受精后，花的各部分组成发生显著变化，花萼枯萎或宿存，花瓣和雄蕊凋谢，雌蕊的柱头、花柱枯萎，仅子房或子房外其他与之相连的部分一同生长发育，膨大形成果实（fruit）。不同植物的果实具有不同的发育方式、形态结构、色泽差异和化学成分，人类对植物果实的利用方式也有所不同，而且果实的特征差异可作为物种分类的形态学依据。被子植物果实包裹着种子，不仅起保护作用，还有助于种子的传播。

3.6.2.1　果实的发育和结构

果实一般由果皮和其内所含的种子组成。根据果实的发育来源与组成，可将果实分为真果和假果两类。真果（true fruit）是仅由子房发育而成的果实，包括种子和种皮两部分，大多数植物的果实为真果，如小麦、玉米、棉花、花生、柑橘、杏、桃等植物的果实（图 3-42）。假果（pseudocarp, false fruit）是由子房、花托、花萼，甚至整个花序共同发育而成，如梨、苹果、瓜类、石榴、菠萝和无花果等（图 3-43）。

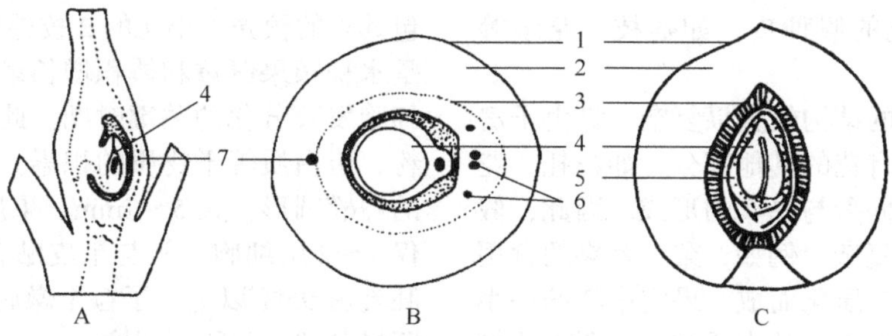

图 3-42　真果的发育和结构

A. 梅的子房纵切面　B. 梅果实横切面　C. 桃果实纵切面

1. 外果皮　2. 中果皮　3. 内果皮　4. 胚　5. 胚乳　6. 腹束　7. 背束

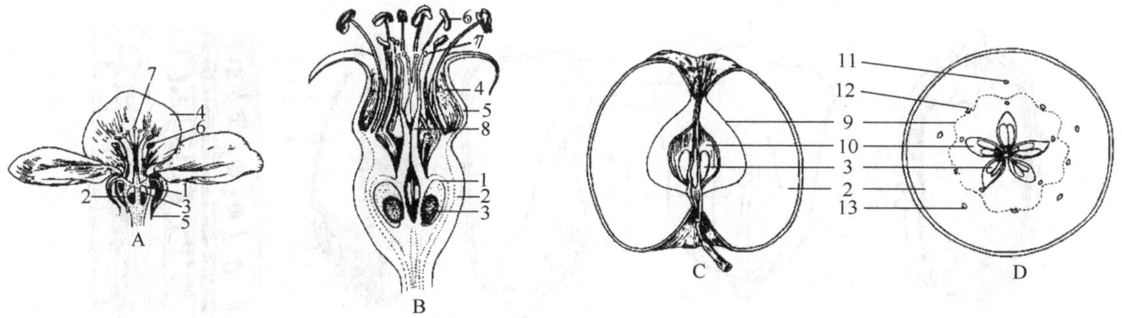

图 3-43　苹果假果发育和结构

A. 花的纵切　B. 发育中的果实纵切面　C. 果实的纵切面　D. 果实的横切面

1. 子房　2. 花筒（萼筒）3. 胚珠（种子）4. 花瓣　5. 花萼　6. 雄蕊　7. 柱头　8. 花柱　9. 心皮外线（果心线）10. 内果皮　11. 花萼维管束　12. 花瓣维管束　13. 背束

（1）真果　真果的结构较简单，外层为果皮（pericarp），内含种子。果皮由子房壁发育而成，包在种子外面，可分为外果皮、中果皮和内果皮三层。果皮的厚度不一，视果实种类而异。果皮的层次有的易区分，如桃、杏、李等果实；有的难以区分，如浆果的中果皮与内果皮；禾本科植物，如小麦、玉米的籽粒和水稻除去稻壳后的糙米，其果皮与种皮结合紧密，难以分离。

外果皮（exocarp）：由子房壁（心皮）的外表皮发育而来，由一层或数层细胞构成。如果外果皮有数层细胞，则除含有外表皮细胞层外还有表皮下层的一至数层厚角组织细胞（如桃、杏等），也可能是厚壁组织细胞（如菜豆、大豆等）。一般外果皮上分布有气孔、角质、蜡质，有的还发育形成有毛、翅、钩等附属物，它们具有保护果实和有助果实传播的作用，也是识别物种的依据之一。

中果皮（mesocarp）：由子房壁的中层（心皮的基本组织和维管组织）发育而来，由多层细胞构成，维管组织呈网状分布其中。中果皮在结构上变化很大，有的中果皮具有许多营养丰富的薄壁细胞，成为果实中的肉质可食部分（如桃、杏、李等）；有的中果皮的薄壁组织中还含有厚壁组织；有的在果实成熟时，中果皮变干收缩成膜质、革质，或成为疏松的纤维状，维管组织发达，如橘的“橘络”。

内果皮（endocarp）：由子房壁（心皮）的内表皮发育而来，多数由一层细胞构成。但也可由多层细胞构成，如番茄、桃、杏等。在番茄等果实中，内果皮由多层薄壁细胞组成；在桃、杏等果实中，内果皮的多层细胞通常厚壁化、石细胞化，形成硬核。在橘、柚子等果实中，内果皮的许多表皮细胞发育成大而多汁的汁囊；在葡萄等的果实中，内果皮细胞在果实成熟过程中，细胞分离成浆状；在禾本科植物中，因其果实的内果皮和种皮都很薄，在果实成熟过程中，通常两者愈合，不易分离，形成独特的颖果结构。

胎座（placenta）：是心皮边缘愈合发育形成的

结构，是胚珠孕育的场所，是种子发育成熟过程中的养分供应基地。在果实的成熟过程中，多数植物果实中的胎座逐渐干燥、萎缩；但是，也有的胎座更加发达，参与形成果肉的一部分，如番茄、猕猴桃等植物的果实；有些植物的胎座包裹着发育中的种子，除提供种子发育所需的营养外，还进一步发育形成厚实、肉质化的假种皮，如荔枝、龙眼等植物。

（2）假果　假果的结构较真果复杂，除由子房发育成的果实外，还有花的其他部分，如花托、花萼筒甚至整个花序共同参与果实的形成。因此，假果的来源及结构比较复杂。例如，梨、苹果的食用部分，主要由花萼筒肉质化而成，果实中心的一小部分才是由子房壁发育而来的肉质部分，所占比例很少，但外、中、内三层果皮仍能区分，其内果皮常革质、较硬（图 3-43）。在草莓等植物中，果实的肉质化部分，是花托发育而来的结构；无花果（*Ficus carica* L.）、菠萝等植物的果实，其肉质化部分主要由花序轴、花托等部分发育而成；南瓜、冬瓜较硬的皮部是花托和花萼发育成的部分外果皮，食用部分主要是内果皮和中果皮。

（3）禾本科植物果实的发育与结构　发育成熟水稻籽粒由含有 1 粒种子的颖果（caryopsis）和紧包其外的颖壳（小花的 2 枚稃片）组成。花后 12 天是水稻颖果鲜重和体积增长最快的时期，也是胚乳细胞发育分化的关键时期。此后，籽粒主要进行淀粉、蛋白质等干物质的积累。水稻颖果一般呈规则的扁椭圆形，长 5～7mm；果皮有光泽，种皮极薄，仅 1～2 层细胞，常与果皮贴合，不易分离；胚小、胚乳占 95% 以上，子粒干燥后，胚体失水收缩而在颖果基部一侧留下凹坑。

玉米、小麦颖果的发育与水稻相似，也是含有单粒种子的果实。小麦颖壳在颖果发育成熟中逐渐与其分离，易于脱粒收获，结构见图 3-44。

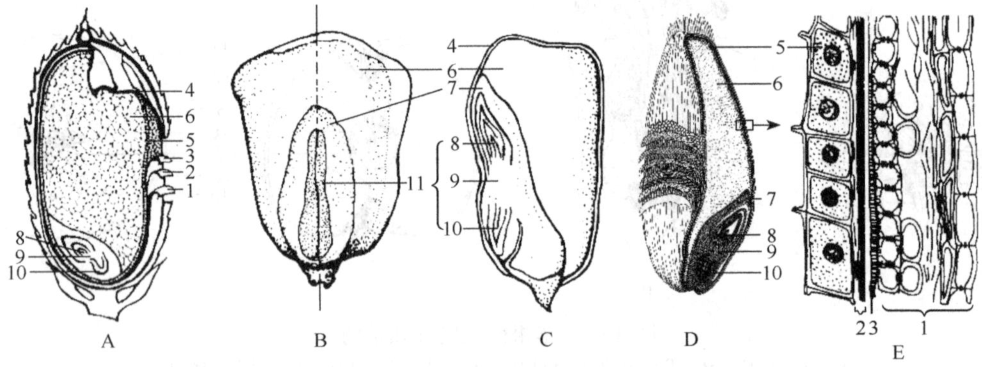

图 3-44　禾本科植物颖果结构

A. 水稻颖果　B、C. 玉米颖果（B. 宽面观　C. 垂直宽面纵切）　D、E. 小麦颖果（D. 侧面观　E. 果皮与种皮）

1. 果皮　2. 种皮　3. 管细胞　4. 果皮和种皮　5. 糊粉层　6. 胚乳　7. 盾片（子叶）　8. 胚芽　9. 胚轴　10. 胚根　11. 胚

3.6.2.2　单性结实

通常被子植物在开花、传粉、受精后，雌蕊的子房发育成果实。但是也有一些植物不经过受精作用，子房便可直接发育成无种子果实而结实，这种现象称为单性结实（parthenocarpy）。由单性结实所形成的果实为无籽果实，或虽能够形成种子，但种子内没有胚，如无籽葡萄、无籽柑橘、无籽香蕉、无籽柿子等。单性结实有两种情况：一种是子房不经过传粉或任何其他刺激便可形成无籽果实，这种单性结实称为自发性单性结实或营养性单性结实，如香蕉、柑橘、柠檬的某些品种；另一种是子房必须经过一定的传粉刺激才能形成无籽果实，称为刺激性单性结实或诱导性单性结实，如以马铃薯的花粉刺激番茄花的柱头，或用某些苹果的花粉刺激梨花的柱头，都可以得到无籽果实等。

单性结实在一定程度上与子房所含的植物生长激素的浓度有关，所以，农业上可应用植物生长调节剂（如赤霉素、生长素等）诱导番茄、柑橘、黄瓜、辣椒、枇杷等，使其单性结实。另外，单性结实必然产生无籽果实，但并非所有的无籽果实都是单性结实的产物。因为有植物开花、传粉和受精以后，胚珠在发育为种子的过程遇到阻碍，种子败育也可以形成无籽果实。

3.6.2.3　果实的生长与调控

（1）果实的生长与成熟　果实的生长发育过程，是通过细胞的分裂及细胞体积和重量的增加实现的，具有 S 形生长线特征。但植物种类不同，果实的生长特点也不同。苹果、梨、香蕉和茄子等的果实只有一个速生长期，即慢快慢，其生长曲线呈单 S 形；而桃、杏、李、樱桃、柿子等的果实，其生长曲线呈双 S 形。这类果实具核，可能是在生长中期养分主要向核内的种子集中，使果实生长减慢造成的。

随着果实的成熟，某些果实的呼吸速率最初降低，至成熟末期突然升高而后下降，这种现象称为果实的呼吸跃变。呼吸跃变的出现标志着果实达到成熟可食的程度，也意味着果实即将衰老，梨、香蕉、番茄等果实在成熟过程中出现明显的呼吸高峰，而草莓、柑橘、葡萄等果实的成熟过程则不明显。

果实在生长膨大过程中通过一系列生理生化变化达到成熟。在果实的发育、成熟过程中，其形态、结构、色泽与化学成分等均会发生变化，使成熟果实与幼果明显不同。例如，多数幼果的表皮毛，在果实发育成熟中逐步脱落；有的幼果初期近无毛，在果实成熟过程中形成各式各样的钩、刺等结构；有的在幼果时，果皮中含有大量的叶绿体，在果实成熟过程中，叶绿素合成下降，产生花青素或有色体，因而出现各种鲜艳的颜色。果实成熟时，果实表皮细胞中的叶绿素分解，胡萝卜素或花青素等积累，果色由绿色转变为黄色、红色或橙色等。果实内部合成以醇类酯类和羧基化合物为主的芳香性物质而散发出香气。同时，果实中原有的单宁、有机酸等减少，糖分增多，以致涩、酸减弱，甜味明显增加。此外，果实成熟还有一个明显的变化，即水解酶使胞间层水解，细胞间松散，组织软化。有些植物的果皮内含有油腺，当果实成熟时能散发出芳香的气味，如茴香、柑橘、花椒等。所以，成熟的果实，不仅颜色鲜艳，而且芳香四溢、甘甜可口。

现将花至果的发育过程简要总结如下（图3-45）。

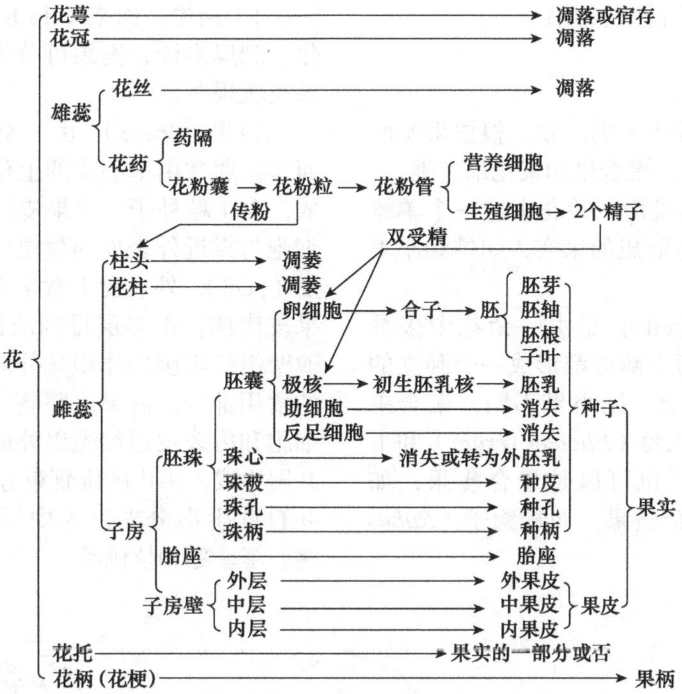

图3-45　花发育成果实

（2）果实成熟的调控　研究表明，果实成熟是分化基因表达的结果。番茄的多聚半乳糖醛酸酶（PG）反向调节转基因果实，其PG的mRNA减少，PG的活性明显降低，果实能保持相当的硬度。果胶甲酯酶（PE）参与细胞壁果胶物质的脱甲基化，在植物体中至少存在三种同工酶。果实成熟过程中，PE酶的脱甲基产物是PG酶作用的基质。将从果实中分离的PE基因反向构建转入植物体中，其果实PE酶活性大大降低，果胶物质分解受到抑制，但对根和叶片的PE酶活性无影响。这表明植物体中PE酶基因间核酸序列存在一定差异，反义基因的抑制作用具有很强的专一性。将1-氨基环丙烷-1-羧酸（ACC）合成酶cDNA的反义系统导入番茄，得到的转基因植物的乙烯合成被抑制了99.5%，果实不出现呼吸高峰，储存3～4个月也不变红、变软，用乙烯处理则果实成熟。而ACC脱氨基酶基因过度表达的转基因植物，可将ACC大量转变为α-丁酮酸，因而乙烯的生成减少了90%～97%，也可延长储存期，而且果实的表型和品质都与正常果实无异。其他还有通过转基因改变果实的颜色或糖的含量等都获得了成功。

乙烯被认为是调节果实成熟的激素，与乙烯合成有关的基因*E4*、*E816*和*E17*等启动果实的成熟。果实停止增重，呼吸速率降低后，对乙烯敏感，使用乙烯生物合成的抑制剂可延迟果实的成熟。用乙烯处理拟南芥，获得乙烯不敏感突变体*etr*，已从中分离出*ETR1*、*ETR2*和*ERS*等5个以上的乙烯受体蛋白基因，其中*ETR1*基因编码的蛋白质，N端通过一个双硫键形成二聚体与膜结合，C 端是组氨酸激酶区，它可能通过二聚体与膜结合，吸收乙烯。*ERS* 基因编码的蛋白质有一个组氨酸激酶区，N 端与 *ETR1* 同源，但其 C 端缺乏吸收区，将其转入正常植株，则对乙烯不敏感。这表明乙烯的信号转导是由多基因控制的。在番茄中也已分离出与 *ETR1* 同源的基因，它们与番茄成熟过程中乙烯的调节表达有关。

脱落酸（ABA）也能促进果实成熟和衰老。外源 ABA 处理能刺激苹果和番茄等果实产生乙烯。此外，生长素影响果实成熟的启动时间，一般可延缓果实的成熟，但不影响果实的成熟程度。细胞分裂素不影响成熟起始时间但降低成熟度。赤霉素的作用与细胞分裂素类似。综合来看，果实成熟可能是多种植物内源激素平衡作用的结果。

3.6.2.4 果实的类型

果实是被子植物有性生殖的产物。根据果实的发育特征可将其分为单果、聚合果和聚花果三类。

单果（single fruit）：是由一朵花中的一个单雌蕊子房或复雌蕊子房发育而成的果实，如桃和小麦的果实等。

聚合果（aggregate fruit）：是由一朵花中多数离心皮雌蕊发育而来，每个雌蕊都形成一个独立的小果，集生在膨大花托上。因小果不同，聚合果可以是聚合蓇葖果，如八角（*Illicium verum*）和玉兰（*Magnolia denudata*）；也可以是聚合瘦果，如蔷薇、草莓；或者是聚合核果，如悬钩子（*Rubus corchorifolius*）。

聚花果（multiple fruit）：是由整个花序发育而成的果实，又称为复果、花序果。花序中的每朵花形成独立的小果，聚集在花序轴上，外形似一果实，如桑葚、菠萝、无花果。桑的果实桑葚是复果，是由一个雌花花序发育而成，各花的子房发育成为一个小浆果，包藏在肥厚多汁的花萼中，可食部分为花萼。菠萝的果实也是很多花长在花轴上，花不孕，花轴肉质化，成为食用部分。无花果是花轴内陷成囊，肉质化，内藏多数小坚果。单果、聚合果和聚花果详细分类如下。

（1）单果 单果可分为肉果和干果两大类。其中肉果果实成熟后肉质多汁，依果皮的性质和来源不同又分为浆果、核果、柑果、梨果和瓠果（图 3-46）；干果可分为裂果和闭果两大类。

1）肉果。肉果（fleshy fruit）成熟后果皮肉质化，肥厚多汁，肉果可分为浆果、核果、柑果、梨果及瓠果等。

核果（drupe）：由一至数心皮组成的雌蕊发育而来，通常由单心皮的上位子房或下位子房发育形成，含 1 粒种子，外果皮薄，膜质，由一层外表皮细胞与靠近外表皮的数层厚角组织细胞形成果实的皮（peel），外表皮上常生有许多单细胞表皮毛。中果皮肉质，由多层排列疏松的薄壁组织细胞构成，薄壁组织细胞的体积从外向内逐渐增大，为核果内的食用部分。内果皮坚硬，形成硬壳，由内表皮层细胞和内表皮层细胞以外的几层排列紧密的石细胞共同构成。果皮的维管束分布在硬壳表面的沟槽中，并自此生出分支进入中果皮之内（图 3-46B），如桃、李、枣和核桃等。

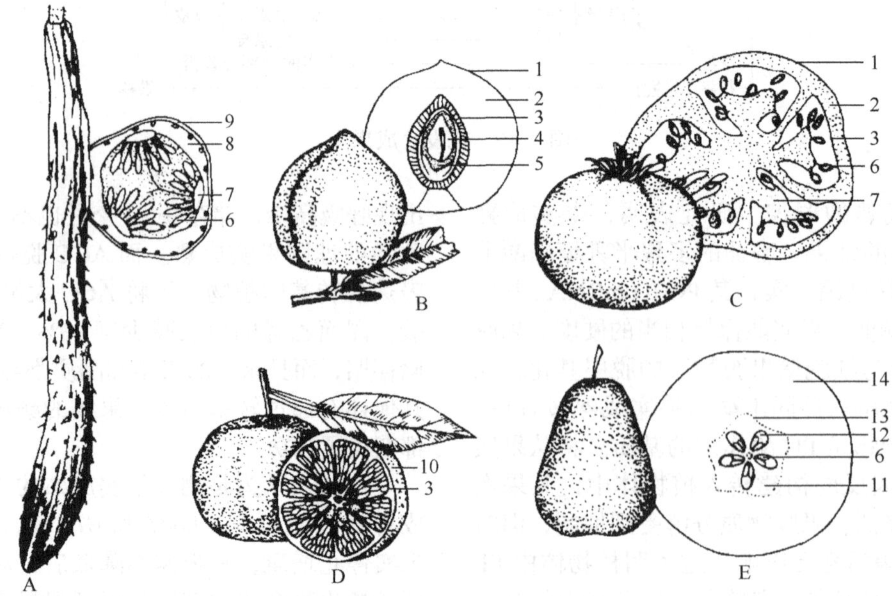

图 3-46 肉质果的主要类型

A. 瓠果（黄瓜） B. 核果（桃） C. 浆果（番茄） D. 柑果（柑橘） E. 梨果（梨）

1. 外果皮 2. 中果皮 3. 内果皮 4. 胚 5. 胚乳 6. 种子 7. 胎座 8. 中果皮和内果皮 9. 外果皮和花筒 10. 外果皮和中果皮 11. 果皮 12. 子房室 13. 果心线 14. 花托

浆果（berry）：外果皮薄，中果皮、内果皮均肉质化并充满汁液，由多心皮的上位子房或下位子房发育形成，含有多粒种子，其果皮除最外果皮外，其他部分全部肉质化，内果皮极薄而不木质化，如葡萄等。有些浆果的胎座特别发达，并肉质化，如番茄、茄子等。番茄是由上位子房发育而成的浆果，外、中、内 3 层果皮区分明显。外果皮由一层外表皮和连接外果皮的 3～4 层厚角组织细胞构成。中果皮肉质化，由多层大型薄壁细胞构成，维管束分布其中。内果皮极薄，仅由一层内表皮细胞构成。番茄果实为中轴胎座，胎座发达，几乎充满了子房室的整个空间，有时胎座组织还会侵入胚珠之间。果实成熟时，胎座组织部分降解，形成黏稠的汁液。因此，番茄肉质组织包括果皮、分隔和大的胎座（图 3-46C）。

瓠果（pepo）：由 3 心皮合生雌蕊，具侧膜胎座的下位子房与花托一起发育形成，属于一种假果。其花托与外果皮形成坚韧的果实外层，两者间缺乏明显的界限，没有明显的外果皮，中果皮及胎座发达，成为肉质可食部分。内果皮极薄，由一层表皮细胞构成，成一层透明的薄膜包被着种子，如南瓜、西瓜等。瓠果为葫芦科植物所特有（图 3-46A）。

柑果（hesperidium）：由多心皮合生雌蕊的上位子房形成的果实。外果皮革质，较厚，由具角质膜覆盖的外表皮及近表皮的薄壁组织细胞组成，其中。含有油腺（分泌腔）和含晶细胞，俗称橘皮。中果皮与外果皮结合，界限不明显，中果皮疏松，白色海绵状，由具大胞间隙的薄壁组织和臂状延伸的通气组织构成，其内具多分支的维管束，俗称橘络。内果皮膜质，由内表皮和几层紧密排列的薄壁细胞组成，由内果皮和中果皮的衍生物共同组成各子房室的分隔。柑果内果皮的表皮细胞分裂形成多细胞、具长柄的棒状结构，伸入到子房室中，称为汁囊，成熟时，汁囊由具角质膜表皮层包裹着多个大而液泡化的细胞构成，即是可食部分。橘等柑果的中果皮在果实成熟时退化，仅剩维管束橘络，其外果皮易于剥离。而柑、柚等类型的柑果的中果皮不退化，外果皮不易剥离。柑果为芸香科柑橘类植物所特有（图 3-46D）。

梨果（pome）：由 5 个合生心皮组成的下位子房与花筒一起发育形成。外面肉质可食部分是原来的花筒发育而成的，外、中果皮与花筒之间界线不明显，内果皮木质化，包被 5 个子房室，每室常含 2 粒种子，如苹果、梨、山楂等。梨果的花筒与子房的分界线可能位于花被维管束与心皮背束之间的一层排列紧密的小型薄壁细胞处，这层薄壁细胞称为果心线（core line），果心线以外的部分由花筒发育而来，果心线及以内的部分由子房发育而来。梨果的子房由 5 个心皮连合形成中轴胎座，各心皮的连接处成为分隔，但在果心外侧已无法分辨各心皮的界线，果心中央部分因分隔稍有凹入，并能观察到两个侧心皮束。在心皮发育早期，各心皮的边缘并不连接，随着果实的发育心皮相互接触，并逐渐结合起来，但在果心中央部分有时仍保留着开放状态。苹果果实的最外层为一层表皮细胞，表皮细胞外壁的外层角质化，覆盖着一层厚的角质膜，角质膜的外面还有一层蜡层。幼果上分布着气孔和单细胞表皮毛。果实成熟后，表皮毛脱落，气孔为皮孔所代替。皮孔是一些褐色的小斑点，星散地分布在果实上。有些品种果实的外层还发育着局部的木栓细胞层。表皮层下为数层排列紧密并具有厚壁的组织，它们与表皮共同构成了果实相当坚韧的“皮”。红色品种的苹果，皮内有花色素苷。当果实成熟时，周围组织内的叶绿体转变为具有类胡萝卜素的有色体。“皮”的里面部分为薄壁组织，薄壁组织细胞间隙发达，当果实成熟时，薄壁组织细胞分离，胞间隙进一步增大，成为粉质状。形成了果实的大部分可食部分。薄壁组织内含有 10 个花被维管束，在里面为一薄层排列紧密的小型薄壁组织细胞，此为果心线。果心线和果心线以内为果皮，外果皮（果心线可能是外果皮的大概位置）与中果皮均肉质化，也形成了果实可食部分的一部分。内果皮由骨质化的长形的石细胞构成。果皮内含有 5 个心皮背束和 10 个心皮腹束。果实 5 室，每室含有 2 粒种子（图 3-46E）。

梨的果实结构类似苹果，但其果肉内含有成簇分布的石细胞，用间苯三酚显色后很容易分辨。石细胞在开花后 2 周就开始分化，一直持续到果实生长的第 20 周。石细胞最初在果肉的深层发生，然后逐渐向外发展。石细胞发生时，细胞体积增大，进行 1 次或 2 次分裂后停止生长，次生壁强烈木质化。此时，周围的薄组织细胞继续生长，并围绕着石细胞簇，有的还呈辐射状延长。

2）干果。干果（dry fruit）果实的果皮内含有较多的厚壁组织，随着果实发育成熟，水分蒸发，果皮逐渐干燥，变硬，成为干果。根据成熟果皮开裂与否，分为裂果（cracking fruit）和闭果（indehiscent fruit）两类，其分类如下。

A. 裂果果实成熟后，果皮开裂。因心皮数目及开裂方式不同，又分为一个心皮的荚果、蓇葖果和几个心皮的角果和蒴果等（图 3-47）。

荚果（legume）：由单雌蕊发育而成的果实，成熟时沿腹缝线与背缝线裂开，如大豆、蚕豆等。但也有不开裂的，还有其他开裂方式的，如皂荚、紫荆、刺槐、落花生；有的荚果在成熟时，种子间呈节节断裂，每节含1粒种子，不开裂，如含羞草、山蚂蝗；有的荚果呈螺旋状，并具刺毛，如苜蓿；还有的荚果肉质呈念珠状，如槐。荚果为豆科植物所特有。

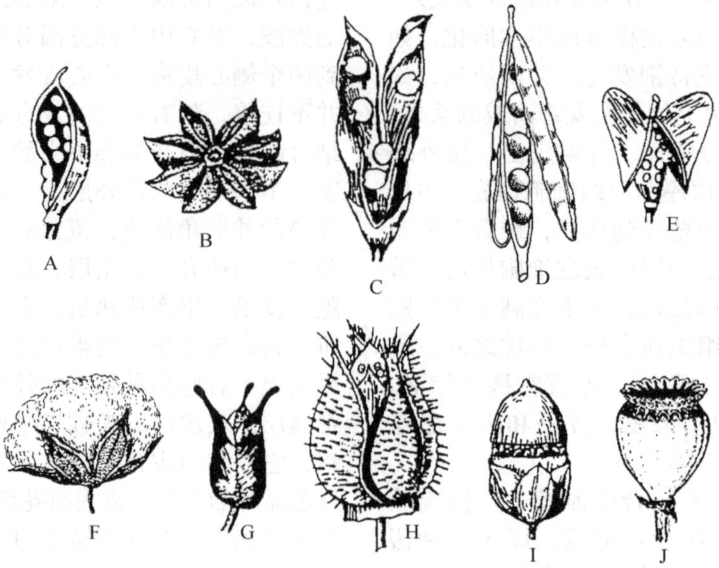

图 3-47 裂果的主要类型

A. 蓇葖果（飞燕草） B. 聚合蓇葖果（八角茴香） C. 荚果（豌豆） D. 长角果（芸薹属） E. 短角果（荠菜） F. 背裂蒴果（棉花） G. 间裂蒴果（金丝桃） H. 轴裂蒴果（曼陀罗） I. 盖裂蒴果（马齿苋） J. 孔裂蒴果（虞美人）

蓇葖果（follicle）：由单心皮或离生心皮雌蕊发育形成的果实，其果皮较厚，外果皮为厚壁组织构成，中果皮和内果皮为薄壁组织，成熟时仅沿一个缝线裂开（腹缝线或背缝线），单室，含一粒或多粒种子，如玉兰、梧桐、芍药、牡丹等。

角果（pod）：常分为长角果（silique）和短角果（silicle）。角果是十字花科所特有的果实类型，长宽之比较大的属长角果，如萝卜、油菜等；长与宽之比较小或相近的为短角果，如荠（*Capsella bursapastoris*）、菘蓝（*Isatis indigotica*）、独行菜（*Lepidiurn apetalum*）等。角果由2心皮合生子房发育而成，在形成过程中，由2心皮边缘合生处生出隔膜，将子房隔为2室，此隔膜称为假隔膜（pseudoseptum），而在沿心皮的接合处有明显的肋条，它围着假隔膜呈框架状，种子着生在假隔膜两侧的肋条上，果实成熟后，果皮沿两侧腹缝线开裂，呈2片脱落，假隔膜及所附的种子仍留在果柄上。外果皮和中果皮细胞具薄的细胞壁，而内果皮细胞为厚壁组织细胞。

蒴果（capsule）：是由合心皮复雌蕊发育而成的果实，子房1至多室，每室含多粒种子。果皮的结构多样，果皮的外部坚硬，由高度木质化的细胞组成，内部为薄壁组织细胞，如蓖麻。而烟草的果皮外部为薄壁组织，内部为厚壁组织。成熟的果实有多种开裂方式，如沿心皮纵轴开裂的称为纵裂、沿腹缝线开裂的称为室间开裂［如马兜铃（*Aristolochia debilis*）、蓖麻、杜鹃（*Rhododendron simsii*）等］、沿背缝线开裂的称为室背开裂［如百合、鸢尾（*Iris tectorunz*）等］；若沿背、腹缝线开裂，但子房间隔壁仍与中轴相连称为室轴开裂，如牵牛、曼陀罗（*Datura stramonium*）等；若顶端呈小孔状开裂，种子由小孔散出称为孔裂，如罂粟、桔梗（*Platycodon grandiflorus*）等。果实中部呈环状开裂，上部果皮呈帽状脱落的称为盖裂，如马齿苋、车前。还有的果实顶端呈齿状开裂称为齿裂，如王不留行（*Vaccaria segetalis*）、瞿麦（*Dianthus superbus*）等。

B. 闭果通常含1粒种子，果实成熟后，果皮不开裂或分离成几个部分，但种子仍包被于果实中，因此该类果实的果皮结构往往像种皮，而真正的种皮常常退化或与果皮愈合，分为瘦果、颖果、翅果、坚果及分果等（图 3-48）。

瘦果（achene）：单粒种子的果实，成熟时果皮易与种皮分离，如白头翁（*Pulsatilla chinensis*）、毛茛（*Ranunculus japonicus*）；菊科植物的瘦果是由下位子房与萼筒共同形成的，称为连萼瘦果（cypsela），如蒲公英、红花（*Carthamus tinctorius*）、向日葵、莴苣（*Lactuca sativa*）等。此类果实的果壁在发育成熟时大部分解体，仅由外部硬化的组织和一些薄壁组织构成，珠被在发育形成种皮时也大部分解体，仅存留外表皮层细胞发育成具厚壁的薄的种皮，因此，瘦果的果壁与种皮是分离的。

颖果（caryopsis）：果皮与种皮合生，不易分离，含一粒种子，如小麦、玉米等。颖果为禾本科植物所特有。

翅果（samara）：上位子房发育而成，内含 1 粒种子，果皮一端或周边向外延伸成翅状，翅果实际上为一种具翅的瘦果，有利于果实随风传播，如杜仲、榆、臭椿（*Ailanthus altissima*）等。

坚果（nut）：外果皮坚硬木质，如板栗，褐色硬壳是果皮，内含 1 粒种子，花序总苞发育成的壳斗包裹于果实的外部；有的坚果特别小，无壳斗包围，称为小坚果（nutlet），如益母草（*Leonurus artemisia*）、薄荷（*Mentha haplocalyx*）和紫草（*Lithospermum erythrorhizon*）等。

分果（schizocarp）：由 2 至多个心皮发育而成的干果，果实有 2 至多室，每室含有 1 粒种子。果实成熟后各室互相分离，但果壁仍然包被着种子，并不开裂，形成分果瓣（mericarp）。分果是锦葵科和伞形科植物的特点。伞形科植物的分果称为双悬果（cremocarp），由 2 心皮合生的下位子房发育而成，果皮与辅助组织区分不清，果实成熟后心皮分离成 2 个分果（schizocarp），双双悬挂在心皮柄（carpophore）上端，心皮柄的基部与果梗相连，每个分果内各含 1 粒种子，其上具有 5 个肋，每个肋中各有 1 个维管束。6 个油管与维管束交替排列，如旱芹（*Apium graveolens*）、白芷（*Angelica dahurica*）、胡萝卜、小茴香等。

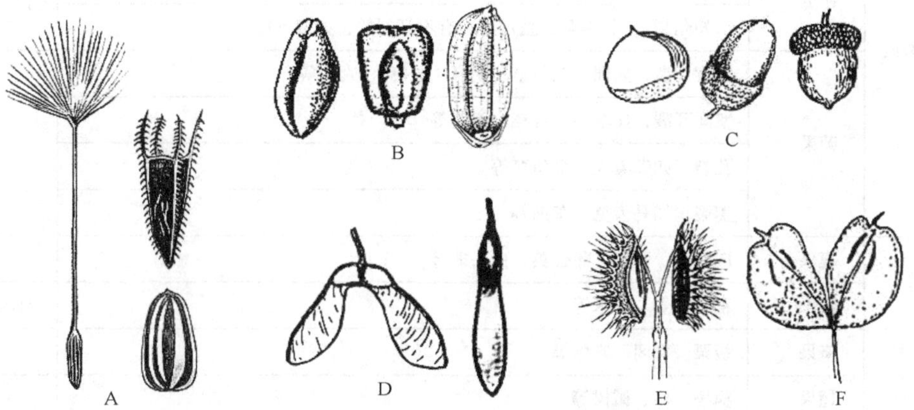

图 3-48　闭果的主要类型

A. 瘦果（菊科）B. 颖果（禾本科）C. 坚果（壳斗科）D. 翅果（槭属）E. 双悬果（伞形花科）F. 分果（紫葳科）

（2）聚合果　由一朵花内若干离心皮雌蕊聚生在花托上发育而成的果实，每一离生雌蕊形成一单果（小果）。根据聚合果中的小果种类，又可分为聚合瘦果（草莓）、聚合核果（悬钩子）、聚合坚果（莲）（图 3-49A～C）。

（3）聚花果　聚花果是由整个花序形成的果实，又称为复果，如凤梨、桑葚和无花果等（图 3-49D～F）。

现将果实的分类总结如表 3-1 所示。

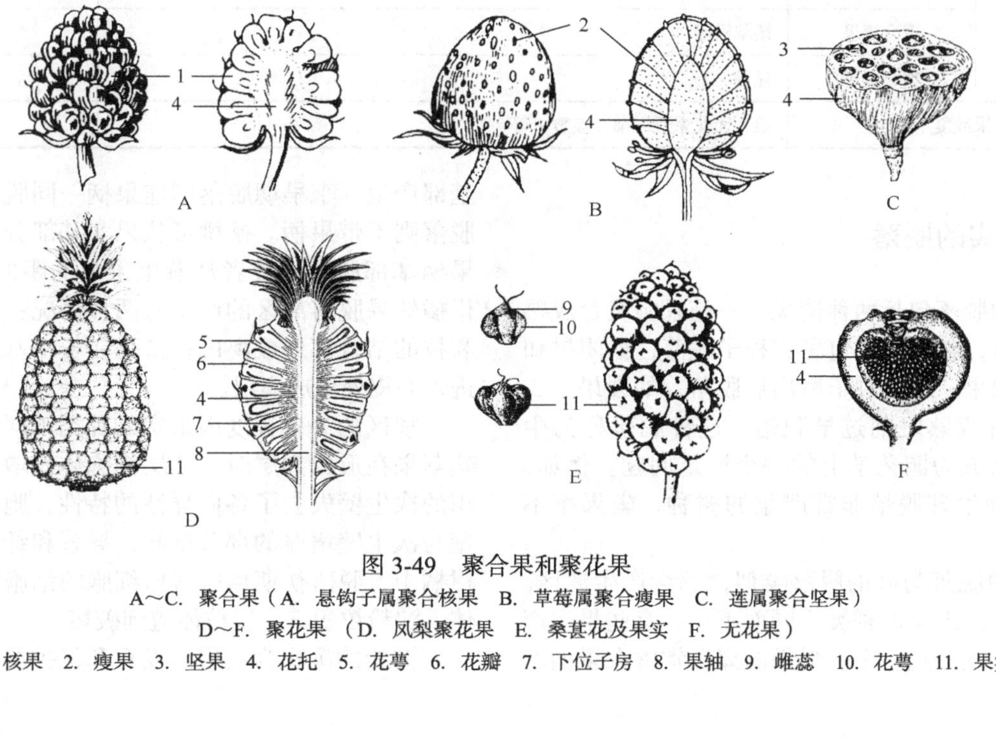

图 3-49　聚合果和聚花果

A～C. 聚合果（A. 悬钩子属聚合核果　B. 草莓属聚合瘦果　C. 莲属聚合坚果）

D～F. 聚花果（D. 凤梨聚花果　E. 桑葚花及果实　F. 无花果）

1. 核果　2. 瘦果　3. 坚果　4. 花托　5. 花萼　6. 花瓣　7. 下位子房　8. 果轴　9. 雌蕊　10. 花萼　11. 果实

表 3-1 果实的分类简表

分类					举例	特有科
单果	肉果	核果			桃、李、杏、梅、枣、橄榄、椰子等	
		浆果			葡萄、番茄、柿等	
		柑果			柚、橙、柑、橘、柠檬等	芸香科
		梨果			梨、苹果、枇杷、山楂等	蔷薇科梨亚科
		瓠果			南瓜、冬瓜、黄瓜等	葫芦科
	干果	裂果	荚果		大豆、豌豆、蚕豆；含羞草、山蚂蝗；也有不开裂的，如落花生、皂角等	豆目（或豆科）
			蓇葖果		飞燕草、木兰、八角茴香等	
			角果	长角果	油菜、甘蓝、桂竹香等	十字花科
				短角果	荠菜、独行菜；有不开裂的，如萝卜等	
			蒴果		室背开裂，如棉、三色堇、胡麻（芝麻）、鸢尾等	
					室间开裂，如牵牛、薤菜、红苕等	
					孔裂，如虞美人、金鱼草等	
					盖裂，如马齿苋、车前等	
		闭果	瘦果		向日葵、荞麦、蒲公英、白头翁等	
			颖果		稻、小麦、玉米等	禾本科
			坚果		板栗、青冈、麻栎等	
			翅果		枫杨、榆、槭树等	
			分果		锦葵、蜀葵等的果实	
				双悬果	胡萝卜、芹菜等	伞形科
				小坚果	薄荷、一串红等	唇形科
					薄荷、芝麻、附地草、斑种草等	紫草科（另马鞭草科）
聚合果	聚合瘦果				草莓、蛇莓、毛茛等	
	聚合蓇葖果				牡丹、玉兰、绣线菊、八角茴香等	
	聚合核果				悬钩子等	
	聚合翅果				鹅掌楸等	
	聚合坚果				莲等	
聚花果（花序果或复果）					桑、无花果及凤梨（菠萝）等	

3.6.3 果实的脱落

果实的脱落包括两种情况，一是果实发育成熟后自然脱落，它们可能包裹着种子脱落，如闭果和大多数的肉果，或者种子散出后脱落，如裂果。二是果实发育成熟之前过早脱落，这种脱落称为生理脱落，已成为园艺学上的一个严重问题。例如，柑橘是一种生理脱落非常严重的树种，坐果率不足 5%。

果实的脱落与叶的脱落类似，都会产生离区。离区的位置因果实的种类不同而不同，有些果实产生离区的位置不止一个。梨果的离区常常在果柄的基部产生。李早期脱落则连果柄一同脱落，而后期脱落则不带果柄。樱桃可从果实基部分离，也可从果柄基部脱离，或者从着生果丛的距的基部脱落。柑橘幼果脱落离区的产生有两种情况：一是从果梗和枝的结合部形成离区；二是在子房基部，维管束进入心皮处形成离层。

离区的分化程度因果实的种类不同而不同。成熟苹果在形成离层时，几层细胞体积增大，厚壁组织的次生壁失去了各向异性的特性，胞间层、初生壁与次生壁增厚的部分溶解，导管和纤维破裂。在柑橘中，脱落初期离区薄壁细胞的细胞壁肿胀并解体，淀粉粒积累，线粒体遭到破坏。

淀粉的沉积为离层的发育和保护层的发展提供

了所需能量的物质来源，而活跃的线粒体则提供了能量保障；同时，其核仁明显增大，与分离区细胞壁有关水解酶（如纤维素酶和果胶酶）的 RNA 的合成增加，导致果胶质消失，细胞壁间黏结力减弱。脱落后期，高尔基体数目增加及草酸钙结晶形成。在一定限度内，喷施 2,4- 二氯苯氧乙酸（2,4-D）可以控制柑橘果实的脱落，因 2,4-D 可以阻止果胶物质水解。

酸樱桃（*Prunus cerasus*）在果实成熟前的 12～15 天，果实与果柄之间形成 5～8 层细胞组成的离层，脱离时，细胞分开，但没有细胞的降解。利用酶细胞化学定位研究发现，成熟樱桃离区细胞中脱氢酶、酸性磷酸酶及过氧化物酶活性特别高，并且具有旺盛的蛋白质和 RNA 的合成，应用蛋白质和 RNA 合成抑制剂——亚胺环己酮能延迟脱落。蛋白质和 RNA 的大量出现可能与细胞壁降解相关酶（纤维素酶和果胶酶）的合成有关，而这些酶的合成可能是由于乙烯和脱落酸的含量升高所致，两者都可以促进分离过程。

3.6.4　果实与种子的传播

植物通过长期的自然选择，成熟果实和种子具备了适应于各种传播方式的结构和特性，以扩大后代个体的分布范围，使种群更加繁荣。果实和种子成熟后脱离母体，散布至离母体较远的距离，果实和种子在这一过程中需要有适当的传播方法，否则其后代就要拥挤在一起，这样种内个体间的生存竞争将会十分激烈，导致相当多的个体因生存竞争的失败而死亡。同时，后代聚集在一起，还迫使它们进行近亲交配，这很不利于植物的进化。为了避免物种种内对近距离资源的激烈竞争，促进物种的繁衍和进化，植物的果实或种子借助于风吹、水流、动物和人类的携带向远处散布开来，有的植物形成某种特殊的弹射机构来散布种子或果实，这个过程称为植物果实和种子的传播。因此，在长期的自然选择过程中，成熟的果实和种子往往具备适应不同传播方式的特征。

3.6.4.1　风力传播

适应于风力传播的果实和种子，大多数体积较小而且质量很轻，并且生有翅或毛等附属物，上述特征使植物的果实和种子能够被风吹起浮动在空气中传播至远处。例如，罂粟科、兰科植物的种子小而轻，苦荬菜（*Lactuca indica* L.）、蒲公英的果实具有降落伞状的冠毛，杨、柳的种子外面有纤细的绒毛，槭树、榆树的果实具有翅等，酸浆的果实外面包被薄膜状气囊，这类果实很容易被风吹动，并随风传播到远方（图 3-50）。

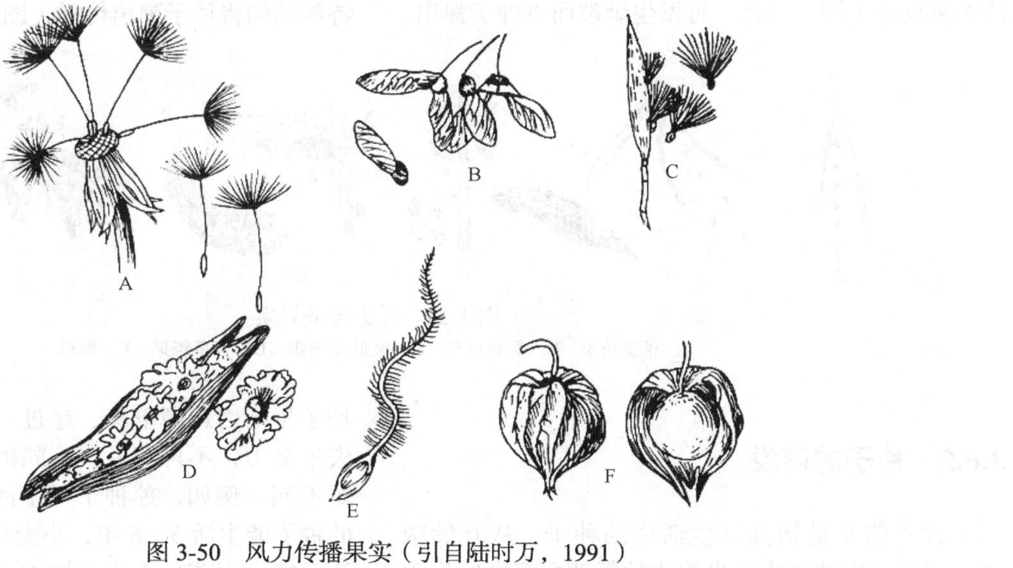

图 3-50　风力传播果实（引自陆时万，1991）

A. 蒲公英果实，顶端具冠毛　B. 槭树果实，具翅　C. 马利筋种子，顶端具种毛　D. 紫薇种子，四周具翅　E. 铁线莲瘦果，花柱羽状　F. 酸浆果实，花萼气囊状包裹果实

3.6.4.2　水力传播

水生植物、沼泽植物多借助于水力流动传播果实或种子以适应其生境。例如，莲的花托形成“莲蓬”，呈倒圆锥形，含有大量疏松而海绵状的通气组织，成熟后适于水面漂浮传播。生长在热带海边的椰子，其外果皮和内果皮坚实，可抵御海水的侵蚀，中果皮疏松纤维状，能借海水漂浮将种子传播至远方（图 3-51）。这两种植物的果实皮厚，含丰富的质轻的纤维，可以让果实漂浮在水面随水流而传播，并可防止种子因浸泡、吸水腐烂或下沉。

图 3-51　水力传播的果实

A. 莲蓬，花托可随水漂浮　B. 椰子，外果皮坚硬，中果皮疏松
1. 小坚果　2. 花托　3. 外果皮　4. 中果皮　5. 胚乳

3.6.4.3　人类和动物的活动传播

有些植物的果实外表有刺状或钩状附属物，当人或动物经过时，可黏附于衣物或动物的皮毛上，被携带至远处，如鬼针草（*Bidens pilosa* L.）、牛膝（*Achyranthes bidentata* Bl.）、苍耳（*Xanthium sibiricum* Patrin. ex Widder）等的果实与刺。有些植物的果实或种子成熟后被鸟兽等吞食，它们具有坚硬的果皮或种皮，可以不受消化液的侵蚀而随粪便排出体外，传播到异地他处仍能萌发生长，如稗草的果实等。人类的生产生活、经济活动、长距离的引种和运输等都有利于夹带或混杂植物的果实或种子进行远距传播，加速这类种群的扩散和繁衍（图 3-52）。

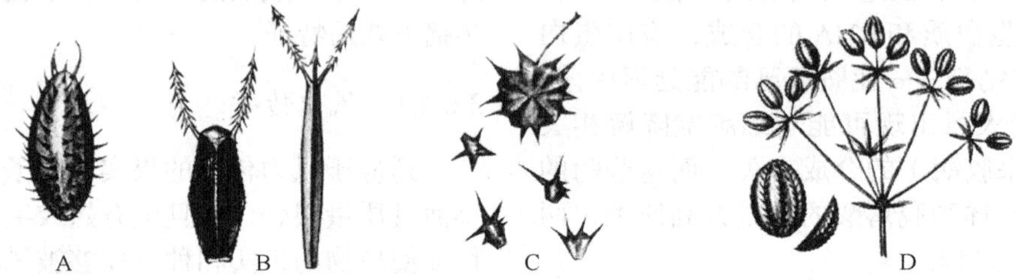

图 3-52　人力和动物传播的果实及种子

A. 苍耳带刺的果实　B. 鬼针带倒钩刺的果实　C. 蒺藜带刺果实　D. 窃衣带倒钩刺的果实

3.6.4.4　果实弹力传播

有些植物的果实，其果皮各层细胞的含水量不同、细胞壁的增厚程度不同，其果实成熟干燥后的收缩程度也不同。因此，可发生爆裂而将种子弹出。例如，油菜、大豆、绿豆等的荚果，果皮在失水干燥过程中扭曲或卷曲，将种子弹出。又如，凤仙花果实成熟时果皮内卷，喷瓜（*Ecballium elaterium*）成熟时，从顶端将种子喷射出去，靠其自身发育的特殊结构将种子弹出传播（图 3-53）。

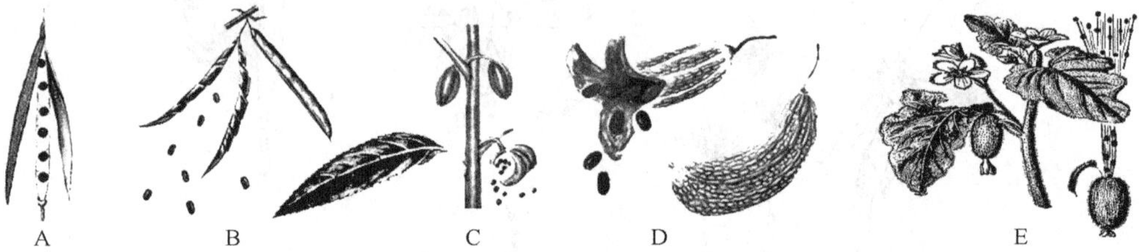

图 3-53　弹力传播果实

A. 油菜角果　B. 绿豆豆荚　C. 凤仙花果实　D. 苦瓜瓠果　E. 喷瓜

3.6.5　种子的萌发

种子萌发是指具有生活力的种子，从开始吸水，到幼胚突破种皮露出为止的复杂而有序的生理变化过程，该过程需要适宜的温度、适量的水分和充足的空气。

3.6.5.1　种子萌发的内部条件

1）有完整的结构与生命力。种子能够正常萌发首先要求其结构必须完整，不能受损，受损的种子不能萌发；种子是植物的原始生命小体，具有其自身的寿命长短。储藏过程中，随着时间的延长，种子生活力逐渐下降，超过一定时间后，种子会丧失生命力，不再萌发。不同植物的种子，其寿命长短不同。例如，莲种子可生活 150 年，白菜和蚕豆的种子能生活 5～6 年，小麦和水稻的种子一般能生活 3 年，而花生 1 年，柳种子仅有 12h。种子在离开母体后超过一定时间将丧失生命力而不能萌发，

2）有足够的营养储备。正常种子在子叶或胚乳中储存有足够种子萌发所需的营养物质，因此种子饱满。干瘪的种子往往因缺乏充足的营养而不能萌发。

3）不处于休眠状态。多数种子形成后，即使在条件适宜的情况下暂时也不能萌发，这种现象称为休眠（dormancy）。形成的主要原因：一是种皮障碍。有些种子的种皮厚而坚硬，或种皮上附着蜡质层或角

质层，使之不透水、不透气或对胚具有机械阻碍作用。二是有些果实或种子内部含有抑制种子萌发的物质。例如，某些沙漠植物在长期的生活中，为了适应干旱的环境，在种子表面具有水溶性抑制物质，只有在大量降雨后，这些抑制物质被洗脱掉才能萌发，以保证形成的幼苗不致因缺水而枯死。对于休眠的种子，若需促进萌发，应针对不同原因解除休眠；有的植物的种子，在离开母体时形态上是成熟的，但生理上尚未成熟，需经过在种子休眠期中的继续变化才能达到完熟，这个现象称为后熟作用（after-ripening）。种子的休眠是有益的生理学特征，可以使重要的生殖器官避开在不良的季节萌发而死亡。

3.6.5.2　种子萌发的外部条件

种子的萌发，除了本身必须具备生活力这一内在因素外，还要求一定的外界条件，主要是水分、温度和氧气。

1）水分。休眠的种子含水量一般只占干重的10%左右。种子必须吸收足够的水分才能启动一系列酶的活动，开始萌发。不同种子萌发时吸水量不同。含蛋白质较多的种子，如豆科的大豆、花生等吸水较多；而禾谷类种子，如小麦、水稻等以含淀粉为主，吸水较少。一般种子吸水有一个临界值，在此以下不能萌发。一般种子要吸收其本身重量25%～50%或更多的水分才能萌发，如水稻为40%、小麦为50%、棉花为52%、大豆为120%、豌豆为186%。种子萌发时吸水量的差异，是由种子所含成分不同而引起的。一般来说，脂肪类种子吸水少，含蛋白质高的种子吸水多，淀粉质种子吸水量居中。豆科植物比禾本科植物吸水多，是因为豆类种子蛋白质丰富、亲水性大的缘故。为满足种子萌发时对水分的需要，农业生产中要适时播种，精耕细作，为种子萌发创造良好的吸水条件。在播种时，土壤必须有一定的湿度，才能促进种子萌发。

2）温度。各类种子的萌发一般都有最低、最适和最高三个基点温度。种子萌发需要适宜的温度，温度过低，呼吸作用受到抑制，种子内部营养物质的分解和其他一系列生理活动缓慢或停止，不能满足种子萌发对能量和物质的要求。由于植物种类和原产地不同，种子萌发时要求的温度也不一样。温带植物种子萌发，要求的温度范围比热带的低。例如，温带起源的植物小麦萌发的三个基点温度分别为0～5℃、25～31℃、31～37℃，而热带起源的植物水稻的三基点温度则分别为10～13℃、25～35℃、38～40℃。还有许多植物种子在昼夜变动的温度下比在恒温条件下更易于萌发。例如，小糠草种子在21℃下萌发率为53%，在28℃下也只有72%，但在昼夜温度交替变动于28℃和21℃之间的情况下发芽率可达95%。不同植物种子萌发都有一定的最适温度。高于或低于最适温度，萌发都受影响。超过最适温度到一定限度时，只有一部分种子能萌发，这一时期的温度称为最高温度；低于最适温度时，种子萌发逐渐缓慢，到一定限度时只有一小部分勉强发芽，这一时期的温度称为最低温度。了解种子萌发的最适温度以后，可以结合植物体的生长和发育特性，在生产中根据植物种子发芽温度范围和当地的气候条件确定适宜播种季节。

3）氧气。种子在萌发过程中发生一系列复杂的生命活动，呼吸作用强烈，需要消耗很多氧气。只有种子不断地进行呼吸，得到能量，才能保证生命活动的正常进行，因此需要充足的空气（氧气）。一般药用植物的种子需要10%以上的氧气浓度才能正常发芽，尤其是含脂肪较多的种子，如大豆、花生等的种子萌发时需氧更多。空气含氧量在5%以下时大多数种子不能萌发。土壤水分过多或土面板结使土壤空隙减少、通气不良，均会降低土壤空气的氧含量，影响种子萌发。如果在播种时，种植过深，土壤水分过多，表土板结，土壤中空气流通不畅，氧气缺乏，就会妨碍种子萌发。

光线对种子萌发有一定的影响。一般种子萌发与光线关系不大，在黑暗或光照条件下都能正常进行，但有少数植物的种子需要在有光的条件下才能萌发良好，如黄榕、烟草和莴苣的种子在无光条件下不能萌发，这类种子称为需光种子。有些植物，如早熟禾、月见草属的 *Oenothera bicnusis* 和毛蕊花等的种子在有光条件下萌发得较好。还有一些百合科植物和洋葱、番茄、曼陀罗的种子萌发则被光所抑制，这类种子称为嫌光种子。需光种子一般很小，储藏物很少，只有在土面有光条件下萌发，才能保证幼苗很快出土行光合作用，不致因养料耗尽而死亡。嫌光种子则相反，因为不能在土表有光处萌发，避免了幼苗因表土水分不足而干死。此外还有些植物，如莴苣的种子萌发有光周期现象。

3.6.5.3　种子萌发的阶段性

种子萌发可分成5个阶段，即吸胀阶段、水合与酶活化阶段、细胞分裂和增大阶段、胚突破种皮阶段和长成幼苗阶段。

1）吸胀阶段。种子浸于水中或落到潮湿的土壤中，其内的亲水性物质便吸引水分子，使种子体积迅速增大（有时可增大1倍以上）。吸胀开始时吸水较快，以后逐渐减慢。种子吸胀时会有很大的力量，甚至可以把玻璃瓶撑碎。吸胀的结果使种皮变软或破裂，种皮对气体等的通透性增加，与外界气体交换加速，更多的氧气透过种皮进入，代谢产生的二氧化碳透过种皮排出。

2）水合与酶活化阶段。这个阶段吸胀基本结束，鲜重不再增加，表面上看种子是静止的，但内部生理活动极其活跃，包括信息传递、酶系统由钝化转为活跃、新蛋白质合成、物质和能量的转化等。首先，种子细胞的细胞壁和原生质发生水合，原生质从凝胶状态转变为溶胶状态。各种酶开始活化，呼吸和代谢作用急剧增强。例如，大麦种子吸胀后，胚首先释放赤霉素并转移至糊粉层，在此诱导水解酶（α-淀粉酶、蛋白酶等）的合成。水解酶将胚乳中储存的淀粉、蛋白质水解成可溶性物质（麦芽糖、葡萄糖、氨基酸等），并陆续转运到胚轴供胚生长的需要，由此而启动了一系列复杂的幼苗形态发生过程。

3）细胞分裂和增大阶段。此阶段吸水量又迅速增加，细胞开始分裂，种子体积增大，胚开始生长，种子内储存的营养物质开始大量消耗。

4）胚突破种皮阶段。由于营养物质的供应，胚生长后体积增大，胚根和胚芽生长，鲜重再次增加，胚突破种皮而外露。大多数种子先出胚根，接着长出胚芽，幼苗开始出土生长。

5）长成幼苗阶段。胚突破种皮以后，发育成幼小的根、茎、叶，形成幼苗。有的种子的下胚轴不伸长，子叶留在土中，只由上胚轴和胚芽长出土面生成幼苗，这类幼苗称为子叶留土幼苗，如豌豆、蚕豆等。有些植物，如棉花、油菜、瓜类、菜豆等的种子萌发时下胚轴伸长，把子叶顶出土面，形成子叶出土幼苗。

3.6.5.4 种子萌发的过程

形态正常、结构饱满，发育成熟的种子，在适宜的条件下就会萌发。胚根首先突破种皮，向下生长，形成主根。与此同时，胚轴的细胞也相应生长和伸长，把胚芽或胚芽连同子叶一起推出土面，胚芽伸出土面，形成茎和叶。子叶随胚芽一起伸出土面，展开后转为绿色，进行光合作用，如棉花、油菜等。待胚芽的幼叶张开行使光合作用后，子叶随之枯萎脱落。至此，一株能独立生活的幼小植物体也就全部长成，发育为幼苗。

水稻种子的发芽过程可分为吸胀、萌动和发芽三个阶段：开始萌发时，水稻种子胚乳中的淀粉、蛋白质等物质吸水膨胀，酶开始活动，呼吸作用加强，储藏物质开始转化和运输。随着水稻种子吸胀和含水量增加，种子代谢活动旺盛，胚乳养分被分解成简单的可溶性物质，同时胚吸收这些被分解的物质，形成新的复杂的有机物，构成新细胞，使细胞数目增多，体积增大。胚体积增大到一定程度，胚芽鞘胚芽依次突破种皮外露，称为“破胸”或“露白”，然后胚根也突破胚根鞘和谷壳，形成主根。随后，胚轴上又生出数条与主根同样粗细的不定根，栽培学上称为种子根。当胚根伸长到与种子等长，胚芽伸长到种子长度的一半时，称为发芽。当胚芽鞘与胚芽露出土面后，胚芽鞘纵裂，真叶露出胚芽鞘外，从而形成幼苗。水稻发芽过程中的吸胀阶段以水分为主，故发芽前应先浸种；萌动阶段以温度为主，故应适温催芽；发芽阶段以氧为主，故应保持土壤湿润、通气，以促进扎根、培育壮芽。

小麦种子在适宜的条件下开始萌发，其过程是：种子吸水膨胀，呼吸作用加剧，种皮变软，胚根和胚根鞘首先生长，从种孔中突破种皮，向下生长形成主根，当胚根长到一定程度后，胚轴和胚芽也开始生长，突破种皮，钻出土壤，形成茎和叶，逐渐形成一株完整的幼苗（图 3-54）。

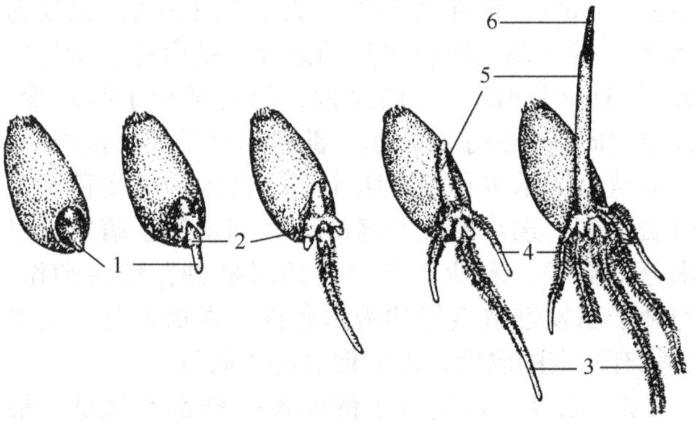

图 3-54 小麦种子的萌发（引自李扬汉，2000）

1. 胚根 2. 胚根鞘 3. 主根 4. 不定根 5. 胚芽鞘 6. 第一叶

3.7 幼苗的类型

不同植物种类的种子在萌发时，由于胚体各部分，特别是胚轴部分的生长速率不同，成长的幼苗，在形态上也不一样，常见的植物幼苗可分为两种类型：一种是子叶出土的幼苗（epigaeous seedling）；另一种是子叶留土的幼苗（hypogaeous seedling）。

胚轴是胚芽和胚根之间的连接部分，同时也与子叶相连。由子叶着生点到第一片真叶之间的一段胚轴，称为上胚轴；由子叶着生点到胚根的一段胚轴称为下胚轴。子叶出土幼苗和子叶留土幼苗的最大区别在于这两部分胚轴在种子萌发时的生长速率不一致。

3.7.1 子叶出土的幼苗

双子叶植物无胚乳种子萌发的幼苗，如大豆、棉、油菜和各种瓜类的幼苗，以及双子叶植物有胚乳种子，如蓖麻的幼苗，都属于这一类型。这类植物的种子在萌发时，胚根先突出种皮，伸入土中，形成主根。然后下胚轴加速伸长，将子叶和胚芽一起推出土面，所以幼苗的子叶是出土的。大豆等种子的肥厚子叶，继续把储存的养料运往根、茎、叶等部分。直到营养消耗完毕，子叶干瘪脱落；棉等种子的子叶较薄，出土后立即展开并变绿，进行光合作用，待真叶伸出，子叶才枯萎脱落。种子的这一萌发方式，称为出土萌发（图3-55A）。

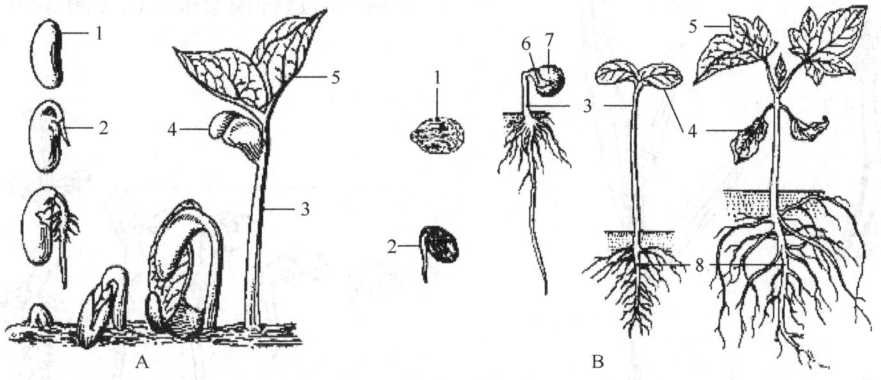

图3-55　子叶出土的幼苗

A. 大豆种子萌发过程，示双子叶无胚乳种子子叶出土萌发　B. 蓖麻种子萌发过程，示双子叶有胚乳种子子叶出土萌发　1. 种子　2. 胚根　3. 下胚轴　4. 子叶　5. 真叶　6. 胚乳　7. 种皮　8. 主根

蓖麻种子萌发时，胚乳内的养料经分解后供胚发育用，随着胚轴伸长，将子叶和胚芽推出土面时，残留的胚乳附着在子叶上，一起伸出土面，不久就脱落消失（图3-55B）。

单子叶植物洋葱种子的萌发和幼苗形态与大豆、蓖麻等不同。当种子开始萌发时，子叶下部和中部伸长，使根尖和胚轴推出种皮之外。以后子叶很快伸长，露出在种皮之外，呈弯曲的弓形。这时，子叶先端仍被包在胚乳内吸收养料。以后的进一步生长，使弯曲的子叶逐渐伸直，并将子叶先端推出种皮外面，待胚乳的养料被吸收用尽，干瘪的胚乳也就从子叶先端脱落，同时，子叶在出土以后逐渐转变为绿色，进行光合作用。此后，第一片真叶从子叶鞘的裂缝中伸出，并在主根周围长出不定根。所以洋葱的幼苗仍属出土萌发类型（图3-56）。

3.7.2　子叶留土的幼苗

双子叶植物无胚乳种子（如蚕豆、豌豆、荔枝、柑橘）和有胚乳种子（如橡胶树），以及单子叶植物种子（如小麦、玉米、水稻）籽粒萌发的幼苗，都属于这一类型。这些植物种子萌发的特点是下胚轴不伸长，而是上胚轴伸长，所以子叶或胚乳并不随胚芽伸出土面，而是留在土中，直到养料耗尽死去。例如，豌豆种子萌发时，胚根先穿出种皮，向下生长，成为根系的主轴；由于上胚轴的显著伸长，胚芽不久就被推出土面，而下胚轴的伸长不显著，所以子叶不被顶出土面，而始终埋在土里（图3-57）。

玉米、小麦、水稻等禾谷类植物的胚中，中胚轴是指盾片节与胚芽鞘节之间的部位，这在玉米中

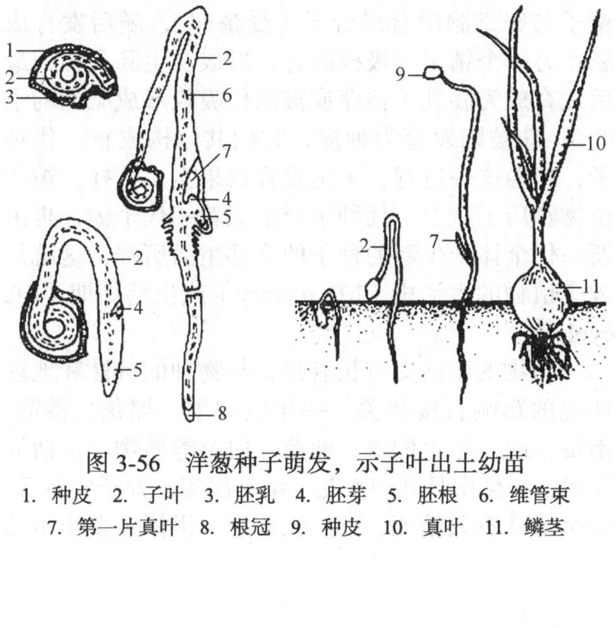

图3-56　洋葱种子萌发，示子叶出土幼苗

1. 种皮　2. 子叶　3. 胚乳　4. 胚芽　5. 胚根　6. 维管束　7. 第一片真叶　8. 根冠　9. 种皮　10. 真叶　11. 鳞茎

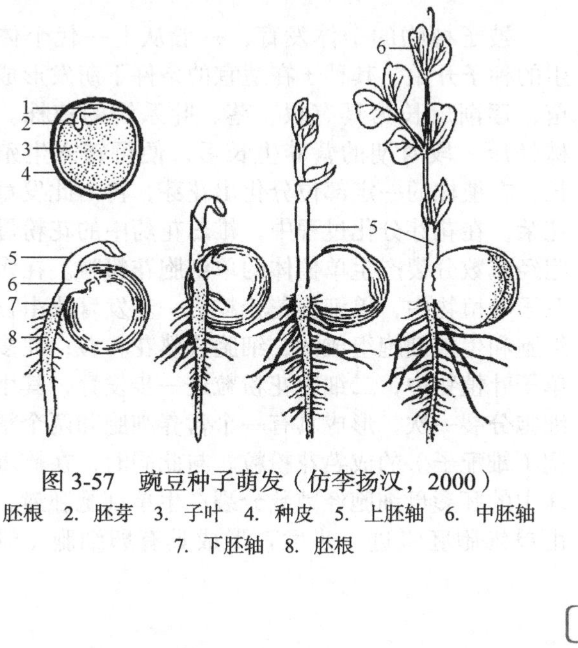

图3-57　豌豆种子萌发（仿李扬汉，2000）

1. 胚根　2. 胚芽　3. 子叶　4. 种皮　5. 上胚轴　6. 中胚轴　7. 下胚轴　8. 胚根

十分显著。玉米种子萌发时，中胚轴显著伸长，将胚芽推出土面，子叶（盾片）被推入土中，成为子叶留土的幼苗（图 3-58）。

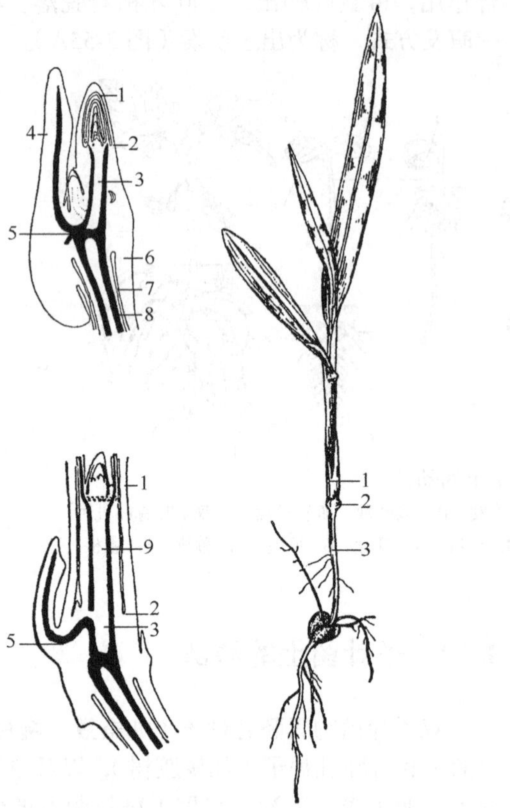

图 3-58　玉米种子萌发子叶留土幼苗（仿李扬汉，2000）
1. 胚芽鞘　2. 胚芽鞘节　3. 中胚轴　4. 盾片　5. 盾片节　6. 胚根鞘　7. 胚根　8. 维管束

3.7.3　子叶兼性留土的幼苗

有些植物的种子，播种浅时，发育为子叶出土幼苗，播种深时，发育为子叶留土的幼苗，花生种子播种后这种现象很突出（图 3-59）。

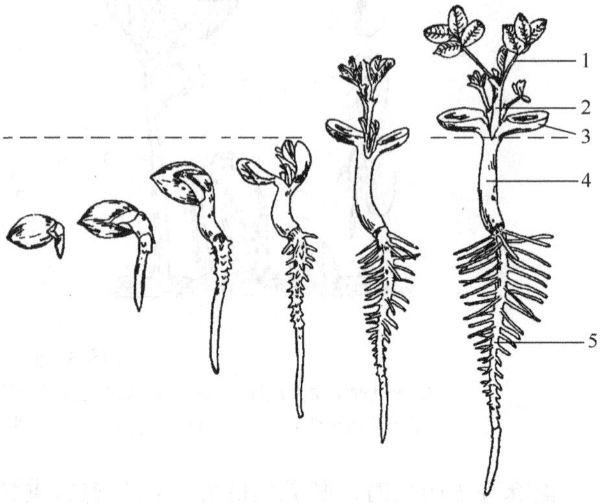

图 3-59　花生种子萌发兼性子叶出土幼苗
1. 真叶　2. 上胚轴　3. 子叶　4. 下胚轴　5. 主根

农业生产中，除了满足种子萌发的基本条件外，了解幼苗类型对把握播种深度、精耕细作有指导意义。子叶出土幼苗的种子一般要求浅播，子叶留土幼苗的种子可以适当深播；顶土破土能力强的种子可以深播，顶土破土能力弱的种子应适当浅播。

3.8　被子植物的生活史

3.8.1　被子植物的生活史过程

被子植物的个体发育，一般从上一代个体产生的种子开始，其种子在适宜的条件下萌发形成幼苗，逐渐成长为具有根、茎、叶系统的植株。植株经历一段时期的营养生长后，便可转入生殖生长，在植株的一定部位分化出花芽，再由此发育成花朵。在花芽分化过程中，雄蕊花药中的花粉母细胞经减数分裂产生单倍体的单细胞花粉粒。在多数双子叶植物中，单细胞花粉粒进一步发育成由营养细胞和生殖细胞组成的二细胞成熟花粉粒；在多数单子叶植物中，二细胞花粉粒进一步发育，其生殖细胞分裂一次，形成具有一个营养细胞和两个精细胞（雄配子）的成熟花粉粒。与此同时，在雌蕊胚珠中的胚囊母细胞经减数分裂产生单细胞胚囊，再由单细胞胚囊进一步发育形成具有卵细胞（雌配子）和中央细胞（或两个极核）的成熟胚囊等。此后，植株经开花、传粉和双受精作用，其中一个精子与卵细胞融合成合子（受精卵），随后发育成胚；另一个精子与极核融合，形成初生胚乳核，最后发育成为胚乳（宿存或被消化吸收形成肥大的子叶）；珠被则发育为种皮，它们共同构成新一代种子，伴随这一过程，子房发育成果实。这样，被子植物经历了从上一代种子至形成新一代个体，再由新一代个体产生新的种子的全部生活历程，这就是被子植物的生活史（life history）或生活周期（life cycle）。

植物的生活史有长有短，与物种的特性和地理环境的影响直接相关。一年生的稻、棉花、番茄、南瓜，或二年生的麦、油菜、白菜等植物，生活周期短，一生中只开一次花、结一次实，种子成熟后，整个植株不久枯死。茶、桃、李、柑橘等多年生植物，其生活周期长，经多年、多次开花结实之后，才逐渐衰老死亡。

3.8.2　被子植物的生活史特征

被子植物的生活史包括以下两个基本阶段。

第一阶段，从合子（受精卵）形成开始，经胚胎发育和新个体的生长、发育，直到新的胚珠中胚囊母细胞和花药中花粉母细胞减数分裂开始前止。这一阶段在整个被子植物生活周期中占据了绝大部分时间，植物体独立生活，各部分细胞内染色体数目为二倍（$2n$），称为二倍体阶段。因为，孢子体阶段的植物体由二倍体的细胞组成，将来可以通过花粉母细胞和胚囊母细胞的减数分裂，产生单倍体的小孢子（单核花粉粒）和大孢子（单核胚囊），因而又将这一阶段称为孢子体阶段。又因为该阶段不经历性细胞的产生和融合过程，因此又称其为无性阶段，对应的植物体称为孢子体。

第二阶段，从花粉母细胞和胚囊母细胞开始减数分裂到产生成熟的2-（或3-）细胞花粉粒（雄配子体）及成熟胚囊（雌配子体），再到双受精开始前的阶段。这一阶段在整个被子植物生活周期中所占的时间极短，且不能脱离孢子体生存，必须依赖于孢子体获取营养来营造自身，其细胞内染色体数目全为单倍（n），因此称其为单倍体阶段。在该阶段，花粉母细胞经减数分裂产生的单倍体的单核花粉粒（小孢子），再发育为具有2（或3）个细胞的成熟花粉粒；经过传粉，花粉粒与柱头相互识别亲和后萌发形成花粉管，2-细胞花粉粒的花粉管中的生殖细胞便在花粉管中分裂形成两个精细胞（雄配子）。成熟的花粉粒（三细胞）和花粉管（含两个精细胞和一个营养细胞）是被子植物高度简化了的、能够产生或形成雄配子的单位或结构，称为雄配子体。同时，胚囊母细胞经减数分裂后形成的单核胚囊（大孢子），再发育成为含一个卵细胞（雌配子）的多细胞成熟胚囊（蓼型胚囊为7个细胞、8个核胚囊）。成熟胚囊是被子植物高度简化了的、能够产生或形成雌配子的单位或结构，称为雌配子体。这一阶段因为与雌、雄配子的发育形成有关，又被称为配子体阶段。由于该阶段产生雌性、雄性细胞（卵细胞与精细胞）和完成性细胞的融合过程，又被称为有性阶段，对应的植物体称为配子体。

在被子植物的生活史中，单倍体阶段极短，高度简化、集约化，二倍体阶段高度发达、进化。由二倍体阶段（孢子体阶段，或无性阶段）到单倍体阶段（配子体阶段，或有性阶段），必须经过减数分裂过程才能实现。二倍体阶段较长，由单倍体阶段到二倍体阶段的转折点就是一个精细胞与卵融合（受精）为合子，一个精细胞与极核或中央细胞融合（受精）形成初生胚乳核。因此，减数分裂和双受精是被子植物生活史中的重要环节和转折点（图3-60、图3-61）。

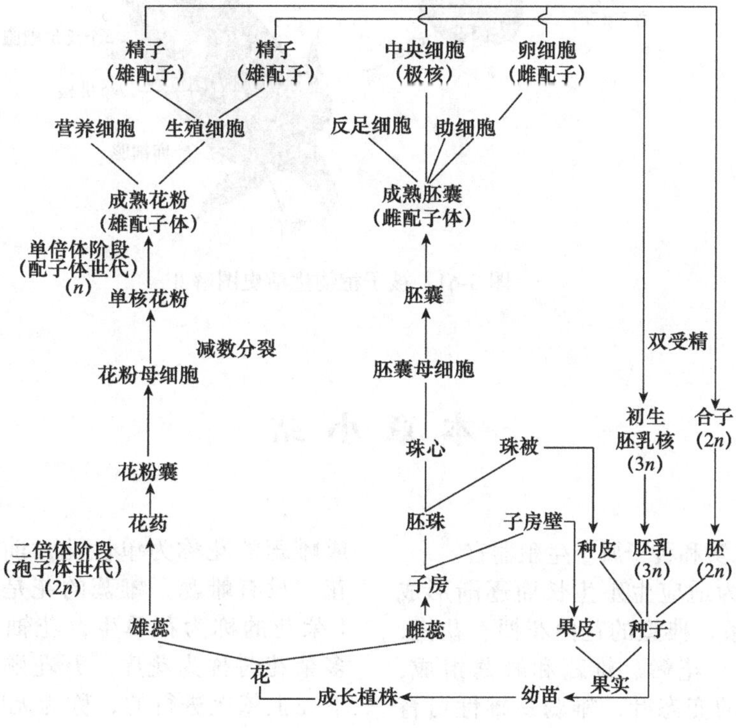

图3-60　被子植物生活史图解 I

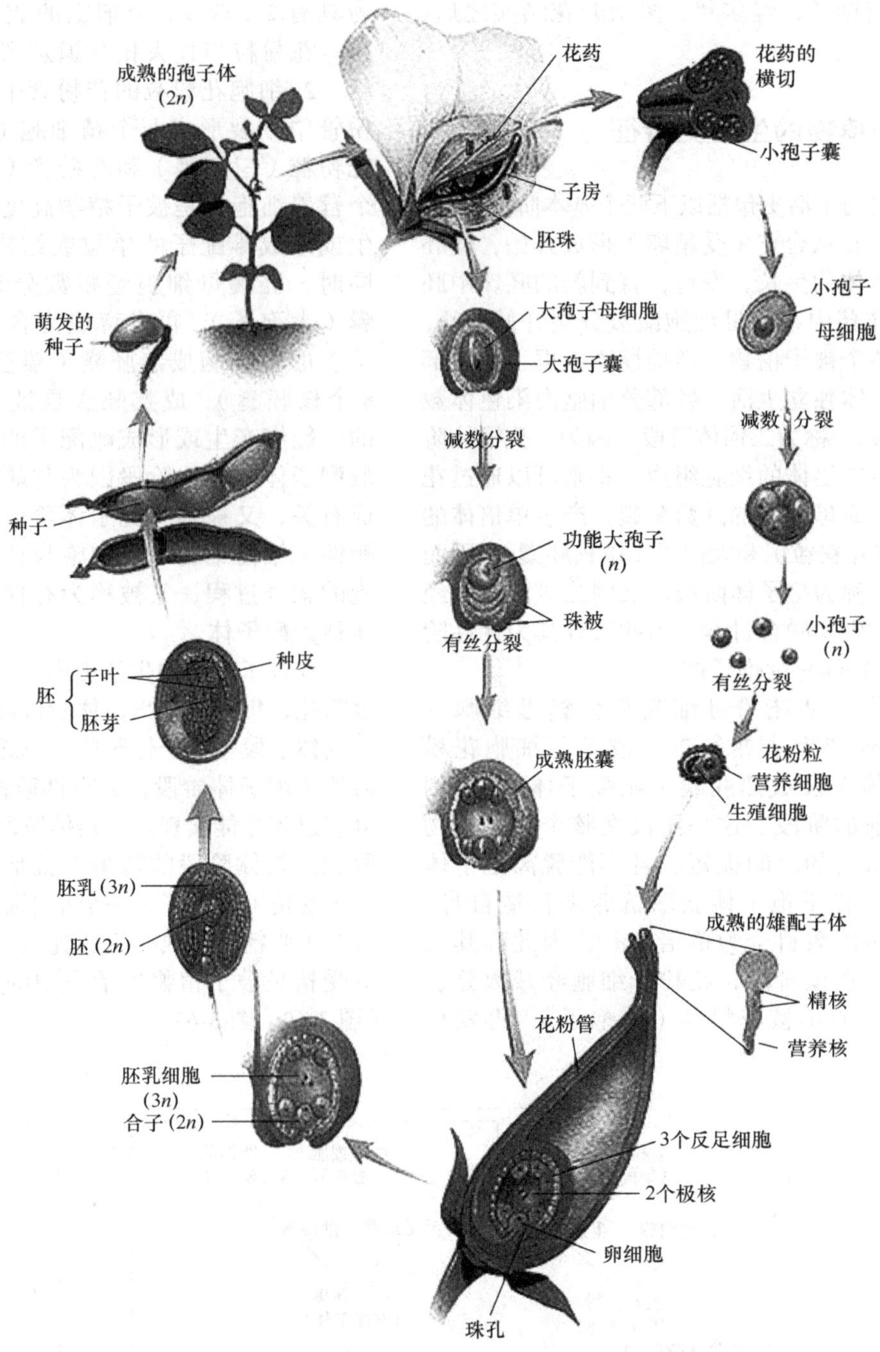

图 3-61 被子植物生活史图解Ⅱ

本章小结

被子植物的花、果实和种子属于生殖器官。

花就是被子植物为适应生殖生长而逐渐形成的高度缩短的变态枝条，典型的花由花梗、花托，以及着生其上的花萼、花瓣、雄蕊和雌蕊组成，花萼、花瓣是不育性的变态叶，雄蕊是雄性可育的变态叶，雌蕊是雌性可育的变态叶。只有雄蕊或雌蕊的花称为单性花，前者是雄花，后者是雌花。没有雌蕊、雄蕊的花是中性花。花梗上着生1朵花的称为花单生，花轴上按照一定规律着生多朵花时称为花序。开花顺序从边缘向心，或从下往上依次进行的，称为无限花序；从中央向外，或从上面向下渐次开放的称为有限花序。无限花序有总状、穗状、肉穗状、柔荑状、伞形、伞房、头状、隐头状、篮状、复穗状、复总状等花序；有限花序包括螺旋聚伞花序、蝎尾状聚伞花序、二歧聚伞花序和多歧聚伞花序。花萼绿色，一至多层，分离或联合；花瓣色彩丰富，组成多种花冠，常见花冠有十字花冠、蝶形花冠、漏斗状花冠、轮状花冠、钟状花冠、唇形花冠、管状花冠、舌形花冠等；雄蕊由花药、花丝组成，常见的雄蕊类型有单体雄蕊、二体雄蕊、多体雄蕊、二强雄蕊、四强雄蕊、聚药雄蕊等；雌蕊由心皮发育成单雌蕊或复雌蕊，典型的雌蕊由柱头、花柱、子房和子房柄组成，胚珠在子房内着生在胎座上，常见有边缘胎座、侧膜胎座、中轴胎座、特立中央胎座、基生胎座、顶生胎座等；胚珠有直生、横生、弯生和倒生4种类型；禾谷类植物的花适应风媒传粉而高度退化，花被片退化为很小的两个浆片，花丝长，伸出花外，柱头羽毛状。花与基部的稃片组成小花，多个小花与基部的颖片组成小穗；花萼、花瓣（冠）、雄蕊群和雌蕊群的特征，是鉴别和分类植物的重要依据。花程式是用字母、符号和数字按照一定的规律表达花的特征而列成的公式，花图式是用花的横剖面来表示花各部分特征的简图。

花药原基四个角落中，原表皮下的4列孢原细胞切向分裂，外侧的发育为初生周缘细胞，进一步切向分裂发育成纤维层、中层和绒毡层，原表皮发育为表皮，共同构成成熟花药壁；内侧的发育为初生造孢细胞，进一步发育成次生造孢细胞、花粉母细胞，经减数分裂发育为4个子细胞，不分开的4个子细胞称为小孢子四分体，进一步发育为单核花粉粒；花粉的大小、形态、外壁纹饰、萌发孔（沟）数量，在同种植物中具有很高的稳定性，是研究植物系统演化和鉴别分类的重要依据；花粉外壁中的孢粉素耐高温、酸碱；传粉后，花粉萌发，细胞有丝分裂成大的营养细胞和小的生殖细胞（2-细胞花粉粒），生殖细胞有丝分裂形成2个精子（3-细胞花粉粒），2-细胞或3-细胞的花粉粒称为雄配子体。

胚珠原基的原表皮下，有体积大细胞质浓的孢原细胞，切向分裂后形成初生周缘细胞和大孢子母细胞，周缘细胞切向分裂形成珠心细胞，大孢子母细胞减数分裂发育成线形的大孢子四分体，珠孔端3个大孢子退化，近合点端1个大孢子发育成单核胚囊，经3次有丝分裂发育成7个细胞、8个核成熟胚囊，称为雌配子体。合点端3个反足细胞组成反足器，珠孔端的助细胞和卵细胞组成卵器，大部分细胞质包围中间的2个核形成中央细胞。

花粉传粉至适宜的柱头上时，2个精子细胞借助花粉管在柱头中的延伸生长到达胚珠的胚囊中，1个精子与卵细胞结合形成二倍体的合子，1个与中央细胞结合形成三倍体的初生胚乳核，这是被子植物特有的双受精现象。

在种子和果实的发育过程中，合子发育成胚，胚的发育成熟经历原胚期、幼胚期和胚成熟期。双子叶植物和单子叶禾本科植物胚的发育中期、后期存在差异。初生胚乳核发育成胚乳，胚乳为三倍体。胚乳的发育有核型、细胞型和沼生目型三种。珠被发育成种皮。经受精的胚珠发育成种子。自然和人工离体培养条件下可产生胚状体。

子房发育成果实。子房以外的其他部分参与形成的果实称为假果。果实主要包括果皮和种子两部分。果皮由外果皮、中果皮和内果皮组成。

有些植物不经过性细胞融合而产生有胚种子，称为无融合生殖，无融合生殖在育种上有很重要的应用价值。单性结实包括营养单性结实和刺激单性结实两种，利用单性结实可培育无籽果实。

果实分为单果、聚合果、聚花果（复果）三种类型。单果是一朵花中只有一个雌蕊且只形成一个果实的类型。聚合果是一朵花内有若干个离生单雌蕊分别形成的果实类型。聚花果为整个花序形成的果实。

成熟的种子具有种皮、种脐、种孔、胚和胚乳，胚乳在种子成熟过程中可以被吸收而成为无胚乳种子，因此，种子可分为4种类型：双子叶有胚乳种子、双子叶无胚乳种子、单子叶有胚乳种子和单子叶无胚乳种子。双子叶植物胚一般由胚芽、胚轴、胚根和着生在胚轴上的两片子叶组成。禾谷类植物的胚由胚芽、胚芽鞘、胚轴、胚根、胚根鞘和着生在胚轴一侧的大型盾片（子叶）组成，另一片子叶退化成外胚叶。禾谷类植物种子的种皮与外面的果皮很难分开，果实称为颖果。

种子在适宜的条件下萌发成幼苗，子叶着生部位称为中胚轴，距离胚根段为下胚轴，距离真叶段为上胚轴。下胚轴生长快于上胚轴，形成子叶出土幼苗；上胚轴生长快于下胚轴，形成子叶留土幼苗。

被子植物生活史是指被子植物从种子萌发形成幼苗，再经过一系列生长发育，再形成新一代种子的过程。在被子植物的生活史中，孢子体复杂、占优势，配子体简化、依赖孢子体营养自身；减数分裂是孢子体（二倍体、无性）阶段向配子体（单倍体、有性）阶段过渡的重要环节，双受精是配子体阶段向孢子体阶段过渡的重要转折点。

思考题

1．简述花的概念。典型的被子植物花是由哪些主要部分组成的？简述各个部分的形态和功能。

2．什么叫心皮？什么叫雄蕊？如何从形态结构分析它们的来源。

3．简述禾本科植物水稻和小麦小穗的组成特点。

4．什么叫花序？简述花序的主要类型及特点。

5．如何绘制花图式和写花程式？试绘制蚕豆、百合的花图式并写出其花程式。

6．图解花药的发育及其结构。

7．图解花粉粒及雄配子体的发育过程。

8．图解胚珠的发育过程及其结构。

9．图解胚囊的发育过程。

10．举例说明农业生产上对传粉规律的利用和控制。

11．简述成熟花粉粒的结构特点？分析影响花粉生活力的因素。

12．什么叫传粉？传粉有哪些方式？植物对异花授粉有哪些适应性方式？

13．异花传粉比自花传粉在后代的发育过程中更有优越性，原因是什么？自花传粉在自然界被保留下来的原因是什么？

14．简述被子植物双受精的主要特征和生物学意义。

15．以荠菜为例，说明双子叶植物胚胎的发育过程。

16．以水稻或小麦为例，说明单子叶植物胚胎的发育过程。

17．被子植物胚乳的发育可分为哪几种类型？各有什么特点？

18．什么是多胚现象？它是如何产生的？试举例说明。

19．被子植物形成果实有哪些可能的方式？简述各自主要的特征。

20．种子和果实的传播对环境的适应有哪些主要方式？简述其主要特点。

21．如何判断一个成熟的果实是真果还是假果？

22．果实有哪三大类型？根据果皮水分含量多少、成熟果皮开裂与否，单果分成哪些类型？请简述它们的主要特征。

23．种子有哪几种类型？简述其主要特征。

24．简述幼苗的类型和主要特征。

25．图解被子植物的生活史。简述孢子体（世代）、配子体（世代）和世代交替。

参考文献

贺学礼．2008．植物学．北京：科学出版社．

胡适宜．1982．被子植物胚胎学．北京：高等教育出版社．

金银根．2006．植物学．北京：科学出版社．

李名扬．2003．植物学．北京：中国林业出版社．

李扬汉．2000．植物学．上海：上海技术科学出版社．

刘穆．2000．种子植物形态解剖学导论．北京：科学出版社．

陆时万．1991．植物学．北京：高等教育出版社．

强胜．2006．植物学．北京：高等教育出版社．

曲波，张春宇．2011．植物学．北京：高等教育出版社．

Esau K. 1977. Anatomy of seed plants. 2nd ed. New York: John Wiley and Sons.

Rost T L. 1984. Botany: A Brief Introduction to Plant Biology. 2nd ed. New York: John Wiley & Sons.

Roth I.1977. Fruits of angioperms. Berlin:Gebrüder Borntrager.

Russell S D. 1984. Ultrastructure of the sperm of Plumbago zeylanica: II.Quantitative cytology and three-dimensional organization. Planta, 162:385-391.

Shivanna K R, Johri B M.1985. The angioperm pollen. New York:John Wiley and Sons.

Taylor R L. 1967.The Foliar embryos of *Malaxis paludosa*. Can J Bot, 45 (45) :1553-1556.

第 4 章 植物界的基本类群

学习目标

掌握低等植物与高等植物的概念及其主要区别。掌握植物界各大类群的基本特征，包括形态结构、营养方式、生殖特点、生活史过程、分布的生境特点、分类依据及其与人类的关系等。了解各大类群的常见代表物种及其基本特征。

引 言

自然选择的作用，推动着物种从低级到高级、从简单到复杂、从水生到陆生的系统演化过程，从而出现至今多种多样、数量巨大的生物类型，它们和环境共同组成了地球上的生物圈，而植物界是生物圈中最重要的组成部分，对整个生物圈的形成、发展、物质循环、能量流动及生态平衡等起着巨大的作用。植物界包括了地球上一些非常重要的生物类群。随着对植物界研究的不断深入，迄今已发现地球上生存的植物有 30 万种以上，并且新种仍不断地被发现。掌握植物界各大类群的基本特征、主要区别及代表种类，对熟悉植物界的概况和理解植物界的一些基本概念及现象是大有裨益的。

4.1 藻类植物

4.1.1 基本特征

藻类植物（algae，单数 alga）这一概念并不只是指一个单一的生物类群，其是包含了许多不同的生物类群的一个复杂的系统类群。藻类植物具有如下 4 个共同特征。

1）藻类植物一般没有真正根、茎、叶的分化，生活于淡水或咸水环境中，通常不营固着生活。藻类植物的大小千差万别。有的藻类非常微小，必须借助显微镜才能观察到。例如，小球藻（*Chlorella pyrenoidosa*）呈圆球形，由单细胞构成，直径仅数微米。而较大类型的藻类植物通常存在于海洋中。例如，生长在海洋里的巨藻（*Macrocystis pyrifera*），结构很复杂，体长可达 200m 以上。有些大型藻类，如生长于海水中的海带（*Laminaria japonica*）和生长于淡水中的轮藻（*Chara vulgaris*），它们的外形具有类似于根、茎、叶的结构分化，但由于其植物体中并未分化出维管组织，因而并非真正的根、茎、叶器官。通常将藻类的植物体称为叶状体或原植体（thallophyte）。

2）藻类植物体中均含有光合色素（虽然具体光合色素的类型各不相同），能进行光合作用，生活方式为自养（autotrophic）。藻类植物所具有的光合色素类型多样，除了高等绿色植物所含有的光合色素种类外，不同藻类植物的类群还具有特殊的色素种类，因而藻类植物多不呈绿色。通常根据藻类植物所呈现的颜色对其进行分类。为了与高等植物的叶绿体相区别，通常将藻类植物中承载光合色素的质体特称为色素体或载色体。

3）生殖器官多由单细胞构成。高等植物中产生孢子的孢子囊，或产生配子的精子器和颈卵器一般都是由多细胞构成的。例如，苔藓植物和蕨类植物在产生卵细胞的颈卵器和产生精子的精子器的外面都有一层不育细胞构成的壁。但在藻类植物中，除极少数种类外，它们的生殖器官都是由单细胞构成的。

4）合子不在母体内发育成多细胞的胚。高等植物的雌、雄配子融合后所形成的合子（受精卵），在母体内发育成多细胞的胚以后，才脱离母体继续发育为新个体。但藻类植物的合子在母体内并不发育为胚，而是脱离母体后，才进行细胞分裂，并成长为新个体。

4.1.2 繁殖方式

藻类植物的繁殖方式包括营养繁殖、无性繁殖和有性生殖。

营养繁殖是指营养体上的一部分从母体分离出来后又能长成一个新个体的繁殖方式。单细胞藻类通过细胞有丝分裂进行营养繁殖；多细胞的丝状体或片状体则通过断裂方式形成新的个体。

无性繁殖方式通过释放若干类型的孢子进行，如游动孢子、静孢子和休眠孢子等。

有性生殖通常发生在生活史的艰难时期（如生长季节结束时或不利的环境条件下），是指植物体形成生殖细胞（配子），生殖细胞两两结合形成合子，由合子萌发形成新的个体，或由合子先形成孢子，再由孢子萌发形成新的个体的方式。根据雌雄生殖细胞的形状、大小和运动能力等的差别，有性生殖方式可以分为以下几种。

1）同配生殖（isogamy）。雌雄生殖细胞形态、结构、大小和运动能力相似。

2）异配生殖（heterogamy/anisogamy）。雌雄生殖细胞形态、结构相似，但大小和运动能力不同。

3）卵式生殖（oogamy）。雌雄生殖细胞形态、结构、大小和运动能力都不同，其中，卵细胞（egg）大而无鞭毛，不能运动；精细胞（sperm）小而有鞭毛，能运动（图 4-1）。

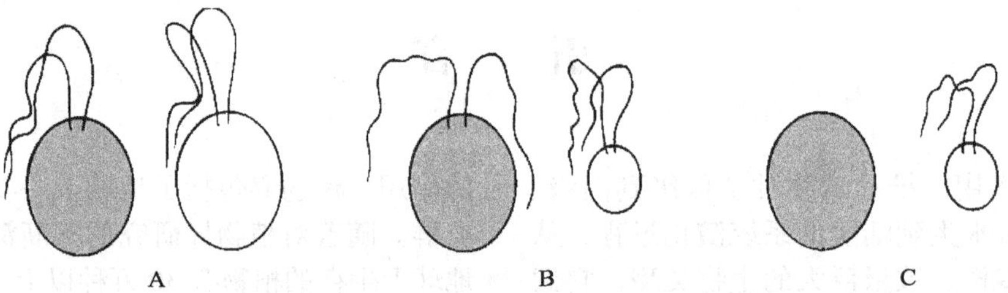

图 4-1 藻类植物有性生殖的三种形式（引自 Raven P H, 2008）
A. 同配生殖 B. 异配生殖 C. 卵式生殖

4.1.3 分布

藻类植物适应性较强，因而在自然界中几乎到处都有分布。其中，藻类植物主要生长在水中（淡水或海水），但在潮湿的岩石上、墙壁和树干上、土壤表面和下层也都有它们的分布。此外，藻类植物或以地衣的形式在裸露岩石表面与真菌共生。除轮藻门外的各门藻类都有海生种类。

根据藻类植物的生存环境，一般可将藻类植物分为浮游藻类、飘浮藻类和底栖藻类。浮游藻类浮游生长在海洋、江河、湖泊中，包括硅藻门、甲藻门和绿藻门的单细胞种类以及蓝藻门的一些丝状种类；漂浮藻类飘浮生长在海上，如马尾藻类；底栖藻类则固着生长在一定基质上，如蓝藻门、红藻门、褐藻门、绿藻门的多数种类生长在海岸带上。底栖藻类在一些地方形成了带状分布，一般情况下，在潮间带的上部为蓝藻及绿藻，中部为褐藻而下部为红藻。

影响藻类地理分布的主要因素包括温度和光照等。

根据海藻生长地点温度的差异，可将藻类生活型分为三大类。

1）冷水性种。生长和生殖的最适温小于 4℃，如多数的硅藻和金藻，其中，适温为 0℃左右的称为寒带种；适温为 0～4℃的称为亚寒带种。

2）温水性种。生长和生殖的最适温为 4～20℃，如有些蓝藻和绿藻的种类，其中，适温为 4～12℃的称为冷温带种；适温为 12～20℃的称为暖温带种。

3）暖水性种。生长和生殖的最适温大于 20℃，其中，适温为 20～25℃的称为亚热带种，适温大于 25℃的称为热带种。

此外，水体的化学性质也是决定藻类种类组成的重要因素。例如，蓝藻、裸藻容易在富营养水体中大量出现，并时常形成水华；硅藻和金藻常大量存在于山区贫营养的湖泊中；绿球藻类和隐藻类在小型池塘中常大量出现。

4.1.4 主要类群

藻类植物的种类繁多，目前已知有 3 万种左右。由于藻类植物均无根、茎、叶等器官的分化，一般根据其植物体的细胞结构、载色体形态、细胞内所含光合色素类型、储藏营养物质的类型、细胞壁的构成、鞭毛及其类型，以及生殖方式和生活史等对其进行分类。各分类系统对“藻类植物”分门的意见也不尽一致，本教材将藻类植物分为蓝藻门、裸藻门、绿藻门、金藻门、硅藻门、甲藻门、红藻门和褐藻门共 8 门。其中，红藻门、绿藻门和褐藻门等为大型固着性藻类，此类大型藻几乎 99% 以上的种类均栖息于海水环境中，因而通常称之为海藻。另外，有些肉眼可见的固着性蓝藻和少数硅藻也可属于大型藻的范畴。现将上述 8 个主要门的特征及其代表类型简要介绍如下。

4.1.4.1　蓝藻门（Cyanophyta）

（1）形态与构造　蓝藻门代表了藻类植物中最原始、最低等的类型。

蓝藻植物体可以是单细胞、群体（colony）、丝状体（filament）或片状体（thallus）。群体有定形群体和不定形群体。

蓝藻细胞为原核细胞，因而蓝藻也被称为蓝细菌（cyanobacteria），其原生质体分为中央质［又称为中心质（centroplasm）或中心体（central body）］和周质（periplasm）两部分。DNA 以纤丝状存在于中央质部分，无组蛋白，不形成染色体，无核膜和核仁结构，称为拟核（nucleoid）。周质包围在中心质周围，其中无细胞器的分化，而是分布着许多由膜形成的扁平囊状结构，称为类囊体（thylakoid）或光合片层（photosynthetic lamella），因而周质又称为色素质（chromoplasm）。此外，浮游藻类植物的周质中有气囊（gas vesicle），以适应浮游生活（图 4-2）。

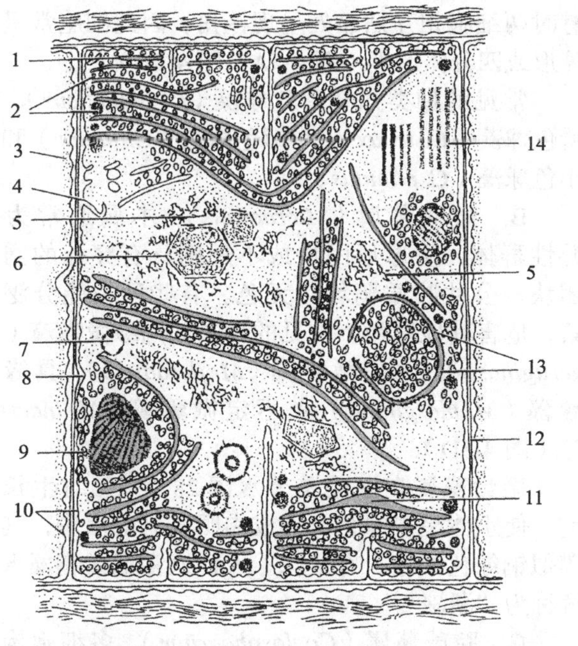

图 4-2　蓝藻细胞的亚显微结构示意图（引自叶创兴，2000）

1. 光合作用片层　2. 各种不同的颗粒　3. 相邻细胞的胞间连丝　4. 形成的原生质膜　5. 核质　6. 多角小体　7. 似液泡构造体　8. 加厚横壁　9. 结构线粒体　10. 原生质膜　11. 光合作用片层构成的圆盘　12. 横壁　13. 藻胆体　14. 圆柱形小体

蓝藻细胞含有的光合色素为叶绿素 a、藻胆体（phycobilisome）和叶黄素等，这些光合色素分布于细胞周质中的光合片层表面。藻胆体为蛋白质复合体，由藻蓝蛋白（phycocyanin）和藻红蛋白（phycoerythrin）组成，藻蓝蛋白是由藻蓝素与组蛋白合成的颗粒体，藻红蛋白则是由藻红素与组蛋白合成的颗粒体。由于蓝藻细胞中同时存在叶绿素和藻蓝素，细胞通常呈现蓝绿色，因而蓝藻也称为蓝绿藻（blue-green algae）。光合作用的产物为蓝藻颗粒体（cyanophycin）和蓝藻淀粉（myxophycean starch），储藏在周质中（图 4-2）。

蓝藻的细胞壁可以分为 4 层，主要化学成分是糖胺聚糖［又称为黏多糖（glycosaminopeptide，mucopolysaccharide）］或肽聚糖（peptidoglycan），外有由果胶酸（pectic acid）和黏多糖构成的胶质鞘（gelatinous sheath），通常还含有红、紫、棕等非光合色素。

（2）繁殖　蓝藻的营养繁殖方式以细胞直接分裂为主。单细胞种类细胞分裂后，子细胞分离并形成新的单细胞个体；群体类型由于细胞反复分裂，子细胞不分离，形成多细胞的大群体，大群体破裂后形成多个小群体；丝状类型通过形成藻殖段（hormogonium）繁殖，此方式是指，蓝藻丝状体上两个营养细胞间生出胶质、双凹形隔离盘（separation discs），或间生异形胞（heterocyst），然后丝状体在隔离盘或异形胞处断开，形成若干短的丝状体分段，每一小段称为藻殖体或连锁体，可发育成一个新的丝状体。

异形胞是丝状蓝藻类（除了颤藻目以外）产生的一种与繁殖有关的特殊类型的细胞，由营养细胞特化而成，其形状与一般细胞不同，圆形色淡，成熟时是透明的，其细胞壁与相邻细胞相接处有钮状增厚部。异形胞着生在藻丝的顶端或营养细胞之间，或与厚壁孢子直接相邻，常作为分类的依据之一。一般认为异形胞是无生殖功能的孢子或孢子囊，但有些种类的藻体经常在异形胞的位置断裂。还有研究表明，异形胞与某些蓝藻的固氮功能相关，当水中氮缺乏时，异形胞的数目显著增加（图 4-3）。

蓝藻通过产生厚壁孢子（akinete）、外生孢子（exospore）或内生孢子（endospore）等无性繁殖细胞进行无性繁殖。

厚壁孢子（akinete）：也称为厚垣孢子或休眠孢子，是由普通营养细胞增大体积，积累丰富的营养，然后细胞壁增厚而形成的，常出现于丝状体类型中；厚壁孢子有极强的生命活力，在不利环境条件下能长期休眠，当环境好转时再萌发成新的丝状体。厚壁孢子的有无、形状、数目、位置等均为分类的依据（图 4-4）。

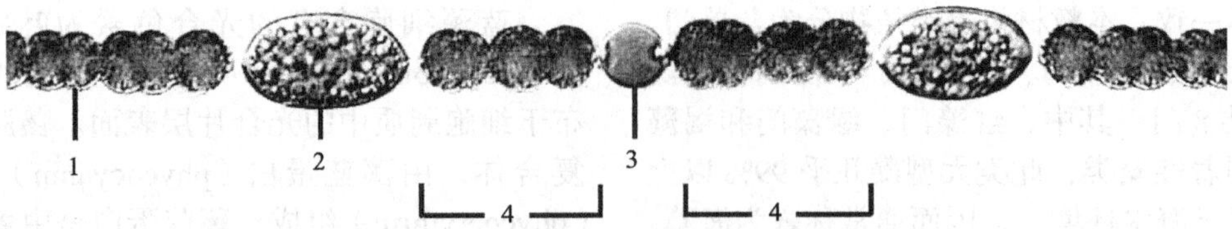

图 4-3 光学显微镜下的鱼腥藻

1. 营养细胞 2. 厚垣孢子 3. 异形胞 4. 藻殖段

外生孢子（ectospore，exospore）：某些藻类在进行生殖时，其母细胞中的原生质体发生横分裂，产生一个以至多个成串的球形小细胞，即外生孢子，母细胞壁破裂后释放出成熟的外生孢子，细胞壁残留形成丝状假鞘，成熟的外生孢子有的远离亲体，在环境适宜时发育成新个体，有的仍附着在母体的四周，形成一种类似分支的集群体，如管孢藻属（*Chamaesiphon*）（图 4-4B）。

内生孢子（endogenous spore）：某些单细胞或群体性的蓝藻进行生殖时，其母细胞中的原生质体经过反复多次分裂后，形成具有薄壁的孢子囊，囊内含有多数的内生孢子。母细胞壁破裂后释放出成熟的内生孢子，每个孢子萌发形成新的单细胞体或群体（图 4-4A）。

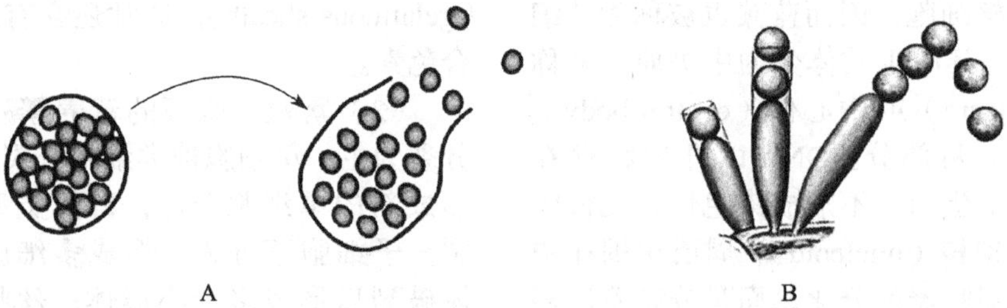

图 4-4 蓝藻门的内生孢子和外生孢子

A. 内生孢子［皮果藻属（*Derocarpa*）］ B. 外生孢子［管孢藻属（*Chamaesiphon*）］

目前尚未发现蓝藻具有有性生殖方式。

（3）分布 蓝藻植物分布广泛。主要生活在水体中，特别是营养丰富的水体中。此外，在潮湿和干旱的土壤和岩石上，树干和树叶及温泉、冰雪，甚至在盐卤池、岩石缝等处均有分布，有些类群还可穿入钙质岩石或钙质皮壳中（如穿钙藻类）生活，具有极大的适应性。

（4）代表类群 蓝藻门中仅蓝藻纲（Cyanophyceae）1 纲，3 目，约 150 属，约 1500 种。3 目包括色球藻目（Chroococcales）、颤藻目（Oscillatorales）和管胞藻目（Chamaesiphonaless）。其中色球藻目为单细胞和群体类型，其他 2 目主要为丝状体或片状体类型；色球藻目和颤藻目主要分布在淡水中，而管胞藻目主要分布在海岸中潮带。

1）色球藻目（Chroococcales）。本目为蓝藻门的常见种类，浮游或附在水中其他物体上，是淡水中重要的浮游藻类。单细胞种类较少，细胞球形、卵形、圆柱形或纤维形；群体类型较多，一般为球状、平板状、块状或立方形群体。群体中的细胞包被在共同的胶质鞘里，鞘常有层理。繁殖方式以细胞分裂为主，群体类型还能以藻殖段繁殖。

A. 色球藻属（*Chroococcus*）。本属一般形成 2 个、4 个或 6 个细胞的群体，单个细胞的较少见，每个细胞外都被有质地均匀、具有层理的个体胶质鞘，借此与群体中的各细胞相互分开；多数种类的群体中每两个或多个细胞的小群体外部还具有公共胶质鞘，公共胶质鞘较厚，均匀或有层理。群体中，有时两细胞相互贴靠处呈现棱角，因此细胞常呈半球形或四分体形等（图 4-5A、图 4-5B）。

常见的种类如湖沼色球藻（*C. limneticus*）、束缚色球藻（*C. tenax*）、小形色球藻（*C. minor*）和微小色球藻（*C. minutus*）。

B. 微囊藻属（*Micracystis*）。本属通常为浮游性群体，呈球形团块或不规则具有穿孔的网状团块。公共胶质鞘均匀无色。有些种类能分泌毒素，危害其他藻类。常见的种类如铜绿微囊藻（*M. aeruginosa*）、水华微囊藻（*M. flesaquae*）、具缘微囊藻（*M. marginata*）和不定微囊藻（*M. incerta*）等（图 4-5D）。

微囊藻属在温暖季节水温 28～32 ℃时生长旺盛，使水体呈灰绿色，形成肉眼可见的水华，其浮膜似铜绿色油漆，有臭味。人们通常把微囊藻水华统称为“湖靛”。

C. 腔球藻属（*Coelosphaerium*）。多细胞构成的群体包被在一个宽、厚、透明无色或有辐射条纹的公共胶质鞘中，群体中的细胞球形、椭圆形、卵形，大多没有包被个体胶质鞘，排列成单层，中央为一个空腔（图 4-5E）。

D. 黏球藻属（*Gloeocapsa*）。植物体为胶群体，细胞单生或少数或多数细胞集合而成。细胞分裂面不平直，胶质鞘层理不明显。常见种类有线形黏球藻（*G. linearis*）（图 4-5F）。

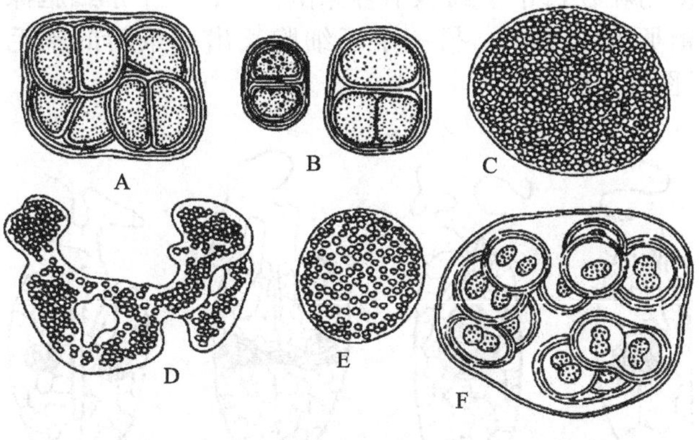

图 4-5　蓝藻门色球藻目的代表类型（引自叶创兴，2000）
A、B. 色球藻属（*Chroococcus*）　C. 微胞藻属（*Microspora*）
D. 微囊藻属（*Micracystis*）　E. 腔球藻属（*Coelosphaerium*）
F. 黏球藻属（*Gloeocapsa*）

2）颤藻目（Oscillatorales）。本目的植物体为单列丝状体，常以形成藻殖段及丝状体裂断的方式进行繁殖。

A. 颤藻属（*Oscillatoria*）。植物体为单列细胞组成的不分支丝状体，细胞圆柱形或盘形，丝状体在透明的凹面体或膨大胶化的隔离盘处断裂形成藻殖段，无异形胞，无胶质鞘。本属的丝状体具有特殊运动能力，能作颤动、滚动或滑动式运动（图 4-6A）。

B. 念珠藻属（*Nostoc*）。植物体由单列圆形细胞组成不分支的念珠状丝状体，许多丝状体交织缠绕在公共胶质中，形成片状、发状或球状群体。藻丝上常有异形胞。繁殖方式有丝状体的断裂、形成藻殖段和厚壁孢子等（图 4-6B）。

本属的种类常生长在阴湿地和淡水中。常见种类有普通念珠藻（地木耳）（*N. commune*）、发状念珠藻（发菜）（*N. flagelliforme*）和球状念珠藻（葛仙米）（*N. sphaericum*）。

C. 螺旋藻属（*Spirulina*）。植物体为由单细胞或细胞间隔不明显的多数细胞组成螺旋丝状体，细胞圆筒形。丝状体外无胶质鞘。不形成藻殖段（图 4-6D）。

本属藻类分布于淡水和海水中，可大量繁殖形成水华。常见种类有极大螺旋藻（*S. maxima*）、大螺旋藻（*S. major*）和钝顶螺旋藻（*S. platensi*）。螺旋藻含蛋白质高达 53%～72%。是人类迄今发现的蛋白质含量最高的生物。

D. 鱼腥藻属（*Anabaena*）。植物体由单列细胞组成念珠状丝状体，丝状体直或各种形式弯曲。藻丝单一或汇集成柔软、黏化的团絮状群体。无公共胶质鞘（图 4-6C）。

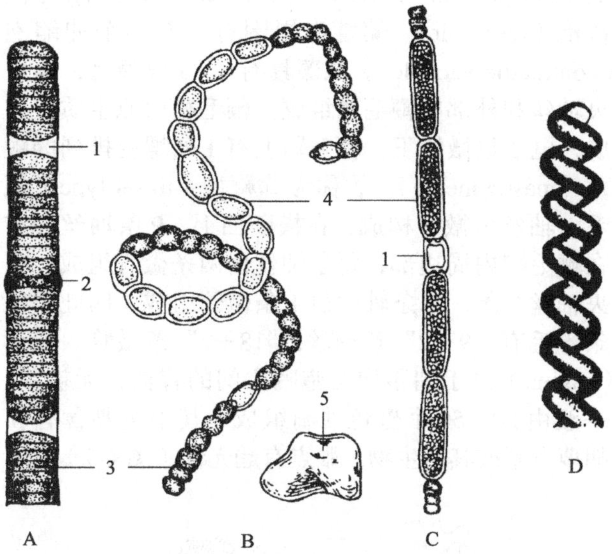

图 4-6　蓝藻门颤藻目的代表类型
A. 颤藻属（*Oscillatoria*）B. 念珠藻属（*Nostoc*）
C. 鱼腥藻属（*Anabaena*）D. 螺旋藻属（*Spirulina*）
1. 异形胞　2. 隔离盘　3. 营养细胞　4. 厚壁孢子　5. 公共胶质

本属藻类分布广，有些种类常在池塘、湖泊中形成“水华”。常见的有多变藻（*A. variabilis*）、螺旋鱼腥藻（*A. spiroides*）、固氮鱼腥藻（*A. azotica*）、类颤藻鱼腥藻（*A. oscillarioides*）和卷曲鱼腥藻（*A. circinalis*）。

4.1.4.2　裸藻门（Euglenophyta）

（1）形态与构造　裸藻又称为眼虫或眼虫藻，除柄裸藻属（*Colacium*）以胶柄固定并形成简单的群体外，都是无细胞壁、有鞭毛、能自由游动的单细胞植物体。

裸藻细胞属于真核细胞，其最外层是原生质膜。原生质膜内侧是一层由原生质体特化的表层，称为周质体（periplast），主要为蛋白质（约 80%），其次是脂质（约 11.6%）和少量糖类。在电子显微镜下可见，周质体由多条表质条纹（pellicle stripe）密接结合而成，这些壁纹螺旋状包围着藻体，每一壁纹都具有隆起的脊，称为表质脊（pellicle ridge），以及深凹的沟槽，称为表质沟（pellicle groove）。每两条相邻条纹的脊和沟以关节状相互勾连。条纹下具有黏液体，可通过小管向沟槽中分泌主要成分为糖类的黏液或胶质，从而形成细胞表面永久的胶质覆盖层或积累在细胞后端形成胶质拖拽物，如裸藻属囊胞中的胶被，囊裸藻属（*Trachelomonas*）的囊壳（lorica）（带孔，鞭毛由囊壳孔伸出），柄裸藻属的胶被、胶柄和胶垫。有些裸藻种类的周质体薄而柔软，易弯曲，藻体能变形；还有些种的周质体厚而坚硬，藻体不能变形。

藻体前端有胞口（cytostome）和狭长的胞咽（cytopharynx），胞咽下部的膨大部分称为储蓄泡（reservoir）。储蓄泡周围有一至多个伸缩泡（contractile vacuole）。裸藻具有1～3根鞭毛，由中央轴丝和外部的鞭毛鞘组成。鞭毛鞘由原生质膜构成，电子显微镜下，鞭毛鞘上有1列螺旋排列的鞭茸（mastigoneme），故称为茸鞭型（tinsel type）鞭毛。轴丝由微管构成，在横断面上，9条轴丝分布在鞭毛鞘内周边部，每条轴丝由两条微管组成；中央轴丝2条，每条轴丝由1条微管组成，因此，每条鞭毛有“9+2”条轴丝，“18+2”条微管。眼点（stigma）位于储蓄泡与胞咽之间的背面，无被膜，一般由20～50个橙色油滴组成，其中主要含有β-胡萝卜素或其衍生物。眼点有趋光性（图4-7）。

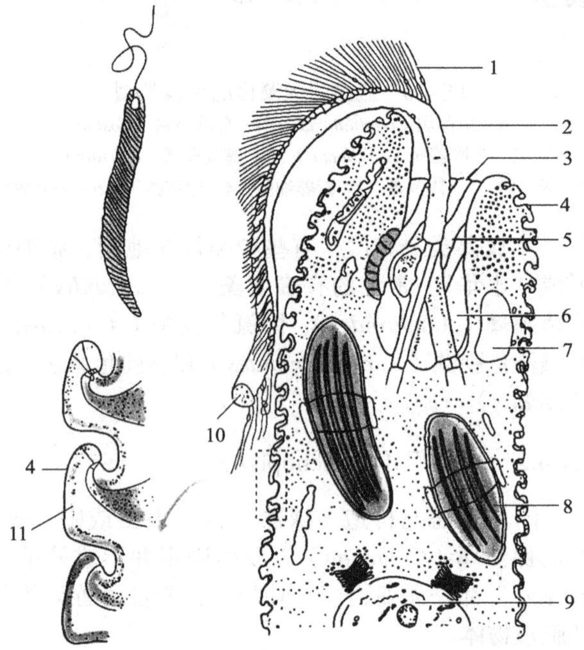

图4-7 裸藻细胞亚显微结构示意图（仿叶创兴，2000）
1. 鞭茸 2. 长鞭毛 3. 胞口 4. 原生质膜 5. 胞咽 6. 储蓄泡 7. 伸缩泡 8. 载色体 9. 细胞核 10. 鞭毛横切面 11. 周质体

裸藻多数种类的细胞内含有载色体，载色体有盘状、星形和带状等，其含有与绿藻相似的光合色素，包括绿素a和b、β-胡萝卜素和3种叶黄素。电子显微镜下，载色体由3层膜包围，最外1层是内质网膜，内面两层是载色体膜。类囊体3条一束。载色体上有时有蛋白核（pyrenoid）。同化产物是裸藻淀粉（paramylum）和少量的脂类油。裸藻淀粉是裸藻的特有产物，只存在于细胞质中，颗粒呈盘状、杆状、球形、环状和片状等。裸藻淀粉不存在于载色体中，而脂类油可存在于蛋白核表面（图4-7）。

（2）繁殖 裸藻主要以细胞纵裂的方式进行繁殖。细胞分裂可以在运动状态下进行，也可以在胶质状态下进行。在运动状态下，分裂开始，着生鞭毛的一端发生凹陷，同时细胞核开始有丝分裂，鞭毛器和眼点也分裂，这些过程结束后，细胞本身在2～4h内完成缢裂。缢裂的结果，叶绿体和裸藻淀粉粒在每个子细胞中各保留一半，一个子细胞保留原有的鞭毛，另一个子细胞长出一条新的鞭毛（图4-8）。

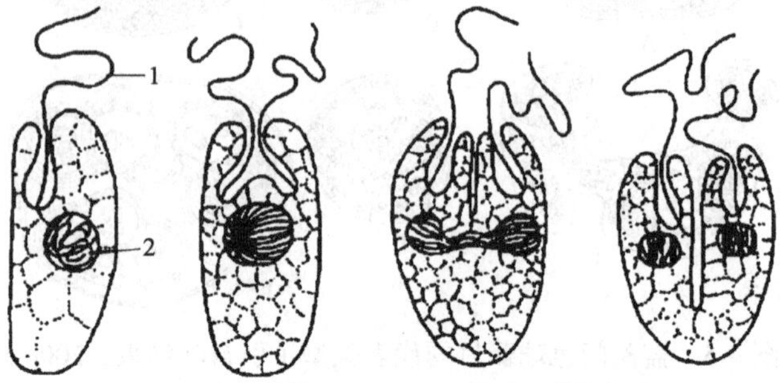

图4-8 裸藻细胞的纵裂繁殖示意图
（引自叶创兴，2000）
1. 鞭毛 2. 细胞核

在胶质状态下，细胞分裂时首先失去鞭毛，并分泌厚的胶被，细胞在胶被内反复分裂，形成许多细胞的胶群体（palmella）。环境适宜时，每个细胞发育成1个新的个体；环境恶劣时，细胞停止运动，分泌一层厚壁，变成胞囊（cyst）。胞囊可度过恶劣环境，待环境好转时原生质从厚壁中脱出，萌发成新个体。

裸藻没有无性繁殖，有性生殖尚不能确定。

（3）分布 本门的藻类大多数分布在淡水中，营浮游生活，特别是在富含动物性有机质的淡水中生长良好，因而裸藻门的藻类是水质污染的指示植物，夏季大量繁殖使水呈绿色，并浮在水面上形成水华。裸藻门有少数种类生长在半咸水中，很少生活在海水中，有2属生活在两栖类的消化管内。裸藻中有少数无色类型营腐生生活，或为动物的营养方式，吞食固体食物。

（4）代表类群 本门仅裸藻目（Euglenales）一目，含有约40属，800种。裸藻属是其中常见的种类。

1）裸藻属（*Euglena*）。细胞纺锤形、长纺锤形或圆柱形，前端宽而钝圆，后端锐，无甲鞘。周质体的弹性大小因种而异。2根鞭毛，1根由储蓄泡底部经过胞咽和胞口伸出，能够游动，第2根鞭毛退化，保留在储蓄泡内。细胞核大，圆形。细胞内有许多载色体，分布近于原生质体表面，称为边位载色体。少数种类的载色体是中轴位，一般为星状，数目较少，只有1～2个（图4-9A、图4-9B）。

本属约155种，分布全世界，主要生活于含有机质的淡水中，如池塘、水沟等，以及半咸水中，只有1种裸藻（*E. marina*）为海生。

2）柄裸藻属（胶柄藻属）（*Colacium*）。本属细胞具有细胞壁，无鞭毛，眼点和储蓄泡都在下端，以细胞前端的胶质柄附着于轮虫、枝角类的浮游动物体上，不游动。细胞构造和裸藻属相似。细胞分裂时，子细胞自己分泌出 1 个胶质柄，不脱离母体，仍留在母细胞柄上，集合成 1 个丛状群体，细胞也可以从母体上脱出，发育成单鞭毛的游动细胞，短暂游动后失去鞭毛，分泌出细胞壁和胶质柄，附着于一个新的动物体上（图 4-9C）。

裸藻目中常见的还有扁裸藻属（*Phacus*）（图 4-9D）和囊裸藻属（*Trachelomonas*），扁裸藻藻体侧扁，单细胞，具有环状的大型裸藻淀粉。囊裸藻的细胞外面有 1 个球形、卵形或椭圆形囊壳，具有孔口，鞭毛从孔口处伸出。

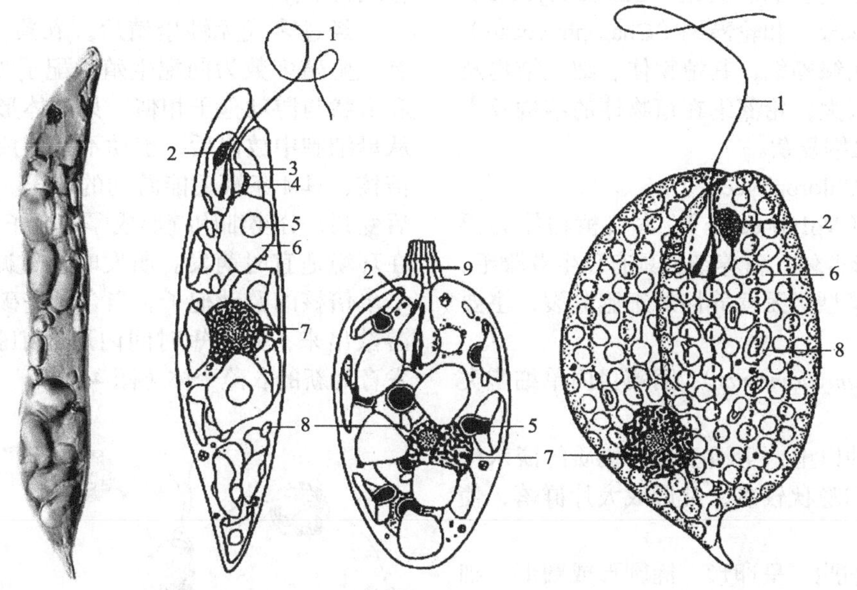

图 4-9　裸藻门的代表类型（仿 Strasburger et al., 2010）
A、B. 裸藻属（*Euglena*）C. 柄裸藻属（*Colacium*）D. 扁裸藻属（*Phacus*）
1. 长鞭毛　2. 眼点　3. 短鞭毛　4. 伸缩泡　5. 蛋白核　6. 载色体　7. 细胞核　8. 裸藻淀粉　9. 胶质柄

4.1.4.3　绿藻门（Chlorophyta）

绿藻（Chlorella）是一种 31 亿年前就生存于地球上的浮游植物。最早是在显微镜发明后，荷兰微生物学家 M. W. Beijernick 发现并命名的。19 世纪初，德国政府首次将绿藻作为食物，并取得了良好的效果。绿藻内含有蛋白质 60% 以上、碳水化合物 20%、叶绿素 5%、大量的矿物质、维生素、氨基酸、核苷酸和生物活性物质。其干粉被广泛用于医药、保健、食品添加剂等方面。绿藻被世界卫生组织称为“人类二十一世纪最佳基因食品”，联合国粮食及农业组织推荐为“二十世纪最理想食品”，随着它的各种作用不断地被人们发现，用途越来越广泛，越来越多的人认识、接受并喜爱这种食品，此类产品的需求将不断的增加。

（1）形态与构造　绿藻的植物体有单细胞或群体，也有多细胞的丝状体、叶状体、管状体及多核管状体。少数单细胞和群体种类的营养细胞前端生有鞭毛，能终生游动 但大多数种类的营养体不能运动，只在繁殖季节形成游动孢子和具有鞭毛的配子。

细胞核 1 至多数，常位于靠细胞壁的原生质中。其中，单核类型的细胞核常位于中央，悬在原生质丝上，如水绵属的种类。

几乎所有的绿藻都具有载色体，其与高等植物叶绿体一样具有光合作用片层。载色体的形状包括杯状、片状、星状、带状和网状等，形状和数目常随种类而不同，载色体所含的光合色素包括叶绿素 a、叶绿素 b，以及 α- 胡萝卜素、β- 胡萝卜素和叶黄素等辅助色素，使植物体呈现亮绿色。绿藻光合色素成分、含量及同化产物类型均与高等植物相似。载色体内通常含有一至数枚蛋白核，光合产物以淀粉和油类的形式储存于其中。

绿藻植物的细胞壁分为两层，内层主要是纤维素，与高等植物类似；外层为果胶质，常黏液化。

运动细胞和生殖细胞多具有 2 条、4 条或多条等长、顶生的鞭毛。

（2）繁殖　绿藻门有各种各样的繁殖方式，营养繁殖、无性繁殖和有性生殖都很普遍。绿藻的营养繁殖包括细胞分裂和藻体断裂，单细胞种类可形成胶质群体；无性繁殖产生游动孢子和不动孢子；有性生殖的方式包括同配生殖、异配生殖及卵式生殖。有些种类在生活史中有世代交替现象。

（3）分布　绿藻是最常见的藻类，淡水种类约占90%，海水种类约占10%。多营浮游、固着或附生生活，还有少数种类为寄生或共生。在绿藻中，如植物体为单细胞的小球藻属（*Chlorella*）、群体的栅藻属（*Scenedesmus*）、多细胞呈丝状的水绵属（*Spirogyra*）和刚毛藻属（*Cladophora*）等都是淡水中常见的种类。

（4）代表类群　绿藻是藻类中最大的一门，成员5000～8000种，包括绿藻纲（Chlorophyceae）、石莼纲（Ulvophyceae）和轮藻纲（Charophyyceae）。绝大部分绿藻均属绿藻纲，其植物体、细胞结构及繁殖方式差异都很大，轮藻纲在植物体的结构及生殖方式上都较绿藻纲复杂。

1）绿藻纲（Chlorophyceae）。

A．团藻目（Volvo-cales）。本目植物体为浮游性单细胞或定形群体，营养细胞具有顶生双鞭毛，细胞结构多为衣藻型，无营养性的细胞分裂，主要产于淡水。

衣藻属（*Chlamydomonas*）：团藻目内单细胞类型中的常见植物。

本属有100种以上，生活于含有机质的淡水沟和池塘中，早春和晚秋较多，常形成大片群落，使水变成绿色。

植物体为单细胞，呈卵形、椭圆形或圆形。细胞内有1个厚底杯状的载色体，其底部有1个明显的蛋白核。细胞核位于载色体上方的杯中，位于细胞中央。植物体前端有2条等长的顶生鞭毛，鞭毛基部有2个伸缩泡，一般认为是排泄器。植物体前端无色透明处是载色体的开口，旁边有1个橙红色的眼点，具有感光作用。在电子显微镜下，可以看到衣藻细胞中含有类囊体、线粒体和高尔基体等（图4-10）。

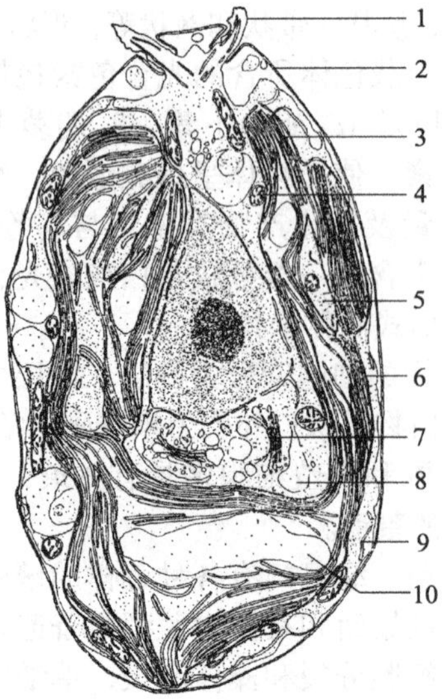

图4-10　衣藻细胞亚显微结构（引自李扬汉，2000）

1. 鞭毛　2. 细胞壁　3. 类囊体　4. 线粒体　5. 核糖核蛋白体　6. 杯状叶绿体　7. 高尔基体　8. 液泡　9. 内质网　10. 蛋白核

衣藻通常在夜间进行无性繁殖。无性繁殖时，营养细胞静止，鞭毛收缩或脱落，变成游动孢子囊。细胞核先分裂3～4次，形成8～16个子细胞核，随后细胞质纵裂，形成2个、4个、8个或16个子原生质体，每个子原生质体各分泌一层细胞壁并生出2条鞭毛，形成具有细胞壁和2条鞭毛的游动孢子（zoospore），游动孢子囊破裂后，游动孢子逸出发育成新个体。

经过多代无性繁殖后，衣藻可进行有性生殖，有性生殖多数为同配生殖。配子（gamete）的形成和形状与游动孢子相似，只是体形较小。成熟配子从母细胞中放出后，游动不久即成对结合，形成双倍核、具4条鞭毛能游动的合子，合子游动数小时后变圆，分泌细胞壁形成厚壁合子。合子经过休眠，在环境适宜时萌发。萌发时经过减数分裂，产生4个单倍核的游动孢子。当合子壁破裂后，游动孢子游散出来，并在短时间内形成细胞壁，生出鞭毛，发育为新的衣藻个体（图4-11）。

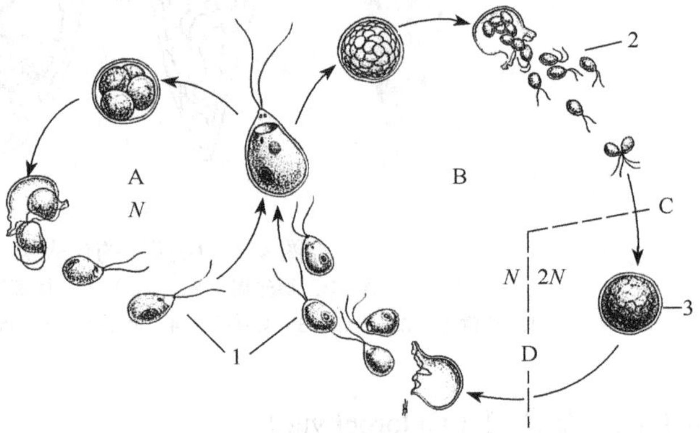

图4-11　衣藻属的繁殖及生活史
（引自Muller, 1979）

A. 无性繁殖　B. 有性繁殖　C. 融合　D. 减数分裂
1. 游动孢子　2. 配子　3. 合子

衣藻的生殖过程比较特殊，无性繁殖和有性繁殖同源，其形成的游动孢子与配子形态相同，都来自营养细胞的变化。营养细胞产生哪种生殖细胞与营养条件相关，当营养充足时形成孢子，当营养缺乏时形成配子。如果给予充足的营养，配子也可以不经结合而直接形成新的个体，行单性生殖。

团藻属（*Volvox*）：春夏两季常见生于淤积的浅水池沼中。

本属植物体是由数百至上万个衣藻型细胞组成的空心定型球形群体，衣藻型细胞排列在球体的表面，每个细胞各有一层胶质鞘包围，具鞭毛，相互之间有原生质丝相连，空心球体内充满胶质和水。

无性繁殖多通过形成生殖胞（gonidium）完成。生殖胞由群体后端的部分细胞失去鞭毛形成，比营养细胞大10倍或10倍以上。每个群体中生殖胞数2～50个。无性繁殖时，少数大型的生殖胞经多次纵分裂形成皿状体（plakea），经翻转作用（inversion）发育成球状子群体，子群体落入母群体腔内，母群体破裂时放出子群体，即为一株新植物（图4-12）。

有性生殖为卵式生殖（oogamy）。群体中的少数生殖细胞产生精子囊和卵囊，分别产生精子和卵，精子和卵结合形成厚壁的合子。当母体死亡腐烂后，合子落入水中，休眠后经减数分裂，发育成一个具有双鞭毛的游动孢子，游动孢子逸出后经反复有丝分裂发育成一个由125～256个细胞组成的新群体。

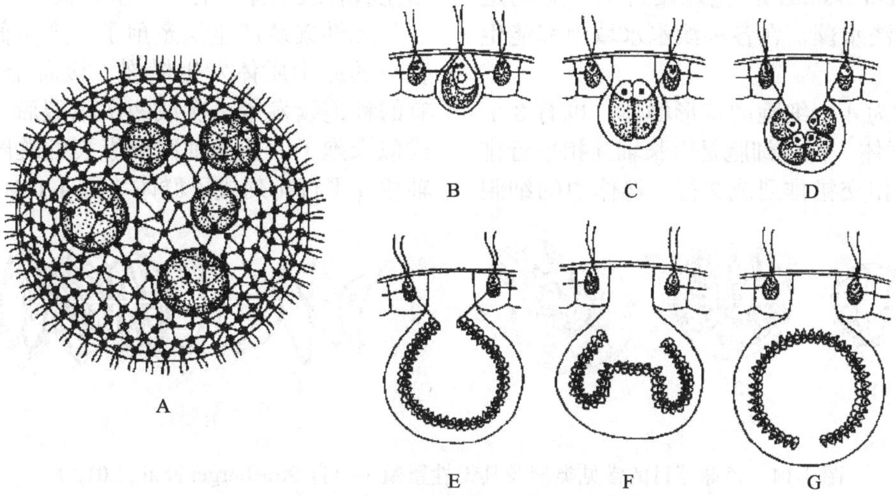

图4-12　团藻属的无性繁殖过程（引自叶创兴，2000）

A. 母群体中有数个子群体　B. 1个大的生殖胞和2个营养细胞　C、D. 生殖胞分裂　E. 皿状体时期　F. 皿状体翻转作用　G. 新的子群体形成

团藻目中还有以下常见的属。

盘藻属（*Gonium*）：定形群体，4～16个细胞排列于一个平面上，无分化，细胞间有间隙，无性繁殖时群体的全部细胞同时产生游动孢子，有性生殖为同配（图4-13A）。

实球藻属（*Pandorina*）：定形群体，4个、8个、16个或32个细胞组成实心的球体，细胞间紧密，无性繁殖时群体的全部细胞同时产生游动孢子，有性生殖是异配（图4-13B）。

空球藻属（*Eudorina*）：16个、32个或64个细胞组成的球形或椭圆形空心群体，胞间有间隙，已开始有营养细胞和生殖细胞的分化，有性生殖为异配（图4-13C）。

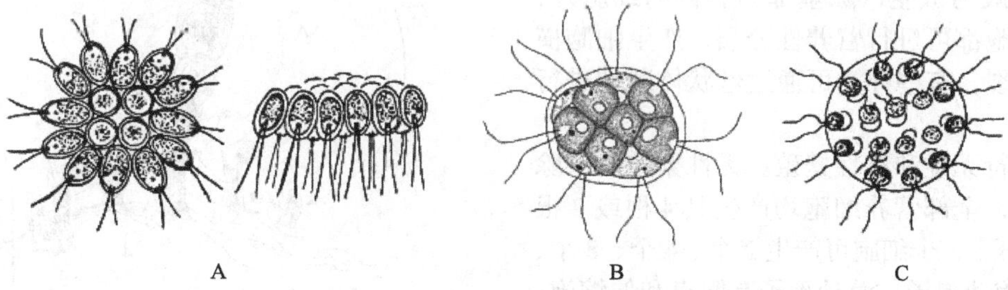

图4-13　团藻目的常见类型

A. 盘藻属（*Gonium*）　B. 实球藻属（*Pandorina*）　C. 空球藻属（*Eudorina*）

从单细胞的衣藻属到群体的盘藻属、实球藻属和空球藻属，再到多细胞体的团藻属，团藻目的植物体在形态和结构方面具有明显的演化趋势。细胞的营养作用和生殖作用，由不分化到分化，有性生殖由同配、异配到卵配逐渐演化。

B. 色球藻目（Chlorococcales）。植物体为单细胞或群体，营养细胞无鞭毛，产生似亲孢子，无营养性的细胞分裂，为淡水产浮游性种类。

小球藻属（*Chlorella*）：色球藻目中的常见植物，分布很广，生活于含有机质的池塘及沟渠中。

植物体为单细胞，圆形或椭圆形，细胞内含有曲带状或杯状载色体，除蛋白核小球藻（*Chlorella pyrenoidesa*）外，其余种类一般无蛋白核。

无性繁殖时原生质分裂产生不能游动的似亲孢子（autospore），母细胞壁破裂时，似亲孢子逸出发育成为新的植物体。有性生殖尚未发现（图4-14A）。

常见种类有普通小球藻（*C. vulgaris*）、椭圆小球藻（*C. ellipsoidea*）和蛋白核小球藻（*C. pyrenoidesa*）。

小球藻含蛋白质丰富，可高达50%，又含脂肪及多种维生素，可制高级食品或药剂。

栅藻属（*Scenedesmus*）：色球藻目中常见的定型群体种类属于淡水藻，在各种淡水水域中都能生活，分布极广。

植物体通常为4个细胞的定形群体，也有8个或16个细胞的群体。群体细胞是以长轴互相平行排列成1行，或互相交错排列成2行。群体中的细胞同形或不同形，通常是椭圆形或纺锤形，细胞壁光滑或有各种突起，如乳头、纵行的肋、齿突或刺。细胞单核。幼细胞的载色体是纵行片状，成熟细胞则充满着载色体，有1个蛋白核。

无性繁殖产生似亲孢子。产生似亲孢子时，细胞中的原生质体发生横裂，接着子原生质体纵裂，有的种连续发生一次或两次纵裂后，子原生质体变成似亲孢子，从母细胞壁纵裂的缝隙中放出，与纵轴相互平行排列成子群体（图4-14B）。

图4-14　色球藻目的常见类型及其无性繁殖（引自 Strasburger et al., 2010）

A. 小球藻属（*Chlorella*）B. 栅藻属（*Scenedesmus*）

1. 小球藻属营养细胞　2、3. 无性繁殖时，原生质分裂产生不能游动的似亲孢子

4. 栅藻属由4个细胞组成的定形群体　5. 无性繁殖产生似亲孢子

2）石莼纲（Ulvophyceae）。

A. 丝藻目（Ulotrichales）。丝藻目为单列细胞不分支的丝状体，细胞结构为丝藻型。

丝藻属（*Ulothrix*）：丝藻目中常见的植物。

植物体为单条丝状体，由直径相同的单核短圆筒形细胞上下连接而成，丝状体基部的单细胞通常分化为固着器（holdfast），使植物体固着生长在岩石或木头上。丝藻细胞的中央有一个细胞核，载色体1个，呈大型环带状，位于侧缘，其上含有1个或数个蛋白核。

丝状体一般为散生，除基部固着器的细胞外，藻体的营养细胞都可进行营养性分裂，产生细胞横隔壁进行横分裂，有些种类可通过丝状体断裂进行营养繁殖。

丝藻能进行无性和有性繁殖。无性繁殖时，除固着器细胞外，全部营养细胞均产生具4根或2根鞭毛的游动孢子，1个细胞可产生2个、4个、8个、16个或32个游动孢子。游动孢子具眼点和伸缩泡，游动缓慢，其后以鞭毛的一端附着于基质，产生细胞壁后再横分裂形成两个细胞，下方的细胞萌发形成一个基部固定器细胞，上方的细胞继续分裂延长为单列细胞的丝状体。

有性生殖过程为同配生殖，产生配子的过程与形成游动孢子一样，只是配子数量多达64个，且仅具有2条鞭毛。配子在水中游动然后成对结合。来自不同丝状体之间的同形配子的结合，称为异宗同配生殖（heterothallism）。合子经休眠及减数分裂后，产生4鞭毛的游动孢子和静孢子，每个孢子长成一个新的植物体（图4-15）。

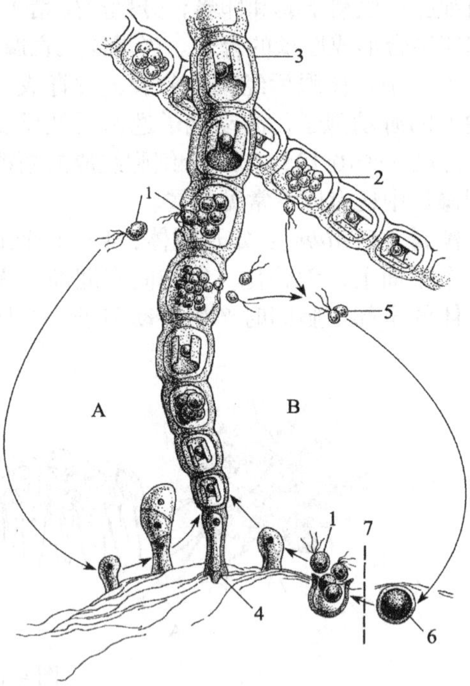

图4-15　丝藻属的生殖和生活史
（引自 Muller, 1979）

A. 无性繁殖　B. 有性繁殖

1. 游动孢子　2. 配子　3. 营养细胞　4. 固着器

5. 配子融合　6. 合子　7. 减数分裂

B. 石莼目（Ulvales）。石莼目为1层或2层细胞构成的片状植物体，生活史中世代交替现象明显。

石莼属（*Ulva*）：石莼属植物俗称海莴苣（sea lettuce），分布于海岸线中潮线。植物体为大型的由2层细胞组成的片状体。植物体基部的细胞延伸出无色的假根丝，生在 2 层细胞之间并向下生长伸出植物体外，互相紧密交织，构成假薄壁组织状的固着器，固着于岩石或其他基物上。藻体细胞表面观为多角形，切面观为长形或方形，排列不规则但紧密，细胞间隙富有胶质。细胞单核，位于片状体细胞的内侧。载色体 1 个，片状或杯状，位于片状体细胞的外侧，内含 1 个蛋白核。

石莼有两种植物体，即孢子体（sporophyte）和配子体（gametophyte），两种植物体都由 2 层细胞组成，形态结构相似，表观上难以区分。成熟的孢子体，除基部细胞外的其余细胞均可形成孢子囊，开始形成于叶状体上部叶缘的营养细胞，以后向内及中部、下部扩大。孢子囊内孢子母细胞核经过减数分裂，形成 8～16 个单倍的、具 4 根鞭毛的游动孢子。游动孢子成熟后由孢子囊的小孔逸出，游动一段时间后附着在岩石上，失去鞭毛，分泌细胞壁，2 天或 3 天后萌发成配子体，此期为无性繁殖。

配子体成熟后行有性生殖时产生配子，配子的形成过程与游动孢子相似，但配子囊母细胞不经过减数分裂。每个配子囊产生 16～32 个具 2 条鞭毛的配子。配子结合为异宗同配。合子在 2～3 天内萌发为二倍体的孢子体，此期为有性生殖（图 4-16）。

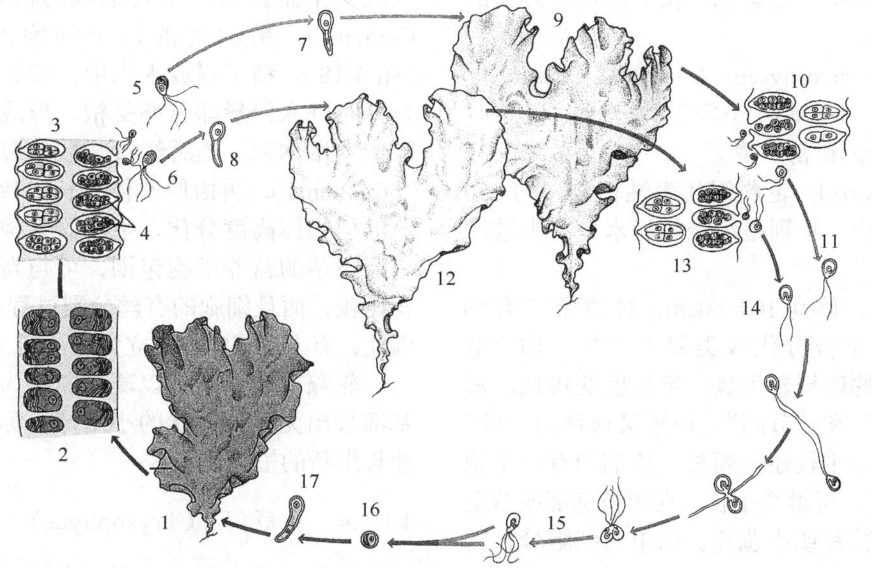

图 4-16　石莼的生殖和生活史（仿 Raven, 2008）

1. 孢子体　2. 孢子囊　3. 减数分裂　4. 孢子　5. 雄性孢子　6. 雌性孢子　7. 雄孢子萌发　8. 雌孢子萌发　9. 雄配子体　10. 雄配子囊　11. 雄配子　12. 雌配子体　13. 雌配子囊　14. 雌配子　15. 配子融合　16. 合子　17. 合子萌发

石莼属的孢子体和配子体外形相同，由这两种世代的同形藻体交替出现以延续后代，这种世代交替称为同形世代交替。

C.　双星藻目（Zygn-ematales）。双星藻目为单细胞或不分支的丝状体，有性生殖为接合生殖。

水绵属（*Spirogyra*）：双星藻目中的常见植物。本属约 300 种。常成片生于浅水的水底或漂浮于水面。

植物体为不分支的丝状体，由许多圆柱形的细胞纵向连接而成。由于细胞壁外面有多量的果胶质，故藻体表面滑腻，用手触摸即可辨别。细胞质贴近细胞壁，中央有 1 个大液泡，细胞核由原生质丝牵引，悬挂于细胞中央。每个细胞内含 1 至数条带状、呈螺旋状环绕于原生质体外围的载色体，载色体上有 1 列蛋白核（图 4-17）。

水绵属没有无性繁殖，有性生殖方式为接合生殖，常见的有梯形接合（scalariform conjugation）和

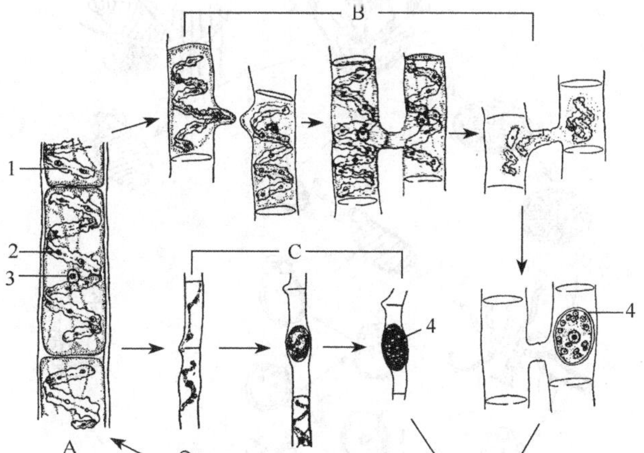

图 4-17　水绵及其生活史

A. 营养细胞　B. 梯形结合　C. 侧面结合　D. 减数分裂

1. 带状叶绿体　2. 淀粉核　3. 细胞核　4. 厚壁合子

侧面接合（lateral conjugation）两种类型。

梯形接合时，在2条并列的丝状体上，相对的细胞各生出1个突起，突起相接触处的壁溶解后形成接合管（conjugation tube）。同时，细胞内的原生质体收缩形成配子。一条丝状体中的配子经接合管而进入另一条丝状体中，相互融合成为合子。两条丝状体和它们之间所形成的多个横列的接合管，外形很像梯子，因此称为梯形接合（scalariform conjugation）。如果接合管发生在同一丝状体的相邻细胞间，则称为侧面接合（lateral conjugation）。合子形成厚壁，随着死亡的母体沉入水底休眠，萌发前经减数分裂，其中3核退化，仅1核发育为新的丝状体（图4-17）。

3）轮藻纲（Charophyyceae）。轮藻目（Charales）具有轮生枝以及“节”和“节间”的分化，生殖时形成多细胞的卵囊和精子囊。

轮藻属（*Chara*）：轮藻纲代表性植物，约150种，主产于淡水中，特别是清澈的静水中，少数产于微盐性的水中。

植物体直立，体高10～60cm，体表常含有钙质。分枝树状，主枝分化成类似于“节”和“节间”的构造，节的四周轮生具一定长度的短枝。短枝也分化成“节”和“节间”，短枝又被称为“叶”（图4-18）。无论是主枝还是短枝，顶端均有一个顶细胞（apical cell），可继续生长。在短枝基部或节上有单细胞刺状的苞片或小苞片。以单列细胞分枝的假根固着于水底淤泥中。

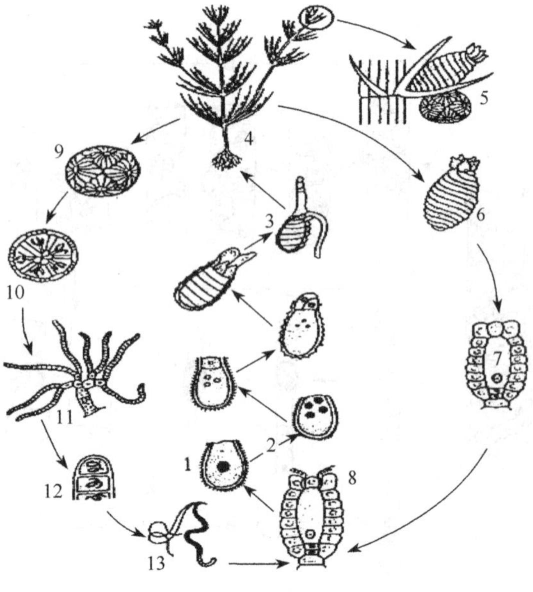

图4-18 轮藻及其生活史

1. 合子 2. 减数分裂 3. 原丝体 4. 植株 5. 生殖枝 6. 卵囊球 7. 卵细胞 8. 受精 9. 精子囊球 10. 盾形细胞 11. 精子囊丝 12. 精子囊 13. 精子

轮藻属没有无性繁殖，有性繁殖为卵式生殖。雌雄生殖器官结构复杂，为多细胞，两者皆生于短枝的节上，雌性生殖器官称为卵囊球（nucule），雄性生殖器官称为精囊球（globule）。卵囊球长卵形，位于小苞片的上方，内有1个卵细胞，卵细胞外围有5个螺旋形的管细胞（tube cell），每个管细胞的顶端各有1个冠细胞，5个冠细胞在卵囊球上方组成冠（corona）。精子囊呈球形，位于小苞片的下方，外围由8个三角形的盾细胞（shield cell）组成，成熟时鲜红色，中央有圆柱形的盾柄细胞（manubrium）、圆形的头细胞（head cell）、次级头细胞及数条单列细胞的精囊丝（antheridial filament），精囊丝的每个细胞内产生1个精子（图4-18）。精子释放入水中，待卵囊球成熟冠细胞裂开时进入卵囊球与卵受精，形成合子，合子形成厚壁发生休眠，随后经过减数分裂萌发成为原丝体（protonema），再由原丝体上长出数个新植物体。轮藻的植物体高度分化，生殖器官构造复杂，外面有一层不孕的营养细胞包围，可与高等植物的性器官相比较，而且细胞的有丝分裂过程与高等植物相似。因此，有人也将它们独立为轮藻门（Charophyta）。

轮藻的营养繁殖以藻体断裂为主，或在枝状体基部长出无色圆球状的小结球，称为珠芽，再由珠芽长出新的植物体。

4.1.4.4 金藻门（Chrysophyta）

（1）形态和结构 植物体多为单细胞或群体，少数为多细胞的分支丝状体。

单细胞及一些群体种类无细胞壁，有的种原生质膜裸露，其细胞体可变形；有的种可有原生质体分泌纤维素构成的囊壳，或分泌果胶质的膜，其上镶嵌有硅质的小鳞片。丝状或球状的种类具细胞壁，由原生质体分泌的纤维素和果胶质组成，如金球藻目（Chrysisphaerales）和金枝藻目（Phaeothamniales）。

大多数运动的种类和繁殖细胞具2条鞭毛，等长或不等长。

金藻细胞的原生质体呈透明玻璃状，内含两个大型侧生的片状载色体。光合色素包括叶绿素a和叶绿素c、β-胡萝卜素和墨角藻黄素（fucoxanthin）等几种叶黄素。由于叶绿素含量少，胡萝卜素及叶黄素含量较多，所以藻体多呈金褐色、黄褐色或黄绿色，故此金藻又常被称为金黄藻类（golden-yellow algae）。此外还有副色素，这些副色素总称为金藻素（phycochrysin）。

同化产物主要是金藻糖（chrysose），又因它具有和海带糖相似的化学性质，也称为金藻海带糖。此外，也含有脂类。

（2）繁殖 繁殖方式主要是营养繁殖和孢子生殖，有性生殖极少见。

单细胞种类的繁殖，常为细胞纵分成两个子细胞；群体种类的繁殖，常以群体断裂成两个或更多的段片，每个段片发育成一个新的群体，或以细胞从群体中脱离而发育成一新群体。

不能运动的种类产生游动孢子，有的可产生内壁孢子（静孢子）(aplanospore，statospore)，这是金藻特有的生殖细胞，细胞球形或椭圆形，具 2 片硅质的壁，顶端开一小孔，孔口有一明显胶塞。

（3）分布　多产于淡水中，是在透明度大、水温较低、有机质含量少、pH4～6 的微酸性和含钙质较少的软水水体中尤为常见。

（4）代表类群　金藻门仅 1 纲，约 200 属，1000 种左右。根据从单细胞到丝状体的进化阶段分为金胞藻目（Chrysomonadales）、根金藻目（Rhizochrysidales）、金囊藻目（Chrysocapsales）、金球藻目（Chrysosphaerales）和金枝藻目（Phaeothamniales）5 目。常见的有钟罩藻属（*Dinobryon*）和金枝藻属（*Phaeothamnion*）。

1）钟罩藻属（*Dinobryon*）。钟罩藻属又称为锥囊藻属，属金胞藻目。植物体单细胞或连成树状群体。细胞外包被着纤维素质的钟形囊壳。细胞内有 2 个载色体，眼点明显，顶端有 2 条不等长鞭毛，群体运动不灵活。通常进行营养繁殖，有性生殖少见，有则为同配（图 4-19A）。

本属约有 17 种。多数浮游生活于贫营养的淡水中，水中有机质多时就消失，有的种也生活在酸性泥炭水体中。已知有 2 个种是海产。

2）金枝藻属（*Phaeothamnion*）。属金枝藻目。植物体为分支的丝状体，基部有 1 个细胞特化成半球形固着器，附生于其他藻体上。细胞内有 2 个载色体，储存物质为粒状金藻昆布糖。生殖时在细胞内产生 1 个、2 个、4 个或 8 个游动孢子，游动孢子具有 2 条不等长鞭毛（图 4-19B）。

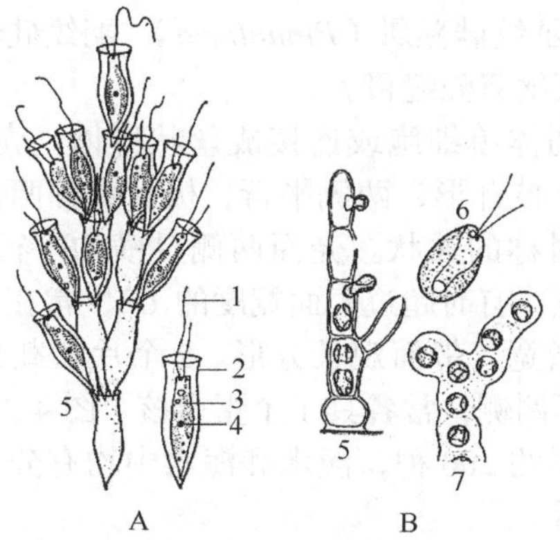

图 4-19　金藻门的常见类型（引自 Eduard Strasburger, 1976）
A. 钟罩藻属（*Dinobryon*）　B. 金枝藻属（*Phaeothamnion*）
1. 鞭毛　2. 钟罩壁　3. 载色体　4. 细胞核　5. 植物体
6. 游动孢子　7. 胶群体阶段

本属约有 3 种，分布于池塘、湖泊和沼泽地等水中，是金藻门高级类型的代表植物。

4.1.4.5　硅藻门（Bacillariophyta）

（1）形态和结构　植物体多为单细胞，少数为多细胞贴合在一起形成群体或丝状体。

硅藻细胞壁无色、透明。外层为硅质，主要是二氧化硅，较厚，硅质壁上具有排列规则的花纹，内层为果胶质，不含纤维素。

硅藻细胞壁的构造像一个盒子，由两个套合的半片组成，半片称为壳瓣（valve）。套在外面的壳瓣较大，称为上壳（epitheca），相当于盒盖；套在里面的壳瓣较小，称为下壳（hypotheca），相当于盒底。上、下壳瓣并非紧密连在一起，仅仅是相互套合。壳瓣的顶面和底面称为壳面（valve view），侧面称为环面（girdle view），由于 2 个壳瓣套合处恰似一条环绕带，因而也称为环带（girdle band）（图 4-20B）。

硅藻的壳面上分布有各种纹饰和突起，在电子显微镜下呈现小孔、小穴或小腔状，开口内向。依据壳面纹饰的不同，可将硅藻门分为辐射硅藻类（又称为中心硅藻类）和羽纹硅藻类。前者壳面圆形，辐射对称，表面花纹自中央一点向四周呈辐射状排列；后者壳面长形，花纹排列成两侧对称（图 4-20A）。

硅藻细胞内含有 1 个球形或卵形的细胞核，以及 1 至多数载色体。载色体含有的光合色素主要有叶绿素 a、叶绿素 c、β- 胡萝卜素和叶黄素。叶黄素包括墨角藻黄素（fucoxanthin）、硅藻黄素（diatoxanthin）和硅甲黄素（diadinoxanthin），因此硅藻呈现橙黄色或黄褐色。同化产物主要是金藻糖和脂类。

（2）繁殖　硅藻通常以细胞分裂的方式进行营养繁殖。分裂初期，细胞的原生质膨胀，使上、下壳瓣略分离，然后细胞核进行有丝分裂，载色体一分为二，原生质沿着与瓣面平行的方向进行分裂。2 个子细胞各自再形成新的半片，新形成的半片始终作为子细胞的下壳瓣，因此，2 个新细胞中，一个与母细胞等大，另一个则比母细胞略小。连续分裂几代后，只有一个子细胞与母细胞等大，其余子细胞将越来越小（图 4-21A）。

子细胞个体逐渐缩小到一个限度后，这种小细胞不再分裂，而是产生一种孢子，以恢复原来的大小，这种孢子称为复大孢子（auxospore）。复大孢子的形成方式有无性和有性两种。无性方式就是由营养细胞直接膨大而成复大孢子，如中心硅藻纲的变异直链藻（*Melosira varians*）。有性方式通过接合作用完成，以披针桥弯藻（*Cymbella lanceolata*）为

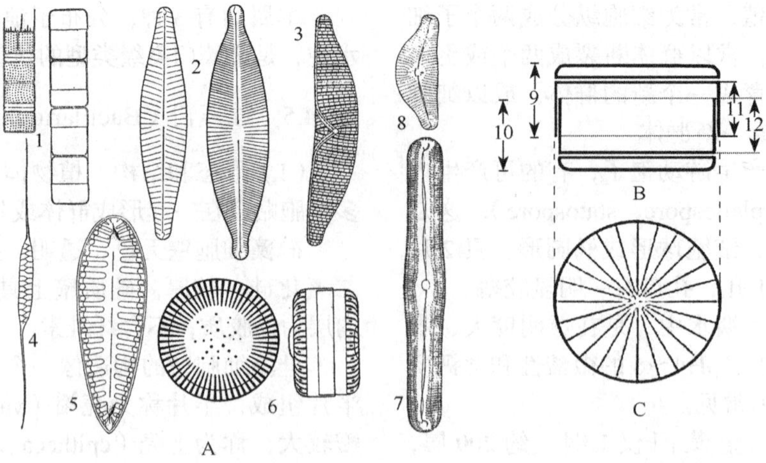

图 4-20 硅藻代表种类及其结构（引自胡鸿钧等，1980）

A. 硅藻代表种类及壳面纹饰 B. 硅藻壳面结构环面观 C. 硅藻壳面结构顶面观

1. 直链藻属（*Melosira*） 2. 舟形硅藻属（*Navicula*） 3. 窗纹藻属（*Epithemia*） 4. 根管藻属（*Rhizosolenia*） 5. 双菱藻属（*Surirella*） 6. 小环藻属（*Cyclotella*） 7. 羽纹硅藻属（*Pinnularia*） 8. 桥弯藻属（*Cymbella*） 9. 上壳 10. 下壳 11. 上壳带 12. 下壳带

例，将要接合的2个细胞先进行一次减数分裂，各形成4个子核，其中3个核退化，其余1个核发育成大配子，配子结合形成的合子也称为复大孢子，复大孢子发育成新的植物体（图 4-21B）。

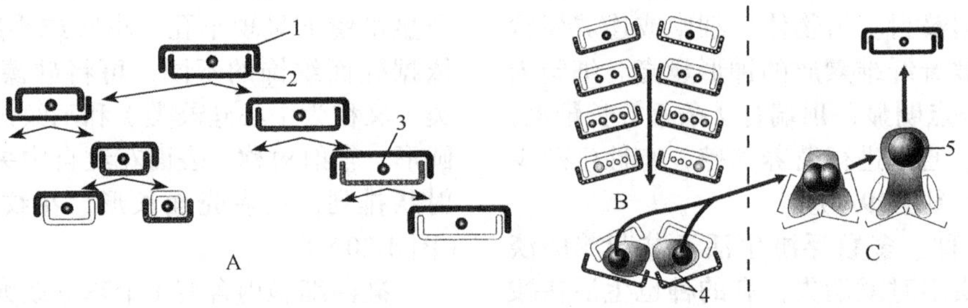

图 4-21 硅藻繁殖方式示意图（引自 Rost, 2005）

A. 细胞营养繁殖 B. 减数分裂 C. 受精

1. 上壳 2. 下壳 3. 细胞核 4. 配子 5. 复大孢子（合子）

（3）分布 硅藻广泛分布于淡水、海水和半咸水中，作为鱼、贝等动物的优良饵料，是海洋浮游植物的主要组成者。

（4）代表类群 硅藻种类很多，约有16 000种。根据壳瓣的形状和花纹排列方式，硅藻门分成中心硅藻纲（Centriae）和羽纹硅藻纲（Pennatae）。中心硅藻纲多海生，分为圆筛藻目（Coscinodiscales）、根管藻目（Rhizosoleniales）和盒形藻目（Biddulphiales）3目。羽纹硅藻纲（Pennatae）多分布于淡水中，分为无壳缝目（Araphidionales）、单壳缝目（Monoraphidiales）、短壳缝目（Raphidionales）、双壳缝目（Biraphidinales）和管壳缝目（Aulonoraphidinales）5目。

1）小环藻属（*Cyclotella*）。小环藻属属于中心硅藻纲圆筛藻目。

植物体单细胞，有些种以壳面互相连接成带状群体。细胞圆盘形或鼓形。壳面圆形，少数种椭圆形，边缘部有辐射状排列的线纹、孔纹或肋纹，中央平滑或具颗粒，带面平滑。载色体多个，小盘状（图 4-20A 6）。

本属以细胞分裂方式进行繁殖，也可以自配的方式产生复大孢子。

本属约40种，是海产或淡水产的浮游藻类，也有的种生长于土壤中，早春大量出现。

2）羽纹硅藻属（*Pinnularia*）。羽纹硅藻属属于羽纹硅藻纲双壳缝目。

植物体单细胞或连接成丝状群体，壳面线状、椭圆形至披针形，两侧平行，极少数种两侧中部膨大或呈对称的波状。壳面两侧具横的平行的肋纹，中轴区宽，有时超过壳面宽度的1/3，常在中央节和极节处增宽。带面观长方形。2个片状载色体位于细胞带面两侧，常各具1个蛋白核（图 4-20A 7）。

本属约200种，淡水和海水中均有分布，多数底栖生活。

4.1.4.6 红藻门（Rhodophyta）

（1）形态和结构 红藻门的多数种类为多细胞植物体，通常构成简单的丝状、片状或树枝状。植物体一般较小，高约 10cm，少数可超过 1m。

红藻的细胞壁分两层，内层由纤维素质构成，外层由琼胶和角叉莱胶等胶质组成。载色体中含有叶绿素 a、叶绿素 d、胡萝卜素和叶黄素，含有大量的藻红蛋白和藻蓝蛋白。因藻红素所占比例高且各类色素的含量不同，故藻体呈红色或紫红色等不同的颜色。

同化产物为红藻淀粉（floridean starch），为一种非水溶性糖类，以小颗粒状存在于细胞质中或载色体表面。有些红藻的同化产物为红藻糖（floridose）。

（2）繁殖　红藻以分裂方式进行营养繁殖，无论是单细胞的种类还是多细胞的种类，其营养细胞均可进行分裂。

红藻在整个生活史中没有具鞭毛的运动细胞。无性繁殖时产生静孢子，通过营养细胞产生单孢子囊，每个孢子囊产生 1 个孢子，称为单孢子（monospore）。有些种类产生四分孢子囊，经减数分裂产生四分孢子（tetraspore）。

红藻的有性生殖均为卵式生殖。雌性生殖器官与卵囊相似，称为果胞（carpogonium），果胞上具有称为受精丝（trichogyne）的毛状体。受精后产生一种特殊的孢子，称为果孢子。

红藻多具有世代交替现象。

（3）分布　绝大多数产于温带海洋，行固着生活，少数分布于淡水。海生红藻分布深度多为 75～100m，最深可达 260m。

（4）代表类群　红藻门仅有红藻纲（Rhodophyceae），约 400 属 3900 种，分为紫菜亚纲（Bangioideae）和真红藻亚纲（Florideae）。

1）紫菜亚纲。紫菜亚纲为单细胞或丝状体，或为坚实圆柱状或扩展成 1 层或 2 层细胞厚的片状体，常具有 1 个轴生的星芒状载色体。

A. 紫菜属（*Porphyra*）。植物体为叶状体，紫红色、紫色或紫蓝色。叶状体形态变化很大，边缘多少有皱褶，基部楔形或圆形，以固着器固定在海滩岩石上。植物体由 1 层或 2 层细胞组成，外面包围有胶质层。细胞单核，星状载色体 1 枚，中央具 1 个蛋白核。

本属约 25 种，现以甘紫菜（*P. ternera* Kjellm）为例说明红藻门的生活史。

甘紫菜的植物体是雌雄同株。无性繁殖时由营养细胞直接形成具有 1 个孢子的单孢子囊，其中的单孢子释放后萌发并直接发育为新的甘紫菜个体。有性生殖时，一些营养细胞分裂形成精子囊，每个精子囊含有一个不动精子（spermatium）；另一些营养细胞变态形成烧瓶状的雌性生殖结构——果胞（carpogonium），果胞内含有 1 卵。不动精子释放后随水流到达果胞与卵结合形成合子，合子经有丝分裂产生具有 8 个、16 个、32 个或 64 个果孢子的果孢子囊。果孢子从母体分散出来后萌发，钻进贝壳等石灰质体中，成长为具有复杂而呈不规则分支的丝状体，称为壳斑藻（conchocelis of porphyra）。壳斑藻经过减数分裂产生 2～4 个壳孢子。壳孢子分散后萌发成为新的紫菜叶状体，完成其整个生活史循环（图 4-22）。

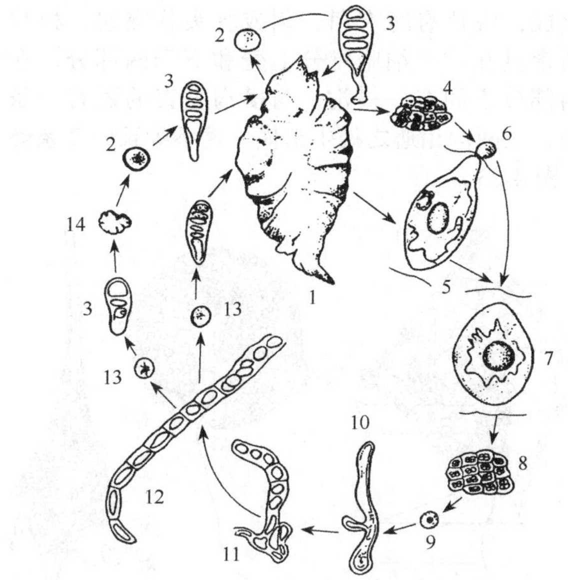

图 4-22　紫菜属（*Porphyra*）的生活史
1. 植物体　2. 单孢子　3. 萌发幼植物体　4. 精子囊　5. 果胞　6. 精子　7. 合子　8. 果孢子囊　9. 果孢子　10. 萌发幼植物体　11. 丝状体孢子囊　12. 壳孢子的形成和释放　13. 壳孢子　14. 小紫菜

B. 紫球藻属（*Porphyridium*）。植物体为单细胞，细胞圆形或椭圆形。载色体 1 个，星芒状，中轴位，有蛋白核，无淀粉鞘。细胞核 1 个，位于载色体一侧。营养繁殖时，细胞纵裂为 2 个细胞。紫球藻常生活于潮湿的地上和墙角，可作纯培养。

2）真红藻亚纲。植物体为分支的丝状体，分支分离或互相疏松地交错排列，或紧密地排列形成假薄壁组织，载色体通常多个，周生，盘状，罕为片状。

多管藻属（*Polysiphonia*）：本属约 150 种。植物体为多列细胞的分支丝状体，有些种类的丝状体分化为直立丝状体和匍匐丝状体，基部以单细胞假根固着于海边岩石上。丝状体中有一列较粗的细胞，称为中轴管（central siphon），中轴管外由 4～24 个称为围轴管（peripheral siphon）的细胞包围。

4.1.4.7　甲藻门（Pyrrophyta）

（1）形态与结构　甲藻也常被称为双鞭藻（Dinoflagellates）。

植物体多数为单细胞，具2条不等长且排列不对称的鞭毛，可以运动。细胞外形多样，常呈球形、针形、梭形或卵圆形等，背腹扁平或左右侧扁，常有背腹之分。

除少数种类裸露无细胞壁外，多具有由纤维素构成的细胞壁。具有细胞壁的甲藻可以分为纵裂甲藻和横裂甲藻两类，纵裂甲藻类的细胞壁由左右2片组成，无纵沟（longitudinal furrow）和横沟（tranverse furrow）。横裂甲藻类的细胞壁由许多小板组成，板片有时有角、刺或乳头状突起，板片表面常具孔纹，细胞壁分上壳和下壳两部分，在这两部分之间有一横沟，与横沟垂直的还有一条纵沟，在两沟相遇之处生出横、直不等长的2条鞭毛（图4-23）。

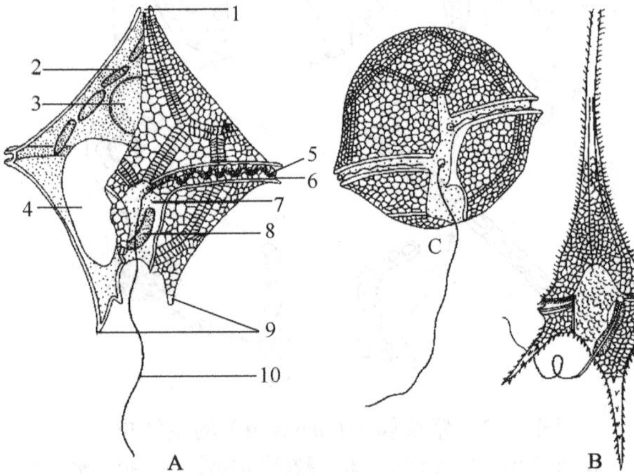

图4-23 甲藻门的常见种类
（引自叶创兴，2000）
A、B. 多甲藻属（*Peridinium*） C. 角甲藻属（*Ceratium*）
1. 顶孔 2. 载色体 3. 细胞核 4. 液泡 5. 腰鞭毛 6. 横沟 7. 纵沟 8. 搏动泡 9. 底脚 10. 拽动鞭毛

甲藻细胞所含有的光合色素有叶绿素a、叶绿素c和β-胡萝卜素，此外还有甲藻特有的多甲藻素（peridinin），故藻体一般呈黄绿色或棕黄色。海产种类的光合产物多为脂类，淡水产种类的光合产物多为淀粉。

（2）繁殖　繁殖方式主要是细胞分裂，或是在母细胞内产生无性孢子，行孢子生殖，极少数具有同配的有性生殖。

（3）分布　多产于海洋中，在暖海行浮游生活，为贝类等的食物。有时在海岸线附近大量繁殖，形成赤潮，淡水中的种类较少。

（4）代表类群　甲藻门约3000种，分为纵裂甲藻亚纲（Desmophyceae）和横裂甲藻纲（Dinophyceae）2纲。甲藻种类虽多，但多数种类对光照和水温要求严格，平时不易见到，常见的主要是多甲藻目的多甲藻属（*Peridinium*）和角甲藻属（*Ceratium*）。

1）多甲藻属。植物体为单细胞，椭圆形、卵形或多角形，背腹扁，背面稍凸，腹面平或凹入，纵沟和横沟明显，细胞壁由多块板片组成，载色体多数，粒状，周生，黄褐色、黄绿色或褐红色。有的种类具蛋白核。细胞核大，1个（图4-23A、图4-23B）。

储藏物质是淀粉或油。细胞以斜向纵裂进行繁殖，或形成厚壁休眠孢子，少数种类有有性生殖。本属约有200种，海产种类较多，淡水产种类较少。

2）角藻属。植物体为单细胞，不对称形，顶端有板片突出形成的长角，底部有2个或3个短角，载色体多数，橙黄色，细胞核1个，有眼点，细胞以斜向纵裂方式繁殖，分裂时细胞壁分为两半，2个子细胞各得一半，另外一半由子细胞自己发育，在营养期末形成厚壁休眠孢子（图4-23C）。

本属约80种，主要为海产，少数生活于淡水。

4.1.4.8 褐藻门（Phaeophyta）

（1）形态与结构　植物体为多细胞，基本上可分为以下三大类。

1）分支的丝状体。无分化或分化为匍匐枝和直立枝的异丝体。

2）假薄壁组织体。由分支的丝状体互相紧密结合形成。

3）有组织分化的植物体。属于比较高级的类型，其藻体的内部分化成表皮层、皮层和髓3部分。表皮层的细胞较小，内含许多载色体，皮层细胞较大，接近表皮层的几层细胞也含有载色体，髓在中央，由无色的长细胞组成，有些种类的髓部有类似筛管的构造，称为喇叭丝，均有输导和储藏作用。

褐藻细胞壁分为两层：内层由纤维素组成，其化学成分和维管植物一样；外层由藻胶组成。同时在细胞壁内还含有褐藻酸（alginic acid）。藻胶和褐藻酸具有黏性，有助于细胞形成一个坚实体，当退潮时，黏液质可使暴露在外面的藻体免于干燥。

细胞单核。载色体1至多数，粒状或小盘状。光合片层由3条类囊体叠成。内质网膜与核膜相连，它是外层核膜向外延伸形成的，包裹载色体和蛋白核。褐藻常具有1大型蛋白核，其不埋在载色体内，而是突出在载色体的一侧并与载色体内的基质紧密相关，称为单柄型（single-stalked type）。蛋白核外包有淀粉鞘。

载色体含有叶绿素a、叶绿素c、β-胡萝卜素和6种叶黄素。叶黄素中有1种称为墨角藻黄素的色素含量最高，掩盖了叶绿素，使藻体呈褐色。光合作用积累的储藏物质是1种溶解状态的碳水化合物，主要是褐藻淀粉（laminarin）和甘露醇（mannitol）。

（2）繁殖　营养繁殖以断裂的方式进行，藻体纵裂成几个部分，每个部分发育成新的植物体；或者由母体上形成断片，脱离母体发育成植物体；或者由营养体某一部分长出具有繁殖功能的小枝，即繁殖枝（propagule），繁殖枝脱落后长成新的个体。

无性繁殖产生游动孢子和静孢子，形成的孢子囊有以下两种。

1）单室孢子囊（unilocular sporangium）。是由孢子体的一个细胞增大形成的，该细胞核经过减数分裂和有丝分裂，形成 128 个侧生双鞭毛的游动孢子，其他如网地藻属（*Dictyota*）则形成 4 个静孢子。

2）多室孢子囊（plurilocular sporangium）。是孢子体的一个细胞经过多次分裂形成的一个细长的多细胞组织，每个小立方形细胞发育成一个侧生双鞭毛的游动孢子，此种孢子囊发生在二倍体的藻体上，形成孢子时不经过减数分裂，因此游动孢子是二倍体，发育成一个二倍体植物体。

有性生殖有同配生殖、异配生殖和卵式生殖。

褐藻的生活史多为孢子减数分裂的异型世代交替类型，如海带具有孢子体发达的异型世代交替。

（3）分布　褐藻为固着生活的底栖藻类，绝大多数生活于海洋中，属于冷温性海藻，常分布于寒带海和两极海，暖水藻类较少。

（4）代表类群　褐藻门约 250 属 1500 种，根据世代交替的有无及类型分为 3 纲：等世代纲（Isogeneratae）、不等世代纲（Heterogeneratae）和无孢子纲（Cyclosporae）。

1）等世代纲。本纲具有同形世代交替，其孢子体的繁殖通过动孢子、静孢子或中性孢子实现，有性生殖为同配、异配或卵配。

水云属（*Ectocarpus*）：属于等世代纲水云目。多海产。由单列细胞构成小型褐色叉状分支的丝状体，丝状体分化成匍匐附着部分和直立部分，匍匐部分的分支密而不规则；直立部分簇生，末端小支逐渐变细。细胞核 1 个，载色体少数带状或多数盘形。

水云属的配子体与孢子体形态构造相同，为明显的同形世代交替藻类。无性繁殖器官发生于侧生小枝的顶端细胞上，有单室孢子囊和多室孢子囊两种，单室孢子囊进行减数分裂，产生孢子，多室孢子囊进行有丝分裂，产生中性孢子（$2n$）。有性生殖为异宗配合，多室配子囊在配子体的侧生小枝的顶端细胞上形成，来自不同藻体的雌雄配子大小基本相同，互相结合成合子后立即萌发，形成二倍体孢子体（图 4-24）。

2）不等世代纲。本纲具异形世代交替，孢子体发达，形成薄壁组织或拟薄壁组织，配子体微小，丝状，多分支。

海带属（*Laminaria*）：属于不等世代纲海带目。

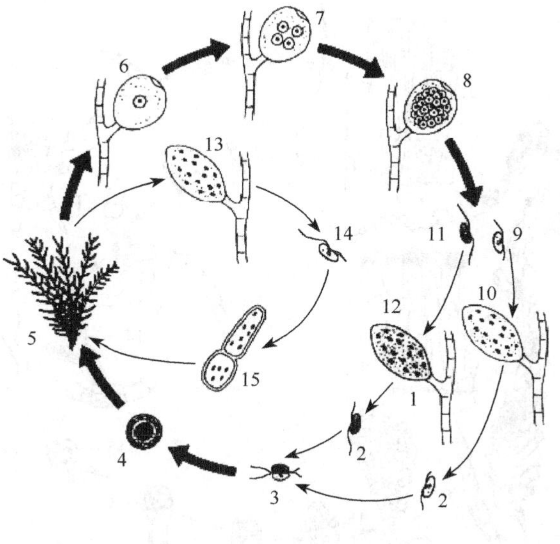

图 4-24　水云属（*Ectocarpus*）的生活史
1. 配子体　2. 配子　3. 配子融合　4. 合子　5. 孢子体
6. 单孢子囊　7. 减数分裂　8. 有丝分裂　9. 雌性游动孢子
10. 雌性配子囊　11. 雄性游动孢子　12. 雄性配子囊
13. 多室孢子囊　14. 中性孢子　15. 幼孢子体

约有 30 种，分布在北冰洋、北大西洋、北太平洋及非洲南部海洋。海带（*L. japonica* Aresch.）为本属常见种类。

海带大多分布在北方温度较低的浅海中。孢子体分成固着器、柄和带片 3 部分。固着器呈锚状；柄呈不分支的圆柱形或略侧扁，柄部常分化为表皮、皮层和髓 3 层；带片生长于柄的顶端，不分裂，没有中脉，幼时常凸凹不平，内部构造和柄相似，也分为 3 层。

海带的生活史有明显的世代交替。孢子体成熟时，带片两面的表皮细胞斜分裂，产生单室游动孢子囊，游动孢子囊丛生呈棒状，间夹着称为隔丝（paraphysis）（或称为侧丝）的长细胞，隔丝尖端有透明的胶质冠。带片上存在单室游动孢子囊的区域呈现深褐色斑块。孢子囊内的孢子母细胞经过减数分裂及多次有丝分裂，产生很多单倍体侧生双鞭毛的同型游动孢子。游动孢子成熟并逸出后立即萌发为雌、雄配子体。雄配子体为仅由十几个至几十个细胞组成的分支丝状体，其上的精子囊含有 1 枚侧生双鞭毛的精子，其结构和游动孢子相似。雌配子体由少数较大的细胞组成，分支很少，在 2～4 个细胞时，支端即产生单细胞的卵囊，内有 1 枚卵。卵成熟时排出，附着于卵囊顶端，在母体外受精，形成二倍体的合子。合子不离开母体，数日后即萌发为新的海带。翌年 6 月在适宜的条件下可长至 1.3～1.7m（图 4-25）。

海带的孢子体和配子体之间差别很大，孢子体大，有组织的分化，配子体只由十几个细胞组成，这样的世代交替称为异形世代交替。

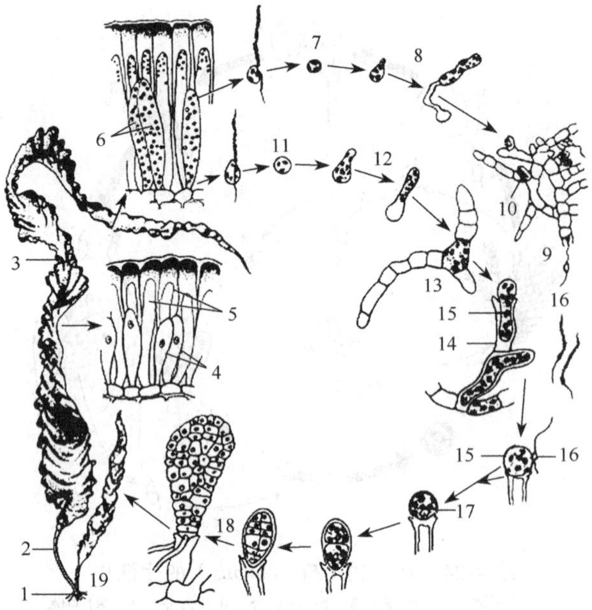

图 4-25　海带属（*Laminaria*）的生活史

（仿 Raven, 2008）

1. 固着器　2. 柄　3. 带片　4. 未成熟的游动孢子囊（$2n$）　5. 隔丝　6. 含有游动孢子（n）的成熟孢子囊　7. 雄性游动孢子　8. 雄性孢子萌发　9. 雄配子体　10. 精子囊　11. 雌性游动孢子　12. 雌性孢子萌发　13. 雌配子体　14. 卵囊　15. 卵细胞（n）　16. 精子（n）　17. 合子（$2n$）　18. 孢子体发育　19. 成熟孢子体

3）无孢子纲。生活史中无世代交替，藻体为二倍体的孢子体。

墨角藻属（*Fucus*）：属于无孢子纲。藻体褐色，为具分化的薄壁组织，多固着于岸边岩石上，高 20～30cm。基部具囊状漂浮器及用以固着于岩石的固着器，叶状体为黏液覆盖，仅在分叉幼枝的顶端生长。墨角藻的植物体是二倍体，有性生殖时在枝顶端形成生殖托（receptacle），生殖托有柄呈长角果状，较营养枝粗，生殖托的表面有明显的结状突起，突起处有一开口的腔，称为生殖窝（conceptacle）。雌性生殖器官卵囊和雄性生殖器官精囊生长在同一生殖窝中，称为雌、雄同窝。2～3 个单细胞的精囊生长在窝内生出的每个分支上，旁有隔丝。精囊细胞第一次进行减数分裂，以后进行有丝分裂，形成 64 个具有两条鞭毛的精子。卵囊也是单细胞的，经过减数分裂，最后发育成 8 个卵。成熟的精子和卵结合后发育成二倍体的植物。墨角藻属于配子减数分裂型生活史（图 4-26）。

4.1.5　生态和经济价值

藻类植物广泛分布于包括陆地、海洋、湖泊、土壤、戈壁滩、温泉及极地等几乎各种生境中。它们不仅在各自的生态系统中不同程度地担负着重要

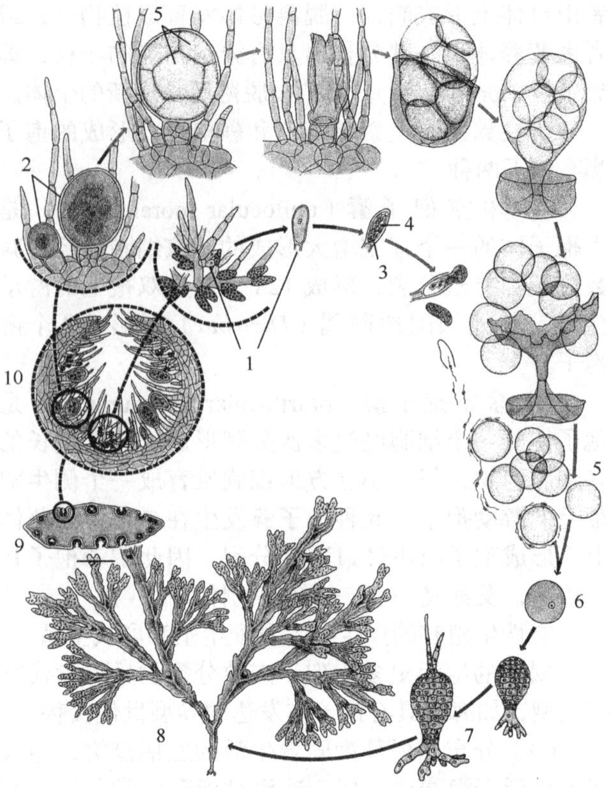

图 4-26　墨角藻属（*Fucus*）的生活史

（引自 Raven, 2008）

1. 不成熟的精囊（$2n$）　2. 不成熟的卵囊（$2n$）　3. 成熟的精囊　4. 精子（n）　5. 卵细胞（n）　6. 合子（$2n$）　7. 孢子体发育　8. 成熟孢子体　9. 生殖托　10. 生殖窝

作用，而且在农业、食品、医药和化工领域中均有重要应用。

4.1.5.1　生态和农业价值

1）藻类植物是地球上光能的最大利用者。在全球大规模的光合作用过程中，约有一半的光合作用产物是由藻类产生的，全球海洋浮游植物生产量占整个海洋初级生产量的 99%，每年约为 23×10^9t，淡水和湿地藻类生产量每年约为 3.5×10^9t。

2）固氮蓝藻（及固氮细菌）等还可以直接利用大气中的氮气，是地球上提供化合氮的重要生物，也是可利用的重要生物氮肥资源。目前已知固氮蓝藻有 120 多种，包括念珠藻属和鱼腥藻属的一些种类，每年固定氮素约 1.7×10^8t。

3）藻类光合作用及固氮作用所产生的有机物质，通过食物链直接或间接地被不同生物所利用，因而藻类无论是在淡水中还是在海洋中都是水体食物网的基本环节，是无数其他浮游生物和水生生物的饲料，被称为“原初生产者”。

4）对于陆地生态系统，藻类在维持水网营养、改造土壤机制、净化环境等方面间接发挥着巨大作用。土壤藻类可以积累有机物质，刺激土壤微生物的活动，增加土壤中的含氧量，防止无机盐的流失，

减少土壤的侵蚀，其中具有固氮作用的蓝藻在提高土壤肥力方面起重要作用。

5）在适宜的光、温条件下，富营养化水域会导致有害藻类的暴发。淡水中，微囊藻（*Microcystis*）暴发式生长形成“水华”，严重污染水质，导致其他水生生物的大量死亡，产生的微囊藻毒素能损害肝并能致癌，直接威胁人类的健康。海域中，甲藻类大量暴发形成赤潮。

4.1.5.2　食用

我国利用藻类作为食品，有悠久的历史，食用的种类和方法之多，也是世界闻名的。经常作为商品出售的食用淡水藻类主要包括念珠藻属中的地木耳（*Nostoc commume*）和发菜（*Nostoc commume* var. *flagelliforme*）。海产藻类主要有礁膜（*Monostroma nilidum*）、石莼（海白菜）（*Ulva lactula*）、海带（*Laminaria japonica*）、裙带菜（*Undaria pinnatifida*）、紫菜（*Porphyra* sp.）和石花菜（*Gelidium amansii*）等。

4.1.5.3　药用

有的藻类直接作为药用，如褐藻中的海带、裙带菜、羊栖菜（*Sargassum fusiforme*）等，都具有防治甲状腺肿大的功效。其中，海带中碘含量为干重的 0.08%～0.78%。红藻中的鹧鸪菜（*Caloglos saleprieurii*）和海人草（*Digenea simplex*）可作为驱除蛔虫的特效药。从褐藻中提取的藻胶酸、甘露醇和从红藻中提取的琼胶也在医学中广泛应用。例如，藻胶酸盐可作为制造牙模和止血药物的原料，甘露醇有消除脑水肿和利尿的效能，琼胶除作为轻泻药治疗便秘症外，还可用来作为制造药膏的药基、包药粉的药衣和细菌培养基的凝固剂。

4.1.5.4　工业利用

藻类植物的大范围工业应用起始于日本于 17 世纪从褐藻灰中提取腐蚀性苏打和氢氧化钾。18 世纪，西方国家开始开发藻类植物，从中提取碘和其他具有重要经济价值的化合物，如海藻胶（一种明胶类似物，可以自褐藻和红藻等许多海藻种类中提取）、琼胶（agar）、角叉莱胶（carrageenan）和褐藻胶（algin）等。藻胶的可溶性碱盐在浓缩后可作为燃料、皮革、布匹等的光泽剂。琼胶、角叉莱胶被广泛用于食品等。

硅藻大量死亡后，细胞内的有机物质分解，细胞壁仍然保存，沉积后形成硅藻土。硅藻土用于耐高温的隔离物质、化学成分分离，以及金属、木材的磨光剂。蓝藻死亡沉积后形成含油的“干粮”，可用于生产石油。

4.2　菌类植物

4.2.1　基本特征

菌类植物（fungi，单数 fungus）是指缺乏光合色素或其他色素，不能进行光合作用自制养料、依赖于现有有机物质生活的一群真核生物的总称。

菌类植物分布范围广，其异养生活方式有腐生（saprophytism）和寄生（parasitism）两种。腐生是指从死亡生物的残骸、有机物或土壤腐殖质中吸收养料，寄生是指从生活的生物组织中吸收养料（被寄生的生物称为寄主）。寄生和腐生两种异养方式之间并没有严格的界限。例如，很多真菌先依赖生活的有机体吸收养料，属于寄生，但在其寄主死亡后，这些真菌仍然依赖其尸体吸收养料，即由寄生转为腐生。

菌类植物为单细胞或菌丝体，有细胞壁，能产生孢子，一般不能运动。1753 年林奈（Linnaeus）定义的植物界中包括了菌类，这是由于其具有细胞壁，且不能运动。但近代的研究表明，菌类与植物之间存在较大差别，主要体现在如下 5 个方面：菌类的细胞壁主要成分为几丁质（壳多糖），而植物细胞壁的主要成分为纤维素；菌类细胞中不存在植物细胞特有的质体和光合色素，不能进行光合作用；菌类植物以糖原形式储藏能量而不以淀粉形式；菌类的核糖核蛋白体分散于原生质体内，而植物的核糖核蛋白体则与内质网相连；真菌的线粒体不像植物的线粒体那样规则而坚实，细胞分裂过程中很少形成纺锤体，生物大分子细胞色素 c 和氨基酸系统排列特征与动物接近而与植物差异较大。

故此，1969 年，魏泰克（Whittaker）在生物界分类的“五界系统”中，将菌类归入真菌界（Fungi）。很多学者也都赞同这样的归类方式。但本教材暂沿用之前的惯例，将菌类作为植物界的类群进行简要介绍。

菌类不是单元起源的自然群体，其中包括的不同类群之间的联系并不紧密，因而人们对于菌类的分类也众说纷纭。有些教材中提到的菌类通常包括细菌门、黏菌门和真菌门，但现代生物学研究表明，这几个门之间并无近缘关系，只是由于它们都不含有光合作用色素，又都是异养生物（除少数细菌能够自养外），而且名称中都带有“菌”字而统归为“菌类”。本教材依据 Ainsworth 等（1973）提出的分类系统，根据营养阶段为原生质团或假原生质团将菌类划分为黏菌门（Myxomycota）和真菌门（Eumycota）。

4.2.2 主要类群

4.2.2.1 黏菌门

（1）主要特征 黏菌是介于动物和真菌之间的一群生物。具体而言，其在生长期的营养体为无细胞壁的裸露多核原生质团，无叶绿素，称为变形体（plasmodium），其结构、运动或摄食方式与原生动物中的变形虫相似，即在营养生长时期具有动物性状，但在繁殖时期，黏菌产生的孢子具有由纤维素构成的细胞壁，即其繁殖时期具有植物的性状。

黏菌大多数腐生，生长在潮湿的环境，如树上的孔洞或破旧的木梁上，但有少数寄生，致使植物发生病害甚至死亡。

黏菌含有或产生孢子的结构称为子实体。

（2）代表类群 黏菌门有约 500 种黏菌，可划分为 4 纲：集胞菌纲（Acrasiomycetes）、水生黏菌纲（Hydromyxomycetes）、黏菌纲（Myxomycetes）和根肿菌纲（Plasmodiophoromycetes）。以下以黏菌纲和根肿菌纲为代表作简要介绍。

1）黏菌纲。黏菌纲约 450 种，具有真正的变形体，常产生具有鞭毛的游动细胞，子实体外表有一层包被（peridium）。

发网菌属（*Stemonitis*）是黏菌门中常见且广泛分布的类群，腐生于落叶、朽木上。其变形体呈不规则网状，直径达数厘米，在阴湿处的腐木或枯叶上缓慢爬行。无性繁殖时，变形体移动到干燥光亮的地方，形成很多发状突起，每个突起发育成一个具柄的孢子囊（子实体）。孢子囊长筒形、紫灰色，孢子囊柄伸入囊内的部分称为囊轴（columella），孢子囊内的孢丝交织形成孢网。原生质团中的许多核进行减数分裂，形成许多单核的小原生质块，每一个小原生质块分化出细胞壁，形成 1 个孢子，藏在孢网的网眼中。成熟时，子实体外的包被破裂，借助孢网的弹力将孢子弹出。孢子在合适的环境下萌发为具有 2 条不等长鞭毛的游动细胞。鞭毛尾鞭形，可以收缩，使得游动细胞变成一个变形体状细胞，称为变形菌胞。

有性生殖时，由游动细胞或变形菌胞两两配合，形成合子，不经休眠，合子核进行多次有丝分裂，形成具有多数二倍体核的多核变形体（图 4-27）。

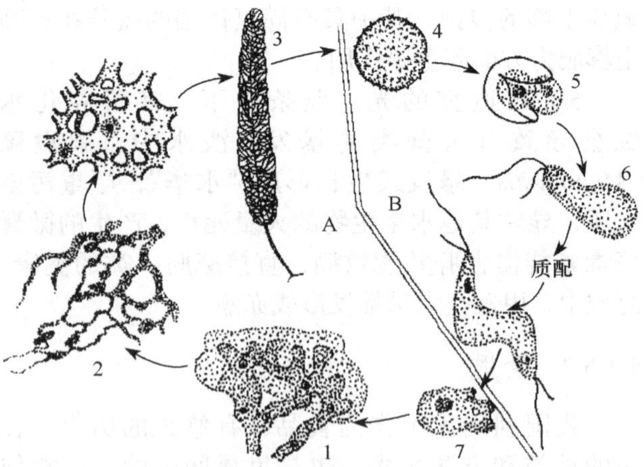

图 4-27 发网菌属（*Stemonitis*）的生活史

（引自叶创兴，2000）

A. 单倍体世代（n） B. 二倍体世代（$2n$）

1. 变形体 2. 变形体（后期）3. 孢子囊 4. 孢子 5. 孢子萌发 6. 游动孢子 7. 核配（合子）

2）根肿菌纲。在高等植物、藻类或真菌上寄生的一类黏菌。生活史中的大部分时间生活在寄主细胞内，营养组织不形成子实体，其休眠孢子单个或成团，直接在寄主细胞内形成，无细胞壁或在某些种内有薄细胞壁。

芸薹根肿菌（*P. brassicae* Wor.）侵害十字花科植物的根部，使得根部薄壁组织膨大而患根肿病，寄主死后，在病部细胞中形成小、单核、外被几丁质薄壁的休眠孢子。休眠孢子逸出后，在适当的条件下萌发为游动细胞，再从十字花科植物的根毛侵入，不久失去鞭毛的游动细胞称为变形菌胞。变形菌胞的核反复分裂，形成多核的单倍体原生质团，最后形成休眠孢子。单倍体原生质团也可形成配子，配子结合形成合子，合子发育成二倍体的原生质团，再经减数分裂形成单倍体原生质团，最后形成休眠孢子（图 4-28）。

4.2.2.2 真菌门

（1）主要特征 真菌分布极广，在水、大气、土壤及动植物体内外均有分布。

真菌的植物体仅少数原始种类为单细胞，如酵母菌，大多数发展为分支或不分支的丝状多细胞体。营养体很少分化，但高等大型真菌有定形的子实体（sporophore）或组织体。对于形成丝状体的种类而言，其每一条丝形成一纤细的管状体，称为菌丝（hyphae）。组成一个菌体的全部菌丝总称为菌丝体（mycelium）。真菌菌丝可以分为无隔菌丝和有隔菌丝两种类型。无隔菌丝是一个长管形细胞，分支或不分支，多核（图 4-29B）。有隔菌丝的菌丝分隔成许多细胞，每个细胞内含有 1 个或 2 个核（图 4-29A）。有隔菌丝的横隔上常有小孔，原生质甚至核都可以从小孔流过，子囊菌的小孔多为单穿孔，而担子菌

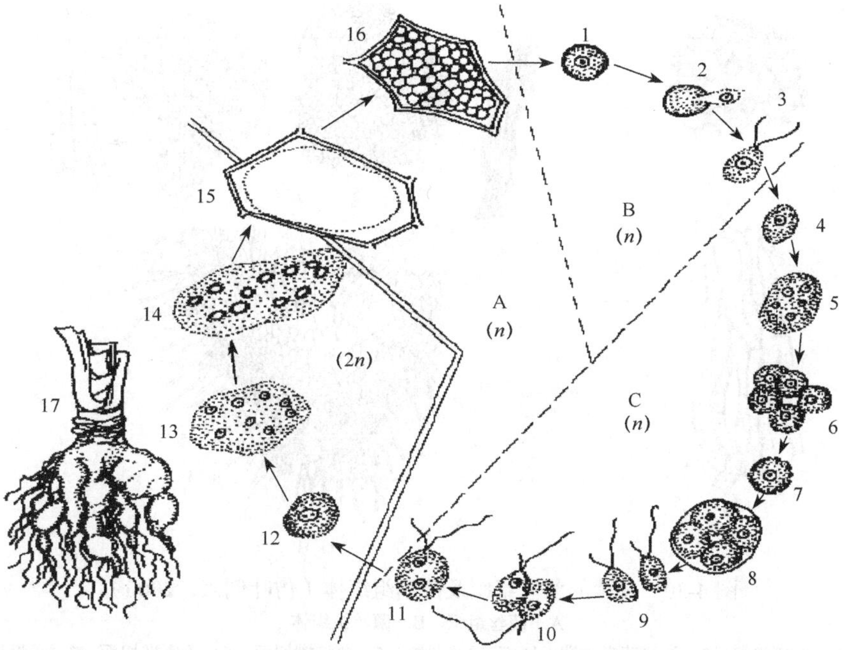

图 4-28　芸薹根肿菌（*P. brassicae* Wor.）的生活史（引自叶创兴，2000）

A. 在组织中　B. 在土壤中　C. 在根毛中

1. 休眠孢子　2. 萌发　3. 游动孢子　4. 变形菌胞　5. 单倍体原生质团　6. 配子囊（多个）　7. 配子囊（单个）　8. 配子分化　9. 配子　10. 配子配合　11. 质配　12. 核配　13. 双配原生质团　14. 无核期　15. 减数分裂后的原生质团　16. 寄主细胞内的休眠孢子　17. 肿根病状

的小孔在穿孔的边缘膨大而使中心孔呈现“琵琶桶”状，外面覆盖一层弧形的膜，称为桶孔。

腐生菌菌丝直接或产生假根从基质中吸取养分，寄生菌在寄主细胞内生活时，直接与寄主的原生质接触而吸收养分，胞间寄生的真菌，其菌丝分化成吸器（haustorium），伸入寄主细胞内吸收养分。吸收养分的方式借助于多种水解酶，把大分子物质分解为可溶性的小分子物质，然后借助于较高的渗透压吸收，寄生真菌的渗透压一般比寄主高 2～3 倍，腐生菌的渗透压则更高（图 4-29C）。

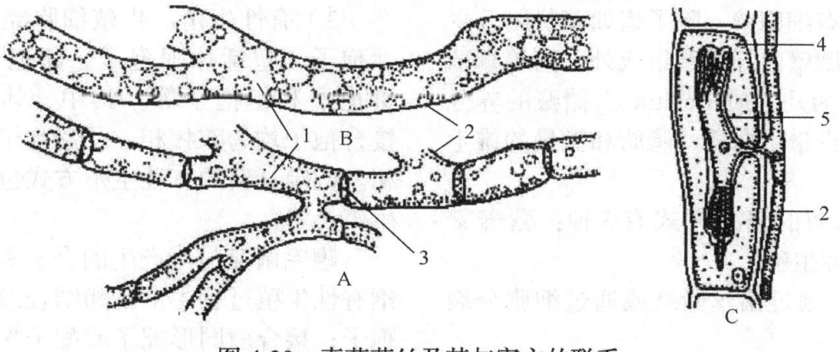

图 4-29　真菌菌丝及其与寄主的联系

A. 有隔菌丝　B. 无隔菌丝　C. 真菌与寄主互作

1. 原生质　2. 菌丝　3. 横隔膜　4. 寄主细胞　5. 指状吸器

1）许多有隔的高等真菌在繁殖或环境条件不良时，菌丝常相互交织而形成结构紧密的菌组织，菌组织有两种（图 4-30A）。

拟薄壁组织（pseudoparenchyma）：由紧密排列的等角形或卵圆形细胞组成，与维管植物的薄壁细胞类似。

疏松组织（prosenchyma）：菌丝细胞仍为长形，多呈平行排列或相互交错，结构较疏松。

2）菌组织除可以构成在繁殖结构外围的保护组织外，有些还可以形成不同形态的菌丝组织体，有 3 类菌丝组织体（图 4-30B）。

根状菌索（rhizomorph）：菌丝体密结呈绳索状，外形似根，其外层颜色较深，称为皮层，由拟薄壁组织组成，内层由疏松组织组成，称为心层或髓层，顶端有一个生长点。根状菌索有的较粗，长达 1m 左右，在环境恶化时停止生长，环境适宜时

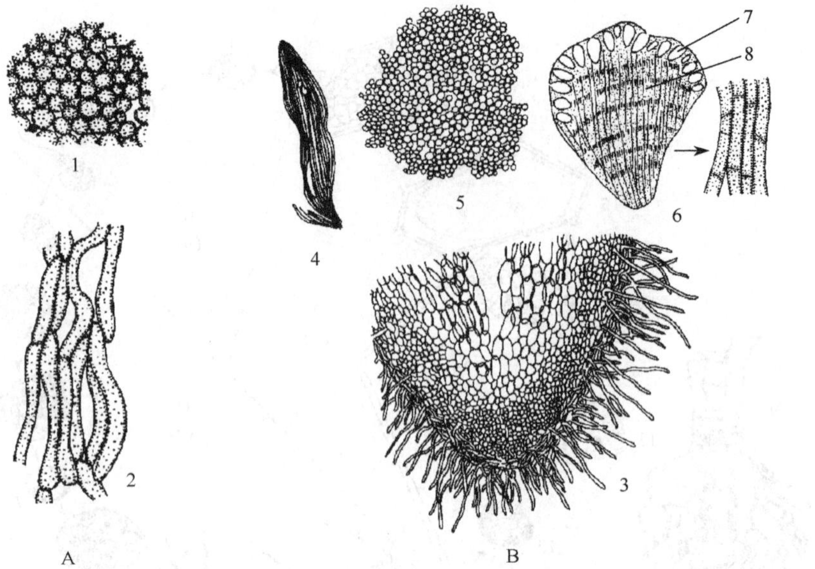

图 4-30 真菌的菌丝组织及菌丝组织体（仿叶创兴，2000）

A. 菌丝组织 B. 菌丝组织体

1. 拟薄壁组织 2. 疏松组织 3. 根状菌索尖端纵切面 4. 菌核 5. 菌核横切面 6. 子座横切面 7. 子囊果 8. 营养组织

再恢复生长。在木材腐朽菌中根状菌索很普遍，如天麻密环菌的菌索。

子座（stroma）：容纳子实体的褥座，是从营养阶段到繁殖阶段的一种过渡方式，也由拟薄壁组织和疏松组织构成，如冬虫夏草。

菌核（sclerotium）：由菌丝密结形成的颜色深、质地硬的核状体，小的似菜籽，大的大于篮球。菌核中储藏有丰富的养分，耐干燥和极端温度，是度过不良环境的休眠体，在适宜的条件下，可以萌发为菌丝体或产生子实体，如茯苓。

绝大多数真菌有细胞壁，除了诸如藻状菌等少数较低级种类的细胞壁由纤维素组成外，高等真菌细胞壁的主要成分为几丁质（chitin），储藏的养分主要是肝糖，还有少量蛋白质、脂肪和微量的维生素，不储藏淀粉。

（2）繁殖 真菌的繁殖方式有3种：营养繁殖、无性繁殖和有性生殖。

1）营养繁殖。通过菌丝断裂或通过细胞分裂进行的繁殖。

2）无性繁殖。以产生孢子进行的繁殖。无性孢子包括芽孢子、厚垣孢子、节孢子、游动孢子、孢囊孢子和分生孢子等，其中，产生芽孢子（blastospore）、厚壁孢子（chlamydospore）和节孢子（arthrospore）不是真菌主要的无性繁殖方式，其无性繁殖主要是通过具有一定分化的结构产生游动孢子（zoospore）、孢囊孢子（sporangiospore）和分生孢子（conidium，conidiospore）等。

芽孢子：是从一个营养细胞出芽形成的孢子，芽孢子脱离母体后，经有丝分裂发育成一个新的个体。

厚垣孢子：或称厚壁孢子，是菌丝中个别细胞膨大形成的休眠孢子，其细胞壁厚，原生质浓缩，在不良环境下休眠，度过不良环境后萌发为菌丝体。

节孢子：是由菌丝断裂形成的孢子。

游动孢子：是在游动孢子囊（zoosporangium）中形成的无细胞壁、具有单鞭毛、能游动的孢子。

孢囊孢子：是在孢子囊（sporangium）内形成的不动孢子。

分生孢子：是由产孢细胞（conidiogenous cell）的顶端或侧面产生的一种不动孢子。

3）有性生殖。生殖细胞经过有性接合后产生性孢子，包括休眠孢子、卵孢子、接合孢子、子囊孢子和担孢子等。其中，休眠孢子、卵孢子、接合孢子均为双核相，子囊孢子和担孢子均为单核相。低等真菌的有性生殖方式包括同配生殖和异配生殖。

鞭毛菌亚门等产生的合子称为休眠孢子；卵菌纲有性生殖过程中由精卵结合形成的合子特称为卵孢子；接合菌同形配子或配子囊接合后产生的厚壁休眠孢子，称为接合孢子。子囊菌有性生殖形成子囊，在子囊中产生子囊孢子，担子菌有性生殖在担子上形成担孢子。

（3）生活史 真菌的生活史由无性阶段和有性阶段组成。无性阶段是指孢子在适当的条件下萌发形成芽管，再继续生长形成新的菌丝体，在一个生长季节里可以产生若干代无性孢子，产生若干代菌丝体，有性阶段是在真菌生长的后期，从菌丝上发生配子囊，产生配子，经过质配、核配及减数分裂形成有性孢子。

真菌的种类繁多，生活史也多种多样，大致可以分为 5 种类型：无性型、单倍体型、单倍体－双核多核型、单倍体－二倍体型和二倍体型。

无性型：只有无性阶段，有性生殖不明确，如半知菌。

单倍体型：营养体和无性繁殖体为单倍体，有性生殖过程中，质配、核配和减数分裂连续进行，二倍体阶段很短，如许多单倍体鞭毛菌、接合菌和一些低等的子囊菌。

单倍体－双核多核型：生活史中出现单核单倍体和双核单倍体菌丝，如高等子囊菌和少数担子菌。

单倍体－二倍体型：生活史中出现单倍体和二倍体营养体，存在世代交替现象，只有少数低等的鞭毛菌属于这种类型，如鞭毛菌亚门的异水霉（*Allomyces arbuscale*）。

二倍体型：营养体为二倍体，在生活史中占据大部分时期，只有配子体为单倍体，如卵菌。

（4）代表类群　依据游动孢子的有无、有性阶段的有无或有性阶段产生孢子的特点将真菌门分为 5 个亚门：鞭毛菌亚门（Mastigomycotina）、接合菌亚门（Zygomycotina）、子囊菌亚门（Ascomycotina）、担子菌亚门（Basidiomycotina）和半知菌亚门（Deuteromycotina）。

1）鞭毛菌亚门。主要特征：多为单细胞，少数为有发达分支的丝状体。菌丝无横隔膜，多核，细胞壁的主要成分为纤维素。无性繁殖时产生具有鞭毛的游动孢子。有性生殖方式为同配、异配或卵配，产生休眠孢子或卵孢子。

代表类群：鞭毛菌亚门的大多数种类生长于水中，少数两栖。营腐生、寄生或专性寄生。分为 3 纲：壶菌纲（Chytridiomycetes）、丝壶菌纲（Hyphochytridiomycetes）和卵菌纲（Oomycetes）。

A. 壶菌纲。大多数水生，少数两栖。营腐生、寄生或专性寄生，游动孢子具有后生尾鞭型鞭毛，包括肋壶菌目（Harpochytriales）、芽枝霉目（Blastocladiales）、单毛菌目（Monoblepharidales）和壶菌目（Chytridiales），约 575 种。

节壶菌属（*Physoderma*）：全为寄生菌，主要侵害高等植物的组织，但不引起寄主组织的膨大。在寄主组织内的菌丝产生大量球形或椭圆形的休眠孢子，休眠孢子萌发时产生具有单鞭毛的游动孢子。

常见种类如玉蜀黍节壶菌［*P. maydis*（Miyabe）Miyabe］，侵害玉米叶鞘、叶等，引起玉米褐斑病，病斑隆起呈褐色，直径 1～5mm，内有大量粉末状黄绿色休眠孢子。休眠孢子近圆形，一段稍平有盖，春季散出，萌发时，因原生质膨胀将盖顶开，形成一孔口，经减数分裂形成的游动孢子通过孔口游出，游动一段时间后产生细胞壁又侵入寄主，在寄主细胞内产生囊下泡和假根吸收养分。寄主外部的菌体膨大形成配子囊，经有丝分裂产生与游动孢子形状一样但较小的配子，配子结合形成合子，又侵入寄主，在寄主内产生根状菌丝和膨大细胞，膨大细胞变圆，壁增厚即为休眠孢子，菌丝体逐渐消失。休眠孢子在散射光下，水温 25℃时经一昼夜即可萌发（图 4-31）。

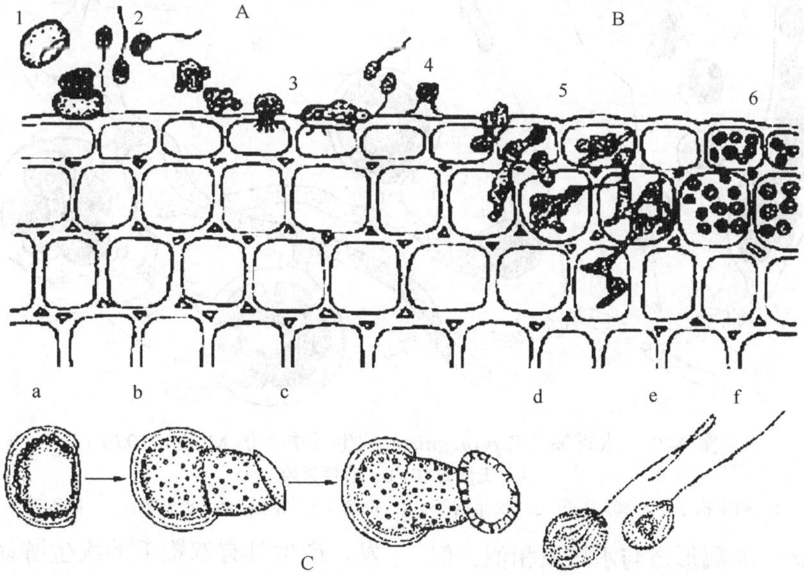

图 4-31　玉蜀黍节壶菌（*P. maydis* Miyabe）的传播、侵染及发育（仿叶创兴，2000）

A. 单倍体世代　B. 二倍体世代　C. 休眠孢子萌发产生薄壁孢子囊及游动孢子

1. 休眠孢子传播与萌发　2. 游动孢子　3. 体外寄生　4. 合子　5. 体内寄生，寄主细胞膨大　6. 休眠孢子

a. 传播　b. 接触　c. 侵入　d. 扩展　e. 呈现　f. 休眠

B. 卵菌纲。多数为水生的腐生菌或寄生菌，少数为高等植物的专性寄生菌。无性繁殖时产生的游动孢子具有等长的双鞭毛，有性生殖产生卵孢子，其生殖结构包括产生雄核的精囊（雄器）和产生卵的卵囊（藏卵器）。精、卵结合形成卵孢子，卵孢子萌发时进行有丝分裂，形成二倍体的营养体。包括链壶目（Lagenidiales）、水霉目（Saprolegniales）、霜霉目（Peronosporales）和水节霉目（Leptomitales），约600种。

水霉目：本目腐生或少数寄生。菌丝顶端形成游动孢子囊，通过隔膜与其他部分隔开，形成的游动孢子具双鞭毛，卵囊和精囊生于菌丝顶端。

水霉属（*Saprolegnia*）：多腐生，少数寄生，如寄生水霉（*S. parasitica* Coker.）。水霉属常生活于淡水鱼的鳃盖、侧线或其他破损的皮肤及鱼卵上，形成鱼霉（fish mold），严重危害幼鱼，也生活在死鱼、苍蝇、蟑螂、蝌蚪和其他昆虫、淡水动物的尸体上。菌丝白色、绒毛状，无隔、多核、多分支。

水霉属菌丝有两种：短根状菌丝穿入寄主的组织中，吸收寄主的养料；细长分支的菌丝从基质的表面向各个方向生长，形成一小团分支繁密的无色菌丝体。

无性繁殖时，菌丝的顶端稍膨大并在基部产生横隔壁，形成一个长筒形游动孢子囊。孢子体成熟后顶端开一圆孔，游动孢子顺序地从孔口游出，此后，在旧孢子囊的基部再生第二个孢子囊，伸入旧孢子囊空壳中，如此，孢子囊可以重复产生3次或4次，这样在新生的孢子囊外边便有多个空孢子囊壳，这种现象称为孢子囊的“层出形成”（图4-32）。这是水霉属的基本特征。

水霉属常产生两种类型的孢子，即初生游动孢子和次生游动孢子，也称为“双游现象”（diplanetism）。从孢子囊中散出的游动孢子球形或梨形，顶生2条鞭毛，称为“初生孢子”。初生游动孢子在条件适宜时可直接萌发形成菌丝。当条件不利时，初生孢子的菌丝收缩成为球形的静孢子（休止细胞），不久静孢子萌发形成1个具侧生鞭毛的肾形游动孢子，称为“次生孢子”。次生孢子不久又变为静孢子，静孢子在新寄主上萌发，发育成为新的菌丝体。

无性繁殖若干代后，水霉进行有性生殖。在菌丝的顶端形成精囊和卵囊。卵囊球形，内含1～20个卵，精囊较小、长形、多核，通常和卵囊在同一菌丝上，紧靠着卵囊。精囊生出一至数个丝状突起，称为授精管，穿过卵囊壁，放出精核，与卵结合形成二倍体的合子（卵孢子）。在同一卵囊内可形成多个卵孢子，卵孢子经休眠后从破毁的卵囊放出、萌发，细胞核反复进行有丝分裂，形成一条多核芽管，再形成菌丝体，即为二倍体植物体（图4-32）。

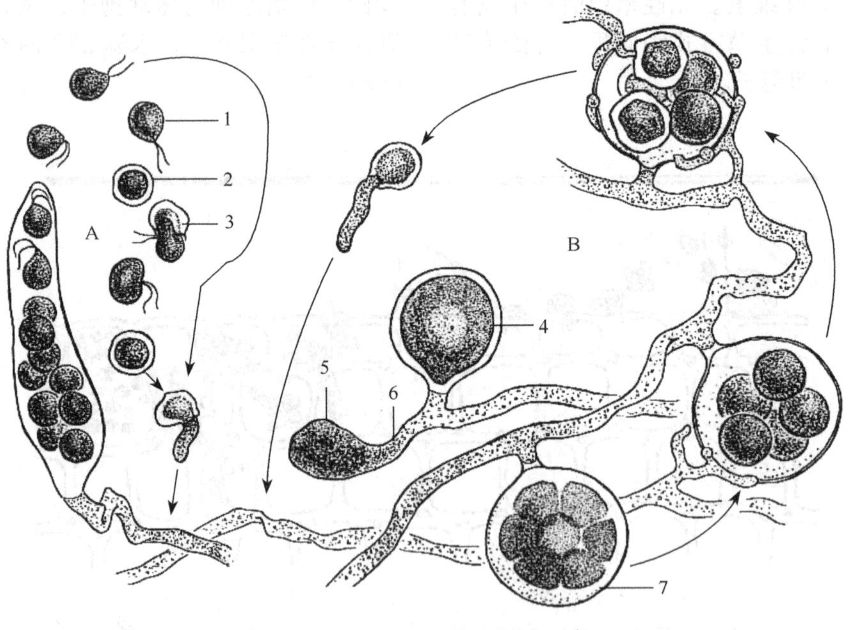

图4-32 水霉属（*Saprolegnia*）的生活史（仿 Muller, 1979）
A. 无性繁殖 B. 有性繁殖
1. 初生孢子 2. 静孢子 3. 次生孢子 4. 卵囊 5. 精囊 6. 授精管 7. 卵孢子

绵霉属（*Achlya*）：本属形态与水霉属相似，但其次生孢子囊自初生孢子囊侧面长出。绵霉属也具有“双游”现象，但初生孢子游动时间甚短，且只限于在孢子囊内，仅将孢子转移到孢子囊口外为止，形成静孢子，在孢子囊口外停留的成团的静孢子萌发，产生具有双鞭毛的次生游动孢子。绵霉主要危害水稻，引起稻苗绵腐病（烂秧）。

霜霉目：菌丝体多分支，一般生于寄主细胞之间，菌丝上产生吸器伸入寄主细胞中摄取养料，孢子囊单独或串珠式地生于孢囊梗分支的顶端，低级类型的孢子具有鞭毛，高级类型的孢子无鞭毛，产生芽管，卵囊和精囊高度分化。

白秀菌属（*Albugo*）：约 30 种，全部是高等植物的专性寄生菌。常见的白秀菌［*A. candida*（Pers.）Kuntze］寄生于十字花科植物上，侵害其茎、叶、花及果实，产生白色粉末状孢子堆。

无性繁殖时，菌丝在寄主表皮下长出短、不分支、密集成排的棍棒状孢囊梗。椭圆形、串珠状、多核的孢子囊在孢囊梗上连续形成（先形成的在顶端，后形成的在基部）。由于菌丝生长及许多孢子囊产生，寄主表皮隆起、破裂，孢子囊散出，孢子随风传播，并萌发产生游动孢子。有性生殖时，在菌丝的顶端产生横壁，形成卵囊和精囊，精核借授精管进入卵囊内，结合形成卵孢子，卵孢子壁增厚，上有网状突起或有瘤、刺等纹饰，可作为鉴定种类的依据。卵孢子在第二年春季萌发形成游动孢子。游动孢子休眠后萌发，产生芽管再次侵入寄主组织（图 4-33）。

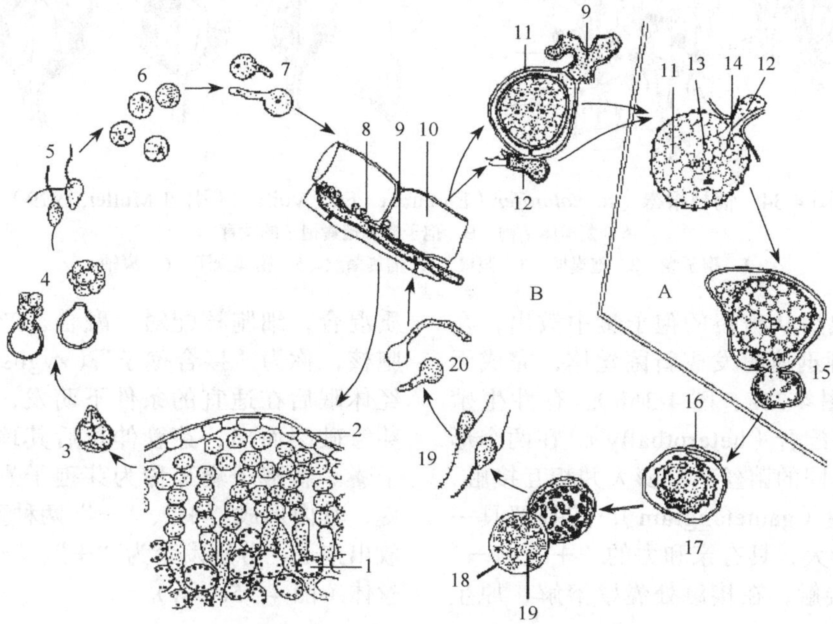

图 4-33　白秀菌属（*Albugo*）的生活史（仿叶创兴，2000）

A. 单倍体世代　B. 二倍体世代

1. 寄主叶肉细胞　2. 寄主表皮　3. 孢子囊　4. 孢子囊释放孢子　5. 游动孢子　6. 静孢子　7. 孢子萌发　8. 吸器　9. 营养菌丝　10. 寄主细胞　11. 卵囊　12. 精囊　13. 雄核　14. 授精管　15. 核配　16. 空的精囊　17. 卵囊内卵孢子　18. 卵囊　19. 游动孢子　20. 游动孢子萌发

霜霉属（*Peronospora*）：本属是高等植物的专性寄生菌，引起霜霉病，危害蔬菜和油料作物。常见的寄生霜霉（*P. parasitica* Fr.）又称为十字花科霜霉。寄主被感染后，发病部位主要在叶片上，病斑淡黄绿色，背面生白色的粉霉，即病菌的分生孢子梗和分生孢子，发病后期病斑变为橘黄色，叶片萎蔫、枯死，该病菌也侵害寄主的角果。

病原菌以无性繁殖为主。分生孢子梗自寄主气孔伸出，单生或丛生，上部 4～7 次呈锐角叉状分支，分支无色而纤弱，顶端尖，着生无色分生孢子。分生孢子近球形，传播到其他叶片上，遇到水湿环境便产生芽管，从寄主的表皮或气孔侵入，在叶组织内发育为菌丝体。极少数在寄主上生长到末期便行有性生殖，形成厚壁的卵孢子。卵孢子传到寄主上，在条件适宜时萌发，产生芽管，侵入寄主细胞内。

2）接合菌亚门。主要特征：多数为腐生，生于土壤中或有机质丰富的基质上，少数寄生于人体、动植物体内。绝大多数具有发达的菌丝体，菌丝无隔、多核，细胞壁由几丁质组成。无性繁殖产生不动的孢囊孢子，称为静孢子。有性生殖时形成配子囊，配子囊接合，形成各种形状的接合孢子。因此，接合菌不再产生能游动的孢子。

代表类群：包括接合菌纲（Zygomycetes）和毛菌纲（Trichomycetes），前者分为毛霉目（Mucorales）、虫霉目（Entomophthorales）和捕虫霉目（Zoopagales），约 600 种。毛霉纲有钩孢毛霉目（Harpellales）、内孢毛霉目（Asellariales）、外孢毛霉目（Eccrinales）和变形毛霉目（Amoebidiales），约 100 种。

接合菌纲：本纲腐生到专性寄生，菌丝体发达或为虫菌体。

A. 毛霉目：陆生，多为典型腐生，少数寄生。菌丝体发达，多无隔多核，仅在形成生殖结构或生长末期形成隔膜。无性繁殖产生孢子囊和孢囊孢子。

根霉属（*Rhizopus*）：本属为腐生菌。

匍枝根霉［*R. stolonifer*（Ehrenb. ex Fr.）Vuill.］

又称为面包霉、黑根霉，常腐生在面包及日常食品上或混杂在培养基中。孢子落到基质上，条件适宜时萌发生出芽管，发展为棉絮状的菌丝体，在基质表面蔓生形成大量弧形的匍匐菌丝（stolon）。紧贴基质处，菌丝生出的假根（rhizoids）伸进基质内吸收营养。在假根的上方生出1至数条直立的孢囊梗（sporangiophore），其顶端膨大形成孢子囊（图4-34A）。孢子囊中央有1个半球形的囊轴，囊轴基部与孢子囊梗相连接处形成稍膨大的囊托，原生质和细胞核流入幼孢子囊内，并聚集在囊轴外围形成碗帽状，其外为一层薄壁。孢子囊中原生质分裂成块，每块原生质体具有2～10个核，从而形成具有多核的静孢子，又称为孢囊孢子（sporangiospore）（图4-34B）。

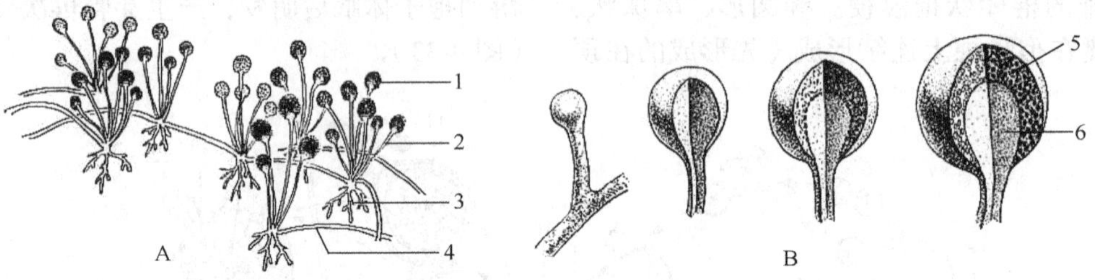

图4-34 匍枝根霉［*R. stolonifer*（Ehrenb. ex Fr.）Vuill.］（引自Muller, 1979）

A. 菌丝体结构 B. 孢子囊和孢囊孢子的发育

1. 孢子囊 2. 孢囊梗 3. 假根 4. 匍匐菌丝 5. 孢囊孢子 6. 囊轴

孢囊孢子成熟后从破裂的孢子囊中散出，在适宜的基质上即可迅速萌发成新菌丝体，完成无性繁殖的过程（图4-35a、图4-35b）。有性生殖很少见到，为异宗配合（heterothally）。在两个形态相同但生理上不同的菌丝顶端膨大并相互接触，接触点发生配子囊（gametangium），其基部具一短的囊柄，顶端膨大，具有亲和力的"+"、"−"两个配子囊互相接触，在接触处囊壁溶解，原生质混合，细胞核配对、融合，产生多数二倍体细胞核，称为"接合孢子"（zygospore）。接合孢子经休眠后在适宜的条件下萌发，经减数分裂形成芽管破裂而出，芽管伸长后其顶端发育出新的孢子囊。新孢子囊又称为芽孢子囊或减数分裂孢子囊，其内形成"+"、"−"两种孢子，囊壁破裂后放出孢子，分别发育为"+"、"−"的匍枝根霉菌丝体（图4-35c～h）。

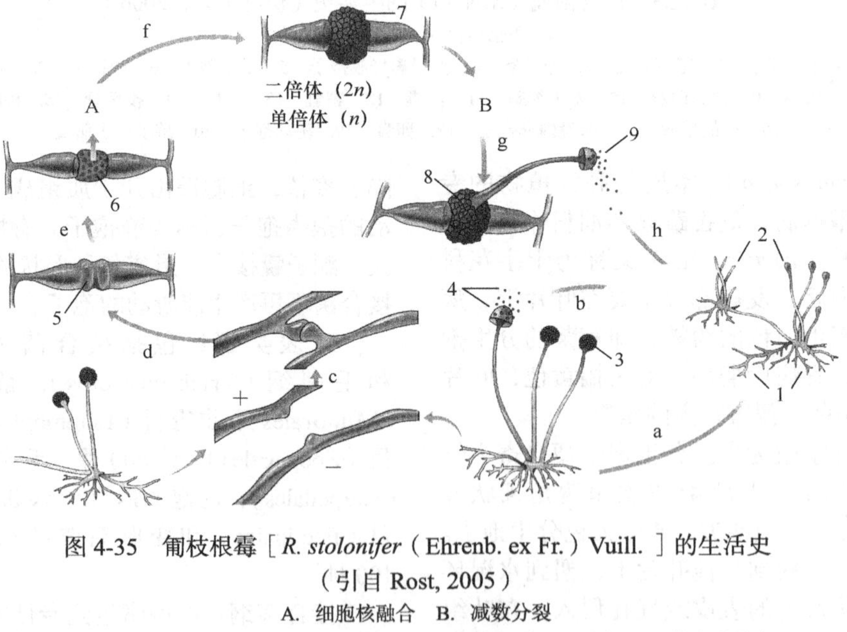

图4-35 匍枝根霉［*R. stolonifer*（Ehrenb. ex Fr.）Vuill.］的生活史（引自Rost, 2005）

A. 细胞核融合 B. 减数分裂

1. 菌丝体 2. 孢囊梗 3. 孢子囊 4. 孢囊孢子 5. 配子囊 6. 接合孢子囊

7. 成熟二倍体接合孢子 8. 萌发的接合孢子 9. 单倍体的芽孢子

a. 孢囊梗顶端膨大形成孢子囊，孢子囊内含有孢囊孢子 b. 孢子囊壁破裂，释放出的孢囊孢子萌发成新的菌丝体

c. "+"、"−"两条有性菌丝的顶端膨大并相互接触 d. 有性菌丝分别形成具有亲和力的两个配子囊，两者之间形成隔膜

e. 配子囊壁溶解，原生质混合，形成结合孢子囊 f. 结合孢子囊内发生细胞核配对、融合，产生厚壁的二倍体接合孢子

g. 接合孢子萌发，经减数分裂形成芽管破裂而出，芽管顶端发育出新的孢子囊 h. 孢子发育新的菌丝体

毛霉属（*Mucor*）：毛霉多生于动物类粪便及土壤中，菌丝体在基质上或基质内广泛蔓延，无假根和匍匐菌丝的分化，孢囊梗直接由菌丝体生出，单生或分支，分支顶端生球形孢子囊。囊轴形状不一，与囊柄相连处无囊托。大多数种类的孢子囊成熟后其壁即消失或破裂，孢囊孢子球形、椭圆形等，多无色，壁薄而光滑。有性生殖多异宗配合。

毛霉属形态与根霉属相似，两者常混生，两者的主要区别在于毛霉属无匍匐菌丝和假根，孢子囊与囊梗相连处无囊托。

根霉属和毛霉属用途很广，有些种含有大量的淀粉酶，再由酵母菌进行发酵，把葡萄糖发酵为酒。酿酒业利用它们制成酒曲酿酒。有些种类内产生脂肪酶，分解脂肪，使羊毛脱脂、山羊皮软化。还有些种类能产生果胶酶，使麻纤维分离。多种毛霉能产生蛋白酶，有分解大豆的能力，用来制豆腐乳。鲁氏毛霉（*M. rouxianus*）产生乳酸、琥珀酸及甘油等。但有些种类能侵犯人类的脑部及神经系统。

B. 虫霉目：本目常寄生，少数腐生。菌丝体不甚发达、多核，常形成隔膜而在分割处分离成单独的细胞，形成虫菌体。无性繁殖主要产生分生孢子。

虫霉属（*Entomophthora*）：大多数寄生在苍蝇、蝗虫、蚜虫、甲虫和蝴蝶幼虫等体内，或腐生在蛙、蜥蜴等的粪便中。菌丝体多有隔，常自隔膜处断裂成多核菌丝段，称为虫菌体。

无性繁殖发达，产生光滑的分生孢子，伸出寄主体外，常被弹射释放。

有性生殖形成接合孢子，或孤雌生殖形成拟结合孢子。

常见种类如蝇虫霉（*E. muscae* Fres.），寄生在苍蝇上，被寄生的苍蝇常贴附在玻璃窗上，寄主的四周由于弹射的孢子而形成白色的晕。其他常见的有蚜虫霉（*E. aphidis*）、蚊虫霉（*E. culicis*）等。虫霉在生物防治方面具有重要意义。

3）子囊菌亚门。主要特征：子囊菌是真菌门中种类最多的一个类群，其结构较复杂，与人类的关系非常密切。除酵母菌类为单细胞外，绝大部分子囊菌都是多细胞有隔菌丝体。通常每个细胞中有一个细胞核，但也有多细胞核的菌丝细胞。

繁殖方式：子囊菌营养繁殖时，单细胞的种类以出芽方式繁殖，多细胞种类通过断裂方式繁殖。无性繁殖以形成分生孢子为主。有性生殖多同宗配合，少异宗配合，配合后形成子囊（ascus）。子囊是两性核结合的场所，合子核在子囊内经减数分裂形成 8 个子囊孢子（ascospore）。不同种类的子囊孢子的数目也有变化，有的可多达 1000 多个。子囊菌不产生游动孢子和游动配子。

有性生殖产生的生殖结构有两种形式。单细胞种类的子囊裸露，不形成子实体，多细胞的子囊，其菌丝常交织呈疏丝组织和拟薄壁组织，形成子实体，特称子囊果（ascocarp），子囊着生在子囊果内。子囊果的形态是子囊菌分类的重要根据。子囊果通常有 3 种类型（图 4-36）。

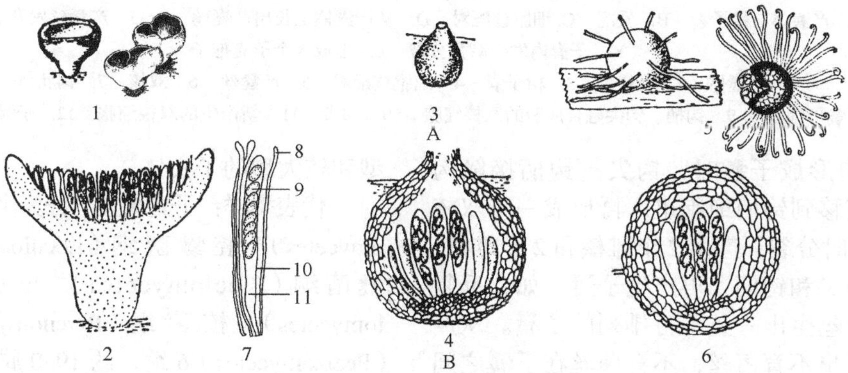

图 4-36　子囊果的类型

A. 外形　B. 解剖结构

1. 子囊盘　2. 子囊盘纵切　3. 子囊壳　4. 子囊壳纵切　5. 闭囊壳及其开裂释放子囊　6. 闭囊壳纵切　7. 子实层　8. 侧丝　9. 子囊孢子（每个子囊有 8 个子囊孢子）　10. 子囊　11. 子囊壁

子囊盘（apothecium）：呈盘状、杯状或碗状，子实层裸露在外。

子囊壳（perithecium）：瓶形，顶端有一孔口，此种类型的子囊果多埋生于子座内。

闭囊壳（cleistothecium）：球形，完全闭合，无孔口，待壳破裂后孢子才散出。

以下以火丝菌［*Pyronema confluens*（Pers.）Tul.］为例说明子囊、子囊孢子、子囊果的形成过程。火丝菌常生长在火烧后的土壤上。菌丝体白色，棉絮状，分支多，在菌丝的上层生出密集无柄的子实体，即子囊盘。子囊盘小型，土红色至橘红色。直径 1～3mm。首先在菌丝体顶端生出一些短小、直立、二叉状分支的菌丝，这些二叉状分支的菌丝的顶端细胞有的发育成棒形多核精囊，有的发育成多核的称为产囊体（ascogonium）的卵囊。精囊紧靠产囊体，雄核经过多次分裂形成1000多个精核。产囊体球形或近球形，雌核经过多次分裂，最后形成100多个雌核。之后，产囊体的顶端产生一条弯管形的受精丝（trichogyne），其基部形成横隔，顶端伸向精囊，当受精丝与精囊接触后，接触处的细胞壁融化，受精丝基部的横隔壁亦融化，精囊中大部分原生质与精核通过受精丝流入产囊体中进行质配（图4-37A、图4-37B）。

在产囊体中，雌核、雄核成对地排列在近壁处，同时在产囊体的上半部产生无数管状的产囊丝（ascogenous hypha），雌核与雄核成对地流入产囊丝中，然后产囊丝产生分隔，形成含一对核的若干细胞。此后，产囊丝顶端的细胞伸长，并弯曲形成钩状体（crosier）（产囊丝钩），双核同时分裂，形成4个核后，钩状体产生横隔，形成3个细胞：钩柄细胞、钩尖细胞和钩头细胞。钩尖细胞与钩柄细胞含1核，钩头细胞含2核，即子囊母细胞（ascus mother cell）。子囊母细胞进行核配，形成合子后经减数分裂产生4个单相的核，再经过一次有丝分裂产生8个核，随之形成具有8个子囊孢子的子囊。子囊母细胞逐渐伸长变成棒状子囊，子囊孢子在子囊内排列成一行（图4-37C～L）。

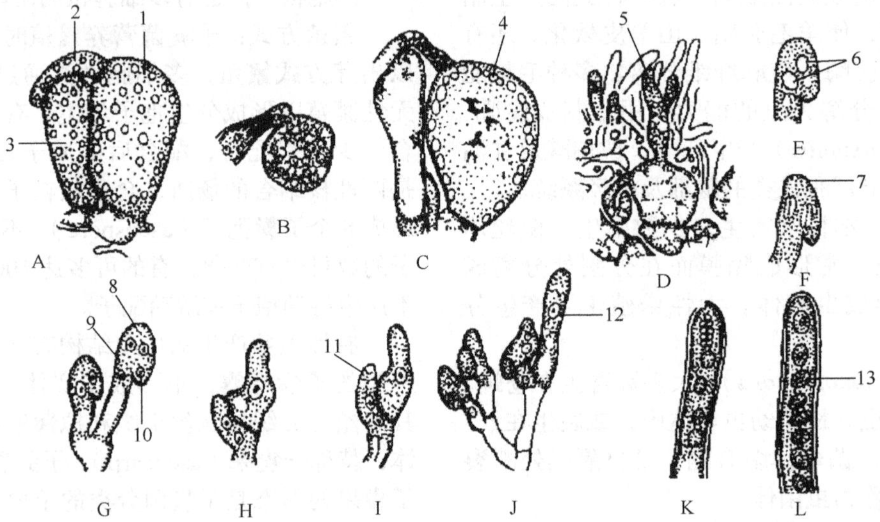

图4-37 火丝菌［*Pyronema confluens*（Pers.）Tul.］的有性生殖过程（引自叶创兴，2000）

A. 产囊体与精子囊 B. 质配 C. 细胞核配对 D. 从产囊体上长出产囊丝 E～J. 产囊丝发育成子囊

K. 子囊内发生减数分裂 L. 形成8个子囊孢子

1. 产囊体 2. 受精丝 3. 精子囊 4. 细胞核配对 5. 产囊丝 6. 双核 7. 钩状体

8. 钩头（子囊母细胞） 9. 钩柄、钩尖融合成新的双核细胞 10. 沟尖 11. 新产生的双核细胞 12. 子囊 13. 子囊孢子

当钩头细胞形成子囊时，钩尖与钩柄接触沟通，钩尖细胞核移到钩柄细胞里，再形成一个双核细胞，两个核同时分裂，产生2个雌核和2个雄核，再形成钩头、钩尖和钩柄，再产生子囊。如此反复多次，一根产囊丝生出一丛平行排列的子囊。从产囊体的下方还生出不育菌丝，不育菌丝在子囊之间发育形成侧丝（paraphysis），在外侧则相互交织形成包被（peridium），包围雌雄生殖结构，形成子囊果的外壳。子囊果内侧丝和子囊整齐地排列成一层，称为子实层（hymenium）。火丝菌的子囊果呈盘状，子囊排列于一个张开的盘状子囊果内，称为子囊盘。

子囊菌分布广泛，寄生在植物体甚至动物体上。寄生在植物体上的许多种类是肉眼看不见的，只有在病情严重时和产生孢子或子囊果时期才容易观察到，通常导致经济植物的严重损失。还有许多子囊菌生于枯枝落叶或朽木上，或土壤中，形成中型和较大型的子实体。

代表类群：子囊菌亚门分为半子囊菌纲（Hemiascomycetes）、腔囊菌纲（Loculoascomycetes）、不整囊菌纲（Plectomycetes）、虫囊菌纲（Laboulbeniomycetes）、核菌纲（Pyrenomycetes）和盘菌纲（Pezizomycetes）6纲，约1950属30 000种。现介绍4个常见类群。

A. 半子囊菌纲。半子囊菌纲也称为原子囊菌纲（Protoascomycetes），其子囊裸露，不产生产囊丝和子囊果。菌体单细胞或具有不发达菌丝体。在糖质基质上腐生，或在昆虫、高等植物体上寄生。

半子囊菌纲含3目，常见的是内孢霉目（Endomyetales）和外囊菌目（Taphrinales）。

内孢霉目：本目多腐生，营养体为单细胞、拟菌丝体或菌丝体，子囊或产囊丝由合子或单细胞直接形成。

酵母菌属（*Saccharomyces*）：酵母菌属为子

囊菌亚门中的原始类群，单细胞。酿酒酵母（*S. cerevisiae* Han）细胞球形或椭圆形，有中央大液泡，细胞核小。有时单个细胞连成串，形成拟菌丝。

营养繁殖以出芽为主（图 4-38A）。有性生殖时，由两个营养细胞接合，质配后紧接着进行核配形成合子，并以芽殖法形成双核相细胞，再转变为子囊，子囊球形或近球形，单细胞，无包被，有一个双核相的细胞核，减数分裂后产生 4 个单核相的子囊孢子或再经一次有丝分裂产生 8 个子囊孢子，子囊孢子球形，除略小外其结构与营养细胞完全相同（图 4-38B）。

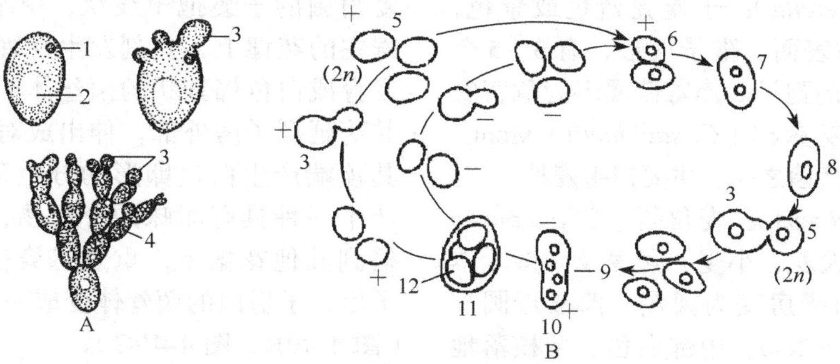

图 4-38　酵母菌及其生活史

A. 出芽生殖　B. 有性生殖

1. 细胞核　2. 液泡　3. 芽孢子　4. 拟菌丝　5. 营养细胞　6. 结合　7. 质配　8. 核配　9. 减数分裂　10. 幼子囊　11. 成熟子囊　12. 子囊孢子

B. 不整囊菌纲。不整囊菌纲又称为不正囊菌纲，子囊果为闭囊壳，子囊球形或近球形，不规则散生，不形成子实层，仅有散囊菌目（Eurotiales）。

曲霉属（*Aspergillus*）：曲霉属在自然界分布极广，其分生孢子几乎无处不在。菌丝体发达，产生大量分生孢子梗，其顶端膨大，称为泡囊（vesicle）或顶囊，泡囊表面布满放射状排列的瓶形结构，依次为梗基、初生小梗、次生小梗等。在小梗顶端形成一串球形分生孢子（图 4-39A）。分生孢子黑色、黄色、绿色、白色，此为菌落的主要色彩，也可作为曲霉属分类的依据。

只有少数种类具有有性生殖，子囊果为闭囊壳，子囊球形、卵形、梨形，不规则分散于闭囊壳中，无子实层，子囊壁易溶解，闭囊壳内留下许多分散的子囊孢子。

曲霉具有强大酶活性，可用于工业生产。例如，利用黑曲霉制酒，利用黄曲霉（*Aspergillus flavus*）无毒菌株分解蛋白质的能力制酱。但是，黄曲霉的有毒菌株能产生黄曲霉毒素，导致肝坏死和肝癌。

青霉属（*Penicillium*）：青霉通常生于腐烂的水果、肉类、衣服及皮革上，主要以分生孢子进行繁殖，从菌丝上产生长而自立的分生孢子梗，梗顶端分支数次而呈现扫帚状，最末一级分支呈瓶状，称为小梗，基部为梗基。在小梗上形成一串绿色的分生孢子（图 4-39B）。孢子成熟后，随风分散，落于基质上，

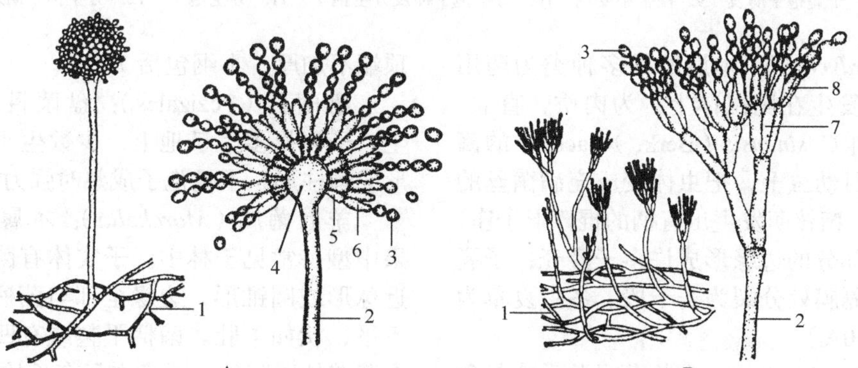

图 4-39　曲霉属和青霉属

A. 曲霉　B. 青霉

1. 营养菌丝　2. 分生孢子梗　3. 分生孢子　4. 泡囊（顶囊）　5. 初生小梗　6. 次生小梗　7. 梗基　8. 小梗

于适当条件下萌发为菌丝。有性生殖仅见于少数种类。

青霉属应用很广，某些青霉可用于制造有机酸、乳酸。药用青霉素是从产黄青霉（*P. chrysogenum* Thom.）、点青霉（*P. notatum* Westl.）中提取出来的。

曲霉属和青霉属的一些种类未见到有性生殖过程，因此常将其置于半知菌亚门。

C. 核菌纲。核菌纲的子囊果为子囊壳或闭囊壳，子囊棍棒状，排列整齐规则，顶孔开裂或缝开裂。

球壳目（Sphaeriales）：球壳目多腐生，少数寄生于植物上。子囊果为子囊壳，球形、半球形或瓶形，有或无子座。

赤霉菌属（*Gibberella*）：子囊壳蓝色或紫色，小型，常散生于基质表面。孢子梭形，有3～5个横隔，类似于多细胞的孢子。赤霉菌属多为危害农作物的寄生菌。小麦赤霉［*G. saubinetii*（Mont.）Sacc.］是小麦的重要病菌之一，主要侵害麦穗。

麦角菌属（*Claviceps*）：麦角菌［*C. purpurea*（Fr.）Tul.］寄生于大麦、小麦、燕麦及许多禾本科杂草的子房内，将子房变为菌核。菌核近圆柱形，两端角状，长1～2cm，内部白色。菌核落地后越冬，翌年春季萌发为子实体，1个菌核上可产生10～20个子实体。子实体蘑菇状，头部膨大呈球形，称为子座，直径1～2mm，紫红色，有一长柄。子囊壳布满子座周围，全部埋于子座内，椭圆状，孔口突出于子座的表面，每个子囊壳内产生多个长圆柱形子囊，其内产生8个子囊孢子。麦角菌的子囊孢子线状，单细胞，借风力传播到寄主的花穗上，立刻发生芽管，侵入花朵子房中，发育成白色棉絮状的菌丝体，随后破坏子房组织，并蔓延到子房外部，伸出成对短小的分生孢子梗，其顶端产生白色卵形的分生孢子。分生孢子堆中产生一种具有甜味的分泌物，引诱昆虫将孢子传播到其他花穗上，重复感染健康麦穗。当产完孢子后，子房内的菌丝体变成一个坚硬的黑褐色菌核（图4-40B、图4-40C）。

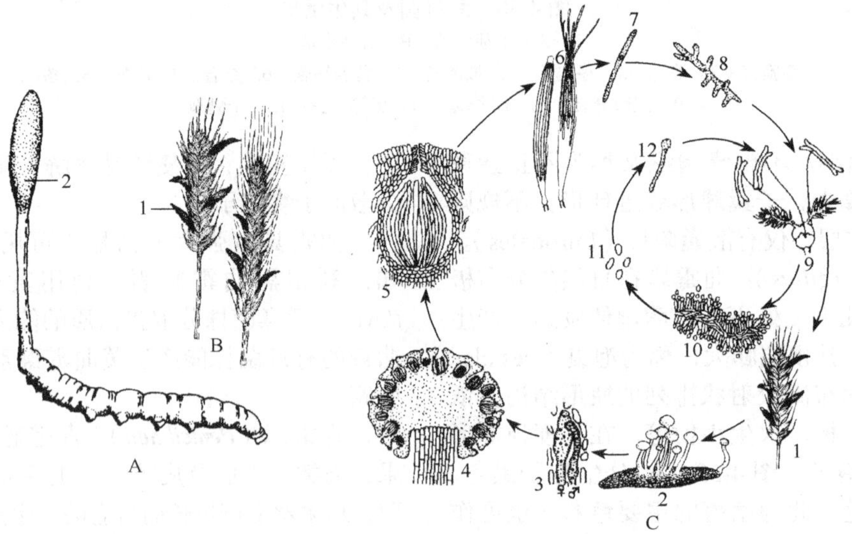

图4-40　虫草、麦角及麦角菌［*C. purpurea*（Fr.）Tul.］生活史

A. 虫草　B. 麦角　C. 麦角菌生活史

1. 菌核　2. 子座　3. 雌雄生殖器官　4. 子座纵切　5. 子囊壳纵切　6. 子囊及子囊孢子释放　7. 子囊孢子　8. 子囊孢子萌发　9. 侵害小麦花　10. 分生孢子梗及分生孢子　11. 分生孢子　12. 分生孢子萌发

虫草属（*Cordyceps*）：本属的很多种类为药用真菌，子座通常发生在昆虫体上，为肉质、直立、棒状。冬虫夏草［*C. sinensis*（Berk.）Sacc.］的菌丝体寄生在鳞翅目幼虫上，把虫体变成充满菌丝的僵虫，即为菌核。菌核萌发生出有柄的棍棒形子座，在子座顶端膨大部分的边缘形成许多子囊壳，子囊孢子线形，常在隔膜处分裂为若干段。冬虫夏草为著名中药（图4-40A）。

白粉菌目（Erysiphales）：白粉菌目几乎全是危害高等植物的病原菌，其子囊果为无孔的闭囊壳。无性繁殖产生链状的分生孢子，致病时寄主表面出现白粉病症状。禾谷白粉菌（*E. graminis* DC.）寄生于小麦叶片、叶鞘、茎秆和花穗上，危害小麦。

D. 盘菌纲。子囊果为盘状、杯状的子囊盘，子囊排列为子实层，分布在子囊盘的内表面，子囊顶端不加厚。本纲包括7目。

盘菌目（Pezizales）：盘菌目多腐生，少数寄生。子囊果多生于地上，少数生于地下。子囊棍棒形或圆柱形，子囊孢子成熟时强力放射。

羊肚菌属（*Morchella*）：本属为腐生菌，子囊果中型，常见于林中。子实体有菌盖和菌柄。菌盖近球形或圆锥形，边缘全部与菌柄相连，表面凹凸不平，状如羊肚。菌柄平整或有凹槽，子实层分布在菌盖的凹陷处，子囊之间有长的侧丝。

常见种羊肚菌［*Morchella esculenta*（L.）Pers.］生于林地或林缘，含有丰富的氨基酸，是一种美味的食用菌（图4-41A）。

盘菌属（*Peziza*）：本属为腐生菌，空旷处的肥沃土地或林中常见。子囊盘中至大型，通常呈盘状、杯状或碗状，无柄或近无柄，为盘菌目中最常见的

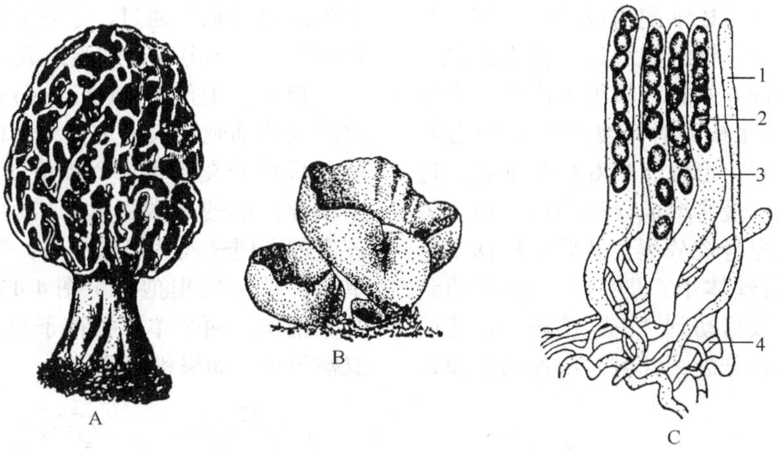

图 4-41　羊肚菌、盘菌及其子实层
A. 羊肚菌　B. 盘菌　C. 子实层
1. 隔丝　2. 子囊孢子　3. 子囊　4. 营养菌丝

腐生菌。

盘菌的子实层裸露，结构近似，主要由侧丝、子囊及子囊孢子组成。子囊常呈圆柱状，有侧丝，子囊孢子 8 个，椭圆形，无色，通常在子囊内排列成纵行。

柔膜菌目（Helotiales）：柔膜菌目多为腐生，少数种类寄生。子囊盘表生或埋生，形状质地多样，具有厚的囊盘被。子囊顶端显著加厚，子囊孢子从子囊顶孔放射出去，有些种类形成分生孢子。

核盘菌属（*Sclerotinia*）：本属寄生，常引起植物严重的病害。子囊盘具柄，从定形的菌核长出，菌核生于寄主表面或茎、叶内，或由菌丝和寄主组织共同组成假菌核。子囊棍棒形，顶端加厚，中央有小孔道。

4）担子菌亚门。主要特征：种类繁多的陆生高等真菌，世界上已知有 900 属 22 000 多种。担子菌与人类关系较密切，许多担子菌是植物的专性寄生菌或腐生菌，能引起植物病害或导致木材腐烂，还有许多担子菌具有食用价值或药用价值，有毒的种类也多。担子菌亚门的重要特征是发生担子（basidium）。担子是核配的场所，其上通常产生 4 个担孢子（basidiospore）。

营养体全为多细胞菌丝体。菌丝发达，常有分支，菌丝有横隔，生活史中有 3 种类型的菌丝。

初生菌丝（primary hyphae）：是担孢子萌发产生的菌丝，初期无隔多核，不久产生横隔，将细胞核分开而成为单核菌丝，为单倍体。所组成的菌丝体称为初生菌丝体。在生活史中周期很短。

次生菌丝（secondary hyphae）：是由初生菌丝的两个单核细胞结合进行质配而不核配，形成双核细胞，双核细胞直接分裂形成的双核菌丝。所组成的菌丝体称为次生菌丝体。在生活史中周期很长。

三生菌丝（tertiary hyphae）：由次生菌丝特化而成，仍为双核菌丝，三生菌丝组织化形成各种子实体，称为担子果（basidiocarp）。担子果是高等担子菌产生担子和担孢子的一种结构，其大小、性状、质地和色泽差异很大。

次生菌丝和三生菌丝上具有锁状联合（clamp connection）现象。

繁殖：许多担子菌中，其双核菌丝进行细胞分裂时，常以锁状联合的特殊分裂方式增加细胞，其分裂过程如下。

在菌丝细胞中部形成一喙状突起，并向菌丝一侧弯曲，双核中的 1 个核移向喙突的基部，另 1 个核在它的附近，两核同时分裂为 4 个核，其中 2 个核留在细胞的上部，1 个核留在下部，另 1 个核进入喙突中。这时，在细胞中生出横隔，将上下分割为两部分，包括喙突共形成 3 个细胞。上部细胞双核，下部细胞及喙突细胞均为单核，以后喙突的尖端与下部细胞接触并沟通，喙突中的核流入下部细胞内，又形成双核细胞。如此，1 个双核细胞分裂为 2 个双核细胞，并在 2 个细胞之间残留一个喙状的痕迹。这就是锁状联合现象（图 4-42）。

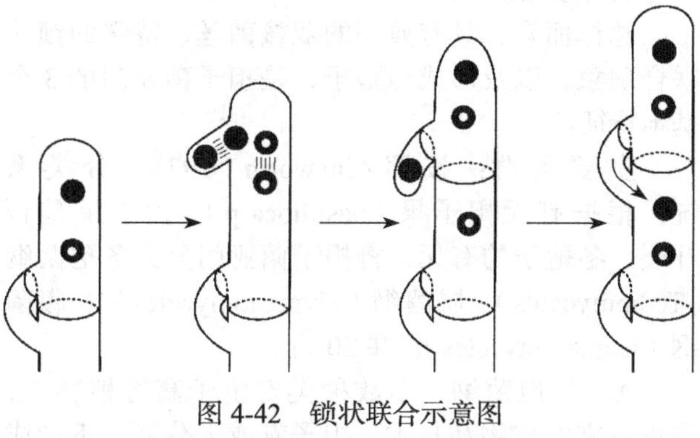

图 4-42　锁状联合示意图

担子菌的有性生殖主要有 3 种方式，但常常不形成有性结构，或者初期进行质配。

初生菌丝的接合：两条初生菌丝生长不久，即进行配合，只质配不核配，形成双核的异核细胞，这种只质配不核配的双异核细胞构成的菌丝称为初生菌丝。初生菌丝上的异核细胞通过两种方式之一发育成次生菌丝：一种方式是双核细胞产生一个分支，双核移入分支，2个核同时分裂产生4个核后，形成隔膜将姐妹核分开，形成2个双核子细胞，这样重复地分裂和分隔，最终形成异核的菌丝体。另一种方式是双核细胞先行核分裂，然后子核移动至亲配型相反的初生菌丝体中，即“+”核移动到“—”菌丝中，“—”核移动到“+”菌丝中，然后菌丝体内的外来核迅速分裂，此时，菌丝的隔膜常降解以便细胞核通过，子核在细胞间迁移分布，直到母菌丝全部由双核细胞组成。

担子、担孢子（basidiospore）的形成：双核菌丝的顶端细胞膨大形成担子（basidium），担子经核配和减数分裂产生4个单倍的核，担子顶端生出4个小梗，小梗顶端膨大形成幼担孢子，4个单倍的核通过小梗进入幼担孢子内，最后产生4个单细胞、单核、单倍的担孢子（图4-43）。担孢子萌发形成初生菌丝。两个单核担孢子也可接合，萌发后形成双核菌丝，如黑粉菌等。

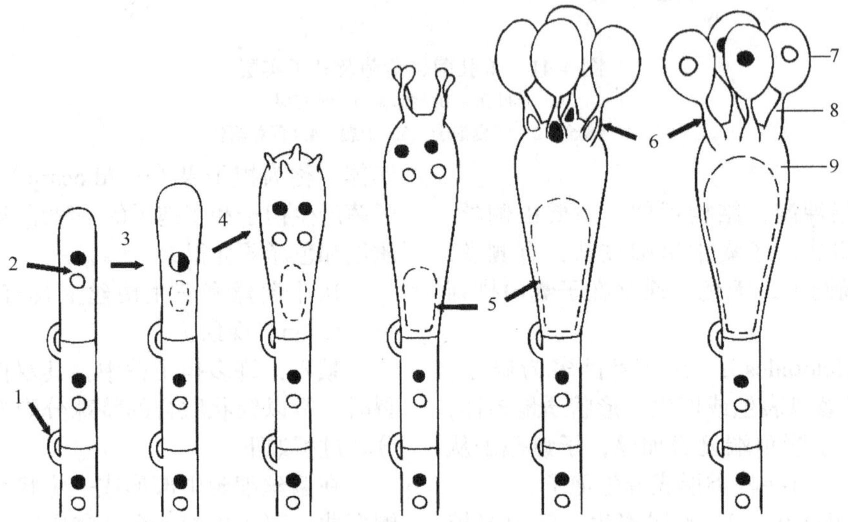

图4-43　担子及担孢子的形成

1. 锁状联合的喙状突起　2. 质配　3. 核配　4. 减数分裂　5. 液泡
6. 单倍体核进入幼担子　7. 担孢子　8. 担子小梗　9. 担子

性孢子与菌丝（受精丝）接合：性孢子由昆虫或水带到营养菌丝旁，营养菌丝则起着雌性器官的作用（称为受精丝），在接触处溶解形成一小孔。性孢子的原生质体及细胞核通过小孔进入营养菌丝内形成双核菌丝，如锈菌。

担子菌还可通过无性繁殖产生分生孢子和粉孢子等进行繁殖。

总体而言，具有典型的双核菌丝、特殊的锁状联合现象，以及形成担孢子，是担子菌亚门的3个基本特征。

主要类群：按照Ainsworth（1973）分类系统，根据有无担子果（basidiocarp）、担子果是否开裂、冬孢子的有无，将担子菌亚门分为冬孢菌纲（Tediomycetes）、层菌纲（Hymenomycetes）和腹菌纲（Gasteromycetes），共20目。

A. 冬孢菌纲。多数种类寄生于高等植物上，严重危害农作物和林木。担子有或无分隔，不形成担子果，产生冬孢子（teliospore），冬孢子常成堆或散生于寄生组织内。冬孢菌纲根据担孢子的数目及放射情况，可分为黑粉菌目（Ustilaginales）和锈菌目（Uredinales），约174属6000种。

黑粉菌目：担子有或无分隔，每个担子产生担孢子的数目不固定，孢子不强力散射。大多数寄生于高等植物上，尤其是禾本科和莎草科为多，常危害小麦、高粱、玉米、谷和水稻等农作物（图4-44）。

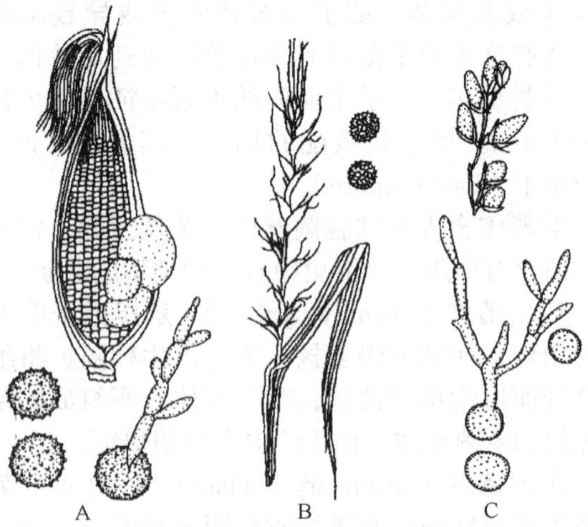

图4-44　黑粉菌的代表种类及其后壁孢子和担孢子（引自叶创兴，2000）

A. 玉米黑粉菌［*Ustilago maydis*（DC.）Corda.］
B. 小麦散黑粉菌［*U. tritici*（Pers.）Fens.］
C. 高粱丝轴黑粉菌［*Sphacelotheca reiliana*（Kuhn.）Clint.］

玉米黑粉菌［*Ustilago maydis*（DC.）Corda.］主要侵害玉米植株，导致玉米患黑粉病。玉米植株地上部分的任何部位均可受到感染（图 4-44A）。

小麦散黑粉菌［*U. tritici*（Pers.）Fens.］寄生于小麦和大麦的花穗上，使植株患黑粉病（图 4-44B）。高粱丝轴黑粉菌［*Sphacelotheca reiliana*（Kuhn.）Clint.］引起高粱和玉米丝黑穗病（图 4-44C）。

锈菌目：常寄生于种子植物或蕨类植物体上，种类达 5000 余种。典型的长生活史型锈菌能产生 5 种类型的孢子，在其生活史中各种孢子顺序产生。初生菌丝体形成性孢子（spermatium，pycniospore），次生菌丝体产生锈孢子（aeciospore）（也称为春孢子）、夏孢子（urediospore）和冬孢子，担孢子由冬孢子产生。

大部分锈菌以冬孢子越冬，核配在冬孢子内进行，冬孢子萌发时经减数分裂产生 4 个担孢子，担孢子强力散射。有些锈菌在生活史中有 2 个不同的寄主，称为转主寄生（heteroecism）。有些锈菌只有一种寄主，称为单主寄生（autoecism）。

禾柄锈菌（小麦秆锈病菌）（*Puccinia graminis* Pers.）为最常见的长生活史型锈菌，具有转主寄生现象。第一寄主为小麦、大麦、燕麦及其他禾本科植物，产生夏孢子、冬孢子和担孢子，第二寄主为小檗属（*Berberis*）或十大功劳属（*Mahonia*）等的某些种类，产生性孢子和锈孢子。

禾柄锈菌引起小麦秆锈病，是我国乃至世界春麦区和部分秋麦区的毁灭性病害，造成数以百万吨小麦籽粒的损失。禾柄锈菌有许多特别变型，每一个变型适合于一个寄主，如 *P. graminis* f. sp. *tritrci* 仅侵染小麦、*P. graminis* f. sp. *secal* 仅侵染黑麦等。禾柄锈菌的特别变型目前已经鉴定出超过 250 个，而且每年都有更多变型被发现。

B. 层菌纲。层菌纲具有发达的担子果（子实体），担子果分为裸果型（gymnocarpoustype）、半被果型（hemiangiocarpous type）和假被果型（pseudoangiocarpous type）三类。裸果型在子实体的整个发育期中一直开放，子实层一开始就是裸露的。半被果型在子实体的发育初期具有内、外菌幕或仅具内菌幕包裹子实层，但随着子实体的发育，内、外菌幕撕裂，子实层外露。假被果型最初子实层裸露，后幼小菌盖的边缘向内侧弯曲，子实层封闭，当子实层进一步成熟，子实层又裸露。担子果形状多样，膜质、革质、木质、木栓质或肉质。

担子通常由菌丝上生出，分隔或不分隔，有分隔时为横隔或纵隔，整齐地排列成子实层。子实层分布在菌髓（trama）的两侧，菌髓和子实层构成子实体（hymenophore）。子实层有片状、疣状、管状、针状和褶状等多种形式。子实层中有时夹杂侧丝、刚毛（seta）、囊状体（cystidium）和胶囊体（gleocystidium）等。

本纲 15 000 余种。以下介绍银耳目（Tremellales）、木耳目（Auriculariales）、伞菌目（Agaricales）及其代表种类。

银耳目：腐生菌、裸果式。担子果有柄或无柄，平伏、扁平、带状、棒状、花瓣状、匙状或珊瑚状，胶质、软骨质或膜质。子实层生于担子果的两侧。担子多为球形、卵形或梨形，个别种属的担子为纺锤形并呈串珠式生长。典型的担子被纵隔分为 4 个细胞，每个细胞产生 1 个小梗（或称为上担子），小梗顶端形成 1 个单细胞的担孢子。

银耳（*Tremella fuciformis* Berk.）是本目常见种类，生于多种腐木上。担子果（子实体）白色或略带黄褐色。花瓣状、边缘波状或瓣裂，两面平滑、胶质，担子埋于胶质体中。银耳味美，可食用或药用，分布在华东至西南及台湾（图 4-45A、图 4-45B）。

图 4-45　银耳和木耳

A. 银耳子实体　B. 银耳担子和担孢子　C. 木耳　D. 木耳子实层

1. 担孢子　2. 担子　3. 侧丝　4. 胶质层

木耳目：担子果裸果式，耳状、壳状、垫状，胶质。子实层分布在表面一侧，或大部分埋于子实体内，担子圆柱形，横分隔为 4 个细胞，每个细胞上生 1 个小梗，小梗顶端产生 1 个单细胞的担孢子。

木耳［*Auricularia auricular*（L. ex Hook.）Underw］为重要的食用菌，黑褐色或黄褐色，也可以做药用，有润肺和清涤肠胃的作用（图 4-45C、图 4-45D）。

伞菌目：腐生菌，担子无隔。

担子果通常是肉质的。顶端的伞状或帽状结构称为菌盖（pileus），菌盖下方的支持部分称为菌柄（stipe），菌柄通常中生，也有偏生或侧生的情况。菌盖腹面有片状的构造称为菌褶（gills），即为子实体，呈放射状排列，菌褶内部的组织称为菌髓，通常由长形的菌丝细胞组成。子实层生于菌褶的两面，主要由担子和侧丝组成，有时还包括少数大型囊状体（cystidium）（或称为隔胞）细胞。担子单细胞，无隔、棒状，常具有 4 个小梗（sterigma），每支小梗顶端有 1 个担孢子，成熟时强力弹射（图 4-46）。

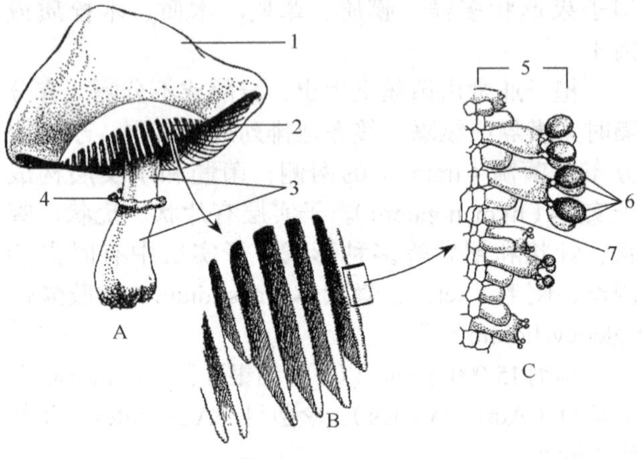

图 4-46　伞菌担子果的形态结构
（引自 Muller, 1979）
A. 担子果形态　B. 菌褶部分放大　C. 子实层部分放大
1. 菌盖　2. 菌褶　3. 菌柄　4. 菌环　5. 子实层
6. 担孢子　7. 担子

有些伞菌担子果幼时常具有内菌幕（partial veil），从菌盖的边缘由一层膜与柄相连，并将菌褶遮住，成熟过程中，菌盖充分发展，内菌幕破裂，在菌柄上形成的环形残留物称为菌环（stipe）。有些种类外面还具有一层膜质的外菌幕（universal veil），包围整个担子果，当菌柄伸长时外菌幕破裂，有一部分残留在菌柄基部，称为菌托（volva）。外菌幕在菌盖上通常破裂为鳞片（scale）或消失。菌环和菌托等特征具有分类学意义。

担子菌的生活史从担孢子开始。担孢子成熟后从小梗上脱落，先萌发成为单核菌丝体，由 2 条单核初生菌丝的营养细胞进行同宗或异宗结合，形成双核菌丝体，双核菌丝体在适宜条件下生出菌蕾，菌蕾再分化形成担子果，担子果又分化形成担孢子，完成一个生活史周期（图 4-47）。

蘑菇属（*Agaricus*）：也称为伞菌属。菌盖肉质，形状为规则伞形，菌柄中生，肉质，易于与菌盖分离，有菌环，菌褶离生，初期白色或淡色，后期变为紫褐色或黑色，孢子印为暗紫褐色，孢子紫褐色。蘑菇（*A. campestris* L. ex Fr.）为本属中的常见食用菌之一，又称为四孢蘑菇。担子果肉质，菌盖初期呈半球形，后渐平展呈伞状，盖面光滑，纯白色至近白色，并带淡褐色，菌柄连在菌盖中央，与盖同色，近圆柱形。菌环白色，膜质，附着于菌

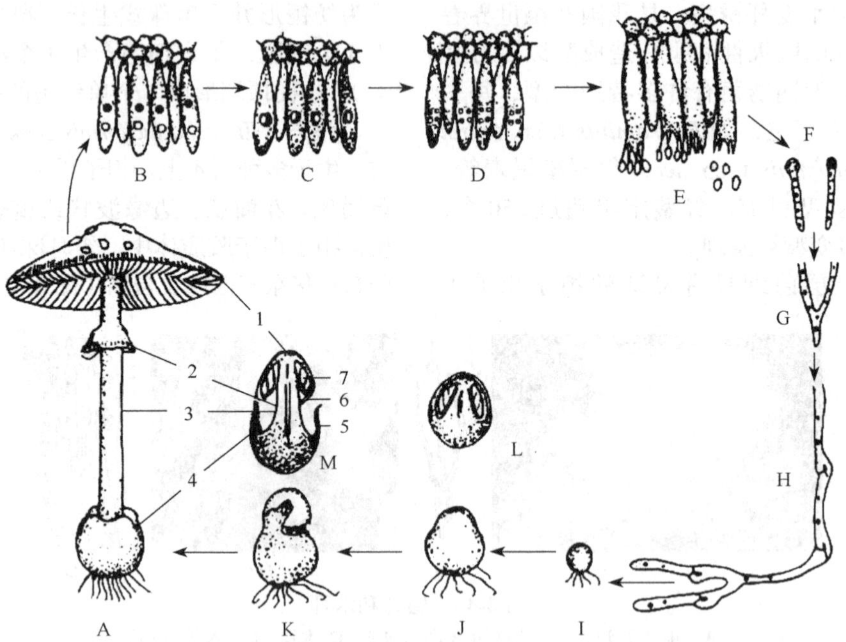

图 4-47　层菌纲的生活史
A. 担子果　B. 质配　C. 核配　D. 减数分裂　E. 子实层产生担孢子　F. 担孢子萌发　G、H. 双核菌丝　I～K. 幼担子果　L、M. 幼担子果纵剖面
1. 菌盖　2. 菌环　3. 菌柄　4. 菌托　5. 外菌幕　6. 内菌幕　7. 菌褶

柄上部，成熟时脱落。菌褶薄片状，基部与柄离生，中部宽，初期白色，后变为粉红色，最后黑褐色。本属中的双孢蘑菇［*A. bisporus*（Lange.）Imbach.］是世界上栽培范围最广的一种食用菌。18 世纪初法国开始人工栽培，目前有包括中国在内的 70 多个国家在栽培食用。

口蘑属（*Tricholoma*）：菌盖肉质，幼小时边缘向内卷曲，菌柄中生，无菌环和菌托，孢子印纯白色，少数淡奶油色。松口蘑［*T. matsutake*（Ito. et Imai.）Sing.］又称为松茸，为著名食用菌。菌盖扁平球形至近平展，白色，具有黄褐色至栗褐色鳞片，菌肉厚，菌褶白色，菌环下有栗色纤毛状鳞片。秋季在林中散生，形成蘑菇圈，或者与树木形成菌根。

毒伞属（*Amanita*）（鹅膏属）：菌盖伞形，具有菌环和菌托，菌柄易与菌盖分离，菌褶离生。孢子印白色，孢子无色。毒伞属大部分有毒，可食的为少数。豹斑毒伞［*A. pantherina*（DC. ex Fr.）Secr.］（豹斑鹅膏）为常见种，菌盖半球形，后平展，边缘有条纹，表面附有白色块状鳞片。夏季、秋季生于阔叶林、混交林中，或林缘及牧场。

香菇属（*Lentinus*）：担子果半肉质至革质，坚韧，干时收缩，湿润时恢复原状。菌盖不规则，菌柄偏生或近中生，菌褶延生，薄、质韧，褶缘有锯齿。孢子印白色，孢子无色。常见食用菌香菇［*L. edodes*（Berk.）Sing.］，担子果半肉质，丛生或群生。生于阔叶树的倒木上。香菇除了味美可食之外，其所含有的多糖类有较高药用价值。近年来很多地区在进行人工栽培。

包脚菇属（*Volvariella*）：担子果肉质，菌褶肉红色，离生，菌柄生于菌盖中央，易与菌盖分离，具菌托，孢子成堆时粉红色，椭圆形或近球形，光滑。常见食用菌草菇［*V. volvacea*（Bull. ex Fr.）Sing.］可食，主要分布于气候炎热地带，目前北方各地已经引种栽培。

小火菇属（*Flammulina*）：菌盖光滑或被白色粉末，肉质，菌褶弯生至直生，常为黄色，菌柄常被短绒毛，孢子印纯白色，孢子无色，椭圆形至长椭圆形，光滑，木生。常见食用菌金针菇［*F. veltipes*（Curt. ex Fr.）Sing.］，担子果由细长脆弱的菌柄和形似铜钱的菌盖组成，乳白色或金黄色，是目前栽培食用的主要伞菌之一。

非褶菌目（又称为多孔菌目）：本目种类繁多，分布十分广泛，为腐生或寄生的大型真菌。担子果为裸果型，结构复杂。担子果木质、木栓质、肉质、蜡质、炭质、海绵质、酪质，稀为胶质，外形多样，有蹄形、扇形、半球形、猬形或珊瑚枝形等。子实层生于菌管内或菌刺上，或者一个平面上，无菌褶。担子不分隔，棒状。

灵芝属（*Ganoderma*）：担子果木质或木栓质，表面具坚硬有油漆光泽的皮壳。子实层管状，管口小。担孢子卵形，顶端平截，双层壁，外壁无色光滑，内壁褐色，有微细突起。代表菌有灵芝［*G. lucidum*（Leyss ex Fr.）Karst.］，为本属最常见的种。菌盖半圆形至肾形，菌盖及菌柄具有明显的油漆光泽，生于栎属或其他阔叶树近地处。可做药用或滋补剂（图 4-48B）。

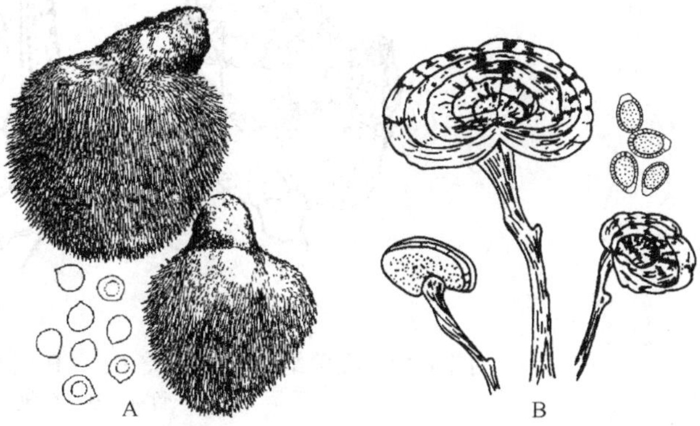

图 4-48　非褶菌目的代表种类

A. 猴头菌［*H. erinaceus*（Bull. ex Fr.）Pers.］

B. 灵芝［*G. lucidum*（Leyss ex Fr.）Karst.］

猴头菌属（*Hericium*）：担子果块状或分支，无柄，肉质，无明显的菌盖，子实层着生长菌齿上。孢子无色，平滑，长圆形至球形。代表菌有猴头菌［*H. erinaceus*（Bull. ex Fr.）Pers.］，担子果一年生，肉质，团块状，白色，基部侧生悬垂于树干上。菌齿覆盖于菌体表面的中部和下部，长而下垂。生于栎、胡桃等树木上。主要供食用（图 4-48A）。

C. 腹菌纲。腹菌纲是定形的被果型，担子果很发达。大多数种类的担子果生于地下，成熟时露出地面，也有些种类永久生在地下。

腹菌纲有 700 余种，120 属。本纲中的食用菌和药用菌种类均很多，经济价值较大的有鬼笔目（Phallales）和马勃目（Lycoperdales）。

竹荪属（*Dictyophora*）：属于鬼笔目。菌盖帽状，产孢组织生于菌盖外部，菌柄粗而呈海绵状，菌幕生于菌盖下，与柄顶相连，白色网状，长而下垂。短裙竹荪［*D. duplicate*（Bosc.）Fish.］是本属的最重要的种类。菌盖钟形，有明显的网格，网格中有青褐色、臭而黏的产孢组织，菌幕白色，菌柄白色、中空、海绵状。现已人工栽培成功（图 4-49A）。

鬼笔属（*Phallus*）：属于鬼笔目。本属与竹荪属相似，但无菌幕。白鬼笔（*P. impudicus* L.）担子果呈粗毛笔状，菌柄柱形，中空，基部有白色菌托，菌盖钟形，顶端开孔与中空的菌柄相通，表面有大而深的网格。白鬼笔常见于林地、林缘，可食（图 4-49B）。

马勃属（*Lycoperdon*）：属于马勃目。担子果球形、卵形或梨形，不孕基部发达或缺。外包被具刺、疣或颗粒，内包被膜质，由顶端开裂成小口。本属中常见种为梨形马勃（*L. pyriforme* Schaeff.），其担子果群生至散生，不孕基部发达，全国均有分布（图 4-49C、图 4-49D）。

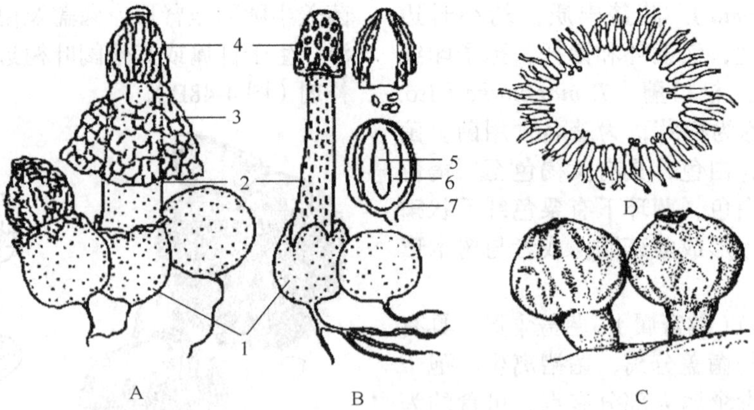

图 4-49 腹菌纲的常见种类（A、B 引自叶创兴，2000；C、D 引自李扬汉，2000）
A. 竹荪 B. 鬼笔 C. 马勃 D. 产孢体放大
1. 菌托 2. 菌柄 3. 菌幕 4. 菌盖 5. 菌托 6. 产孢组织 7. 包被

5）半知菌亚门。主要特征：本亚门包括那些只知道无性繁殖阶段，或有性生殖阶段尚未发现的真菌。由于人们对其生活史仅了解一半，因而称为半知菌（deutero fungi）或不完全菌（fungi imperfecti）。本亚门实际上并非一个自然的分类群，其中的种类应该属于子囊菌或担子菌的无性发育阶段，一旦发现其有性阶段的特征，即可将其归入相应的类群中。现已证明，半知菌中的大多数属于子囊菌，少数属于担子菌。

半知菌菌丝体发达，菌丝有隔，为单倍体。繁殖方式主要通过菌丝繁殖行营养繁殖，或产生芽孢子、节孢子，萌发成菌丝，其无性繁殖也较发达，形成分生孢子梗，再形成分生孢子，萌发形成菌丝。

代表类群：半知菌有 1800 余属，26 000 余种，其中约有 300 属是农作物和森林病害的病原菌，而某些属可能是引起人类和动物皮肤病的病原菌。

稻梨孢（稻瘟病菌）（*Pyricularia oryzae* Cav.）引起水稻稻瘟病，是水稻中最严重的病害，自幼苗至抽穗皆可感染，引起苗瘟、叶瘟、穗瘟等。嫩叶上的病斑是稻瘟病的典型症状。初发病时，叶片上生有暗绿色的小斑点，以后变成褐色的梭形病斑，病斑中央呈青灰色，病重时全株焦枯或成白穗。

4.2.3 经济价值

食用价值：许多大型真菌是滋味鲜美的食用菌，具有很高的营养价值，具有高蛋白、无胆固醇、无淀粉、低脂肪、低糖、多膳食纤维、多氨基酸、多维生素、多矿物质等优点。蘑菇、香菇、松口蘑、口蘑、草菇、猴头菌、木耳、银耳及羊肚菌等都是常见的美食，我国可食用的真菌总计已经超过 300 种。不过，有些真菌有剧毒，误食而抢救不及时可能致死，如豹斑鹅膏。

药用价值：从菌类中获取的药物已经为人类健康作出了很大贡献。黄青霉（*P. chrysogenum* Thom.）和点青霉（*P. notatum* Westt.）等真菌是人类提取青霉素的重要来源。猴头菌、灵芝、冬虫夏草、猪苓［*Polyporus umbellatus*（Pers. Fries）］、木耳、银耳、竹黄及香菇等均具有特定的药用价值，具有不同的药用功效。

工业应用：在工业方面，利用酵母、曲霉、毛霉和根霉等酿酒、制酱，利用酵母制作面包、馒头等发酵食品，此外还可用于造纸、制革和石油工业等领域。

农业应用：利用真菌中的各种酶类分解粗饲料可以提高饲料的营养价值，利用真菌提取生长激素可促进植物生长。

不过，许多病原菌能导致经济动物、植物乃至人类的病害，有些危害还很严重。例如，寄生水霉寄生鱼体上，使鱼致死，危害渔业，匍枝根霉的孢子从伤口侵染甘薯，导致甘薯软化甚至腐烂。

4.3 地　衣

4.3.1 基本特征

地衣（lichen）是植物界中一类特殊的复合有机体（association organism），是由藻类和真菌植物共同生活在一起而形成的共生植物。地衣大约有 500 属，2.6 万余种。

构成地衣的真菌类多数是子囊菌（ascomycetes），只有约 10 种是担子菌（basidiomycetes）。藻类通常是蓝藻和单细胞绿藻，主要是共球藻属（*Trebouxia*）和橘色藻属（*Trentepohlia*），约占全部地衣体藻类的 90%，念珠藻也常见。

地衣复合体被认为是对藻菌双方有利的共生关系（symbiotic relationship），在地衣中，具有光合作用的藻类制造有机物质供给菌类养料，而菌类则吸收水分和无机盐提供给藻类利用，并且保护藻类免受干化、损伤和高光照。与地衣中藻类共生的真菌称为地衣共生菌，与地衣中真菌共生的藻类称为真菌共生藻。地衣体背部由真菌菌丝组成薄而坚韧的表层，称为皮层，皮层内侧庇护着藻胞层，地衣体腹部菌丝相对疏松，有储藏水分、保持藻细胞湿润的作用，称为髓层（图 4-50）。

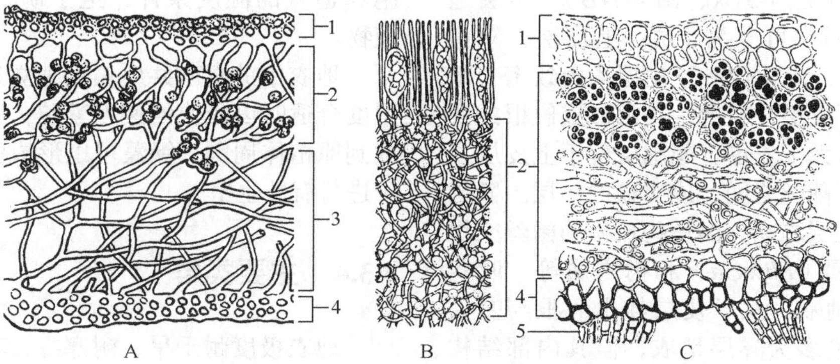

图 4-50 地衣的结构示意图

A. 异层地衣 B、C. 同层地衣

1. 上皮层 2. 藻胞层 3. 髓层 4. 下皮层 5. 假根

由于地衣是共生植物，其适应能力非常强，分布广泛，通常生长在岩石、树皮和土壤表面，也能生长在其他植物不易生长的岩石绝壁、沙漠、北极寒冷地带和热带高温地区。

4.3.2 形态结构

根据生长形态的不同，可将地衣分为以下 3 种类型。

壳状地衣（crustose lichen）：植物体扁平呈壳状，紧附在岩石或树皮上，菌丝与基质紧密连接，有时还生出假根深入基质中，不易与基质剥离。壳状地衣约占全部地衣的 80%。

叶状地衣（foliose lichen）：植物体呈扁平的薄片状，形似叶片，有背腹性，以假根或脐着生在基质上，容易与基质剥离。

枝状地衣（fruticose lichen）：植物体树枝状、树状直立或下垂，仅基部附着于基质上，通常具有分支，如树花属（*Ramalina*）和石蕊属（*Cladonia*）分支直立，松萝属（*Usnea*）分支悬垂，常生于山顶矮林（图 4-51）。

上述 3 种类型的划分有不少例外，存在两种

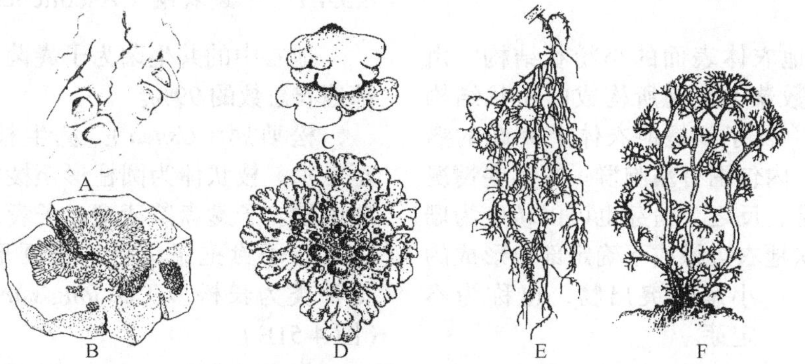

图 4-51 三种类型地衣的示意图

A、B. 壳状地衣 C、D. 叶状地衣 E、F. 枝状地衣

A. 茶渍属 B. 文字衣属 C. 扇衣属 D. 梅衣属 E. 松萝属 F. 石蕊属

形态中间的过渡类型。例如，标氏衣属（*Buellia*）为由壳状到叶状的过渡类型，其地衣体中心与壳状地衣类似，与基质紧贴，而在边缘部分则与叶状地衣相似，易与基质分离，也称之为鳞状地衣（squamulose lichen）。粉衣科（Caliciaceae）地衣，由于横向伸展，壳状结构逐渐消失，呈粉末状。

根据藻细胞在真菌组织中的分布状态，地衣原植体从结构上可以分为同层地衣（homoeomerous lichen）和异层地衣（heteromerous lichen）（图 4-50）。同层地衣原植体中藻细胞和菌丝混合成为一体，其藻细胞不在上皮层之下集中排列成一层，而是在髓层中均匀分布，没有藻胞层和髓层之分，如猫儿衣属（*Leptogium*）。壳状地衣多为同层地衣，很多壳状地衣无下皮层，从髓层中直接伸出菌丝与基质相连（图 4-51A、图 4-51B）。异层地衣在其横切面上通常可分为 4 层：上皮层、藻胞层、髓层和下皮层。上皮层和下皮层均由致密交织的菌丝构成，但下皮层常较薄，并由形成假根的菌丝覆盖，有些地衣无下皮层。藻胞层位于上皮层之下，藻细胞分布于菌丝之间，成明显的一层。髓层介于藻胞层和下皮层之间，由一些疏松的菌丝交织而成，如蜈蚣衣属（*Physcia*）和梅衣属等。叶状地衣多属于异层地衣，从下皮层伸出假根与基质相连。枝状地衣也多为异层地衣，但其内部结构呈现辐射式，上、下皮层致密、藻胞层很薄，包围中轴型的髓层（如松萝属），或髓部中空（如石蕊属）。

地衣常有各种色彩，是由于上皮层菌丝细胞含有橙色、黄色或其他色素形成的。

4.3.3 繁殖

4.3.3.1 营养繁殖

地衣最普遍的繁殖方式为营养繁殖。营养繁殖时，叶状体断裂为许多碎片，每一碎片可生长为新的地衣。此外，地衣也常借助粉芽（soredia，单数 soredium）、珊瑚芽（isidia，单数 isidium）和小裂片（lobule）等营养繁殖的结构，它们从母体脱离，借助风、水流和动物等传播，脱离母体后即可发育为新的叶状体。

粉芽是散布于地衣体表面的小粉状结构，由几根菌丝围绕着少数藻类细胞所构成的团状结构（图 4-52）。珊瑚芽（裂芽）是地衣体上突起的瘤状结构，具有皮层，内包围有藻胞群。在某些情况下珊瑚芽转变为粉芽，反之，粉芽也可以转变为珊瑚芽。小裂片是叶状地衣边缘或不确定部位形成的小扁平突出物，也称为不定芽。

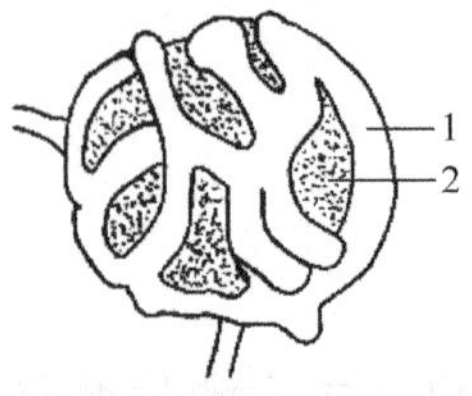

图 4-52 粉芽
1. 菌丝 2. 藻胞

4.3.3.2 有性生殖

地衣的有性生殖是由菌类和藻类独立完成的。

地衣中的子囊菌或担子菌进行有性生殖，产生子囊孢子或担孢子。子囊菌类按照其子实体不同可分为盘菌类和核菌类。盘菌类子实体为子囊盘，圆形或椭圆形，裸露在地衣的背面或边缘，很少具柄，也有子实体沉埋在地衣或其突起中；核菌类子实体为子囊壳，球形或半球形，一般陷生于上皮层中，单生或连成假子座。子囊壳壁柔软，并常为碳化原植体层（包被）包裹，仅留顶部孔口。子囊孢子或担孢子散出，落到适宜的基质，遇到藻细胞和适宜的湿度条件，孢子萌发，形成新的地衣植物。

地衣中的真菌共生藻也独立进行繁殖。蓝藻在湿度合适时以较快的速度繁殖，并将产生的细胞释放到原植体周围。绿藻可以形成游动孢子或同型配子进行有性生殖。

4.3.4 主要类群

地衣极度耐干旱、耐寒冷，其原植体中含有一种凝胶状物质，使其可以忍受迅速的干湿交替。当干燥时地衣迅速失水，其水分含量可以降至仅为其干重的 2%，新陈代谢暂时停止，进入一种耐受状态。但只要略有水分，地衣就迅速吸水，开始进行光合作用和生长。

地衣能够特别高效地吸收养分，许多地衣每天代谢活动的时间只有 1h 或更少，但它们已能获得足够的营养。故此地衣能生长于极端贫瘠的环境，如裸露的岩石、沙漠和南极等，南极分布有 320 种地衣。但地衣的这种特性使它们很容易从空气中吸收污染物而导致死亡，所以地衣也是一类极其敏感的环境污染指示植物。

通常依据地衣中共生的真菌种类，将其划分为 3 纲。

4.3.4.1 子囊衣纲（Ascolichens）

地衣中的共生菌为子囊菌，本纲地衣数目占全部地衣总数的 99%。

松萝属（*Usnea*）：丛生枝状，直立、半直立至悬垂。枝状体为圆柱形至棱柱形，通常具有软骨质中轴。子囊盘茶渍型，子囊果托边缘常具纤毛状小刺。子囊孢子无色、椭圆形。含有松萝酸。常见种类为长松萝（*U. longissima* Ach.），分布广泛（图 4-51E）。

梅衣属（*Parmelia*）：叶状，较薄，上、下皮层之间无膨胀空腔。背面灰色、灰绿色、黄绿色至褐色，具粉芽或裂芽，或缺。腹面淡色、褐色至黑色，边缘淡色，有假根。子囊盘散生于背面，子囊孢子无色，近圆形至椭圆形（图 4-51D）。

文字衣属（*Craphis*）：壳状，生于树皮上，表生或内生，无皮层或具微弱的皮层。子囊盘曲线形，稀为长圆形，深陷于基质表面或突出。表面狭缝状，有时缝隙较宽。子囊孢子无色，成熟后暗色，长椭圆形或腊肠形（图 4-51B）。

地卷衣属（*Peltigera*）：叶状或鳞片状。子囊盘大，生于裂片的顶端表面或叶缘表面，或在叶面中央并凹陷。子囊孢子长椭圆形至近针形，无色或淡褐色。

石蕊属（*Cladonia*）：子囊果柄的皮层菌丝排列方向与子囊果柄垂直，单一中空。原植体柱状或树枝状，末端扩大或否。子囊盘蜡盘形。孢子无色，卵形、长椭圆形至纺锤形。藻类为共球藻（图 4-51F）。

4.3.4.2 担子衣纲（Basidiolichens）

地衣中的共生菌为担子菌，多为非褶菌目伏革菌科（Corticiaceae），其次为伞菌目口蘑科（Tricholomataceae），以及珊瑚菌科（Clavariaceae）。地衣共生藻类为蓝藻。担子衣纲主要分布于热带，种类较少。

扇衣属（*Cora*）：生于土壤或树木，外形似伏革菌真菌，生于树上的以侧生假根附着于基质上。本属为同层地衣。地衣体的下表面有同心环状排列的弧状突起，即子实层体，其表面为子实层，具有担子和担孢子（图 4-51C）。

4.3.4.3 半知衣纲（Deuterolichens）或不完全衣纲（Lichens imperfeetii）

不完全明了其全部生活史，未见到它们产生子囊或子囊孢子，是一类无性地衣。

地茶属（*Thamnolia*）：地衣体丝状，有分支，地生，白色至灰白色，带红褐色，遇钾液变为黄色或柠檬色。

4.3.5 生态和经济价值

生态价值：地衣是使岩石风化形成土壤的一种生物模式。地衣生长在高山岩石之上、荒漠土壤表面、树皮等其他生物不易生长的地方，而且能够分泌地衣酸，通过螯合作用，腐蚀岩石，使岩石的表面逐渐龟裂和破碎，再加上自然界中风、雨、阳光、地壳运动和重力等其他作用，共同促进岩石的风化和土壤形成。在有些环境条件下，地衣本身也为苔藓等的生长提供了庇护。例如，在极地，地衣苔原是普通的生物群落。因此地衣被称为生物界的“拓荒者”，植被形成的“开路先锋”。此外，由于地衣对环境中的有害物质极其敏感，环境恶化会导致其死亡，因此地衣可以作为指示环境污染情况的指示植物。

食用价值：多种地衣中含有淀粉和糖，可食用，如石耳［*Umbilicaria esculenta*（Mioshi.）Minks］、石蕊［*Cladomia rangiferina*（L.）Weber. Ex Wigg.］、冰岛衣［*Cetraria islandica*（L.）Ach.］。北欧一些国家用地衣提取淀粉、蔗糖、葡萄糖和乙醇，在北极和高山地衣苔原带，地衣为驯鹿等动物的主要饲料。

药用价值：地衣可做药材。松萝、石蕊和石耳是沿用已久的中药。石蕊可以生津、利咽、解热、化痰。松萝用于祛痰、治疟、催吐和利尿。肺衣［*Lobaria pulmanaria*（L.）Hoffm］用于治疗肺病、肺气喘。绿皮地卷［*Peltigera aphthosa*（L.）Wild.］可治疗小儿鹅口疮。地衣多糖具有较高的抗癌活性。地衣酸是地衣的重要代谢产物，现已知有 150 多种，对革兰氏阳性菌具有抗菌活性，对结核杆菌也有高度抗菌活性。

工业利用：地衣是提取香料、配制化妆品的原料。例如，扁枝属（*Evernia*）、树花属（*Crifola*）、肺衣属（*Lobaria*）的一些种类中含有芳香油，可以提取用于配制香水和化妆品等。早期，从许多种地衣中提取天然染料，但自煤焦油染料问世后，现已不再利用。过去用染料衣（*Rocella tinctaria* D C.）提取红靛（石蕊）为化学指示剂（石蕊试纸），现也为人工合成品所代替。

地衣的危害性：森林中各种树枝表面布满地衣，如云杉、冷杉树冠上常挂满松萝等地衣，几乎全被遮盖，不仅影响树木的光照和呼吸，且易成为害虫的栖息地。某些地衣生于茶树、柑橘树和其他果树上，将降低茶叶和柑橘果实的产量和质量，造成生产上的损失。

4.4 苔藓植物

4.4.1 基本特征

苔藓植物是一类结构比较简单、没有维管组织的小型有胚的高等植物，一般生长于潮湿的环境中，如潮湿的石面、土表或树干上，很少生长于水中，它们是植物从水生到陆生过渡类型的代表。苔藓植物的生殖器官为多细胞结构，孢子囊和配子囊外由不孕细胞包围。生活史存在明显的世代交替现象，但其配子体占优势，孢子体不能离开配子体独立生活。

苔藓植物配子体具有2种基本形态，比较低级的种类其植物体为扁平的叶状体（thalli，单数thallus），没有茎叶分化。比较高级的种类其植物体有茎、叶的分化，但它们都没有真正的根。吸收水分、无机盐和固着植物体的功能，都是由一些表皮细胞的突起物形成的假根来完成。茎中没有真正的维管束这一输导组织，只是在较高级的种类中存在类似输导组织的细胞群。例如，叶中具有由一列细胞构成的类似叶脉的结构，称为中肋，可吸收水分、养料，或具有机械支持作用。

苔藓植物的孢子体通常由3部分组成：上端为孢子囊（sporangium），成熟时称为孢蒴（capsule）；孢蒴下方具柄，称为蒴柄（setae，单数seta）；蒴柄最下部有基足（foot），孢子体借助基足伸入配子体组织中吸收养料。苔藓植物的孢子体寄生在配子体上，而且仅在一年中的特定时期发生，其生活期很短。

4.4.2 繁殖

营养繁殖：苔藓植物中的许多种类能够产生各种形式的无性胞芽（gemma）进行营养繁殖，也可以通过叶状体断裂或者个体局部死亡而以类似分株的方式进行营养繁殖。

无性繁殖：无性繁殖时，苔藓植物孢子体的孢蒴中形成多细胞的孢子囊，其外有不孕性的蒴壁细胞包被，其内形成造孢组织（sporogenous tissue），产生孢子母细胞（spore mother cell），通过减数分裂形成4个无性四分孢子。孢子成熟后散布于植物体周围，在适宜的环境下萌发形成片状或丝状的构造称为原丝体（protonema，复数protonemata），原丝体生长一段时期后产生芽，芽向上生长形成配子体。

有性生殖：苔藓植物的配子体在有性生殖时形成多细胞的雌性生殖器官和雄性生殖器官。

雌性生殖器官称为颈卵器（archegonia，单数archegonium），外形似长颈烧瓶，上部细狭称为颈部（neck），下部膨大称为腹部（venter）。颈部的外壁由1层细胞构成，中央有一条沟称为颈沟（neck canal），颈沟内有一列细胞称为颈沟细胞（neck canal cell）。腹部的外壁常平周分裂为2层或3层细胞，中间有一个大型的卵细胞（egg cell）。卵细胞与颈沟细胞之间的部分称为腹沟（ventral canal），内含有1个腹沟细胞（ventral canal）（图4-55B、图4-55C）。

雄性生殖器官称为精子器（antheridium），其外形多呈棒状或球状，外壁由1层细胞构成。精子器内产生许多螺旋状卷曲，含有多数具2条鞭毛的精子（图4-55E、图4-55F）。

苔藓植物受精必须借助于水。颈卵器中的卵成熟时促使颈沟细胞和腹沟细胞解体，精子借助水通过破裂的颈沟和腹沟细胞游到颈卵器中与卵结合，形成二倍体的合子，合子不经过休眠即开始分裂形成胚（embryo），胚在颈卵器中发育成孢子体。

4.4.3 主要类群

全球现有苔藓植物约23 000种，我国约有2800种。根据其配子体的形态结构，苔藓植物门可以分为苔纲（Hepaticae）、角苔纲（Anthocerotae）和藓纲（Musci）。

4.4.3.1 苔纲

植物体为叶状体，或有类似茎、叶分化的拟茎叶体，绝大多数有明显的背腹之分，通常两侧对称，有单细胞的假根。孢子体结构简单，基足生长于配子体中，蒴柄通常在受精之后才快速生长形成，故较纤弱，孢蒴中无蒴齿（peristomal teeth）和蒴轴（columella）等结构。原丝体多样，不发达，每个原丝体上通常只形成一个芽体。

苔纲现有8000余种，通常分为6目。藻苔目（Takakiales）、美苔目（Calobtyales）、叶苔目（Jungermanniales）、叉苔目（Metzgeriales）、囊果苔目（Sphaerocarpales）和地钱目（Marchantiales）。其中，叶苔目的配子体多为有茎、叶分化的拟茎叶体，多生长于热带和亚热带，附生在叶上。地钱目的配子体全为具有明显分化的叶状体。现以叶苔目的光萼苔属（*Porella*）和地钱目的地钱属（*Marchantia*）为代表进行简要介绍。

1）光萼苔属：本属是叶苔目常见类群，分布广泛，常在热带和较温暖地区成片匍匐丛生于阴湿石面或树干上。叶由单层细胞构成，共3列：左、右两列称为侧叶（lateral leaf），较大，每一侧叶2裂至基部而形成两瓣，上面较大的一瓣称为背瓣（dorsal lobe），下面较小的一瓣称为腹瓣（ventral lobe），背瓣平展，腹瓣呈舌形并与茎平行；中间与地面接触的一列称为腹叶（under leaf），较小，与腹瓣形状相似。在腹面观，叶片呈现假5列排列，茎横截面呈圆形，细胞无组织分化。假根单细胞，生于腹叶基部（图4-53）。

光萼苔属的生殖器官常有某些保护结构。例如，在颈卵器周围处有叶片称为苞叶，常与营养叶异形，较大而长，边缘具齿或毛。

2）地钱属：以在我国广泛分布的地钱（*M. polymorpha* L.）为例来说明地钱属的特征。地钱生于阴湿地带，其配子体绿色，为带状或心形的叉状分支叶状体，分叉凹陷处为生长点。叶状体由多层

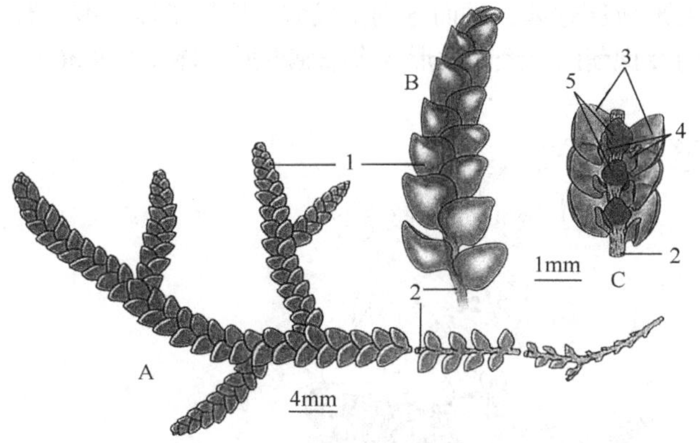

图 4-53　光萼苔属（*Porella*）
（引自 Rost, 2005）
A. 植株叶状体　B. 背面观　C. 腹面观
1. 侧叶　2. 茎　3. 背瓣　4. 腹瓣　5. 腹叶

细胞组成，有背腹之分。叶状体的背面有肉眼可见的菱形或多边形的小区，各区中央有一个通气孔（air pore）。通气孔是由数个细胞构成的烟囱状结构，无闭合能力，与真正的气孔不同。表皮下有气室与通气孔相连，气室中有含有大量叶绿体的同化组织，再以下为储藏组织，由几层大型薄壁细胞组成。腹面有多细胞的紫褐色鳞片和单细胞的假根，具有固着、保护和蓄水功能（图 4-54A）。

地钱主要以胞芽进行营养繁殖。胞芽发生于叶状体背面中肋上的绿色胞芽杯（cupule）内，为多细胞的绿色圆片，中部两侧有缺口，缺口内各有一个生长点，杯底有无色短柄。胞芽成熟后自柄处脱落，散落在土中萌发形成新的配子体（图 4-54A）。

地钱配子体为雌雄异株。有性生殖时，在

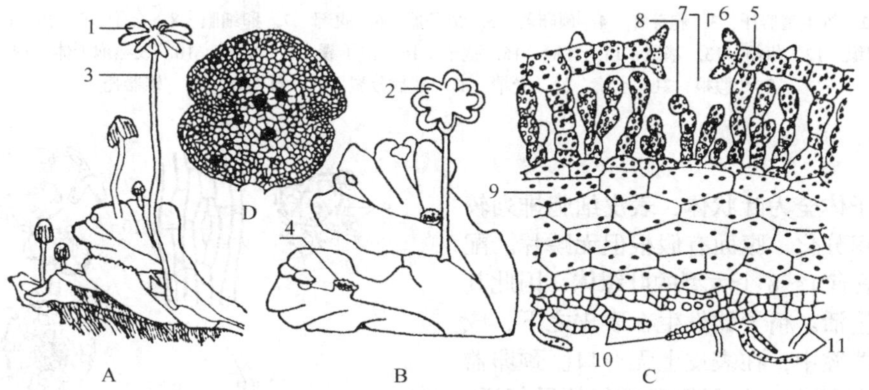

图 4-54　地钱植物体及叶状体解剖结构（仿李扬汉，2000）
A. 雌株　B. 雄株　C. 叶状体解剖结构　D. 胞芽
1. 雌器托及芒线　2. 雄器托　3. 托柄　4. 胞芽杯　5. 表皮　6. 通气孔　7. 气室　8. 同化组织
9. 储藏组织　10. 鳞片　11. 两种假根

雌雄配子体的中肋上分别产生伞形的雌器托（archegoniophore）和雄器托（antheridiophore），分别由托盘和柄部组成。雄器托的托盘圆盘状，边缘浅裂，内生许多精子器腔，每个腔内生有一个精子器，精子器腔通过托盘表面的小孔与外界相连。精子器近卵圆形，外壁由一层细胞构成，下方有一个短柄与雄器托组织相连，成熟精子器内生有许多具有 2 条卷曲的等长鞭毛的精子（图 4-55F）。雌生殖器托的托柄较长，托盘边缘指状深裂，形成 8～10 条下垂的指状芒线（ray），在两芒线基部之间的下侧生有一列如倒悬烧瓶状着生的颈卵器（图 4-55A～C）。

成熟后的颈卵器，其颈沟细胞与腹沟细胞解体，精子游入颈卵器中与卵细胞结合形成合子。颈卵器中的合子萌发形成胚，胚成长为孢子体。孢子体顶端为球形的孢子囊（孢蒴），孢子囊基部有一短柄（蒴柄），短柄先端伸入配子体组织内而膨大形成基足。基足吸取配子体的营养供孢子体生长发育。孢蒴中的孢子母细胞经过减数分裂形成孢子，有些细

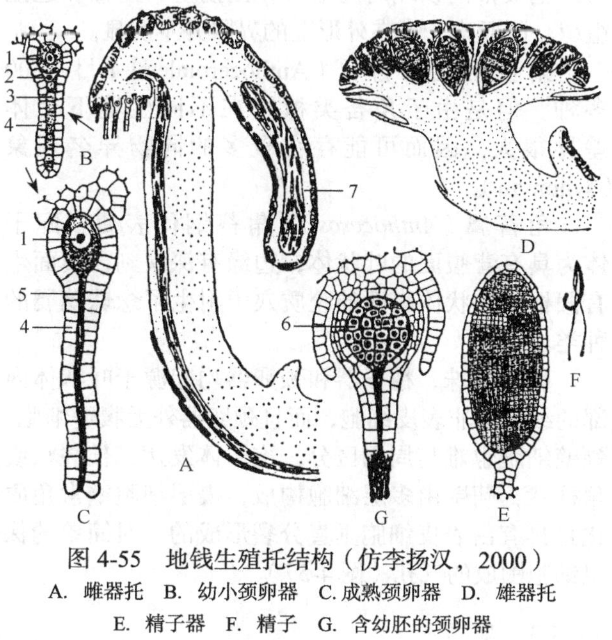

图 4-55　地钱生殖托结构（仿李扬汉，2000）
A. 雌器托　B. 幼小颈卵器　C. 成熟颈卵器　D. 雄器托
E. 精子器　F. 精子　G. 含幼胚的颈卵器
1. 卵细胞　2. 腹沟细胞　3. 颈沟细胞　4. 颈卵器壁
5. 解体颈沟细胞　6. 幼胚　7. 芒线

胞不经分裂而伸长，其细胞壁螺旋状加厚形成弹丝（elater），可以协助孢子散出。孢子在适宜的环境中萌发形成原丝体，进而分别生成雌、雄配子体。孢子有时在孢蒴内已经萌发形成多细胞的原丝体（图 4-56）。

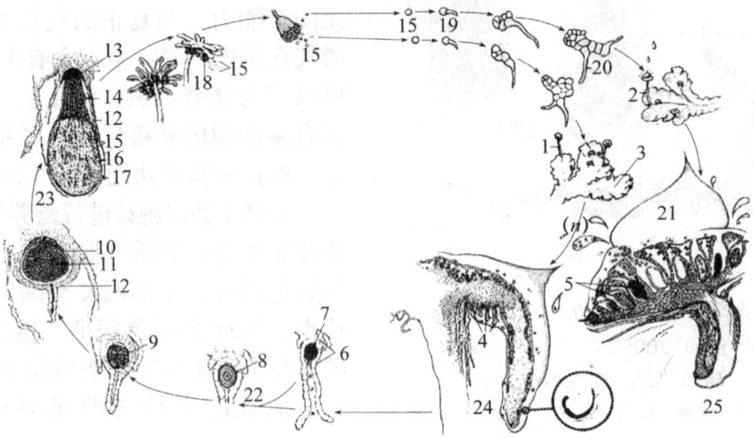

图 4-56　地钱属生活史（仿 Raven, 2008）

1. 雌生殖器托　2. 雄生殖器托　3. 胞芽杯　4. 颈卵器　5. 精子器　6. 腹部　7. 卵细胞　8. 合子　9. 胚　10. 未成熟孢子体　11. 造孢组织　12. 蒴帽　13. 基足　14. 蒴柄　15. 孢子　16. 孢子囊　17. 弹丝　18. 成熟孢子体　19. 孢子萌发　20. 假根　21. 水滴　22. 受精　23. 减数分裂　24. 雌器托　25. 雄器托

4.4.3.2　角苔纲

角苔纲的配子体全为叶状体，表皮细胞排列较整齐，内部无组织分化，腹面有假根但无鳞片。配子体细胞内通常只有 1～8 个大型的叶绿体，因此其实际上营半寄生生活。精子器发生在表皮之下，成熟后包藏于精子器腔中，在表皮上无开口。颈卵器也全部包藏于叶状体中，但颈部开口与外界相通。孢子体从配子体上长出，长角状圆柱形或短角状圆柱形，绿色，具有基足和蒴轴但无蒴柄，基足与孢蒴之间有分生组织可连续产生孢子体组织，新形成的细胞被推向顶端时逐渐分化出蒴壁、蒴轴和造孢组织，因而孢子囊在外形上的界限并不明显。

角苔纲仅角苔目（Anthocerotales）1 目，300 多种。但是由于角苔类植物在不同生境下个体差异很大，因而可能存在较多的同物异名现象（synonym）。

角苔属（*Anthoceros*）：角苔纲代表属。配子体为具有背腹面的叶状体，边缘有深缺刻，腹面生有假根。叶状体腹面的胶质穴中附生了念珠藻属的种类。

雌雄同株，精子器和颈卵器均起源于叶状体内部的细胞而非表皮细胞，而且颈卵器外无腹壁细胞，颈壁细胞也难与周围区分。孢子体发达，长柱状或角柱状，蒴壁由多层细胞构成，表层细胞壁常角质化且具有由表皮细胞垂直分裂形成的一对简单的保卫细胞围成的气孔（图 4-57）。

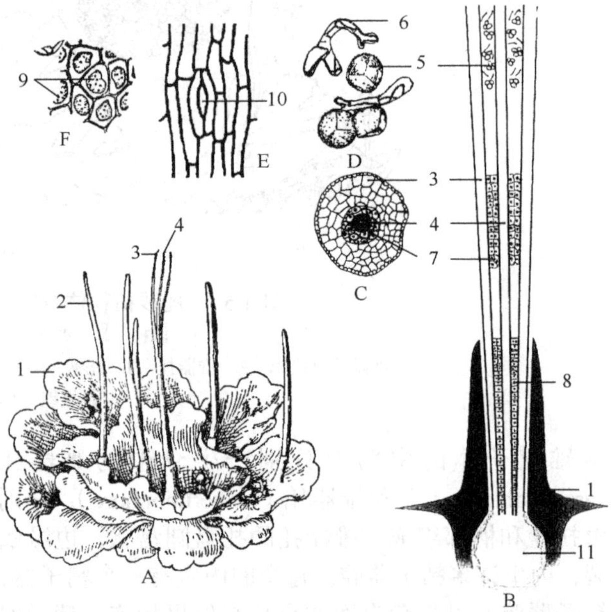

图 4-57　角苔属（*Anthoceros*）孢子体和配子体

A. 孢子体寄生在配子体上　B. 孢子体纵切模式图　C. 孢蒴横切　D. 孢子和弹丝　E. 孢蒴气孔　F. 叶状体表皮细胞

1. 配子体　2. 孢蒴　3. 孢蒴壁　4. 蒴轴　5. 孢子和四分孢子　6. 假弹丝　7. 孢子母细胞　8. 分生组织　9. 配子体表皮　10. 孢蒴气孔　11. 基足

4.4.3.3　藓纲

配子体为直立、斜生或平卧的茎叶体，无背腹之分。茎通常分化为表皮、皮层和中轴 3 部分，叶常具有中肋，假根由单列细胞构成。植物体多为辐射对称。孢子体生长于配子体上，蒴柄发达，常在孢子成熟之前伸长。孢蒴通常具有蒴帽、蒴盖、蒴齿和蒴轴等结构。原丝体多为丝状体，每一个原丝体上可形成多个芽体。

藓纲现有 15 000 余种，分为 3 目：泥炭藓目（Sphagnales）、黑藓目（Andreaeales）和真藓目

（Bryales）。泥炭藓目沼泽生，侧支丛生成束，叶具有无色大型死细胞，假蒴柄延长，孢蒴盖裂，植株黄白色、灰绿色，雌雄异苞同株；黑藓目高山生，孢蒴 4 瓣裂，植株紫黑色、赤紫色，假蒴柄延长，雌雄同株或异株；真藓目生境多种，植株丛生或疏生，植株颜色多种，雌雄同株或异株。

1）炭藓属（*Sphagnum*）：泥炭藓目中的唯一属。泥炭藓（*S. cymbifolium*）的叶由一层细胞组成，无中肋。细胞有两种，一种细长形，含有叶绿体，连成网状，环围着另一种大型无色细胞。大细胞的壁具有螺纹增厚和水孔。植物体吸水能力强，消毒后可做药棉的代替品。古时候的植株层能形成泥炭，可作肥料及燃料（图 4-58）。

2）葫芦藓属（*Funaria*）：属于真藓目，常见种有葫芦藓（*F. hygrometrica*），叶长舌形，有一条中肋，生于茎的上部。雌雄同株异枝，雄株顶端的叶较大，中央为橘红色的精子器，与单列细胞的隔丝总称为雄器苞。精子器呈长棒状，有短柄，其中有许多螺旋状、具有 2 条鞭毛的精子。雌枝顶端的叶集中呈芽状，其中有几个有柄的颈卵器。受精后，只有一个颈卵器发育形成孢子体。颈卵器随着孢子体的增长而增长。孢子体的柄迅速增长，使得颈卵器断裂成为上下两部分，上部称为蒴帽（calyptra）。

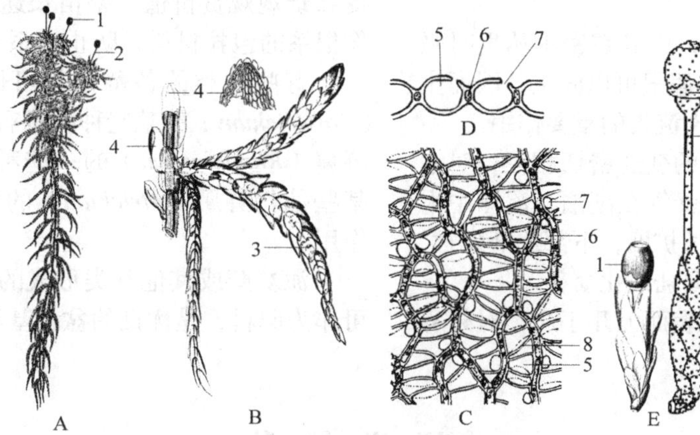

图 4-58　泥炭藓形态结构

A. 植株外形　B. 侧身枝条　C. 叶片顶面观显微结构　D. 叶片纵切　E. 孢子体

1. 孢蒴　2. 蒴柄　3. 枝　4. 叶片　5. 大型无色细胞　6. 绿色细胞　7. 水孔　8. 螺纹加厚　9. 蒴盖　10. 颈卵器残壁

孢子体分为孢蒴、蒴柄和基足 3 部分。孢蒴的顶部除去蒴帽后可见蒴盖。蒴盖脱落后可见 2 层蒴齿层。孢蒴有多层细胞的壁，中为蒴轴。造孢组织紧贴蒴轴，发育为孢子母细胞，经减数分裂后形成四分孢子，再形成孢子。孢子萌发形成原丝体，向上生成芽体，再形成具有茎、叶和假根的配子体（图 4-59）。

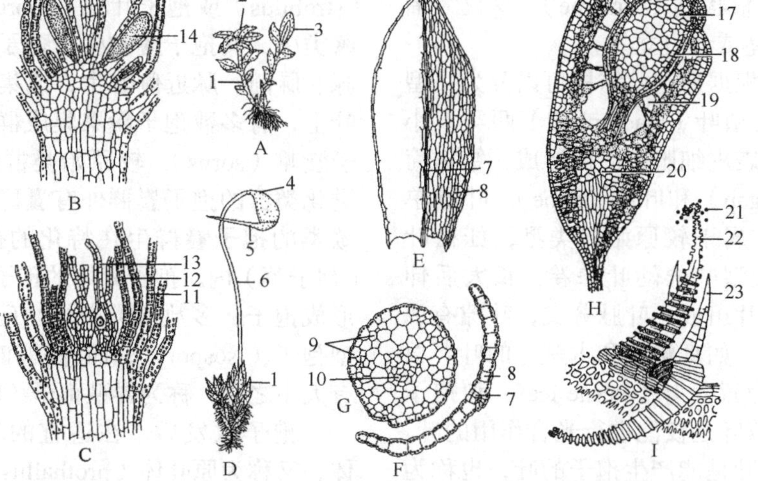

图 4-59　葫芦藓属形态结构

A. 配子体　B. 雄器苞　C. 雌器苞　D. 孢子体寄生在配子体上　E. 叶　F. 叶横切　G. 茎横切　H. 孢蒴　I. 蒴齿

1. 配子体　2. 雄枝　3. 雌枝　4. 孢蒴　5. 蒴帽　6. 蒴柄　7. 中肋细胞　8. 叶片细胞　9. 茎皮部　10. 茎中轴　11. 雌苞叶　12. 隔丝　13. 颈卵器　14. 精子器　15. 苞叶　16. 蒴盖　17. 蒴轴　18. 造孢组织　19. 气室　20. 蒴托　21. 孢子　22. 外蒴齿　23. 内蒴齿

4.4.4 生态和经济价值

4.4.4.1 生态价值

苔藓植物是植物界的拓荒者之一，可生活于荒漠、冻原地带及裸露的石面或新断裂的岩层上，并在生长过程中不断分泌酸性物质，溶解岩面，风化岩石，促进土壤的形成。

苔藓植物吸水能力极强，尤其在密集丛生时吸水量可达体重的10～25倍，假根可以固土，因而生长在土表能起持水和防止水土流失的重要作用。

苔藓植物同沼泽和森林的变迁密切相关，对水湿有很强的适应性，如泥炭藓等在湖泊、沼泽中大片生长时，上部藓层逐渐生长扩展，下部逐渐死亡，可使湖泊、沼泽干燥，逐渐向陆地化演替。

苔藓植物体结构简单，表面无几丁质，对外界物质的刺激敏感性好，同时苔藓植物易于进行化学分析，是仅次于地衣的对大气污染敏感的指示植物。

4.4.4.2 经济价值

由于苔藓植物保水能力强，真藓属（*Bryum*）和青藓属（*Bryachythecium*）可作为盆景、庭院的覆土物，既可防止土壤板结，也能装饰盆景和庭院，提高景观观赏价值。果苗长途运输时，常用泥炭藓作根系的包扎材料，防止根系干枯。

有些种类的苔藓植物可做药用，如金发藓属（*Polytrichum*）的某些种类具有清热解毒功效。大叶藓属（*Rhodobryum*）的一些种对心血管病疗效好，某些仙鹤藓属（*Atrichum*）的种类具有较强的抗菌作用。

泥炭藓或其他藓类形成的泥炭可用作燃料，也可作为肥料，是优良的盆栽基质成分。

4.5 蕨 类 植 物

4.5.1 基本特征

蕨类植物也称为羊齿植物（fern），既是孢子植物中最进化的类型，同时也是维管植物中较原始的类型，其生活史为异型世代交替。

蕨类植物孢子体发达，多为多年生，少数为一年生草本和木本，通常具有根、茎、叶的分化。体表常被诸如星状毛或鳞毛等附属物。现存蕨类植物除松叶蕨亚门植物的根为假根以外，其他种类具有吸收能力较好的不定根（adventitious root）。茎通常为在地下横走，形成根状茎（rhizome），少数为匍匐地面或蔓生的气生茎或者直立茎。

蕨类植物的叶，根据形态、结构可以分为小型叶（microphyll）和大型叶（macrophyll）两类。小型叶的叶小，由茎的表皮细胞突出而形成，结构简单，没有叶隙（leaf gap）和叶柄（stipe），叶脉单一不分支或无叶脉，属于较原始的类型，如松叶蕨和石松等的叶。大型叶的幼叶拳卷，长大后伸展扩大，由叶柄和叶片组成，叶脉分支，叶隙有或无，属于进化的类型，如真蕨类和木贼等的叶。根据功能不同可以分为营养叶（sterile leaf）和孢子叶（fertile leaf）。营养叶是仅能进行光合作用的叶，也称为不育叶；孢子叶是能产生孢子的叶，也称为能育叶。有些蕨类植物的营养叶和孢子叶形状完全相同，称为同型叶（homomorphic leaf）；有些蕨类植物的营养叶和孢子叶形状完全不同，称为异型叶（heteromorphic leaf）。

蕨类植物的孢子体生长发育到一定阶段就会产生无性繁殖器官——孢子囊。孢子囊由叶表皮细胞发育而来。原始类群的孢子囊是由一群细胞发育而成的，称为厚囊性发育（eusporangiate type），孢子囊形体较大，无柄，孢囊壁厚，由多层细胞构成，具有气孔。较进化类群的孢子囊由1个细胞发育而成，称为薄囊性（leptosporangiate type）发育，形体较小，具3列细胞构成的长柄，囊壁仅由1层细胞构成。在小型叶蕨类中，孢子囊单生在孢子叶腋或叶基，孢子叶通常集生在枝顶端形成孢子叶球（strobilus）或孢子叶穗（sporophyll spike）。大型叶蕨类中，其孢子囊常生于孢子叶背面，沿边缘、叶脉、脉间、脉近侧着生，或集生在一个特化的孢子叶上，有多数孢子囊聚集成群，称为孢子囊群或孢子囊堆（sorus），较原始类群的孢子囊群裸露，较进化类群的孢子囊群外有囊群盖（indusium）。水生蕨类的孢子囊群生在特化的孢子囊果（sporocarp）（孢子荚）内。孢子囊内的孢子母细胞经过减数分裂形成孢子，多数蕨类产生的孢子大小相同，称为同型孢子（isospory）；而卷柏和少数水生蕨类的孢子有大小之分，称为异型孢子（heterospory）。

孢子散发后，在适宜的环境中萌发形成配子体，又称为原叶体（prothallus）。原始类型的配子体呈辐射对称的块状或圆柱状，全部或部分埋在土中，无叶绿体，通过菌根吸收营养，多数精子器和颈卵器埋在其中，如松叶蕨。进化类型的配子体为绿色，具有背腹分化的叶状体或丝状体，能独立生活，腹面形成多数精子器和颈卵器。蕨类植物的精子多鞭毛，借助水游到颈卵器内与卵细胞结合，受精卵发育成胚，幼胚暂时寄生在配子体上，长大后配子体死亡，孢子体独立生活。由于蕨类植物的受精不能脱离水环境，因而其发展和分布仍然在一定程度上受到限制。

4.5.2　主要类群

现存蕨类植物约12 000种，我国约有2600种，一般将其分为5亚门，即松叶蕨亚门（Psilophytina）、石松亚门（Lycophytina）、水韭亚门（Isoephytina）、楔叶蕨亚门（Sphenophytina）和真蕨亚门（Filicophytina）。前4个亚门现存种类很少，为小型叶蕨类，多处于孑遗状态。真蕨亚门为大型叶蕨，是进化的类群，也是现代极其繁茂的蕨类植物。

4.5.2.1　松叶蕨亚门

松叶蕨亚门也称为裸蕨植物。为原始的陆生植物，附生或土生，根状茎粗，肉质，与真菌共生，具有假根，小型叶，枝多次二叉分枝，孢子囊生于柄状孢子叶近顶端。孢子同型，雌雄同体，游动精子螺旋形，具有多数鞭毛。

现仅存松叶蕨目（Psilotales），包括松叶蕨属（*Psilotum*）和梅溪蕨属（*Tmesipteris*）2属。我国仅有松叶蕨（*Psilotum nudum*），分布在热带和亚热带地区（图4-60）。

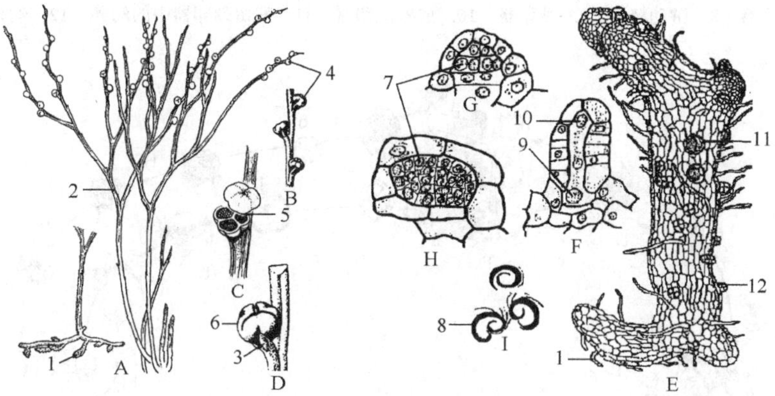

图 4-60　松叶蕨属

A. 孢子体植物　B. 孢子囊穗　C. 孢子囊横切　D. 孢子囊着生在柄状孢子叶腹面　E. 配子体植物　F. 颈卵器　G. 幼精子器　H. 成熟精子器　I. 精子

1. 假根　2. 茎　3. 孢子叶　4. 孢子囊　5. 孢子囊分室　6. 成熟孢子囊外形　7. 精子囊　8. 精子　9. 卵细胞　10. 颈沟细胞　11. 精子器　12. 颈卵器

4.5.2.2　石松亚门

孢子体土生或附生。根状茎木质，具有不定根。茎多为二叉式（dichotomy）分枝。小型叶，鳞片状或针状，常螺旋状排列或有时对生或轮生，有或无叶舌。孢子囊有厚壁，侧生于孢子叶腋的基部，或聚生于枝端成孢子叶球或孢子叶穗。孢子同型或异型。配子体块状或近球形，两性或单性，微小。游动精子螺旋形，具有2条鞭毛。

现仅有石松亚门，其仅含有石松目（Lycopodiales）和卷柏目（Selaginellales），1100余种。

（1）石松目　茎直立或少数悬垂，根状茎分枝，上有具根毛的不定根。叶排列成紧密的螺旋状或轮生，无叶舌。孢子叶散生或集生成孢子叶球，孢子囊肾形，具短柄，生于特化的孢子叶腋部。孢子同型。配子体（雌雄同体）小，通常为块状，全部或部分埋于地下，需要菌丝共生。

本目主要包括石松属（*Lycopodium*），又名地松（ground pines），约400种，广布世界各地。我国有20多种，常见的有石松（*L. clavaium*）。石松全草可入药，孢子作丸药包衣，可为铸造工业的优良分型剂和照明工业的闪光剂（图4-61）。

（2）卷柏目　草本，通常平卧，有背腹之分。匍匐生长时，腹面上近轴处生有向下生长的细长根托（rhizophore），先端丛生不定根。叶小型，同型或异型，腹面基部具有叶舌。孢子叶通常集生成孢子叶球，孢子囊和孢子均为异型，生有大孢子囊（macrosporangium）和小孢子囊（microsporangium），大孢子囊产生1～4个大孢子（megaspore），小孢子囊产生多数小孢子（microspore）。配子体（雌雄异体）极退化。

卷柏目仅有卷柏属（*Selaginella*，spike mosses）1属，约700种。我国有50多种。常见的种有卷柏（*S. tamariscina*）（俗称九死还魂草）和翠云草［*S. uncinata*（Desv.）Spring］等（图4-62）。

4.5.2.3　水韭亚门

水韭植物体为多年生草本，一年中有部分时间

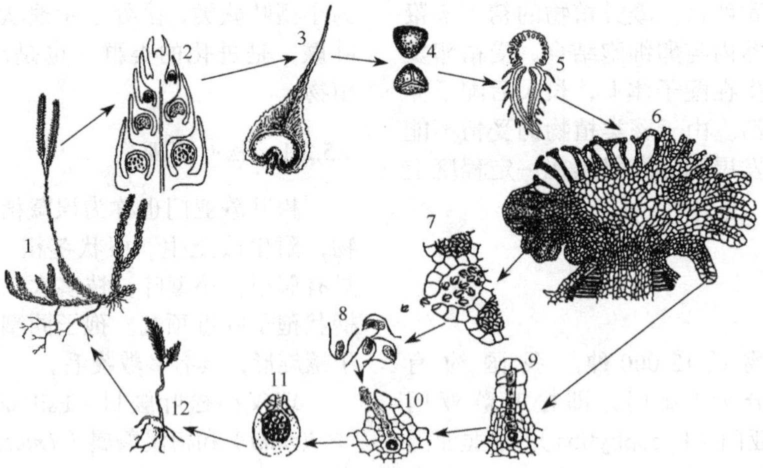

图 4-61　石松属生活史

1. 孢子体植株　2. 孢子叶穗　3. 孢子叶及其腋部的孢子囊　4. 孢子　5. 原叶体（配子体）　6. 原叶体放大　7. 精子器　8. 游动精子　9. 颈卵器　10. 成熟颈卵器　11. 残留颈卵器中的幼胚　12. 幼孢子体

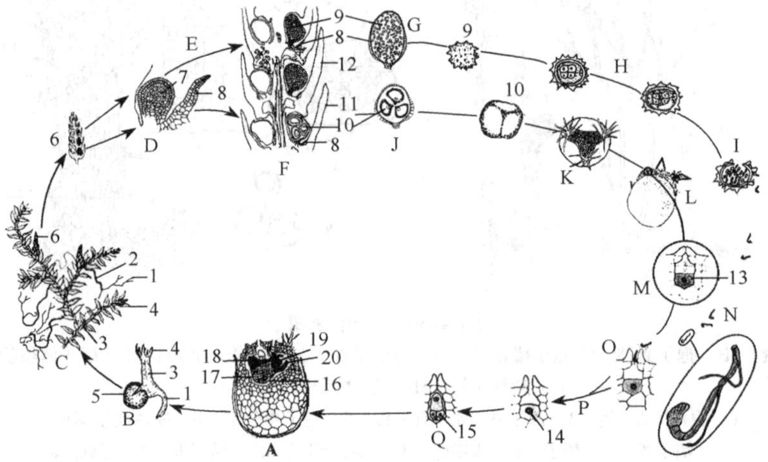

图 4-62　卷柏属生活史（仿 Raven, 2005）

A. 雌配子体中的胚　B. 幼孢子体寄生在配子体上　C. 孢子体植物　D. 幼孢子囊　E. 减数分裂　F. 孢子叶球　G. 小孢子囊　H. 雄配子体发育　I. 成熟雄配子体　J. 大孢子囊　K. 大孢子壁内的雌配子体　L. 雌配子体　M. 颈卵器　N. 精子　O. 精子进入颈卵器　P. 受精　Q. 幼胚

1. 根　2. 根托　3. 茎　4. 叶　5. 大孢子壁　6. 幼孢子叶球　7. 造孢组织　8. 叶舌　9. 小孢子　10. 大孢子　11. 大孢子叶　12. 小孢子叶　13. 卵细胞　14. 合子　15. 幼胚　16. 成熟胚　17. 基足　18. 胚根　19. 胚芽　20. 第一幼叶

浸于水中。小型叶基部稍匙形，上部刺状，柔软，紧密螺旋状排列在粗短的茎上，不定根须状，外观似球茎。有大小孢子叶之分，大孢子叶多生于外周，小孢子叶生于中央，孢子囊生于孢子叶近轴面基部的特化小穴中。孢子囊上方具有叶舌（ligule）。孢子囊和孢子异型，配子体强烈退化，游动精子具多鞭毛。现存仅水韭属（*Isoetes*）1 属，约 70 种，广布世界各地，我国有 3 种。多近水生或沼泽地生长，叶细长似韭，丛生于短粗的茎上，叶舌生于孢子囊的上方。有大小孢子囊及孢子。我国最常见的种有普遍分布与长江下游的中华水韭（*I. sinensis* Palm.）以及产于西南地区的水韭（*I. japonica* A. Br.）（图 4-63）。

4.5.2.4　楔叶蕨亚门

楔叶蕨亚门常称为木贼植物（horsetails），由于植物多分节又称为有节植物（arthrophyta）。

孢子体多年生，根状茎，节上生不定根。茎二叉分枝或常为单轴分枝，具有明显的节和节间，节间中空。叶小，不发达，鳞片状轮生或排列成鞘状。孢子叶穗生于枝顶，孢子叶盾形（peltate），下生多个孢子囊。孢子圆球形，同型或异型，具有 2 条弹丝（elater）（图 4-64）。游动精子螺旋形，具有多数鞭毛。

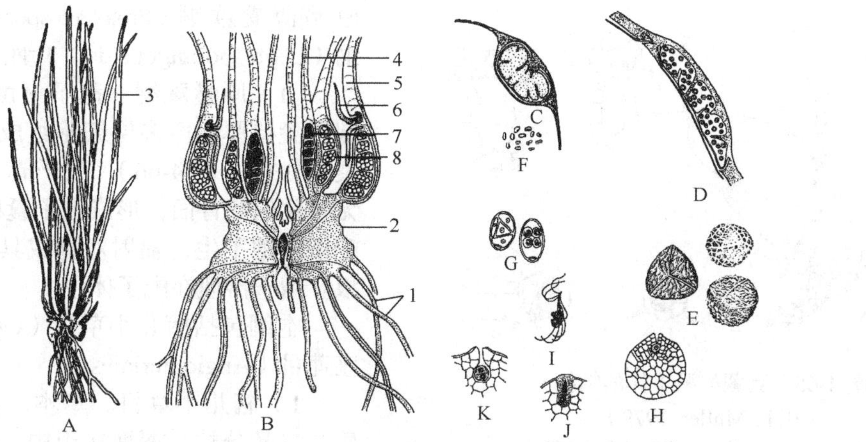

图 4-63　水韭属植物体形态

A. 孢子体植物　B. 植株基部纵切面　C. 小孢子囊　D. 大孢子囊　E. 大孢子　F. 小孢子　G. 雄配子体　H. 雌配子体　I. 精子　J. 受精颈卵器　K. 颈卵器中的幼胚

1. 根　2. 茎　3. 叶　4. 小孢子叶　5. 大孢子叶　6. 叶舌　7. 小孢子囊　8. 大孢子囊

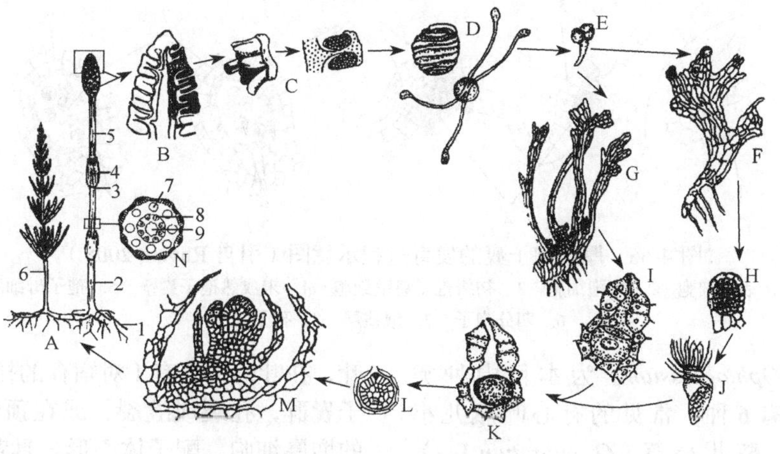

图 4-64　问荆属生活史

A. 孢子体植物，示营养枝、生殖枝及其顶端的孢子叶球　B. 孢子叶穗球　C. 孢子囊及其内含的孢子　D. 孢子及弹丝　E. 孢子萌发　F. 雄配子体　G. 雌配子体　H. 精子器　I. 颈卵器　J. 精子　K. 受精卵　L. 幼胚　M. 配子体中的幼孢子体　N. 茎横切

1. 叶　2. 孢子叶穗　3. 盾形孢子叶　4. 孢子囊　5. 孢子　6. 茎　7. 通气道　8. 维管束　9. 髓

楔叶蕨现存木贼目（Equisetales）木贼科（Equisetaceae）的问荆属（*Equisetum*）和木贼属（*Hippochaete*）2 属，约 30 种，我国约有 9 种。生于河边、林下、草原、沼泽地，也生于干燥的环境中。常见的种有节节草（*Hippochaete ramosissimum* Desf.），可作药用和磨光材料，也是农田杂草。另外，木贼［*Hippochaete hiemale*（L.）Borner.］和问荆（*Equisetum arvense*）可入药，有清热利尿的效果，也为田间杂草（图 4-64）。

4.5.2.5　真蕨亚门

孢子体发达，根为不定根。除桫椤具有粗壮的直立茎外，其余均为根状茎，二叉分枝或单轴分枝。叶为大型叶，幼叶拳卷，常分化为叶片和叶柄，叶柄形态多样，基部膨大，向下尖削或具气囊体和关节等。叶片具有叶轴并常分裂，有单叶和复叶两种，复叶常为羽状复叶，从一回到四回羽状复叶，少数为掌状分裂。叶脉形式也多样，从单一不分支、羽状或叉状分离到小脉联络网状等。

孢子囊常聚集成各种孢子囊群堆，生于叶片背面，如叶缘、叶片中部或沿叶脉处，构成一定形态，如肾形、圆形或长条形，有或无囊群盖。孢子同型。

配子体常具有背腹分化的心脏形叶状体，绿色自养，其腹面（靠近基质的一面）生单细胞假根。多数的颈卵器和精子器也生于腹面，通常颈卵器的腹部埋于配子体中，颈部短，多突出配子体表面，而精子器有突出型和包埋型两种，突出型常见（图 4-65）。

真蕨亚门是现存蕨类植物中种类最多的类群，有 10 000 种以上，我国有 40 科 2500 种。根据孢子囊着生的位置、孢子囊堆形态结构、孢子囊堆发育方式和顺序，可将真蕨类划分为厚囊蕨纲（Eusporangiopsida）、

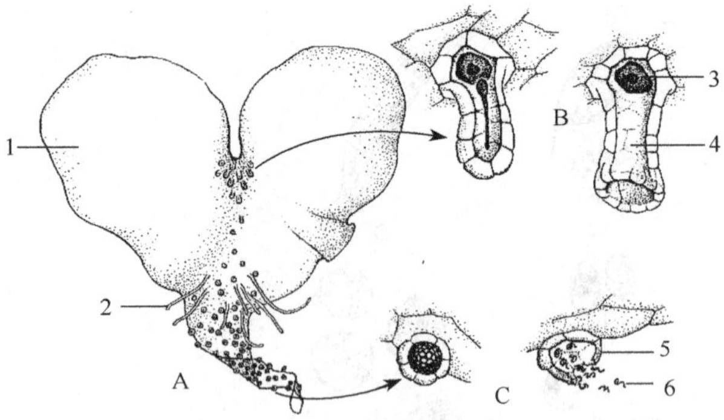

图 4-65 真蕨类配子体的结构
（引自 Muller, 1979）
A. 心脏形配子体，其腹面着生颈卵器和精子器
B. 颈卵器 C. 精子器
1. 配子体 2. 假根 3. 卵细胞 4. 颈卵器颈部
5. 精子器壁 6. 精子

原始薄囊蕨纲（Protoleptosporangiopsida）和薄囊蕨纲（Leptosporangopsida）3 纲。

（1）厚囊蕨纲 孢子囊由一群细胞发育而成。孢子囊壁厚，由多层细胞组成。无环带，孢子囊开裂不规则（图 4-66）。孢子囊生于特化的孢子叶或无特化的叶背面，形成孢子囊群或聚囊。孢子同型。配子体地下生，辐射对称或具有背腹之分，具有菌根。精子器埋在配子体中。

本纲包括瓶儿小草目（Ophioglossales）和观音座莲目（Angiopteriales）。

1）瓶儿小草目。草本。菌根无根毛。茎稍肉质，二叉分枝，深埋在土中，通常每年在茎上只生 1 枚营养叶。叶具鞘状托叶，幼时非拳卷。孢子囊穗由总叶柄顶端或营养叶基部生出，具柄。本目包括 3 科 5 属。

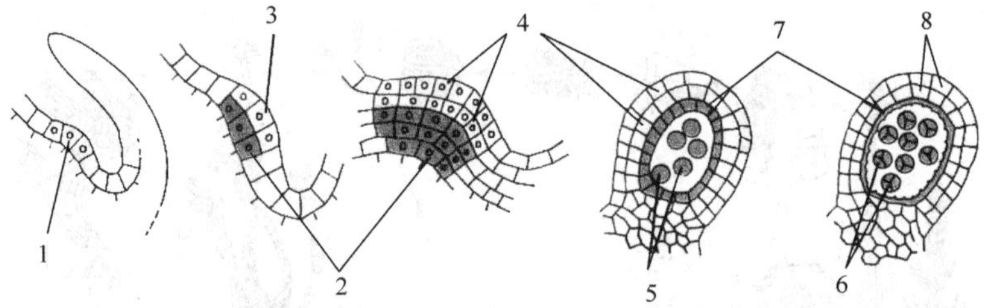

图 4-66 厚壁孢子囊的发育过程示意图（引自 Raven, 2008）
1. 表皮细胞 2. 造孢细胞 3. 初级孢子囊壁细胞 4. 未成熟孢子囊壁 5. 孢子母细胞
6. 四分孢子 7. 绒毡层 8. 孢子囊壁

瓶儿小草属（*Ophioglossum*）为本目中种类最多的属。我国约有 6 种，常见的有心叶瓶儿小草（*O. reticulatum*）、瓶儿小草（*O. vulgatum* L.）、狭叶瓶儿小草（*O. thermal* Kom.）和一支箭（*O. pedunculosum* Desv.）（图 4-67A）。

2）观音座莲目。茎呈短的块茎状，连同宿存的叶基和托叶形成硕大的莲座状。叶为羽状或掌状复叶，在叶柄基部有 1 对宿存的托叶。孢子囊聚合成孢子囊群，孔裂或缝裂，或在顶端具有类似环带结构的增厚细胞。配子体心形，具背腹性分化，有中脉。

本目中的莲座蕨属（*Angiopteris*）配子体是真蕨植物中最大的，直径达 2.5～3.5cm。精子器由孔盖细胞释放。常见的种有观音莲座蕨（*A. fokenensis* Hieron.）（图 4-67B）。

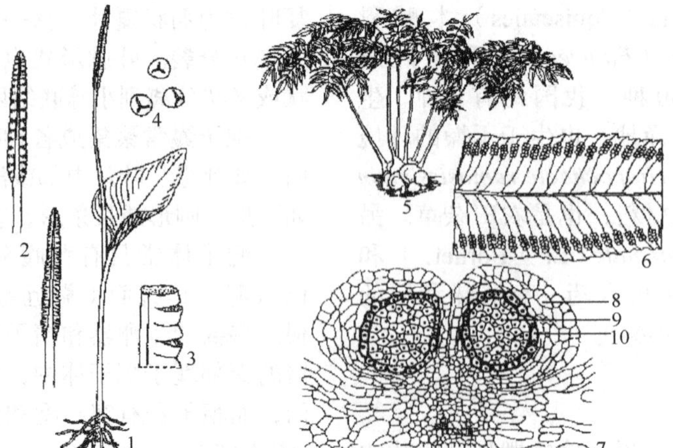

图 4-67 厚囊蕨的代表种类（仿叶创兴，2000）
A. 瓶儿小草属 B. 莲座蕨属
1. 孢子体 2. 孢子囊穗 3. 开裂的孢子囊 4. 孢子 5. 孢子体 6. 羽片背面 7. 孢子囊纵切
8. 孢子囊壁（多层细胞） 9. 造孢组织 10. 绒毡层

（2）原始薄囊蕨纲　本纲介于厚囊蕨纲和薄囊蕨纲之间，孢子囊起源于一群或一个细胞。孢子囊壁薄，由一层细胞组成，环带仅有几个厚壁细胞。孢子囊开裂方式较规则。配子体为长心形的叶状体。

本纲仅 1 目 1 科 3 属。

紫萁属（*Osmunda*）：常见，根状茎粗短，直立或斜升，外面包被着宿存的叶基，叶簇生于茎顶端，幼叶拳卷，被棕色绒毛，成熟后叶平展，绒毛脱落。叶为一回至二回羽状复叶，孢子囊较大。我国约有 9 种，常见的有紫萁（*O. japonica* Thunb.）和华南紫萁（*O. vachellii* Hk.）。紫萁为酸性土的指示植物（图 4-68）。

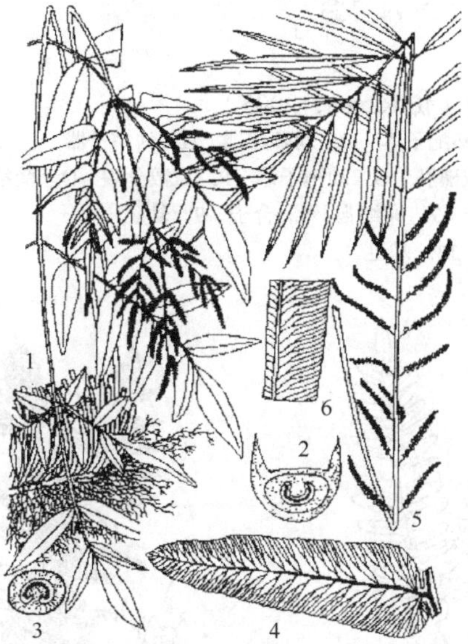

图 4-68　原始薄囊蕨的代表种类（引自叶创兴，2000）
1～4. 紫萁（*O. japonica* Thunb.）（1. 植株外形
2. 叶柄基部横切　3. 叶柄上部横切　4. 小羽片）
5、6. 华南紫萁（*O. vachellii* Hk.）（5. 植株外形　6. 羽片一部分）

（3）薄囊蕨纲　孢子囊由一个圆锥形细胞发育而成。孢子囊壁薄，仅 1 层细胞，环带发育完善，具有各种式样（图 4-69）。孢子囊汇聚为各式孢子囊堆，着生在叶的背面、边缘或少数集生成孢子囊果。孢子同型，很少异型。配子体地上生，具背腹性。精子器小，突出配子体表面，游动精子少，颈卵器颈部突出，弯生。

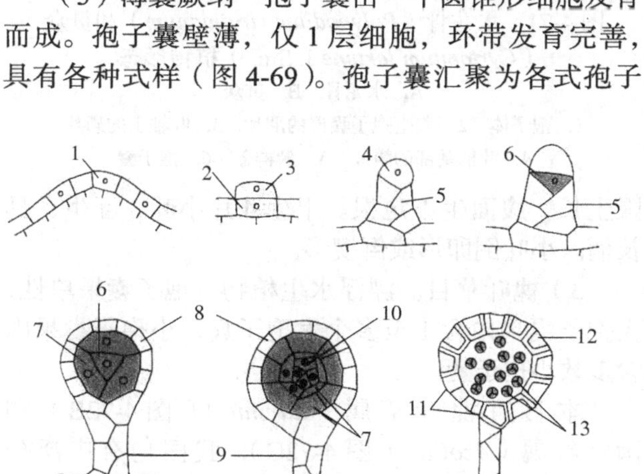

图 4-69　薄壁孢子囊的发育
（引自 Raven, 2008）
1. 单个细胞　2. 内侧细胞　3. 外侧细胞　4. 顶细胞
5. 未成熟柄细胞　6. 内部细胞　7. 绒毡层　8. 孢子囊壁
9. 柄　10. 造孢细胞　11. 唇细胞　12. 环带　13. 四分孢子

本纲通常划分为真蕨目（Filicales）[或称为水龙骨目（Polypodiales）]、苹目（Marsileales）和槐叶苹目（Salviniales）3 目。

1）真蕨目。本目是蕨类中最大的一个目，现存的真蕨亚门植物有 95% 以上的种属于此目。

绝大多数为陆生或附生，极少数沼生或水生。

孢子体有横走的根状茎，全体近光滑，灰白色。叶片长圆状披针形，羽状深裂。孢子囊群生于叶的背面，孢子囊群小，无囊群盖。孢子囊有柄，孢子囊上有一行增厚不匀的细胞，环绕孢子囊构成环带（annulus）。近柄的一侧有几个薄壁大细胞，称为唇细胞（lip cell）。孢子成熟后，于唇细胞裂开处散出（图 4-70）。

孢子在适宜的环境中萌发成为心脏形的扁平配子体，称为原叶体（prothallus），含有叶绿体，能进行光合作用，营独立生活。接触地的一面为腹面，有假根，雌雄生殖器官生于有假根的一面。颈卵器烧瓶状，壁由多细胞组成，上部狭细的部分称为颈，中有一列颈沟细胞，下部膨大的部分称为腹部，腹沟细胞以下有卵。精子器球状，其壁仅为一层细胞组成，产生多数螺旋形具有多数鞭毛的精子。卵成熟后，颈沟细胞和腹沟细胞解体，精子借水游入颈卵器，与卵融合。

受精卵的染色体为二倍体，为孢子体世代或无性世代的开始。受精卵在颈卵器中发育成胚，再成长为有根、茎、叶的孢子体（sporophyte），进行独立生活。叶的背面又生出孢子囊，孢子囊中的孢子母细胞进行减数分裂，形成四分孢子时，染色体为单倍体，称为配子体世代或有性世代。无性世代和有性世代相互更替，称为世代交替（图 4-70）。

本目的常见种类有：水龙骨（*Polypodium virginianum* L.）（图 4-71A），属于水龙骨科（Polypodiaceae），植株高 15～40cm，根状茎黑褐色，顶部具有鳞片。叶远生，薄纸质，两面密生灰白色短柔毛，叶片矩圆状披针形，向顶部渐尖，羽状深裂几达叶轴。孢子囊群生于内藏小脉顶端，在主脉两侧各排成整齐的一行，无盖（图 4-71）；芒萁[*Dicranopteris dichotoma*（Thunb.）Bernh.]，属于里白科（Gleicheniaceae），植株直立或蔓生，叶纸质疏生，幼时沿羽轴及叶脉有锈黄色毛，老时脱落。芒萁广布于长江以南各省区，是强酸性红壤土的指示植物；海金沙（*Lygodium japonicum* Sw.），属于海金沙科（Lygodiaceae），植株可长达 4m，叶多数，对生于茎上的短枝两侧，二型，纸质，连同叶轴和羽轴有疏

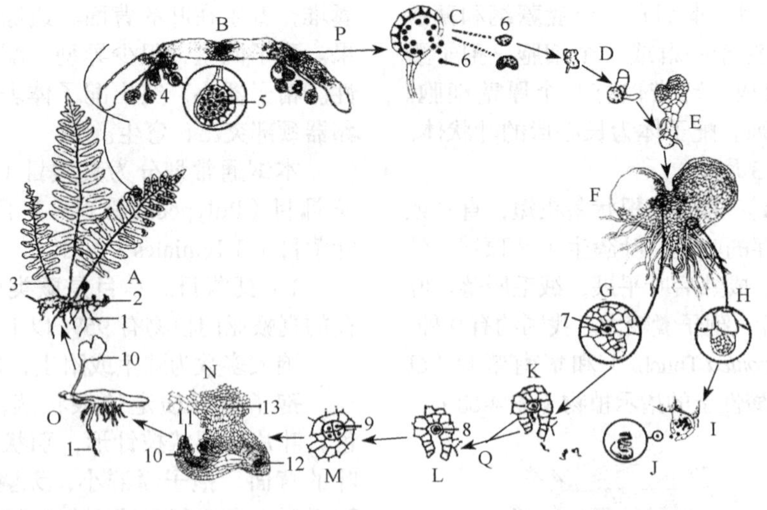

图 4-70　水龙骨属（*Polypodium*）的生活史（仿 Raven，2005）

A. 孢子体植物　B. 孢子叶横切　C. 孢子囊　D. 孢子萌发　E. 幼配子体　F. 成熟配子体　G. 幼颈卵器　H. 幼精子器　I. 成熟精子器　J. 精子　K. 精子进入成熟颈卵器　L. 颈卵器中的合子　M. 幼胚　N. 成熟胚　O. 幼孢子体　P. 减数分裂　Q. 受精

1. 根　2. 茎　3. 叶　4. 孢子囊群　5. 造孢组织　6. 孢子　7. 卵细胞　8. 合子　9. 幼胚　10. 第一幼叶　11. 胚芽　12. 胚根　13. 基足

短毛。不育叶尖三角形，二回羽状，小羽片掌状或三裂，边缘有不整齐的浅钝齿，能育叶卵状三角形，小羽片边缘生流苏状孢子囊穗；铁线蕨（*Adiantum capillus-veneris* L.），属于铁线蕨科（Adiantaceae），植株高 15～40cm，根状茎被淡棕色披针形鳞片。叶近生，薄草质，无毛，卵状三角形，中部以下二回羽状，小羽片斜扇形或斜方形，外缘浅裂至深裂，裂片狭，不育裂片顶端钝圆并有细锯齿。叶柄栗黑色。叶脉扇状分叉。铁线蕨为钙质土壤的指示植物；狗脊蕨［*Woodwardia japonica*（L. f.）Sm.］，属于乌毛蕨科（Blechnaceae），植株高 65～90cm，根状茎粗短、直立。叶簇生，叶柄深禾秆色，叶片矩圆形，厚纸质，二回羽裂。孢子囊群长形，生于主脉两侧相对的网脉上，囊群盖长肾形，革质，以外侧边着生，开向主脉；贯众（*Cyrtomium fortune* J. Sm.）（图 4-71B），属于鳞毛蕨科（Dryopteriaceae），叶簇生，叶柄深禾秆色，有疏鳞片，叶片奇数一回羽状，羽片镰状披针形，基部上侧稍呈耳状凸起，下侧圆楔形，边缘有缺刻状细锯齿。叶脉网状，内藏 1～2 条小脉。孢子囊群生于内藏小脉顶端，在主脉两侧各排成不整齐的 3～4 行（图 4-71B）。

2）苹目。小型叶蕨类，草本。根状茎上常有多数发达的不定根，上生 2 列叶。孢子囊生于特化的孢子囊果内。每个孢子囊果具有多数孢子囊群，其中大孢子囊群和小孢子囊群混生。大孢子单生，小孢子多数。

本目仅苹科（Marsileaceae）1 科，3 属。我国仅有苹属 1 属（图 4-72A），约 70 种。代表植物苹（*Marsilea quadrifolia* L.），又称为四叶苹或田字草，为田间杂草。其根状茎长而匍匐，二叉分枝，能无限生长，腹面生不定根。上生 4 片小叶，互生，具长柄。小叶倒卵形或倒楔形。

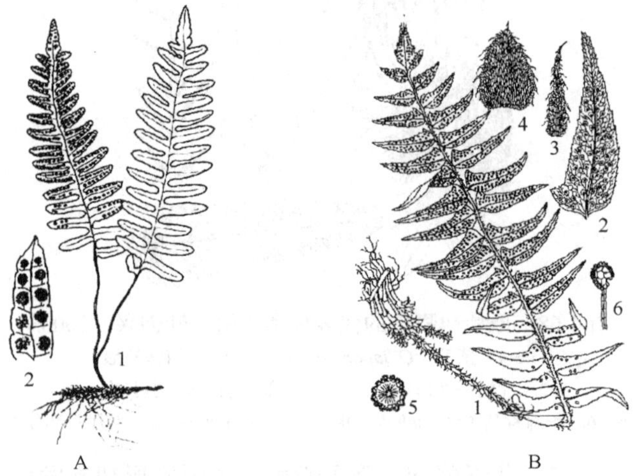

图 4-71　水龙骨（*Polypodium virginianum*）和贯众（*Cyrtomium fortune* J. Sm.）植物形态

A. 水龙骨　B. 贯众

1. 孢子体　2. 着生孢子囊群的羽片　3. 叶轴上的鳞片　4. 叶柄基部的鳞片　5. 囊群盖　6. 孢子囊

3）槐叶苹目。漂浮水生植物。孢子囊果单性，大孢子囊果内含 1 至多个大孢子囊，小孢子囊果内含多数小孢子囊。

本目有槐叶苹属（*Salvinia*）（图 4-72B）和满江红属（*Azolla*）（图 4-72C），我国均有广泛分布。代表植物有满江红［*Azolla imbricata*（Roxb.）Nakai］，又称为绿苹或红苹，植株形态小，呈三角形、菱形或近圆形。根状茎横卧在水面上，羽状分枝，须根下垂水中。叶覆瓦状排列在茎上，无柄，内有鱼腥藻（*Anabaena azollae*）共生其中，能够固定空气中游离的氮，因而满江红可作为优质的饲料

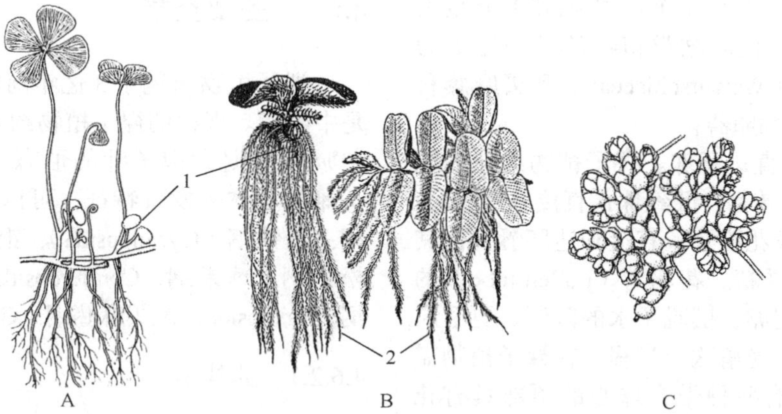

图 4-72　苹目（Marsileales）的代表种类（引自 Strasburger et al., 2010）
A. 苹属（*Marsilea*）B. 槐叶苹属（*Salvinia*）侧面观和表面观　C. 满江红属（*Azolla*）
1. 孢子荚　2. 水下叶片

或肥料。

满江红幼时呈绿色，成熟时或到秋冬季节转为红色，使得江河湖泊呈现一片红色，因而称为满江红。

4.5.3　经济价值

食用价值：蕨的拳卷幼叶浸水后可以采用，其根状茎富含淀粉（称为蕨粉），可以做副食和酿酒。

农业应用：有些蕨类是优质的肥料和饲料。例如，满江红有与之共生的鱼腥藻，后者进行固氮，植物体干重含氮量达到 4.65%，因而既可以做绿肥，同时也是家畜、家禽的饲料。槐叶苹叶可以用作饲料。蕨、里白和芒萁的叶中富含单宁，不易腐朽，质地坚实，容易通气，用它垫厩，不但可以作厩肥，还能减少厩圈病虫害滋生，也可作为常绿树苗庇荫的极好材料。

药用价值：蕨类植物是重要的中草药资源。例如，海金沙可以治疗尿道感染、尿道结石；江南卷柏可以治湿热黄疸、水肿、吐血等症状。截至目前，作药用的蕨类植物已经达到 100 多种。明代李时珍所著的《本草纲目》中记载的中草药中就有不少是蕨类植物。

园艺价值：许多蕨类植物体态优美，能适应低光照条件，并且不易感染病虫害，因而是时下最受欢迎的室内观赏植物，在室外也广泛用于装饰观赏。常见用于园艺观赏的蕨类植物有肾蕨、铁线蕨、翠云草、鸟巢蕨、莲座蕨和桫椤等。

4.6　裸 子 植 物

4.6.1　基本特征

裸子植物的基本特征包括如下几个方面。

1）孢子体发达并占绝对优势。裸子植物的孢子体都是多年生木本植物，大多数为单轴分枝的高大乔木，有强大的主根。分枝常有长枝和短枝之分，长枝细长，无限生长，叶在枝上螺旋排列，短枝粗短，生长缓慢，叶簇生枝顶。网状中柱，并生型维管束，具有形成层和次生生长；木质部大多数只有管胞，极少数有导管，韧皮部中无伴胞。叶多为针形、条形或鳞形，极少数为扁平的阔叶；叶常有明显的、多条排列呈浅色的气孔带（stomatal band）。

2）胚珠和种子裸露。孢子叶（sporophyll）大多数聚生成球果状（strobiliform），称为孢子叶球（strobilus）。孢子叶球单生或多个聚生成各种球序，常为单性，同株或异株。小孢子叶（雄蕊）聚生成小孢子叶球（雄球花，staminate strobilus），每个小孢子叶下面生有储满小孢子（花粉）的小孢子囊（花粉囊），大孢子叶（心皮）丛生或聚生成大孢子叶球［雌球花（female cone）］，不同类群中大孢子叶分别被称为珠鳞（松柏类）、珠领（银杏）、珠托（红豆杉）、套被（罗汉松）和羽状大孢子叶（铁树）。胚珠裸露，着生在大孢子叶的边缘或轴上端。胚珠发育为种子，内含胚和胚乳。种子裸露。种子的出现使胚受到保护以及营养物质的供给，可使植物度过不利的环境。

3）具有颈卵器的构造。裸子植物的配子体变得很微小，而且结构简化，完全寄生在孢子体上，不能脱离孢子体而行独立生活。雌配子体由大孢子叶发育而成，顶端生有 2 个或多个颈卵器，但结构简单，埋藏于胚囊中，内有1个卵细胞和1个腹沟细胞，无颈沟细胞，比起蕨类植物的颈卵器更为退化。仅百岁兰科（Welwitschiaceae）和买麻藤科（*Gnetaceae*）不具有颈卵器。

4）传粉时花粉直达胚珠。裸子植物的花粉粒由风力（少数例外）传播，并经珠孔直接进入胚珠，在珠心上方萌发形成花粉管，直接到达胚囊，使其内的精子与卵细胞受精。花粉管（pollen tube）的产生，可将精子送到卵，摆脱了水的限制，更适应陆地生活。从传粉到受精这个过程，在裸子植物需经相当长的时间。有些种类在珠心的顶部具有花粉室（pollen chamber），以准备花粉粒在萌发前的逗留。

5）具多胚现象。大多数裸子植物都具有多胚现象（polyembryony），其产生途径有两种：一是由于1个雌配子体上的几个或多个颈卵器的卵细胞同时受精，形成多胚，称为简单多胚现象（simple polyembryony）；二是由于1个受精卵的胚原组织在发育过程中分裂为几个胚，这是裂生多胚现象（cleavage polyembryony）。

4.6.2 主要类群

裸子植物出现于3亿年前的古生代，最盛时期是中生代。现存的裸子植物约850种，隶属于15科79属。根据大孢子叶的形态，结合配子体，尤其是雌配子体的发育特征，可以把裸子植物划分为5纲：苏铁纲（Cycadopsida）、银杏纲（Ginkgopsida）、松柏纲（球果纲，Coniferopsida）、紫杉纲（红豆杉纲，Taxopsida）及买麻藤纲（Gnetopsida）5纲。

4.6.2.1 苏铁纲

常绿乔木，雌雄异株，茎干埋于地下或呈柱状，常不分枝。叶两型，鳞叶小，密被褐色毛。营养叶为大型羽状复叶（图4-73A）。大小孢子叶单性，异株，大孢子叶球集合成疏松的球状，从羽状分裂到盾状，大型胚珠生在孢子叶两侧，多数仅2枚（图4-73E）。鳞片状小孢子叶集生成球果状小孢子叶球，数个小孢子囊聚生于小孢子叶的背面，厚囊性发育（图4-73B、图4-73C）。游动精子多鞭毛。种子橘红色，外种皮肉质，子叶2枚，胚乳丰富。

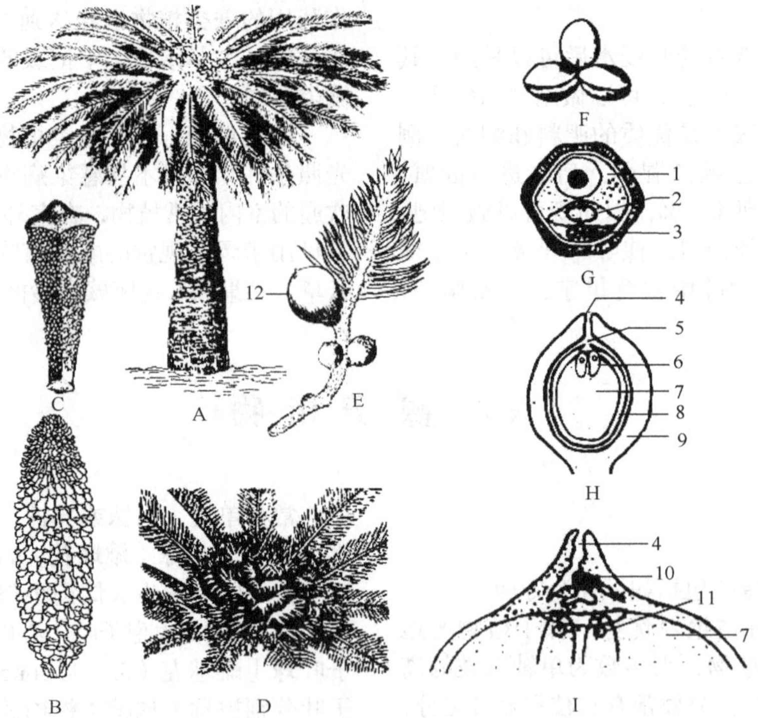

图4-73 苏铁属（*Cycas*）形态结构

A. 植株外形 B. 小孢子叶球 C. 小孢子叶 D. 大孢子叶球 E. 大孢子叶及种子 F. 小孢子囊群 G. 三细胞雄配子体 H. 胚珠纵切 I. 胚珠珠孔端部分放大及受精

1. 花粉管细胞 2. 生殖细胞 3. 原叶细胞 4. 珠孔 5. 花粉室 6. 颈卵器 7. 雌配子体 8. 珠心 9. 珠被 10. 精子 11. 卵细胞 12. 种子

本纲现存仅只有苏铁科（Cycaceae），约9属，100种左右。我国仅有苏铁属（*Cycas*），约25种，常见的有苏铁（*C. revolute* Thunb.）和华南苏铁（*C. rumphii* Miq.）等。

苏铁具有独立的主干，通常不分枝。雌雄异株，大小孢子叶球均集生茎顶，形成疏松的孢子叶球或呈球果状。大孢子叶密被黄褐色绒毛，先端羽状分裂，或呈盾状，两侧生有2～8个大型胚珠，一层珠被，珠心顶端有储粉室（pollen chamber），珠心中的大孢子母细胞经减数分裂形成胚囊（大孢子），进而胚囊形成 2～5 个颈卵器。颈部仅由 2 个细胞组成，颈卵器中的核分裂为 2，上有一个腹沟细胞，不久解体，下有一个卵。小孢子叶稍扁平、肉质、盾状，螺旋状紧密排列成长椭圆形的小孢子叶球，每个小孢子叶下面生有许多由 2～5 个小孢子囊（花粉囊）组成的孢子囊群（聚囊），小孢子囊中的小孢子母细胞（花粉母细胞）经减数分裂，形成小孢子。成熟的小孢子进入花粉室，生出花粉管，在花粉管中形成 2 个陀螺形、有多数鞭毛的精子。精卵结合后形成合子，继而长成为新的植株（图 4-73F、图 4-73G）。

4.6.2.2　银杏纲

本纲为单目、单科、单种。现仅存银杏（*Ginkgo biloba* L.）一种，为著名孑遗植物，中国特产。

银杏为落叶乔木，雌雄异株。枝条分为营养性长枝和生殖性短枝。叶扇形，先端 2 裂或波状缺刻，叉状分支脉序，叶柄长，在长枝上螺旋状散生，在短枝上簇生。球花单性，小孢子叶球呈柔荑花序状，生于短枝顶端的鳞片腋内，每个小孢子叶具短柄，柄端生有一对长形的小孢子囊，大孢子叶球极为简化，具长柄，柄端分为两叉，叉端各有一直立胚珠，胚珠基部由珠领（collar）包围，通常只有 1 个胚珠成熟。精子具多数纤毛。种子核果状，成熟时黄色，具有 3 层种皮，外种皮厚而肉质，含油脂和芳香油，无维管束。中种皮骨质，白色。内种皮红色，薄膜质，含维管束。子叶 2 枚，胚乳肉质丰富（图 4-74）。

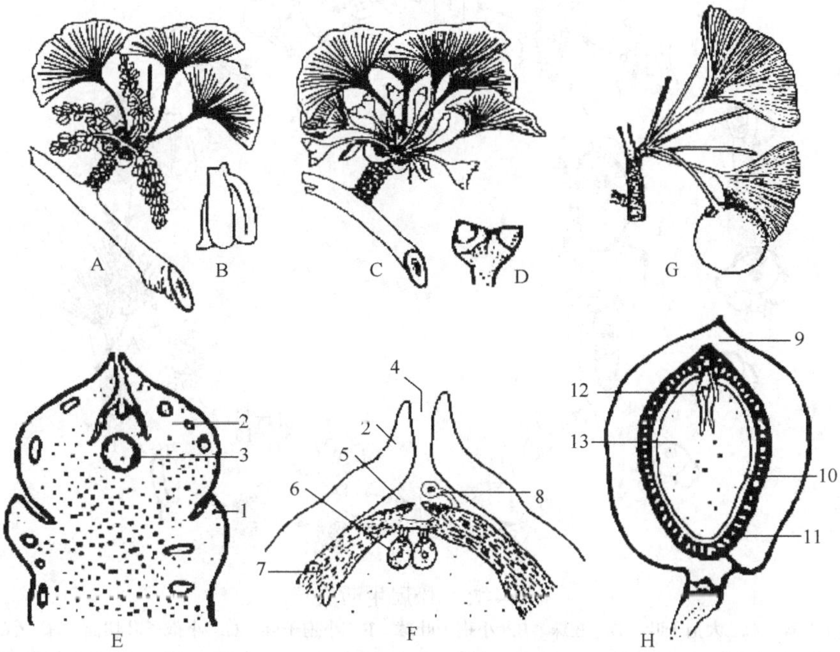

图 4-74　银杏的形态结构

A. 雄性短枝及小孢子叶球　B. 小孢子叶　C. 雌性短枝及大孢子叶球　D. 大孢子叶球　E. 胚珠和珠领纵切　F. 胚珠放大　G. 着生种子短枝　H. 种子纵剖面

1. 珠领　2. 珠被　3 雌配子体　4. 珠孔　5. 花粉室　6. 颈卵器　7. 珠心　8. 花粉管　9. 外种皮　10. 内种皮　11. 中种皮　12. 胚　13. 胚乳

4.6.2.3　松柏纲

木本，茎多分枝，常有长短枝之分，具有树脂道（resin duct）。叶为单叶，针形、鳞片形、条形、披针形或刺形，单生或成束，叶的表皮通常具有较厚的角质层及下陷的气孔。孢子叶球单性，雌雄同株或异株。孢子叶常集成球果状。精子无鞭毛。

松柏纲植物因其叶多为针形，而常称为针叶树或针叶植物（conifer），相应的森林称为针叶林（needle forest），又因其孢子叶常集生成球果（cone）而称为球果植物（coniferophyte）。

（1）生活史　现以松科中的松属（*Pinus*）为例介绍松柏纲植物的生活史。

松属的孢子体发达，为高大多年生常绿乔木，单轴分枝，具无限生长的长枝和有限生长的短枝。茎木质部具有管胞，韧皮部具有筛胞。叶针形，通常 2～5 针成束，腋生于短枝顶端的苞状鳞叶腋内，叶内有 1 条或 2 条维管束和几个树脂道。

孢子叶球单性、同株。小孢子叶球穗状排列，生在每年新生的长枝条基部，每个小孢子叶的背面生有 1 对长形的小孢子囊（花粉囊）。小孢子囊内的小孢子母细胞经过减数分裂，形成 4 个小孢子（花粉粒）。小孢子有2层壁，外壁向两侧突出成气囊，能使小孢子在空气中飘浮，便于风媒传粉。

大孢子叶也是螺旋状排列在纵轴上形成大孢子叶球。1个或数个大孢子叶球着生于每年新枝的近顶部，初生时呈红色或紫色，以后变绿，成熟时为褐色。大孢子叶分为两类：下面较小的薄片称为苞鳞（bract scale），又称为盖鳞片，是失去生殖能力的大孢子叶；上面较大而顶部肥厚的称为珠鳞（ovuliferous scale），又称为果鳞或种鳞，其腹面载有2个胚珠。松科各属植物的苞鳞和珠鳞是完全分离的。胚珠由1层珠被和珠心组成，珠心即大孢子囊，其中的大孢子母细胞经过减数分裂形成4个排成一列的大孢子，称为“链状四分体”，只有最下方的1个大孢子发育成雌配子体，其余大孢子相继败育。

配子体完全寄生在孢子体上。雌配子体近珠孔端形成结构简单的颈卵器，埋藏于胚囊中，颈部外露。花粉粒经珠孔进入胚珠后，在珠心上方萌发形成花粉管，其中2个不具有鞭毛的精子进入胚囊进行受精作用。每个颈卵器的卵都可受精，但只有一个发育成胚。

大孢子叶球继续发育，珠鳞木质化，顶端扩大露出的部分称为鳞盾（scale shield），鳞盾中部有隆起或凹陷的部分称为鳞脐（scale umbo）。种子形成过程中，珠被的外层和中间层形成紧贴的外种皮，内层变为膜质的内种皮，一些珠鳞的部分表皮分离出来形成种子的顶生膜状附属物，称为翅，以利风力传播（图4-75）。

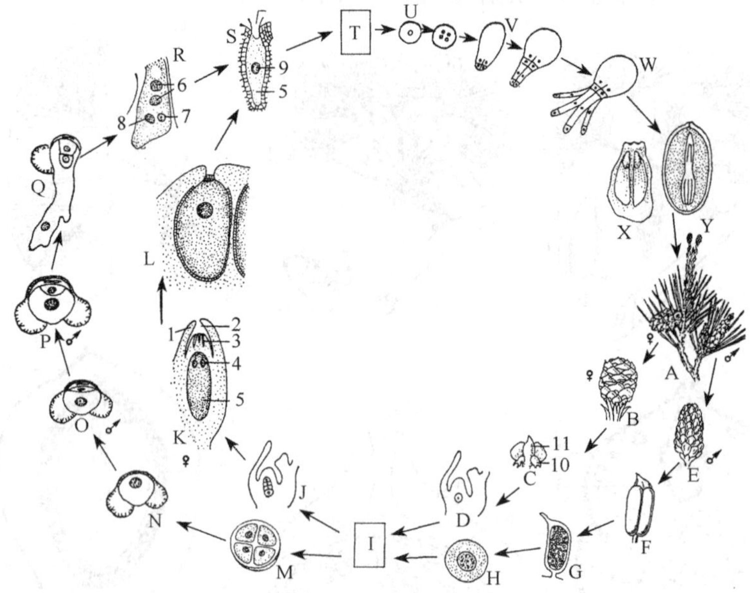

图4-75　松属生活史

A. 松枝　B. 大孢子叶球　C. 大孢子叶　D. 胚珠　E. 小孢子叶球　F. 小孢子叶　G. 小孢子叶切面　H. 小孢子　I. 减数分裂　J. 链状四分体　K. 雌配子体　L. 颈卵器　M. 小孢子四分体　N. 小孢子　O. 幼雄配子体　P. 成熟雄配子体　Q. 花粉管　R. 部分花粉管　S. 花粉管进入颈卵器　T. 受精　U. 合子　V. 幼胚　W. 多胚现象　X. 果鳞与种子　Y. 种子纵切　1. 珠被　2 珠孔　3. 花粉管　4. 颈卵器　5. 胚乳　6. 精核　7. 柄细胞　8. 管细胞　9. 卵　10. 胚珠　11. 珠鳞

（2）代表类群　松柏纲是现代裸子植物中数量最多且分布最广的类群，包含4科：松科（Pinaceae）、杉科（Taxodiaceae）、柏科（Cupressaceae）、南洋杉科（Araucariaceae），共44属，近500种。

1）松科。大多数为常绿乔木，叶针形或线形，针形叶常2～5针成束，着生于极度退化的短枝顶端，基部包有叶鞘。孢子叶球单性同株，每个小孢子叶有2个小孢子囊，小孢子多数有气囊。大孢子叶球的苞鳞与珠鳞分离，珠鳞发达，腹面（近轴面）基部具2枚倒生的胚珠。种子通常有翅。

本科是松柏纲植物中最大而且在经济上最重要的一科，约有10属，240余种。中国约有10属，113种（包括引种栽培24种）。

油杉属（*Keteleeria*）：叶线形或线状披针形，扁平，革质，中脉在叶面凸起，叶内有2个边生树脂道。球果圆柱形直立，当年成熟，种鳞不脱落。种子具宽大的厚膜质种翅，几乎与种鳞等长。

本属约9种，常见的有油杉（*K. fortunei* Carr.）和铁坚油杉［*K. davidiana*（Bertr.）Beissn.］（图4-76A）。

冷杉属（*Abies*）：叶线形，扁平，中脉在叶面凹下，叶内有2个树脂道。球果直立，当年成熟，种鳞脱落。本属约19种，是我国自然林的主要资源之一。常见的有冷杉［*A. fabri*（Mast.）Craib.］和臭冷杉［*A. nephrolepis*（Trautv.）Maxim.］。

云杉属（*Picea*）：叶通常四棱状线形、扁菱状

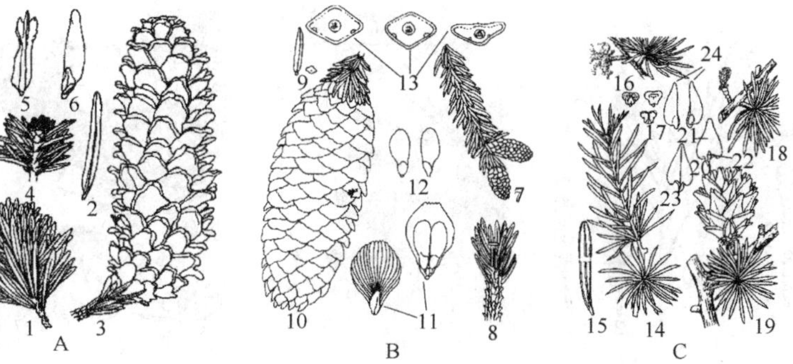

图 4-76　松科的代表种类（引自叶创兴，2000）

A. 铁坚油杉［*K. davidiana*（Bertr.）Beissn.］ B. 云杉（*P. asperata* Mast.） C. 金钱松［*P. amabilis*（Nelson）Rehd.］

1～6. 铁坚油杉（1. 营养枝条　2. 叶　3. 球果　4. 具小孢子叶球的小枝　5. 苞鳞　6. 种子和翅）

7～13. 云杉（7. 具球果的小枝　8. 小枝　9. 叶及其横切　10. 球果　11. 种鳞的背面观　12. 种子及翅

13. 叶的横切）14～24. 金钱松（14. 长短枝及叶　15. 叶的背面　16. 雄球花枝　17. 小孢子叶

18. 雌球花枝　19. 球果枝　20. 种鳞背面及苞鳞　21. 种鳞　22. 苞鳞　23. 种鳞腹面　24. 种子）

线形或线形扁平，四面有气孔线或仅上面有气孔线。小枝有显著隆起的叶枕头。球果下垂，苞鳞短于珠鳞，种鳞宿存。

本属约 50 种，组成大面积的自然林。木材纹理细致有弹性，可作建筑、飞机、舟车、家居等用材，树干可以割取树脂，树皮可以栲胶。常见的种有云杉（*P. asperata* Mast.）（图 4-76B）和鱼鳞松［*P. jezoenis* var. *microsperma*（Lindl.）Cheng et L. k. Fu］等。

金钱松属（*Pseudolarix*）：落叶乔木，有树脂，叶线形、扁平、柔软，脱落。球花单性同株，顶生。雌球花数个簇生，苞鳞较珠鳞大，当年成熟，成熟种鳞木质并由中轴上脱落。雄球花黄色，穗状，聚生于小枝之顶。本属仅有金钱松［*P. amabilis*（Nelson）Rehd.］1 种，中国特有，其叶入秋后变金黄色，可栽培做行道树，是世界著名的五大园林树种之一（图 4-76C）。

落叶松属（*Larix*）：叶线形、扁平、簇生，脱落。小孢子叶球单生。种鳞革质，宿存。中国约 12 种，材质坚韧、优良，可作建筑、舟车、桥梁等用材。常见种为落叶松［*L. gmelinii*（Rupr.）Kuz.］。

松属（*Pinus*）：本属 80 余种，分布于北半球，从北极附近至北非、中美及南亚直到赤道以南地方。中国有 22 种 10 变种，分布极广，为重要造林树种之一，如南方的马尾松（*P. massoniana* Lamb.）、西南的云南松（*P. yunnanensis* Franch.）、华东的黄山松（*P. taiwanensis* Hayata）、华北的油松（*P. tabuliformis* Carr.）、东北的红松（*P. koraiensis* Sieb. et Zucc.）等。松属材质柔，施工易，且内含树脂，极耐腐及水浸，可用作建筑、家具、纸浆、木箱和其他用途，树干可以割取树脂，树皮可以栲胶。

雪松属（*Cedrus*）：叶针状，坚硬，通常三棱形或四棱形，在嫩枝上单生、互生，在老枝或短枝上丛生。球花单性，雌雄同株，直立，单生短枝顶端，种鳞脱落。

本属共 4 种，常见的有雪松［C. deodara（Roxb.）G. Don］，产地西藏，树形优美，为庭院观赏树种。

2）杉科。本科植物为常绿、半常绿或落叶乔木。叶披针形、钻形、鳞片状或线形，同一植株上的叶常二型，与小枝一起脱落。球花单性，雌雄同株。小孢子囊及胚珠常多于 2 个。苞鳞小，与珠鳞大部分合生或完全合生，珠鳞常作盾状或覆瓦状排列。种子扁平或三棱形，周围或两侧有窄翅，或下部具长翅。

现存杉科植物仅 10 属 16 种，其中近半数是单种属，并成为孑遗植物，其他属也处于衰退状态。

水松属（*Glyptostrobus*）：叶互生，有 3 型叶，线形而扁平，针形而稍弯，或鳞片状。有线形叶的小枝冬季脱落，有鳞形叶的小枝不落。种鳞木质，先端有 6～10 裂齿。种子 2 粒，下端有长翅。本属仅水松［*G. pensilis*（Staunt.）Koch］1 种（图 4-77A），为我国特有的古近纪和新近纪孑遗植物，现全国各地均有栽培。

水杉属（*Metasequoia*）：落叶大乔木。叶线形，交互对生，两列状，背面每侧有气孔 4～6 列。球果下垂，当年成熟，种鳞盾状，木质，交互对生。种子 5～9 粒，扁平，周围有翅。本属仅有水杉（*M. glyptostroboides* Hu et Cheng）1 种，是中国特有树种，最珍贵的孑遗植物。现广泛栽培，生长颇速，材质轻软，可作为建筑、家具和室内装修木料（图 4-77B）。

杉属（*Cunninghamia*）：常绿乔木。叶线形或线状披针形，有锯齿，坚挺，螺旋排列。苞鳞革质，扁平，结实时增大，不脱落。种鳞小，先端

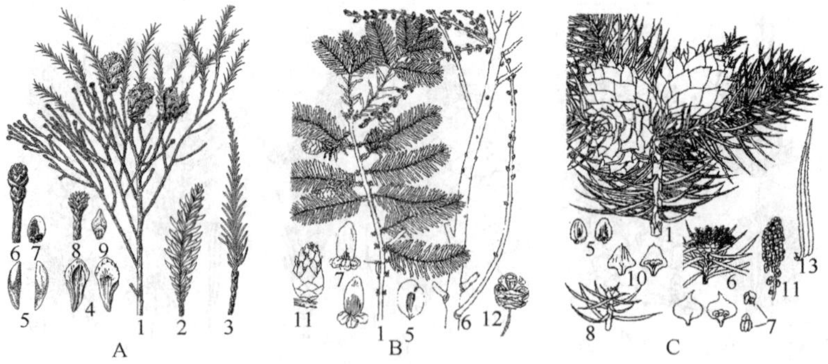

图 4-77 杉科的代表种类

A. 水松 B. 水杉 C. 杉木

1. 球果枝 2. 条状钻叶小枝 3. 条状钻叶（上部）及鳞形叶（下部）小枝 4. 种鳞背腹面 5. 种子背腹面 6. 雄枝 7. 小孢子叶 8. 雌枝 9. 珠鳞及胚珠 10. 苞鳞 11. 小孢子叶球 12. 大孢子叶球 13. 叶

3 裂。种子 3 粒，两侧具窄翅。本属常见种为杉木［*C. lanceolata*（Lamb.）Hook］，为秦岭以南面积最大的人造林树种（图 4-77C）。此外还有柳杉［*Cryptomeria fortunei* Hooibr. ex Otto et Dietr.］、台湾杉木［*Taiwania cryptomerioides* Hayata］。

3）柏科。常绿乔木或灌木，有树脂。叶对生或 3～4 枚轮生，鳞片状或刺形。小孢子囊和胚珠常多于 2 个。苞鳞与珠鳞完全合生。种鳞盾形，木质或肉质，交互对生或轮生，稀螺旋状着生。种子两侧具有窄翅或无翅。

本科现存约 20 属，145 种，世界各地广布。部分种类为森林的重要造林树种，或为园林绿化树种。

侧柏属（*Platycladus*）：常绿乔木。叶鳞形，交互对生，排成 4 列。生鳞叶的小枝直展或斜展，排成一平面。孢子叶球单性同株，单生于小枝顶端。球果木质，当年成熟，熟时开裂，种鳞 4 对，木质，扁平，背部近顶端具有反曲的尖头。种子 1～2 粒，无翅或有棱脊。本属只有侧柏［*P. orientalis*（L.）Franco］1 种，为中国特产，现各地多栽培供观赏。材质优良，可供建筑、家具、文具及其他器具用，种子可榨油，叶和果实可入药（图 4-78A）。

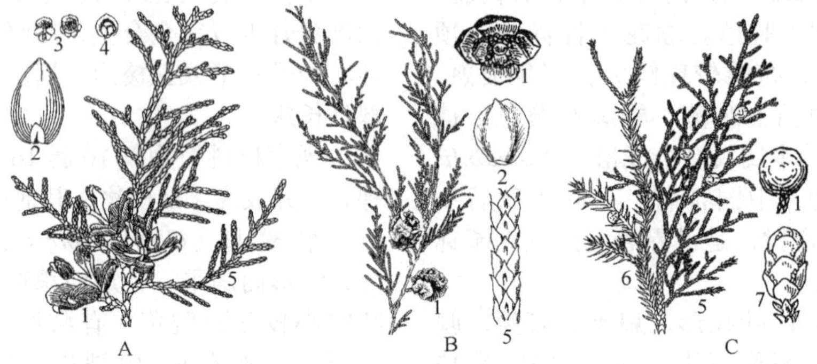

图 4-78 柏科代表种类

A. 侧柏 B. 柏木 C. 圆柏

1. 雌球果 2. 种子 3. 小孢子叶背腹面 4. 大孢子叶腹面 5. 具鳞叶枝条 6. 具针叶枝条 7. 小孢子叶球

柏木属（*Cupressus*）：常绿乔木。叶鳞形，交互对生，先端尖。小枝扁平，排成一平面，下垂。孢子叶球单性同株，单生于枝顶。球果木质，翌年成熟。种鳞 4 对，盾形。种子多数，具有窄翅。该属共有 20 余种，分布于温带及亚热带地区。我国有 3 种，常见的有柏木（*C. funebris* Endl.），其木材耐腐性较强，可供建筑用材，也可作园林绿化及观赏树种（图 4-78B）。

圆柏属（*Sabina*）：常绿乔木或灌木。幼叶全为刺形，老叶刺形或鳞形或两者兼有，刺形叶常 3 枚轮生，基部下延。孢子叶球单性异株，单生短枝顶。球果木质，种鳞肉质，完全结合，成熟时不开裂。种子无翅。本属约 50 种，分布于北温带。中国约 20 种，广布各地。常见的有圆柏［*S. chinensis*（L.）Ant.］，为重要的材用及庭园观赏树种（图 4-78C）。

4）南洋杉科。常绿乔木，具树脂。叶螺旋状着生或交叉对生，革质，基部下延。球花单性异株。小孢子叶具有 4～20 个小孢子囊，花粉粒无气囊。珠鳞不发达，舌状，苞鳞发达，木质或厚革质，成熟时苞鳞脱落。1 粒种子与苞鳞离生或合生，无翅或两侧具翅，或顶端具翅。

本科共 2 属约 40 种，是南半球热带及亚热带地区的主要针叶树种。常见的有：南洋杉（*Araucaria cunninghamia* Sw.），叶鳞形，球果卵圆形或椭圆形，长 6～10cm。种子椭圆形，两侧具薄翅（图 4-79A）。异叶南洋杉［*A. heterophylla*（Salisb.）Franco］，叶钻形，通常两侧扁，四菱状；球果较大，近球形；苞鳞的先端具急尖的三角状尖头，尖头向上弯（图 4-79B）。

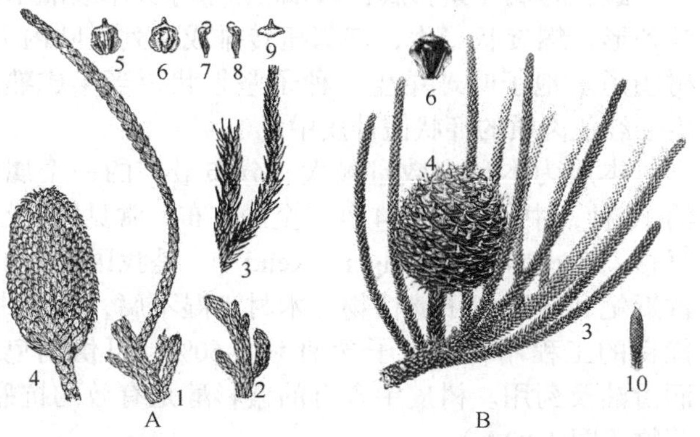

图 4-79　南洋杉科代表植物

A. 南洋杉　B. 异叶南洋杉

1～3. 小枝　4. 雌球果　5～9. 种鳞背面、腹面、侧面及俯视

10. 雄球果

4.6.2.4　紫杉纲（红豆杉纲）

常绿乔木或灌木，多分枝。叶为条形或条状披针形，稀为鳞状钻形或阔叶状。孢子叶球单性异株，稀同株。不形成球果，大孢子叶特化为鳞片状的珠托或瓮状的套被，包围胚珠，并在种子成熟时发育成为肉质的假种皮或外种皮。

本纲植物可分为罗汉松科（Podocarpaceae）、三尖杉科（Cephalotaxaceae）和红豆杉科（Taxaceae）3 科，它们在系统上紧密相关，并可能有共同起源的祖先。

（1）罗汉松科　常绿乔木或灌木。单叶互生，稀对生，针状、鳞片状至阔长椭圆形。孢子叶球单性异株，稀同株。小孢子叶球单生或聚生成柔荑花序状，小孢子囊 2 个，花粉粒多数具有 2 个气囊。大孢子叶球腋生或生于枝顶，内有 1 枚胚珠。大孢子叶强烈变态为囊状套被，包围着胚珠，或在胚珠基部缩小成杯状，有时与珠被完全合生。种子当年成熟，核果状。种子成熟时，珠被分化为薄而石质的外层和厚而肉质的内层两层种皮，套被增厚为革质假种皮，或者珠被变为极硬而石质的种皮，套被变成肉质的假种皮。

本科约 8 属，130 余种，分布于热带、亚热带及南温带地区，尤以南半球最盛，中国有 2 属 14 种，产于长江以南各省（自治区）。

罗汉松属（*Podocarpus*）：大孢子叶球腋生，套被与珠被合生。种子核果状，全部为肉质假种皮包围，具有肉质或非肉质的种托。本属常见种罗汉松［*P. macrophylla*（Thunb.）D. Don］，叶条状披针形，中脉显著隆起，种子卵圆形，成熟时呈紫黑色，颇似一秃顶的头，其下的肉质种托膨大红色至紫红色，仿佛罗汉的袈裟，故名罗汉松。材质细致均匀，纹理直，有光泽。小叶罗汉松［*P. macrophylla*（Thunb.）D. Don var. *maki* Endl.］原产日本，小乔木或灌木，叶较短，常向上伸展，园林绿化或观赏植物（图 4-80A）。

陆均松属（*Dacrydium*）：叶异型，镰状针形，或鳞形、钻形。大孢子叶球生于小枝顶端，套被与珠被离生。种子坚果状，卵圆形，成熟时通常横生或斜生，仅基部由肉质或较薄而干的杯状假种皮包围，成熟时红色或褐色。本属约 20 种。中国只有陆均松（*D. pierrei* Hickel）1 种，产于海南，是原生林的主要树种（图 4-80B）。

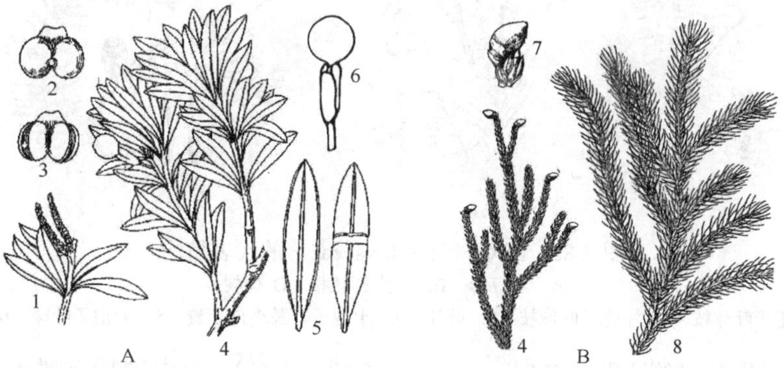

图 4-80　罗汉松科代表植物

A. 小叶罗汉松　B. 陆均松

1. 小孢子叶球枝　2、3. 小孢子叶背腹面　4. 种子枝　5. 叶背腹面　6. 大孢子叶及种子　7. 种子及枝端　8. 幼枝

（2）三尖杉科　常绿小乔木或灌木，具近对生或轮生的枝条，有鳞芽。叶线形或线状披针形，交互对生或对生，在侧枝上基部扭转成 2 列。孢子叶球单性异株。小孢子叶 6～11 聚生成球状总序，每个小孢子叶有 2～4 花粉囊，大孢子叶球由 3 对或 4 对交互对生的珠托或套被组成，生于小枝基部腋内。

种子翌年成熟，核果状，全部包于珠托发育而来的肉质假种皮中，外种皮质硬，内种皮薄膜质。

本科仅三尖杉属（*Cephalotaxus*）1属，共9种。分布较广的有三尖杉（*C. fortunei* HK. f.）（图4-81A）和粗榧［*C. sinensis*（Rehd. et Wils.）Li］（图4-81B）等。

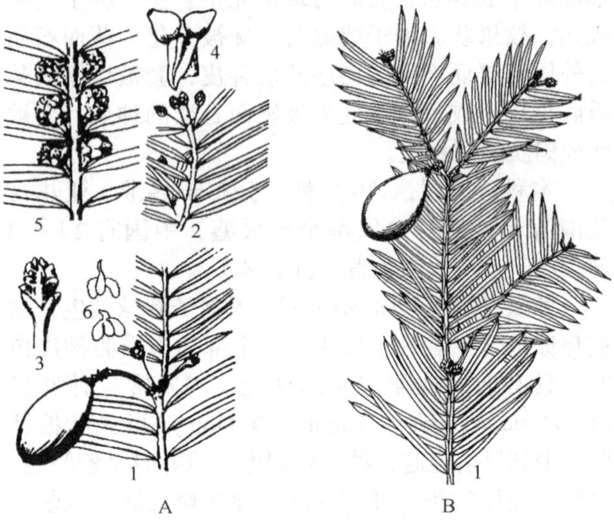

图4-81　三尖杉科代表植物
A. 三尖杉　B. 粗榧
1. 种子枝　2. 大孢子叶球枝　3. 大孢子叶球
4. 大孢子叶球上的苞片与胚珠　5. 小孢子叶球枝　6. 小孢子叶背腹

（3）红豆杉科（紫杉科）　常绿乔木或灌木，具鳞芽。叶线形或披针形，互生或近对生，叶柄常扭转而成两列状，叶面中脉凹陷，叶背具有2条气孔带、突起的中脉和两条边带。

孢子叶球单性异株，稀同株。小孢子叶球通常单生叶腋或呈柔荑花序状球序集生枝顶，辐射状或偏向一侧，具6～8个小孢子囊，花粉无气囊，大孢子叶球通常单生或成对着生，基部具多数成对的苞片，顶部苞片发育为杯状、盘状或囊状的珠托，内有胚珠1枚。种子成熟后珠托发育成假种皮，全包或半包着种子，种子核果状或坚果状。

本科含有5属23种。中国有4属12种，其中穗花杉属和白豆杉属为中国特有。

红豆杉属（紫杉属，*Taxus*）：常绿乔木或灌木。叶条形，螺旋状着生，基部扭转排成两列，叶内无树脂道。孢子叶球单生。种子坚果状，当年成熟，生于红色肉质的杯状假种皮中。

本属为本科中数量最大、分布最广的一个属，约10种，中国3种或4种，全国广布。常见的有红豆杉［*T. chinensis*（Pilger）Rehd.］，是我国特有的古近纪和新近纪孑遗植物。木材水湿不腐，为水中优良的工程用材，种子含油率达60%，可供制皂、润滑油及药用。树皮中含有的紫杉醇是有效的抗癌药物（图4-82A）。

白豆杉属（*Pseudotaxus*）：常绿灌木。小枝对生或近轮生，叶条形，螺旋状着生。无树脂道，气孔带具白粉。孢子叶球单生，雌雄异株。种子坚果状，当年成熟，生于杯状肉质的白色假种皮中。本属仅白豆杉［*P. chienii*（Cheng）Cheng］1种，为中国特产。木质油料，可供农具、雕刻、器具等使用。

穗花杉属（*Amentotaxus*）：常绿小乔木或灌木，叶交叉对生，有树脂道。小孢子叶球聚生成穗状，大孢子叶球单生。种子当年成熟，核果状，生于囊状鲜红色的肉质假种皮中，仅顶端尖头露出。本属为中国特有属，包括穗花杉［*Amentotaxus yunnanensis* Li］等3种，木材供作家具、农具等用，种子含油率达50%，可供制皂等（图4-82B）。

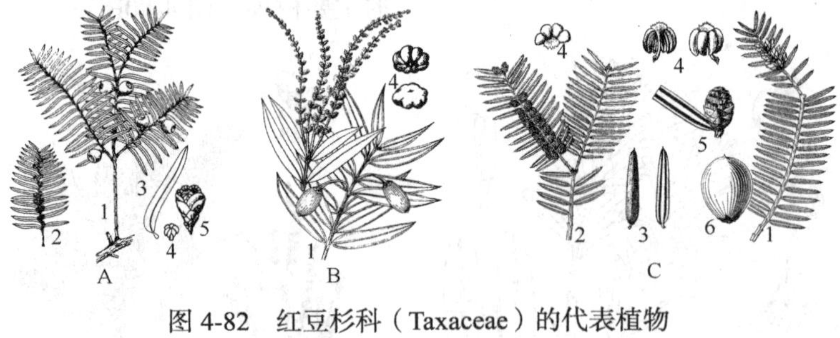

图4-82　红豆杉科（Taxaceae）的代表植物
A. 红豆杉　B. 云南穗花杉　C. 榧树
1. 大孢子叶球枝　2. 小孢子叶球枝　3. 叶片　4. 小孢子叶及小孢子囊　5. 大孢子叶球　6. 种子

榧树属（*Torreya*）：常绿乔木，小枝近对生或近轮生。叶交叉对生或近对生，基部扭转排列成两列。小孢子叶球单生，大孢子叶球成对对生。胚珠1个，生于漏斗状的珠托上。种子第二年秋季成熟，核果状，全部包于肉质假种皮中。本属约6种，中国有4种。常见的有榧树（*T. grandis* Fort.）（图4-82C），为中国特有树种，材质优良。其种子“香榧子”为著名干果，种仁可入药。

4.6.2.5　买麻藤纲

本纲也称盖子植物纲或倪藤纲。通常为灌木、藤本或块状体，稀有小乔木。次生木质部常具导管，无树脂道。叶对生，阔叶状、带状或退化成鳞片状。孢子叶球序二叉分支，有类似于花被的盖被（chlamydia），也称为假花被。胚珠 1 枚，珠被 1～2 层，向外延伸形成珠孔管（micropylar tube）。精子无鞭毛。颈卵器极其退化或无。种子包于由盖被发育而成的假种皮中，胚具子叶，胚乳丰富。本纲植物含有 3 目，3 科，3 属，共 80 种。

（1）麻黄科（Ephedraceae）　多分枝的灌木、亚灌木，少数为藤本。叶膜质，鳞片状对生而基部联合，雌雄异株。仅麻黄属（*Ephedra*）1 属（图 4-83A），约 40 种，分布于亚洲、美洲、欧洲东南部及非洲北部的干旱、荒漠及草原地带。中国有 12 种及 4 变种。代表性的种类包括草麻黄（*E. sinica* Stapf）。

（2）买麻藤科（Gnetaceae）　多为缠绕性木质大藤本，稀为直立乔木或灌木。种子核果状，成熟时假种皮红色或橘红色。仅买麻藤属（*Gnetum*）1 属（图 4-83B），约 30 种，分布于南亚热带及中亚热带地区。中国约 7 种。代表种类如买麻藤（*G. montanum* Markger），为常绿藤本，叶卵状椭圆形，对生。

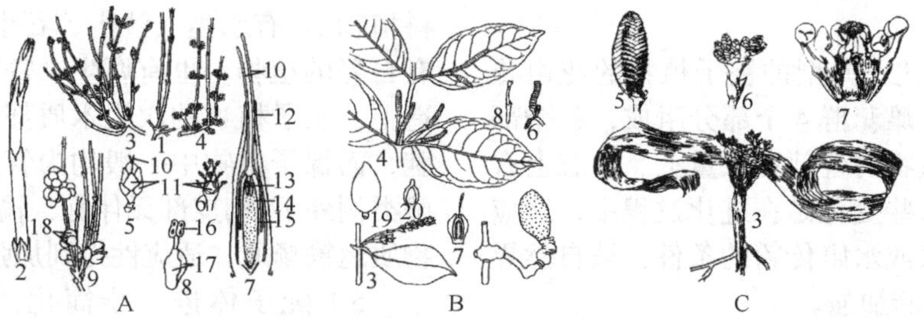

图 4-83　买麻藤纲代表植物

A. 麻黄　B. 买麻藤　C. 百岁兰

1. 营养枝　2. 营养枝放大　3. 雌株上生大孢子叶序的枝　4. 雄株上生小孢子叶序的枝　5. 大孢子叶球序　6. 小孢子叶球序　7. 大孢子叶球纵切面　8. 小孢子叶　9. 具成熟种子的枝　10. 珠孔管　11. 大、小孢子叶球上交互对生的苞片　12. 外珠被　13. 颈卵器　14. 雌配子体　15. 珠心　16. 小孢子囊　17. 盖被　18. 肉质化的苞片　19. 去掉外种皮种子　20. 不孕性大孢子叶球

（3）百岁兰科（Welwitschiaceae）　本科仅 1 属 1 种，即百岁兰［*Welwitschia bainesii*（Hook. f.）Carr］，其为百岁兰目（Welwitschiales）唯一现存的植物，旱生，主要分布在非洲西南部安哥拉与纳米布沙漠。茎短，一生只长两片叶，叶上的气孔会吸收大气中的水汽，根极长，可达 3～10m，以吸收地下水。雌雄异株，平均寿命可达数百年。中国部分植物园温室有栽培。

4.6.3　生态和经济价值

生态价值：很多裸子植物的种类是温带和亚热带针叶林及针阔叶混交林的建群种或优势种，是组成地面森林的主要成分。中国的裸子植物虽然仅为被子植物种数的 0.8%，但其所形成的针叶林面积却略多于阔叶林面积，约占森林总面积的 52%。裸子植物作为森林生态系统的重要组成部分，为人类的生存环境发挥着极其重大的生态效益。

经济价值：大部分裸子植物木材材质优良，是林业生产上的主要用材树种。例如，我国南方的杉木和北方的红松，在建筑、家具、造船、制纸等方面广泛使用。红豆杉还可作为水上工程的优良用材；裸子植物的副产品，如松节油、松香、单宁等具有重要的工业用途，木材纤维是造纸的重要原料，金钱松树皮可提栲胶，柏木的枝叶及种子可提取挥发油和润滑油；银杏的种子白果、香榧的种子香榧子，以及红松或华山松的种子松子等松脆可口、别具风味，是著名的干果，深受人们喜爱。草麻黄的茎、银杏的种子（白果）是传统的药材，银杏的叶近年已成为制药的重要原料，从红豆杉树皮中提取的紫杉醇，对治疗癌症有很好的效果；裸子植物的很多种类树姿优美，都可在庭园栽培作绿化和观赏树种。世界五大庭园树种雪松、南洋杉、金钱松、金松和巨杉都是裸子植物。此外，银杏、冷杉、水杉、柳杉、侧柏、圆柏等也都是优良的园林树种。

4.7　被子植物

被子植物（Angiosperms）具有种子、花和果实，能适应除了南极洲以外的所有生境。其有性繁殖的方式是先产生花，进而形成具有种子的果实。种子植物的维管系统能够高效运输水分和营养物质。被子植物种类繁多，包括鲜艳的观花植物、谷物（如水稻和小麦）、其他作物（如棉花、烟草、咖啡），以及树木（如栎树、樱桃树和栗树）等。

被子植物是植物界发展到最高级、最繁荣，也是分布最广的一个类群。它们的营养器官和繁殖器官都较裸子植物复杂化和完善化，特别是繁殖器官的结构和生殖过程的特点，为其适应、抵御各种环境提供了内在条件，使它具有更强的竞争力和适应性。现已知被子植物共1万多属，23.5万多种，占植物界的一半以上。中国有3148多属，约3万种，是被子植物最丰富的地区。

被子植物较裸子植物进化的特征主要包括如下5个方面。

1）具有真正的花：典型的被子植物的花由花萼、花冠、雄蕊群、雌蕊群4个部分组成，各个部分称为花部。被子植物的各部在数量上、形态上有极其多样的变化，这些变化是在进化过程中，适应于虫媒、风媒、鸟媒或水媒传粉的条件，被自然界选择，得到保留和不断加强。

2）具有果实：雌蕊由心皮所组成，包括子房、花柱和柱头3部分。胚珠包藏在子房内，得到子房的保护，避免了昆虫的咬噬和水分的丧失。子房在受精后发育成为果实。果实具有不同的色、香、味，具有多种开裂方式，果皮上常具有各种钩、刺、翅、毛。果实的所有这些特点，对于保护种子成熟，帮助种子散布起着重要作用，促进被子植物进化。

3）具有独特的双受精现象：双受精现象是指两个精细胞进入胚囊以后，1个与卵细胞结合形成合子，另1个与2个极核结合，发育为具有3*n*染色体的胚乳，幼胚以3*n*染色体胚乳为营养，具有更强的生活力。被子植物具有双受精现象是它们具有共同祖先的一个有力证据。

4）孢子体高度发达：被子植物的孢子体在形态、结构、生活型等方面比其他种类植物更完善、多样，有世界上最高大的乔木，如杏仁桉（*Eucalyptus amygdalina* Labill.），高达156m；也有微细如沙粒的小草本，如无根萍［*Wolffia arrhiza*（L.）Wimm.］，每平方米水面可容纳300万个个体。有重达25kg仅含1颗种子的果实，如王棕（大王椰子）［*Roystonea regia*（H. B. K.）O. F. Cook］；有轻如尘埃，5万颗种子仅重0.1g的植物，如热带雨林中的一些附生兰。有寿命长达6000年的植物，如龙血树（*Dracaena draco* L.），也有在3周内开花结籽完成生命周期的植物（如一些生长在荒漠的十字花科植物）。有水生、沙生、石生和盐碱地生的植物。有自养的植物，也有腐生、寄生的植物。在解剖构造上，被子植物的次生木质部有导管，韧皮部有伴胞，而裸子植物中一般均为管胞（只有麻黄和买麻藤类例外），韧皮部无伴胞，输导组织的完善使体内物质运输畅通，适应性得到加强。

5）配子体进一步简化：被子植物的小孢子（单核花粉粒）发育为雄配子体，大部分成熟的雄配子体仅具2个细胞（2核花粉粒），其中1个为营养细胞，1个为生殖细胞，少数植物在传粉前生殖细胞就分裂1次，产生2个精子，所以这类植物的雄配子体为3核的花粉粒，如石竹亚纲的植物油菜、玉米、大麦、小麦等。被子植物的大孢子发育为成熟的雌配子体称为胚囊，通常胚囊有8核7细胞，包括3个反足细胞、1个中央细胞（含2个极核）、2个助细胞、1个卵细胞。反足细胞是原叶体营养部分的残余。有的植物（如竹类）反足细胞可多达300余个，有的植物（如苹果、梨）在胚囊成熟时反足细胞消失。助细胞和卵合称为卵器，是颈卵器的残余。由此可见，被子植物的雄、雌配子体均无独立生活能力，终生寄生在孢子体上，结构上比裸子植物更简化、更进化。

本 章 小 结

关于植物界的类群划分，一般按照林奈的两界系统分类原则进行，将植物界概括为18门，如下表所示。

在这18门中，各门间的亲缘关系远近程度是不同的，反映在它们的植物体的形态结构上差异显著。蓝藻到褐藻这10门主要生活在水中，结构简单，没有根、茎、叶的分化，靠体内的光合色素维持自养生活，统称为藻类植物。其中所含色素、储藏物质、生殖方式等的不同，是划分门的重要依据；与藻类植物相比，细菌门、真菌门和黏菌门是没有光合色素的，主要靠寄生或腐生维持异养生活，称为菌类植物或菌物，其中细菌门原始，为原核生物，另外2门拥有真核。真菌门植物一般都有几丁质细胞壁，具有菌丝组成的菌丝体。黏菌门在营养生长期为裸露无细胞壁的多核原生质团，成为变形体，可吞噬营养颗粒，具有动物性。在繁殖时期产生具有纤维素细胞壁的孢子，也具有真菌的性状，属于动物与植物之间的一个中间类群生物；和谐共生是生物界协同进化的策略之一，具有光合能力的藻类植物与具有菌丝并能吸收水分和矿质的菌类植物有机结合形成藻菌共生体——地衣；藻、菌和地衣由于生活史中没有生殖器官，合子不形成胚，称为无胚植物（non-embryophyta）或低等植物（lower plant）。从苔藓植物到被子植物，生活史中出现多细胞的生殖器官，合子形成胚，称为有胚植物（embryophyte）或高等植物（higher plant）；蕨类植物开始，出现了运输水分能力强大的维管束，更能适应陆地生活，因此，称蕨类植物、裸子植物和被子植物为维管植物（vascular plant），其他没有维管束的类群称为非维管植物（non-vascular plant）；由于裸子植物和被子植物中出现了有性生殖高度进化的种子，采用种子繁殖，称为种子植物（seed plant），与之相对的其他植物因主要采取孢子繁殖，则称为孢子植物（spore plant）。种子植物中根据能否形成果实的特征，将种子外没有果皮包裹的植物称为裸子植物（gymnosperm），种子外有果皮包裹的植物称为被子植物（angiosperm）；被子植物能真正开花，又称为显花植物（phanerogam），孢子植物和裸子植物都不开花，或不真正开花，合称为隐花植物（cryptogam）。

<table>
<tr><td rowspan="18">植物界</td><td rowspan="14">低等植物（无胚植物）</td><td>1</td><td>蓝藻门</td><td rowspan="10">藻类植物</td><td rowspan="15">非维管植物</td><td rowspan="16">孢子植物（隐花植物）</td></tr>
<tr><td>2</td><td>裸藻门</td></tr>
<tr><td>3</td><td>金藻门</td></tr>
<tr><td>4</td><td>甲藻门</td></tr>
<tr><td>5</td><td>黄藻门</td></tr>
<tr><td>6</td><td>硅藻门</td></tr>
<tr><td>7</td><td>绿藻门</td></tr>
<tr><td>8</td><td>轮藻门</td></tr>
<tr><td>9</td><td>红藻门</td></tr>
<tr><td>10</td><td>褐藻门</td></tr>
<tr><td>11</td><td>细菌门</td><td rowspan="3">菌类植物</td></tr>
<tr><td>12</td><td>黏菌门</td></tr>
<tr><td>13</td><td>真菌门</td></tr>
<tr><td>14</td><td>地衣门</td><td></td></tr>
<tr><td rowspan="4">高等植物（有胚植物）</td><td>15</td><td>苔藓植物门</td><td rowspan="3">颈卵器植物</td></tr>
<tr><td>16</td><td>蕨类植物门</td><td rowspan="3">维管植物</td></tr>
<tr><td>17</td><td>裸子植物门</td><td rowspan="2">种子植物（显花植物）</td></tr>
<tr><td>18</td><td>被子植物门</td><td></td></tr>
</table>

思考题

1．从低等的藻类植物到高等的种子植物，植物界可分成哪些基本类群？依据何在？

2．绿藻与高等植物相似的特征表现在哪几个方面？

3．简述藻类植物的主要特点和代表植物。

4．简述叶绿体形态在绿藻分类中的意义。

5．列表比较藻类植物各类群的形态结构和生活史异同。

6．简述菌类植物的主要特点、主要类群和代表植物。如何理解菌物概念？

7．列表比较真菌类植物各类群的形态结构和生殖方式的异同。

8．举例说明真菌对人类生产、生活的重要影响。

9．什么叫地衣？形态上可分成哪几种类型？为什么说地衣是陆地植被形成的开路先锋？

10．为什么说苔藓植物是高等植物？图解苔纲和藓纲的主要特征及区别。

11．简述蕨类植物的主要特征和代表植物。为什么说蕨类植物比苔藓植物更适应陆地生活？

12．列表比较蕨类植物 5 个亚门的主要特征及代表植物。

13．简述裸子植物的主要特征，与苔藓植物和蕨类植物有何异同？分析它们的演化趋势。

14．列表比较裸子植物 5 个纲的主要特征及代表植物。

15．被子植物的主要特征是什么？与裸子植物相比较，其进化特征表现在哪些方面？

16．比较苔藓、蕨类和种子植物生活史的异同。

17．从植物的生殖过程视角分析植物界的演化趋势。

参考文献

胡鸿钧，等. 1980. 中国淡水藻类. 上海：上海科学技术出版社.
李扬汉. 2000. 植物学. 上海：上海技术科学出版社.
叶创兴. 2000. 植物学. 广州：中山大学出版社.
Ainsworth G C, Sparrow F K , Sussman A S. 1973. The fungi, an advanced treatise. Volume IVB. A taxonomic review with keys: Basidiomycetes and the lower fungi. New York: Academic Press.
Evert R F, Eichhorn S E, Perry J B. 2005. Laboratory Topics in Botany. London: W. H. Freeman & Co Ltd.
Muller W H. 1979. Botany: A Functional Approach. London: Macmillan Press.
Raven P H. 2008.Biology. New York: McGraw-Hill Companies.
Rost T L. 2005. Plant Biology. New York: Thomson Brooks.
Strasburger E, Fitting H, Lang W H. 2010. Strasburger's Text-Book of Botany. Charleston: Nabu Press.

第5章 被子植物分类简介

学习目标

了解被子植物主要分类系统，掌握被子植物分类原则、分类各级单位，掌握国际植物命名法规，掌握植物分类的基本知识；能使用花图式、花程式对被子植物花器官进行表述，能使用检索表等工具书对植物进行鉴定；了解被子植物主要科的基本特征，掌握各科植物的识别要点及代表植物的特征特性和常见科植物的经济价值；能列出各科常见的代表植物，识别出各种常见被子植物。

引　言

植物分类学是在人类认识植物和利用植物的社会实践中发展起来的一门有着悠久历史的学科，它的任务不仅是识别植物，鉴定命名，而且还要阐明植物之间的亲缘关系，建立自然的分类系统，从而了解植物发育的规律。目前较为流行的被子植物分类系统有4个：恩格勒分类系统、哈钦松分类系统、塔赫他间分类系统和克朗奎斯特分类系统。

被子植物是植物界发展到最高级、最繁荣，也是分布最广的一个类群。其显著特征为具有真正的花，具雌蕊，胚珠包被在子房内，形成果实，具双受精现象。

被子植物的营养器官和繁殖器官都比裸子植物复杂，根、茎、叶内部组织结构更适应于各种生活条件，具有更强的繁殖能力。自新生代以来，在地球上占有绝对的优势。现代生存的被子植物约400科，12 500多属，25万多种，约占现代植物（50万种）的一半以上，而且新的物种不断被发现。我国有被子植物约300科，3000余属，近3万种，是被子植物种系最丰富的地区。被子植物的出现不仅使大地绚丽多彩、生机盎然，而且促进了动物，特别是以被子植物为食的昆虫和相关哺乳动物的发展，使整个生物界发生了巨大变化。当代粮食、能源、环境等全球问题，无疑与被子植物密切相关。

5.1 被子植物分类原理

5.1.1 被子植物分类系统简介

按照植物之间的亲缘关系，建立起植物自然进化系统，说明被子植物间的演化关系，是植物分类学家长期以来努力的目标。自19世纪后半期以来，有许多植物分类工作者，根据各自的系统发育理论，提出了许多不同的被子植物系统，但由于有关被子植物起源、演化的证据不足，到目前为止，还没有一个比较完善的分类系统。下面主要介绍当前较为流行的4个分类系统。

5.1.1.1 恩格勒系统

这一系统是由德国植物学家恩格勒（A. Engler）于1892年编制的一个分类系统。在他与勃兰特（K. Prantl）合著的23卷巨著《植物自然分科志》（*Die Naturilichen Pflanzenfamilien*）（1887～1915年）和《植物分科志要》（*Syllabus der Pflanzenfamilien*）中采用了这个系统。在第11版的《植物分科志要》（1936年）里，将植物界分为14门，其中第1～13门为隐花植物，第14门为种子植物。种子植物门分为裸子植物亚门和被子植物亚门。被子植物亚门分为单子叶植物和双子叶植物2纲。将单子叶植物放在双子叶植物之前，将柔荑花序类植物作为被子植物的原始类群。把双子叶植物分为古生花被亚纲（离瓣花类）和后生花被亚纲（合瓣花类），共计有55目、303科。

恩格勒系统经多次修订，在《植物分科志要》第12版（1964年）中，已将单子叶植物移在双子叶植物的后面，但基本系统大纲没有多大改变，并把植物界分为17门，其中被子植物单独成立被子植物门，共包括2纲、62目、343科。

恩格勒系统是被子植物分类学史上第一个比较完善的分类系统。迄今为止，世界上除英国、法国以外，大部分国家都采用本系统。我国的《中国植物志》、多数地方植物志和大多数的植物标本馆（室）都采用了恩格勒系统，主要是采用《植物分科志要》第11版（1936年）和第12版（1946年）这两个版本中的系统。

5.1.1.2 哈钦松系统

这个系统是英国植物学家哈钦松（J. Hutchinson）于1926年和1934年先后出版的包括两卷的《有花植物科志》（*The Familes of Flowering Plants*）一书中发表的，在1959年和1973年进行了两次修订，由原来的105目、332科增加到111目、411科。

哈钦松系统是在英国学者边沁（Bentham）和虎克（Hooker）的分类系统，以及美国植物学家柏施（Bessey）的“花是由两性孢子叶球演化而来的”概念（真花学说）的基础上发展而来的。它认为两性花比单性花原始；花各部分分离、多数比合生、定数原始，螺旋状排列比轮状排列原始；木本较草本原始。它还认为被子植物是单元起源的，双子叶植物以木兰目和毛茛目为起点，从木兰目演化出一支木本植物，从毛茛目演化出一支草本植物，认为这两支是平行发展的；无被花和单被花是后来演化过程中退化而成的；柔荑花序类各科来源于金缕梅目。单子叶植物起源于双子叶植物的毛茛目，并在早期分化为三个进化线：萼花群（Calyciferae）、冠花群（Corolliflorae）和颖花群（Glumiflorae）。

本系统与恩格勒系统相比有了很大进步，主要表现在把多心皮类作为演化的起点，在不少方面阐明了被子植物的演化关系。但是，这个系统也存在着很大的缺点，由于它坚持将木本和草本作为第一级区分，导致许多亲缘关系很近的科被远远分开，如草本的伞形科和木本的五加科、山茱萸科分开，草本的唇形科和木本的马鞭草科分开。这个系统发表后，在世界上很少使用，但在我国受到了相当的重视，如北京大学生物系、华南植物研究所、广西植物研究所和昆明植物研究所等单位的植物标本馆（室）都采用了这个系统进行排列标本，由这三个研究所分别编写的《广州植物志》《广东植物志》《海南植物志》《广西植物志》《云南植物志》以及北京大学汪劲武教授编写的《种子植物分类学》都采用了这个系统。后来的塔赫他间系统、克朗奎斯特系统都是在此基础上发展起来的。

5.1.1.3 塔赫他间系统

苏联植物分类学家塔赫他间（A. Takhtajan）自1942年起开始发表自己的系统，并多次修订（1954年、1959年、1966年、1969年、1980年、1986年、1987年、1997年）。在1980年修订的分类系统中，他把被子植物分成2纲、10亚纲、28超目、92目、410科，经过1987年和1997年的两次修订，该系统的亚纲、超目、目和科的数目均有增加，结果，新修改的系统包括17亚纲、71超目、232目、591科。

塔赫他间主张被子植物单元起源，认为被子植物起源于种子蕨；草本植物是由木本植物演化而来的；认为木兰目是最原始的被子植物代表，由木兰目发展出毛茛目及睡莲目；单子叶植物起源于原始的水生双子叶植物的具有舟形花粉的睡莲目；柔荑花序类各目起源于金缕梅目。他打破了传统的把双子叶植物纲分成离瓣花亚纲和合瓣花亚纲的概念，增加了亚纲的数目，使各目的安排更为合理；在分类等级方面，于“亚纲”和“目”之间增设了“超目”一级分类单元，对某些分类单元，特别是目和科的范围及安排都作了重要的变动。

本系统是当代著名的分类系统。由中山大学和南京大学生物系编写的《植物学》（系统、分类部分）的被子植物分类部分就是按该系统编写的。

5.1.1.4 克朗奎斯特系统

克朗奎斯特系统是美国分类学家克朗奎斯特（A. Cronquist）1957年在所著的《双子叶植物目、科新系统纲要》（*Outline of a New System of Families and Orders of Dicotyledons*）一文中发表的，1968年在其所著的《有花植物分类和演化》（*The Evolution and Classification of Flowering Plants*）一书中进行了修订，在1981年所著的《有花植物分类的完整系统》（*An Integrated System of Classification of Flowering Plants*）中进一步修订，修订后的系统将被子植物分为2纲，11亚纲，83目，383科。

克朗奎斯特的分类系统也采用真花学说及单元起源的观点，认为被子植物起源于一类已经绝灭的种子蕨；现代所有生活的被子植物各亚纲都不可能是从现存的其他亚纲的植物进化而来的；木兰亚纲是有花植物基础的复合群，木兰目是被子植物的原始类群；柔荑花序类各目起源于金缕梅目；单子叶植物来源于类似现代睡莲目的祖先，并认为泽泻亚纲是百合亚纲进化线上近基部的一个侧支（图 5-1）。

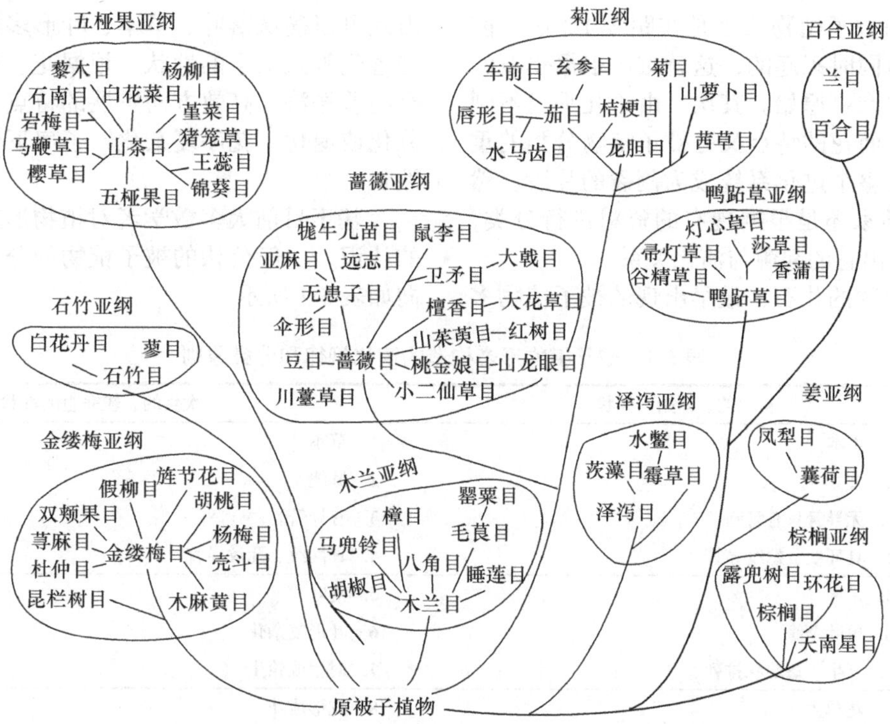

图 5-1　克朗奎斯特有花植物亚纲和目的系统关系图（1981 年）

克朗奎斯特系统接近于塔赫他间系统，但是个别分类单元的安排仍有较大的差异，未设“超目”一级分类单元，科的数目也有所压缩，范围也较适中，因此该系统自发表后受到了普遍的重视，在美国高等院校的植物分类教学中多采用该系统。在我国，吴国芳等编写的高等师范院校用的《植物学》被子植物部分采用了该系统，辽宁大学生物系和浙江林学院的植物标本室也采用了该系统。本教材中科的排列即依据该系统进行的。

分支系统学简介（扩展阅读）

分支系统学（cladistics）是德国昆虫学家 Willi Henning（1913～1976 年）提出的一种用于重建系统发育的方法学，也称为系统发育系统学（phylogenetic systematics）（Henning，1966）、Henningian 系统学，或分支主义（cladism）。它与表征系统学、进化系统学形成了系统学和进化研究的 3 门方法学（Stuessy，1990）。它的最终目的是建立一个真正的植物系统发育系统。

分支系统学一般采用外类群（outgroup）的办法，把分类学性状划分为原始的祖征和演化的衍征。所谓外类群，就是所讨论类群的一个近缘类群。根据祖征和衍征的分布，把所讨论的分类群按照二歧式的分支和节点，组成一个分支图（cladogram）或系统发育树（phylogenetic tree）。某个分类群越具有较多的祖征，它就可能越靠近分支图的“根”部；而越具有较多的衍征，它就可能越远离分支图的根部。相同节点下的类群相对于其他节点下的类群有近缘的关系。因此，分支图表达了分类群的亲缘关系和分类，分支的顺序和过程刻画了进化和系统发育的关系。

随着分子生物学的发展，分支系统学近年来被广泛用于基因序列数据的处理，并由此构建系统发育树，在利用叶绿体 rbcL 核苷酸序列分析研究重建种子植物系统发育中获得了一些重要结论。

系统学与地理学历来都是关系密切的两门学科。特别是分支系统学的发展直接促进了分支生物地理学（cladistic biogeography）的产生和发展，用以重建分类群分布区之间的地理学历史。其基本思路是在分类群分支图的基础上，通过用分布区置换它所分布的分类群，从而得到一个分布区分支图。

分支系统学取样客观，计算过程减少了人为干扰，研究结果可信度提高，日益受到人们的重视。不过，进化学派对它们只研究单系类群持有不同看法，认为应该接受并系类群作为分类的单位。所以，分支系统学仍然需要进一步地研究和完善。

5.1.2　被子植物的分类原则

被子植物的分类，不仅要把几十万种植物安置在一定的位置上（纲、目、科、属、种），而且还要建立起一个分类系统，并在分类系统中反映出它们之间的亲缘关系。但是这方面的工作是很困难的，首先，地球上的被子植物几乎是在距今 1.3 亿年前的白垩纪突然地同时兴起的，这就难以根据化石的年龄，论定谁比谁更原始。其次，由于几乎找不到任何花的化石，而花的特点又是被子植物分类的重要依据，这就使整个进化系统成为割裂的片段。然而，植物分类学家还是根据现有的资料进行分类，并尽可能地反映出它的起源与演化关系。

根据被子植物的化石，最早出现的被子植物多为常绿、木本植物，以后地球上经历了干燥、冰川等几次大的反复，产生了一些落叶的、草本的类群，由此可以确认落叶、草本、叶形多样化、输导功能完善化等是次生的性状。根据花、果的演化趋势具有向着经济、高效方向发展的特点，可以确认花被分化或退化、花序复杂化、子房下位等都是次生的性状。

基于目前大多数学者对植物形态特征演化趋势的认识，一般公认的被子植物的分类原则和演化趋向如表 5-1 所示。

表 5-1　被子植物形态构造的演化规律和分类原则

	初生的、原始的性状	次生的、较完整的性状
茎	1. 木本	1. 草本
	2. 直立	2. 缠绕
	3. 无导管只有管胞	3. 有导管
	4. 具环纹、螺纹导管	4. 具网纹、孔纹导管
叶	5. 常绿	5. 落叶
	6. 单叶全缘	6. 叶形复杂化
	7. 互生（螺旋状排列）	7. 对生或轮生
花	8. 花单生	8. 花形成花序
	9. 有限花序	9. 无限花序
	10. 两性花	10. 单性花
	11. 雌雄同株	11. 雌雄异株
	12. 花部呈螺旋状排列	12. 花部呈轮状排列
	13. 花的各部多数而不固定	13. 花的各部数目不多，有定数（3、4 或 5）
	14. 花被同形，不分化为萼片和花瓣	14. 花被分化为萼片和花瓣，或退化为单被花、无被花
	15. 花部离生（离瓣花、离生雄蕊、离生心皮）	15. 花部合生（合瓣花、具各种形式结合的雄蕊、合生心皮）
	16. 整齐花	16. 不整齐花
	17. 子房上位	17. 子房下位
	18. 花粉粒具单沟	18. 花粉粒具 3 沟或多孔
	19. 胚珠多数	19. 胚珠少数
	20. 边缘胎座、中轴胎座	20. 侧膜胎座、特立中央胎座、基底胎座
果实	21. 单果、聚合果	21. 聚花果
	22. 真果	22. 假果
种子	23. 种子有发育的胚乳	23. 无胚乳，种子萌发所需的营养物质储藏在子叶中
	24. 胚小，直伸，子叶 2 个	24. 胚弯曲或卷曲，子叶 1 个
生活型	25. 多年生	25. 一年生
	26. 绿色自养植物	26. 寄生、腐生植物

我们在应用被子植物的分类原则进行分类工作或分析一个分类群（taxon）时，不能孤立地、片面地根据一两个性状，就给这个分类群下一个是进化或是原始的结论，这是因为：①同一种性状，在不同的植物中进化意义不是绝对的，如对一般植物来说，两性花、胚珠多数、胚小是原始的性状，而在兰科植物中，恰恰是它的进化的标志；②各个性状的演化不是同步的，常可看到，在同一个植物体上，有些性状相当进化，另一些性状则保留着原始性，而另一类植物恰恰在这方面得到了进化，因此，不能一概认为没有某一些进化性状的植物就是原始的；③各种性状在分类上的价值是不等的，在进行植物分类时，学者们总是把某些性状看得比另一些性状重要，这就是所谓的对性状的加权，如一般认为生殖器官的性状比营养器官的性状重要些，因此，我们在评价各个类群时，应客观地、全面地、综合地进行分析与比较，这样才有可能得出比较正确的结论。

5.1.3　植物分类的基础知识

5.1.3.1　植物分类方法及各级单位

植物分类学是植物科学中产生最早和最基本的科学。回顾植物科学的发展史，大体可以把植物分类分成林奈以前（约公元前 300 年至公元 1753 年）和林奈以后（公元 1753 年到现在）两大时期。林奈以前的时期由于生产水平和科学水平很低，且受到“神创论”等形而上学唯心论的思想统治，这一时期的植物分类方法为人为分类法；林奈以后时期，由于生产水平和科学水平的发展，植物分类方法为自然分类法。

（1）人为分类法　人为分类法是人们按照自己的目的和方便或限于自己的认识，选择植物的一个或几个（如形态、习性、生态、用途等）特征、特性作为分类标准，而不考虑植物种类彼此间的亲缘关系和在系统发育中的地位而进行的分类。

早在晋代，嵇含著（公元 304 年）的我国最早的植物学专著《南方草木状》中就将书中记载的植物分为草、木、果、谷四章。明朝李时珍（1518～1593 年）所著的《本草纲目》，将收集记载的 1000 余种植物分为木、果、草、谷、菜 5 部 30 类；瑞典植物分类学家林奈（1707～1778 年），根据有花植物雄蕊的有无、数目及着生情况，将植物分为 24 纲，其中第 1～23 纲为显花植物（被子植物），第 24 纲为隐花植物。按上述这种方法建立的分类体系均不能反映植物的亲缘关系和进化顺序，常把亲缘关系很远的植物归为一类，而把亲缘关系很近的却分开了。

但为了某种应用上的需要，各种人为分类方法及其系统至今仍在使用，如将植物分为水生植物、陆生植物、木本植物、草本植物、栽培植物、野生植物等；农林植物常将分为农作物、蔬菜、花卉、果树及园林树木等，果树分为仁果类、核果类、坚果类、浆果类、柑果类等。经济植物学中往往以油料、纤维、芳香及药用等进行分类。

（2）自然分类法　自然分类法又称为系统发育分类法，是将植物进化过程中亲缘关系的亲疏远近作为分类标准，从形态学、解剖学、细胞学、遗传学、生物化学等综合学科进行分类，力求客观地反映出生物界的亲缘关系和演化发展过程的分类方法。1859 年达尔文的《物种起源》一书出版，提出了进化学说，在达尔文的影响下出现了一些比较完善的分类系统，如德国的恩格勒分类系统（1897 年）、英国的哈钦松系统（1926 年）、苏联的塔赫他间系统（1954 年）和美国的克朗奎斯特系统（1958 年）。虽然这些系统间还有不少相悖的理论和观点，距建立起一个客观而完备的自然进化系统还有相当的距离，但它们比起人为分类系统，显然是一个质的飞跃。

植物分类学的发展是随着各门学科的发展而发展的。传统的植物分类以植物的形态特征为主要依据，即根据根、茎、叶等营养器官以及花、果实等生殖器官的形态特征进行分类。随着解剖学、细胞学、遗传学、生物化学、生态学的发展，分子生物学乃至计算机科学等学科的出现和发展，植物分类也吸收了这些学科的研究方法和成果，深入研究物种形成和演化发展规律，形成了许多新的研究方向。例如，用细胞学方法对染色体的数目、大小、形态及行为动态进行比较，帮助查明物种的差异和亲缘关系，产生了染色体分类学；将数学、计算机科学技术应用于植物分类，产生了数量分类学等。

总之，上述各种新的研究方法推动了分类学的发展，但根据形态特征进行的分类在现今的植物分类中仍然是一个重要的研究方法。

（3）植物分类各级单位　植物分类的各级单位按照高低和从属关系顺序地排列起来，主要有：界，门，纲，目，科，属，种。种是植物分类的基本单位，由亲缘关系相近的种集合为属，由相近的属组合为科，依此类推，界是最大的分类单位。在每个等级单位内，如果种类繁多，还可划分为更细的单位，如亚门，亚纲，亚目，亚科，族，亚族，亚属，亚种，变种，变型等。每种植物都可在各级分类单位中表示出其在植物界的地位和与其他植物种的关系。每一种植物通过系统地分类，既可以表示出它在植物界的地位，也可表示出它和其他种植物的关系。现将植物分类的各级单位列于表 5-2。

表 5-2　植物分类各级单位

中文	英文	拉丁文	中文	英文	拉丁文	中文	英文	拉丁文
界	Kingdom	Regnum	目	Order	Ordo	亚族	Subtribe	Subtribus
门	Divition	Diviso	亚目	Suborder	Subordo	属	Genus	Genus
亚门	Subdivition	Subdivisio	科	Family	Familia	亚属	Subgenus	Subgenus
纲	Class	Classis	亚科	Subfamily	Subfamilia	种	Species	Species
亚纲	Subclass	Subclassis	族	Tribe	Tribus	亚种	Subspecies	Subspecies

现以桃为例，说明分类学上的各级单位。

界　植物界　Regnum Plantae

门　被子植物门　Angiospermae

纲　双子叶植物纲　Diotyledoneae

亚纲　离瓣花亚纲　Archichlamydeae

目　蔷薇目　Rosales

亚目　蔷薇亚目　Rosineae

科　蔷薇科　Rosaceae

亚科　李亚科　Prunoideae

属　梅属　*Prunus*

亚属　桃亚属　*Amygdalus*

种　桃　*Prunus persica*（L.）Batsch.

种（species）：是分类学的基本单位，是自然界中客观存在的。不同个体具有相同的形态基本结构和生理特征；同种个体间能进行自由交配，产生有正常生育能力的后代；同种植物占有一定的自然分布区和要求适应该种生存的一定的生态条件。种是植物界长期历史进化的产物：种的特性一方面是稳定的，其特征可代代遗传；而另一方面又是继续发展的，通过变异和自然选择，新种会不断地产生，已形成的种也在不断的发展和演变。

种以下还可以设立亚种（subspecies）、变种（varietas）、变型（forma）。

亚种（subspecies，subsp.）：是指在不同分布区的同一种植物，由于受所在地区生活环境的影响，它们在形态结构或生理机能上发生了变化而形成的种内个体群。

变种（varietas，var.）：是指具有相同分布区的同一种植物，由于微生境不同而导致植物间具有可稳定遗传的形态差异而形成的种内的种型或个体变异，如瓠子 *Lagenaria siceraria* var. *hispida*（Thmnb.）Hara 为葫芦 *L. siceraria*（Molina）Standl. 的变种。

变型（forma，f.）：是指分布没有规律，仅有微小的形态学差异的相同物种的不同个体，如毛的有无、花的颜色等。

品种（cultivar，cv.）：是指不属于按照植物自然分类系统的分类单位，而是属于栽培学上的变异类型。在农林植物中，通常把人类培育或发现的有经济价值的变异（如大小、颜色、口感等）植物称为品种，实际上是栽培植物的变种或变型。所以品种不存在于野生植物中，而且随着生产的发展，品种也是不断发展的，旧品种常由优良的新品种取代。

5.1.3.2　植物命名

每一种植物，各国均有不同的名称，即使同一国内，不同地区的叫法也不尽相同。例如，北京的玉兰，在湖北叫应春花，在河南叫白玉兰，在浙江叫迎春花，这种现象称为同物异名。我国叫白头翁的植物多达 16 种，其实它们是分属于 4 科 6 属的植物，这种现象称为同名异物。由于植物种类繁多，经常发生同物异名或同名异物的混乱现象，给植物分类研究和利用，特别是国内或国际的学术交流带来诸多不便，为了避免混乱和便于研究，给每一种植物确定一个全世界统一使用的科学名称是必要的。

植物学名的形成大体经历了俗名、拉丁文描述名、双名法命名三个阶段。俗名是人们用自己国家、民族、地区的语言文字给各种植物取的名，俗名多种多样，不可能统一。拉丁文描述名是经各国学者探讨后确立的统一用拉丁文给植物的命名，拉丁文是一种死文字，不会再发展变化，克服了语言不统一的困难，但拉丁文描述名附加成分多，过于冗长。双名法是瑞典植物分类学家林奈 Linnaeus 在 1753 年发表的《植物种志》中提出的植物命名法规，这种方法简单、准确，以后被广泛应用于生物界。1867 年德堪多等倡议，经多次国际植物学会议讨论以“双名法”为基础修订而成的《国际植物命名法规》，是各国植物工作者必须共同遵守的植物命名法规。根据《国际植物命名法规》给每个植物种定的统一名称即植物学名。

双名法对植物种用两个拉丁词或拉丁化形式的词命名，故称为双名法。双名法的要点如下所述。

1）每种植物只能有一个合法的名称，即用双名法定的名，也称为植物学名。

2）每种植物的种名必须由两个拉丁词或拉丁化形式的词构成。第一个词是属名，第二个词是种加词。

3）属名一般用名词单数第一格，若用其他名词或专有名词时，必须使其词尾变为拉丁语法上的单数第一格。种加词一般用形容词，并要求与属名的性、数、格一致。

4）双名法的书写形式：属名的第一个字母必须大写，种加词全部为小写。此外，还要求在种加词后写上命名人的姓氏或姓氏缩写，第一个字母也要大写。

5）新发表的学名，必须附有用拉丁文正式发表的描述。例如，马铃薯的植物学名是 *Solanum tuberosum* L.，其中 *Solanum* 是马铃薯属名，*tuberosum* 为种加词，L. 为命名人 Linnaeus（林奈）的缩写，只有林奈可以用一个字母。荔枝的植物学名是 *Litchi chinensis* Sonn.，其中 *Litchi* 是荔枝属名，*chinensis* 为种加词，意思是中国产的；Sonn. 为命名人 Sonnerat 的缩写。多花蔷薇的植物学名是 *Rosa multiflora* Thunb.，*Rosa* 是蔷薇属名，*multiflora* 为种加词，意思是多花的，Thunb. 为命名人 Thunberg 的缩写。

种以下的分类单位的命名采用三名法命名。

亚种：种名＋subsp. ＋亚种加词＋亚种命名人的姓氏或姓氏缩写。例如，中国沙棘是沙棘的亚种，其学名为：*Hippophae rhamnoides* L. subsp. *sinensis* Rousi.。

变种：种名＋var. ＋变种加词＋种命名人的姓氏或姓氏缩写。例如，蟠桃为桃的变种，其学名为：*Prunus persica*（L.）Batsch. var. *compressa* Bean.。

变型：种名＋f.＋变型加词＋变型命名人的姓氏或姓氏缩写。例如，红叶李为樱桃李的变型，其学名为：*Prunus cerasifera* Ehrn. f. *atropurea*（Jacq）Rehd.。

5.1.3.3 植物鉴定方法

植物的鉴定是植物科学中的一项基本技能。植物分类主要是根据植物各部分形态特征来进行的，所以在鉴定一种植物时，首先要对所鉴定的植物标本或新鲜材料进行全面细致的分析观察，必要时还需借助放大镜或双目解剖镜等，弄清鉴定对象的各部分形态特征，依据植物形态术语的概念，参考野外记录及访问资料等，掌握该植物在野外的生长状况、生活环境及地方俗名等，认真查阅植物分类文献资料，利用植物检索表等分类工具书，做出准确地鉴定。

（1）文献资料的使用　植物学工作者已经整理出许多宝贵的文献资料，供鉴定植物的文献资料种类很多，如植物志、树木志、图鉴、图说、图谱、手册，以及各科、属、种的专著、书刊、学报等。选用这些文献时要区分情况。被鉴定植物的采集地或产地已知时，选用地方性文献的范围应由小到大，直到查阅全国文献，甚至世界文献。被鉴定植物的产地及采集地不详时，选用文献，其地区范围应由大到小，先查全国、大区文献，后用地方性文献。如果某一地区没有适宜文献时，可选用与这一地区有关或接近的文献，先查到科，最好到属，排除非当地产种类，逐步缩小范围，减少盲目性。例如，先查《中国树木志》，再查《华北树木志》、《山东树木志》等。各文献后的索引供查对中名、拉丁名用，查中名时应注意同名异物现象，查拉丁名时应引用最新修订的名称。除索引外，供查找的专门典籍有《拉英汉植物名称》《有花植物和蕨类植物词典》等。查对的名称要进一步与文字描述、图、照片等反复对照，重视外部形态描述兼顾解剖特征，以达到准确鉴定名称。

（2）检索表编制与使用　检索表（key）是用来鉴定植物、认识植物种类的工具。主要依据拉马克（Lamarck，1744～1829 年）的二歧分类原则进行编制，通过一系列的从两个相互对立的性状中选择一个相符的，放弃一个不符的方法，从而达到鉴定的目的。目前广泛采用的检索表有两种。

1）定距检索表。相对立的特征编为同样的号码，并且在左边同样的位置开始，每组性状编排时，向右退一格。例如，木犀科 7 属的分属检索表如下：

1. 果实为翅果
　2. 单叶，全缘；果周围有翅……雪柳属（*Fontanesia*）
　2. 羽状复叶；果只在顶端有翅……白蜡树属（*Fraxinus*）
1. 果实不为翅果
　3. 蒴果
　　4. 花黄色；枝中空或具有片状髓；叶常有锯齿……连翘属（*Forsythia*）
　　4. 花紫色、白色或红色；枝具有实髓；叶全缘或有裂……丁香属（*Syringa*）
　3. 核果或浆果
　　5. 单叶，对生；花为圆锥花序、总状花序或簇生
　　　6. 花冠裂片在芽中覆瓦状排列；花簇生于叶腋或成短圆锥花序；核果……木犀属（*Osmanthus*）
　　　6. 花冠裂片在芽中镊合状排列；花为顶生的圆锥花序或总状花序，核果状浆果……女贞属（*Ligustrum*）
　　5. 羽状复叶或三出复叶，对生或互生，稀单叶；花为聚伞花序或伞房花序；浆果……素馨属（*Jasminum*）

2）平行检索表。其特点是左边的字码平头写，故可以节约篇幅，尤其是在种类多的时候如此，仍以上例进行说明。

1 果实为翅果……2
1 果实不为翅果……3
2 单叶，全缘；果周围有翅……雪柳属（*Fontanesia*）
2 羽状复叶；果只在顶端有翅……白蜡树属（*Fraxinus*）
3 蒴果……4

3 核果或浆果 …… 5
4 花黄色；枝中空或具有片状髓；叶常有锯齿 ……………………………………………………… 连翘属（*Forsythia*）
4 花紫色、白色或红色；枝具有实髓；叶全缘或有裂 ……………………………………………… 丁香属（*Syringa*）
5 单叶对生；花为圆锥花序、总状花序或簇生 ……………………………………………………………………… 6
5 羽状复叶或三出复叶，对生或互生，稀单叶；花为聚伞花序或伞房花序；浆果 ……………… 素馨属（*Jasminum*）
6 花冠裂片在芽中覆瓦状排列；花簇生于叶腋，或成短圆锥花序；核果 …………………… 木犀属（*Osmanthus*）
6 花冠裂片在芽中镊合状排列；花顶生，圆锥花序或总状花序；核果状浆果 ………………… 女贞属（*Ligustrum*）

从上面的例子可以看出，两种检索表所采用的特征是相同的，不同之处在于编排的方式上。目前采用最多的还是定距检索表。

编制检索表时需要注意的几个问题：检索表中包含的被检索对象完全是人为地编辑在一起的，可以按某一地区、某一类群或某种用途进行编辑；认真观察和记录植物的特征，并列出特征比较表，以便找出各类植物之间最突出的区别；在选用区别特征时，最好选用相反的或易于区分的特征，千万不能采用似是而非或不肯定的特征；采用的特征要明显稳定，最好选用仅用肉眼或手持放大镜就能看到的特征；有时同一种植物由于生长的环境不同既有乔木也有灌木，遇到这种情况时，在乔木和灌木的各项中都将其编进去，这样就可以保证被查到；检索表中相对对立的性状，只能用相同的两个编排号码，不能用三项以上，如编号 1 只能用 2 次，编号 2 也只能用 2 次；为了验证编制的检索表是否适用，还需要到实践中验证。

使用检索表时应注意下列事项：对植物的各部分特征，特别是花的各部分构造，要做细致的解剖观察，因此，要鉴定的标本一定要完整，尤其是要有花、果；要根据植物的特征从头按次序逐项往下查，决不能跳过一项去查下一项，因为这样极易发生错误；要全面核对两项相对性状，如果第一项性状看上去已符合手头的标本，也应继续读完相对的另一项性状，因为有时后者更合适；在核对了两项性状后仍不能做出选择或手头的标本缺少检索表中要求的特征时，可分别从两个方面检索，然后从所获的两个结果中，通过核对两个种的描述或图作出判断；根据检索的结果，对照植物标本的形态特征是否与植物志或图鉴上的描述及图一致，如果全部符合，证明鉴定的结论是正确的，否则还需重新研究，直到完全正确为止。

检索一个新的植物种类，即使对一个较有经验的工作者来说，也常会经过反复和曲折的检索。因此，检索的过程也是学习、掌握分类知识的过程。

（3）鉴定植物的依据　形态依据：植物自然分类是以进化原则为依据的。植物在长期演化过程中，在自然选择影响下，它们的外部形态和内部结构特征与其亲缘关系及进化程度是相适应、统一的，因此植物的形态特征便成为经典分类主要标准之一，特别是花、果实的特征更是分类上首要标准，因为它遗传相对稳定，较少受环境影响，其次才是营养器官特征，这是花期以外可提供鉴定的标准，但以营养器官鉴定植物时要特别注意其变异，因为它受生态环境、年龄影响而变化。

在鉴定植物时，还应区别主要性状与次要性状，区分质与量的变化。例如，花的构造是主要性状，但花瓣大小、色彩甚至数目都不能与其形状、位置、在花芽中的排列等具相同的鉴定价值。在次要性状中，被毛类型是关键，被毛多少则稍次。在核对描述时，要注意判断哪些是不受环境及其他因素影响却有价值的性状，注意种内允许的变异范围、种的分布中心与分布边缘的差异等。鉴定时应多选几种文献，以防止因资料自身的欠缺影响鉴定的准确性。

分布区依据：植物分区是指某种、属、科或其他分类单位所占据的地区范围。分布的形成是多因素综合作用的结果。其中生态环境作为自然选择的条件起着重要作用，尤其是温度与降水两大因素使植物种群随气候带的变化而变化。生态环境的巨大变迁是地史变迁的结果，对分布区的变化影响也最大。例如，第四纪冰川后，水杉的天然分布仅存在于我国湖北利川一带，作为“活化石”保存下来。但人的因素对分布区的影响是不可忽视的。水杉经过人工引种，如今又遍及各国。而毁林不止的现象，可使分布区缩小乃至植物种的灭绝。

文献中常提到的分布区类型很多，归纳起来，按其形成可分为天然分布区、栽培分布区；按其占据空间分，取决于经纬度的为水平分布区，取决于海拔的为垂直分布区；按个体密度分，密集地区称为连续分布，也称为集中分布，分布区相隔较远者称为间断分布，如有多个间断分布，也称为星散分布。地理分布虽然只能作为核对形态描述的辅助材料，但也十分重要。一个种的地理分布可以提示其在某一地区出现的可能性，从而大大缩小查找范围。

腊叶标本：由于文献形态描述往往不能全部符合被鉴定植物的需要，难以做出最后判断时，常借助于已正式鉴定的腊叶标本来核对，这是最简便而有效的方法。

核对腊叶标本必须在查阅文献后进行。使用时可按初步查得的学名找出相应或相近的标本进行核对。核对时除了标本整体外貌外，还须仔细比对关键性特征。可借鉴比对标准有：经过详细研究后定名的标本。例如，《中国植物志》所用的标本，比一般定名，尤其是初定名的标本可靠；已在某一文献中引证过的标本比未引证标本可靠；对于贴有两个或两个以上定名鉴的标本，最晚的定名鉴或许比较可靠，专家的标本是值得重视的，但多选些标本比仅仅依靠一个标本更稳妥；承认模式标本和模式记载的权威性，因为那是原始资料。但要客观地对待，尤其是早期发表的新种记载十分简短，标本也未必是分布中心的代表。一般不轻易找这些难寻的标本去核对。

5.2　双子叶植物纲

被子植物分为两纲，即双子叶植物纲（木兰纲）和单子叶植物纲（百合纲），它们的基本区别如表 5-3 所示。

表 5-3　双子叶植物纲和单子叶植物纲的主要区别

序号	双子叶植物纲（木兰纲）	单子叶植物纲（百合纲）
1	胚具 2 片子叶（极少 1 片、3 片或 4 片）	胚内仅含 1 片子叶（或有时胚不分化）
2	主根发达多为直根系	主根不发达，由多数不定根形成须根系
3	茎内维管束作环状排列，具形成层	茎内维管束散生或轮状排列，无形成层，通常不能加粗
4	叶具网状脉	叶常具平行脉或弧形脉
5	花部通常 5 或 4 基数，极少 3 基数	花部常 3 基数，极少 4 基数，绝无 5 基数
6	花粉具 3 个萌发孔	花粉具单个萌发孔

但是，两纲的这些区别点只是相对的、综合的，实际上有交错现象，如在双子叶植物中的睡莲科、毛茛科、小檗科、罂粟科、胡椒科、伞形科、报春花科均有 1 片子叶现象；双子叶植物，尤其在毛茛科、车前科、茜草科、菊科等科中有具有须根系的植物；在毛茛科、睡莲科、石竹科等双子叶植物中有星散维管束，而有些单子叶植物的幼期也有环状排列的维管束，并有初生形成层；在单子叶植物的天南星科、百合科等科中也有网状叶脉的，而双子叶植物如伞形科的柴胡属植物、含羞草科中的一些植物具有平行叶脉；双子叶植物的樟科、木兰科、小檗科、毛茛科有 3 基数的花，单子叶植物的眼子菜科、百合科的某些类群有 4 基数的花。因此，对两纲的区别特征，应该综合对待。

从进化角度看，单子叶植物的须根系、缺乏形成层、平行脉等性状都是次生的，它的单萌发孔花粉却保留了比大多数双子叶植物还要原始的特点。在原始的双子叶植物中，也具有单萌发孔的花粉粒，这也给单子叶植物起源于双子叶植物提供了依据。

根据克朗奎斯特系统，双子叶植物纲（或木兰纲）分为 6 个亚纲：金缕梅亚纲（Hamamelidae）、石竹亚纲（Caryophyllidae）、五桠果亚纲（Dilleniidae）、木兰亚纲（Magnoliidae）、蔷薇亚纲（Rosidae）、菊亚纲（Asteridae）。本书择其 40 科介绍如下。

5.2.1　木兰亚纲

木本或草本。花整齐或不整齐，常下位花；花被通常离生，常不分化成萼片和花瓣，或为单被，有时极度退化而无花被；雄花常多数，向心发育，常呈片状或带状；雌蕊群心皮离生。种子常具胚乳和小胚。

植物体常产生苄基异喹啉或阿朴啡生物碱等，但无环烯醚萜化合物（iridoid compund）。薄壁组织常含油细胞；导管分子呈梯形或单穿孔，有时无导管；筛分子质体通常为含有不规则排列的蛋白质结晶或丝状体的 P 型，或为含淀粉的 S 型。

本亚纲共有 8 目，39 科，约 12 000 种。

5.2.1.1　木兰科（Magnoliaceae）　$* ⚥ P_{6\sim15} A_{\infty} \underline{G}_{\infty:1:1:1}$

木本。树皮、叶和花有香气。单叶互生，托叶大，包被幼芽，早落，在节上留下环状托叶痕。花大，单生，两性，整齐，外有 1 非绿色的大型苞片；花被片常多数并呈花瓣状，花托伸长或突出；雌蕊、雄蕊多数，分离，分别螺旋状排列在伸长或突出花托的上、下半部；每心皮含胚珠 1～2 个（或多数）（图 5-2）。聚合蓇葖果，稀为带翅的坚果。染色体：$X=19$。

识别要点：木本；具环状托叶痕；花托常柱状；雄蕊、雌蕊多数，螺旋状排列；聚合蓇葖果。

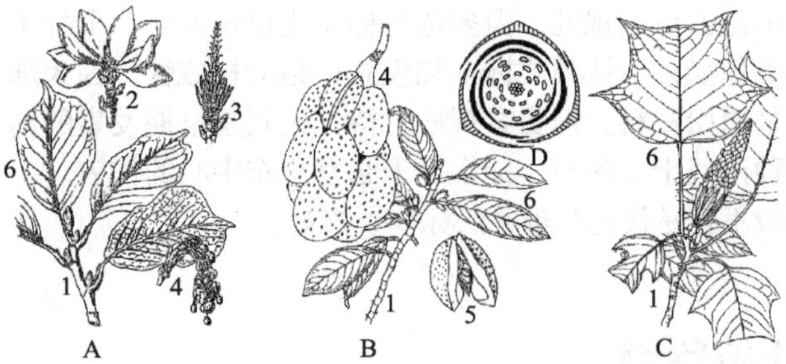

图 5-2　木兰科代表植物

A. 玉兰　B. 观光木　C. 马褂木　D. 花图式

1. 枝条　2. 花　3. 雄蕊和心皮的排列　4. 聚合蓇葖果　5. 蓇葖果　6. 叶

本科有 15 属约 250 种，主要分布于亚洲的热带和亚热带，少数在北美南部和中美洲，我国有 11 属 130 余种，集中分布于西南部、南部。

1）木兰属（*Magnolia*）。花顶生，花被多轮，每心皮有胚珠 1～2 个，蓇葖果，背缝线开裂。玉兰（玉堂春）（*M. denudata* Desr.）（图 5-2A），为落叶乔木，芽有白柔毛。花大，早春先叶开花，花洁白如玉且幽香似兰而得名，花被 3 轮，共 9 片，大小约相等。黄山有野生，各地栽培，供观赏。现为上海市花。荷花玉兰（洋玉兰）（*M. grandiflora* L.），常绿乔木，叶大而厚，革质，下面有密而暗黄色短柔毛，花大，直径在 15cm 以上，花白色，芳香。原产北美大西洋沿岸，我国栽培供观赏。厚朴（*M. officinalis* Rehd. et Wils.），落叶乔木，叶大，顶端圆。我国特产，分布于长江流域及华南。树皮、花、果药用。凹叶厚朴［*M. biloba*（Rehd. et Wils.）Cheng］，叶二裂，产我国东部、中南部等。辛夷（紫玉兰）（*M. liliflora* Desr.），叶倒卵形，外轮花被 3，披针形，其余花被为矩圆状卵形，外面紫红色或紫色。原产湖北，各地栽培，花蕾入药。

2）含笑属（*Michelia*）。花腋生，开放时不全部张开，雌蕊轴在结实时伸长成柄，每心皮有胚珠 2 个。含笑花［*M. figo*（Lour.）Spreng.］，常绿灌木，嫩枝、芽及叶柄均被棕色毛。产华南。花芳香，供观赏。白兰花（*M. alba* DC.），叶披针形，花白色，花瓣狭长、芳香。原产印度尼西亚，我国华南各地栽培，供观赏。花及叶可提取芳香油和药用。

3）鹅掌楸属（*Liriodendron*）。叶分裂，先端截形，具长柄。单花顶生，萼片 3，花瓣 6。翅果不开裂。本属自白垩纪至古近纪和新近纪广布于北半球。现仅残留 2 种，分别在北美和我国。鹅掌楸（马褂木）［*L. chinense*（Hemsl.）Sarg.］（图 5-2C），小枝灰色或灰褐色，叶中部每边有 1 宽裂片。内面的花被片黄色。产我国长江以南各省（自治区）。因其叶形奇特，常栽植于庭园，树皮入药。北美鹅掌楸（百合木）（*L. tulipifera* L.），小枝褐色或紫褐色，叶片每边有 1～2 个、少为 3～4 个短而渐尖的裂片，花被片灰绿色。产北美大西洋岸。我国栽培，供观赏。

4）观光木属（*Tsoongiodendron* Chun）。乔木，花腋生，心皮在结果时连合，聚合果大，成熟时硬木质，纵裂成两瓣，自中轴脱落；每心皮 8～10 个胚珠，种子垂悬于丝状、延长、有弹性的假珠柄上，外种皮肉质，红色，内果皮脆壳质。我国特有属，仅有 1 种。观光木（*T. odorum* Chum）（图 5-2B）分布于广东、广西、江西、福建。

5）木莲属（*Manglietia*）。常绿，单叶，花顶生，每心皮具 4 至多胚珠。木莲［*M. fordiana*（Hemsl.）Oliv.］，叶长椭圆状，披针形，叶柄红棕色。产浙江、安徽以南。

进化地位：木兰科是现存被子植物中最原始的类群之一。其原始性表现在木本，单叶，羽状脉，虫媒花，花单生，花部螺旋状排列，花药长、花丝短，单沟花粉，胚小、胚乳丰富等方面。

5.2.1.2　樟科（Lauraceae）　$* ⚥ P_{3+3}A_{3+3+3+3}\underline{G}_{(3:1:1)}$

木本，仅无根藤属（*Cassyha*）是无叶寄生小藤本。叶及树皮均有油细胞，含挥发油，有香气。单叶互生，革质，全缘，3 出脉或羽状脉，背面常有灰白色粉，无托叶。花常两性，辐射对称，圆锥花序、总状花序或丛生成束，花各部轮生，花单被，常 3 基数；排成 2 轮，花被管短，在结实时增大而宿存，或脱落；雄蕊 3～12 枚，常 9，3～4 轮，每轮 3 枚，花药 4 或 2 室，瓣裂，外面两轮花药内向，第三轮外向，花丝基部有腺体，第 4 轮雄蕊常退化；子房上位，1 室，有 1 悬垂的倒生胚珠，花柱 1，柱头 2～3 裂（图 5-3）。核果，种子无胚乳。染色体：X=7、12。

图 5-3　樟树

A. 花枝　B. 果枝　C. 花的全形　D. 外 2 轮的雄蕊　E. 第 3 轮雄蕊　F. 退化雄蕊　G. 雌蕊　H. 樟科花图式

识别要点：木本，有油腺。单叶互生，革质。两性花，整齐，轮状排列，花部 3 基数；花被 2 轮；雄蕊 4 轮，其中 1 轮退化，药瓣裂；雌蕊由 3

心皮所成，子房 1 室，核果。无胚乳。

本科约 45 属，2000～2500 种，分布于热带及亚热带，我国产 20 属，约 423 种，5 变种，多产于长江流域及以南各省，为我国南部常绿林的主要森林树种，其中有许多是优良木材、油料及药材。

1）樟属（*Cinnamomum*）。叶常为 3 出脉。发育雄蕊 3 轮，花药 4 室，第 1、2 轮花药内向，第 3 轮外向，基部有腺体，第 4 轮为退化雄蕊，圆锥花序，萼片脱落。樟树［*C. camphora*（L.）Pres.］（图 5-3），叶具离基 3 大脉，脉腋间隆起为腺体。产长江以南。木材及根可提取樟脑，枝、叶、果可提樟油，为工业、医药及选矿原料。肉桂（*C. cassia* Pres.），叶大，近对生，基出 3 大脉。产华南各省。桂皮、桂油供药用。

2）山胡椒属（*Lindera*）。花单性异株，有总苞 4 片，花被 6～9，雄蕊 9 枚，花药 2 室，内向，第三轮雄蕊有腺体。山胡椒［*L. glauca*（Sieb. et Zucc.）Bl.］，叶椭圆形，叶背灰白绿色，叶至冬季枯而不落。主产江南。可作材用及提芳香油。

乌药［*L. aggregata*（Sims）Kosterm.］，常绿灌木。叶卵形渐尖头，基出 3 大脉，背面灰白色。产长江以南各省（自治区）。根入药。

3）润楠属（*Machilus*）。花的结构同樟属，但花被宿存，结实时花被裂片向外反曲，叶脉羽状。材质常坚硬。刨花润楠（*M. pauhoi* Kanehira），叶倒披针形，背面淡肉红色。产东南部各省。木材制刨花，是主要辅料。红楠（*M. thunbergii* Sieb. et Zucc.），叶长倒卵形，叶脉红色，背面灰白色。产我国长江以南各省（自治区）及日本。木材供建筑用，树皮药用。

4）楠属（*Phoebe*）。花、叶与润楠属一样，只是花被裂片在果时伸长，托住果实基部。滇楠［*P. nanmu*（Oliv.）Gamble］，叶革质，广披针形，背面有灰棕色短柔毛。产四川、贵州、广西、湖南。树干高大挺直，材质优良，供建筑与造船。紫楠［*P. sheareri*（Hemsl.）Gamble］，叶长倒卵形，背面网脉密集，有绒毛。产长江以南和西南地区。材质良好，供制家具。

5）木姜子属（*Litsea*）。叶多为羽状脉。伞形或聚伞花序，药 4 室，内向，萼 6 裂。山鸡椒（山苍子）［*L. cubeba*（Lour.）Pers.］，叶膜质，背面灰白色，干后黑色。产长江以南各省。花、叶、果皮是提制柠檬醛的原料，供药用及工业用。

6）檫木属（*Sassafras*）。花单性，叶常 3 浅裂。檫木［*S. tsumu*（Hemsl.）Hemsl.］，产长江以南山区，为速生造林树种，木材供造船、建筑及制家具。

7）无根藤属（*Cassytha*）。仅无根藤（*C. filiformis* L.）1 种，寄生草质藤本，茎线状，借盘状吸根附于寄主上。叶鳞状或退化，穗状花序，小苞片 3 个，萼 6 裂，雄蕊 9 枚，浆果球形。产我国南部，全草药用。

克朗奎斯特（1981）将樟科、莲叶桐科等 8 科从木兰目分出，另立樟目，并认为樟目是由木兰目起源的较进化的类群，表现在花部定数、轮状排列、3 基数、雄蕊的花丝明显、心皮结合、胚珠少数、花粉无孔或双孔。另外，樟目具单叶隙的节，可能比木兰目的三叶隙、多叶隙的节更原始。

樟目包括毛茛科（Ranunculaceae）、小檗科（Berberidaceae）、大血藤科（Sargentodoxaceae）、木通科（Lardizabalaceae）、防已科（Menispermaceae）、清风藤科（Sabiaceae）等 8 科。

5.2.1.3　胡椒科（Piperaceae）　⚥$P_0 A_{1\text{-}10} \underline{G}_{(1\sim4:1:1)}$

木质或草质藤本，或为肉质小草本；藤本种类的节常膨大，长有不定根；叶互生或轮生，有辛辣味，基部两侧常不等，具离基 3 出脉，托叶常与叶柄合生或缺。穗状花序或肉穗花序，花小，单性，雌雄异株，或两性；有苞片，无花被；雄蕊 1～10 枚；心皮 1～4，子房上位，1 室，胚珠 1 个，直立，珠被 1 层或 2 层，浆果；维管束散生，导管细小。染色体：$X=13$；常多倍体。

识别要点：叶常有辛辣味，离基 3 出脉。花小，无花被；子房上位，1 室，1 胚珠。核果。

本科 8 属或 9 属，近 3100 种，广布于热带和亚热带地区。我国有 4 属 71 种，产于西南部或台湾省。

胡椒（*Piper nigrum* L.）（图 5-4），藤本，花单性，雌雄异株，间或有杂性，苞片基部与花序轴合生呈浅杯状；原产于东南亚，我国华南、云南和台湾有栽培。未成熟果实晒干后果皮皱缩称为黑胡椒，成熟果实脱去果皮后色白称为白胡椒，供调味和药用，为健胃药及辛香调味品。蒌叶（*P. betle* L.），原产于印度尼西亚，我国南部栽培，叶含芳香油，味辛辣，与槟榔咀嚼，为东南亚民族嗜好品。假蒟（*P. sarmentosum* L.），产于我国南部至印度，以及马来西亚。草胡椒（*Peperomia pellucida* Kunth.）（图 5-4），一年生小草本，生阴湿处，单珠被。

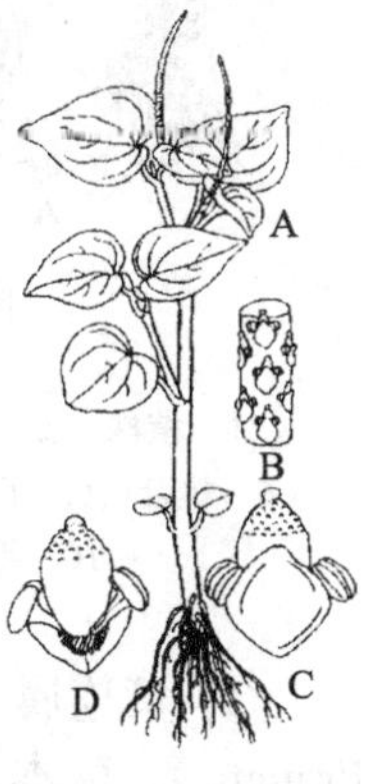

图 5-4　草胡椒
A. 植株　B. 花序（放大）　C. 花的背面（放大）D. 花的腹面（放大）

5.2.1.4　毛茛科（Ranunculaceae）

$*$⚥$K_{3\sim\infty} C_{3\sim\infty} A_{\infty} \underline{G}_{\infty\sim1:1:1}$

草本，偶为灌木或木质藤本。叶基生或互生

[铁线莲属（*Clematis*）是对生的]，掌状分裂或羽状分裂，或为1回至多回3小叶复叶。花常两性、整齐，稀不整齐；萼片3至多数，或成花瓣状；花瓣3至多数，有时缺或退化成密腺叶；雄蕊多数，分离；心皮常多数，分离，多为螺旋状排列。瘦果或蓇葖果，稀浆果。种子有胚乳。染色体：X=6～10，13。

识别要点：草本。叶分裂或复叶，无托叶。花两性，5基数；花萼、花瓣均离生；雄蕊、雌蕊多数，离生。聚合瘦果或聚合蓇葖果。

本科有50属，2000种，广布于世界各地，多见于北温带与寒带。我国有40属，约707种。

1）毛茛属（*Ranuculus*）。直立草本。花黄色；萼片、花瓣各5，分离，花瓣基部有1蜜腺穴；雄蕊和心皮均为多数，离生，螺旋状排列于突起的花托上。瘦果集合呈头状。本属有300余种。毛茛（*R. japonicus* Thunb.）（图5-5A），广布于我国各地，日本、朝鲜也有。生于沟边、田边。全草外用为发泡药，治疟疾、关节炎，也作土农药。

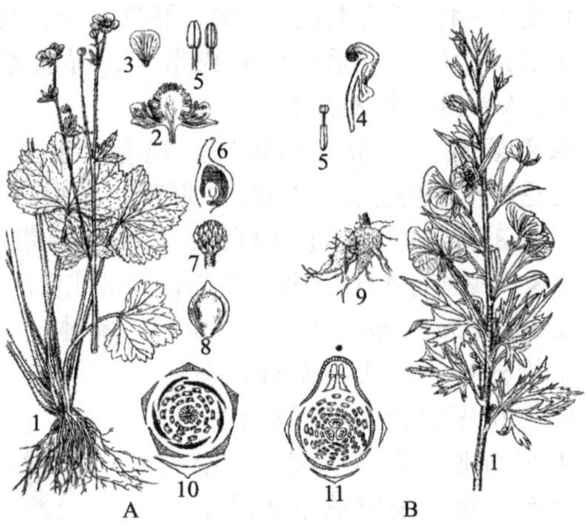

图5-5　毛茛科代表植物

A. 毛茛　B. 乌头

1. 植株　2. 花纵剖　3. 花瓣　4. 花瓣特化的蜜腺叶
5. 雄蕊　6. 子房纵剖　7. 聚合瘦果　8. 瘦果　9. 块根
10. 毛茛属花图式　11. 乌头属花图式

2）黄连属（*Coptis*）。常见种黄连（*C. chinensis* Franch.），草本。根状茎黄色，味苦，可提取黄连素。叶三角状卵形，3全裂，中央裂片具细柄。花两性；萼片线形；花瓣5；心皮8～12。蓇葖果。产于我国中部、南部和西南各省。

3）铁线莲属（*Clematis*）。攀缘草本或木质蔓生藤本。羽状复叶对生。花萼4～5，镊合状排列；无花瓣；雄蕊和雌蕊多数。瘦果集合成一头状体，具宿存的羽毛状花柱。本属有230种，我国南北均产。威灵仙（*C. chinensis* Osbeck.），藤本，叶干时变黑，小叶5。根入药，能祛风镇痛。

4）乌头属（*Aconitum*）。常见种乌头（*A. carmichaeli* Debx.）（图5-5B），多年生草本，根肥厚。叶掌状，3～5裂。总状花序，密生白色柔毛；花萼蓝紫色，最上萼片呈盔状；花瓣有2片退化成蜜腺，另3片消失；雄蕊多数；心皮3，分离。

进化地位：毛茛科与木兰科相似，具两性花，花各部多数、离生，螺旋状排列等原始性状。双子叶草本植物即由毛茛科保留了草本性质演化而来，与木兰科是两个平行发展的科。毛茛科原是世界分布，实是以温带分布为主，特别是在东亚分布的一个中等科。过去芍药属（*Paeonia*）、白根葵属（*Glaucidium*）和星叶草属（*Circaerster*）包括在本科之内，现在这几属多已独立成科。

5.2.1.5　莲科（Nelumbonaceae）　$* ⚥ K_{4\sim5}\,C_\infty\,A_\infty\,\underline{G}_\infty$

直立水生草本，有乳汁。根茎平伸，粗大。叶盾状，近圆形，常高出水面。花大，单生，花柄常高于叶；花被片22～30，螺旋状着生，外面4片绿色，花萼状，较小，向内渐大，花瓣状；雄蕊多数（200～400枚），螺旋状着生，早落，花药狭，有1个阔而延伸的药隔；花粉长球形，具3沟，外壁2层，外层较厚，表面具短棒状雕纹，花粉轮廓凸波形；心皮多数，常12～40。埋藏于1个大而平顶、海绵质的花托内，每个心皮顶有1个孔。坚果果皮革质，平滑。种皮海绵质。染色体：X=8。

识别要点：本科仅1属2种，1种产亚洲和大洋洲，另1种产美国东部。种子在适宜的情况下，可在土中埋藏3000年以上仍具有发芽力。

莲（荷）（*Nelumbo nucifera* Gaertn.）（图5-6），具根状茎（藕）。叶（荷叶）盾状圆形。心皮多数埋藏于倒圆锥形的花托中，即为莲蓬。坚果（莲子）卵形。叶、茎节（藕节）、莲蓬、莲心（子叶）均供药用。藕、莲子供食用。美洲黄莲（*N. lutea*）产于

图5-6　莲（荷）

1. 藕（根状茎）2. 荷叶　3. 花蕾　4. 荷花
5. 莲蓬　6. 雄蕊　7. 果实　8. 种子　9. 花图式

美洲，我国南方有栽培。

5.2.1.6　睡莲科（Nymphaeaceae）　* ⚥ $K_{4\sim6(\sim14)}C_{8\sim\infty}A_{\infty,(0)}\underline{G}_{(3\sim5\sim\infty)}$

水生草本。有根状茎。叶心形、戟形到盾状，浮水。花大，单生；花萼 4～6（稀 14），有时多少呈花瓣状；花瓣 8 至多数，常过渡成雄蕊，稀缺花瓣；雄蕊多数，花粉扁球形，具环状萌发孔，偏于远轴面，将花粉切成不等的两半；外壁 2 层，内层较厚，表面具极模糊的颗粒，萌发孔膜上具清楚的颗粒状雕纹；雌蕊由 3～5（∞）心皮结合成多室子房，子房上位到下位，胚珠多数。果实浆果状，海绵质，至少下部如此，不裂或不规则开裂。染色体：$X=12\sim29$。

识别要点：水生草本。有根状茎。叶心形至盾状。花单生；花萼、花瓣与雄蕊逐渐过渡；心皮多数，结合。果浆果状。

本科有 5 属，约 50 种。我国有 3 属，11 种。产北部至东部。

芡（*Euryale ferox* Salisb.），叶面脉上多刺。子房下位。果浆果状，海绵质，包于多刺之萼内，状如鸡头。内含种子 8～20 粒，是为鸡头米，或称芡实。胚乳淀粉质，胚小，种子供食用、药用。萍蓬草［*Nuphar pumilum*（Hoffm.）DC.］，叶长卵形，基部深心形。子房上位。萼片 5，花瓣状，黄色；花瓣小而长方形。分布于我国北部至东部，日本、欧洲也有。睡莲（*Nymphaea tetragona* Georgi.），叶近圆形，基部深心形弯缺。子房半下位，花有白、黄、蓝紫、红紫等色。分布于我国北部，北美也有。王莲（*Victoria regia* Lindl.）叶圆形，直径可达 2m，四周卷起，花大，由白色转为粉红色乃至深紫色。原产南美亚马孙河，我国有栽培，为世界著名观赏植物。

5.2.1.7　罂粟科（Papaveraceae）

* ⚥ $K_{2\sim3}C_{4\sim6}A_{\infty,4}\underline{G}_{(2\sim16:1:\infty)}$

草本或灌木，常有黄色、白色汁液。叶互生或对生，常分裂，无托叶。花多单生；萼片 2～3，早落，呈苞叶状；花瓣 4～6 或 8～12，2 轮，雄蕊多数，分离，花药 2 室，纵裂；子房上位，由数个心皮合成 1 室，侧膜胎座，稀为离生心皮。蒴果，瓣裂或孔裂。胚乳油质。染色体：$X=5\sim11$、16、19。

识别要点：有白色或黄色汁液，无托叶。萼早落；雄蕊多数，分离；子房上位，侧膜胎座。蒴果。

本科有 25 属，200 种，主产北温带，少数产于中南美洲。我国产 11 属，55 种。

罂粟（*Papaver somniferum* L.）（图 5-7A），一年生草本，茎叶及萼片均被白粉。花大，绯红色。未成熟果实的乳汁可制鸦片，内含吗啡、可卡因、罂粟碱等 30 多种生物碱。吸食鸦片极易成瘾，对身体危害极大。花果入药。能镇咳、镇痛、麻醉止泻。原产亚洲西部。同属植物虞美人（丽春花）（*P. rhoeas* L.）（图 5-7B），花瓣 4，大型，红色，有黑斑。原产欧洲，栽培供观赏，是良好的春季观花植物。

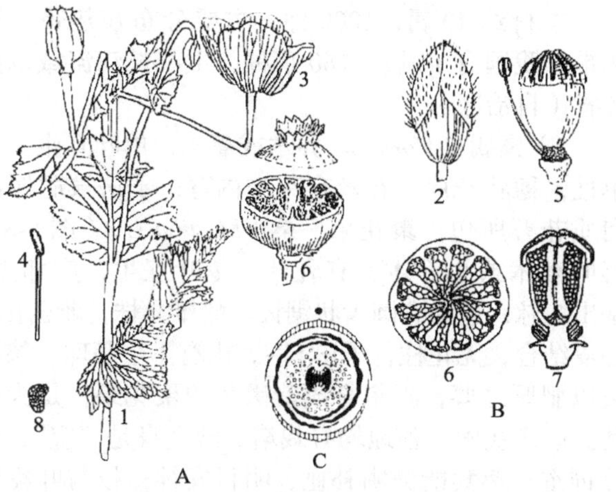

图 5-7　罂粟和虞美人

A. 罂粟　B. 虞美人　C. 罂粟属花图式

1. 植株　2. 花蕾　3. 花　4. 雄蕊　5. 子房和雄蕊　6. 子房横切　7. 子房纵切　8. 种子

博落回［*Macleaya cordata*（Willd）R. Br.］，含黄色汁液。叶掌状分裂，背面白色。萼片 2，花瓣缺。蒴果扁平。生于长江流域中、下游各省的向阳荒野上。全草入药，外用治癣疮、溃疡，也作杀虫药。

白屈菜（*Chelidonium majus* L.），为多年生草本，有黄色汁液。叶羽状全裂。产华北、东北，以及新疆和四川。全草含有毒生物碱。

5.2.2　金缕梅亚纲

木本或草本。单叶，稀为羽状复叶或掌状复叶。花常单性，组成柔荑花序或否，通常无花瓣或常缺花被，多半为风媒传粉；雄蕊 2（偶 1）至数枚，稀多数，花粉粒 2 核或 3 核；心皮分离或联合，边缘胎座、中轴胎座等，胚珠少数，倒生至直生，常具双珠被及厚珠心，常合点受精。植物体一般多少含单宁，通常含原花青素苷、鞣酸和没食子酸，但很少含有生物碱或环烯醚萜化合物。

本亚纲共有 11 目，24 科，约 3400 种。

5.2.2.1　桑科（**Moraceae**）

♂：* $K_4C_0A_4$；♀：* $K_4C_0\underline{G}_{(2:1:1)}$

木本。常有乳汁，具钟乳体。单叶互生，很少对生（对叶榕叶常对生）；托叶明显、早落。花小、单性，雌雄同株或异株；排成柔荑花序、头状花序、穗状花序或隐于密闭的总（花）托中而成隐头花序；花单被；萼4裂；雄蕊4枚，对萼着生；子房上位，由2心皮结合，子房1室，花柱2。坚果或核果，多被宿存肉质萼所包，形成聚花果，如桑葚、构果、榕果等。染色体：$X=7$，12～16。

识别要点： 木本，常具乳汁，具托叶；花单性，单被，4基数；坚果、核果聚合为各式聚花果。

本科约40属，1000种，主要分布在热带、亚热带。我国有16属，160余种，主产长江流域以南各省（自治区）。

1）桑属（*Morus*）。乔木或灌木，单叶互生。花单性，穗状花序，花丝在芽中内弯；子房被肥厚的肉质花萼所包，聚花果。桑（*M. alba* L.）（图5-8），落叶灌木或小乔木，有乳汁。单叶互生，广卵形，基出3脉，边缘有圆齿状锯齿。雌雄异株，雌蕊由2心皮结合，无花柱，子房1室，内有1个胚珠。核果被以肥厚之萼，再集合成紫黑色的聚花果，是为桑葚。原产我国，各地均有栽培。桑全身是"宝"，桑叶饲蚕；桑葚能滋阴补血、明目安神；枝与叶熬膏药治高血压及手足麻木；根皮（桑白皮）为清肺热、镇咳、利尿消肿药。茎皮纤维可制桑皮纸，木材坚硬，可作家具。鸡桑（*M. australis* Poir.）叶常多裂，尾尖，花柱细长。广布于华北至西南地区。茎皮纤维可制纸，果供酿酒。

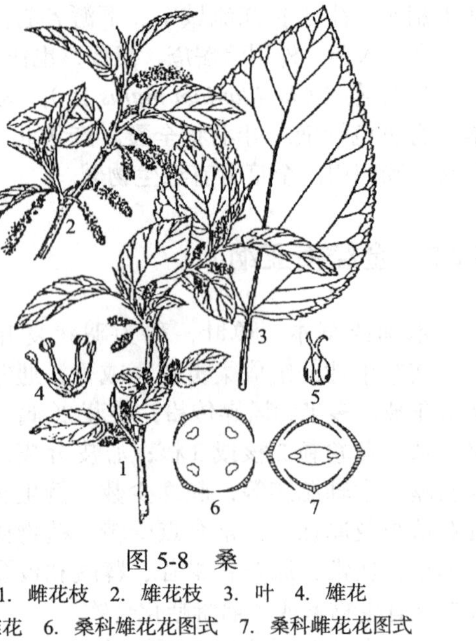

图5-8 桑

1. 雌花枝 2. 雄花枝 3. 叶 4. 雄花 5. 雌花 6. 桑科雄花花图式 7. 桑科雌花花图式

2）榕属（无花果属）（*Ficus*）。约1000种。木本，有乳汁。托叶大而抱茎，脱落后在节上留下环状托叶痕。花单性，生于中空的肉质总（花）托（称隐头花序，为榕属显著特征）的内壁上；雄花被2～6片，雄蕊1～2枚，雌花分结实花（长花柱花）与瘿花（短花柱花）两种，后者不能结实；花柱侧生，子房1室，1个胚珠。瘦果小。无花果属植物与膜翅目的昆虫（如榕小蜂）有着密切的共生关系，无花果属植物为榕小蜂提供栖身场所（瘿花子房）及发育所需的一切营养；榕小蜂在花序中爬动寻找产卵场所（瘿花）的过程中把花粉留给长花柱花，为无花果属植物进行了必不可少的传粉。榕树（*F. microcarpa* L.），广泛分布于我国南部、西南部及东南亚，常绿大乔木，生长于村边和山林中。树皮纤维制网和人造棉，提樗胶或入药，亦栽作行道树，有气生根，有时独木成林；无花果（*F. carica* L.）落叶灌木，叶掌状，原产地中海沿岸。我国有栽培。果可食或制蜜饯，能润肺止咳，清热润肠。印度橡胶（*F. elastica* Roxb.），常绿乔木。芽被托叶所包呈红色。叶大型，厚革质，全缘光滑。原产印度，我国各地有栽培。乳汁含硬橡胶。薜荔（*F. pumila* L.），常绿藤本。叶两型。在不生花序托的枝上叶小而薄，心状卵形，基部斜，长约2.5cm或更短；在生总（花）托的枝上叶大，卵状椭圆形，长4～10cm。果大、腋生，呈梨状或倒卵状。广布于华南、华东与西南。隐头果俗称"鬼馒头"，可制凉粉。菩提树（思维树）（*F. religiosa* L.），叶圆心形，尾尖。原产印度，我国有栽培。榕属植物是全世界热带森林的主要树种，它们常年开花，常年结果，为众多动物提供食物。它也是构成热带景观（绞杀、独木成林、老茎生花、板根等）的主要树种。

3）构属（*Broussonetia*）。落叶木本，有乳汁。雌雄同株或异株；雄花集成圆柱状或头状的聚伞花序；雌花集成头状花序。核果集成头状肉质的聚花果。构树［*B. papyrifera*（L.）Vent.］，乔木。叶被粗茸毛。雌雄异株。聚花果球形，成熟后每个核果的果肉红色，内具1种子。广泛分布于我国，树皮纤维细长是造纸的上等原料，栽培供绿化、造纸和药用。小构树（*B. kazinoki* Sieb. et Zucc.），落叶灌木。雌雄同株。广布江南各地。树皮作纤维用。

本科植物还有见血封喉（毒箭木）［*Antiaris toxicaria*（Pers.）Lesch.］，常绿乔木，叶矩圆形，树液有剧毒，可制毒箭，猎兽用。分布于云南、广东南部和海南，印度、中南半岛等地也有。柘［*Cudrania tricuspidata*（Carr.）Bureau ex Lavall.］，落叶灌木或小乔木，具硬棘刺，叶卵形不裂或有时分裂。聚花果近球形，红色，直径约2.5cm。广布于我国中部、东部。茎皮作纤维用；根皮和枝药用；叶可饲蚕；果可食并酿酒。菠萝蜜（木菠萝、面包果）（*Artocarpus heterophyllus* Lam.），常绿乔木。叶革质，倒卵形，全缘。花单性，雌雄同株，雌花序为椭圆形之假穗状花序，生树干或大枝上，花被管状，包着子房。聚花果肉质，熟时椭圆形至球形，或不规则形状，是世界上最重、最大的水果，直径 10～50cm，长 25～100cm，一般重达 5～20kg，最重超过 50kg，外皮有六角形的瘤状突起，是一种热带果树。花被生食，种子富含淀粉，炒熟食用，树液和叶药用。

5.2.2.2　大麻科（Cannabaceae）♂：$*K_5 C_0 A_5$；♀：$*K_5 C_0 \underline{G}_{(2:1:1)}$

草本，无乳汁。叶互生或对生，不分裂或掌状分裂，托叶宿存。花单性异株，腋生；雄花为圆锥花序；雄花萼 5 裂，雄蕊 5 枚；雌花聚生，花萼全缘膜质，包围着子房，与子房紧贴；子房 1 室，内有胚珠 1 个，花柱 2 裂。坚果。染色体：$X=8$（葎草属），10（大麻属）。

识别要点：草本；叶掌状分裂，托叶宿存；花单性异株，5 基数；坚果。

本科有 2 属，5 种；我国产 2 属，4 种。

1）大麻属（*Cannabis*）。只有大麻（*C. sativa* L.）（图 5-9）1 种。一年生草本。叶掌状分裂。花单性异株，稀同株；雄花为圆锥花序；雌花团聚于叶腋内；雄花萼分离，雌花萼不明显，与子房紧贴。坚果。大麻在栽培条件下，成为极其多样化的 2 个亚种：1 个是以利用纤维为目的，栽于北方的原亚种；另 1 个是以提取麻醉剂或刺激剂为目的，栽于热带的亚种［*C. sativa* subsp. *indica*（Lam.）Small. et Cronq.］。每个栽培的亚种，都有难以与其区别的野生型，因而本属的野生原产地难以确定。

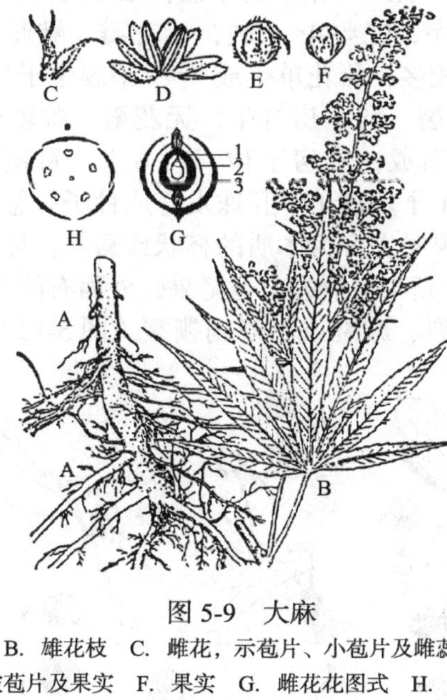

图 5-9　大麻

A. 根　B. 雄花枝　C. 雌花，示苞片、小苞片及雌蕊　D. 雄花　E. 外被苞片及果实　F. 果实　G. 雌花花图式　H. 雄花花图式　1. 子房　2. 花被　3. 苞片

2）葎草属（*Humulus*）。草质藤本，茎粗糙。叶对生，3～7 裂。花单性异株，雄花为圆锥花序式；萼 5 裂；雄蕊 5 枚。雌花 2 朵，生于宿存、覆瓦状排列的苞片内，排成 1 假柔荑花序，结果时变成球果状体。每花有 1 全缘萼抱持着子房，花柱 2；果为 1 扁平的坚果。啤酒花（忽布）（*H. lupulus* L.），种子含挥发油，掺入麦酒中，可增加香味，入药有健胃之效。葎草［*H. scandens*（Lour.）Merr.］亦入药。我国西南部至东南部盛产。

大麻科与桑科有明显的亲缘关系，因而常被放在桑科中，但由于大麻科植物体不含乳汁，托叶宿存，花 5 基数，不同于桑科，故另列为科。

5.2.2.3　荨麻科（Urticaceae）♂：$*K_{4\sim5} C_0 A_{4\sim5}$ ♀：$*K_{4\sim5} C_0 G_{(1:1)}$

草本，稀为灌木，表皮细胞有钟乳体，茎皮纤维丰富；在干叶上显出点状或长形斑纹。单叶互生或对生，常两侧不对称，通常有托叶。花细小，多单性，聚伞花序常集成头状花序或假穗状花序；花单被；雄花花丝在花蕾时内曲，开放时伸直；雌花子房 1 室，胚珠单个，基生。坚果或核果，有胚乳。染色体：$X=7$，12，13。

识别要点：草本，无乳汁，茎皮纤维发达。花单性，聚伞花序，单被花。坚果或核果。

本科有 45 属，700 余种，分布于热带和温带。我国产 23 属，220 余种，全国各地均有分布。

1）苎麻属（*Boehmeria*）。有多种纤维用植物，如苎麻［*B. nivea*（L.）Gaud.］（图 5-10），叶互生，基出 3 脉，边缘有粗齿，背面白色。我国各省广为栽培，已有 3000 多年的利用历史，茎皮纤维为制夏布及优质纸的原料，是我国重要纤维作物之一，产量占世界第一位；根、叶入药；叶可养蚕；种子油供食用。

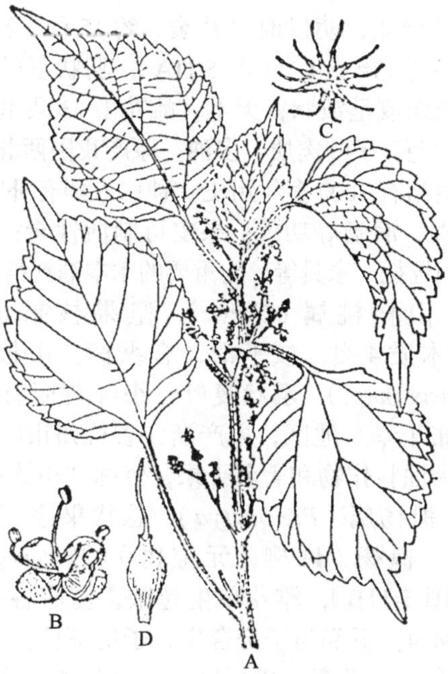

图 5-10　苎麻

A. 茎的上部　B. 雄花　C. 雌花簇　D. 果

2）荨麻属（*Urtica*）。草本，常被刺毛，触之感觉奇痛；叶对生，花被片4，雄蕊4枚，柱头毛帚状。裂叶荨麻（*U. fissa* Pritz.），叶掌状浅裂，分布于云南、贵州、四川、湖北、浙江等省；刺毛是荨麻科植物特有的一种表皮毛，它的前端中空而尖锐，基部有多数细胞腺体，能分泌蚁酸，刺毛触及人体有强烈的痛痒感。

3）蝎子草属（*Girardinia*）。茎叶生刺毛，刺激皮肤引起红肿，茎皮纤维也可用于制绳索等。

荨麻目植物是向风媒道路上演化的一支。共同的特征是花小，单性、单被或无被，常集成各式花序。

5.2.2.4 胡桃科（Juglandaceae）♂：$P_{3\sim3}A_{3\sim\infty}$；♀：$P_{3\sim3}\underline{G}_{(2:1:1)}$

落叶乔木，有树脂。奇数羽状复叶，互生，无托叶。单性花，雌雄同株；雄花排成下垂的柔荑花序，花被与苞片合生，不规则3～6裂；雄蕊3至多枚；雌花单生、簇生或为穗状花序，有苞片和小苞片，花被与子房合生，3～5浅裂，子房下位，1室或不完全2～4室，胚珠1个基生。坚果核果状或具翅；种子无胚乳，子叶常皱褶，含油脂丰富。染色体：$X=16$。

识别要点：落叶乔木。羽状复叶。花单性，雄花序柔荑状；子房下位，1室或不完全2～4室。坚果核果状或具翅。

本科共8属，60余种，分布于北半球。我国有7属，27种，1变种，南北均产。

1）胡桃属（*Juglans*）。坚果有不规则的皱纹，基部2～4室，不开裂或最后分裂为2。此坚果被1肉质的“外果皮”所包藏，呈核果状，“外果皮”由2～5裂的苞片和小苞片及4裂的花被所成，先为肉质，干后成纤维质，萌发时也开裂。约15种，我国有5种。胡桃（*J. regia* L.）（图5-11A），羽状复叶，小叶5～9，全缘或呈波状，无毛。雌花1～3朵呈穗状花序。果大型。子叶肉质、多油。原产我国西北部及中亚，栽培已有2000多年历史。种仁入药有补肾固精、温肺定喘、润肠等功效；果皮可制活性炭；木材坚实，可制枪托、家具等。为重要的木本油料植物。

2）山核桃属（*Carya*）。坚果核果状，“外果皮”木质4裂，核平滑，有纵棱。山核桃（*C. cathayensis* Sarg.），羽状复叶，小叶背面有黄色腺体。分布于华东地区，主产浙江省杭州市临安区昌化镇。为油料作物和著名干果，俗称“小核桃”。

3）枫杨属（*Pterocarya*）。总状果序下垂，坚果有翅。枫杨（麻柳、元宝树）（*P. stenoptera* C. DC.）（图5-11B），雌花单生苞腋，左右各有14小苞；花被4，下部与子房合生，子房下位。小坚果，两侧带有小苞发育而成的翅。南北各省均产，栽培作行道树。叶可放养野蚕。

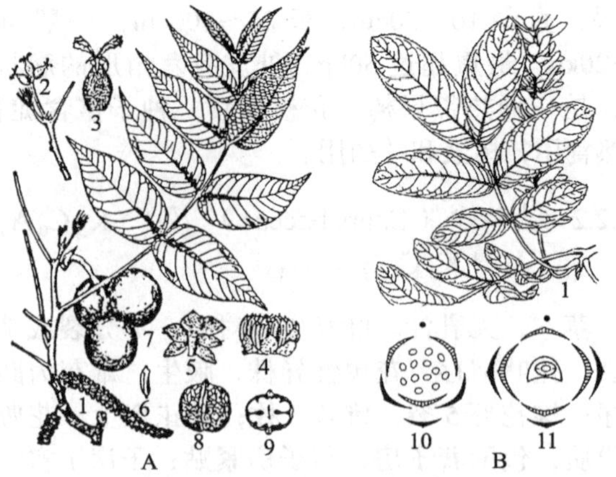

图5-11 胡桃科代表植物

A. 胡桃 B. 枫杨

1. 花果枝 2. 雌花枝 3. 子房 4. 雄花 5. 雄花背面观 6. 雄蕊 7. 果实 8. 果核 9. 果核的纵切 10. 枫杨雄花花图式 11. 枫杨雌花花图式

本科尚有青钱柳［*Cyclocarya paliurus*（Batal.）Lljinsk.］，果翅连成圆盘状，直径2.5～6cm。广布于长江以南各省（自治区）。化香树（*Platycarya strobilacea* Sieb. et Zucc.）、黄杞（*Engelhardtia chrysolepis* Hance.）等，也是我国东部至西南部常见的树种。

5.2.2.5 壳斗科（Fagaceae）♂：$K_{(4\sim8)}C_0A_{4\sim20}$；♀：$K_{(4\sim8)}C_0\overline{G}_{(3\sim6:3\sim6:2)}$

壳斗科又名山毛榉科，乔木或灌木。单叶互生，革质，羽状脉直达叶缘（叶缘有锯齿的叶侧脉直达齿尖），托叶早落。花单性，雌雄同株；雄花排成柔荑花序，花萼4～7裂，无花瓣，雄蕊与萼裂片同数或较多；雌花单生或2～3朵簇生于总苞内，萼片4～7裂，与子房合生，无花瓣，雌蕊由3～6心皮合生而成，子房下位，3～6室，每室2个胚珠，但整个子房仅1个胚珠发育成种子。总苞花后增大，在果时发育为木质的杯状或囊状，称为壳斗（cupule）。壳斗半包或全包坚果，外面有鳞片或刺，成熟时不裂、瓣裂或不规则撕裂（图5-12）。种子

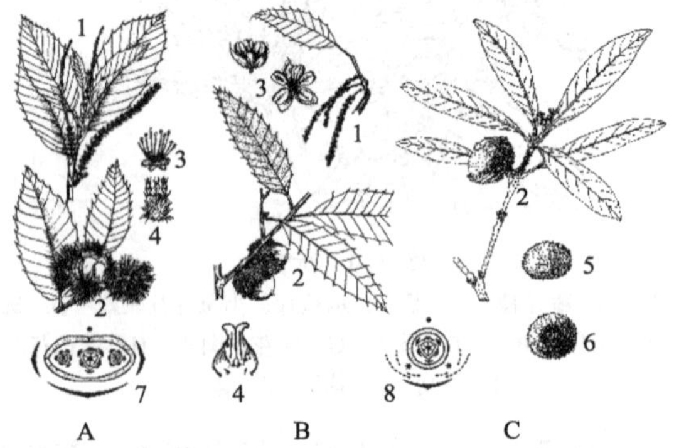

图5-12 山毛榉科代表植物

A. 板栗 B. 栓皮栎 C. 胡氏栎

1. 花枝 2. 果枝 3. 雄花 4. 雌花 5. 坚果 6. 总苞底部观 7. 栗属雌花花图式 8. 栎属雌花花图式

无胚乳，子叶肥厚。染色体：$X=12$。

识别要点：木本。单叶互生，羽状脉直达叶缘。雌雄同株，无花瓣；雄花柔荑花序；雌花 2～3 朵于总苞中；子房下位，3～6 室，每室 2 个胚珠，仅 1 个成熟。坚果外包壳斗状总苞。

本科有 8 属，约 800 种，主要分布于热带及北半球的亚热带。我国有 6 属，约 300 种，南北广布。北方常见栗属和栎属，南方有水青冈属、栲属等属。

1）栗属（*Castanea*）。落叶乔木，小枝无顶芽，借侧芽延长。雄花序直立，为柔荑花序；雌花单生，或 2～5 朵生于总苞内；子房 6 室。总苞完全封闭，外面密生针状长刺，内有 1～3 个坚果。板栗（*C. mollissima* Bl.）（图 5-12A），叶背密生白色星状毛。每总苞内含 2～3 个坚果，坚果为著名干果，富含淀粉和糖。原产我国，各地均有栽培，为著名的木本粮食作物。锥栗（珍珠栗）[*C. henryi*（Skan）Rehd. et Wils.]，总苞内含有 1 个坚果，分布于长江以南各省（自治区），各地也有栽培，适应于山地生长。茅栗（*C. seguinii* Dode），叶背有鳞片状腺体。总苞含 3 个坚果。南北广为栽培。

2）栎属（*Quercus*）。栎属和栗属的区别在于前者小枝有顶芽，雄花柔荑花序下垂，雌花 1～2 朵簇生，子房 3～5 室，壳斗碗状，半包坚果。常见种为栓皮栎（*Q. variabilis* Bl.）（图 5-12B）。落叶乔木；叶长圆状披针形，叶缘具刺芒状锯齿，背面密生灰白色星状毛。树皮灰色，木栓层发达，厚可达 10cm。主产于我国东部和北部地区；木材可作器具，木栓层可作软木塞，种子含丰富的淀粉，壳斗和树皮可提制栲胶。槲树（*Q. dentata* Thunb.），又称为柞栎，叶大，广倒卵形，叶缘具有大的波状钝齿，叶背被黄褐色毛，壳斗的苞片狭披针形，反卷，木材可作坑木、器具，叶片可养柞蚕。麻栎（*Q. acutissima* Carr.），叶脉直达锯齿，并突出为长芒状。广布于全国。胡氏栎（*Q. hui* Chum）（图 5-12C），分布于广东、广西、福建、湖南，叶缘反卷，嫩枝和幼果密被黄绒毛，壳斗包以坚果基部，小苞片合生成同心环带，密生黄绒毛。

3）水青冈属（山毛榉属）（*Fagus*）。落叶乔木。雄花序下垂、头状。坚果三角形。约 14 种，产于北温带，我国有 8 种。水青冈（山毛榉）（*F. longipetiolata* Seem.），叶卵形，壳斗被褐色绒毛和卷曲软刺。分布于长江流域以南地区。

4）栲属（*Castanopsis*）。常绿乔木。叶全缘或有锯齿。雄花为直立柔荑花序；雌花单生，稀 3 朵，歧伞排列，子房 3 室。总苞封闭，有针刺。苦槠 [*C. sclerophylla*（Lindl.）Schottky]，乔木。叶椭圆形，革质，中部以上有锯齿，背面光亮。总苞扁球形，全包小坚果，总苞片三角形，顶端针刺形，排成 4～6 个同心环。花柱 3。产长江以南各省（自治区）。红锥（刺栲）（*C. hystrix* A. DC.），叶矩圆状披针形，全缘或顶部有数对浅锯齿，背面红棕色，广布于长江以南各省（自治区）。甜槠 [*C. eyrei*（Champ. ex Benth.）Tutch.]，叶厚革质，卵圆形，基偏斜，钝尾尖，光滑。除云南和海南省外，广布于长江以南各省（自治区）。

5）椆属（*Lithocarpus*）。又称为石栎属、柯属。常绿乔木。叶革质，常全缘；雄花成柔荑花序，直立，雌花单生，子房 3 室，总苞杯状，鳞片覆瓦状、螺旋状或轮状排列，含坚果 1 枚。绵柯（*L. henryi* Rehd. et Wils.），叶长椭圆形，长 12～14cm，全缘，厚革质，光滑。壳斗集成穗状。分布于长江流域及华南。椆（石栎）[*L. glaber*（Thunb.）Nakai]，叶披针形，厚革质，光滑。产江南山地。

6）青冈属（*Cyclobalanopsis*）。多为常绿乔木。雄花序下垂；雌花单生，子房 3～5 室。坚果，仅基部为总苞所包，鳞片环状。青冈（铁椆）[*C. glauca*（Thunb.）Oerst.]，常绿乔木。叶中部以上有锯齿，背面灰白色，有短柔毛，侧脉 8～10 对。壳斗浅杯状，鳞片同心圆状排列。除云南外，广布于长江流域及以南各省（自治区）。小叶青冈（面槠）[*C. myrsinaefolia*（Bl.）Oerst.]，叶缘有钝齿，侧脉 13 对以上，背面灰青白色。广布于长江流域及以南各省（自治区）。

壳斗科植物是亚热带常绿阔叶林的主要树种，在温带则以落叶的栎属植物为多。本科植物种类多，分布面积大，用途广，因而在森林植被及在国民经济中占重要的地位。

5.2.3　石竹亚纲

多数为草本，常为肉质或盐生植物，叶常为单叶，互生、对生或轮生；花常两性，整齐，分离或结合；花被形态复杂而多变，同被、异被或单被，花瓣状或萼片状；雄蕊常定数，离心发育；子房上位或下位，常 1 室，胚珠 1 至多数，特立中央胎座或基底胎座，胚珠弯生、横生或倒生，常有双珠被及厚珠心；种子常具外胚乳，储藏物质常为淀粉；胚常弯曲、环形或直立。植物体含有甜菜色素。

本亚纲共有 3 目，14 科，约 11 000 种。

5.2.3.1　石竹科（Caryophyllaceae）$* ⚥ K_{4\sim5,(4\sim5)} C_{4\sim5} A_{5\sim10} \underline{G}_{(2\sim5:1:\infty)}$

草本，节膨大。单叶对生。花两性，整齐，聚伞花序或单生；萼片 4～5，分离或结合，宿存；花瓣 4～5，常有爪；雄蕊常 5～10 枚，1 轮或 2 轮，心皮 2～5，合生，花柱 2～5，子房上位，1 室，特立中央胎座。蒴果，顶端齿裂或瓣裂，稀为浆果。

胚弯曲，具有外胚乳。染色体：$X=5\sim9$。

识别要点：草本，节膨大。单叶对生；花萼宿存，花瓣常具爪；特立中央胎座。蒴果。

本科有76属，约2000种，广布于世界各地，尤以温带和寒带为多，我国有32属，约400种，全国各地均有分布，有50余种作观赏植物，多为田间杂草。

石竹属（*Dianthus*）：草本，节膨大。单叶对生。花单生或呈圆锥状聚伞花序；萼结合成筒，具5齿；花瓣5，檐部和爪部分明，相交成直角；雄蕊10枚，2轮；花柱2，特立中央胎座。蒴果。种子多数。石竹（*D. chinensis* L.）（图5-13A），多年生草本。叶线形或宽披针形。萼下有4苞片，叶状开展；花瓣外缘齿状浅裂，花白色或红色。原产我国。栽培，供观赏、药用。康乃馨（香石竹）（*D. caryophyllus* L.），叶狭披针形，灰绿色。花单生或2～3朵簇生，有香气，苞片4，长及萼的1/4，重瓣，花有白色、粉红色、紫红色等，为著名的观花植物。原产南欧，栽培，供切花用。须苞石竹（美女石竹、什样锦）（*D. barbatus* L.），聚伞花序，花多朵密集，深红色，有白斑。栽培，供观赏。瞿麦（*D. superbus* L.），萼下有宽卵形苞片4～6个；花瓣粉红色，顶端深裂成细线条。全国广布，欧亚温带地区也有。全草入药。

本科常见的植物有繁缕［*Stellaria media*（L.）Cyr.］（图5-13B），草本。叶卵形。花小，白色；花瓣5，每片2深裂；雄蕊10枚。广布全国，为田间杂草。太子参（孩儿参、异叶假繁缕）［*Pseudostellaria heterophylla*（Miq.）Pax ex Pax et Hoffm.］，多年生草本。块根长纺锤形，肥厚。产我国华东、华中以北。块根入药，能健脾、补气、生津。簇生卷耳（*Cerastium caespitosum* Gilib.），草本，全体有短柔毛，花白色，花瓣顶端2裂。路边杂草，药用。王不留行（王不留、麦蓝菜）［*Vaccaria segetalis*（Neck.）Garcke］，全株无毛，花粉红色。种子供药用，称“留行子”，能活血通经，消肿止痛，催生下乳。除华南外，广布全国。

图5-13　石竹科代表植物

A. 石竹　B. 繁缕

1. 花果枝　2. 花　3. 花瓣　4. 雄蕊和雌蕊　5. 蒴果　6. 种子　7. 石竹科花图式

5.2.3.2 蓼科（Polygonaceae）　$* ⚥ K_{3\sim6}C_0A_{6\sim9}\underline{G}_{(2\sim4:1:1)}$

草本，茎节常膨大。单叶互生，托叶膜质，鞘状包茎，称为托叶鞘。花两性，少单性，辐射对称；花被片3～6，花瓣状；雄蕊6～9枚；子房上位，心皮2～3合生，1室，内含1个直生胚珠。坚果，三棱形或凸镜形，部分或全体包于宿存的花被内。种子具丰富的胚乳；胚弯曲。染色体：$X=7\sim13$。

识别要点：草本，节膨大；单叶，全缘，互生，具膜质托叶鞘；花两性，单被，萼片花瓣状；坚果三棱形或凸镜形。

本科有30属，1000余种，全球分布，主产北温带。我国产12属，200余种，分布于南北各省。本科植物多为药用。

1）蓼属（*Polygonum*）。草本或藤本，节明显，具膜质的托叶鞘。花被有色彩，常5裂；雄蕊3～9枚；坚果为宿存花被所包。何首乌（*P. multiflorum* Thunb.）为多年生缠绕草本，地上茎为中药夜交藤，具养血安神、通经祛风之功效。块根入药，具补肝益肾、养血祛风之功效。分布于我国华北、西南、西北、华东、华南各省。虎杖（*P. cuspidatum* Sieb. et Zucc.），多年生草本或亚灌木，高达2m。根状茎横卧，根茎入药，具祛风止痛、活血散淤之功效。本属还有多种药用植物，如拳蓼（刀剪药）（*P. bistorta* L.）、红蓼（*P. orientale* L.）、水蓼（辣蓼）（*P. hydropiper* L.）、杠板归（*P. perfoliatum* L.）、蓼蓝（*P. tinctorium* Ait.）等。蓼蓝的叶可加工成靛青，作蓝色染料。

2）大黄属（*Rheum*）。多年生粗壮草本。叶根生，阔而大。花小，两性，花被6裂，广展，结果时不很扩大，雄蕊9（6）枚，花柱3。坚果有强翅。大黄（*R. officinale* Baill.）（图5-14E），根状茎粗壮，黄色。叶掌状浅裂，本种和掌叶大黄（*R. palmatum* L.）、鸡爪大黄（*R. tanguticum* Maxim. ex Regel.）的根茎作泻下药，有健胃作用。

3）酸模属（*Rumex*）。草本，多具茎生叶。花两性或单性，淡绿色，具柄，花被6深裂，外面3枚小而内弯，内面3枚扩大而成翅，翅背常有1小

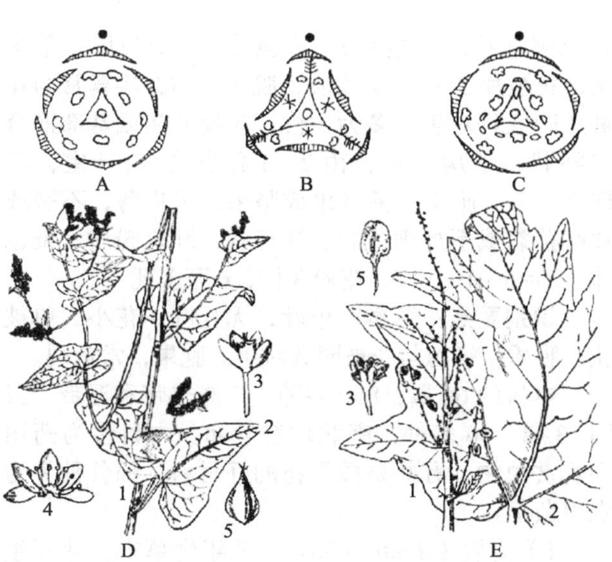

图 5-14　蓼科代表植物

A. 大黄属花图式　B. 酸模属花图式

C. 蓼属花图式　D. 荞麦　E. 大黄

1. 植株　2. 叶　3. 花　4. 花瓣和雄蕊　5. 坚果

瘤体，雄蕊 6 枚，子房 3 棱，花柱 3。坚果被扩大的内花被片所包。酸模（*R. acetosa* L.），叶基箭形，嫩叶和嫩茎供蔬食。羊蹄（*R. japonicus* Houtt.），叶基心形，根入药能清热凉血、杀虫润肠。

4）荞麦属（*Fagopyrum*）。本属的荞麦（*F. esculentum* Moench）（图 5-14D），一年生草本，茎直立，分枝，红色。花白色或淡红色。叶广三角形，基部心形。坚果卵形，有 3 锐棱。我国各地栽培，种子富含淀粉、蛋白质，以及铁、磷、钙、维生素 B_1 等，营养丰富，磨粉供食用。

5.2.3.3　藜科（Chenopodiaceae）　$*\,⚥\,K_{5\sim3}\,C_0\,A_{5\sim3}\,\underline{G}_{(2\sim5:1:1)}$

草本或灌木，稀小乔木。单叶，互生，稀对生，无托叶。花小，为单被花，两性，稀单性或杂性；花单生、簇生，或为穗状花序及圆锥花序；花被片草质或肉质，2～5 裂，宿存，有时缺，果时常增大，变硬，或在背面生翅状、刺状或疣状附属物；雄蕊常与花瓣片同数而对生或较少；雌蕊由 2～3 个心皮合成，子房上位，1 室 1 胚珠。胞果（utricle）；胚环形或螺旋形，常具外胚乳。染色体：X=9，稀 6、8。花粉 3 核，6 至多孔。

识别要点：草本或灌木；单叶互生，无托叶。花小，单被，草质或肉质；雄蕊与花被片常同数对生。胞果；胚环形。

本科约 100 属，1400 种，主要分布于温带、寒带荒漠、半荒漠及海滨地区。我国约 40 属，187 种，主要分布于北部各省（自治区），尤以新疆为多。本科多为旱生、超旱生、盐生植物，常是荒漠和半荒漠地区的优势种和重要牧草，另有一些为中生性田间杂草，也有一部分为重要的经济作物。

1）甜菜属（*Beta*）。草本，无毛，叶互生，具长柄；花两性，穗状或圆锥花序，花被片 5，雄蕊 5 枚，果时变硬；果下部与花被基部合生，种子横生，胚环形。恭菜（甜菜）（*B. vulgaris* L.），二年生草本，根肉质多汁，花绿色，柱头 3 裂，种子双凸镜形，红褐色；原产欧洲，现广为栽培。常见的有根用甜菜（糖萝卜）（*B. vulgaris* var. *saccharifera* Alef），根肥大，制糖，为北方重要制糖原料，叶饲用；莙达菜（厚皮菜）（*B. vulgaris* var. *rasea* Moq.），根不肥大，叶大，基生，叶柄宽扁，作蔬菜或饲用与观赏；饲用甜菜（*B. vulgaris* var. *lutea* DC.），根肥大，浅橙黄色，北方多作饲料。

2）菠菜属（*Spinacia*）。一年或二年生草本；叶互生，具长柄；花单性，雌雄异株；雄花为顶生穗状或圆锥花序，花被片 4～5 裂，雄蕊 4～51 枚，雌花簇生叶腋，无花被，2 苞片合生，果时变硬，子房生于其内；种子直立，胚环形。菠菜（*Spinacia oleracea* L.），根常带红色，茎中空，叶戟形或卵形，全缘或具少数牙齿状浅裂，花被片 4，胞果扁平；原产伊朗，各地广栽，富含维生素、磷和铁，作蔬菜用。

3）藜属（*Chenopodium*）。草本，植株上常有粉粒（泡状毛），如为腺毛则有强烈气味；叶互生；花小，两性，簇生叶腋或排成穗状和圆锥状花序，花被片 5，绿色，背面略肥厚或具隆脊，果时包围果实；种子横生，胚环形或半环形。藜（*C. album* L.）（图 5-15），茎直立，无毛，具沟槽及绿色或紫

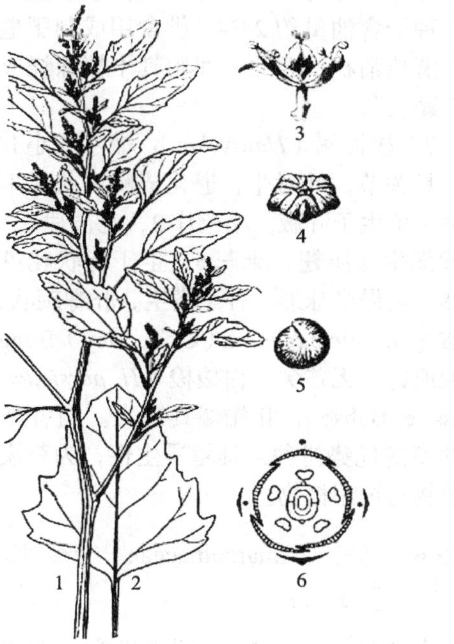

图 5-15　藜

1. 植株　2. 叶　3. 花　4. 胞果　5. 种子　6. 花图式

红色条纹，幼时被白色粉粒；广布性杂草，是棉铃虫和地老虎的寄主，全草入药，嫩茎叶可食用或调用，新疆产幼苗有微毒，慎用。本属灰绿藜（*C. glaucum* L.）（图 5-15）和小藜（*C. erotinum* L.）等为常见杂草。

4）滨藜属（*Atriplex*）。草本稀半灌木，常有糠秕状粉；叶互生或下部近对生；花单性，雌雄同株，团伞花序腋生；雄花花被片 5，稀 3～4，雄蕊 3～5 枚，无苞片；雌花 2 苞片，无花被或有花被，柱头 2，胞果包藏于宿存苞片内；胚环形。滨藜［*A. patens*（Litv.）Iljin］，一年生草本，常无粉，苞片果时菱形或卵状菱形，下半部合生，上缘具细齿；我国北方各省有分布，生于盐渍化湿地及沙地；果实药用，清肝明目。

5）地肤属（*Kochia*）。一年生草本，少为半灌木，茎多分枝；叶互生，几无柄；花两性或杂有雌性，单生或簇生，无小苞片，花被片 5，果时背面横生翅状附属物；种子横生，胚环形。地肤［*K. scoparia*（L.）Schrad］，广布性杂草；幼苗、嫩叶可食用；种子入药称“地肤子”，利尿、清湿热、消炎；其栽培变型有扫帚菜［*Kochia scoparia*（L.）Schrad.］，分枝极多而紧密，植株卵形或倒卵形，叶鲜绿色，晚秋枝叶变红，可供观赏，全株压干可作扫帚用。

6）碱蓬属（*Suaeda*）。草本或灌木；叶互生，叶片肉质；花两性，3 至数朵集成团伞花序，生叶腋或腋生短枝上；花被片 5，雄蕊 5 枚，柱头 2～5；胚呈平面盘旋状。碱蓬［*S. glauca*（Bunge）Bunge］，叶丝状条形，灰绿色，种子双凸镜形，黑色；分布北方与华东沿海地区，生于盐渍荒漠与海边；种子含油量约 25%，供食用或制肥皂，全草药用，清热消积；西北民间用其干植株烧成灰制取食用“蓬灰”。

7）梭梭属（*Haloxylon*）。灌木或小乔木，枝对生，具关节；叶对生，退化成鳞片状或不发育；花两性，单生于叶腋，小苞片 2；花被片 5，离生，果时背部生膜质翅；雄蕊 5，生于杯状花盘上；柱头 2～5；胞果半球形，种子横生，胚螺旋状，无胚乳。梭梭［*H. ammodendron*（C. A. Mey）Bunge］，叶先端尖或钝，无芒尖。白梭梭（*H. persicum* Bunge. ex Boiss. et Buhse），叶先端具芒尖。两者是洪积荒漠与沙漠的优势树种，具超旱生性，为荒漠区优良固沙植物与饲用植物。

5.2.3.4 苋科（Amaranthaceae） $*$ ⚥ $K_{5\sim3}\,C_0\,A_{5\sim3}\,\underline{G}_{(2\sim3:1)}$

草本稀灌木。单叶互生或对生，全缘，少数有微齿，无托叶。花小，两性，稀单性，呈穗状、头状或圆锥花序，苞片 1，小苞片 2，干膜质；单被花，花被片 3～5，干膜质，脱落或宿存雄蕊常与花被片同数且对生，多为 5 枚，花丝分离或基部连合成杯状；子房上位，由 2～3 心皮合成，1 室，胚珠常 1 个。胞果，稀浆果或坚果，果皮薄，不裂或顶端盖裂或不规则开裂。胚环状，胚乳粉质。染色体：X=6～10，17。花粉 3 核，6 至多孔。

识别要点：草本。单叶，无托叶。花小，单被花，膜质，雄蕊与花被同数对生。胞果，常盖裂。

本科约 60 属，850 多种，广布热带和温带。我国 13 属，40 多种，南北均有分布。本科多为药用和观赏植物，有些是做干花的好材料，部分种类为农田杂草。

1）苋属（*Amaranthus*）。一年生草本；叶互生有柄，全缘；花单性，雌雄同株或异株，或杂性；花被片 5 或较少，常绿色，多宿存；雄蕊 5 枚或较少，花丝离生；子房具 1 个直生胚珠；胞果盖裂或不规则开裂。苋（*A. triolor* L.）（图 5-16），叶卵形、椭圆形至披针形，绿色或红色，穗状花序，花被片与雄蕊各 3，胞果盖裂；原产印度，各地栽培作蔬菜，也可观赏，全草入药，种子和叶富含赖氨酸，有特殊营养价值。常见种类还有反枝苋（*A. retrofexus* L.）、苋菜（繁穗苋）（*A. paniculatus* L.）和尾穗苋（*A. caudatus* L.）等。

图 5-16 苋

1. 植株 2. 雄花 3. 雌花 4. 果实 5. 花图式

2）牛膝属（*Achyranthes*）。草本；茎方形，节膨大；叶对生，全缘；花两性，穗状花序，花被片 4～5，雄蕊常 5 枚，花丝基部合生，其间有退化雄蕊，子房 1 室 1 胚珠；胞果包藏于宿存花被内。本属我国有牛膝（*A. bidentata* Bl.）、土牛膝（*A. aspera*

L.）和柳叶牛膝［*A. longifolola*（Makino）Makino］等，为常见杂草，根及全草入药，根酒制后，能补肝肾，强筋骨。

3）青葙属（*Celosia*）。草本或灌木；叶互生，全绿；花两性，穗状花序；苞片 3，着色，常短于 5 个花被片；雄蕊 5，基部结合；子房 1 室，胚珠 2 个至多数；胞果盖裂。青葙（*C. argentea* L.），一年生草本，叶多矩圆状披针形，宽 1～3cm，花序塔状或圆柱状，红色或白色；广布各地，野生或栽培，供观赏及药用，种子清热明目，嫩叶可食，茎叶也作饲用。鸡冠花（*C. cristata* L.），一年生草本，叶卵形或卵状披针形，宽 2～6cm，顶生花序肉质扁平鸡冠状，颜色多样；原产印度，各地栽培，供观赏，花与种子药用，有止血、止泻的功效。

苋科常见植物还有锦绣苋［*Alternanthera bettzickiana*（Regel）Nichols］、血苋（*Iresine herbstii* Hook. f. ex Lindl.）和千日红（*Gomphrena globose* L.）等，均原产巴西、美洲热带，各地栽培，供观赏及药用。

5.2.4　五桠果亚纲

常木本；常单叶；花离瓣，稀合瓣；雄蕊离心发育；雌蕊全为合生心皮，子房上位，中轴胎座或侧膜胎座，偶为特立中央胎座或基底胎座胚珠，常具双珠被及单珠被，厚或薄珠心。胚乳存在或否，且多数无外胚乳。植物体通常含有单宁，无甜菜拉因，缺乏生物碱。

本亚纲共有 13 目，78 科，约 25 000 种。

5.2.4.1　山茶科（Theaceae）　$*⚥\ K_{4\sim\infty}C_5A_\infty\underline{G}_{(2\sim8:2\sim8:2\sim\infty)}$

常绿乔木或灌木。单叶互生，常革质，无托叶。花两性，稀单性，辐射对称，单生于叶腋；萼片 4 至多数，覆瓦状排列；花瓣 5（稀 ∞—4），分离或略联合；雄蕊多数，多轮，分离或稍结合为 5 体；子房上位，稀下位，中轴胎座。蒴果、核果状果或浆果，种子略具胚乳，往往含油质。染色体：$X=15$，21。

识别要点：常绿木本；单叶互生，革质；萼片、花瓣各 5，雄蕊多数；常蒴果。

本科有 40 属，600 种，广泛分布于热带和亚热带，主产东亚。我国有 15 属，400 余种，分布于长江流域及南部各省的常绿林中。

1）山茶属（*Camellia*）。常绿灌木或小乔木。叶草质，有锯齿。花两性；萼片 5～6，由苞片渐次变为花瓣，花瓣基部稍联合，且与外轮雄蕊合生；雄蕊多数，外轮花丝结合成筒，内轮雄蕊 5～12 枚分离，丁字药。蒴果，室背开裂，每室有种子 1～3 个。种子无胚乳，胚大，子叶半球形，富含油脂。

茶（*C. sinensis* Ktze.），为常绿灌木。叶椭圆状披针形或倒卵状披针形，边缘有锯齿。花白色，有柄，花萼、花瓣各 5 个，萼片宿存。蒴果，果瓣不脱落（图 5-17A）。原产我国，栽培和制茶至少已有 2500 年的历史，公元前 300 年的《尔雅》已有槚（jiǎ）即茶的记载。茶与咖啡、可可并称世界三大饮料，茶叶中所含的成分很多，近 500 种。主要有咖啡碱（1%～5%）、茶碱、可可碱、胆碱、挥发油等，喝茶具有兴奋神经中枢及利尿的作用；根入药，能清热解毒；种子油可食，并且是很好的润滑油。茶的变种普洱茶（*C. sinensis* var. *assamica* Kitamura），乔木，叶长 8～20cm，产华南，以及云南、贵州。茶叶的制成品有绿茶、红茶、青茶（乌龙茶）、白茶、黄茶、黑茶六大类，视发酵与否或发酵程度而定，如未发酵的是绿茶、半发酵的是乌龙茶、全发酵的是红茶。我国大部分地区是季风气候，春温、夏热、秋凉、冬寒，四季极为分明。因此，不同季节喝茶也应做相应调整，一般主张：春饮花茶，夏饮绿茶，秋饮青茶，冬饮红茶。

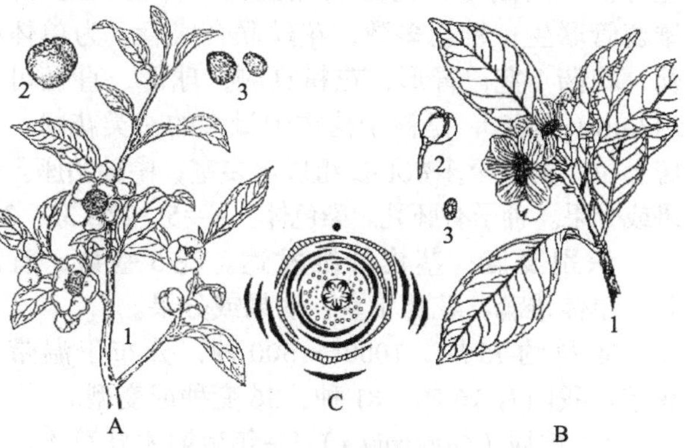

图 5-17　山茶科代表植物

A. 茶　B. 木荷　C. 花图式

1. 花枝　2. 蒴果　3. 种子

油茶（*C. oleifera* Abel.），花白色无柄，萼脱落，果瓣与中轴一起脱落，种子含油，是我国南方山区主要的木本油料作物。油供食用、医用和工业用，茶麸含丰富皂素，可用作洗发剂和水产养殖清塘卫生用品。

山茶（*C. japonica* L.），叶卵圆形，背面光滑。花无柄，萼片脱落，花红色，直径 7～10cm，子房光滑。各地常栽培供观赏。南山茶（云南油茶）（*C. reticulata* Lindl.），近似山茶，但叶脉网至少在腹面清楚可见，子房有绒毛。产云南，栽培品种繁多，花美丽，都为重瓣花。

金花茶［*C. chrysantha*（Hu）Tuyama］，花金黄色，是新发现的珍稀种，为培育黄色花山茶的重要材料，仅产于广西西南部，为国家一级保护植物。

2）柃属（*Eurya*）。常绿木本。叶互生，有细锯齿。雌雄异株，花单生或簇生叶腋。浆果。格药柃（*E. muricata* Dunn），嫩枝圆柱形，无毛。翅柃（*E. alata* Kobuski），嫩枝明显有4棱。柃属植物是江南常绿林中灌木层的优势种。

本科还有木荷（荷树）（图5-17B）（*Shima superba* Gardn. et Champ.），叶厚革质，椭圆形或倒卵状椭圆形，缘有锯齿，花白色芳香。供材用，是亚热带常绿林建群种，在荒山灌丛为先锋树种，又因其耐火烧性，可在防火带上种上木荷作为防火林带，改变了以往防火带裸露造成水土流失的现象。厚皮香［*Ternstroemia gymnanthere*（Wight et Arn.）Sprague］，供观赏。梨茶（*Camellia latilimba* Hu.），供榨油。紫茎（*Stewartia sinensis* Rehd. et Wils.），供材用。

5.2.4.2 锦葵科（Malvaceae） $*⚥K_5\ C_5\ A_{(\infty)}\ \underline{G}_{(3\sim\infty:3\sim\infty:1\sim\infty)}$

木本或草本。茎皮纤维发达，具黏液。托叶早落，单叶互生，常为掌状脉。花两性，稀单性，辐射对称；萼片3～5，常基部合生，其外常具有由苞片形成的副萼；花瓣5，旋转状排列，近基部与雄蕊管联生；雄蕊多数，花丝联合成管，为单体雄蕊，花药1室，肾形，花粉具刺，球形，直径可达242μm（洋麻），是被子植物中最大的一类花粉；子房上位，由3至多数心皮组成至多室，中轴胎座。蒴果或分果。种子有胚乳。染色体：X=5～22，33，39。

识别要点：茎皮纤维发达。花5基数，有副萼；单体雄蕊，花药1室；蒴果或分果。

本科约75属，1000～1500种，分布于温带及热带。我国有16属，81种，36变种或变型。

1）棉属（*Gossypium*）。一年生灌木状草本。叶掌状分裂。副萼3或5，萼呈杯状。蒴果3～5瓣，室背开裂。种子倒卵形或有棱角，种子表皮细胞延伸成纤维（绵毛）。陆地棉（大陆棉、美棉）（*G. hirsutum* L.）（图5-18A），叶常3裂，花黄色，副萼3，有尖齿7～13，花药密生于等长的短花丝上。原产美洲，因最早在美洲大陆种植而得名，是世界上分布最广泛的棉种，我国产棉区普遍栽培。海岛棉（光籽棉）（*G. barbadense* L.），叶3～5半裂，花淡黄带紫色，副萼5，边缘浅裂成尖齿，花药疏生于长短不齐的花丝上。海岛棉是一种细长、富有丝光、强力较高的棉纤维，又称为长绒棉。是纺制高档和特种棉纺织品的重要原料。原产热带美洲，因最初发现于美洲大西洋沿岸群岛，后传入北美洲东南沿海岛屿，因而得名。适于无霜的亚热带种植，我国南部有栽培，但产量低。树棉（中棉）（*G. arboreum* L.），叶掌状深裂。副萼顶端有3齿，花冠淡黄色，具暗紫色心。原产我国、日本等，广植于黄河以南各省（自治区）。草棉（非洲棉、小棉）（*G. herbaceum* L.），叶5～7半裂，副萼广三角形，中部以上6～8齿，花黄色，中心紫色。原产西亚，生长期较短（仅130天左右），适于我国西北各地栽培。

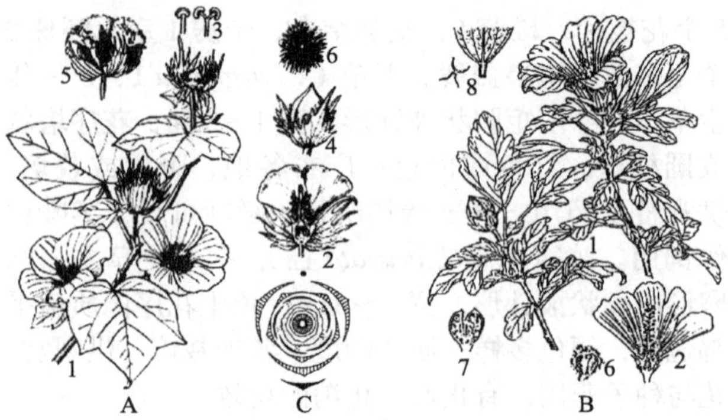

图5-18 锦葵科代表植物

A. 陆地棉 B. 木槿 C. 锦葵科花图式

1. 花果枝 2. 花纵剖 3. 雄蕊 4. 蒴果 5. 开裂的蒴果 6. 种子 7. 果瓣 8. 叶背面及星状毛

2）木槿属（*Hibiscus*）。木本或草本。副萼5片，全缘，花萼5齿裂，花冠钟形；单体雄蕊大；心皮5，结合，花柱分支5，较长，中轴胎座。蒴果。种子肾形。大麻槿（洋麻）（*H. cannabinus* L.），一年生，茎不分枝，有刺。叶掌状5深裂。副萼狭长，萼裂披针形，花黄色，心深红色。果球形。为重要麻类作物，野生于非洲，20世纪初传入我国，现已在南、北各省（自治区）广泛栽培。种子油供制皂。木芙蓉（山芙蓉）（*H. mutabilis* L.），木本，叶掌状5～7浅裂，两面被星状毛。花大，粉红色，单生叶腋，十分美观。叶、花及根药用，能清热凉血、解毒，外用治疮疾有特效。原产我国，除东北、西北外，广布各地。木槿（*H. syriacus* L.）（图5-18B），叶3裂，无毛，基出三大脉，具不规则锐齿。花有红、白、紫各色，雄蕊花柱不超出花冠。为观赏的纤维植物，茎韧皮纤维做造纸原料。全株入药，可治疗皮肤癣疮。花白色者可食，作蔬菜。本属尚有多种常见观赏植物。例如，吊灯花［*H. schizopetalus*（Mast.）Hook. f.］，花梗细瘦下挂，花瓣5，红色，深细裂作流苏状；朱槿（扶桑、大红花）（*H. rosa-sinensis* L.），花下垂，花瓣5，红色，原产我国，花大色艳，花期长，为美丽的观赏花木；红秋葵［*H. coccineus*（Medicus）Walt.］，叶5～7深裂，分裂至近基部，裂片线状披针形。花大型，红色。

本科植物具有重大的经济价值，可以归结为纤维、药用、食用及观赏几大类，其中尤以纤维为主。苘麻（青麻、白麻）（*Abutilon theophrasti* Medicus）和洋麻的纤维为织麻袋、制绳索的主要原料。棉的纤维为棉织品的原料，用途更广。棉花及其他纤维素加硝酸与硫酸，制成硝化纤维为爆炸物，硝化纤维加樟脑及其他物质并加高压后，可制成赛璐珞。棉花脱脂后为药棉，历来植棉仅为获取其纤维，由于植物体各部分含有对人畜有毒的棉酚等 15 种色素，使棉籽中含有的大量脂肪、蛋白质无法利用，1966 年无腺体棉在美国培育成功，使棉花由单一的纤维作物一跃而为棉、粮、油、饲四用作物。我国正大力推广。洋麻、棉和咖啡黄葵（秋葵）[*Abelmoschus esculentus*（L.）Moench] 的种子均可榨油、供食用或制皂，油饼可作饲料及肥料。黄槿（*Hibiscus tiliaceus* L.）的嫩枝叶和秋葵的嫩果、野葵（*Malva verticillata* L.）的嫩苗均可作蔬菜。冬葵籽、苘麻和蜀葵 [*Althaea rosea*（L.）Cavan.] 的种子、药蜀葵（*Althaea officinalis* L.）的根、拔毒散（*Sida szechuensis* Matsuda）的叶等，均可入药，而蜀葵、黄蜀葵 [*Abelmoschus maniho*（L.）Medic]、锦葵（*Malvasinensis* Cavan.）、花葵（*Lavatera arborea* L.）等，均为常见的观赏植物。

5.2.4.3　葫芦科（Cucurbitaceae）♂：$*K_{(5)}C_{(5)}A_{(2)+(2)+1,(5)}$；♀：$*K_{(5)}C_{(5)}\overline{G}_{(3:1:\infty)}$

攀缘状或匍匐状草质藤本，全株被粗糙毛，有侧生卷须，单一或分歧。茎 5 棱，具双韧维管束。单叶互生，常掌状分裂，稀为复叶。花单性，同株或异株，单生或为总状花序、圆锥花序；雄花花萼管状，5 裂；花冠结合或分离，花瓣 5，多合生；雄蕊 5 枚，两两合生，1 枚分离，外形似 3 枚雄蕊，花药常折叠弯曲成 S 形；雌花萼筒与子房合生，花瓣合生，5 裂；雌蕊由 3 个心皮合生成 1 室，子房下位，侧膜胎座。瓠果，肉质或最后干燥变硬，不开裂、瓣裂或周裂。种子多数，常扁平，无胚乳。常有钟乳体。染色体：$X=7\sim14$。

识别要点：具卷须的草质藤本，叶掌状分裂；花单性，花药折叠，子房下位，侧膜胎座，瓠果。

本科约 90 属，700 余种，主要产于热带和亚热带。我国产 20 属，130 种，引种栽培 7 属，约 30 种。

黄瓜属（*Cucumis*）。草质藤本，卷须不分枝；叶掌状，5 浅裂，雌雄同株，雄花叶腋簇生，雌花单生；花萼 5 裂，花冠 5 深裂；雄蕊 5 枚，两两合生，1 枚分离，外形似 3 枚雄蕊；瓠果外面具有刺或光滑。黄瓜（*C. sativus* L.）（图 5-19A）为重要的瓜类蔬菜，原产印度，现已广泛栽培。甜瓜（香瓜）（*C. melo* L.）卷须不分枝，果常有香味和甜味。可作水果食用，原产印度，我国栽培很久，品种很多，如新疆的哈密瓜、甘肃的白兰瓜等。

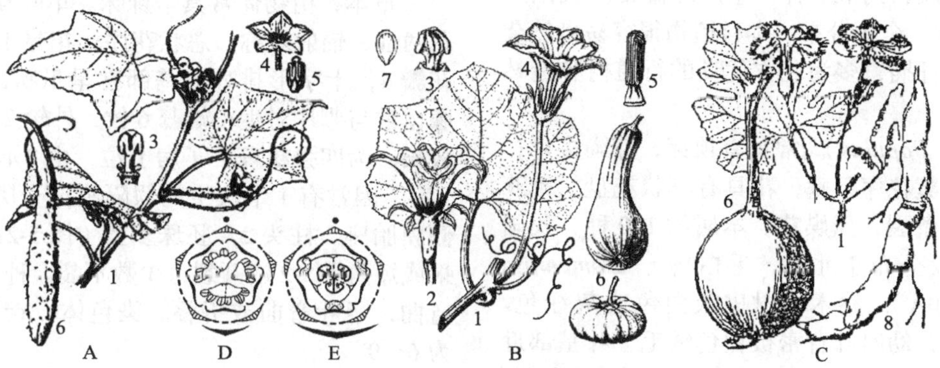

图 5-19　葫芦科代表植物

A. 黄瓜　B. 南瓜　C. 栝楼　D. 葫芦科雄花花图式　E. 葫芦科雌花花图式

1. 花果蔓　2. 雌花　3. 柱头和花柱　4. 雄花　5. 花药　6. 果实　7. 种子　8. 根

本科是重要的瓜类蔬菜和瓜类水果，除上述外，常见的栽培瓜类蔬果还有：南瓜 [*Cucurbita moschata*（Duch.）Poiret.]（图 5-19B），一年生蔓生草本，卷须分 3～4 叉，叶 5 浅裂。花大，黄色，单性同株；花冠钟状；花药折叠成 S 形；柱头 3 裂。瓠果大，世界各地普遍栽培。冬瓜 [*Benincasa hispida*（Thunb.）Cogn.]，茎有白色刚毛，卷须分 2～3 叉，叶 5～7 浅裂至中裂。花单性同株；药室多回折曲；柱头 3 裂。果实长圆柱状或球状，成熟时多被白色蜡粉。我国各地都有栽培。果实做蔬菜，种子与果皮入药，有消炎、利尿、消肿之功效。此外，丝瓜 [*Luffa cylindrica*（L.）Roem.]、笋瓜（*Cucurbita maxima* Duch.）、苦瓜（*Momordica charantia* L.）、西葫芦（*Cucurbita pepo* L.）、西瓜 [*Citrullus lanatus*（Thunb.）Mansfeld] 及瓠子 [*Lagenaria siceraria* var. *hispida*（Thunb.）Hara.] 等也为常见栽培瓜类果蔬。

本科还有不少药用植物，重要的药用植物有：绞股蓝 [*Gynostemma pentaphyllum*（Thunb.）Makino]，多年生草质藤本，根状茎细长，叶鸟趾状，互生，具小叶 5～9 片。花单性异株，圆锥花序；浆果球形。以根状茎入药，对于治疗中老年易患的冠心病、动脉硬化等均有显著疗效，并具抗癌功能。栝楼（*Trichosanthes kirilowii* Maxim.）（图 5-19C），多年生草质藤本，块根圆柱形，横走。主要分布于我国北部。根入药，称“天花粉”，能清热生津、消肿排脓。果皮和种子入药，能清热化痰、利气散结、润肠通便。罗汉果［*Siraitia grosvenorii*（Swingle）C. Jeffrey ex Lu et Z. Y. Zhang］，果圆球形，可治咳嗽，主产于广西。

此外，产自云南、广西等地的油渣果（油瓜）［*Hodgsonia macrocarpa*（Bl.）Cogn.］，大型木质藤本；雌雄异株；果可食；种子可榨油，含油量达68.2%，是我国近年来发现的野生油料植物资源。

5.2.4.4 杨柳科（Salicaceae） ♂：$* K_0 C_0 A_{2\sim\infty}$；♀：$* K_0 C_0 \underline{G}_{(2:1:\infty)}$

落叶乔木或灌木。单叶互生，有托叶。花单性，雌雄异株；柔荑花序，多先叶开放；每花有一膜质苞片，无花被，有由花被退化而来的花盘或蜜腺；雄蕊2枚至多数；子房上位，2心皮组成1室，侧膜胎座，具多数直立的倒生胚珠。蒴果，瓣裂。种子细小，多数，基部具有由珠柄上长出的许多绵毛；胚直生，无胚乳。染色体：X=11，12，19，22。

识别要点：木本，单叶互生；柔荑花序，无花被，有花盘或蜜腺；蒴果，种子基部附生白色绵毛。

本科有3属，约620种，主产北温带。我国产3属，320余种，全国分布。本科植物很容易自然杂交，繁殖多用扦插，多为北方优良的行道树和造林树种。

1）杨属（*Populus*）。常具有顶芽，芽鳞多片；叶常宽大，柔荑花序下垂，花具有杯状花盘，雄蕊常多数；苞片条裂，风媒花。本属约100种，我国约30种，主要分布于北方。毛白杨（*P. tomentosa* Carr.）（图 5-20A），乔木，树皮灰白色或灰绿色。叶三角状卵形，幼时叶背密被白色绒毛，叶基部近叶柄处有2个腺体。为我国北部防护林和庭园绿化的主要树种。小叶杨（*P. simonii* Carr.），树皮灰绿色，叶菱状椭圆形，背面黄白色。广布全国，为主要造林树种之一。银白杨（*P. alba* L.），叶背密生白色绵毛，叶具有3～5裂，可与毛白杨区别。加拿大杨（*P. canadensis* Moench），叶三角形，叶背光滑，为常见的行道树种。山杨（*P. davidiana* Dode.），叶三角状卵圆形或圆形，叶缘具浅齿。木材可供造纸和作火柴杆等用。树皮入药，能驱蛔虫、治腹泻及肺热咳嗽等。

2）柳属（*Salix*）。无顶芽，芽鳞1片；叶披针形，柔荑花序直立；花具有1～2枚腺体，雄蕊常2枚；苞片全缘；虫媒花。旱柳（*S. matsudana* Koidz），枝直立，叶为披针形，苞片三角形，雌花具2蜜腺，为北方早春的主要蜜源植物，也是优良

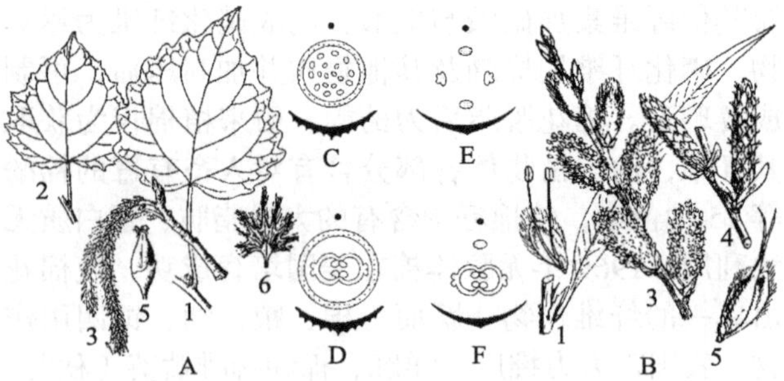

图 5-20 杨柳科代表植物
A. 毛白杨 B. 垂柳 C. 杨属雄花花图式
D. 杨属雌花花图式 E. 柳属雄花花图式 F. 柳属雌花花图式
1. 枝叶 2. 阴生叶 3. 雄花枝 4. 雌花枝 5. 子房 6. 苞片

庭院、行道和固堤树种。垂柳（*S. babylonica* L.）（图 5-20B），乔木，小枝细弱下垂，叶狭披针形，边缘有细锯齿。苞片线状披针形；雌花仅具1蜜腺。蒴果2裂。根系发达，保土力强，常为河堤造林树种或作行道树。树皮、叶药用有清热之功效。龙爪柳［*S. matsudana* var. *matsudana* f. *tortuosa*（Vilm.）Rehd.］，旱柳之变种，枝条扭曲下垂，为庭院观赏树种。

5.2.4.5 十字花科（Cruciferae） $*K_{2+2}\ C_{2+2} A_{2+4}\ \underline{G}_{(2:1:\infty)}$

草本，植物体常具辛辣味。单叶互生，无托叶。花两性，辐射对称，总状花序；花萼4，每轮2片；花瓣4，十字形排列，基部常呈爪状；花托上有蜜腺，常与萼片对生；雄蕊6枚，外轮2枚短，内轮4枚长，为四强雄蕊；子房上位，由2心皮结合而成，1室，因常有1个次生的假隔膜把子房分为假2室，侧膜胎座。柱头2，胚珠多数（图 5-21）。果为长角果或短角果，2瓣开裂，少数不裂。种子无胚乳，胚弯曲，子叶弯曲或折叠。染色体：X=4～15，多数为6～9。

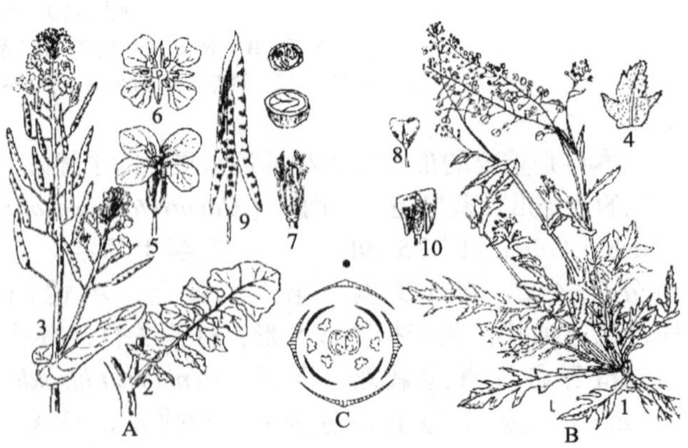

图 5-21 油菜和荠菜
A. 油菜 B. 荠菜 C. 十字花科花图式
1. 开花植株 2. 枝叶 3. 花序 4. 叶背 5. 花 6. 花顶面观
7. 雄蕊和雌蕊 8. 短角果 9. 长角果开裂 10. 短角果开裂

识别要点：草本，十字形花冠，四强雄蕊，侧膜胎座，具假隔膜，角果。

本科有 350 属，3000 种，全世界均有分布。我国有 90 属，约 300 种，全国分布。本科植物有重要的经济价值，如日常蔬菜、油脂植物、药用植物、蜜源植物和花卉等。

1）芸薹属（*Brassica*）。草本；基生叶具有柄，茎生叶无柄，叶的变异较大；花黄色；长角果；具喙；种子球形。本属植物是日常主要的蔬菜。常见的有：油菜（芸薹）（*B. campestris* L.）（图 5-21A），一年生草本，花黄色，长角果，种子含油量达 40% 左右，供食用，是我国南方和西北各省（自治区）大量栽培的油料植物，是当地人民重要食用油，嫩茎叶和总花梗可作蔬菜，种子在中药上称“芸薹子”，有行血散结、消肿之功效。大白菜（黄芽菜）[*B. pekinensis*（Lour.）Rupr]，原产我国，一年生或二年生草本，为华北、东北冬春两季的主要蔬菜。青菜（小油菜）（*B. chinensis* L.），叶不结球，叶柄有狭边；原产我国，品种很多，为常见蔬菜。花椰菜（花菜）（*B. oleracea* var. *botrytis* L.），顶生球形花序供食用。芥蓝（*B. alboglabra* L. H. Bailey），叶蓝绿色，长椭圆形，花白色，原产地中海北岸。榨菜 [*B. juncea*（L.）Czern. et Coss. var. *tumida* Tsen et Lee]，下部叶的叶柄基部肉质膨大，形成高低不平的拳状，以重庆涪陵栽培最负盛名，盐腌加工后食用。芥菜 [*B. juncea*（L.）Czern. et Coss]、白芥（*B. alba* L.）及黑芥 [*B. nigra*（L.）K. Koch] 的种子，称为“芥子”，均可制芥末作调料。芸薹属植物多在早春开花，是重要的蜜源植物。

2）萝卜属（*Raphanus*）。萝卜（莱菔）（*R. sativus* L.），花通常为白色或淡紫色；长角果串球状，不开裂；先端具有长喙；直根肥大肉质，为重要的根菜类，品种很多。种子入药称“莱菔子”，种子油也作工业用。

十字花科也有不少为药用植物，如欧洲菘蓝（菘蓝）（*Isatis tinctoria* L.）、菘蓝（大青）（*I. indigotica* Fort.）的根，作“板蓝根”入药，叶制蓝靛，作“青黛散”入药，也为染料。蔊菜 [*Rorippa indica*（L.）Hiern]、独行菜（*Lepidium apetalum* Willd.）、播娘蒿 [*Descurainia sophia*（L.）Webb.] 等种子均作“葶苈子”入药。荠菜 [*Capsella bursa-pastoris*（L.）Medic.]（图 5-21B）、碎米荠（*Cardamine hirsuta* L.）、遏蓝菜（*Thlaspi arvense* L.）等，也作药用。

此外，本科还有观赏植物，如紫罗兰 [*Matthiola incana*（L.）R. Br.]、桂竹香（*Cheiranthus cheiri* L.）、诸葛菜 [*Orychophragmus violaceus*（L.）O. E. Schulz]、羽衣甘蓝（*Brassica oleracea* var. *acephala* DC. f. *tricolor* Hout.）、香雪球（*Lobularia maritima* Desv.）等。

5.2.5　蔷薇亚纲

木本或草本。常羽状复叶或单叶，偶极度退化或无。花被明显分化，异被；有各种蜜腺；雄蕊多数或少数，向心发育。雌蕊心皮多数或少数，分离或结合，子房上位或下位；胚珠具双或单珠被，厚或薄珠心，偶具珠被绒毡层；胚乳存在或否，但外胚乳大多数不存在。植物体常含有单宁，少数含驱虫物质，绝无甜菜拉因。

本亚纲占木兰纲总数的 1/3，共有 18 目，118 科，约 58 000 种。

5.2.5.1　蔷薇科（Rosaceae）　$*K_{(5)}C_5A_\infty$ $\underline{G}_{\infty\sim1:1:\infty\sim1}$ 或 $\overline{G}_{(5:5\sim2:2\sim1)}$

乔木、灌木或草本，常有刺及明显的皮孔。叶互生，稀对生，单叶或复叶，常具有托叶。花两性，辐射对称，花被与雄蕊愈合成一碟状、杯状、坛状或壶状的托杯（hypanthium）（或称为萼筒、花筒），花萼、花瓣和雄蕊均着生于托杯的边缘，形成周位花；花萼裂片 5，花瓣 5，分离，覆瓦状排列；雄蕊常多数；心皮一至多数，分离或结合；子房上位或下位。果实为蓇葖果、瘦果、梨果或核果，稀为蒴果；种子无胚乳。染色体：X=7，8，9，17。

识别要点：木本或草本，花为 5 基数，花萼、花瓣和雄蕊均着生于托杯的边缘，核果、梨果、聚合蓇葖果或瘦果。

本科约 125 属，3300 余种，广布全世界，主产北温带。我国 52 属，1000 余种，全国各地均产。本科植物具有重要经济价值，作水果、干果和果汁、果酱等果品加工的果树种类非常丰富，作观赏花木、绿化树种和蜜源植物的也很多；有些种类是重要香料植物和高维生素植物，还有一些种类为药用植物及农田杂草。

根据托杯的形状、心皮数目、子房位置和果实类型分为 4 亚科（图 5-22）。

（1）亚科Ⅰ：绣线菊亚科（Spiraeoideae）木本；多无托叶；心皮常 5，分离或基部联合，子房上位；蓇葖果或蒴果。

1）绣线菊属（*Spiraea*）。小灌木，无托叶。托杯浅杯状，伞房花序；萼片、花瓣各 5；雄蕊 15～60 枚；心皮 2～5，分离。蓇葖果。南北各省（自治区）均产，常栽培，供观赏。光叶绣线菊 [*S. japonica* var. *fortunei*（Planch.）Rehd.]，叶披针形，渐尖，基部圆形，背面灰白色。花红色。产长江流域各省（自治区）。庭园栽培。绣球绣线菊（翠兰茶）（*S. blumei* G. Don），叶菱状卵形，3 浅裂，背面灰白色。花白色。我国大部分地区均产。中华绣

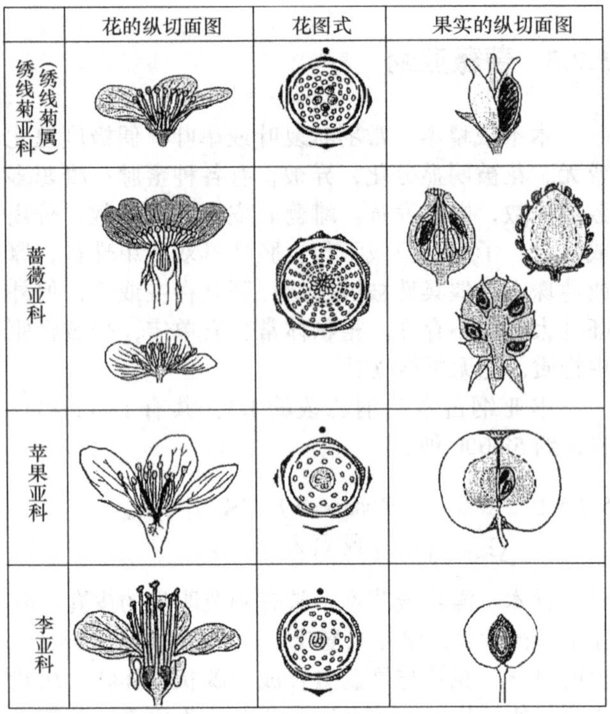

图 5-22　蔷薇科 4 亚科比较图

线菊（铁黑汉条）（*S. chinensis* Maxim），灌木；单叶，无托叶；花序伞形，心皮常分离；聚合蓇葖果；在我国分布很广。

2）珍珠梅属（*Sorbaria*）。奇数羽状复叶，互生。花小，为顶生圆锥花序；花瓣 5；雄蕊 20～50 枚；心皮 5，稍合生。蓇葖果具多数种子。产我国西南部和东北部。华北珍珠梅［*S. kirilowii*（Regel）Maxim］，奇数羽状复叶，具有托叶；顶生圆锥花序，雄蕊 20 枚；分布在我国北部至东部，常栽培。

野珠兰（华空木）（*Stephanandra chinensis* Hance），叶缘有重锯齿，锯齿直达尾状的先端。圆锥花序。产长江流域。茎皮纤维可造纸，根入药。白鹃梅（金瓜果）［*Exochorda racemosa*（Lindl.）Rehd］，叶先端钝或急尖，有时有齿；雄蕊 5；心皮 5，仅花柱分离；蒴果，有 5 棱脊；产江苏、浙江、江西。

（2）亚科Ⅱ：蔷薇亚科（Rosoideae）　木本或草本。叶互生，托叶发达。周位花；心皮多数，分离，着生于凹陷的托杯或突出的花托上，子房上位，每心皮含胚珠 1～2 个。聚合瘦果。

1）蔷薇属（*Rosa*）。灌木。皮刺发达，羽状复叶，托叶常贴生于叶柄上。托杯壶状；萼裂 5；花瓣 5；雄蕊多数，生于托杯口部；心皮多数，分离。多数瘦果集于肉质的托杯内，组成 1 聚合果，称为“蔷薇果”。广布北温带和热带的高原。我国南北各地均有野生种和栽培种。常见的有月季（*R. chinensis* Jacq.），常绿或半落叶灌木，具皮刺，小叶 3～5 个，稀 7 个，表面光滑。花大，重瓣，数朵聚生或单生。原产我国，著名花卉，现全世界广泛栽培，品种极多，花红色、白色或黄色，花姿各异。花蕾能调经活血，根皮能活血舒筋、消肿散淤。玫瑰（*R. rugosa* Thunb.），落叶灌木，茎直立，密生柔毛、刚毛及细刺，小叶 5～9 个，表面多皱。花常红紫色，稀白色，具浓香。原产华北，各地栽培，著名花卉与芳香油植物，花可提制高级香精，果实含维生素 C。花、根入药，有理气活血、收敛之功效。金樱子（*R. laevigata* Michx.），3 小叶复叶，光亮。花单生，白色。果梨形，密布刺。广布于华东、华中、华南。果可熬糖、酿酒，根及果入药。多花蔷薇（野蔷薇）（*R. multiflora* Thunb.），小叶 9，伞房花序，花白色。我国广布。花入药，称为“白残花”，果及根也供药用。

2）悬钩子属（*Rubus*）。灌木，多刺。单叶或复叶。萼宿存，5 裂；花瓣 5；雄蕊多数；雌蕊多数，核果小，集生于膨大的花托上，构成聚合果。掌叶覆盆子（*R. chingii* Hu），叶掌状 3～7 裂，聚合果红色。产安徽、江苏、浙江、广西。果可食及酿酒，根和果入药。茅莓（红梅消）（*R. parvifolius* L.），3 小叶，钝头，背面有密白毛。几乎遍布全国。果生食、熬糖和酿酒；叶及根皮提制栲胶；根、茎、叶均可入药，能舒筋活血，消肿止痛。覆盆子（*R. idaeus* L.），5 小叶复叶，产吉林、辽宁、河北、山西和新疆。果入药，补肾明目。插田泡（*R. coreanus* Miq.），果也作覆盆子入药，广布于长江中游、下游至西北地区。

本亚科还有多种经济植物。例如，草莓（*Fragaria ananassa* Duch.），原产南美，栽培，聚合果食用。地榆（*Sanguisorba officinalis* L.），羽状复叶，小叶间有附属小叶，花部 4 基数，短穗状花序，根为收敛止血药。蛇莓［*Duchesnea indica*（Andr.）Focke］，具长匍匐茎，3 小叶复叶，全国广布，全草药用。龙芽草（仙鹤草）（*Agrimonia pilosa* Ledeb.），羽状复叶，小叶大小相间，花黄色，几乎遍布全国。全草入药，为收敛药，并有强壮止泻作用。棣棠花［*Kerria japonica*（L.）DC.］，灌木，枝绿色。叶卵形，重锯齿，尾尖。花黄色，萼裂 5，花瓣 5，雄蕊多数，心皮 5。瘦果。分布在华中、华东至华南。花入药，栽培供观赏。

（3）亚科Ⅲ：苹果亚科（Maloideae）　木本。单叶互生，有托叶。心皮 2～5，常与杯状托杯合生，成子房下位；梨果。

1）梨属（*Pyrus*）。叶近卵形。花柱 2～5，离生，果肉有石细胞，果实梨形。沙梨［*P. pyrifolia*（Burm. f.）Nakai］，产长江流域和珠江流域。果肉脆甜多汁，生食；蜜制药用止咳。

2）苹果属（*Malus*）。叶近椭圆形。花柱基部结合。果肉无石细胞，果实苹果形。苹果（西洋苹

图 5-23　蔷薇科代表植物

A. 苹果　B. 桃

1. 花枝　2. 果枝　3. 花纵剖　4. 花药

5. 果横切　6. 果纵切　7. 果核

果）（*M. pumila* Mill.）（图 5-23A），乔木。叶椭圆形或卵形，两面有柔毛。萼与花梗有毛，果扁圆形，两端凹，原产欧洲、西亚，我国北部至西南有栽培，果鲜食或加工酿酒。花红（沙果、林檎）（*M. asiatica* Nakai），果扁球形，较小，产于我国北部至西南部。果鲜食或加工制果干、果丹皮及酿果酒。垂丝海棠［*M. halliana* Koehne］，果梗细长，花下垂。原产我国西部。栽培供观赏。

3）山楂属（*Crataegus* L.）。灌木或小乔木，常具枝刺；单叶常分裂；伞房花序；心皮 1～5 枚与花托合生，子房下位；果实成熟时心皮骨质，假核果状。山楂（*C. pinnatifida* Bunge），果红色，近球形，直径 1～1.5cm。味酸，可做果酱；果干后入药有消食积、健胃、降血压之功效。产华北、东北，北方多引栽观赏，其栽培变种：山里红（*C. pinnatifida* var. *major* N. E. Br），果直径达 2.5cm，鲜食或加工果酱等果品，也可药用或观赏。

本亚科还有枇杷［*Eriobotrya japonica*（Thunb.）Lindl.］，果球形，黄色或橘黄色。产我国长江流域，以及甘肃、陕西、河南。果食用，叶药用。木瓜［*Chaenomeles sinensis*（Thouin）Koehne］，果长椭圆形，暗黄色，木质。产华东至华南。果药用，治关节痛、肺病等。

（4）亚科Ⅳ：李亚科（梅亚科 Prunoideae）乔木或灌木。单叶，托叶早落，叶柄顶端常有腺体。花托扁平或微凹，心皮 1，单雌蕊，子房上位，胚珠 1～2 个。核果，常含 1 粒种子。约 10 属，我国 9 属。

1）桃属（*Amygdalus* L.）。叶披针形，幼叶在芽中对折；花单生或 2 朵并生；果皮被毛，果核常有孔穴。桃（*A. persica* L.）（图 5-23B），叶披针形。花单生，红色。果皮被密毡毛，核有凹纹。主产长江流域。果食用，桃仁（胚）、花、树胶、枝、叶均可药用。主要栽培变种有：蟠桃［*A. persica* var. *compressa*（Loud）Yü et. Lu］，果扁，核小；离核光桃［*A. persica* Linn. var. *aganonucipersica*（Schübler & Martens）Yü et Lu］（图 5-32B），果皮光滑无毛，果肉与核分离。本属常见植物还有扁桃（巴旦木，*A. communis* L.），著名干果；榆叶梅［*A. triloba*（Lindl.）Ricker］，北方广栽观赏；山桃［*A. davidia*（Carr）C. de Vos ex Henry］，耐寒，优良砧木，可供观赏。

2）杏属（*Armeniaca* Mill）。叶圆形或卵形，幼叶在芽中卷旋；花先叶开放，花单生或 3 朵并生；果皮被毛，果核表面常光滑，具锐利边棱。杏（*A. vulgaris* Lam.），原产我国及中亚，各地广栽，品种很多，果鲜食或加工各种果品，种仁药用或榨油。梅（*A. mume* Sieb.），小枝绿色，果黄色或绿白色，果核具孔穴，原产我国，久经栽培，品种甚多，供观赏，果食用或加工果品，并药用。

3）李属（*Prunus* L.）。叶椭圆形、卵形至倒卵形，幼叶在芽中卷旋稀对折；花单生或 2～3 朵簇生；果皮无毛，被蜡粉，果核平滑，少有皱纹。本属植物抗寒性强，多作果树或观赏，果鲜食或加工各类果品。品种多而栽培广泛，常见的有李（*P. salicina* Lindl.）、欧洲李（*P. domestica* L.）和樱桃李（*P. cerasifera*. Ehrh）等。

4）樱桃属（*Cerasus* Mill.）。叶椭圆形、卵形至倒卵形，幼叶在芽中对折；花单生、蔟生或呈伞形和伞房花序；果较小，果实无沟，果皮光滑，无蜡粉，果核平滑或有皱纹。本属栽培种多作果树或观赏，也可药用，果鲜食或加工各类果品，常见的有樱桃［*C. pseudocerasus*（Lindl.）G. Don］和毛樱桃［*C. tomentosa*（Thunb.）Wall.］等，观赏植物有郁李［*C. japonica*（Thunb.）Lois.］、山樱花［樱花 *C. serrulata*（Lindl.）G. Don ex Londonl］和东京樱花［*C. yedoensis*（Matsum.）Yü et Li］等。

蔷薇科是一个重要的经济科，也是世界被子植物十大科之一，许多果树和花卉都是蔷薇科植物，其中很多种都原产我国。相传神农时代已引种野蔷薇。晋代（公元 405 年）以后栽培更为普遍，我国的月季、茶香月季（*R. odorata*）分别于 1789 年和 1810 年传入欧洲，把反复开花的遗传性带到了欧洲，大大改善了当地的月季种质，成为现代月季的鼻祖，到目前月季品种已达 6000 多个，几乎所有高级的现代月季都有中国月季的“血统”。我国果树栽培据有文字考证的已有 2500 多年的历史，桃、李、梅、唐棣、木瓜等已在《诗经》中提到，汉代以后又发展了嫁接技术，表明了我国劳动人民无穷的智慧。

5.2.5.2　豆科（Leguminosae）　$\uparrow * ⚥ K_{(5),5} C_5 A_{10,(9)+1,(10),\infty} \underline{G}_{(1:1:\infty \sim 1)}$

草本、灌木或乔木，常具根瘤。叶互生，多羽状或三出复叶，少单叶，常具托叶，叶枕常发达。多总状花序，少为圆锥花序、穗状花序和头状花序；花两性，常两侧对称，少辐射对称；花萼常5裂，花瓣5枚，花冠多为蝶形或假蝶形；雄蕊10枚，少有4枚至多数，常连合成二体雄蕊，少数全部分离或连成单体；雌蕊单心皮，子房上位，边缘胎座，1室，胚珠1个或多数。荚果，种子无胚乳。染色体：X=5～16，18，20，21。

识别要点：叶常为羽状或三出复叶，多有托叶与叶枕。花冠多为蝶形或假蝶形；雄蕊为二体、单体或分离；单雌蕊；荚果。

本科约有650属，18 000种，为被子植物第三大科，广布全世界。我国有130属，1300余种，各地均产。本科有许多重要经济植物，如豆类作物、蔬菜、饲草、绿肥、药用植物、绿化观赏及材用树种等，另外还有一些农田杂草，是农林牧业生产上很重要的一科。

本科依据花冠的形态与对称性、花瓣排列方式、雄蕊数目与类型等性状分为3亚科。

（1）亚科Ⅰ：含羞草亚科（Mimosoideae）$*⚥K_{(3\sim6)}C_{(3\sim6),\,3\sim6}A_{\infty,\,(3\sim6)}\underline{G}_{(1:1:\infty)}$ 木本，稀草本。一至二回羽状复叶。花辐射对称，穗状花序或头状花序；花瓣幼时为镊合状排列；雄蕊多数，稀与花瓣同数，花丝分离，稀合生。荚果有的具有次生横隔膜。染色体：X=8，11～14。

1）合欢属（*Albizia* Durazz.）。二回羽状复叶；花5数，花冠小，下部合生；雄蕊20～50枚，花丝基部合生，长为花冠数倍，荚果扁平，带状，不开裂或迟裂。合欢（*A. julibrissin* Durazz）（马缨花）（图5-24B），乔木，小叶矩圆形，中脉偏斜。头状花序，花丝细长淡红色；各地栽培，观赏及作行道树，树皮和花药用，有安神、活血止痛的作用。山合欢［*A. macrophylla*（Bunge）P. C. Huang］，花丝黄色、白色或淡红色；用途同合欢。

2）含羞草属（*Mimosa* L.）。二回羽状复叶，小叶敏感，触之即闭合而下垂；花小，两性或杂性，组成稠密的球形头状花序或圆柱形穗状花序；雄蕊与花瓣同数或为其2倍，分离；荚果成熟时横裂为数节，荚缘宿存在果柄上，每节含1粒种子。含羞草（*M. pudica* L.），草本，具刺，头状花序呈球形，萼钟状，裂片4，花瓣4，雄蕊4；原产热带美洲，现广布于世界热带地区，野生于荒地、灌木丛中；全草药用，能安神镇静、止血收敛、散瘀止痛；也可栽培，供观赏。

含羞草亚科常见的还有台湾相思树（*Acacia confusa* Merr.），乔木，叶片退化，叶柄扁化呈叶片状；头状花序腋生，黄色，台湾、福建以及华南等地常见，耐旱，根系有大量根瘤菌，为荒山造林及水土保持的优良树种。

（2）亚科Ⅱ：苏木亚科（Caesalpinioideae）$\uparrow⚥K_{(5)}C_5A_{10}\underline{G}_{(1:1:\infty)}$ 木本。一至二回羽状复叶，稀单叶。花稍两侧对称，总状花序或圆锥花序；花瓣为上升覆瓦状排列，即最上方的1枚花瓣位于最内方，也称为假蝶形花冠；雄蕊10枚或较少，常分离。荚果，或有横隔。染色体；X=6～14。

1）皂荚属（*Gleditsia* L.）。落叶乔木，常具粗刺；一至二回羽状复叶，托叶早落；花杂性或单性异株，总状花序或穗状花序；雄蕊6～10枚，荚果扁平。皂荚（*G. sinensis* Lam.）（图5-24C），一回羽状复叶。果荚近直；优良材用树种，各地有栽，荚果可代肥皂用，种子榨油或药用。

2）紫荆属（*Cercis* L.）。落叶灌木或乔木；单叶全缘；总状花序或成花簇，花红色，雄蕊10枚，分离；荚果扁平。紫荆（*C. chinensis* Bunge），叶心形，花于老枝条或多年生枝条上簇生，粉红色或红色，先叶开放；各地栽培供观赏，树皮和花梗为治疮要药。

3）羊蹄甲属（*Bauhinia*）。乔木、灌木或藤本，有时具卷须，叶常2裂，稀全缘或有小叶；花多，大而美丽；雄蕊3枚、5枚或10枚，果扁平。红花羊蹄甲（洋紫荆）（*B. blakeana* Dunn），叶圆形至阔卵形，先端2裂，花紫红色，能育雄蕊5枚，果不实。原产香港，为香港市花；洋紫荆（*B. variegata* L.），叶圆形至阔卵形，花粉红色或白色具紫色线纹，能育雄蕊5枚，荚果长约20cm；羊蹄甲（*B. purpurea* L.），叶圆形至阔卵形，花紫红色，能育雄蕊3枚或4枚；白花羊蹄甲（*B. acuminata* L.）叶圆形至阔卵形，花白色，能育雄蕊10枚，上述树种华南广栽，作观赏或行道树。

本亚科常见的植物还有：云实［*Caesalpinia decapetala*（Roth）Alston］，有刺灌木，常蔓生，二回羽状复叶，花黄色；产江南各省。苏木（*C. sappan* L），灌木或乔木，有疏刺，二回羽状复叶；主产江南；心材药用或提取红色染料，根可提取黄色染料。决明（*Cassia tora* L.），草本，小叶3对；花黄色，产江南各省，种子药用。著名观赏树种还有凤凰木［*Delonix regia*（Bojea）Raf.］、格木（*Erythrophleum fordii* Oliv）和铁刀木（*Cassia siamea* Lam.）等。

（3）亚科Ⅲ：蝶形花亚科（Fabaceae，Papilonaceae）$\uparrow⚥K_{(5)}C_{1+2+(2)}A_{(9)+1,\,(5)+(5),\,(10),\,10}\underline{G}_{(1:1:\infty\sim1)}$ 草本、木本或藤本。羽状或三出复叶，稀单叶。花两侧对称，花萼5裂，具萼管；蝶形花冠，花瓣为下降覆瓦状排列，即最上方1瓣为旗瓣，位于最外方，侧面两片为翼瓣，最内两瓣基部常联合，为龙骨瓣；雄蕊10枚，常为二体雄蕊，成（9）与1或（5）与（5）两组，少单体或分离。染色体：X=5～13。

1）大豆属（*Glycine* Willd.）。一年生草本；叶具三出复叶；花白色、紫色、蓝色，总状花序；荚果具有黄色柔毛；约10种，分布于东半球温带和热带地区；我国有7种。大豆［*G. max*（L.）Merr.］（图5-24A），原产我国，主产东北，为重要的油料和粮食作物，大豆的栽培和豆腐的制作是我国对世界的伟大贡献。世界各地广泛栽培，目前我国大豆的产量占世界第二位。

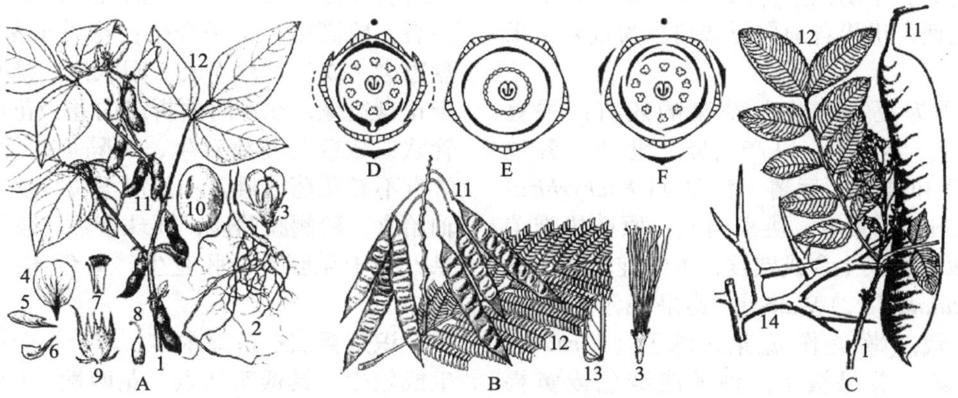

图5-24　豆科代表植物

A. 大豆　B. 合欢　C. 皂荚　D. 蝶形花亚科花图式　E. 含羞草亚科花图式　F. 苏木亚科花图式
1. 花果枝　2. 根　3. 花　4. 旗瓣　5. 翼瓣　6. 龙骨瓣　7. 雄蕊　8. 雌蕊
9. 花萼　10. 种子　11. 荚果　12. 复叶　13. 小叶　14. 茎刺

2）槐属（*Sophora* L.）。乔木或灌木；奇数羽状复叶，小叶对生；花白色或黄色，少蓝紫色，雄蕊10枚，分离；荚果念珠状，不开裂。槐（*S. japonica* L.），乔木，枝条绿色，圆锥花序，花白色或淡黄色；原产我国，各地广栽，优良绿化观赏树种和蜜源植物，也可药用。苦参（*S. flavescens* Alt），草本或亚灌木；南北各省均产，根含生物碱，具有清热燥湿、杀虫利尿作用，种子可作农药用。苦豆子（*S. alopecuroides* L.），多年生草本；主产华北和西北，杂草。

3）豌豆属（*Pisum* L.）。一年或多年生草本；偶数羽状复叶，小叶1～3对，叶轴顶端有分支卷须；花单生或数朵排成总状花序，腋生，花白色、紫色或红色；雄蕊10枚，二体；花柱扁而纵折；荚果长圆形，肿胀，有球形种子数粒。豌豆（*P. sativum* L.），我国广泛栽培，豌豆苗蔬食，豌豆可加工成各种食品。

4）苜蓿属（*Medicago* L.）。草本稀灌木；羽状三出复叶，小叶上端有锯齿，叶脉伸入齿端；总状花序或头状花序；花黄色或紫色，二体雄蕊；荚果旋卷成陀螺状，常不开裂。紫花苜蓿（*M. sativa* L.），多年生草本，花紫色，荚果螺旋形，被疏毛。为世界上栽培最广泛的优良豆科牧草，全草有清热利尿、凉血通淋的功效。南苜蓿（*M. polymorpha* Gaertn），多年生草本，花黄色，荚果有疏刺。为优良牧草。

5）锦鸡儿属（*Caragana* Fabr.）。灌木。偶数羽状或假掌状复叶，叶轴脱落或宿存变成刺；托叶宿存并硬化成针刺；花多为黄色，单生或簇生；荚果细长，膨胀或扁平。小叶锦鸡儿（*C. microphylla* Lam.），灌木，羽状复叶，小叶5～10对，托叶较长，脱落，花单生；皆分布北方各省，耐旱，优良固沙和水土保持植物，叶可饲用。柠条锦鸡儿（*C. korshinskii* Kom），树皮金黄色或绿黄色，幼枝被白色柔毛，小叶6～8对，先端具短尖头，花冠黄色，荚果披针形，是优良固沙和水土保持树种。

6）甘草属（*Glycyrrhiza* L.）。多年生草本，常有鳞片状腺体或刺状毛；奇数羽状复叶；花序总状或穗状；花淡蓝紫色、白色或黄色；荚果具刺毛状腺体或瘤状突起。甘草（*G. uralensis* Fisch.），根及根状茎粗壮，味甜，茎叶被腺点和绒毛，小叶5～17，卵形或近圆形，荚果弯曲呈镰形或环形。产北方各省，根与根状茎称为甘草，药用有清热解毒、补中益气、润肺止咳、调和诸药等作用。作甘草入药的品种还有光果甘草（*G. glabra* L.）和胀果甘草（*G. inflata* Batal.）等。

7）黄芪属（*Astragalus* L.）。草本或半灌木；奇数羽状复叶；花蓝紫色、白色或黄色，头状花序、总状花序或穗状花序；荚果背缝线向内延伸将单室子房分隔成2室，果沿背缝开裂。黄芪（膜荚黄芪）［*A. membranaceus*（Fisch.）Bunge］，主根肥厚，木质，叶两面有白色柔毛，花黄色，荚果被白色或黑色短柔毛；产北方，各地有栽种。根入药，有滋肾补脾、止汗利水、消肿排脓之效。内蒙黄芪（*A. mongolicus* Bunge）根入药，功效同黄芪。紫云英（*A. sinicus* L.），产南方各省，现各地多栽培，饲用或作绿肥。沙打旺（*A. adsurgens* Pall.），为良好的饲用、绿肥和固沙植物。

8）落花生属（*Arachis* L.）。匍匐草本；偶数羽状复叶；花红色。落花生（*A. hypogaea* L.），小叶2对，雌蕊受精后，子房柄延伸入土中，果实在地下成熟；原产巴西，世界各地广泛栽培，为重要干果和油料作物。

本亚科作为豆类作物与蔬菜的还有：蚕豆（*Vicia faba* L.），茎4棱；原产南欧、北非，各地广栽，作蔬菜和杂粮。豆薯（沙葛）[*Pachyrhizus erosus*（L.）Urb.]，藤本，块根肉质；原产热带美洲，南方多栽，块根生食或熟食，可制淀粉。豇豆[*Vigna unguiculata*（L.）Walp.]，荚果线形，稍肉质；各地广栽，嫩荚作蔬菜。绿豆[*V. radiata*（Linn.）Wilczek]，荚果被毛，种子淡绿色或黄褐色；各地广栽，种子食用，可制豆沙、粉丝以及提淀粉和生豆芽等，入药清热解毒。赤豆[*V. umbellata*（Willd）Ohwiet et Ohashi]，果无毛，种子常红色；各地广栽，种子供食用，煮粥和制豆沙等，也可药用。扁豆[*Lablab purpureus*（L.）Sweet]，茎缠绕，果荚扁平；原产印度，各地广栽，嫩荚作蔬菜。菜豆（*Phaseolus vulgaris* L），荚果条形，肉质；原产美洲，各地广栽，品种很多，嫩荚供蔬菜。

本亚科常见材用树种和观赏绿化植物有紫檀（*Pterocarpus indicus* Wiil.），乔木，花黄色，果近圆形具翅；产南部热带，木材坚硬致密，树心红色，通称为“红木”。黄檀（*Dalbergia hupeana* Hance），乔木，花白色或淡紫色，果长圆形，南方广布，木材黄色或白色，材质坚密。降香黄檀（*D. odorifera* T. Chen），常绿乔木，海南特产，国家二级重点保护野生植物，濒危树种。其木材被称为“黄花梨”，木材木质坚硬，纹理漂亮，是制作古典硬木家具的上乘材料。其木屑泡水可降血压、血脂。刺槐（洋槐）（*Robinia pseudoacacia* L.），乔木，具托叶刺，花白色，果扁平；原产美洲，各地广栽，适应性强，优良绿化与蜜源树种。毛刺槐（毛洋槐）（*R. hispida* L.），灌木，幼枝和叶轴被硬毛，花红色，果被毛；原产北美，各地引栽观赏，通常营养繁殖。紫穗槐（*Amorpha fruticosa* L.），灌木，叶具腺点，花冠仅有1枚旗瓣，紫色，果具疣状腺点；原产美洲。各地有栽，适应性强，优良绿肥和绿化植物。紫藤[*Wisteria sinensis*（Sims）Sweet]，茎左旋；多花紫藤[*W. floribunda*（Wikkd）DC]，茎右旋，栽培观赏。常见饲用植物主要有车轴草属（*Trifolium*）、草木犀属（*Melilotus*）、驴食草属（*Onobrychis*）、野豌豆属（*Vicia*）等属植物。

豆科植物常具根瘤，是根与根瘤细菌的共生体，有固氮作用，其中不少是绿肥植物。

5.2.5.3 桃金娘科（Myrtaceae） $*K_{(3\sim\infty)}C_{4\sim5}A_{\infty}\overline{G}_{(2\sim5:2\sim5)}$

常绿木本。单叶，全缘，革质，对生或轮生，具透明油点，无托叶。花两性，轴射对称；萼3至多裂，萼筒略与子房合生；花瓣4或5，着生于花盘边缘，或与萼片连成一帽状体；雄蕊多数，也生于花盘边缘，在芽时曲折或内卷，花丝分离、连成管状或成簇与花瓣对生，药隔顶端常有1个腺体，常有不具花药的雄蕊；子房下位，多室至1室，中轴胎座，稀侧膜胎座，胚珠多数。浆果、核果或蒴果。种子无胚乳，胚直生。染色体：$X=6\sim9$，多为11。

识别要点：常绿木本，单叶，全缘，革质，对生或轮生，具透明油点。花两性，5基数，子房下位，中轴胎座。

本科有100属，3000种，分布于热带和亚热带地区，主产于美洲和大洋洲。我国原产8属，67种；引种5属，69种。

1）桉属（*Eucalyptus*）。多为高大乔木，幼叶与成熟叶异型，叶有边脉，有香气。萼片和花瓣合成帽状体，蒴果。原产大洋洲，我国引种桉树上百年的历史，先后引种近100种。常见的有桉（大叶桉）（*E. robusta* Sm.）（图5-25A），树皮粗糙，不剥落，叶卵状披针形。细叶桉（*E. tereticornis* Sm.），树皮光滑，灰白色或淡红色，长片状剥落，叶狭长披针形。蓝桉（*E. globulus* Labill.），树干灰蓝白色，片状剥落，苗枝上叶对生，无柄，心形，蓝白色；新枝上叶披针形，互生。窿缘桉（*E. exserta* F. V. Muell.），树皮宿存，粗糙有纵沟，灰褐色；嫩枝纤细下垂。幼叶对生、狭窄，有短柄；柠檬桉（*E. citriodora* Hook，f.），树皮光滑，灰白色，大片状

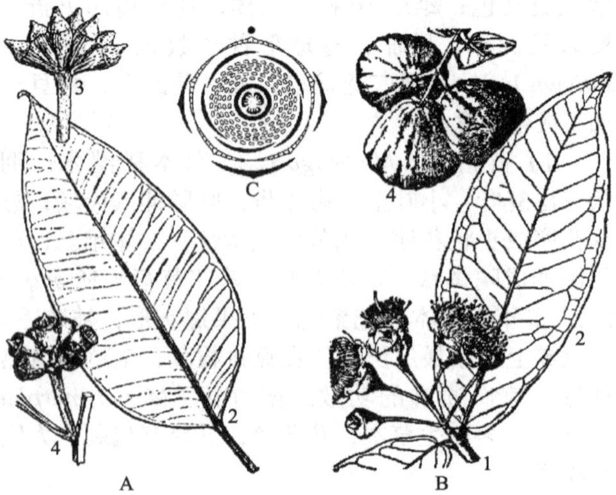

图5-25　桃金娘科代表植物
A. 大叶桉　B. 洋蒲桃　C. 香桃木花图式
1. 花枝　2. 叶片　3. 花序　4. 果序

剥落，剥后无斑痕，幼叶披针形，有腺毛，基部圆形，叶柄盾状着生。桉树木材耐腐可作枕木、桥梁等用；枝叶可提取各种不同的桉油，油的主要成分包括桉叶醇、蒎烯、香草醛、松油烃等，在工业、医药和选矿上有很高的经济价值。我国目前用于大量生产精油的有窿缘桉、柠檬桉、赤桉（*E. camaldulensis* Dehnh.）、蓝桉等。

2）蒲桃属（*Syzygium*）。乔木或灌木，叶对生，花萼与花冠分离，浆果。蒲桃［*S. jambos*（L.）Alston］，叶长椭圆状披针形，浆果核果状，球形或卵形，绿色，可生食或作蜜饯，为良好的防风固沙植物和观赏植物，产广东、广西、云南。洋蒲桃［*S. samarangense*（Blume）Merr. & Perry］（图 5-25B），叶基圆或浅心形，果红色。台湾称莲雾，为著名水果。

我国原产种类中最常见的为桃金娘（岗稔）［*Rhodomyrtus tomentosa*（Ait.）Hassk.］，叶椭圆形，对生，革质，离基 3 出脉。浆果熟时紫黑色，果可食用、药用和酿酒，产我国南部。番石榴（*Psidium guajava* L.），原产美洲，我国南部栽培，有时逸为野生。浆果香甜，为著名水果。富含维生素 C；叶含芳香油，能健胃；树皮也可入药。白千层（*Melaleuca leucadendra* L.），大乔木，树皮灰白色，厚而疏松，薄片状剥落。叶狭椭圆形。花乳白色。蒴果半球形。原产澳大利亚。我国南部栽培作行道树；叶可提取芳香油，供药用及工业用。水翁［*Cleistocalyx operculatus*（Roxb.）Merr. et Perry］，乔木，枝、叶有香气，花萼和花瓣合成帽状体。分布于广东、台湾。

5.2.5.4　大戟科（Euphorbiaceae）♂：$*K_{0\sim5}\,C_{0\sim5}\,A_{1\sim\infty}$；♀：$*K_{0\sim5}\,C_{0\sim5}\,\underline{G}_{(3:3:1\sim2)}$

草本、灌木或乔木，稀为肉质植物，常具有乳汁。单叶，稀复叶，互生，具有托叶。花常单性，同株或异株；常成聚伞花序；花双被、单被或无被；雄花雄蕊一至多数，分离或合生；雌花雌蕊常心皮 3 合生，子房上位，3 室，中轴胎座，每室具有 1～2 个胚珠，花柱上部常分叉。蒴果成熟时常裂为 3 分果，稀浆果或核果。种子具有胚乳。染色体：X=7～11，12。

识别要点：常具乳汁。单叶。花单性，多聚伞花序；子房上位，3 室，中轴胎座。蒴果。

本科约 300 属，8000 种，广布全球，主产热带和亚热带。我国有 65 属，约 400 种，各省分布，多产南方。本科是一个热带性大科，多为橡胶、油料、药材、鞣料、淀粉、观赏及用材等经济植物，具有重要的经济价值。有些种类有毒，可制土农药。

1）蓖麻属（*Ricinus* L）。仅有蓖麻（*R. Communis* L.）1 种（图 5-26A）。灌木或小乔木，栽于温带地区则为一年生草本；单叶互生，盾形，掌状 5～11 裂；花单性同株，雌上雄下同序，无花瓣及花盘，组成聚伞花序再排成顶生圆锥状花序；雄花具多数雄蕊，花丝多分支；雌花萼片 5，早落，子房 3 室，每室 1 个胚珠；蒴果具软刺，分裂成 3 个 2 瓣裂的分果，种皮光滑有斑纹，种阜明显（图 5-26A）。原产非洲，各地有栽，为重要油料作物；种子含油率为 69%～73%，其油主要供工业和医药用，为优良润滑油，叶可饲蓖麻蚕。

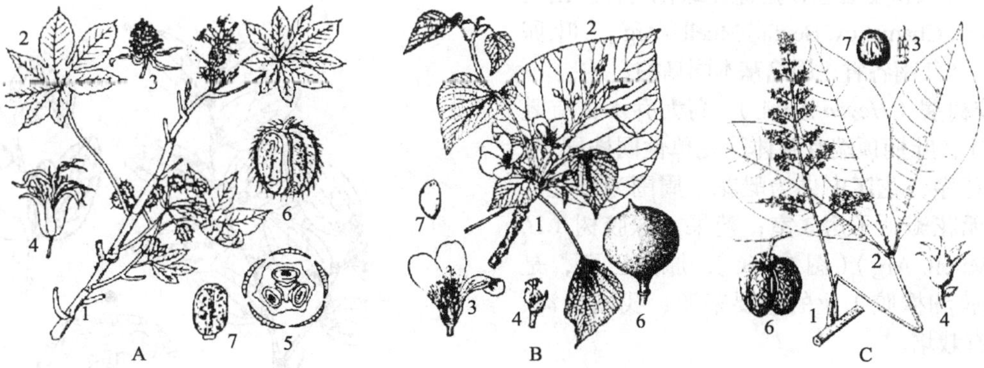

图 5-26　大戟科代表植物

A. 蓖麻　B. 油桐　C. 橡胶树

1. 花果枝　2. 叶　3. 雄花　4. 雌花　5. 雌花花图式　6. 果实　7. 种子

2）大戟属（*Euphorbia* L.）。草本或灌木，有的茎肉质化，有乳汁；叶互生或对生，常无托叶。花序为杯状的聚伞花序，每一杯状花序观似一朵花，包含多朵雄花和位于中央的 1 朵雌花，外面围以绿色杯状总苞；花小，单性，无花被；雄花仅 1 枚雄蕊，花丝和花柄间有关节；雌花仅 1 枚雌蕊，3 心皮合生，3 室，每室 1 个胚珠，花柱 3，上部分为两叉。蒴果。本属约 2000 种，分布于亚热带及温带地区。我国有 60 种以上，多数种有毒。常见杂草有泽漆（*E. helioscopia* L.）、地锦（*E. humifusa* Willd）、乳浆大戟（*E. esula* L.）和钩腺大戟（*E. sieboldiana* Morr. et Decne）等；主要药用植物有大戟（*E. pekinensis* Rupr.）、甘遂（*E. kansui* T. N. Liou ex S. B. Ho）等；观赏植物有一品红（圣诞树）（*E. pulcherrima* Willd. et Kl.）、铁海棠（*E. milii* Ch. des Moulins）、火殃簕（*E. antiquorum* L.）等。续随子（*E. lathylris* L.）是世界性栽培油料作物，种子含油量达50%，可制肥皂和润滑油，研究表明其有代替石油的潜力，因而备受重视；种子入药，全草有毒。

3）油桐属（*Vernicia* Lour.）。乔木，常具乳汁；单叶，叶柄顶端具2个腺体；顶生圆锥状聚伞花序，花雌雄同株，花双被，雄花雄蕊8～20枚；核果大型，种子富含油质。油桐［*V. fordii*（Hemsl.）Airy Shaw］图（5-26B），叶卵状或卵状心形，全线，花白色，果皮光滑；原产我国，主产华中和西南。种仁含油率为46%～70%，称“桐油”，我国特产，产量占世界总产量的70%以上，桐油为优良的干性植物油，是油漆和涂料工业重要原料。木油桐（千年桐）（*V. montana* Lour），叶常3～5裂，果皮皱缩。主产华南，用途同油桐。

4）乌桕属（*Sapium* P. Br.）。乔木或灌木，含有毒乳汁，单叶全缘，少有锯齿，叶柄顶端有2个腺体；雌雄同株，雄上雌下同序，顶生或侧生穗状花序；无花瓣和花盘。花萼2～3浅裂；雄花雄蕊2～3枚，子房2～3室，每室1个胚珠，花柱3；蒴果室背开裂，种子外被蜡质假种皮或否。乌桕［*S. sebiferum*（L.）Roxb］，叶菱形；产黄河以南各省，重要木本油料树种；假种皮（蜡层）为制造蜡烛、肥皂、蜡纸及硬脂酸的原料；种仁榨油称为青油，供制油漆和润滑油等；木材可供制家具、农具；叶可制取黑色素；根皮入药治蛇毒；叶入秋变红色，是优良绿化树种。山乌桕［*S. discolor*（Champ. ex. Benth）Muell. -Arg］，叶卵形至椭圆形；产江南各省；用途基本同乌桕。

5）橡胶树属（*Hevea* Aubl.）。高大乔木，有乳汁；三出复叶，叶柄顶端有腺体；花单性同株同序，圆锥状聚伞花序，花序中央为雌花，周围为雄花；萼5齿裂，无花瓣，子房3室；蒴果。橡胶树（*H. brasiliensis* Muell. Arg）（图5-26C），原产巴西，是世界天然橡胶和橡胶工业的重要来源，我国台湾、海南、云南有栽培。

大戟科经济植物还有木薯（*Manihot esculenta* Crantz），块根肉质含淀粉，可作粮食或供工业用，但因含氰酸，食用前需水浸并煮熟去毒（也有无毒品种）；原产巴西，我国南方地区栽种。巴豆（*Croton tiglium* L.），分布于江南地区，为著名杀虫植物和泻药；种子含巴豆油及毒蛋白等，有大毒。

大戟科植物的营养体、化学特征及花粉形态，在同一科中差别很大，它是一个多型科，分类比较复杂，因此关于它的系统位置，不同学者有不同见解，至今尚有争论。

5.2.5.5 鼠李科（Rhamnaceae） $*\text{⚥}K_{4\sim5}C_{4\sim5}A_{4\sim5}\underline{G}_{(2\sim4:2\sim4:1)}$

乔木、灌木或攀缘藤本，常有枝刺或托叶刺。单叶互生或近对生，叶脉显著，常有托叶。花小，两性稀单性，辐射对称，多为腋生聚伞花序；花萼4～5裂，花瓣4～5或缺；雄蕊4～5与花瓣同数对生；花盘肉质，发达；子房上位或一部分埋于花盘内，2～4室，每室有1个基生胚珠，花柱2～4裂。核果、蒴果或翅果。染色体：X=10～13。花粉3孔。

识别要点：木本，常有刺。单叶不分裂。花两性，4～5基数，雄蕊与花瓣对生，有花盘，子房上位。核果或蒴果。

本科约58属，900余种，分布于温带和热带。我国有14属，130余种，南北均有分布。其中有红枣等重要果树。

1）枣属（*Ziziphus* Mill）。灌木或乔木，枝红褐色，光滑；叶全缘或有锯齿，具短柄，离基三出脉，托叶常刺状；花各部5基数，花盘不规则，子房常陷入花盘内，多2室；核果近球形或椭圆形。枣［*Z. jujuba* var. *inermis*（Bunge）Rehd］（图5-27），落叶小乔木，托叶刺常呈一直和一钩状，花小，黄绿色，花盘大，核果大，深红色，核两端尖。原产我国，是我国特产果树，现各地有栽，主产北方；果味甜，供食用，有滋补强壮之功效，干果、根、树皮及种仁药用，也是优质蜜源植物。酸枣［*Z. jujuba* var. *spinosa*（Bge）Hu］，多刺灌木，果近球形，核先端钝，果味酸，种子药用称为“酸枣仁”，有镇

图5-27 枣

1. 花枝 2. 花 3. 果枝 4. 果实 5. 果实横切面 6. 种子 7. 花图式

静安神之功效。产黄河及长江流域各省，北方各地常作大枣砧木。

2）枳椇属（*Hovenia* Thunb.）。落叶乔木，无托叶；腋生或顶生聚伞花序，花各部5，花盘被毛，子房下部埋于花盘中，3室；核果球形，外果皮革质；果序分支熟后膨大变肉质。北枳椇（拐枣）（*H. dulcis* Thunb.），叶卵形，三出脉，叶缘锯齿粗钝，果序梗肉质肥大呈“之”字形折曲；华北南部至长江流域普遍分布，肉质果序梗，富含葡萄糖，可食用或酿酒，种子药用，为清凉利尿剂。

鼠李科常见植物还有冻绿（*Rhamnus utilis* Decne.），灌木或小乔木，小枝顶端针刺状，花单性，4基数，核果球形，黑色：叶和果可提制绿色染料。多花勾儿茶（*Berchemia floribunda* Brongn.），攀缘灌木，栽培供观赏。

5.2.5.6 葡萄科（Vitaceae） $*⚥K_{4\sim5}C_{4\sim5}A_{4\sim5}\underline{G}_{(2:2:1\sim2)}$

木质稀草质藤本，常具与叶对生的茎卷须。单叶或复叶，互生，有托叶或无。花小，整齐，两性或单性，排列成聚伞花序、圆锥花序或伞房花序，常与叶对生；花萼4～5齿裂，细小，花瓣4～5，镊合状排列，分离或顶部黏合成帽状，常早落，花盘环形或浅裂；雄蕊4～5枚，与花瓣同数对生，着生于花盘基部；雌蕊2枚，心皮合生，子房上位，常为2室，中轴胎座，每室1～2个胚珠。浆果，种子多有胚乳。染色体：X=11～14，16，19，20。

识别要点：藤本。常具与叶对生的卷须或花序。花小，4～5数，两性，雄蕊与花瓣同数对生，有花盘，子房上位。浆果。

本科约12属，700余种，多分布于热带及温带地区。我国有7属，106种，南北均产。其中，葡萄为著名果树，其他还有不少药用植物。

1）葡萄属（*Vitis* L.）。落叶木质藤本，卷须顶端无吸盘，树皮无皮孔，常片状剥落，髓褐色；单叶常掌状分裂，聚伞式圆锥花序，花小，淡绿色，5基数，花瓣顶端黏合成帽状，早落，花盘由5枚腺体组成。葡萄（*V. vinifera* L.）（图5-28），原产西亚，各地广栽，品种达200种以上，栽培已有数千年历史。为著名果品，生食、制干和酿酒等，根和藤药用。常见种类还有山葡萄（*V. amurensis* Pupr.）、刺葡萄［*V. davidii*（Roman Du Caill）Foex］、秋葡萄（*V. romanetii* Roman）和变叶葡萄（*V. piasezkii* Maxim.）等。

2）乌蔹莓属（*Cayratia* Juss）。木质或草质藤本，卷须分叉无吸盘；掌状或鸟足状复叶；伞房状聚伞花序腋生，花部4基数，花瓣开展。乌蔹莓［*C. japonica*（Thunb.）Gagnep.］，鸟足状复叶，小叶5片，

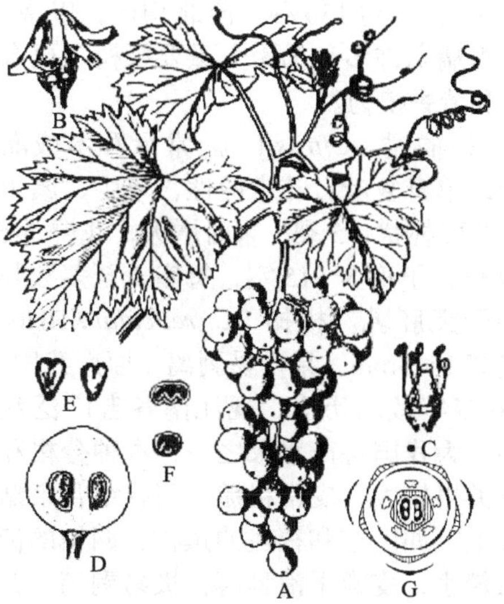

图5-28 葡萄

A. 果枝 B. 花（示花冠成帽状脱落） C. 雄蕊、雌蕊及雄蕊间的蜜腺 D. 果实纵切 E. 种子 F. 种子横切（示腹面有沟） G. 花图式

浆果倒卵形，黑色；分布于南方，常见杂草，全草入药，有清热解毒、活血散淤、消肿利尿之效。

3）地锦属（爬山虎属）（*Parthenocissus* Planch.）。落叶木质藤本，髓白色，卷须顶端具吸盘；复叶或单叶；聚伞花序，花瓣5离生；果小。地锦（爬山虎）［*P. tricuspidata*（Sieb. et. zucc）Planch.］和绿叶地锦（绿爬山虎）（*P. laetevirens* Rehd）产各地，常攀缘墙壁及岩石上，可作为庭园垂直绿化植物，根茎可入药。

葡萄科常见还有蛇葡萄属（*Ampelopsis*），茎髓白色，伞房状聚伞花序，花瓣离生。白蔹［*A. japonica*（Thunb.）Makino］，广布南北，可药用。

5.2.5.7 芸香科（Rutaceae） $*⚥K_{4\sim5}C_{4\sim5}A_{8\sim10}\underline{G}_{(4\sim\infty:4\sim\infty:1\sim2)}$

乔木、灌木、木质藤本，稀草本，全体含芳香挥发油，有的具刺。叶互生，稀对生，羽状复叶或单身复叶，稀为单叶，叶上具有透明油腺点，无托叶。花两性，稀单性，多辐射对称；萼片4～5，基部合生或离生，花瓣4～5，离生；花盘位于雄蕊与子房之间，雄蕊数常为花瓣2倍，稀多数，常2轮，着生于环状肉质花盘周围；雌蕊由1至多数心皮组成，多为4～5心皮，合生少离生，子房上位，中轴胎座，常4～15室，每室胚珠1～2个，稀多数。柑果、核果、蒴果，稀浆果、翅果；种子有或无胚乳。染色体：X=7～9，11，13。

识别要点：木本，茎常具刺，叶有透明油点，无托叶。萼片、花瓣4～5个，雄蕊为其2倍，花盘明显，子房上位，中轴胎座。果多为柑果或浆果。

本科约150属，1500余种，分布于热带及温带。

我国有29属，约150种，南北均产，以南方为多。其中，柑橘属许多种为南方重要果树，也有不少药用植物和芳香植物。

1）柑橘属（*Citrus* L.）。常绿乔木或灌木，常有枝刺；单身复叶；花常两性，单生、簇生或聚伞花序，花萼杯状，5裂，果时增大，花瓣常5，雄蕊15～60枚，子房8～15室，每室1至多数胚珠；柑果，种子无胚乳。柑橘（*C. reticulata* Blanco），叶柄翼翅宽1～3mm，果皮易剥离；原产我国东南部，有3000多年栽培历史，现江南各省广泛栽培，品种很多，为我国特产水果之一；本种分柑和橘两大类，柑类果较大，皮常粗糙，网状维管束贴生于瓢囊外壁上，如广东和福建的蕉柑、四川的泸柑等；橘类果较小，皮常平滑稍薄，极易剥离，瓢囊外壁网状维管束易脱离；干果皮为中药“陈皮”，有理气健脾、化痰之功效。橙（甜橙）[*C. sinensis*（L）Osbeck]，叶柄翼叶宽3～6mm，果形多样，橙黄色，果皮不易剥离；原产我国南部，江南广栽，为南方重要果树，果鲜食、制汁，果皮药用或提芳香油；种子榨油；品种很多，如新会甜橙、廉江红江橙、香水橙、雪橙、湖南湘橙和血橙等。柚[*C. grandis*（L.）Osbeck]（图5-29），翼叶宽2～4cm，叶缘具明显齿缺，果皮很厚，难以剥离，果大，直径10～20cm；江南广栽，著名南方水果，根叶及果皮入药，栽培变种及品种很多，广西的沙田柚享有盛誉。柠檬（*C. limonia* Osbeck），热带水果，果味极酸，果肉可榨取果汁制作成饮料或加工为蜜饯。华南栽种，可提制柠檬酸。酸橙（*C. aurantium* L.），栽作药用或观赏。

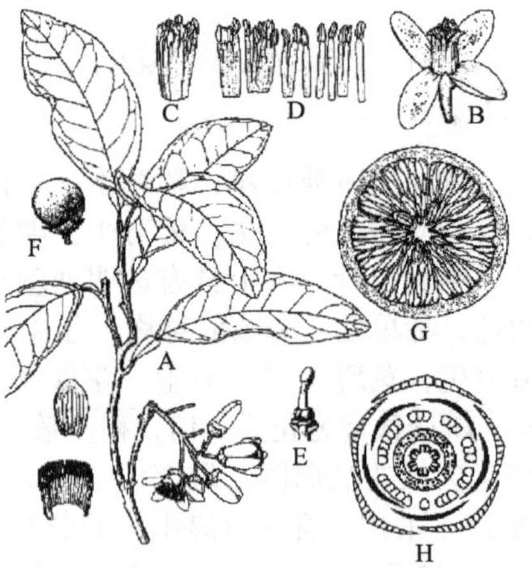

图5-29　柚子

A. 花枝　B. 花　C. 雄蕊　D. 雄蕊展开
E. 子房　F. 幼果　G. 果实横切　H. 花图式

2）金橘属（*Fortunella* Swingle）。似柑橘属，但柑果小，直径不足3cm，子房3～6室。常见的有金橘[*F. margarita*（Lonr）Swingle]和金柑[*F. japonica*（Thunb）Swingle]等，分布江南各省，果生食、制蜜饯或药用。山橘[*F. hindsii*（Champ. ex Benth）Swingle]，江南各地有野生，果皮可作调香原料。

3）花椒属（*Zanthoxylum* L.）。乔木或灌木，常有皮刺；奇数羽状复叶；花小，单性，聚伞状圆锥花序；蓇葖果开裂，种子黑色有光泽。花椒（*Z. bungeanum* Maxim.），灌木或小乔木，皮刺基部扁宽，果球形，红色至紫红色；分布于华北至西南，野生或栽培，果为著名调味品，亦可药用或提取芳香油。常见的还有竹叶花椒（*Z. armatum* DC.），皮刺斜弯，果有毒；野花椒（*Z. simulans* Hance），两种分布华北至江南，果、叶、根供药用，也作杀虫农药。

芸香科常见植物还有枸橘（枳）[*Poncirus trifoliata*（L.）Rof]，有棘刺，三出复叶。吴茱萸[*Evodia ruticarpa*（Juss.）Benth.]，无刺，羽状复叶对生，果药用，种子榨油，叶提芳香油或制黄色染料。黄檗（*Phellodendron amurense* Rupr.），树皮木栓层发达，羽状复叶对生，核果；产北方，珍贵用材树种，树皮药用，也供制绝缘材料、软木塞等。黄皮[*Clausena lansium*（Lour.）Skeels]，为南方果树，果可食，也可入药。九里香（*Murraya exotica* L.），花极香，可作华南庭园观赏树种，也为药用植物。

5.2.5.8　伞形科（Umbelliferae，Apiaceae）

*⚥$K_{(5),0}C_5A_5\overline{G}_{(2:2:1)}$

草本，常含挥发性油而具异味。茎有棱常中空。叶互生，多为一至多回羽状分裂或复叶，叶柄基部膨大或呈鞘状抱茎。伞形或复伞形花序；花两性，多辐射对称；花萼和子房结合，裂齿5或不明显；花瓣5，雄蕊5，生于上位花盘周围；子房下位，2心皮合生，中轴胎座，2室，每室1个胚珠，花柱2，基部膨大成上位花盘。双悬果，成熟时沿2心皮合生面分离成2分果，顶部悬挂于细长丝状的心皮柄上；每个分果有5条纵行主棱，有些种在主棱间还有4条次棱，棱与棱之间有沟槽，沟槽下面及合生面通常有纵走的油管1至多条；分果背腹压扁或两侧压扁；种子胚乳丰富，胚小。染色体：$X=4～12$。

识别要点：草本，常有异味。裂叶或复叶，叶柄基部膨大或呈鞘状抱茎。伞形或复伞形花序；花部5数，子房下位。双悬果。

本科约300属，3000种，广布于全球热带和温带。我国约90属，600种，全国各地均有分布。本科有许多著名药用植物及常见蔬菜，另有少数有毒植物。

1）胡萝卜属（*Daucus* L.）。胡萝卜（*D. carota* var. *sativa* DC.）（图5-30），草本，具肥大肉质的圆

锥根。叶2～3回羽状深裂，叶柄基部扩大呈鞘状。复伞形花序；花两性，萼齿不明显；花瓣5，白色，花序的周边花外侧的花瓣大。双悬果略背腹压扁，主棱不显著，4条次棱翅状，具刺毛，每条次棱下有1条油管，合生面2条。原产欧亚大陆，全球广泛栽培。根作蔬菜，含胡萝卜素等，营养丰富。

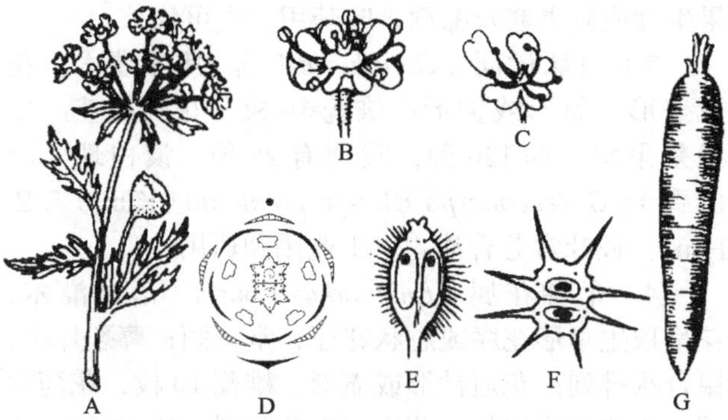

图5-30 胡萝卜

A. 花枝 B. 花序中间的花 C. 边花 D. 花图式 E. 果实纵切 F. 果实横切 G. 肥大直根

2）芹属（*Apium* L.）。叶一回羽状分裂至三出羽状多裂；复伞形花序，具总苞片和小苞片或缺，花白色；果侧扁，每个沟槽有油管1条，合生面2。芹菜（*A. graveolens* var. *dulce* DC.），1年或2年生草本，茎直立，全株无毛；基生叶一至二回羽状全裂，裂片卵形或近圆形，常3浅裂或深裂，边缘有锯齿，茎生叶3全裂；无总苞和小总苞片，伞幅7～16，花绿白色；果近圆形至椭圆形，果棱尖锐。原产西南亚、北非和欧洲；我国各地栽培作蔬菜；全草及果入药，清热止咳、健胃、利尿和降压。

3）当归属（*Angelica* L.）。大型草本，茎常中空。叶为三出式羽状复叶或三出复叶。复伞形花序，花白色或紫色。果实卵形，背腹压扁。约70种，主产北温带。我国30多种。通常供药用的有：当归[*A. sinensis*（Oliv.）Diels.]，多年生草本，根粗壮，具香气，入药，能补血、活血，调经止痛，润肠通便，为妇科要药。白芷（兴安当归）[*A. dahurica*（Fisch.）Benth. et Hook.]，根能散风除湿，能通窍止痛，消肿排脓。

4）茴香属（*Foeniculum* Mill.）。有香味草本；叶三至四回羽状全裂，裂片线形；复伞形花序，无总苞片和小苞片；萼齿不明显，花瓣黄色；果侧扁，光滑。小茴香（*F. vulgare* Mill），各地栽培，嫩茎叶作蔬菜，果实作调料，并可入药，祛风祛痰、散寒、健胃。

5）芫荽属（*Coriandrum* L.）。我国栽培1种。芫荽（*C. sativum* L.），一年生草本，全体无毛，有香气；基生叶一至二回羽状全裂，裂片边缘深裂或具缺刻，茎生叶二至三回羽状深裂，末裂片狭条形，全缘；复伞形花序，无总苞，伞幅2～8，小总苞片条形，花梗4～10；花小，白色或淡紫色；果近球形，光滑，果核稍凸起。茎叶作蔬菜和调味香料，有健胃消食作用；果实可提芳香油，入药有祛风、透疹、健胃、祛痰之效。

6）柴胡属（*Bupleurum* L.）。草本，稀半灌木；单叶全缘，叶脉平行或弧形；复伞形花序，总苞片叶状，小苞片数枚；萼齿不明显，花瓣黄色；果卵状长圆形，两侧略压扁。北柴胡（*B. chinense* DC.），叶倒披针形或剑形，中上部较宽，先端急尖；分布于华东、华中及北方各省区；根入药，解表退热，疏肝解郁，升阳。

伞形科药用植物还有防风[*Saposhnikovia divaricata*（Trucz.）Schischk]、川芎[*Ligusticum chuanxiong* Hort]、独活（*Heracleum hemsleyanum* Diels）、珊瑚菜（北沙参，*Glehnia littoralis* Fr. Schmidt ex Miq）、前胡（*Peucedanum praeruptorum* Dunn）、蛇床[*Cnidium monnieri*（L.）Cuss]及阿魏属（*Ferula* L.）部分种。其他经济植物有孜然芹（*Cuminum cyminum* L.）和莳萝（*Anethum graveolens* L.）等。

伞形科植物的复伞形花序，雄蕊先熟，上位花盘等特征，为适应虫媒传粉创造了条件。

5.2.6 菊亚纲

木本或草本。常单叶。花4轮，花冠结合，偶分离或单被；雄蕊和花冠裂片同数或更少，常着生在花冠筒上，绝不与花冠裂片对生；常具花盘；心皮2～5，常为2，结合。子房上位或下位，胚珠每室1至多数，单珠被及薄珠心，常具珠被绒毡层。种子具核型或细胞型胚乳或否。植物体常含环烯醚萜化合物和（或）多种生物碱，但不含苄喹啉生物碱，无甜菜拉因和芥子油。

5.2.6.1 杜鹃花科（Ericaceae） $* \uparrow ⚥ K_{(5\sim4)} C_{(5\sim4)} A_{10\sim8,\ 5\sim4} \underline{G},\ \overline{G}_{(2\sim5:2\sim5:\infty)}$

常绿或落叶灌木或亚灌木，稀小乔木。单叶互生，少对生或轮生，多革质，无托叶。花两性，辐射对称或稍两侧对称；单生、簇生或为总状、伞形和圆锥花序；花萼4～5裂，宿存；花冠4～5裂，漏斗状、坛状、钟状和高脚碟状；雄蕊为花冠裂片数2倍或同数，花药常具附属物（芒或距），常孔裂；子房上位或下位，中轴胎座，2～5室，每室胚珠多枚，花柱1。蒴果、稀浆果或核果；种子小，胚直伸，有胚乳。染色体：X=8，11～13。

识别要点：灌木。单叶互生。花萼、花冠4～5

裂；雄蕊数常为花冠裂片2倍，花药具附属物，多孔裂；花柱1，中轴胎座。蒴果或浆果、核果，种子多数。

杜鹃花科约有75属，1500余种，分布于两半球温带和热带高山地区。我国21属，约800种，主要分布于西南地区高山地带。其中，有多种著名观赏植物、果树和药用植物。

1）杜鹃花属（*Rhododendron* L.）。常绿或落叶灌木，稀小乔木；叶常全缘；多为顶生伞形总状花序；花萼、花冠5裂，常稍两侧对称；雄蕊5枚或10枚，花药无附属物；子房5～10室；蒴果，室间开裂。本属有800种，我国约600种，除新疆外，广布各省（自治区），尤以西部和西南部最多，其花色非常丰富，有红、白、黄、紫蓝等颜色，是世界著名的木本观赏植物。映山红（杜鹃花）（*R. simsii* Planch.）（图5-31），落叶灌木，叶卵形至披针形，两面有糙伏毛，花2～6朵簇生枝顶，花冠宽漏斗状，鲜红、深红或粉红色，雄蕊10枚，子房10室；分布南方，著名观赏花木，根有毒，全株供药用。岭南杜鹃（*R. mariae* Hance），叶2型，春叶近无毛，夏叶密被糙伏毛，雄蕊5，花淡红色。产广东、江西等省，含荚果蕨素，以及紫花杜鹃素甲、乙、丙、丁。兴安杜鹃（*R. dauricum* L.），半常绿灌木，叶矩圆形，两端圆钝，下面密被鳞片，花先叶开放，紫红色，雄蕊10枚。产东北，叶和花含杜鹃酮、杜鹃黄素等，本种和岭南杜鹃对慢性支气管炎有效。小花杜鹃（*R. minutiflorum* Turcz.），半常绿灌木，叶集生枝顶，上面无毛，花序集生枝顶，花小，乳白色，雄蕊10枚，子房5室；产东北、华北至中南，供观赏和药用。

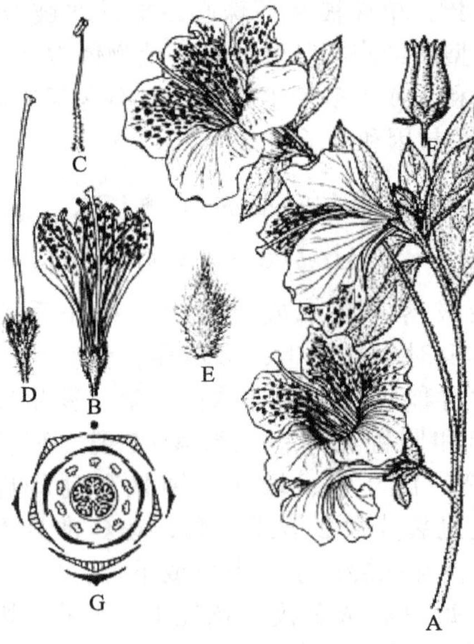

图5-31　杜鹃

A. 花枝　B. 花剖面　C. 雄蕊　D. 雌蕊　E. 萼片　F. 果实　G. 花图式

2）乌饭树属（越橘属）（*Vaccinium* L.）。常绿或落叶灌木；多总状花序，花冠筒状、壶状或钟状，雄蕊背面常有距，子房下位；浆果。南烛（乌饭树，*V. bracteatum* Thunb.），常绿灌木，苞片宿存，花药附属物不明显，果熟时紫黑色；产华东及南方；果食用和药用，嫩叶汁可染米煮成乌饭食用。越橘（*V. vitis-idaea* L.），匍匐半灌木，果红色；产东北；果生食或制果酱及酿酒，叶药用，也可代茶。

3）白珠树属（*Gaultheria* L.）。常绿灌木。花冠壶形、筒形或钟形；雄蕊10枚，花药有芒。蒴果浆果状。约120种，我国有25种。滇白珠（满山香）（*G. leucocarpa* Bl. var. *crenulata*（Kurz）T. Z. Hsu），枝叶含芳香油，供工业用和药用。

4）吊钟花属（*Enkianthus* Lour.）　落叶灌木，花呈顶生伞形花序或总状花序，常下倾；萼裂片小，镊合状排列；花冠钟形或壶形，雄蕊10枚，花药顶端具2芒状附属物。蒴果，室背开裂。约10种，我国6种，主产长江以南各省（自治区）。吊钟花（*E. quinque florus* Lour.），花冠基部膨大呈壶状，裂片反折，粉红色或红色，常先叶开放。花期为冬春季之交，是广州人过春节常用的喜庆插花花材。

杜鹃花科常见植物还有杜香（喇叭茶）（*Ledum palustre* var. *dilatatum* Wahl.），常绿小灌木，蒴果；产东北；可药用。欧石楠（*Erica tetralix* L.），原产西北欧，花红色极美观，栽培观赏。

5.2.6.2　夹竹桃科（Apocynaceae）　* ⚥ $K_{(5)}\ C_{(5)}\ A_5\ \underline{G}_{(2:2:1\sim\infty)}$

木本或多年生草本，有乳汁或水液。单叶对生或轮生，稀互生，全缘，稀具锯齿，无托叶。花两性，整齐，单生或聚伞花序；花萼5裂；花冠5裂，高脚碟状或漏斗状，冠裂片在花芽中多为旋转状排列，喉部常有附属物；雄蕊5，着生于花冠筒上，花药常箭形或矩圆形；花盘环状、杯状或舌状，稀无花盘，子房上位，心皮2，合生或离生，中轴或侧膜胎座，2或1室，胚珠1至多数，花柱1。多为2个蓇葖果，有时为浆果或核果；种子常一端被毛或有翅。染色体：$X=8\sim12$。

识别要点：木本，具乳汁。单叶对生或轮生。花部5基数，花冠喉部常具附属物，冠裂片旋转状排列；花药常箭形，互相靠合。蓇葖果，种子常具丝状毛。

本科约250属，2000余种，分布于热带和亚热带，少数在温带地区。我国有46属，176余种，主产江南，少数分布于北部及西北部。其中，有不少种为药用、观赏或纤维植物；有些植物有毒，尤以种子和乳汁毒性最大。

1）罗布麻属（*Apocynum* L.）。直立草本或半灌木，具乳汁；叶常对生；圆锥状聚伞花序顶生或腋生，花冠钟形，附属物鳞片状；花药黏合与柱头贴生，花盘肉质 5 裂；蓇葖果 2，下垂，种子顶端有毛。罗布麻（*A. venetum* L.）（图 5-32），半灌木，枝对生或互生，红色，叶对生，椭圆状披针形至卵状长圆形，无毛；花冠紫红色或粉红色，蓇葖果叉生；产北方及华东地区；茎皮为优良纤维，可作纺织和造纸原料；嫩枝叶入药，有清凉泻火、降压强心、利尿安神等功效；也是优良的蜜源植物。

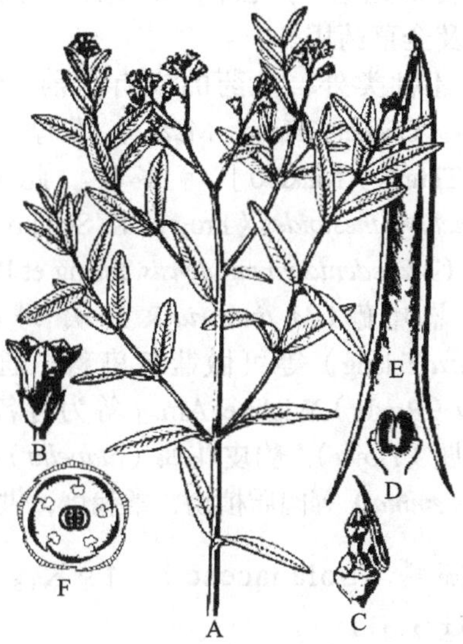

图 5-32　罗布麻

A. 花枝　B. 花　C. 花盘和雌蕊

D. 雌蕊纵切　E. 果实　F. 花图式

2）夹竹桃属（*Nerium* L.）。常绿直立灌木，含水汁；叶轮生，革质，羽状脉；伞房状聚伞花序顶生；花冠漏斗状，红色或白色，喉部有 5 枚撕裂状附属物（副花冠）；蓇葖果 2，种子顶端有毛。夹竹桃（*N. indicum* Mill），花萼红色，花冠深红色或粉红色；原产印度，各地栽培，著名观赏花卉；茎皮纤维为优良混纺原料，种子含油率为 58.5%，可榨油供制润滑油；全株含多种配糖体，毒性极强，误食能致死；叶含强心苷、欧夹竹桃苷，治心力衰竭，但有剧毒，慎用。栽培变种白花夹竹桃（*N. indicum* Mill.'Paihua'），花白色，栽培观赏。

3）白麻属（*Poacynum* Baill）。直立半灌木，枝常互生；叶互生，边缘有细齿；项生圆锥状聚伞花序；花冠宽钟形，基部有 5 个附属物，花盘肉质，环形；花药背部隆起，腹面贴生于柱头基部，药基具耳；子房半下位；蓇葖果 2，下垂，种子顶端有毛。白麻［*P. pictum*（Schrenk）Baill.］，茎灰绿色，幼枝与叶具毛，叶条形至条状披针形，花粉红色；产西北；茎皮为优良纤维，可作纺织和造纸原料；叶供药用；也是优良蜜源植物。

4）萝芙木属（*Raurolfia* L.）。灌木；叶对生或轮生；伞形成伞房状二歧聚伞花序，花冠裂片左旋；核果单生或合生。萝芙木［*R. verticillata*（Lour.）Baill.］，全株无毛，叶对生或 3～5 片轮生，花冠白色，高脚碟形，核果 2，暗红色或紫红色；产华南与西南；根、茎、叶入药，为国产"降压灵"的原材料。印度萝芙木（蛇根木）［*R. serpentina*（L.）Benth. et. Kure］，叶 3～4 片轮生，心皮及果合生至中部，果成熟时红色；广布云南，广东、广西有栽种；根含利血平、血平定等近 30 种生物碱，为降血压药的主要原料。

5）长春花属（*Catharanthus*）。草本或亚灌木。叶对生，长椭圆形或倒卵形，基部渐窄成短柄。花 1～2 朵生于叶腋，花冠淡红色或白色；花盘由 2 片舌状腺体组成。蓇葖果细长；种子无毛。长春花［*C. roseus*（L.）G. Don］，原产非洲东部，我国各地广泛栽培，观赏或药用，全草抗癌、降血压，可提取长春花碱和长春花新碱，治急性淋巴细胞性白血病、淋巴肉瘤等有效。

常见的观赏植物尚有黄蝉（*Allemanda neriifolia* Hook.）、糖胶树［*Alstonia scholaris*（L.）R. Br.］、鸡蛋花（*Plumeria rubra* L.'Acutifolia' Bailey）、黄花夹竹桃［*Thevetia peruviana*（Pers.）K. Schum.］等。

本科与萝藦科较接近，但本科叶腋内或腋间具钻状或线状腺体，常无副花冠，花柱 1，花粉粒不成花粉块，雄蕊和柱头不紧密结合，无载粉器等，易于区别。

5.2.6.3　萝藦科（Asclepiadaceae）　$* ⚥ K_{(5)}, C_{(5)} A_{(5)} \underline{G}_{2:1:\infty}$

草本、灌木，常蔓生，有乳汁。单叶，对生或轮生，全缘，叶柄顶端常具丛生腺体；无托叶。花两性，辐射对称，5 基数，伞形花序、聚伞花序或总状花序。萼深裂或完全分离，重覆瓦状或镊合状排列，内面基部通常有腺体；花冠合瓣，辐射状或坛状，裂片 5，覆瓦状或镊合状排列；副花冠由 5 个分离或基部合生的裂片或鳞片组成，连生于花冠筒上、雄蕊背部或合蕊冠上；雄蕊 5 枚，花丝合生成管包围雌蕊，称为合蕊冠，或花丝分离，花药与柱头黏合成合蕊柱；花粉结合成花粉块或四合花粉，承载在匙形花载器上（图 5-33D）。无花盘，子房上位，心皮 2，离生，花柱 2，合生，柱头基部具 5 棱，顶端各 2；胚珠多数（图 5-33）。蓇葖果双生，或因 1 个不发育而成单生；种子顶端具丛生的种毛。染色体：$X=9\sim12$。

识别要点：花 5 基数，常具副冠，花柱 2 枚合生，花粉连合成花粉块或四合花粉，具载粉器，雄蕊互相联合并与雌蕊紧贴成合蕊柱。

本科约 180 属，2000 种，主要分布于热带和亚热

图 5-33　马利筋

A. 花枝　B. 花　C. 花纵剖面　D. 载粉器
E. 开裂蓇葖果　G. 花图式

带地区。我国产 44 属，243 种，分布于西南部及东南部，少数产于西北与东北各省（自治区）。本科多是热带植物，常有毒，尤以乳汁和根部毒性最大。大多数为药用植物，有些产胶，或作染料或供观赏用。

1）马利筋属（*Asclepias* L.）。多年生草本。叶对生或轮生。聚伞花序伞状，顶生或腋生；花萼 5 深裂，内侧基部有腺体 5～10 个；花冠辐射状，5 深裂，裂片反折；副花冠 5 片，贴生于合蕊冠上，直立，凹兜状，内有舌状片；雄蕊着生于花冠基部，花丝合生成筒（称为合蕊冠）；花药顶端有膜片；花粉块每室 1 个，长圆形，下垂；2 心皮；柱头 5 裂。蓇葖果披针形，端部渐尖，种子多数，顶端具白色绢质种毛。约 120 种，分布于热带和亚热带地区。我国栽培 1 种。马利筋（*A. curassavica* L.）（图 5-33），全株有毒，尤以乳汁毒性较强，含强心苷，称为白微苷，药用。

2）杠柳属（*Periploca* L.）。副花冠与花丝同时着生于花冠筒的基部，与花丝结合，副花冠裂片异形；四合花粉，承载在基部有黏盘的匙形载粉器上。杠柳（*P. sepium* Bunge），落叶蔓生灌木，全株无毛。叶卵状长圆形，膜质。花冠裂片中间加厚，反折。全国大部分地区有分布。茎和根皮含 10 余种杠柳苷。根皮为中药“香加皮”，祛风湿，强筋骨，有毒。

3）鹅绒藤属（白前属）（*Cynanchum*）。草本或藤本。副花冠杯状或环状，着生于雄蕊的背面，花粉块 2 个，每室 1 个，相邻 2 个花粉块固定在 1 个紫红色有柄的着粉腺上。本属药用植物不少。例如，柳叶白前［*C. stauntonii*（Decne.）Schltr. ex Lévl.］，半灌木，无毛。叶狭披针形。花冠紫红色，内面具长柔毛；副花冠裂片盾状，隆肿。产长江以南各省（自治区），全株药用。徐长卿［*C. painculatum*（Bunge）Kitagawa］，多年生草本。叶披针形至线形，叶缘有睫毛；花黄绿色；副花冠裂片基部增厚，顶端钝。全国大部分地区产。全草药用。牛皮消（*C. auriculatum* Royleex Wight），蔓性半灌木。叶宽卵形至卵状长圆形，被微毛。花冠白色，内面有疏柔毛；副花冠两轮，浅杯状。分布于全国大部分地区。块根药用。

4）娃儿藤属（*Tylophora* R. Br.）。藤本。副花冠为 5 个卵形肉质裂片所组成；花粉块 2 个。娃儿藤［*T. ovata*（Lindl.）Hook. ex Steud］，攀缘灌木。叶卵形，被毛。花冠淡黄色或黄绿色，两面微被毛；副花冠裂片顶端高达花药之半。花粉块圆球状，平展。蓇葖果无毛。产云南、广东、广西、湖南和台湾。根及全草药用。

除上述种类外，入药的尚有白前［*Cynanchum glaucescens*（Decne.）Hand. -Mazz.］、萝藦［*Metaplexis japonica*（Thunb.）Makino］等多种。此外，地梢瓜［*Cynanchum thesioides*（Freyn）K. Schum.］和漾濞牛奶菜（*Marsdenia yaungpiensis* Tsiang et P. T. Li）可产橡胶。蓝叶藤（*M. tinctoria* R. Br.）、球花牛奶菜（*M. globifera* Tsiang）等可做蓝色染料。通光散［*M. tenacissima*（Roxb.）Wight et Arn.］等为有名的纤维植物。球兰属（*Hoya*）、豹皮花属（*Stapelia*）和肉珊瑚属（*Sarcostemma*）等肉质植物，常栽培，供观赏用。

5.2.6.4　茄科（Solanaceae）　$\uparrow ⚥ K_{(5)}C_{(5)}A_{(5)}\underline{G}_{(2:2:\infty)}$

草本或灌木。单叶或羽状复叶，互生，无托叶。花两性，辐射对称，单生或聚伞花序，常由于花轴与茎结合，使花序生于叶腋之外，花萼 5 裂，结果时常增大并宿存，花冠合瓣，5 裂，辐状、钟状或漏斗状；雄蕊常 5 枚，着生于花冠筒上与花冠裂片互生，花药顶孔开裂或纵裂；子房上位，常具有下位花盘，2 心皮合生，2 室，中轴胎座，位置偏斜，稀因假隔膜而成 3～5 室，胚珠多数。浆果或蒴果，种子具有丰富的肉质胚乳。染色体：X=7～12，17，18，20～24。

识别要点：多草本。单叶互生。花萼宿存，雄蕊着生于花冠筒上与花冠裂片互生，花药常孔裂，心皮 2，中轴胎座。浆果或蒴果。

本科约有 80 属，3000 种，分布于热带及温带，以南美热带最为丰富。我国有 24 属，约 115 种，各省均有分布。其中，有多种重要蔬菜、经济植物和观赏植物，有些是农田常见杂草；野生植物多有毒，勿误食。

1）茄属（*Solanum*）。花冠辐状；雄蕊 5 枚，花药靠合，顶孔开裂；浆果；本属约 200 种，主产热带及亚热带，我国约有 39 种。茄（*S. melongena* L.）（图 5-34A），全株被星状毛；单叶互生；花紫色，单生；原产亚洲热带，世界广泛栽培；果为重要蔬菜。马铃薯（*S. tuberosum* L.），奇数羽状复叶，小叶大小相间；聚伞花序顶生，花白色或淡紫色；浆果球形；原产南美秘鲁，世界各地广泛栽培；块茎富含淀粉，是重要的粮食作物和蔬菜。龙葵（*S. nigrum* L.），一年生草本，植株粗壮，多分枝，花4～10 朵组成短的蝎尾状花序，腋外生。浆果黑色。全世界广布。全草入药。

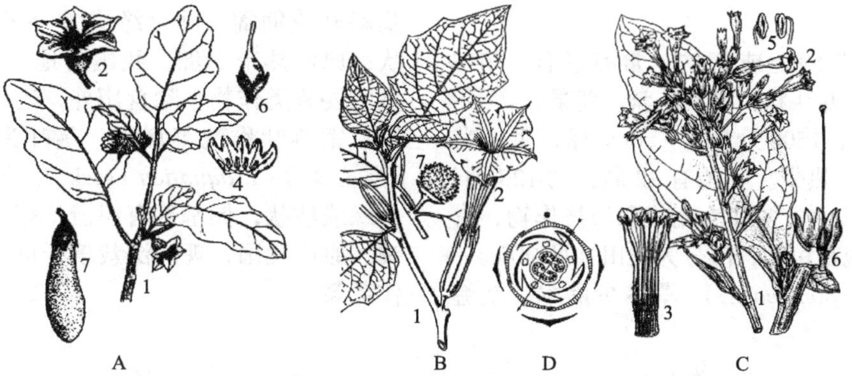

图 5-34　茄科代表植物

A. 茄　B. 洋金花　C. 烟草　D. 茄科花图式（曼陀罗属）

1. 花枝　2. 花　3. 花冠展开　4. 花瓣与雄蕊着生位置　5. 雌蕊　6. 上位子房　7. 果实

2）枸杞属（*Lycium* L.）。灌木，常有刺；花单生或簇生叶腋；浆果。宁夏枸杞（*L. barbarum* L.），花萼常 2 中裂，花冠裂片边缘无缘毛；果甜，无苦味，含甜菜碱及胡萝卜素等多种人体所需的营养成分，果实入药为“枸杞”，为滋补药，具补肝肾、益精明目的功效。主产宁夏、甘肃等地。枸杞（*L. chinense* Mill.），花萼常 3 裂，花冠裂片边缘具缘毛；分布于大多数省（自治区）；果甜，后味微苦，果和根均入药。黑果枸杞（*L. ruthenicum* Murr），果黑色；分布西北，常生于盐渍荒地，耐干旱、盐碱。

3）番茄属（*Lycopersicon* Mill.）。草本；羽状复叶；花序腋外生，花萼、花冠辐状，5～7 裂；浆果。番茄（*L. esculentum* Mill.），全株被黏质腺毛，不整齐羽状复叶，花药纵裂，浆果被假隔膜分隔成 3～5 室；世界各地广泛栽培，果为重要蔬菜和水果，品种很多。

4）辣椒属（*Capsicum* L.）。草本，单叶；花单生或簇生，花冠辐状，花药纵裂；浆果少汁，常具辣味。辣椒（*C. annuum* L.），花单生，白色，浆果有空腔，味辣；原产南美，现世界各地普遍栽培，我国已栽培数百年，为常见蔬菜和调味品，栽培变种和品种很多，常见的有辣椒（灯笼椒）[*C. Annuum* var. *grossum*（L.）Sendt]、朝天椒 [*C. annuum* var. *longum*. Sende]、牛角椒（*C. annuum* var. *longum* Sendt.）、簇生椒 [*C. annuum* var. *fasciculatum*（Sturt.）Irish] 等。五彩椒（*C. frutescent* var. *cerasiforme* Bailey），栽培供观赏。

5）曼陀罗属（*Datura*）。植株粗壮。有毒。花较大，单生叶腋；花萼长管状，5 齿裂或 1 侧开裂；花冠漏斗形，檐部具折襞。蒴果常被刺。洋金花（*D. metel* L.）（图 5-34B），一年生草本。花萼筒部圆筒形，无 5 棱角。蒴果斜升至横生，疏生短刺，成熟后不规则 4 瓣裂。原产印度。叶和花含莨菪碱和东莨菪碱，花为中药麻醉剂。曼陀罗（*D. stramonium* L.），似洋金花。花萼筒部呈 5 棱角。果直立，常具针刺或稀无针刺，成熟后规则 4 裂。入药。木本曼陀罗（*D. arborea* L.），小乔木。花俯垂。果为浆果状，表面平滑。原产热带美洲。我国引种栽培，供观赏。

6）烟草属（*Nicotiana* L.）。草本或灌木，常被腺毛；圆锥状聚伞花序顶生；蒴果，种子多而微小。烟草（*N. tabacum* L.）（图 5-34C），叶大，花红色；原产南美，我国现南北广栽；叶为卷烟和烟丝的原料，全株含烟碱（尼古丁），有毒，可作农药杀虫剂，亦可药用。黄花烟草（莫合烟）（*N. rustica* L.），茎短粗，叶小，花黄色；原产南美，我国西北、华北及西南有栽，新疆多产；用途同烟草。

茄科常见药用植物有天仙子（莨菪）（*Hyoscyamus niger* L.），有毒；颠茄（*Atropa belladonna* L.），含阿托品（atropine）和颠茄碱等。供观赏的有夜香树（*Cestrum nocturnum* L.）、黄花夜香树（*C. aurantiacum* Lindl.）和碧冬茄（矮牵牛）（*Petunia hybrida* Vilm.）等。供食用的有毛酸浆（洋姑娘）（*Physalis pubescens* L.）、挂金灯（红姑娘）[*P. alkekengi* var. *franchetii*（Mast）Makino] 和灯笼果（*P. peruviana* L.）等。

5.2.6.5　旋花科（Convlvulaceae）　$*⚥K_5C_{(5)}A_5\underline{G}_{(2:2:2)}$

缠绕或匍匐草本，稀木质藤本，常具乳汁，茎具双韧维管束。单叶互生，无托叶。花两性，5 基数，辐射对称，单生叶腋或聚伞花序，有苞片；萼片 5 枚，常宿存，花冠漏斗状或钟状，5 浅裂，蕾期常折扇状或旋转状排列，雄蕊5枚，生于花冠筒基部，与花冠裂片互生，常具环状或杯状花盘；子房上位，中轴胎座，2心皮，2室，每室胚珠常2个。蒴果，少浆果。种子胚乳小，肉质至软骨质。染色体：$X=7\sim15$。

识别要点：茎缠绕或匍匐，常有乳汁。花5数，有苞片；花冠漏斗状，常具花盘。蒴果。

本科约50属，1500余种，广布全球，主产美洲和亚洲热带与亚热带。我国有22属，约125种，南北均有分布。其中，多种为蔬菜和经济作物，有不少药用植物和观赏植物，部分为农田常见杂草。

1）甘薯属（*Ipomoea* L.）。草本少灌木；茎缠绕或匍匐；花冠白色、红色、淡红色、紫色、淡紫色，极少黄色，雄蕊和花柱内藏，花粉粒球形，有刺；子房2室或4室，胚珠4个。甘薯（番薯、红薯）[*I. batatas*（L.）Lam.]（图5-35A），具块根，茎斜升或匍匐，叶全缘或3～5裂，萼片顶端芒尖状；原产热带美洲，我国各地广栽；块根作粮食，是主要薯类作物，除食用外，还可酿酒、提制淀粉等，嫩茎叶作蔬菜食用，茎叶为优质饲料。蕹菜（空心菜）（*I. aquatica* Forsk.），茎中空，无毛，叶全缘或波状，偶基部有粗齿，萼片顶端钝，具小尖头；原产我国，现广泛栽培于世界各地，嫩茎及叶作蔬菜。

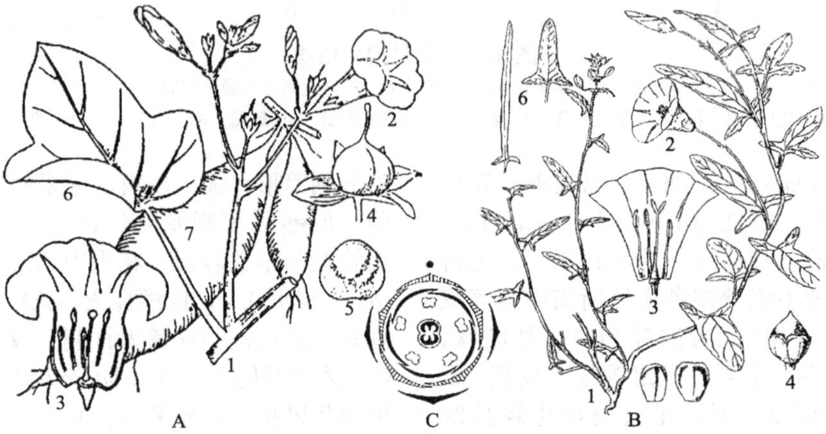

图5-35 旋花科代表植物

A. 甘薯 B. 田旋花 C. 花图式

1. 花枝 2. 花 3. 花的纵切 4. 子房 5. 果实 6. 叶 7. 块根

2）牵牛属（*Pharbitis* Choisy）。草本，茎多缠绕，常被硬毛；聚伞花序1至数花，腋生；花冠漏斗状，紫红色或白色，萼片背面被毛，子房3室，胚珠6个；蒴果。圆叶牵牛[*P. purpruea*（L.）Voigt]，叶心形；裂叶牵牛[*P. nil*（L.）Choisy]，叶常3裂；原产热带美洲，各地广栽作观赏，其种子称牵牛子（黑色种子叫黑丑，土黄色种子叫白丑），药用。

3）旋花属（*Convolvulus* L.）。草本或半灌木；茎缠绕或平卧，少直立；叶全缘或分裂；花单生或簇生叶腋，苞片生花梗中部，远离花萼；花冠漏斗形或钟形；子房2室，蒴果近球形。田旋花（*C. arvensis*）（图5-35B），多年生草木，具根状茎，叶戟形，花冠粉红色或白色；为农田习见杂草，也为饲草，全草入药，滋阴补虚。刺旋花（*C. tragacanthoides* Turcz），半灌木，全株被银灰色绢毛，多分支，具刺，花冠粉红色或白色；分布于华北和西北，生山前荒漠。

4）打碗花属（*Calystegia* R. Br）。缠绕或平卧草本；叶全缘或分裂；花多单生叶腋，苞片2，较大，包藏花萼；蒴果。打碗花（*C. hederacea* Wall. ex Roxb），一年生草本，叶顶端钝尖，粉红色，花冠长2～2.5cm；全国广布，习见杂草，全草入药。旋花[*C. sepium*（L.）R. Br]，多年生草本，叶顶端短渐尖或急尖，花冠粉红色，长4～6cm；分布几遍全国，多见地边或路旁，可供观赏。

本科常见观赏植物还有月光花[*Calonyction aculeatum*（L.）House]，花冠高脚碟状；茑萝松[*Quamoclit pennata*（Desr）Bojer]，叶羽状全裂，子房4室4个胚珠；橙红茑萝（*Q. coccinea* Moench），叶多全缘；原产热带美洲，各地栽培。

本科与茄科较近，但前者胚珠定数，常4个或2个，珠孔向下，胚根朝向珠孔而不同；其也与花葱科接近，但后者因花萼合生、雌蕊3、胚珠不定数、无乳汁等与其不同。

5.2.6.6 唇形科（Labiatae，Lamiaceae）↑☿$K_{(5)}C_{(4\sim5)}A_{2+2,\ 2}\underline{G}_{(2:4:1)}$

草本稀灌木，常含挥发性芳香油. 茎常四棱形。单叶，稀复叶，对生或轮生，无托叶。花两性，两侧对称，稀近辐射对称，多由腋生聚伞花序构成轮伞花序，通常再穗状或总状排列；花萼5裂或近二唇形，宿存；花冠5裂，稀4裂，唇形花冠（图 5-36），通常上唇2裂，下唇3裂；雄蕊4枚，二强雄蕊，稀2枚雄蕊着生于花冠筒上；子房上位，下具有肉质花盘，2心皮合生，中轴胎座，常4深裂形成4室，每室1个胚珠，花柱常生于子房裂隙基部。果为4个小坚果。种子无或有少量胚乳。染色体：X=5～11，13，17～30。

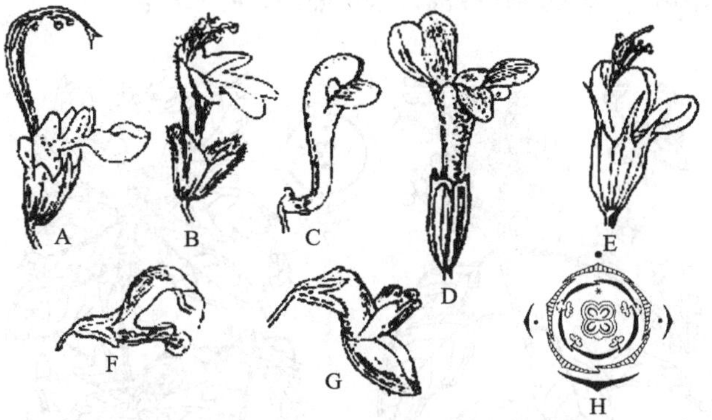

图 5-36　唇形科花冠类型

A. 单唇形花冠（香科属）B. 假单唇形花冠（夏枯草属）
C. 二唇形花冠（黄芩属）D. 1/4 式花冠（薰衣草属）
E. 近整齐花冠（薄荷属）F. 二唇形花冠（鼠尾草属）
G. 1/4 式二唇形花冠（香茶菜属）H. 花图式（野芝麻属）

识别要点：草本，茎4棱。单叶对生。轮伞花序，唇形花冠，二强雄蕊，子房2心皮，4室，4个小坚果。

本科约220属，3500余种，主要分布于地中海至小亚细亚干旱和半干旱地区。我国约99属，800余种，分布全国各地，尤以西部干旱地区为多。唇形科植物多集中分布于比较干旱的地区。植物体内富含芳香性的挥发油，一向被认为与干旱气候有密切关系，这在资源利用或驯化工作方面是一个很值得研究的课题。

本科植物几乎都含芳香油，可提香精，供药用或作香料，有的种类还可栽培观赏。

1）益母草属（*Leonurus* L.）。草本；轮伞花序生于茎上部的叶腋内；花萼有5尖齿；花冠二唇形，上唇全缘，下唇3裂，二强雄蕊；本属约20种，分布于温带地区，我国12种，分布很广。益母草［*L. artemisia*（Louv.）S. Y. Hu］（图 5-37A），叶二型，基生叶卵状心形，茎生叶数回羽裂；分布全国各地，全草入药，能活血调经，祛淤生新，为妇科良药；果名茺蔚子，药用清肝明目。

2）鼠尾草属（*Salvia* L.）。草本稀半灌木；轮伞花序组成顶生及腋生假总状或圆锥花序；花萼唇形，花冠上唇弯曲而大；雄蕊2枚，药隔细长呈杠杆状，另外2枚雄蕊退化，藏于上唇内，典型虫媒

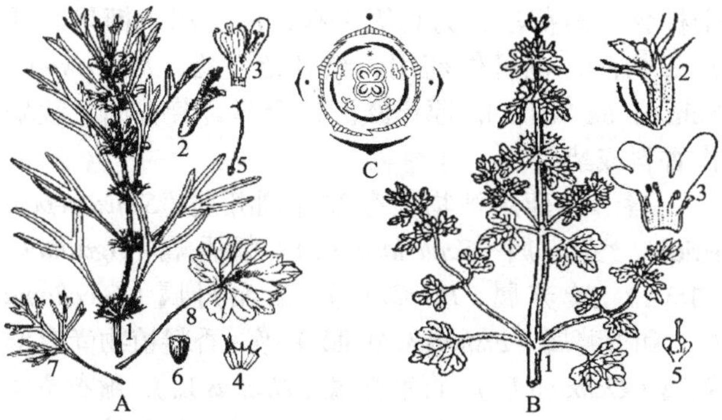

图 5-37　唇形科代表植物

A. 益母草　B. 夏至草　C. 花图式

1. 植株花枝　2. 花　3. 花冠展开和雄蕊　4. 花萼展开，内面观　5. 子房　6. 小坚果　7. 下部叶　8. 基生叶

传粉。丹参（*S. miltiorrhiza* Bunge），多年生草本，羽状复叶，小叶常3～5，两面被柔毛；根肥厚，外部红色内部白色，名丹参。分布于华北、华东、华中以及陕西等地。根入药，活血祛淤、凉血、安神。原产美洲的一串红（*S. splendens* Ker Gawl.）、一串蓝（*S. farinacea* Benth.）和朱唇（*S. coccinea* L.）等，单叶，苞片、花萼色艳；我国各地栽培供观赏。新疆鼠尾草（*S. deserta* Schang），花冠蓝紫色至紫色，产新疆北部，具观赏价值。

3）夏枯草属（*Prunella* L.）。多年生草本；花萼2唇状，萼齿极不相等，果期下唇向上斜伸，以致喉部闭合，花冠上唇盔状；后对雄蕊短于前对雄蕊。夏枯草（*P. vulgaris* L.），全株具白色粗毛，轮伞花序排成顶生假穗状花序；广布欧洲、亚洲、美洲等地，我国南北均有分布，全草入药，清肝明目，消肿散结。

4）夏至草属（*Lagopsis* Bunge ex Benth）。草本；叶近圆形，掌状分裂；花萼5齿，顶端刺状尖；花冠上唇全缘，下唇3裂，花冠筒藏于萼内，内无毛环；雄蕊、花柱藏于花冠筒内。夏至草［*L. supina*（Steph.）Ik. -Gal.］（图 5-37B），多年生斜升草本；茎叶被微柔毛，轮伞花序疏花，苞片刺状，弯曲，花冠白色稀粉红色；分布于全国大部分地区，生路旁及荒地，杂草，也可药用。

5）薄荷属（*Mentha* L.）。芳香草本；叶背有腺点；花序常腋生，花萼5裂，花冠4型，近整齐，雄蕊4枚，近等长。薄荷（*M. haplocalyx* Briq），多年生草本，具根状茎，有强烈的香气。叶两面有毛，轮伞花序腋生；我国各地均有野生或栽培，产量占世界第一位；全草含薄荷油，药用或为高级香料，全草入药，可解表、散风热，治外感发热、头痛目赤、咽喉肿痛、皮肤瘙痒等症。留兰香（*M. spicata* L.），多年生草本，叶无毛或几无毛，轮伞花序聚生茎枝顶端；世界各地广泛栽培，我国新疆有野生，

全株含绿薄荷油，为高级香料，广泛用于糖果、牙膏等物品，也可作药用。皱叶留兰香（*M. crispata* Schrad. ex Willd），原产欧洲，全草含芳香油，栽培作香料或药用。

唇形科药用植物尚有裂叶荆芥属（*Schizonepeta* Briq.）、黄芩属（*Scutellaria* L.）、藿香属（*Agastache* Clayt.）、紫苏属（*Perilla* L.）、活血丹属（*Glechoma* L.）和香薷属（*Elsholtzia* Willd.）等。香料植物尚有罗勒属（*Ocimum* L.）、百里香属（*Thymus* L.）、薰衣草属（*Lavandula* L.）和迷迭香属（*Rosmarinus* L.）等。供观赏的有五彩苏［*Coleus scutellarioides*（L.）Benth.］和青兰（*Dracocephalum ruyschiana* L.）植物等。

唇形科叶对生，子房深裂而具基生花柱，胚珠单一，雄蕊发育出与花冠特化一致的传粉机制，在系统发育上达到很高的水平。

5.2.6.7 木犀科（Oleaceae） $* ⚥ K_{(4)\text{稀}(3\sim12)} C_{(4)\text{稀}(5\sim9)0} A_{2\text{稀}3\sim5} \underline{G}_{(2:2)}$

木本，直立或藤状。单叶或复叶，叶对生，无托叶。花多有香味，两性或单性，辐射对称，常组成圆锥花序、聚伞花序或丛生花序，稀单生；花萼常4裂，有时3～12裂或截头；花冠合瓣，稀离瓣，筒长或短，裂片4～9，有时缺；雄蕊2枚，稀3～5枚；子房上位，2室，每室1～3个胚珠，常2个；花柱单一，柱头2尖裂。果为浆果、核果、蒴果或翅果。种子具胚乳或无胚乳。染色体：X=10，11，13，14，23，24。

识别要点：木本。叶对生。花萼、花冠常4裂，多有香味，整齐；雄蕊2枚，子房上位，2室，每室2个胚珠。翅果、蒴果、核果或浆果。

本科约30属，600种，广泛分布于温带和热带地区，亚洲尤为丰富。我国有12属，200种，南、北各省（自治区）均有分布。本科多为优良用材、绿化、观赏树种，有些可提芳香油或药用。

1）梣属（白蜡树属）（*Fraxinus* L.）。落叶乔木，羽状复叶对生，极少单叶。花小，花两性或单性，花冠4（稀2～6），离瓣，翅果。白蜡树（梣）（*F. chinensis* Roxb.），小叶5～9，无毛。萼钟形，不规则4裂，无花冠。我国特产，几乎遍布全国，可作行道树或护堤树，枝叶放养白蜡虫，为生产白蜡的重要经济树种，树皮入药。小叶梣（小叶白蜡树）（*F. bungeana* DC.），小叶5～7，卵形或卵圆形。花瓣4，完全分离。分布于东北、华北等地，树皮入药，即中药的“秦皮”，含秦皮素和七叶树素等，有清热、明目、清肠、止痢之效。水曲柳（*F. mandschurica* Rupr.），小叶7～11，下面沿脉和小叶基部密生黄褐色绒毛。分布于东北、华北等地。木材材质致密，坚固有弹力，抗水湿，可供建筑，船舰、仪器、枕木、枪托等用。

2）女贞属（*Ligustrum* L.）。单叶对生，全缘；花两性，花萼、花冠均4裂，雄蕊2枚，子房2室，各具胚珠2个。核果。女贞（*L. lucidum* Ait.）（图5-38A），枝叶无毛，叶革质。产长江以南各省和甘肃南部。果入药称为“女贞子”，补肾养肝，明目；枝叶也可放养白蜡虫，也作观赏用。小蜡树（山指甲）（*L. sinense* Lour.），小枝密被短柔毛，叶薄革质，背面，特别沿中脉有短柔毛，分布长江以南各省（自治区），常栽培作绿篱，果可酿酒，叶入药。

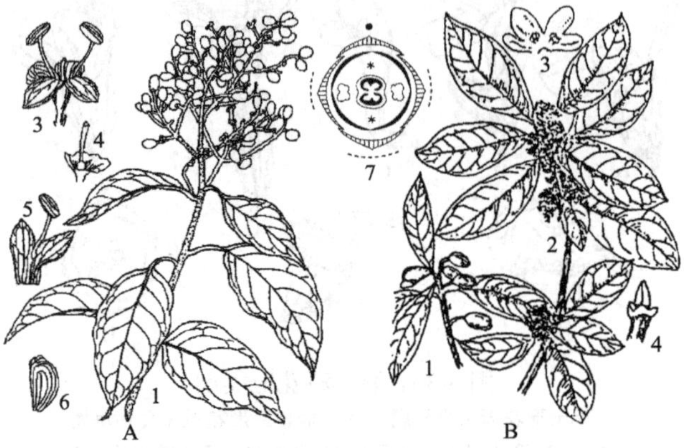

图5-38 女贞和桂花

A. 女贞 B. 桂花

1. 果枝 2. 花枝 3. 花 4. 雌蕊 5. 雄蕊 6. 种子 7. 花图式

3）连翘属（*Forsythia* Vahl）。落叶灌木，枝空心或髓片状。花黄色。先叶开放。蒴果。种子有翅。连翘［*F. suspensa*（Thunb.）Vahl］，枝中空。单叶或三出复叶。花单生。原产我国北部和中部，常栽培供观赏。果含连翘酚、甾醇化合物等，入药，清热解毒。金钟花（黄金条）（*F. viridissima* Lindl.），枝有片状髓。叶单生，花1～3朵腋生。常庭园栽培，供观赏用。

4）素馨属（*Jasminum* L.）。灌木。叶为三出复叶或羽状复叶，稀单叶。浆果。茉莉花［*J. sambac*（L.）Ait.］，常绿灌木。单叶，背面脉腋有黄色簇毛。花白色，香气浓郁。原产阿拉伯和印度之间，我国各地栽培。花提取香精和熏茶；花、叶、根入药。迎春花（*J. nudiflorum* Lindl.），落叶灌木。三出复叶。先花后叶，淡黄色。主产我国北部和东部，常栽培。叶和枝入药。

5）木犀属（*Osmanthus* Lour.）。常绿灌木或小乔木。单叶对生。花芳香，短圆锥花序或簇生。核果。桂花（木犀）［*O. fragrans*（Thunb.）Lour.］（图5-38B），常绿灌木或小乔木。叶对生，椭圆形，革质。花簇生叶腋，极芳香。核果紫黑色。原产我国西南部，现各地均有栽培，为珍贵的观赏芳香植物。花可作香料或食用。花入药能化痰止津、散淤、辟臭。其变种较多，花黄色的称金桂，花白色的称银桂，花橙红色的称丹桂，一年开花多次的称四季桂。

6）丁香属（*Syringa* L.）。落叶灌木或小乔木；小枝实心，顶芽常缺；单叶，多全绿色；聚伞式圆锥花序；花萼小，宿存，花冠漏斗状、高脚碟状或近辐状；雄蕊 2 枚，内藏或伸出花冠筒；蒴果，2 室，背缝开裂。紫丁香（*S. oblata* Lindl.），小枝、幼叶、花梗无毛或被腺毛，叶卵形至肾形，宽大于长，花紫色；长江以北普遍栽培；观赏，花可提制芳香油，嫩叶可代茶。常见的还有：欧丁香（*S. vulgaris* L.）、蓝丁香（*S. meyeri* Schneid.）、暴马丁香［*S. reticulata* var. *amurensis*（Rupr.）Pringle］等。

本科常见植物还有：雪柳（*Fontanesia fortunei* Carr），观赏或作绿篱；流苏树（*Chionanthus retusus* Lindl. et Paxt），各地栽作观赏绿化，花、叶可代茶，味香，果提芳香油；木犀榄（油橄榄）（*Olea europaea* L.），原产西亚，我国江南栽培，果榨油供食用，也可制蜜饯；野迎春（*J. mesnyi* Hance）和云南黄素馨花（*J. yunnanense* Jien ex P. Y. Bai）等，原产我国，各地栽培观赏。

5.2.6.8　玄参科（Scrophulariaceae）　$\uparrow ⚥ K_{4\sim5,\ (4\sim5)}\ C_{(4\sim5)} A_{2+2,\ 2,\ 5} \underline{G}_{(2:2:\infty)}$

草本，稀木本。单叶，对生，稀互生或轮生，无托叶。花两性，常两侧对称，稀辐射对称，排成各种花序；萼片 4～5，分离或合生，宿存；花冠裂片 4～5，多为二唇形；雄蕊 4 枚，二强，稀 2 枚或 5 枚，着生于花冠筒上并与花冠裂片互生；花盘环状或一侧退化；2 心皮复雌蕊，子房上位，2 室，中轴胎座，胚珠多数。蒴果，多 2 或 4 瓣裂，常具宿存花柱；种子具胚乳。染色体：X=6～16，18，20～26，30。

识别要点：多为草本。单叶，常对生。花两性，常两侧对称，花萼 4～5，宿存，花冠常二唇形；雄蕊常 4 枚，二强，子房 2 室。蒴果。

本科约 200 属，3000 余种，广布世界各地。我国有 54 属，约 600 种，南北均产，主产西南。本科有多种重要的药用植物和经济树种，有些是观赏植物和农田杂草。

1）泡桐属（*Paulownia* Sieb et Zucc.）。落叶乔木；叶对生；花冠不明显唇形，裂片近相等；蒴果木质或革质，室背开裂。本属植物均为阳性速生树种，木材轻，易加工，耐酸耐腐，防湿隔热，为家具、航空模型、乐器及胶合板等的优良用材；花大而美丽，可供庭园观赏和作行道树。毛泡桐［*P. tomentosa*（Thunb.）Steud.］，花淡紫色，果长 3～4cm；原产我国，南北有栽。泡桐（白花桐）［*P. fortunei*（Seem）Hemsl］（图 5-39），花白色，果长 6～8cm；分布南方，北方有栽。

图 5-39　泡桐

A. 花序　B. 叶　C. 果实　D. 种子　E. 花图式

2）地黄属（*Rehmannia*）。草本，被黏毛；叶互生，缘具粗齿；花冠唇形，蕾时下唇包裹上唇；蒴果藏于宿萼内。地黄（*R. glutinosa* Libosch.），多年生草本，根肥厚，黄色；分布于华北、华中及陕甘等地，生于山坡及路边；根药用，干后称为生地，滋阴养血，加酒蒸熟后称为熟地，滋肾补血；以河南怀庆地黄最有名。

3）玄参属（*Scrophularia*）。草本。叶对生，常有透明腺点。花冠球形或卵形；能育雄蕊 4 枚，退化雄蕊 1 枚，位于后方。蒴果。玄参（*S. ningpoensis* Hemsl.），多年生高大草本。花冠紫褐色，上唇明显长于下唇，退化雄蕊近圆形。主产浙江，分布于陕西和河北以南各省（自治区）。块根含生物碱、甾醇、左旋天门冬素等，药用可滋阴清火，生津润肠，行淤散结。类似种北玄参（*S. buergeriana* Miq.），花冠黄绿色。主产东北。块根也作玄参入药。

4）婆婆纳属（*Veronica* L.）。草本或半灌木；花被常 4 裂，花冠筒短，常辐状；雄蕊 2 枚；蒴果压扁或肿胀，顶端微缺。婆婆纳（*V. didyma* Tenore），一年生草本，叶对生，叶片三角状圆形，总状花序顶生，苞片叶状，互生，蒴果近肾形，密被柔毛；分布于华东、华中及西部，生荒地、路旁，常见杂草。北水苦荬（*V. anagallis-apuatica* L.），多年生水生或沼生草本，具根状茎，总状花序腋生，蒴果卵圆形；广布于北方与西部地区；全草药用。

玄参科药用植物尚有毛地黄（*Digitalis purpurea* L.）、阴行草（铃茵陈）（*Siphonostegia chinensis* Benth.）等。观赏植物有金鱼草（*Antirrhinum majus* L.）、柳穿鱼（*Linaria vulgaris* Mill）、美丽桐［*Wightia speciosissima*（D. Don）Merr.］等。

5.2.6.9 桔梗科（Campanulaceae） * ↑ ⚥ $K_{(5)}C_{(5)}A_5\overline{G}_{(3:3)}$

一年生或多年生草本，稀木本，常含乳汁。单叶，互生，稀对生或轮生，无托叶。花两性，辐射对称或两侧对称，单生或呈聚伞花序；花萼5裂，宿存；花冠钟状或筒状，裂片常5，有时裂至基部，镊合状或覆瓦状排列；雄蕊5枚，分离或合生，着生于花冠基部或花盘上；子房下位或半下位，稀上位，心皮常3，中轴胎座，常3室，蒴果，稀浆果。种子小，胚乳丰富。染色体：$X=6\sim17$。

识别要点：常为草本，含乳汁。花两性，常辐射对称；花冠钟状；雄蕊与花冠裂片同为5；子房下位，常3室，蒴果。

本科约60属，1500种，全球分布。我国有17属，约150种，南北均产，以西南地区最多。本科有多种重要的药用植物和经济树种，有些是观赏植物。

1）桔梗属（*Platycodon* A. DC.）。多年生草本；根肥大肉质；花钟形，雄蕊5枚，花丝基部膨大而彼此相连；子房半下位，5室；蒴果圆卵形，顶端5瓣裂。桔梗属仅桔梗［*P. grandiflorus*（Jacq.）A. DC］（图5-40）1种，全国分布，根入药，能宣肺，散寒、祛痰，排脓。也可栽培供观赏。

图5-40 桔梗

A. 花枝 B. 茎和叶 C. 根 D. 雄蕊 E. 果枝 F. 花图式

2）党参属（*Codonopsis* Wall.）。多年生蔓草。根肉质。花单独顶生；花冠钟形或广筒形；柱头3～5裂，裂片宽阔。蒴果顶端瓣裂。约50种，我国有36种，主产西南。党参［*C. pilosula*（Franch.）Nannf.］，根圆柱形，下端分支或不分支，外皮灰黄色至灰棕色。茎缠绕，花冠淡黄绿色。主产东北、华北等省（自治区）。根药用，有强壮、补气血的作用。羊乳（*C. lanceolata* Benth. etHook. f.），根倒卵状纺锤形，略似海螺，故又名山海螺。全国分布。根入药。

3）沙参属（*Adenophora*）。多年生草本。花下垂；花冠钟形，雄蕊花丝下部宽广，有毛；花盘厚，包花柱基部。蒴果自基部不规则裂开。轮叶沙参（南沙参）［*A. tetraphylla*（Thunb.）Fisch］，根圆锥形，黄褐色，有横纹。茎生叶常4片轮生。根含沙参皂苷，药用，清肺化痰。杏叶沙参（*A. hunanensis* Nannf.］，叶互生，多少被白色细毛，基生叶肾圆形，有长柄，茎生叶卵形或长椭圆形，无柄或有短柄。分布于华东、中南以及四川等地。根为祛痰药，并有滋养作用。

4）半边莲属（山梗菜属）（*Lobelia* L.）。花单生叶腋或顶生总状花序或穗状花序；花冠两侧对称，筒部在近轴面纵裂；雄蕊与花冠分离，花药合生；子房下位，2室。蒴果顶裂为2。半边莲（*L. chinensis* Lour.），多年生蔓生小草本，有乳汁。花单生，偏冠，故名“半边莲”。分布于长江流域及华南各省。全草含山梗菜碱等多种生物碱，清热解毒，利尿消肿。江南山梗菜（*L. davidii* Franch.），直立粗壮草本，多分枝。花为顶生稀疏的总状花序；药管被稀疏长柔毛或无毛。分布于我国南部地区。全草及根药用。

5.2.6.10 茜草科（Rubiaceae） * ⚥ $K_{(4\sim5)}C_{(4\sim5)}A_{4\sim5}\overline{G}_{(2:2:1\sim\infty)}$

乔木、灌木或草本。单叶对生或轮生，常全缘；托叶1对，位于叶柄间或叶柄内，常宿存，有时连合呈鞘或叶状，使叶呈轮生状。花两性，辐射对称，4或5基数，单生或排成各种花序；花萼4～5裂，萼筒与子房合生，萼裂片覆瓦状排列，有时其中1片扩大成叶状；花冠4～5裂，筒状、漏斗状、高脚碟状或辐状，冠裂片多镊合状或旋转状排列；雄蕊与花冠裂片同数而互生，着生于花冠筒上；子房下位，2心皮合生，中轴胎座，通常2室，胚珠1至多数。蒴果、核果或浆果；种子有胚乳。染色体：$X=6\sim17$。

识别要点：单叶对生或轮生，具托叶。花整齐，4或5基数；子房下位，2室，胚珠1枚至多数，中轴胎座。蒴果、核果或浆果。

本科约637属，10 700种，主产于热带与亚热带。我国有98属，676种，主产南方，少数分布于东北地区与西北地区。其中，有咖啡等不少经济植物，另有多种药用、观赏和香料植物，还有部分为农田杂草。

1）茜草属（*Rubia* L.）。草本，茎常被糙毛或皮刺；叶4～8片轮生；聚伞花序，花5基数，花冠辐状或短钟状；子房2室，每室1个胚珠；果2裂，肉质浆果状。茜草（*R. cordifolia* L.），草质攀缘藤本，根及根状茎红色，茎 4 棱，有倒生皮刺，叶常 4 片轮生（其中 2 片实为托叶），近披针形，果橘黄色，分布于北方及西南。林生茜草［*R. sylvatica*（Maxim.）Nakai］，草质攀缘藤本，茎 4 棱，有倒生皮刺，叶 4～10 片轮生，卵圆至圆形，果黑色；分布于北方及西南；根含茜草素、茜根酸，药用。

2）拉拉藤属（*Galium* L.）。草本；叶 4～10 枚轮生；花 4 基数；果常干燥，小坚果状，双生稀单生，常被毛。拉拉藤［*G. aparine* var. *echinospermum*（Wallr）Cuf］（图 5-41），蔓生草本，茎有 4 棱，茎棱、叶缘及叶脉有倒生小刺毛，花序多花；除海南外，广布全国，常见杂草，全草药用。猪殃殃［*G. aparine* var. *tenerum*（Gren. et Godr.）Rchb］，植株矮小柔弱，花常单生，分布于我国大部分地区，常见杂草，药用同拉拉藤。常见杂草还有四叶葎（*G. bungei* Steud.）、小叶猪殃殃（*G. trifidum*. L.）和北方拉拉藤（*G. boreale* L.）等。

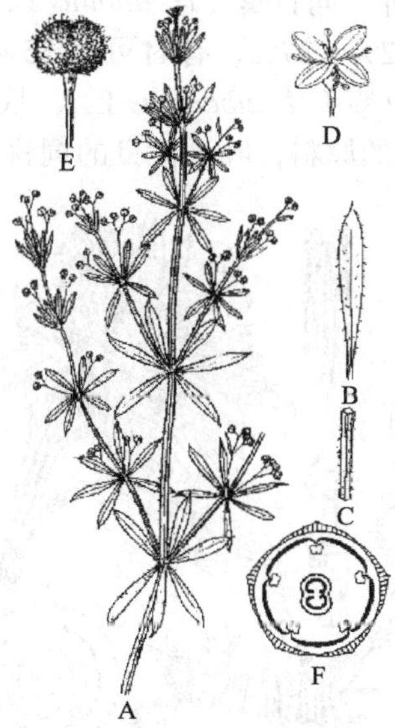

图 5-41 拉拉藤

A. 花枝 B. 叶 C. 茎 D. 花 E. 果实 F. 花图式

3）栀子属（*Gardenia* Ellis）。灌木；叶对生，少 3 叶轮生，托叶在叶柄内合成鞘；花冠高脚碟状，裂片 5～12 旋转状排列，浆果。栀子（*G. jasminoides* Ellis），常绿灌木，花单生，白色芳香，果黄色；分布于华中及以南各省；观赏和药用，花可提芳香油，果可提取黄色素。栽培变种白蟾（栀子花）［*G. jasminoides* var. *fortuniana*（Lindl.）Hara］，花大而重瓣、美丽芳香，常栽培观赏。

4）香果树属（*Emmenopterys* Oliv.）。仅香果树（*E. henryi* Oliv.）1 种，落叶大乔木。花为顶生伞房式大型圆锥花序；萼裂 5，顶端截平，脱落，一些花的萼裂片中有 1 枚扩大成叶状，白色而宿存于果上；花冠钟状，裂片 5，覆瓦状排列。蒴果大，长 3～5cm，有直线棱，成熟时红色。种皮海绵质，有翅，具网纹。分布于西南和长江流域一带。材用或为庭园观赏植物。

5）耳草属（*Hedyotis* L.）。草本或灌木。花小，4 基数，花冠辐形、高脚碟形或钟形，花冠裂片镊合状排列。蒴果开裂或不开裂。白花蛇舌草（*H. diffusa* Willd.），全株无毛，叶线形，托叶长刺毛状。分布于东南至西南。全草药用，清热解毒、活血、利尿，并治癌症。

6）咖啡属（*Coffea* L.）。灌木或小乔木。花丛生叶腋，花冠高脚碟状，裂片旋转状排列。浆果，具种子 2 粒。约 40 种，主产热带非洲。我国海南、云南、广东引入栽培数种：小粒咖啡（*C. arabica* L.）（图 5-42A）、中粒咖啡（*C. canephora* Pierre ex Froehn.）、大粒咖啡（*C. liberica* Bull. ex Hien）和刚果咖啡（*C. congensis* Froehn.）（图 5-42B～D）。种子含咖啡碱，经发酵焙炒研细作饮料，咖啡与茶、可可并称世界三大饮料，咖啡碱可作药用兴奋剂。

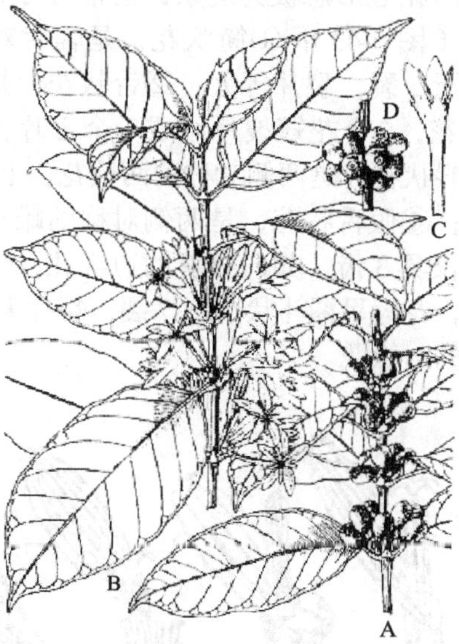

图 5-42 小粒咖啡和刚果咖啡

A. 小粒咖啡 B～D. 刚果咖啡（C. 花冠展开，示雄蕊着生位置）

茜草科重要经济植物尚有：金鸡纳树［*Cinchona ledgeriana*（Howard）Moens ex Trim.］，原产秘鲁，树皮含奎宁，是治疗疟疾的特效药。此外，钩藤［*Uncaria rhynchophylla*（Miq.）Miq. ex Havil］、巴戟天（*Morinda officinalis* How）和鸡矢藤［*Paederia scandens*（Lour.）Merr.］等均可药用。龙船花（*Ixora chinensis* Lam.）和六月雪［*Serissa japonica*（Thunb.）Thunb］等为庭园观赏植物。

5.2.6.11 菊科（Compositae，Asteraceae）

$$* \uparrow K_{0\text{-}\infty} C_{(5)} A_{(5)} \overline{G}_{(2:1:1)}$$

草本稀灌木，有的具乳汁。单叶及裂叶，稀复叶，互生，稀对生或轮生，无托叶。花两性或单性，稀中性，5 数；头状花序单生或再排成总状、穗状、头状或圆锥状。头状花序外具有一至多层苞片组成的总苞（periclinium），花序托有托片形成的窝孔或无，有时有毛；萼片退化，常变态成毛状、鳞片状或刺状，称为冠毛（pappus），常宿存，稀无；花冠合生，管（筒）状、舌状，稀二唇状或漏斗状，辐射对称或两侧对称；雄蕊 5 枚，着生于花冠筒上，聚药雄蕊；雌蕊 2 枚，心皮合生，子房下位，1 室 1 胚珠，花柱顶端 2 裂。果为连萼瘦果；种子无胚乳。染色体：$X=8\sim29$。

识别要点： 头状花序，有总苞；花冠筒状或舌状，聚药雄蕊，子房下位，瘦果顶端常有宿存冠毛或鳞片。

本科约 1000 属，25 000～30 000 种，广布全世界，热带较少。我国 200 余属，2000 多种，全国都有分布。本科植物经济用途极广，有数百种药用植物和观赏花卉，还有多种油料作物、蔬菜及经济植物；农田杂草很多。

菊科的花冠形态极为复杂，通常可分为 5 种不同的类型（图 5-43）：①筒状花，是辐射对称的两性花，花冠 5 裂，裂片等大；②舌状花，是两侧对称的两性花，5 个花冠裂片结成 1 个舌片，如蒲公英；③二唇状花，是两侧对称的两性花，上唇 2 裂，下唇 3 裂；④假舌状花，是两侧对称的雌花或中性花，舌片仅具 3 齿，如向日葵的边缘花；⑤漏斗状花，无性，花冠呈漏斗状，5～7 裂，裂片大小不等，如矢车菊的边缘花。

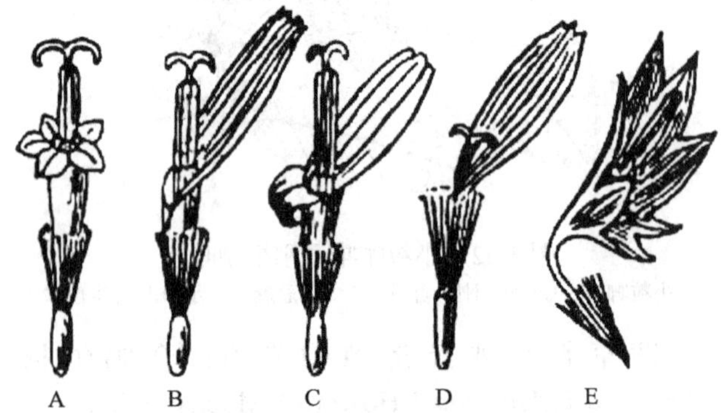

图 5-43 菊科花冠类型

A. 筒（管）状花 B. 舌状花 C. 二唇状花 D. 假舌状花 E. 漏斗状花

本科根据头状花序花冠类型的不同、乳状汁的有无，通常可分成两亚科。

（1）亚科 Ⅰ：管状花亚科（Carduoideae）植物体不含乳汁，头状花序全为管状花，或边缘为假舌状花、漏斗状花。管状花亚科包括菊科的绝大部分种、属，通常分为 12 族，除主产非洲的 Arctoinalis 族我国不产外。其余 11 族均有分布。

1）菊属［*Dendranthema*（DC.）Des Moul.］。多年生，稀二年生草本。叶分裂或不分裂。头状花序枝端单生，或伞房状排列。总苞半球形，总苞片多列，边缘常干膜质。盘花管状，花药基部全缘，顶端有椭圆形附属物；缘花 1 至多列，雌性，假舌状，两者均结实。连萼瘦果具较多纵肋，无冠毛。我国 30 余种，广布。菊花［*D. morifolium*（Ramat.）Tzvel.］，原产我国，为栽培种，是著名观赏花卉，有 3000 余年栽培历史，花、叶变异很大，品种繁多，我国有 7000 多个品种；花也可药用。野菊［*D. indicum*（L.）Des Moul.］，野生或栽培，除新疆外，广布全国各地。花药用，清热解毒。

2）向日葵属（*Helianthus* L.）。一年生或多年生草本。叶下部常对生，上部互生。头状花序单生或排成伞房状，顶生。总苞片数轮，外轮叶状。缘花假舌状，中性不孕；盘花管状，两性，结实。花序托多平坦，具托片；冠毛鳞片状；连萼瘦果倒卵形、稍压扁。约 100 种，主产北美洲。我国引种栽培的有 4～5 种。向日葵（*H. annuus* L.）（图 5-44），种子含油率 22%～37%，有时可达 55%，为重要的油料作物。菊芋（*H. tuberosus* L.），块茎可食，为制乙醇及淀粉的原料，叶为优良的饲料。

图 5-44 向日葵

A. 植株上部 B. 头状花序纵切 C. 舌状花 D. 管状花 E. 聚药雄蕊展开 F. 连萼瘦果 G. 连萼瘦果剖面 H. 菊科花图式

3）蒿属（艾属）（*Artemisia* L.）。草本或半灌木。有苦味或芳香，常被绢毛或蛛丝状毛。叶不分裂，或有缺刻，或一至三回羽状全裂。头状花序小型，常下垂，集成总状或圆锥状，总苞半球形至卵形，总苞片边缘膜质，数列。花全为管状；盘花两性，结实或否；缘花雌性，纤细，花冠 2 或 3 齿裂。连萼瘦果小，有微棱，无冠毛。我国有 200 余种，广布。艾蒿（*A. argyi* Lévl. et Vant.），草本，中下部的叶卵状椭圆形，羽状深裂，裂片有粗齿或羽状缺刻，上面疏生白色腺点，下面密生灰白色绒毛。叶（艾叶），能散寒止痛、温经止血，常用于针灸。生于路旁，荒野，也有栽培，广布于全国。黄花蒿（*A. annua* L.），一年生草本，叶二至三回羽状全裂或深裂，异味浓，花序托无托毛，雌花与两性花均结实；广布全国各地，常见杂草，全草可提取青蒿素，有清热解暑的作用，为治疟疾的特效药。茵陈蒿（*A. capillaris* Thunb.），半灌木，叶二回羽状深裂，花序托无毛，雌花结实，两性花不育，分布于欧亚大陆，我国广布；本种多变异，在华东、东南部为半灌木，我国中部地区为多年生草本。全草入药，可治肝炎。黑沙蒿（沙蒿）（*A. ordosica* Kraschen.）为良好的固沙植物。

4）苍术属（白术属）（*Atractylodes* DC.）。常见的有白术（*A. macrocephala* Koidz.），多年生草本，根茎粗大，略呈拳状；头状花序顶生，总苞钟形，外围有一轮直立羽毛状深裂、裂片呈针刺状的苞叶，最外还有数片线状披针形平展的苞叶。分布于浙江、江西、湖南、湖北、陕西等省（自治区）。根茎药用，补脾健胃、和中化湿。北苍术（*A. chinensis* Koidz.）和苍术［*A. lancea*（Thunb.）DC.］，根茎均作中药“苍术”入药，健胃、燥湿、祛风、发汗。

5）红花属（*Carthamus* L.）。具有重要价值的有红花（*C. tinctorius* L.），一年生或二年生草本，全体光滑无毛。叶质硬，边缘不规则浅裂，裂片先端呈锐齿或无锐齿。头状花序单生，或伞房状排列；总苞多列，外方 2～3 列呈叶状，边缘有针刺。花序全为两性管状花。原产埃及，我国长江南、北均有栽培。花含红花苷、红花醌苷及新红花苷等；有破淤活血、通经的功效，连萼瘦果含脂肪油，药用或工业用。

6）风毛菊属（*Saussurea* DC.）。多年生无刺草本。叶互生，有齿或分裂。头状花序全为两性，筒状，紫色或蓝色；花托平或凸隆，通常密被刚毛；冠毛 1 或 2 轮，内轮羽状，外轮常为刚毛状或羽状。连萼瘦果具四棱。约 250 种，分布于北温带或高山区，我国有 200 种。雪莲花（*S. involucrata* Kar. et Kir.），头状花序全为管状花；为著名的药用植物，仅分布于新疆天山，已列为国家三级保护植物。

7）千里光属（*Senecio* L.）。草本、亚灌木或灌木。叶互生或基生，全缘或各种分裂。头状花序单生或排成伞房状或圆锥状。总苞片 1 层或近 2 层，等长，基部常有数枚外苞片。缘花假舌状，或无，雌性，结实；盘花筒状，两性，结实，花药基部通常钝，稀具耳，花柱顶端具画笔状附属物，稀钝圆或急尖。连萼瘦果圆柱形而有棱；冠毛丰富或少或缺。约 1200 种，广布全球，我国有 160 余种。千里光（*S. scandens* Buch. -Ham.），多年生草本，茎伸长，分枝呈蔓生状，叶卵形或椭圆状披针形，两面有软毛。全草清热解毒、祛腐生肌、清肝明目。

8）苍耳属（*Xanthium* L.）。常见有苍耳（*X. sibiricum* Patrin.），一年生草本，叶三角形，3～5 裂，边缘具不规则锯齿。头状花序顶生或腋生，单性同株，总苞结成囊状，外面具钩刺。分布全国各地。果药用，苍耳子油可作油漆、油墨及肥皂的原料。

（2）亚科Ⅱ：舌状花亚科　整个花序全为舌状花，植物体含乳汁者均属此亚科。本亚科仅含菊苣族（Lactuceae）1 族。

1）莴苣属（*Lactuca* L.）。一年生或多年生草本。叶全缘或羽状分裂。头状花序组成各种复花序；总苞圆筒形；总苞片数列，外层较短，向内层渐较长；花全为舌状花，白色、黄色、淡红色或蓝紫色。连萼瘦果扁平，顶端窄有喙；冠毛多而细。70 余种，我国产 40 余种，分布于全国各地。莴苣（*L. sativa* L.），头状花序生在枝端，排成伞房状圆锥花序；花黄色。原产欧洲或亚洲，各地栽培，为主要蔬菜之一。品种很多，如莴笋（*L. sativa* var. *angustata* Irish.）、生菜（*L. sativa* var. *romana* Hort.）。

2）蒲公英属（*Taraxacum* F. H. Wigg.）。多年生草本。叶丛生于基部，倒向羽状分裂或琴状羽状分裂。头状花序生于花茎顶端，花全为舌状花，黄色；总苞片 2 列，外面的较小而广展或下弯，内面的直立而细狭。连萼瘦果纺锤形，有棱，先端延长成喙，冠毛多。60 余种，主产北温带，我国有 40 种。蒲公英（*T. mongolicum* Hand. -Mazz.），全国各地均有野生。全草药用，为一种常用的清热解毒、消肿散结的中草药。橡胶草（*T. kok-saghyz* Rodin），多年生草本，花淡黄色。我国西北、东北、华北等地均有栽培，根的皮层含 20% 的橡胶，木质部中含 8% 的橡胶，可提取橡胶。

3）苦苣菜属（*Sonchus* L.）。一年生或多年生草本，有乳汁；茎上部有腺毛或无；头状花序有 80 朵以上小花；冠毛有极细柔毛杂以较粗直毛，果极扁压，上端狭窄，无喙。苦苣菜（*S. oleraceus* L.），一年生草本，叶柔软无毛，羽状深裂，果具显著 3 棱，棱间有横皱；花叶滇苦菜（断续菊）［*S. asper*（L.）Hill.］，果具 3 细棱，棱间无横皱，两者广布全国各地，皆为世界广布种；生路边、田野。

菊科经济用途极广，供药用的种类很多，有 300 余种。除上述属、种外，尚有佩兰（*Eupatorium fortunei* Turcz.）、艾纳香［*Blumea balsamifera*（L.）DC.］、大蓟（*Cirsium japonicum* DC.）、豨莶（*Siegesbeckia orientalis* L.）、旋覆花（*Inula japonica* Thunb.）、鼠麴草（*Gnaphalium affine* D. Don）、一枝黄花（*Solidago decurens* Lour.）及除虫菊（*Pyre-*

thrum cinerariifoliun Trev.）等。它们多数含生物碱、苷类及苦味质等，是一些常用的中草药。本科特有的经济植物不少。近年来引种的小葵子［*Kuizotia abyssinica*（L. f.）Cass.］，原产东非，我国云南省引种成功，并已在江苏、四川、广西等省（自治区）推广栽种。小葵子为一年生草本，种子含油率39%～41%，其中脂肪酸的主要成分是亚油酸，是常被用于降低胆固醇的药物，含量达76%～78%，是一种理想的食用油料作物。此外，供观赏的种类繁多，原产美洲的大丽花（*Dahlia pinnata* Cav.）、百日菊（*Zinnia elegans* Jacq.）、秋英（*Cosmos bipinnata* Cav.）、金光菊（*Rudbeckia laciniata* L.）、万寿菊（*Tagetes erecta* L.），原产欧洲的瓜叶菊（*Pericallis hybrida* B. Nord.）、雏菊（*Bellis perennis* L.），原产非洲的扶郎花（非洲菊）（*Gerbera jamesonii* Bolus）及翠菊［*Callistephus chinensis*（L.）Nees.］等，均为习见的庭园观赏植物。

菊科是一个比较年轻的大科，化石仅出现于古近纪和新近纪渐新世。菊科也是种子植物中最大的一科，不仅属种数和个体数最多，而且分布也最广。菊科植物快速发展和分化，与其在结构、繁殖和适应性等方面表现出的优越性有紧密联系。具体表现在：草本（生命周期短）；萼片变态成冠毛或刺毛，并宿存，有利于果实远距离传播；部分种类具块茎、块根、匍匐茎或根状茎，有利于营养繁殖；花序及花构造与虫媒传粉高度适应，有利于传粉和结实。头状花序（特别是辐射状花序）的结构，在功能上如同1朵花，外围1至多层总苞片，起着花萼一样的保护作用，舌状缘花具有一般虫媒花冠所共有的作用——招引传粉昆虫，而中间集中大量盘花，则有效增大了受粉率和结实率；聚药雄蕊，药室内向开裂，使花粉粒留在花药筒内，当昆虫来访时，引起花丝收缩或花柱伸长，柱头及其下面的毛环将花粉推出花药筒，有利于传粉。

菊科植物的绝大部分是虫媒花，风媒传粉种类很少，花药通常是分离的，花柱伸出花冠筒外，花粉变得干燥，不具蜜腺，且常为单性花，如苍耳属（*Xanthium*）植物即是风媒传粉。菊科植物通常还是异花传粉的，雄蕊先于雌蕊成熟，只在特殊情况下或得不到昆虫传粉时，才进行自花传粉。例如，花色不显著的蒿属（*Artemisia*），常进行自花传粉。

5.3 单子叶植物纲

单子叶植物纲（Monocotyledoneae），被子植物门2纲之一，又称为百合纲（Liliopsida）。

单子叶植物纲的特征：主根较早即停止生长，另发出多数纤细的不定根，形成须根。绝大多数为草本，极少数为木本，茎维管束星散排列或轮状排列，筛管的质体具有楔形蛋白质的内含物，除百合目的一部分植物外，维管束通常无形成层。叶一般为单叶、全缘，稀有掌状或羽状分裂叶以至掌状或羽状复叶；叶片与叶柄未分化，或已明显分化时，在叶柄的基部抱茎成叶鞘；叶脉常为平行脉。花多3数，稀有4或2数，除姜目某些种的雄蕊外，无5数，在原始类群中，多见离生心皮及单沟的花粉。种子具1枚子叶。

克朗奎斯特（1981）将单子叶植物纲分为泽泻亚纲（Alismatidae）、棕榈亚纲（Arecidae）、鸭跖草亚纲（Commelinidae）、姜亚纲（Zingiberidae）和百合亚纲（Liliidae）5亚纲，18目，61科，约60 000种植物。

5.3.1 泽泻亚纲

水生或湿生，草本。单叶互生，花常大而显著；花被3数2轮，异被花，两性花或单性花；花粉粒单沟，无萌发孔；雌蕊具1至多个心皮，离生上位子房或合生下位子房。

本亚纲共有4目［泽泻目（Alismatales，Alismatales）、水鳖目（Hydrocharitaceae）、茨藻目（Najadales）和霉草目（Triuridales）］，16科，近500种。

泽泻科（Alismataceae）$*⚥P_{3+3}A_{\infty\sim6}\underline{G}_{\infty\sim6}$

主要特征：多年生或一年生的沼生或水生草本。具球茎或根状茎。叶大多数基生，直立或浮水以至沉水，叶有长柄，具叶鞘，叶形变化大。花有花梗，生于花茎上呈总状花序，或生于花茎的轮状分枝上呈圆锥花序，两性或单性，整齐，花被显著，2轮，外轮3片，萼片状，绿色，宿存，内轮3片，花瓣状，脱落；雄蕊6至多数，花粉粒常球形。心皮6至多数，稀3枚，离生，螺旋状排列于凸起的花托上或轮状排列于扁平花托上。子房上位，1室，有1个倒生胚珠，稀较多。聚合瘦果，稀蓇葖果。种子无胚乳，胚马蹄形。染色体：$X=5\sim13$。

识别要点：水生或沼生草木；叶常基生；花在花轴上轮状排列；外轮花被萼片状，宿存。聚合瘦果。

泽泻科有11属100种，广布于各地，生于水中或沼泽地。我国有4属20余种，遍布全国。

1）泽泻属（*Alisma* L.）。叶片宽椭圆形至卵形，圆锥状复伞形花序，两性花，花托扁平，雄蕊 6 枚，心皮多数，轮生成 1 环。本属 11 种，主要分布于北温带，我国产 3 种。泽泻（*Alisma plantago-aquatica* L.）（图 5-45），各地均有分布。生于沼泽边缘。喜温暖湿润的气候，球茎供药用，有清热、利尿、渗湿之效；茎叶可作饲料。

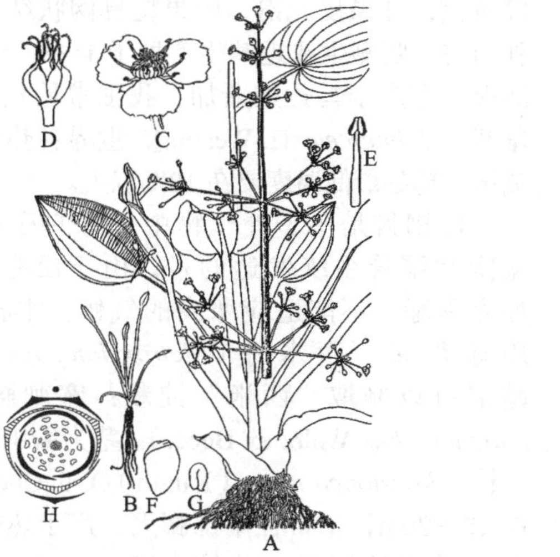

图 5-45　泽泻

A. 带花植株　B. 幼苗　C. 花　D. 果实　E. 雄蕊　F. 种子　G. 胚　H. 花图式

2）慈姑属（*Sagittaria* L.）。叶形变异较大，沉水叶带状，浮水叶椭圆形，气生叶三角状箭形；总状花序，花单性，雄蕊多数，心皮多数且多轮着生在球形花托上。本属约 20 种，分布于热带和温带，我国 6 种。慈姑（*S. trifolia* L.），常见于南北各省水稻田或沼泽地，球茎可食用或制淀粉，药用时为滋补强壮剂和止血药。

泽泻科在系统学上的位置有不同意见，有不少人认为该科为单子叶植物中最原始科之一。但从维管束解剖学上看，导管上具有单孔或多孔，已具有相当的进化特征。

泽泻科隶属泽泻目，泽泻目常被认为是单子叶植物纲的最古老的类群。可是，从演化位置来说，它们绝不会在单子叶植物纲进化的干线上，因为，原始的单子叶植物应该有双核花粉和具胚乳的种子（而泽泻科没有）。在克朗奎斯特的系统中，泽泻目被看作是一个靠近基部的旁支，一个保留着若干原始特征的残遗类群。在木兰亚纲内，古老的睡莲目与泽泻亚纲有着紧密的关系。

5.3.2　棕榈亚纲

高大棕榈型乔木植物。叶宽大，互生，生于植株基部或聚生于茎项。槟榔亚纲部分物种常呈折扇状平行脉，基部扩大成鞘。花多数，小型，通常为佛焰苞包裹的肉穗花序，雄蕊是花中最有特色的部分。雌花常由 3 心皮结合组成子房上位。种子内的胚乳常非淀粉状。多属热带分布。

该亚纲共有 4 目 5 科约 5600 种，多数分布于热带地区。槟榔亚纲包括 4 目：棕榈目（槟榔目）（Arecales）、环花草目（Cyclanthales）、露兜树目（Pandanales）、天南星目（Arales）。

5.3.2.1　棕榈科（Palmae）　♂：$*P_{3+3}A_{3+3}$
♀：$*P_{3+3}\underline{G}_{3,(3)}$；⚥ $*K_3C_3A_{3+3}\underline{G}_{3,(3)}$

灌木或乔木，不分枝，有时藤本，有刺或无刺，叶束聚生于不分枝的干顶或在攀缘种类中散生于茎上；叶大，掌状或羽状分裂，裂片或小叶在芽时内折叠，叶柄基部常扩大成纤维状鞘；花小，常淡绿色，圆锥状肉穗花序，多分枝；佛焰苞 1 至多数，革质或膜质；花被片 6，雄蕊 6，2 轮排列；子房上位，柱头 3，核果或硬浆果，外果皮常纤维状或覆以下弯的鳞片；种子 1～10 个，胚乳丰富。染色体：X=13～18。

识别要点：木本，树干不分枝；大型叶丛生于树干顶部；肉穗花序，花 3 基数。核果或浆果。

本科 217 属，2800 种，分布于热带和亚热带。我国 28 属，100 余种。

棕榈科多为重要的纤维、油料、淀粉及观赏植物。分布于热带和亚热带地区，我国主产云南、广西、广东和台湾，此外引入栽培的也有多种。本科植物中大多数种类都有较高的经济价值，许多种类为热带、亚热带的风景树种，是庭园绿化不可缺少的材料。

1）棕榈属（*Trachycarpus* H. Wendl.）。常绿乔木。树干圆柱形，干茎直径 15cm 以上。叶掌状分裂，裂片大于 20，顶端常 2 浅裂，叶柄无刺；花单性，雌雄异株，圆锥状肉穗花序腋生，花小而黄色；3 心皮，离生；核果肾状球形。本属 6 种，分布于东南亚；我国约 6 种，分布于长江以南各省（自治区）。棕榈［*T. fortunei*（Hook. f.）H. Wendl.］（图 5-46），叶鞘纤维可制扫帚、毛刷、蓑衣、枕

图 5-46　棕榈

A. 植株　B. 雌花序　C. 雄花及雄蕊　D. 雌花及解剖结构　E. 果序　F. 果实　G. 果实及解剖结构　H. 雄花图式　I. 雌花图式

垫、床垫；棕皮可制绳索；棕叶可用作防雨棚盖；花、果、棕根及叶基棕板可加工入药；种仁含有丰富的淀粉和蛋白质，可作饲料。

2）椰子属（*Cocos* L.）。乔木，茎有环状叶痕。叶羽状全裂，簇生茎顶。花单性同株。圆锥花序，佛焰苞2个，木质。花序上部为雄花，下部为雌花；核果大，顶端具三棱，外果皮光滑，中果皮厚而纤维质，内果皮骨质，坚硬，近基部有3个萌发孔；种子1个，紧贴内果皮，胚乳坚实，白色，衬贴内果皮，中空富有浆液；胚基生。仅椰子（*Cocos nucifera* L.）1种。广布于东南亚热带海岸，为重要的油料、纤维和观赏植物；椰子叶可盖屋、编篮和织席；叶柄和总轴可为防篱、牛轭等用。幼果内水液是鲜美可口的饮料，果肉供生食、榨油、制肥皂、造乳酪和糖果食品。

3）蒲葵属（*Livistona* R. Br.）。乔木，有环状叶痕。叶大，掌状分裂可达1/2处，裂片先端2裂；叶鞘具网状纤维；叶柄长，下部有逆刺2列。花序生于叶腋，具有几个管状佛焰苞，多分枝，结果时下垂；花两性，子房由3个离生心皮组成，胚珠基着，倒生。核果橄榄状，果皮平滑。胚乳均匀，胚侧生。蒲葵［*L. chinensis*（*Jacq.*）R. Br.］，我国特产，南部各省有分布，其嫩叶可制成葵扇、蓑笠或为屋顶的遮盖物，果、根和叶药用。本属植物也是重要的庭园观赏植物。

4）槟榔属（*Areca* L.）。茎直立，乔木状，有环状叶痕。叶簇生于茎顶，羽状全裂，羽片多数，叶轴顶端的羽片合生。花单性，雌雄同序；果实近球形，柱头宿存；种子卵形或纺锤形，胚乳嚼烂状，胚基生。分布于亚洲热带地区和澳大利亚。我国有2种。槟榔（*A. cathecu* L.），种子含单宁和多种生物碱，药用助消化和驱肠道寄生虫，果作中药大腹皮入药，热带居民以嫩叶裹嫩果和少许石灰咀嚼，有固齿健胃的作用。主要分布在中非和东南亚，我国引种栽培已有1500年的历史，海南、湖南、台湾三省栽培较多，适于亚洲热带潮湿温热地区。

5）假槟榔属（*Archontophoenix* H. Wendl. et Drude）。常绿乔木，茎挺直圆柱状、基部略膨大，无刺，具明显环状叶痕。叶羽状全裂，生于茎项，羽片2列；叶鞘膨大而包茎，形成明显的冠茎。花序生于叶鞘下，呈圆锥花序式，下垂，多分支，具2个鞘状佛焰苞；雌雄同株，白色。果实卵球形，红色。种子卵球形。胚乳嚼烂状，胚基生。假槟榔［*Archontophoenix alexandrae*（F. Muell.）H. Wendl. et Drude］，原产于澳大利亚，我国南方各省均有栽培。喜高温，也能耐5～6℃的长期低温。做观赏植物。

6）散尾葵属（*Chrysalidocarpus* H. Wendl.）。丛生常绿灌木或小乔木。茎干光滑，黄绿色，无毛刺，嫩时披蜡粉，上有明显叶痕，呈环纹状。单叶，叶面光滑细长，羽状全裂，叶柄、叶轴、叶鞘均淡黄绿色；叶鞘圆筒形，包茎。肉穗花序圆锥状，生于叶鞘下，多分支，金黄色。花雌雄同株，多次开花结实。花在小穗轴的近基部为每3朵（2雌1雄）聚生，近顶端则为单生或成对着生的雄花。果近圆形，橙黄色，外果皮光滑，中果皮具网状纤维。种子胚乳均匀，胚侧生或近基生。种子1～3个，卵形至椭圆形。主产于马达加斯加。我国常见栽培1种。散尾葵［*C. lutescens* H. Wendl.］，世界各热带地区多有栽培。越冬最低温度要在10℃以上。

棕榈科是单子叶植物中少有的乔木、叶大型宽阔和维管系统发达的科，由于没有次生生长，加之常绿，不能适应寒冷的气候。本科植物经济用途很多。西米棕（*Metroxylon sagu* Bottb.）的髓部可以制取“西米”淀粉；宽刺藤（*Calamus platyacanthus* Walb. ex Becc.），茎为编织藤器原料；王棕［*Roystonea regia*（Kunth）O. F. Cook.］，乔木，高10～20m，干常在中部膨大，产于热带古巴，果实是鸽子的饲料；油棕（*Elaeis guineensis* Jacq.），是重要的油料植物。本科常见的植物还有：棕竹［*Rhapis excelsa*（Thunb.）Henry ex Rehd］，茎圆柱形，有节，叶掌状深裂。鱼尾葵［*Caryota ochlandra* Hance］，二回羽状复叶，大而粗壮，先端下垂，羽片厚而硬，形似鱼尾。椰枣［*Phoenix dactylifera* L.］，雌雄异株，茎具宿存的叶柄基部，上部的叶斜升，下部的叶下垂，形成一个较稀疏的头状树冠。

5.3.2.2 天南星科（Areaceae）

$$*♂：P_{0,\ 4\sim6}A_{6\sim少数}\ ♀：P_{0,\ 4\sim6}\underline{G}_{(2\sim3)}$$

草本。叶基生或茎生，叶柄基部常为鞘状，叶片全缘时多为箭形、戟形，或掌状、鸟足状、羽状、放射状分裂。花小，常极臭，排列为肉穗花序；花序外面有佛焰苞包围。花两性或单性。花单性时雌雄同株（同花序）或异株。雌雄同序者雌花居于花序的下部，雄花居上部，两性花有花被或无。花被如存在则为2轮，花被片2枚或3枚，雄蕊常与花被片同数且与之对生；花药2室；花粉分离或集成条状。退化雄蕊常存在；在雌雄同序时常多数集于雌花序之上，或合生成假雄蕊柱，常退化。子房上位或稀陷入花序轴内，1至多室，胚珠1至多数，双珠被；浆果，稀聚合果；种子1至多数。胚乳肉质。染色体：$X=7\sim16$，以$X=14$为多。

识别要点：草本；肉穗花序，花序有1片佛焰苞。

本科115属，2000余种，广布于全世界，但92%以上产于热带。我国有35属，206种，其中有

4属，20种系引种栽培，南北均有分布，我国特有种100种左右，占国内本属植物的53%。

1）天南星属（*Arisaema* Mart.）。草本。块茎近圆球形，紫红色或绿白色，间有褐色斑块。叶单一，柄长，中部以下具叶鞘；叶3裂，鸟足状或放射状。花序自叶柄中部分出。佛焰苞颜色多样，管部席卷；肉穗花序单性；雌花序轴在下部，中性花序轴位于中段，雄花序轴在上部，其上有棒状附属器。果序成熟时裸露，浆果红色，1室，1～2粒种子，胚乳丰富，具胚轴。150余种。大都分布于亚洲热带、亚热带和温带。我国南北均有分布（除东北、内蒙古和新疆外）。生于海拔3200m以下荒地、草坡、灌木丛及林下。天南星（*A. heterophyllum* Blume）和一把伞南星［*A. erubescens*（Wall.）Schott］（图5-47）的块茎扁球形，都以天南星名入药。

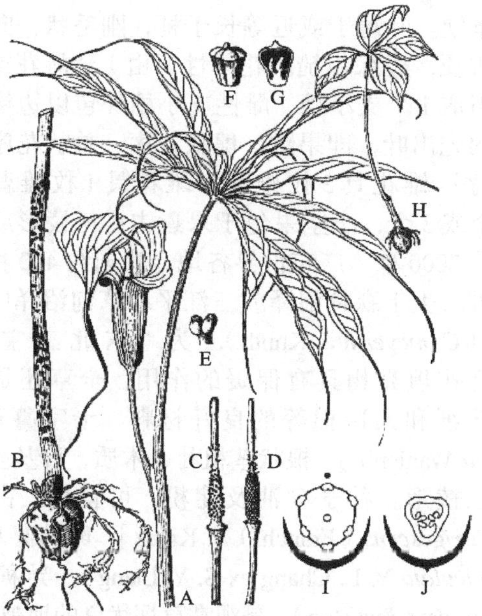

图5-47 一把伞南星

A. 植株上部 B. 植株下部 C. 雄性花序 D. 雌性花序 E. 雄花 F. 子房 G. 子房纵剖 H. 幼苗 I. 雄花花图式 J. 雌花花图式

2）马蹄莲属（*Zantedeschia* Spreng.）。多年生草本。叶和花序同年抽出。具肥大肉质块茎。叶基生，具长柄，上部具棱，下部呈鞘状折叠抱茎；叶卵状箭形，全缘，鲜绿色。花梗着生叶旁，高出叶丛，肉穗花序包藏于佛焰苞内，佛焰苞形大、开张呈马蹄形，绿白色、黄绿色，稀红色；肉穗花序圆柱形，鲜黄色，花序上部生雄蕊，下部生雌蕊。浆果，包在佛焰苞内，1～5室，每室1或2个种子；胚具轴，藏于胚乳中。8或9种，均产于非洲南部至东北部。各热带地区常引种栽培，我国栽培有4种。马蹄莲（*Z. aethiopica* Spreng），在我国长江流域及北方栽培，冬春开花，观赏植物。

常见天南星科植物还有：半夏［*Pinellia ternata*（Thunb.）Breit.］，多年生草本，叶基出，有长柄，叶柄基部有株芽。具块茎，有毒，炮制后入药，燥湿化痰。菖蒲（*Acorus calamus* L.），多年水生草本植物。根茎横走，粗壮，有多数不定根。生于池塘、湖泊岸边浅水区、沼泽等地。全株芳香，可作香料或驱蚊虫；茎、叶可入药。芋［*Colocasia esculenta*（L.）. Schott］，湿生草本。块茎常卵形，常生多数小球茎，是富含淀粉的食材。天南星科植物均具有独特的叶形、叶色，性喜温暖、潮湿、半阴的环境，忌光直射，是优良观叶植物。红掌（*Anthurium andraeanum* Linden），佛焰苞蜡质，正圆形至卵圆形，红色或白色，四季开花。原产于哥斯达黎加等热带雨林区，常附生。绿萝［*Epipremnum aureum*（Linden et Andre）Bunting Ann.］，大型常绿藤本，无性繁殖，攀缘生长，叶形多样，绿色。世界广布。龟背竹［*Monstera deliciosa* Liebm.］，半蔓型，茎粗壮，节多似竹，茎上生褐色下垂气生根。叶厚，革质，互生，暗绿色或绿色；成熟叶矩圆形，不规则羽状深裂如龟甲图案，故名龟背竹。原产于墨西哥热带雨林中，不耐寒。我国引种栽培十分广泛。

5.3.3 鸭跖草亚纲

常草本。叶互生或基生，单叶，全缘，基部常具叶鞘。花两性或单性，常无蜜腺；花异被，显著，分离，或退化；雄蕊常3枚或6枚，花粉常单萌发孔；上位子房。胚乳多为淀粉。果实为干果。

有7目，共16科，约15 000种。主要目有鸭跖草目（Commclinales）、谷精草目（Eriocaulales）、灯芯草目（Juncales）、莎草目（Cyperales）、香蒲目（Typhales），广布温带。代表科有鸭跖草科（Commelinaceae）、莎草科（Cyperaceae）、禾本科（Graminaceae）、。

5.3.3.1 莎草科（Cyperaceae）

$*⚥\ P_0A_{1\sim3}\underline{G}_{(2\sim3:1:1)}$；

$*♂$：$P_0A_{1\sim3}$；$*♀$：$P_0\underline{G}_{(2\sim3:1:1)}$

多年生草本，少数一年生；多数具根状茎，少数兼具块茎。秆通常三棱形。叶基生或兼秆生，叶片狭长，叶鞘闭合。花序多种，有穗状、总状、圆锥状、头状或长侧枝聚伞状；小穗单生，簇生或排列成穗状或头状，具2至多数花，或退化仅具1花；花小，两性或单性，雌雄同株，少异株，着生于鳞片腋内，鳞片覆瓦状螺旋排列或2列，无花被或花被退化成下位鳞片或下位刚毛，有的雌花为先出叶所形成的果囊所包裹；雄蕊3，少数1或2枚，风媒传粉；子房1室。胚珠1个，直立；小坚果或囊果，三棱形，平凸状、双凸状或球形。种子具胚乳。染色体：$X=5\sim60$。

识别要点：茎三棱，实心，无节；叶3列，叶鞘闭合。小穗组成各种花序，子房上位，小坚果。

80余属4000种，广布于全世界，以温带、寒带地区为多。我国有31属，670种，全国各地皆有分布。

1）莎草属（*Cyperus* L.）。一年生或多年生草本。秆直立，丛生或散生。叶基生，具鞘。聚伞花序简单或复出，短缩成头状，基部具叶状苞片数枚；小穗2至多数，压扁，小穗轴宿存，通常具翅；鳞片2列，无下位刚毛；雄蕊3，柱头3，小坚果三棱形。约380种，我国30余种，大多分布于华南、华东、西南各省。香附子（*C. rotundus* L.）（图5-48），花序复穗状，3～6个在茎顶排成伞状，小穗条形；花两性或单性；匍匐根状茎长，具椭圆形块茎。全株有香气，块茎药用。风车草［*C. alternifolius* L. ssp. *flabelliformis*（Rottb.）Kukenth.］，原产非洲，各地栽培观赏。油莎豆（油莎草）（*C. esculentus* L.），块茎含油27%左右，各地有栽培，可供食用。

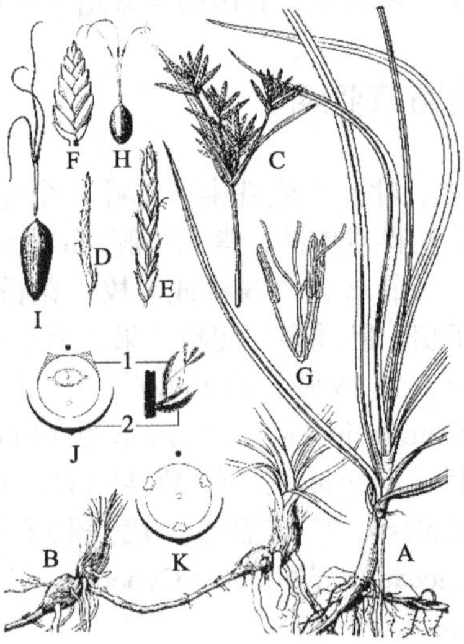

图5-48 香附子

A. 植株 B. 植株下部 C. 花序

D～F. 小穗 G. 两性花 H. 雌蕊

I. 坚果 J. 雌花花图式 K. 雄花花图式

1. 果囊 2. 颖片

2）藨草属（*Scirpus* L.）。多年生水生挺水草本，根状茎长。秆散生，粗壮，三棱形，基部具2或3个膜质叶鞘。叶扁平。苞片1枚，为秆的延长，三棱形；长侧枝聚伞形花序简单或复出，顶生或几个组成圆锥花序，小穗卵形或长圆形，成簇为假侧生；鳞片长圆形、椭圆形或宽卵形，膜质，黄棕色；下位刚毛3～5条，与小坚果略等长，有倒刺；雄蕊3；花柱短，柱头2或3。小坚果三棱形或双凸状。本属有300多种，广布，我国产约40种，广布于全国。生于潮湿多水之地，常用作造纸或编织草席、草包材料。藨草（*S. triqueter* L.），全株刈割饲用。水葱（*S. tabernaemontani* Gmel.），茎秆高大通直，秆呈圆柱状，中空。匍匐根状茎粗壮。地上部分可入药，利水消肿。水景园中主要做水景材料。

3）荸荠属（*Heleocharis* R. Br.）。一年生或多年生草本。根状茎不发育或很短，通常具匍匐根状茎。叶只有叶鞘而无叶片。苞片缺；小穗1，顶生，常有多数两性花；雄蕊1～3枚；花柱基膨大，宿存在小坚果上；柱头2个或3个，丝状。小坚果倒卵形、三棱形或双凸状，平滑或有网纹。本属有150多种，除两极外，广布于全球各地。我国产20多种，主要分布在南方。荸荠［*H. dulcis*（Burm. f.）Trin. ex Henschel］，匍匐根状茎细长，顶端膨大呈球状，生熟食皆可，有止渴、消食、解热功能。

4）薹草属（*Carex* L.）。根状茎短，秆紧密丛生，坚硬。叶短于或近等长于秆，刚毛状，向内对折，质硬，边缘粗糙。花单性，由1朵雌花或1朵雄花组成1个支小穗，雌性支小穗外包以边缘完全合生的先出叶，即果囊。穗状花序、总状花序或圆锥花序；雄花具3枚雄蕊；雌花具1枚雌蕊，柱头2个或3个；小坚果包于果囊内，三棱形或平凸状。约2000种，广布世界各地。我国约400种，主产北方。生于森林沼泽或三江平原草甸沼泽中。乌拉草（*C. meyeriana* Kunth），为“东北三宝”之一，秆作填充物具有保暖的作用，全草还是做编织、造纸和人造棉等的良好材料。十字薹草（*C. cruciata* Wahlenb.），根状茎粗壮、木质，秆丛生、坚挺，三棱形。种子含油及淀粉，可食用。白颖薹草［*C. rigescens*（Franch.）V. Krecz］、卵穗薹草（*C. ovatispiculata* Y. L. Chang ex S. Y. Liang）、异穗薹草（*C. heterostachya* Bge），是观赏草坪优良的地被植物。

5.3.3.2 禾本科（Gramineae，Poaceae） $*⚥P_{2\sim3}A_{3\sim3+3}\underline{G}_{(2\sim3:1:1)}$

草本或木本。根系为须根系。地上茎称秆或竿，圆柱形，常于基部分支，节与节间明显，节间中空，节处之内有横隔板。单叶互生成2列，由叶鞘、叶片和叶舌构成，有时具叶耳；叶鞘包秆，在一侧开裂。包着竹秆的叶称为箨叶；叶片狭长线形，或披针形，具平行叶脉，中脉显著，不具叶柄，基部直接着生在叶鞘顶部。在竹类中，叶具短柄，与叶鞘相连处具关节，易从叶鞘上脱落，秆箨与叶鞘有别，箨叶小而无中脉。花序顶生或侧生，为圆锥花序、总状花序或穗状花序。小穗由2枚颖片、数朵小花和小穗轴组成；小花基部有外稃和内稃包被，外稃有芒，内稃无芒；稃片内侧有2枚或3枚浆片，雄蕊3枚或6枚，雌蕊1枚，子房上位，心皮2或3合生，1室，含1个倒生胚珠；柱头多呈羽毛状。果为颖果，少为囊果、浆果或坚果。种子有胚乳。染色体：X=7～13。

识别要点：秆常圆柱形，节与节间明显，节间常中空；叶互生，2列，叶鞘开放，由小穗组成各种花序；子房上位；颖果。

禾本科习惯上常分为竹亚科（Bambusoideae）和禾亚科（Agrostidoideae）2亚科。700多属，至少10 000种。中国有200余属1500种以上，在单子叶植物中仅次于兰科，是被子植物中的第四大科。

（1）亚科Ⅰ：竹亚科　竿一般为木质，多为灌木或乔木状，竿的节间常中空；主竿叶（竿箨即笋壳）与普通叶明显不同；竿箨的叶片（箨片）通常缩小而无明显的中脉；普通叶片常具中脉和短柄，且与叶鞘相连处成一关节，叶易自叶鞘脱落。浆片多为3片，稀可无或多至6片，甚至更多片；雄蕊3枚或6枚，雌蕊1枚，花柱1～3，柱头（1）2～3稀或更多，子房卵圆形、长椭圆形或近于球形，有时基部干缩成柄状。颖果，易与稃片相分离。染色体：X=12。

70余属，1000余种，主要分布在东南亚热带地区，少数属、种延伸至亚热带和温带各地。我国37属，500多种，多分布于长江流域以南各省（自治区）。

1）箬竹属（*Indocalamus* Nakai）。灌木。地下茎复轴型；竿每节仅生1枝，竿箨宿存，子房无毛。叶片宽大，可做船篷、斗笠，鲜叶可包粽子。本属含20种以上，均产我国，主要分布于长江以南各省（自治区）。例如，阔叶箬竹［*I. latifolius*（Keng）McClure］，竿可做毛笔竿或竹筷。

2）簕竹属（*Bambusa* Retz. corr. Schreber）。灌木或乔木状，地下茎合轴型。竿丛生，竿环较平坦；竿每节生多枝，簇生，小枝有时硬化成刺，主枝较为粗长。本属100余种，我国有60余种，主产长江流域。孝顺竹［*B. multiplex*（Lour.）Raeuschel ex J. A. et J. H. Schult.］，竿高2～7m，直径5～25mm，小枝叶5～10片；变种凤尾竹（*B. multiplex* var. *incana* B. M. Yang），竿高2～3m，直径小于10mm，小枝上叶10余片，形似羽状复叶；佛肚竹（*B. ventricosa* McClure），畸形竿节间瓶状，箨鞘无毛；箨耳发达，箨舌极短。簕竹（*B. blumeana* J. A. et J. H. Schult. f.）（图5-49A），竿高15～24m，直径8～15cm，尾梢下弯，下部略呈“之”字形曲折；分枝发育终止，先端变为硬刺。

3）刚竹属（*Phyllostachys* Sieb. et Zucc.）。地下茎为单轴散生，竿节间圆筒形，节间在分枝的一侧扁平或具浅纵沟2条，每节分枝大都2枚，一粗一细；竿箨早落；箨鞘纸质或革质，顶端渐狭，箨

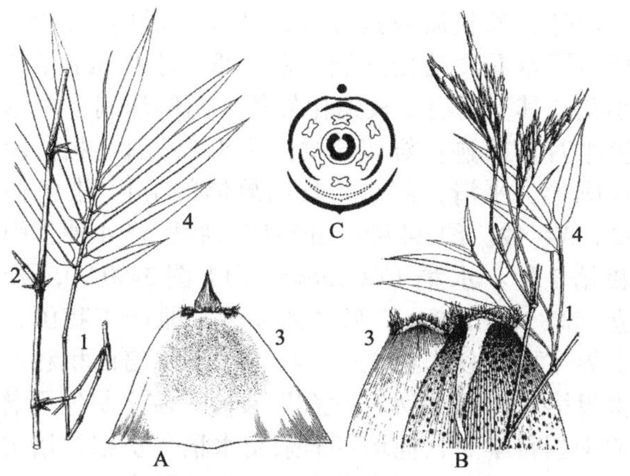

图5-49　簕竹和毛竹

A. 簕竹　B. 毛竹　C. 花图式

1. 竹枝　2. 竹刺　3. 竿箨　4竿叶

叶狭长皱缩；竿中部箨片狭长，直立至外翻；花枝甚短，呈穗状至头状，小穗丛间常夹杂以许多顶端具缩小叶片的苞片；雄蕊3枚，花丝细长，花药黄色；子房无毛，具柄，花柱细长，柱头3；颖果长椭圆形。本属50余种，均产于我国，尤以长江流域至五岭山脉为其主要产地。

刚竹属我国竹亚科中经济价值最大，种类众多的1属。刚竹（*P. sulphurea* cv. *viridis* R. A. Young），竹材坚韧，竿径3.5～8cm，可作小型建筑用材和各种农具柄；毛竹（南竹）［*P. heterocycla*（Carr.）Mitford］（图5-49B），是我国栽培悠久、面积最广、经济价值也最重要的竹种。其竿型粗大，宜供建筑用，笋味美，鲜食或加工制成玉兰片、笋干、笋衣等。紫竹［*P. nigra*（Lodd. ex Lindl.）Munro］，竿棕紫色，直径2～4cm，可做乐器、手杖及其他工艺品。此处还有金镶玉竹（*P. spectabilis* C. D. Chu et C. S. Chao）、桂竹（*P. bambusoides* Sieb. et Zucc.）、人面竹（罗汉竹）（*P. aurea* Carr. ex A. et C. Riv.）、

我国常见的竹种类还有很多，如慈竹［*Neosinocalamus affinis*（Rendle）Keng f.］、麻竹（*Dendrocalamus latiflorus* Munro）、冷箭竹［*Bashania fangiana*（A. Camus）Keng f. et Wen］、梨竹［*Melocanna baccifera*（Roxb.）Kurz］等。竹类植物生长快，2～3年可伐，是良好的建材，许多竹笋清甜爽口，可食用。

（2）亚科Ⅱ：禾亚科　草本。秆通常草质，秆生叶即是普通叶，具中脉，通常无叶柄，叶片大多为狭长披针形或线形，叶片与叶鞘之间无明显的关节，不易从叶鞘脱落。花具2枚或3枚浆片，雄蕊3枚或6枚，雌蕊1枚，子房上位，心皮2～3合生，1室，1胚珠；柱头多呈羽毛状。颖果，种子有胚乳。

1）稻属（*Oryza* L.）。秆直立，丛生；叶鞘无

毛；叶舌长膜质或具叶耳；叶片线形扁平，宽大。顶生圆锥花序疏松开展，常下垂。小穗两性，含3小花，其下附有2枚退化外稃，两侧压扁；颖退化呈半月形痕迹；雄蕊6枚；柱头2，羽毛状。颖果长圆形，平滑，胚小，长为果体的1/4。染色体小型，*X*=12。约24种。分布广。我国产4种，引种栽培2种。水稻（*O. sativa* L.）（图5-50A），秆直立，高30～100cm。叶2列互生。原产于我国，是世界主要粮食作物之一。我国水稻栽培面积和产量世界第一，“杂交水稻之父”袁隆平院士是世界著名的中国科学家，他培育的杂交水稻是水稻栽培史上划时代的品种，用杂交水稻生产的粮食，可以减少用种量，显著提高产量。稻米还可酿酒制醋，可加工成多种食材；米糠可作制糖、榨油、提炼糖醛的工业原料，米糠及稻秆也是牲口的优质饲料。

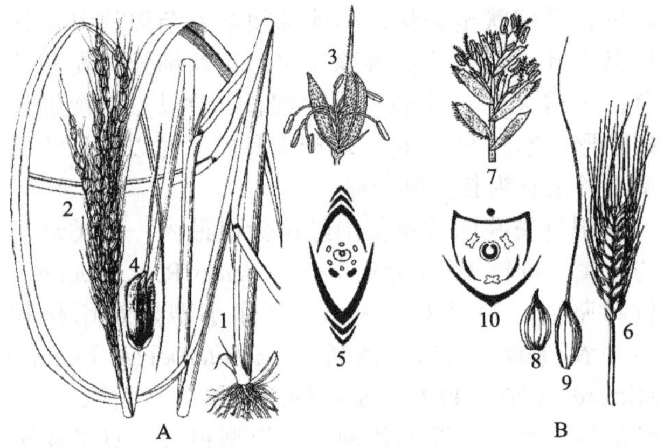

图5-50　水稻和小麦

A. 水稻　B. 小麦

1. 植株　2. 复总状花序　3. 小穗　4. 颖果　5. 水稻花图式　6. 复穗状花序　7. 小穗　8. 颖片　9. 外稃　10. 小麦花图式

2）小麦属（*Triticum* L.）。一年生或越年生草本；秆直立，中空。叶片长线形；复穗状花序直立，由若干小穗组成；小穗单生，两侧压扁，无柄，生于穗轴各节，成熟时不从基部脱落，穗轴也不逐节脱落；基部有两个颖片，每个小穗含3～9小花，上部花不育；小花由1个外稃、1个内稃、2个浆片、3枚雄蕊和1枚雌蕊构成。外稃中脉延伸成芒。柱头2，羽毛状；子房上位，1室1胚珠。颖近革质，卵形，主脉隆起成脊；颖果大，长圆形，顶端有毛，腹面具深纵沟，易与稃片分离。有20余种，欧亚大陆和北美广为栽培；我国常见者有4种和4变种。小麦（*T. aestivum* L.）（图5-50B）是世界主要粮食之一，我国北方的主食。小麦起源于中东地区，是温带长日照植物，自北纬17°～50°，从平原到海拔约4000m的高原（如我国西藏）均有，在世界各地广泛栽培。

3）大麦属（*Hordeum* L.）。多年生或一年生。叶片扁平，常具叶耳。顶生穗状花序或穗状圆锥花序；小穗两侧压扁，3枚同生一节，各含1小花，顶生小穗退化；三联小穗同型者皆无柄，可育，异型者中间的无柄，可育，两侧生的有柄；颖细线形或为刺芒状，有的基部扩展形成披针形；颖果腹面具纵沟，顶生茸毛。本属约含30种，分布于全球温带或亚热带的山地或高原地区，我国约15种（包括变种）。除粮食作物外，多为优良牧草。大麦（*H. vulgare* L.），颖果成熟后黏着内外稃片，不易脱落，做粮食，也是制造啤酒、麦芽糖的原料。青稞（裸麦）（*H. vulgare* var. *nudum* Hook. f.），颖果成熟后易脱出稃体，我国西南高寒地区有栽培，果做粮食或酿酒。

4）燕麦属（*Avena* L.）。一年生草本；疏散圆锥花序顶生，小穗两侧压扁，有2～6小花；颖大而膜质，近相等，7～11脉；外稃硬，顶部2齿裂，背部常具膝曲而扭转的长芒（有时缺）；果实与内外稃分离或为其所包藏。本属10余种，分布在温寒带，我国3种或4种，其中燕麦（*A. sativa* L.）和莜麦（*A. nuda* L.）在华北、西北常作为谷类栽培。野燕麦（*A. fatua* L.）广布南北，为田间杂草，可做牛、马的饲料。

5）玉蜀黍属（*Zea* L.）。一年生，植株高大，秆较粗壮，茎强壮实心，挺直，圆筒形。直立，须根系，除胚根外，茎基节上长出节根。叶宽而长，叶缘波浪状。叶鞘具横脉；叶舌膜质，长约2mm；单性花，雌雄同株。雄花生于植株的顶端，为圆锥花序；雌花生于植株中部的叶腋内，为肉穗花序，成熟后成谷穗，具粗大中轴，小穗成对纵列后发育成两排籽粒。雄穗开花一般比雌花吐丝早3～5天。谷穗外被多层变态叶，称为苞叶。颖果可食。仅玉蜀黍（玉米、苞谷）（*Z. mays* L.）1种，原产墨西哥，现全世界广为栽培，为主要粮食、饲用植物，也是医药、食用油的原料。

6）高粱属（*Sorghum* Moench）。一年生草本。秆较粗壮，直立，基部节上具支撑根。叶鞘无毛或稍有白粉；叶舌硬膜质，先端圆，边缘有纤毛；叶片线形至线状披针形，先端渐尖，基部圆或微呈耳形，表面暗绿色，背面淡绿色或有白粉，两面无毛，边缘软骨质。圆锥花序疏松，主轴裸露，总梗直立或微弯曲；无柄小穗可育，倒卵形或倒卵状椭圆形，成熟后为淡红色至暗棕色，两颖均革质；雄蕊3枚，花药长约3mm；子房倒卵形；花柱分离，柱头帚状。颖果两面平凸，淡红色至红棕色。20余种，分布于热带、亚热带和温带地区。我国现知有11种（包括引种逸生）。高粱［*S. bicolor*（L.）Moench］，大多作为谷物和饲料栽培，以东北各地为最多。

7）甘蔗属（*Saccharum* L.）。秆直立粗壮，实

心，灰褐色，节下被蜡粉，叶鞘长于节间，鞘口具长柔毛，顶端宽于叶基；叶舌长约2mm，紧贴其背部密生细毛；叶片线状披针形。圆锥花序大型，银白色；小穗两性，背腹压扁或圆筒状，成对着生在穗轴各节；穗轴具关节，各节连同无柄小穗一起脱落，小穗基盘、颖及小穗柄的纤毛均长于小穗；颖果卵圆形，鳞被2，无毛。甘蔗（*S. officinarum* L.），温带和热带农作物，含有丰富的糖分、水分、维生素、脂肪、蛋白质、有机酸、钙、铁等物质，主要用于制糖，是提炼乙醇作为生物能的重要原材料，蔗鞘与叶片均为牲畜的良好饲料。广泛种植于热带及亚热带地区。

8）黍属（*Panicum* L.）。一年生栽培草本。秆粗壮，直立，高40～120cm，单生或少数丛生，有髭毛或疣基毛；叶舌膜质，叶片线形或线状披针形，圆锥花序开展或较紧密，小穗常背腹压扁，两性，疏生，脱节于颖下；内颖等长或稍短于小穗；外稃通常无芒，基部既无附属物也无凹痕。胚乳长为谷粒的1/2，种脐点状，黑色。染色体$2n=36$。本属约500种，分布于热带和温带，我国有20余种。稷（*P. miliaceum* L.），西北、华北各地有栽培。

9）菰属（*Zizania* L.）。水生草本；叶长大；大圆锥花序顶生，花单性同株，雄小穗多生于花序下部，早落，雌小穗生于花序的上部，迟落；小穗有1小花，由柄上脱落；外稃约与颖等长，3脉；内稃缺；雌小穗圆柱状，果狭圆柱形，成熟时黑色。本属有4种，北美地区分布3种。东南亚1种。茭白（茭笋）［*Z. caduciflora*（Turcz.）Hand. -Mazz.］，我国各地多有栽培或野生，取其因真菌寄生而膨大鲜嫩的秆基供蔬食，可入药。其子呈黑色，称为菰米，为古代六谷（稌、黍、稷、粱、麦、菰）之一。

10）芦苇属（*Phragmites* Adans.）。多年生水生或湿生的高大禾草，茎秆直立，高大，具长而粗壮的匍匐根状茎，以根茎繁殖为主。叶鞘圆筒形，叶舌有毛，叶片长线形或长披针形，排列成两行。圆锥花序分支稠密，向斜伸展，小穗有小花4～7朵，花梗被丝状毛，颖有3枚，一颖短小，二颖略长；第一小花多为雄性，余两性。芦苇（*P. communis* Trin），全球广布，我国各地都有分布，生于江河湖泽、池塘沟渠沿岸和低湿地，为固堤造陆先锋环保植物。秆为造纸、盖房的原材料。

禾本科是十分丰富的植物资源，经济价值大、用途广。狗牙根［*Cynodon dactylon*（Linn.）Pers.］、结缕草（*Zoysia japonica* Steud.）、高羊茅（*Festuca elata* Keng ex E. Alexeev）、草地早熟禾（*Poa annua* L.）、假俭草［*Eremochloa ophiuroides*（Munro）Hack.］、地毯草［*Axonopus compressus*（Sw.）Beauv］是优良的园林草坪植物；象草（*Pennisetum purpureum* Schum.）、黑麦草（*Lolium perenne* L.）、针茅（*Stipa capillata* L.）、羊草［*Leymus chinensis*（Trin.）Tzvel.］、聚合草（*Symphytum officinale* L.）、羊茅（*Festuca ovina* L.）、冰草［*Agropyron cristatum*（Linn.）Gaertn.］、雀麦（*Bromus japonicus* Thunb.）、鹅观草（*Roegneria kamoji* Ohwi）是优良的牧草或饲料植物；白茅［*Imperata cylindrica*（L.）Beauv.］的根茎入药，利尿、清凉。薏苡（*Coix lacrymajobi* L.）的果实含淀粉、油脂，药食兼用；一些禾草也是田间杂草。稗［*Echinochloa crusgalli*（L.）Beauv.］是水稻田中常见杂草，马唐［*Digitaria sanguinalis*（L.）Scop.］、牛筋草［*Eleusine indica*（L.）Gaertn.］和狗尾草［*Setaira viridis*（L.）Beauv］是旱地常见杂草，看麦娘（*Alopecurus aequalis* Sobol.）是稻茬麦和油菜田中的常见杂草。假高粱［*Sorghum halephense*（L.）Pers.］是外来入侵的恶性杂草，须严加控制。

禾本科是风媒植物高度发展的类群，花从单子叶典型的5轮3数发展为3轮结构，花被退化为2枚或3枚浆片，雄蕊退化为1轮3枚，辐射对称发展为两侧对称，花序也特化。系统发育过程中，禾本科可能基于鸭跖草目演化而来，并与灯芯草科有亲缘关系。

5.3.4 姜亚纲

陆生或附生草本，菌根依赖性强。茎短，或叶鞘重叠成“假茎”。叶互生，2列或螺旋排列；平行脉或羽状平行脉。花序大型，苞片美艳。花两性，两侧对称，雄蕊3枚或6枚，特化为花瓣状，花序大，苞片色彩鲜艳；异被花，雄蕊特华为花瓣状；子房下位，3心皮合生，常具分隔蜜腺；胚珠倒生或弯生，双珠被，厚珠心，沼生目型或核型胚乳；植物体中常具硅质细胞和针晶体。该亚纲的植物体常具硅质细胞和针晶体，导管局限于根内或存在于茎或营养器官中。筛分子质体属于PⅡ型和S型。气孔副卫细胞4至多数，少数物种为2个。蒴果。该亚纲共有2目：姜目（Zingiberales）和凤梨目（Bromeliales）。含9科约3800种，代表科有姜科和凤梨科，多数分布于热带地区。

5.3.4.1 姜科（Zingiberaceae）$\uparrow ⚥\ K_3C_3A_1\overline{G}_{(3:3:\infty)}$，或$\uparrow ⚥\ P_{3+3}A_1\overline{G}_{(3:3:\infty),(3:1:\infty)}$

多年生草本，芳香，匍匐茎或块状根茎，地上茎短，有时为叶鞘包叠而成假茎；花两性，两侧对称，花萼管状3齿裂，绿色或淡绿色；花瓣3，下部合生成管；能育雄蕊1枚，有花丝槽，花丝槽从花药室间穿出；子房下位，3心皮合生；花柱1，丝状；蒴果或浆果，种子有丰富胚乳，有假种皮。染色体 X=9～18。

识别要点：多年生草本，有香气，叶鞘顶端有叶舌，内外轮花被区分明显，可育雄蕊1枚，其他雄蕊瓣化。

本科分为2亚科、3族，约50属，1000余种，广布于热带和亚热带地区。我国有19属，150余种，5变种，产于西南至东南各省。

姜属（*Zingiber* Boehm.）。多年生草本；根茎块状，平生，指状分枝，芳香；地上茎直立。叶2列无柄。穗状花序球果状，于根茎发出，总花梗被鳞片状鞘；苞片卵形，宿存；花大，黄色。唇瓣倒卵形，3裂，两侧裂片小，花丝短，花药2室；子房3室；中轴胎座，胚珠多数，2列；花柱细弱，柱头近球形。蒴果，种皮薄；种子黑色，被假种皮。约80种，分布于亚洲的热带、亚热带地区。我国有14种，产西南部至东南部。姜（*Z. officinale* Rosc.）（图5-51A），根茎肥厚，多分枝，有芳香及辛辣味，药食两用。干姜有驱寒健胃的功效。蘘荷［*Z. mioga*（Thunb.）Rosc.］（图5-51B），花芽可作蔬菜，姜黄可提取黄色染料，用于食品工业。

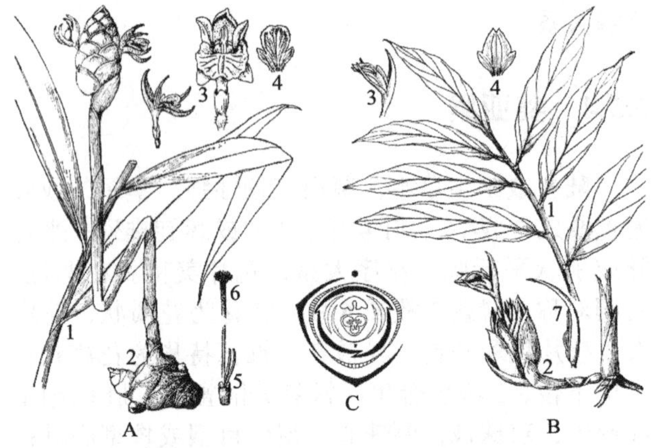

图5-51　姜科代表植物

A. 姜　B. 蘘荷　C. 花图式

1. 茎叶　2. 根茎和花序　3. 花侧面或正面　4. 唇瓣　5. 子房和腺体　6. 柱头　7. 雄蕊

姜科包含有很多著名的药材和香料植物，如春砂仁（*Amomum villosum* Lour.）、草果（*A. tsaoko* Crevost & Lemarie）、白豆蔻（*A. kravanh* Pierre ex Gagnep.）、姜黄（*Curcuma longa* L.）、莪术［*C. zedoaria*（Christm.）Rosc.］、郁金（*C. aromatica* Salisb.）等，具有芳香健胃、驱风活络的功用；还有一些美丽的观赏植物，如姜花（*Hedychium coronarium* Koen.）、海南三七（*Kaempferia rotunda* L.）、象牙参（*Roscoea purpurea* Smith）、闭鞘姜［*Costus speciosus*（Koen.）Smith］等，可供盆栽或布置于庭园内。

5.3.4.2　凤梨科（Bromeliaceae）$*\text{⚥}P_{3+3}A_3G_{(3:3:\infty)}$

多为短茎附生草本，叶互生，在短茎上形成叶丛，常基生，莲座式排列，狭长具平行脉，页面凹陷，基部鞘状，表皮极厚。雨水沿叶面流入叶鞘形成的储水器中。花两性，总状花序或头状花序，苞片色彩艳丽。萼与花瓣各3，花瓣分离或微联合，常在基部边缘具一对鳞片状密腺。雄蕊6枚，2轮，3心皮联合成3室，上位子房或全部下位。浆果、蒴果、稀为肉质聚花果（凤梨），种子在蒴果中具翅或羽状冠毛。胚小，胚乳丰富。染色体基数 X=8～29，常25。

识别要点：附生多年生草本，一次性开花，无茎；叶莲座状，剑形；密生圆锥花序，苞片红色至粉红色，小花初开蓝色后变红色；果为浆果、蒴果。

根据子房位置、果实类型、种子特征和叶齿有无、陆生或附生等可将该科分为3亚科：凤梨亚科（Bromelioideae）、翠凤草亚科（Pitcairnioideae）、铁兰亚科（Tillandsioideae）。

约有45属2000余种，是一个大科，1种产于热带非洲地区，其余全产于美洲。克朗奎斯特分类法单独分出凤梨目，只有凤梨科1科。

凤梨属（*Ananas* Tourm. ex L.）。陆生草本。叶莲座式排列，全缘或有刺状锯齿。花茎短或略延长，有叶，直立；头状花序顶生；花无柄，紫红色，生于苞腋内；萼片短，覆瓦状排列；花瓣分离，直立，基部有舌状的小鳞片2枚；雄蕊6枚，子房下位，肉质，基部阔，与花序轴合生或藏于其内；花柱线状，3裂。果肉质，球果状，由肉质增厚的花序轴、肉质的苞片和螺旋状排列的不发育的子房连合而成，顶部冠以退化、旋叠状的叶。3种，产于美洲。现广植于热带各地。我国栽培1种。凤梨［*A. comosus*（Linn.）Merr.］（图5-52A），又称为菠萝，聚花果肉质，为著名热带水果。花通常不结实，叶纤维坚韧，可供织物、制绳、结网和造纸。

凤梨科植物很多是具有观赏价值的多年生草本植物，不少种类花叶并貌，既可观花又可观叶。观赏凤梨的株型独特，叶形优美，花型花色丰富漂亮，花期长，适合室内长期摆设观赏。水塔花（*Billbergia pyramidalis* Lindl.）（图5-52B），茎甚短。叶阔披针形，急尖，叶片从根茎处旋叠状丛生，基部呈莲座状，中心呈筒状。叶筒内可以盛水而不漏，状似水塔得名。穗状花序直立，高出叶丛，苞片粉红色，花冠朱红色，花瓣外卷，边缘带紫色。原产巴西。莺哥凤梨（*Vriesea carinata* Wawra），穗状花序由叶丛中央抽出，花苞片2列排成扁穗状，内为深红色，外围黄色，外形尤似莺哥鸟的羽毛，十

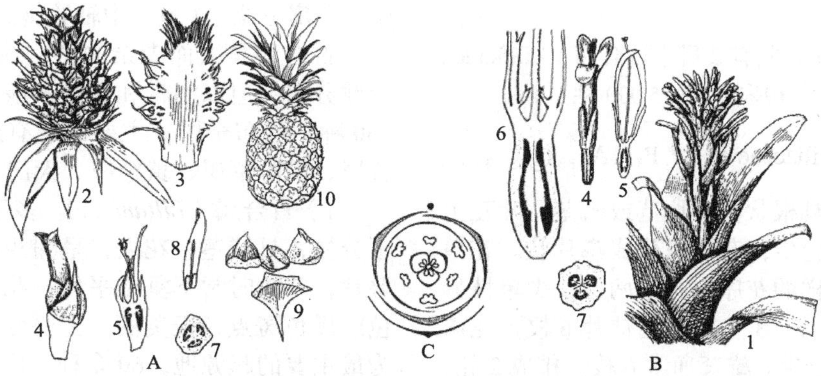

图 5-52　凤梨科代表植物

A. 凤梨　B. 水塔花　C. 凤梨科花图式

1. 植株　2. 花序　3. 花序纵剖　4. 花　5. 花纵剖　6. 花基纵剖　7. 子房横切　8. 花瓣和雄蕊　9. 苞片　10. 果实

分美丽，附生于雨林中的大树上。另外，紫花凤梨（*Tillandsia cyanea* Linden ex K. Koch）、彩叶凤梨［*Neoregelia carolinae*（Beer）L. B. Sm.］、火轮凤梨（*Guzmania lingulata* var. *magnifica*）、彩苞凤梨（*Vriesea poelmannii*）等也是常见的观赏凤梨属植物。

5.3.4.3　芭蕉科（Musaceae）　$\uparrow$ ♂♀⚥ $P_6A_{3+3}\overline{G}_{(3:3:\infty)}$

多年生高大草本，具匍匐茎或无；由叶鞘重叠而成的树干状假茎高大，不分枝。叶大型，有长柄，螺旋列或两行排列，由叶片、叶柄和叶鞘组成。羽状平行脉。聚伞花序顶生或腋生，包于大而鲜艳的佛焰苞中。花两性或单性。花被片 6，5 片合生，多少呈 2 唇状。雄蕊 5 枚发育，1 枚退化。子房下位，3 心皮，3 室，柱头 3 裂。中轴胎座。胚珠多数，倒生。肉质浆果，具革质外果皮。种子坚硬，有粉质胚乳和外胚乳。染色体：X=7，10～12。

识别要点：草本，常有由叶鞘重叠而成的树干状假茎；常穗状花序生于佛焰苞内，子房下位，浆果或蒴果。

本科分 3 亚科，约 140 种，产于热带、亚热带地区；我国有 7 属，19 种，其中 3 属为引入属，主产于南部及西南部。

芭蕉属（*Musa* L.）。多年生丛生草本，具根茎，多次结实。假茎由叶鞘紧密层层重叠而组成，基部不膨大或稍膨大，但绝不十分膨大呈坛状；叶大型，叶片长圆形，叶柄伸长，且在下部增大成一抱茎的叶鞘。子房下位，3 室。浆果伸长，有多数种子，但单性结果类型除外；种子近球形、双凸镜形或形状不规则。染色体数目：X=10 或 11，稀 7 或 9。约 40 种，主产于亚洲东南部。我国连栽培种在内有 10 种。

芭蕉（*M. basjoo* Sieb. & Zucc.），叶大型，叶片长圆形，叶柄伸长。叶面亮绿色；浆果三棱状，长圆形，长 5～7cm，具 3～5 棱，近无柄，肉质；种子多数，黑色，具疣突及不规则棱角。香蕉（*M. nana* Lour.）（图 5-53B），果丛有果 8～10 段，有果 150～200 个。果身弯曲，略为浅弓形，幼果向上，直立，成熟后逐渐趋于平伸，长 10～30cm，直径 3.4～3.8cm，浆果 4 棱或 5 棱，先端渐狭，非显著缩小，果柄短；无种子。小果野蕉（*M. acuminata* Colla）（图 5-53A），浆果圆柱形，长约 9cm，内弯，绿色或黄绿色，被白色刚毛，具 5 棱角，先端收缩而延长成 0.6cm 的喙，基部弯，下延长成不及 1cm 的柄，果内具多数种子，种子褐色，不规则多棱形，直径 5～6mm，高 3mm。小果野蕉是目前世界上栽培香蕉的亲本种之一。

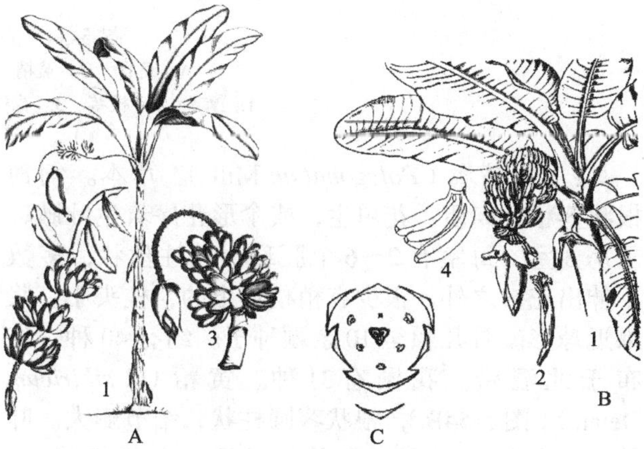

图 5-53　芭蕉属代表植物

A. 小果野蕉　B. 香蕉　C. 花图式

1. 植株　2. 花　3. 果序　4. 果实

5.3.5　百合亚纲

草本，稀木本。单叶，互生，常全缘，线形或宽大。花常两性，花序非肉穗花序状，花被常 3 数 2 轮，全为花冠状；雄蕊常 1 枚、3 枚和 6 枚；雌蕊常 3 心皮结合，中轴胎座或侧膜胎座；具蜜腺；常无胚乳。

本亚纲温带分布，共有2目［百合目（Liliflorae）和兰目（Orchidales）］，19科，约25 000种。

5.3.5.1 百合科（Liliaceae） ⚥ $* P_{3+3}A_{3+3}\underline{G}_{(3:3:\infty)}$

多年生草本，具根状茎、块茎或鳞茎。叶互生或基生，少对生或轮生，有时退化成鳞片状。花单生或聚集成各式各样的花序，花常两性，少单性异株或杂性，辐射对称，3基数，花被片6枚，花瓣状，两轮，离生或合生。雄蕊通常6枚，排成2轮，花丝分离或贴生于花被管上。子房上位，少半下位，常3室，中轴胎座，胚珠通常多数，倒生。胚乳沼生目型或核型。蒴果或浆果。种子胚乳丰富。染色体 X=3～27。

识别要点：多年生草本，单叶，花两性、整齐，花被片6片，排列成两轮，雄蕊6枚，与之对生，子房上位，3室，中轴胎座。蒴果或浆果。

百合科是大而庞杂的科。约230属，3500种，全球分布，但以温带和亚热带最丰富。我国60属，560种，遍布全国。主要的属有葱属、菝葜属、百合属、沿阶草属、黄精属、天门冬属、贝母属等。

1）百合属（*Lilium* L.）。多年生草本，茎直立，不分枝，具鳞茎，花大，呈漏斗形喇叭状，六裂无萼片，开放时常下垂或平伸；花色多样，有的具紫色或黑色斑点，极美丽。主要分布在北温带，我国为最主要的起源地，60余种，广泛分布在黄河以南海拔100～2150m，栽培或野生。常见有百合（*L. brownii* var. *viridulum* Baker）（图5-54A）、卷丹（*L. lancifolium* Thunb）。卷丹花瓣有平展的，有向外翻卷的，故有“卷丹”美名。百合属植物花朵美丽用于观赏，地下鳞茎含有大量的淀粉和蛋白质，可食用或药用。

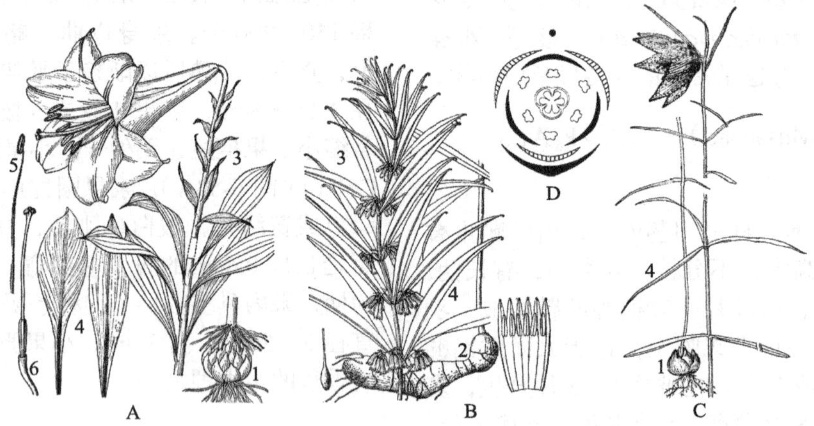

图5-54 百合科代表植物

A. 百合 B. 黄精 C. 川贝母 D. 花图式

1. 鳞茎 2. 根茎 3. 花枝 4. 叶片 5. 雄蕊 6. 雌蕊

2）黄精属（*Polygonatum* Mill.）。草本。匍匐根状茎粗壮肉质。花单生，或伞形花序着生叶腋；子房3室，每室有2～6个胚珠，花柱丝状，多数不伸出花被之外，很少有稍稍伸出的，柱头小。浆果近球形。具几颗至10余颗种子。约有40种，广布于北温带。我国有31种。黄精（*P. sibiricum* Delar.）（图5-54B），根状茎圆柱状，结节膨大。叶轮生，每轮4～6枚，条状披针形；多花黄精（*P. cyrtonema* Hua），根状茎肥厚，通常连珠状或结节成块，少有近圆柱形，叶互生，椭圆形、卵状披针形至矩圆状披针形。黄精和多花黄精在中药中都以“黄精”入药。玉竹［*P. odoratum*（Mill.）Druce］，根状茎圆柱形，叶互生，椭圆形至卵状矩圆形，中药中以“玉竹”入药。

3）贝母属（*Fritillaria* L.）。多年生草本；鳞茎深埋土中，茎直立，不分枝，基生叶有长柄；茎生叶对生、轮生或散生，先端卷曲或不卷曲，基部半抱茎。花钟状下垂，具叶状苞片；蒴果具6棱，棱上有翅，种子扁平，边缘有狭翅。约60种，主要分布于北温带。我国产20种和2变种，除广东、广西、福建、台湾、江西等地外，其他省（自治区）均有分布，其中以四川和新疆种类最丰富。川贝母（*F. cirrhosa* D. Don，Prodr.）（图5-54C），鳞茎1～1.5cm，由3片或4片肥厚鳞片组成，产于四川、云南、西藏等地，浙贝母（*F. thunbergii* Miq.），鳞茎直径1.5～3.0cm，由2枚或3枚鳞片组成，产于浙江、江苏一带，平贝母（*F. ussuriensis* Maxim.），鳞茎直径1～1.5cm，由2枚鳞片组成，产于东北。贝母属花大，色彩艳丽，是名贵的观赏花卉；鳞茎入药，清热润肺，化痰止咳，尤以川贝最佳。

4）葱属（*Allium* L.）。具特殊的葱蒜气味，鳞茎形态多样，具鳞被，叶基生，伞形花序。约有500种，分布于北温带。我国有110种，全国都有分布。葱（*A. fistulosum* L.），鳞茎单生，基部膨大呈卵状圆柱形，鳞茎外皮白色，稀淡红褐色，膜质至薄革质，不破裂。叶圆筒状，中空，向顶端渐狭。洋葱（*A. cepa* L.），鳞茎粗大，近球形。外鳞茎皮膜质，内鳞茎叶肥厚，都不破裂。蒜（*A. sativum* L.），叶宽条形，花葶圆柱状（蒜薹），鳞茎近球形，常由多数肉质、瓣状的小鳞茎（蒜瓣）组成，外面被数层膜质鳞茎皮，鳞茎中含有挥发性蒜辣素，有健胃杀菌的作用。葱、蒜是重要的蔬菜植物，全株都可食用。韭菜（*A. tuberosum* Rottl. ex Spreng.），具倾斜的横生根状茎。鳞茎簇生，近圆柱状；基生叶条形、扁平；花葶三菱形，叶、花葶菜用，种子药用。全国各地广泛栽培。

5）萱草属（*Hemerocallis* L.）。多年生草本，叶基生，2 列，带状。根状茎短、肉质，中下部有时有纺锤状膨大。聚伞花序，雄蕊背着花药；蒴果钝三棱状椭圆形或倒卵形，表面常略具横皱纹，室背开裂。种子黑色，约十几个，有棱角。萱草［*H. fulva*（L.）L.］根近肉质，中下部有纺锤状膨大；叶一般较宽，花被管较粗短，花早上开晚上凋谢，无香味，橘红色至橘黄色，芳香，花蕾（黄花、金针菜）做蔬菜。全国各地常见栽培，秦岭以南各省（自治区）有野生的。

6）菝葜属（*Smilax* L.）。攀缘或直立小灌木，根状茎坚硬。叶为 2 列互生，全缘，具 3～7 个主脉和网状细脉；叶柄两侧边缘常具翅状鞘，鞘上方有卷须，攀缘生长。伞形花序腋生，浆果。约 300 种，广布于全球热带地区，我国有 60 种。菝葜（*S. china* L.），茎有倒钩，叶圆形，浆果红色。块根含多种甾体皂苷，供药用。

7）天门冬属（*Asparagus* L.）。直立或蔓生，根状茎或块茎，叶退化成干膜质，鳞片叶，茎枝呈针形叶状，1 至多数簇生于叶腋。约 300 种，除美洲外，温带至热带地区都有分布。我国有 24 种，全国广布。文竹［*A. setaceus*（Kunth）Jessop］，攀缘植物，茎分枝极多，分枝近平滑。叶状枝 10～13 枚成簇，刚毛状。花 1～4 朵腋生，白色，成熟浆果紫黑色。栽培观赏用。天门冬［*A. cochinchinensis*（Lour.）Merr.］，叶状枝常 3 枚成簇，有明显的三棱，茎平滑，常弯曲或扭曲，花每 2 朵腋生，淡绿色，浆果熟时红色。块根纺锤状膨大，入药。石刁柏（*A. officinalis* L.），直立草本，上部后期下垂，茎平滑，分枝较柔弱。叶状枝每 3～6 枝成簇，花每 1～4 朵腋生，绿黄色，浆果熟时红色。地下茎短节间密，有许多鳞芽群，在土中发育成肥厚鳞芽，即为菜用芦笋。

本科常见的药用植物还有华重楼［*Paris polyphylla* var. *chinensis*（Franch.）Hara.］、麦冬［*Ophiopogon japonicus*（L. f.）Ker-Gawl.］、芦荟［*Aloe vera* L. var. *chinensis*（Haw.）Berg.］等；万年青［*Rohdea japonica*（Thunb.）Roth.］、郁金香（*Tulipa gesneriana* L.）、风信子（*Hyacinthus orientalis* L.）、玉簪［*Hosta plantaginea*（Lam.）Aschers.］、蜘蛛抱蛋（*Aspidistra elatior* Blume.）、长花龙血树（*Dracaena angustifolia*）、巴西木（*D. fragrans*）、吊兰［*Chlorophytum comosum*（Thunb.）Baker.］等常栽培观赏，或作地被植物。

5.3.5.2 兰科（Orchidaceae）↑⚥ $P_{3+3}A_{3+3}\overline{G}_{(3:1:\infty)}$

地生、附生或腐生的多年生草本，有气生根。常有根状茎或块茎，茎基部肥厚，膨大为假鳞茎。叶互生，少对生，常成 2 列，有时退化成鳞片状，常肉质或草质，基部有叶鞘。总状花序或圆锥花序，花两性，极少单性，两侧对称；花被片 6，2 轮，花瓣状。内轮中央一片构造复杂，大而鲜艳，称为唇瓣。唇瓣由于花（花梗和子房）作 180° 扭转或 90° 弯曲，常处于下方（远轴的一方），其上常有脊、褶片、胼胝体或中部缢缩为上唇与下唇（前部与后部），基部有时延伸出囊和距，内有蜜腺；雄蕊与花柱融合成合蕊柱；蕊柱顶端一般具药床和 1 个花药，腹面有 1 个柱头穴，柱头与花药之间有 1 个舌状器官，称为蕊喙（源自柱头上裂片），蕊喙有时变成 1 个或 2 个黏质小盘，称为粉盘，花粉块常黏在其上；蕊柱基部有时向前下方延伸成足状，称为蕊柱足，此时 2 枚侧萼片基部常着生于蕊柱足上，形成囊状结构，称为萼囊；子房下位，1 室，侧膜胎座，较少 3 室而具中轴胎座；花粉通常黏合成花粉团，花粉团的一端常变成柄状的花粉团柄；花粉团柄连接于由蕊喙的一部分变成固态黏块即黏盘上，有时黏盘还有柄状附属物，称为黏盘柄；花粉团、花粉团柄、黏盘柄和黏盘连接在一起，称为花粉块，但有的花粉块不具花粉团柄或黏盘柄，有的不具黏盘而只有黏质团。蒴果，种子小，数量极多。无胚乳，种皮常在两端延长成翅状。染色体 $X=6\sim29$。

识别要点：陆生、腐生或附生草本。叶互生或退化为鳞片。花两性，两侧对称，花被片 6，内轮具一唇瓣，雄蕊 1 或 2，与花柱、柱头结合成合蕊柱，花粉黏合成花粉块，子房下位，常扭转 180°。蒴果，种子微小，无胚乳。

兰科为种子植物中第二大科，约有 700 属 20 000 种，产于全球热带和亚热带地区。我国有 171 属 1247 种，以及许多亚种、变种和变型，以云南、台湾、海南、广东、广西等省（自治区）种类最多。

1）石斛属（*Dendrobium* Sw.）。附生草本。茎丛生，圆柱形或扁三棱形，有时 1 至数个节间膨大，肉质（也称为假鳞茎）或质地较硬。叶互生，基部有关节和抱茎的鞘。总状花序或伞形花序，生于茎中上部节上；花粉团蜡质，4个，离生，每2个为1对。约1000种，广泛分布于亚洲热带和亚热带地区至大洋洲。我国有74种和2变种，产于秦岭以南诸省（自治区），尤其以云南为多。本属国产种类中具细茎而花小的类群，如霍山石斛（*D. huoshanense* C. Z. Tang et S. J. Cheng）（图5-55A）、铁皮石斛（*D. officinale* Kimura et Migo）（图5-55B）、梳唇石斛（*D. strongylanthum* Rchb. f.）、美花石斛（*D. loddigesii* Rolfe）、钩状石斛（*D. aduncum* Lindl.）、细茎石斛［*D. moniliforme*（L.）Sw.］等是中药“石斛”的原植物，滋阴清热，养胃生津，为用药历史悠久的名贵药材，市场价格高。目前组织培养技术趋于成熟，大面积人工种植以满足市场需求。茎粗而花大的种类均可作花卉供观赏。

图5-55　兰科代表植物

A. 霍山石斛　B. 铁皮石斛　C. 白及　D. 天麻　E. 兰亚科花图式

1. 植株　2. 花序　3. 花　4. 唇瓣正面观　5. 药帽正面观　6. 球茎　7. 根茎

2）白及属（*Bletilla* Rchb. f.）。陆生草本，球茎扁平三角状，肉质，上有环纹，含白及胶、淀粉和挥发油。球茎的侧边常具2枚突起，毗邻球鳞茎彼此以同一方向的突起连成一串。叶3～6枚，互生，与叶柄间具关节，叶柄互抱成茎状。花序顶生，总状；花紫红色、粉红色、黄色或白色；唇瓣中部以上常明显3裂，基部至先端具5条纵脊状褶片；花粉团8个，成2群，成对而生。蒴果长圆状纺锤形，直立。约6种，分布于缅甸北部、中国和日本。我国产4种。白及［*B. striata*（Thunb. ex A. Murray）Rchb. f.］（图5-55C），生于山谷地带林下湿地，假鳞茎药用，有止血补肺、生肌止痛之效。花美丽，栽培供观赏。

3）天麻属（*Gastrodia* R. Br.）。腐生草本，根状茎平卧，肥厚肉质，长椭圆形，表面有均匀的环节。茎直立，黄褐色，无绿叶，花后延长，节上具鞘状鳞片。总状花序顶生。萼片与花瓣合生成筒，口部偏斜，顶端5裂。全属约20种，分布于东亚至大洋洲。我国有13种，天麻（*G. elata* Bl.）（图5-55D），块茎入药，称为“天麻”，是名贵中药，用以治疗头晕目眩、肢体麻木、小儿惊风等症。人工有性繁殖在我国已经成功。分布在西南、东北、华东等地。

4）兰属（*Cymbidium* Sw.）。附生、地生、腐生草本，假鳞茎近椭圆形，藏于叶基鞘内。叶革质，数枚生于假鳞茎基部或下部节上，2列，基部鞘状抱假鳞茎，有关节。总状花序，花被展开，大而艳丽，有香味。蕊柱长，花粉团2个。约50种，主要分布于亚洲热带地区。我国有29种，广布于长江以南地区，观赏植物。春兰［*C. goeringii*（Rchb. f.）Rchb. f.］，假鳞茎小，叶丛生而刚韧，狭带形，长20～60cm，宽6～10mm。花葶直立，花单生，花直径4～5cm，有香气，淡黄绿色，唇瓣乳白色，有紫红色斑点。建兰［*C. ensifolium*（L.）Sw.］，地生植物；假鳞茎卵球形，包藏于叶基之内。叶2～6枚，带形，有光泽。花葶从假鳞茎基部发出，总状花序3～9（13）朵花；花清香，浅黄绿色具紫斑；蒴果狭椭圆形。全国广为栽培。蕙兰（*C. faberi* Rolfe），假鳞茎不明显。总状花序具5～18朵花；花苞片线状披针形，花常为浅黄绿色，唇瓣有紫红色斑，有香气。原分布于秦岭以南、南岭以北及西南广大地区。生于湿润但排水良好的透光处。墨兰（*C. sinensis* Wil），叶宽2～3.5cm，花葶高出叶外，花色多变。

许多兰科植物是名贵的花卉：蝴蝶兰（*Phalaenopsis aphrodite* Rchb. f.），茎短，叶片3枚或4枚，稍肉质，花序长，不分支；花序柄绿色，花序轴紫绿色，回折状，花大而美丽，花瓣具网状脉，有“兰中皇后”之美誉。兜兰［*P. insigne*（Lindl.）Pfitz.］，地生种。茎甚短；唇瓣呈口袋形；背萼极发达，有各种艳丽的花纹；两片侧萼合生在一起；花瓣较厚，花开6周以上。文心兰（*Oncidium hybridum*），花朵似跳舞女郎，故又称为跳舞兰。带叶兰（蜘蛛兰）（*Taeniophyllum glandulosum*），花被条形，唇瓣裂片蛛丝状细裂。卡特兰（*Cattleya hybrida*），附生，假鳞茎长纺锤形，叶厚硬，花大，艳丽，唇瓣3裂。

本章小结

分类的目的之一就是分清植物种类，对繁杂的植物进行分门别类，并以标本及图文等形式记录它们的特征、特性，以便更好地认识、利用和改造植物。分类的另一个目的则是探究各类群植物和各种植物之间亲缘关系和演化过程，建立植物分类系统。依据比较形态学，并结合解剖学、胚胎学、细胞学、古植物学、孢粉学和地植物学等多方面资料，找出被子植物的原始特征和进化特征及其演化规律，总结出分类的一般原则，并运用之。

被子植物是植物界进化水平最高的一个类群，适应陆地生活。有发达的维管组织系统，具有真正的花，合子形成胚，种子有果皮包裹。被子植物分类系统主要有恩格勒系统、哈钦松系统、塔赫他间系统和克朗奎斯特系统。克朗奎斯特系统受到广泛接受，含11亚纲81目，本教材对克朗奎斯特系统的分类进行了简介。

根据种子中子叶数量的不同，将被子植物分成双子叶植物纲（木兰纲）和单子叶植物纲（百合纲）。

双子叶植物纲的主要特征为：胚具2枚子叶，直根系，茎内维管排成单环，有形成层和次生结构；叶具网状叶脉；花部常4或5基数；花粉常具3个萌发孔。

单子叶植物纲的主要特征为：胚具1枚顶生子叶，须根系，茎内维管束散生或轮生，无形成层和次生结构；叶具平行脉或弧形脉；花部常3基数，内、外花被通常相似；花粉多具单萌发孔。

掌握被子植物的分类原则和30个重要性状的原始和进化特征；掌握被子植物分类的基础知识。掌握双子叶植物纲6亚纲（木兰亚纲、蔷薇亚纲、金缕梅亚纲、石竹亚纲、五桠果亚纲和菊亚纲）40科，单子叶植物纲5亚纲（泽泻亚纲、棕榈亚纲、鸭跖草亚纲、姜亚纲和百合亚纲）10科的识别要点、代表植物的主要特征特性、分布范围及经济价值。

思考题

1．对被子植物进行分类并建立分类系统有什么意义？

2．制定被子植物分类原则的依据是什么？表解被子植物形态构造的演化规律。

3．被子植物的主要分类系统有哪些？试分析恩格勒系统、哈钦松系统、塔赫他间系统和克朗奎斯特系统间的异同。

4．简述被子植物的克朗奎斯特分类系统特点。根据克朗奎斯特系统，双子叶植物纲（或木兰纲）分为几个亚纲？请图解各亚纲的可能进化关系。

5．克朗奎斯特系统分为哪11亚纲？比较它们的主要差异。

6．被子植物的分类单位有哪些？图解或表解它们的隶属关系。

7．什么叫植物学名？什么叫双名法？简述国际植物命名法规的主要内容。

8．植物分类检索表有哪些类型？编制检索表的原则是什么？如何编制检索表？

9．为什么说木兰科是被子植物中最原始的类群？

10．木兰科与毛茛科的特征有何异同？列举其代表植物及其经济价值。分析两科可能的进化关系。

11．莲科和睡莲科有何异同？各简述两种代表植物及其经济价值。

12．罂粟科有哪些识别要点？如何鉴别罂粟植物？

13．蔷薇科分为几亚科，列表比较各亚科的异同点。

14．豆科分为几亚科？主要根据什么特征分亚科？举例分析豆科代表植物的经济意义。

15．十字花科有什么主要特征？本科有哪些重要的代表植物？分析它们与人类生活的关系。

16．葫芦科有什么特征？列举常见代表植物，分析葫芦科在人类生活中的重要意义。

17．大戟科的主要特征是什么？为什么说它是经济价值很高的科？

18．比较鼠李科和葡萄科的异同。

19．试述芸香科的主要特征、分布范围及其经济用途。

20．伞形科的识别要点是什么？常见的代表植物有哪些？阐述其主要经济用途。

21．杜鹃花科的识别要点是什么？列举两种代表植物。繁殖器官的特征如何？

22．试比较夹竹桃科和萝藦科的异同。

23．葫芦科和茄科都是蔬菜大科，比较两科的主要特征的异同。各列举代表植物5个。

24．唇形科与玄参科有何异同？各认识哪些代表植物？

25．木犀科和茜草科的主要的特征是什么？各有哪些代表植物？

26．比较伞形科与五加科的特征的异同。各列举5种代表植物。

27．菊科有哪些主要特征？菊科植物的哪些特征使其成为被子植物的第一大科？

28．简述樟科与锦葵料的识别要点。各有哪些常见的代表经济植物？

29．泽泻科有何特征？为什么被认为是单子叶植物的原始科？

30．禾本科的主要特征是什么？禾亚科与竹亚科的分类依据是什么？秆（竿）生叶有何特征？

31．禾本科与莎草科分类特征有何异同？各有哪些重要代表经济植物？简述这些植物的用途。

32．棕榈科有何识别特征？列举其常见的园林造景代表植物。种子有何特别用途？

33．百合科与兰科的分类特征有何异同？各有哪些重要代表经济植物？简述这些植物的用途。

34．姜科、芭蕉科和凤梨科的特征有何异同？各有哪些经济植物？有何用途？

35．为什么认为兰科是单子叶植物中虫媒传粉最特化的类群？

36．为什么认为禾本科是单子叶植物中风媒传粉最特化的类群？

37．在校园里采集10种不同类型的开花结果植物，通过对花果的解剖观察，编写一个分种检索表。

参考文献

贺学礼．2010．植物学．2版．北京：高等教育出版社．

胡宝忠，胡国宣．2003．植物学．北京；中国农业出版社．

李扬汉．1981．植物学．2版．上海：上海科学技术出版社．

刘穆．2010．种子植物形态解剖学导论．5版．北京：科学出版社．

马炜梁．2009．植物学．北京：高等教育出版社．

强胜．2006．植物学．北京：高等教育出版社．

汪劲武．2009．种子植物分类学．2版．北京：高等教育出版社．

吴国芳，冯志坚，马炜梁，等．2002．植物学．下册．2版．北京：高等教育出版社．

徐汉卿．2001．植物学．6版．北京：中国农业出版社．

叶创兴、朱念德、廖文波，等．2007．植物学．北京：高等教育出版社．